GOODPARENTSGOO

好父母，好老师

正面管教
不惩罚、不娇惯

青　影　杜慧丽 编著

北方妇女儿童出版社

图书在版编目（CIP）数据

好父母，好老师 / 青影，杜慧丽编著 . -- 长春：
北方妇女儿童出版社，2020.8（2021.12 重印）
ISBN 978-7-5585-4621-1

Ⅰ . ①好… Ⅱ . ①青… ②杜… Ⅲ . ①家庭教育
Ⅳ . ① G78

中国版本图书馆 CIP 数据核字 (2020) 第 158411 号

好父母，好老师
HAOFUMU HAOLAOSHI

出 版 人	师晓晖
责任编辑	国增华
封面设计	书虫文化
开　　本	880mm×1230mm　1/32
印　　张	32
字　　数	632 千字
版　　次	2020 年 8 月第 1 版
印　　次	2021 年 12 月第 3 次印刷
印　　刷	阳信龙跃印务有限公司
出　　版	北方妇女儿童出版社
发　　行	北方妇女儿童出版社
地　　址	长春市福祉大路 5788 号
电　　话	总编办：0431-81629600

定　　价　176.00 元（全 8 册）

前言

父母是孩子的朋友，是孩子的老师，是孩子的引路人，是孩子一生中最不可替代的教育者。巴金先生曾说："孩子们变好或变坏和他们受到的教育有关，有句话叫'先入为主'，所以父母是孩子的第一个老师，不能把一切推给学校。帮助孩子健康地成长，所谓培养、所谓教育，不过是这样一句话。我们希望子女成龙，首先就要尽父母的职责。"

当您看到别人洋溢着幸福笑容赞美自己的孩子时，当您看到孩子学校里那些出类拔萃的小同学时，除了羡慕之余是否会感叹："要是我家的孩子也这么优秀该多好啊!"其实，您的孩子也很优秀……

孩子就像一张白纸，这张白纸上会用什么样的颜色来打底，基本取决于其父母给他什么样的基础。很多家长都期望自己的孩子成龙成凤，出人头地，建功立业。但现在许多父母在如何教育孩子的问题上，仍摆脱不了传统观念的束缚，使孩子无法健康成长。他们没有明白"只有失败的教育，没有失败的孩子"这句话的含义，而一味地把自己的思想强加给孩子，从不考虑这是否适合孩子的个性和天赋条件、自身特点。爱尔维修曾说过："即使是最普通的孩子，只要教育得法，也会成为不平凡的

人!"爱因斯坦也说过："孩子生来都是天才，往往在他们求知的岁月中，是错误的教育方法扼杀了他们的天才。"

对孩子来说，家庭是其人生的第一站，是人生的第一所学校，父母是孩子的第一任老师，家庭教育是孩子接受最早、时间最长、影响最深的教育。孩子能否健康成长、顺利成才，关键在其父母是否掌握正确的教子方法，是否能与孩子进行良好的沟通，是否能调动起孩子的学习兴趣，让孩子在求知、做人、交友等方面获得良好的教育，促使孩子发挥出应有的潜力。

为了满足家长对教育孩子的需求，结合未来人才的标准，我们精心编写了这套《正面管教》丛书，书中参考了大量的教子资料和教子案例，从培养孩子的学习兴趣、优良品德、社交能力、正确的金钱观等方面出发，全面解读父母该从哪些方面去教育和培养自己的孩子，为孩子创造出最佳的成长环境，让孩子的潜能得到充分发挥，赢在起跑线上，创造出属于自己的辉煌。

由于编者水平有限，能力绵薄，加之时间仓促，书中难免有不尽之处，恳请广大读者提出宝贵意见。愿本书伴随着父母在教子的道路上，找到智慧的方案，成就孩子辉煌的人生!

目录

01

第一章

面对冲突请冷静地
与孩子『过招』

棍棒教育会给孩子留下阴影

"棍棒底下出孝子"是中国父母历来信奉的一种教育理念。实际上，这种粗暴的教育手段除了摧残孩子的心灵之外，别无好处。

教育孩子应该用说服代替压制，应该用信任和爱换来信任和爱。

教育专家认为：打骂的教育方法是不明智的，这其实是用强制的方式让孩子服从父母的意志，必然会对孩子的身心健康造成伤害。

初中生王洋出生在一个普通家庭，母亲是下岗工人，父亲是一名出租车司机。王洋的父母饱尝生活的艰辛，他们殷切地希望王洋将来能够出人头地，改变自己的命运。在教育孩子上，王父一直坚持"棍棒底下出孝子"的家教方式，而王母则是一味地哄劝，夫妻二人经常为此争吵不休。

在这样的家庭氛围中，王洋性格内向，成绩平平。在一次期末考试中，王洋的学习成绩在班里排了倒数。王父知道后大发雷霆，对王洋一番痛骂后又棍棒相加。每当王洋被父亲打骂后，王母总会偷偷塞给他一些零花钱，并哄劝他好好学习，不要惹父亲生气。然而这一切都是徒劳无益的，王洋的成绩依旧不断下滑。

一天傍晚，王父提前收工回家，在街上走着走着偶然间发现几个流里流气的小青年正在殴打一名小学生，他的儿子王洋居然也在其中。王父上前将王洋强行带回家后，又将其暴打了一顿。

王父停手之后，王母心疼地抱住儿子，一边哭一边哀求他听父母的话，不要学坏。

第二天早晨，王洋离家出走了，只留下了一封信。信中说："我以后不会惹你们伤心生气了，我走了。"看完了信，王母立马慌了神，而王父则大骂："有种走了就别回来，不准你去找他！"

一个星期后，王家来了几名公安人员，王洋的父母被告知王洋因参与一起抢劫案件被拘留了，而这件事发生的第二天就是王洋的 16 岁生日。

上面的案例中，王父对孩子采用"棍棒"教育，非打即骂，行为粗野。这样虽然维护了父母的尊严，强迫孩子服从自己，却也让孩子在离开父母时产生一种轻松感和自由感，恶行毕露。久而久之，孩子的恶劣习气不断滋长。长期遭受打骂的孩子，对别人也习惯于随意打骂，举止粗俗，很容易走上违法犯罪的道路。

孩子一犯错，父母就对其拳脚相向，其实是在向孩子表示：当别人与你产生矛盾时，武力（或权力）就是解决问题的唯一办法。随着孩子慢慢长大，他极有可能在与别人发生矛盾时也用武力让对方屈服，最终导致自身受到伤害，且人际关系越来越糟糕。

另外，这种强制性的管教对孩子自律的形成毫无帮助。当受管束时，孩子往往不敢表达自己的想法，但不受管束时便为所欲为。这种教育方式极有可能会让孩子形成双面人格。

在棍棒下长大的孩子，虽然他们身体上的伤痕会随着岁月的流逝而不复存在，但他们的内心仍然保留着幼年时留下的阴影，从而失去信心、习惯性自责。这种自责会表现在不同方面：性格有攻击性，与人交往出现障碍，或工作不负责任，等等。

因幼年遭受打骂而产生的不自信，除了会对孩子的身心健康造成危害，还会导致孩子的个性发展扭曲，特长难以发挥，对孩子未来的事业造成严重影响。

其实，管教孩子的方法有很多，打骂是其中最常见也是最直接的一种。但是时代在进步，教育理念也在更新，父母管教孩子的方法自然也要变通。这时，父母可能会有这样的疑虑：如果真的收起了手中的棍子，那孩子会不会被宠坏呢？实际上，当孩子做了错事，父母以尊重的态度让孩子自己负责，反而有利于培养孩子独立而理性的人格。家长一定要相信，不打不骂照样能教出优秀的孩子。

暴力教育只能体现父母的无能

有一次，5岁的蓉蓉跑到妈妈身边，问妈妈要一个梨，妈妈问她："你今天吃了几个梨?"蓉蓉不慌不忙地答道："我吃了一个。"妈妈见女儿吃的不是很多，于是转身又给了女儿一个。

其实，蓉蓉在上午的时候不光吃完了自己的梨，而且把哥哥的那个梨也吃掉了。哥哥明知道妹妹在撒谎，但是由于担心戳穿妹妹的谎言后令她受罚，于是什么也没有说。但纸包不住火，没过多久，妈妈就知道了事情的真相。

这个时候，如果你是案例中的妈妈，你会怎么做呢?相信很大一部分暴脾气的人会怒火交加，把孩子臭骂一顿，或者打上几巴掌。但是这样的暴力教育真的能让孩子改掉不良的习惯吗?答案很显然是"不一定"。

现在依然有很多中国家长还信奉着"棍棒底下出孝子""打是亲，骂是爱"这样的教育理念。人们往往通过打骂等暴力行为遏制孩子的错误，也许在短期内会收到一定的效果，但是这种行为给孩子身心带来的伤害却是难以磨灭的。有些孩子由于长期受到家长的暴力教育，导致心灵扭曲，最后走上了人生的不归路。这样的说法绝对不是危言耸听，我们在很多新闻报道中就看到过少年弑亲的事件。

著名教育专家尹建莉在《好妈妈胜过好老师》一书中也曾这样写道："暴力教育能让孩子变得顺从，不会让孩子变得聪明和懂事；暴力教育能让孩子变得听话，不会让孩子变得自觉和上进；暴力教育能得到一些暂时、表面的效果，但它是以孩子整体的堕落和消沉为代价的。"

因此，作为父母，我们应该意识到暴力教育给孩子带来的伤害。如果你在亲子教育中碰到类似上述事例中的情景，一定要冷静处理，切勿做出以下几种带有暴力性质的举动：

（1）体罚孩子

体罚，顾名思义，就是对孩子身体的一种惩罚，比如打屁股、打手心、拧耳朵、罚站、罚跪等。这种暴力教育首先带来的直接影响是，孩子的身体会产生疼痛感，其次，体罚还会给孩子的心理造成一定的创伤。

在现实生活中，很多父母本着不打不成器的教育理念体罚孩子，他们坚信通过体罚，一定能让孩子长记性，从而避免其下次犯同类型的错误。那么这样的观念到底对不对呢？其实关于体罚孩子的这个话题本身就充满了争议，但不管怎么说，这种充满暴力色彩的行为一定会让孩子脆弱的神经受到惊吓，而且如果责罚过重的话，这种恐怖的记忆和心理上的伤痛会伴随孩子的一生。另外，据调查显示，长期遭受体罚的孩子，身体各部分的器官也未能正常发育，他们长大以后会出现神经错乱的现象，还会出现身体机能失调的情况。

因此，作为父母，为了避免给孩子以后的生活留下隐患，一定不要轻易体罚孩子。孩子的成长只有一次，父母们为什么不能多想一些理智的办法来解决问题呢？

（2）恐吓孩子

恐吓是暴力教育的另外一种表现方式。在很多情况下，父母们很喜欢用恐吓的方式让孩子乖乖听话，比如："你不听话，妈妈就把你扔了!""你再哭闹，外面的大黄狗就会把你抓走!"当然，这类恐吓还算是轻的，还有一些更为过分的家长会编关于鬼怪、幽灵或其他的恐怖故事来吓唬孩子。曾经有个小孩子偷了妈妈的钱之后，第二天就被妈妈发现了，这位妈妈为了杜绝孩子的偷钱行为，告诫孩子："小偷是会下地狱的，会被鬼怪吃掉。"之后孩子就被巨大的恐惧包围着，过度焦虑，几乎崩溃。

这样的行为虽然看起来省时省力，可以让孩子乖乖顺服，但是它却会给孩子留下了永远的心理阴影。恐吓的语言会过度刺激孩子大脑中的敏感组织，从而使其产生无力感或自卑感，而且一旦孩子长期处于紧张状态，他的安全感也会消失殆尽。尤其面对黑暗或者孤寂一人的时候，孩子会在想象力的作用下，把恐惧感放到最大。那么，作为孩子的父母，怎么能忍心让孩子的心灵受到如此虐待呢？

（3）斥责孩子

相比体罚和恐吓，斥责被使用的频率会更高一些。这种教育方式虽然比前两种温和一点儿，但是它多多少少带着一些暴力的倾向，因此我们把它归结于暴力教育的范畴。

当小孩子犯了错之后，父母也许想用斥责的方式唤起孩子内心的愧疚感，或者引起孩子心灵的警觉，从而使其纠正自己的行为，避免下次犯类似的错误。父母们有这样的想法也无可厚非，但是你也许不知道，对孩子严厉指责会让孩子变得胆小怯懦，做事小心翼翼，没有安全感，而且其沟通能力也会变差。当然，更严重的是，孩子在未来的人际交往中也会"复制、粘贴"你的这种斥责行为，而这些负面影响无疑都是你不想看到的。

所以，作为父母，在生气或恼怒的时候，最好不要做一些刺激或搅动孩子敏感神经的事情。为了更好地保护他们的心理情感，父母们不妨采取"怀柔"之策对其进行教育。所谓的"怀柔"教育方式，就是采取一些小伎俩、小把戏让孩子顺从自己的意愿，或者通过循循善诱，并给予孩子足够的情感关爱等。这种教育方式可以帮助父母避开与孩子"正面交锋"，以一种沟通的姿态与孩子对话。在和平解决问题的同时，还不会失了父母的威信。

以罚代教是逃避责任的"懒政"

　　每个孩子都要经历漫长的成长过程，在此期间，难免会犯各种各样的错误，这是生命必经的过程。当孩子犯错的时候，不同的父母会采用不同的方法教育孩子：有的父母觉得孩子小，对于孩子的错误无所谓，听之任之，不予指正，纵容孩子犯错；有的父母大惊小怪，小题大做，把孩子的错误上升到一定的高度，兴师动众，对孩子严厉训斥，甚至还会因为生气就对孩子拳脚相加。这两种教育方法都很偏激，是错误的。第一种教育方法庇护、放任孩子，孩子将会因为没有得到及时的教育指正而再次犯错，甚至会误入歧途。第二种教育方法大张旗鼓、惩罚失当，会伤害孩子稚嫩的心灵，超过孩子的心理承受能力。

　　父母望子成龙心切，惩罚孩子当然是为了孩子好，但是要讲究方式方法。教育专家认为，惩罚的方式只能告诉孩子"下不为例"，减小孩子再次犯错的概率，却无法使孩子学会如何去做，更无法促使孩子做出良好的行为，养成良好的习惯。惩罚带给孩子切肤之痛，孩子从中吸取"教训"，与此同时也会受到"恶性刺激"，使怨恨在他们幼小稚嫩的心灵里扎根。这样一来，孩子肯定会滋生逆反心理，不利于其健康成长。

在家庭教育中，父母以罚代教是错误的行为。只有在一切积极的教育方式都失去效用时，才能考虑采取惩罚这种弊大于利的教育方式。要记住，惩罚孩子的初衷是告诉孩子"不能做哪些事情"，因此要在孩子出现不良行为时当机立断实施惩罚，这样才能及时让孩子意识到不良行为有可能产生的恶劣后果。要想帮助孩子改正错误，就要尽量避免"秋后算账"。负责任的父母会经常认可、鼓励、赞美孩子，这些才是积极的教育方式。

作为美国批判现实主义文学的奠基人，马克·吐温是举世闻名的小说家。他在大量的作品中批判了当时资本主义社会的丑恶现象，如果只看这些犀利的文字，我们会误以为他是一个冷漠苛刻的人。而熟悉马克·吐温的人都知道，生活中的他有着鲜为人知的另一面。作为父亲，他对孩子非常慈爱，教育孩子就像写小说一样幽默风趣，使孩子感到轻松愉悦。

马克·吐温给了孩子一个温馨和谐的家，在这个家里，父母与孩子之间相互尊重、平等友爱。父亲从不会摆出家长的架子高高在上地对孩子发号施令，训斥孩子。当然，如果孩子犯了错，马克·吐温绝不会姑息纵容，而是会以合适的方式让孩子们记住深刻的教训，并且保证以后不再犯同样的错误。不过，马克·吐温从不惩罚孩子，他教育孩子的方式与众不同。

一个春风扑面的下午，马克·吐温夫妇想带孩子一起去附近的农庄旅行。全家人一起坐在满载干草的大车上，驶向郊外，欣赏着沿途美丽的田园风光，该有多么惬意。孩子们很久以前就在盼望着这次郊游，但是在临行前，发生了一个小插曲。大女儿苏茜不小心打哭了妹妹克拉拉。苏茜主动向妈妈承认错误，请求得到妈妈的原谅，但是马克·吐温曾经制定家规，在这种情况下，苏茜必须受到惩罚。与普通家庭不同的是，要由苏茜自己提出惩罚的方式，只要得到父母的同意后，就可以实行惩罚。

苏茜思来想去了很久，最后才鼓起勇气对妈妈说："今天，我不坐干草车去农庄了，这样我才能记住这次教训，避免下次再犯同样的错误。"

马克·吐温很清楚苏茜鼓起了很大的勇气才决定以这样的方式惩罚自己。后来在回忆这件事情时，他说："我并不想让苏茜这么做，即使已经过去了26年，现在想起苏茜因此失去了坐干草车去农庄旅行的机会，我依然感到痛苦。"

父母们应该借鉴马克·吐温的做法。在惩罚孩子时，父母们应该注意以下几点：

（1）惩罚的"量刑"要适当

惩罚孩子的目的是让孩子改正不良行为，做得越来越好，所以惩罚的"量刑"要适度。惩罚过重，会让孩子反抗；惩罚太轻，无法让孩子引以为戒。所以惩罚孩子既不能一带而过，也不能过度地滥用"刑罚"，这样才能达到目的。

（2）为孩子指明"出路"

惩罚孩子切勿在没有达到目的之前就终止，只有在受罚的孩子改正错误时，才算达到目的。父母要坚定立场，清楚地告诉孩子如何改正错误，否则后果如何。例如，孩子喜欢把东西丢得乱七八糟，父母在惩罚时，应该让孩子独立整理房间，把东西收拾得很整齐，否则不许他吃喜欢的食物或看喜欢的电视节目。父母一定要明确地告诉孩子如何去做，以及要达到怎样的标准，此外还要管好自己，不要代替孩子去做。

（3）赏惩要分明

父母教育孩子要赏罚分明。该奖励时，就要真心诚意地奖励孩子，让孩子感到自豪；该惩罚时，就要态度明确、措施果断，让孩子真正意识到自己的错误。唯有如此，才能让孩子明辨是非，养成知错就改的好习惯。在对孩子实施惩罚之后，爸爸与妈妈要统一态度，切勿妈妈惩罚孩子，爸爸安抚孩子，否则会使惩罚效力全无。事实证明：当陷入惩罚——奖励——惩罚的恶性循环中，孩子会产生认知偏差，误以为犯错和得到奖励之间有必然的联系，从而对于所遭受的惩罚丝毫不放在心上。

（4）及时惩罚不延迟

现代教育理论认为，惩罚之所以能够产生效果，是因为条件反射。那么，条件反射要想取得良好的效果，就要缩短有条件刺激和无条件刺激的间隔时间。父母只要发现孩子做出错误的行为，在条件允许的情况下，应该马上惩罚孩子。

如果当时的情况不允许马上惩罚孩子，例如有客人在或者在公共场所，那么在事情发生之后，父母要在最短的时间内创造相似的情境，帮助孩子回顾当时的言行，进行自我反思。这样孩子才能意识到当时的错误行为，父母也可以借此机会明确要求孩子进行改正。

（5）不要进行劣性转嫁

常言道，世事不如意者十有八九。现实生活中，每个人都会遇到各种各样的糟心事。每当心情不好时，父母很难控制自己的情绪，也会在不知不觉间把负面情绪发泄到孩子身上，这么做后果很糟糕。一来孩子无过受罚，父母过度惩罚，会使孩子觉得不公平；二来如果父母因为缺乏自制力而导致惩罚过于严重，孩子就会产生反抗情绪。所以，父母千万不要在情绪低落的时候教育孩子，也不要在喝酒之后惩罚孩子，以免无法自控，导致自己在孩子心目中的形象一落千丈。

（6）不要挖苦和讽刺孩子

父母切勿挖苦和讽刺孩子，更不能自恃生养了孩子就用恶毒的语言谩骂孩子。实践证明，孩子无法理性地接受父母的挖苦讽刺和恶毒谩骂，将会因此而伤害自尊心。父母要始终牢记，惩罚孩子的目的是引导孩子改正错误行为，而不是口无遮拦地刺激孩子内心深处最敏感的角落——自尊心。很多父母在惩罚孩子时情绪崩溃，出口成"脏"，一定要改正。这只会使教育失去效果，也会让父母的话在孩子心中失去说服力。

（7）事后说理是必需的

父母与孩子是教与被教的关系，一定要以理服人，才能让孩子信服。惩罚只是教育的手段，而不是教育的目的，在惩罚孩子之后，父母一定要及时和孩子讲道理，否则惩罚就会失效。父母要通过晓之以理、动之以情的方式帮助孩子平复心情，也要采取深度剖析的方式让孩子清楚自己的错误所在，意识到继续犯错的严重后果。现代教育理论提出，惩罚属于劣性条件刺激，效果非常短暂。接受惩罚的孩子改正了错误行为，并不意味着他已经真正明白其中的道理，更不能保证他不会再犯同样的错误。事后说理，能够让孩子清楚地知道受罚的原因，这样才能根除错误，因而是教育孩子不可省略的重要教育步骤。

（8）响鼓不用重槌，杜绝唠叨

很多父母在教训孩子时都爱唠叨，还会持续地问孩子："你听清楚了吗?"孩子害怕父母的威严，也担心被打骂，只能无奈地回答"听见了"，实际上孩子或者没走心，或者压根没听到。孩子之所以迎合父母，只是为了让父母早点儿停止唠叨而已。当孩子下次再犯同样的错误时，父母会更生气，还会继续唠叨，而孩子则依然把父母的谆谆教诲都当成"耳边风"，父母就会因此断言孩子"不听话"。实际上，不是孩子不听话，而是父母的唠叨太多，让孩子不知道哪一句是重点。此外，如果父母经常唠叨，孩子的耳朵就会选择性"失聪"，对父母的话"零反应"。在教育孩子时，家长一定要改掉爱唠叨的坏习惯，凡事点到为止，在看到孩子的具体反应之后再有的放矢地去应对。

（9）就事论事，不翻旧账

在接受惩罚的时候，很多孩子最担心的事情就是父母把陈年旧账翻出来一起算。遗憾的是，很多父母都不能理解孩子的心情，在教训孩子时，总是把陈芝麻烂谷子的事情都牵连出来，甚至会对孩子进行人身攻击，把孩子批判得体无完肤，最终使孩子忘记了本次训教的主题。孩子会如何做呢？反正自己一无是处，爸爸妈妈也看不到自己有什么进步，更看不到自己的优点，为此觉得自己天生就是挨训该罚的料。有些孩子逆反心理很强，也会觉得爸爸妈妈是故意借着这个机会整他。这样一来，孩子哪里还有信心改正错误呢，只会继续破罐破摔、我行我素，使家长的批判毫无效果。训教惩罚孩子时，家长一定要坚持一事一议、就事论事的原则，切勿翻出陈年旧账，引起孩子反感。

频繁责骂，给孩子套上了无形的枷锁

在现实生活中，有些家长总是一副唠唠叨叨的样子，动不动就像唐僧念经一样，数落自己的孩子，很多时候就算当着亲友或者同事的面，也会揪着孩子的缺点不放。其实这样的做法对孩子的自尊心是一种极大的伤害。孩子虽然小，但他也是有尊严、好面子的，如果你不管不顾，把他的尊严踩在脚下，那么一定会激发其逆反心理，从而故意跟父母对着干。这样一来，家长的数落不仅没有解决实质性的问题，反而变相地强化了他的缺点和不良行为。

礼拜天，李萍的一位同事来她家做客，两个人坐在客厅闲聊，李萍 10 岁的女儿在自己的房间自顾自地玩着。

聊着聊着，她们很自然地就把话题转移到孩子身上。李萍说："我见过你女儿，是个乖巧懂事的孩子，很招人喜欢，哪像我女儿，成天跟个野丫头一样！不叫人省心。"同事说："你女儿也挺好的呀！自己乖乖在房间里玩，不也没给你惹麻烦吗？"李萍摇摇头，说道："唉，她也就乖一小会儿，你是不知道，她平时有多让人操心。"接下来，李萍就开始和同事数落自己女儿的各种小毛病："上课不好好听讲不说，还经常招惹别的同学，为此我都被老师叫过去挨了很多次批评；放学回来不好好写作业，一会儿喝水，一会儿上厕所，就是不把心思用在读书上；爬树、掏鸟窝、打游戏样样在行，就是对弹琴、书法一窍不通……"李萍越说越上瘾，仿佛女儿的"罪行"多得数不清。而她不知道的是，另外一个房间内，女儿的脸色渐渐地阴沉了起来。

过了一小会儿，女儿的房间里传来阵阵震耳欲聋的游戏声。李萍走到房门口，看到女儿正在电脑桌前忘我地打着游戏。碍于客人在，李萍只好压低嗓音对女儿说："你怎么这么不懂事啊！没看见咱们家里还有客人吗？你弄这么大声，我和你阿姨还怎么聊天啊？"但女儿仿佛把李萍当空气一样，根本没有把她的话听进去，反而"biu、biu、biu"地为游戏配起了音。李萍被彻底激怒了，她大声怒斥道："你给我立刻把这破游戏关掉，否则看我怎么收拾你！你不要以为有客人在，我就不敢拿你怎么样。"

女儿听后抬起头，瞥了妈妈一眼，漫不经心地答道："收拾就收拾呗，反正在你眼里，我就是个一无是处的野孩子。"

在日常的亲子教育中，很多家长在"恨铁不成钢"的想法的支配下，会选择性地忽略孩子身上的闪光点，而格外注意孩子身上的缺点和不良行为，但是这样的想法很明显是不对的。

心理学家的实验表明，心理暗示往往会在关键时刻影响一个人某些重要的行为、想法、决定。家长们如果心里一味想着孩子的不好，那么在这种心理暗示下，也许就只会揪着孩子的缺点和不良行为反复数落、批评。这在无形中就放大了孩子的问题。

而孩子们听到父母的这种负面评价，自然会觉得"我是个不乖的、不听话的孩子""妈妈对我很失望""我是改不好了"。这样消极的想法累积多了，孩子自然就会对自己失去信心，而且自尊心也会备受打击。于是他们破罐子破摔，任性而为，从而将自己的缺点和不良行为进一步强化。所以，从这个角度分析，有些"坏孩子"其实是父母逼出来的。

孩子在成长的过程中，需要父母给予一些肯定、鼓励的语言，以此作为他成长的原动力。所以，明智的父母面对孩子的缺点时，不是一味数落，而是努力寻找孩子身上的闪光点或者一些微小的进步，并且给予鼓励和肯定，以此让孩子在父母的期待中一点儿一点儿成长为更好的人。

贴近孩子的成长，亲子需要沟通

　　什么样的父母才算合格的父母？相信不少人有过这样的疑问，但是很难找到一个完全标准的答案。有教育家曾说，合格的父母首先要懂得和孩子谈心，其实这就强调了亲子关系中沟通的重要性。"谈心"两个字看似容易，似乎只要父母和孩子面对面地坐下来，轻轻松松地聊天就可以了，但是在很多家庭中，"谈心"却是一件极其困难的事。追根究底，就是因为父母与孩子之间没有建立起良好的沟通渠道。沟通的双方互相关闭心门，怎么可能进行良好的"谈心"呢？

　　很多孩子反映，他们根本不愿意跟父母谈心，甚至极为抗拒此事，一是因为他们认为父母除了关心孩子的学习什么都不关心，二是因为父母总是要求孩子对自己绝对服从，孩子完全不能按照自己的个人意志做事，甚至连发表意见的自由和权利都没有。家庭中亲子相处时出现的这种现象其实表现出的是一种不平等的人际关系，而在这种不平等关系下，父母似乎一直高高在上，他们对自己的定位就是错的，因此即便是谈心，也很难及时发现孩子的问题，更不用说给予疏导和帮助。

在一个雨天的早晨，李建照例在吃过早饭后送孩子去上学。刚下过雨的老城区，街道坑洼不平，所以积了一些深深浅浅的水洼。李建父子到校门口下了车，恰好踩到了一个水坑里，爸爸走在前面，一脚踩下去，泥水飞溅起来，正好溅到孩子穿的新裤子上。还没等李建反应过来，孩子竟然也故意一脚踩进了那个水坑，同样溅了李建一裤脚泥水。李建顿时气不打一处来，觉得这孩子简直莫名其妙，于是抡起巴掌就在孩子的屁股上打了两下，然后没好气地喊着"快走"，拽着孩子的手就往校门口去。

身后的孩子什么话也没说，只是喘着粗气任由爸爸拽着他往前走，但是李建能感觉到，孩子在生气，但他不知道只是不小心溅到孩子裤子上一点儿泥水而已，孩子为什么会有这样的反应。想到这里，李建突然有些心疼，孩子小小年纪还不会排解心里的坏情绪，如果不跟孩子谈一谈，说不定会影响到孩子今天一天的学习状态，甚至有可能在他们之间形成一层看不见的隔膜，因而影响到他们父子之间的关系。

李建边走边想，终于，他在校门口停了下来。他蹲下去，看着孩子的眼睛，特意把语调放温柔了一点儿，问孩子道："儿子，你为什么要这样做呢？为什么要同样踩进泥坑来报复爸爸呢？爸爸只是溅了你新裤子一点儿泥水而已，并不是什么大事啊！"孩子抬起头，怯怯地说："可是，不是你先故意把泥水溅到我裤子上的吗？"李建先是愣了一下，然后笑了起来："爸爸当然不是故意的，你误会了。"这时候他才明白，孩子有这样的反应，归根结底还是要怪自己，因为自己平常老是喜欢捉弄孩子，常常弄得孩子不明所以，这一次孩子又以为爸爸在捉弄他，故意弄脏他的新裤子，所以他生气了，那一脚是对爸爸的反击。

李建这才开始反思，原来是自己的行为造就了孩子的行为，如果没有这一次简单的沟通，也许他永远都不会知道这件事的原因是什么，也错过了了解孩子的一个好机会。他微笑着看着孩子，认真地、郑重地跟孩子道歉："爸爸错了，是爸爸没有搞清楚状况就跟你发脾气，下次我们有话好好说，好不好？爸爸答应你，以后再也不随便捉弄你了，你心里有什么想法，也要告诉爸爸，好吗？"

孩子懂事地点了点头，李建的心也放宽了很多，对这件事释然了。而且，他心里暗暗发誓，以后无论孩子出现什么情况，一定不能想当然地去批评或者惩罚孩子，而是要通过良好的沟通去发现一些不合理的现象背后的根源。

这是一位有智慧的父亲，他懂得放下身段认真来跟孩子沟通，而不是被自己的负面情绪所左右，也就避免了与孩子的关系更加僵化。

随着孩子年龄的增长，他们开始有自己的秘密，不愿意什么事都跟父母沟通，这个时候，父母就更应该有耐心，从以下几个方面与孩子进行沟通：

（1）营造轻松的谈话氛围

父母在与孩子进行正式的谈话之前，可以通过以下方法营造良好的谈话氛围。

①精准把握与孩子交谈的时机，如孩子取得某个方面成功心情愉快的时候，或者是生活、学习上遇到困惑的时候，孩子刚刚游玩回来心情相对来说比较轻松的时候等。

②在谈话过程中，一定不能使用一些伤害孩子心灵的语言，要温和而坚定地与孩子沟通，注意维护孩子的自尊。

③保持平等关系，不命令孩子，不训斥孩子，认真听取孩子的建议。

（2）以典型事例切入，把握关键机会

父母抓住典型事例与孩子沟通，往往能起到事半功倍的效果。比如，在学校的家长会刚刚结束的时候，孩子们与家长交流和倾诉的欲望比较强烈，家长就可以抓住这个时机。

小艺刚上初中两个多月，因为对初中的生活还不是很适应，而且学习上也没有做太多的努力，所以在第一次考试中表现得十分不理想。开家长会的时候，小艺被老师点名批评，妈妈在讲台下也十分没有面子。

回到家的小艺闷闷不乐，她不敢看妈妈，也不敢说话。就在小艺内心无比纠结的时候，妈妈主动把小艺叫了过来，语重心长地对她说："妈妈今天参加了家长会，了解了你的成绩，也知道了你在学校的一些情况。妈妈发现，自己以前对你的了解太少了，关心也不够，妈妈以前从来都不知道你在学校里是什么样的状态，也没有及时关注你是否适应了初中的生活，你自己一个人要适应新的环境肯定是很辛苦的，妈妈没有充分地体谅你，要先向你道歉。你这次考试没考好，妈妈也是有责任的。"

妈妈的话还没有说完，小艺的眼泪就流下来了。她主动给妈妈道了歉，承认自己除了环境的不适应以外，自身的努力做得也不够，并且在妈妈面前立志要好好学习改变现状。妈妈擦擦小艺脸上的泪水，欣慰地点点头，说："妈妈相信你。妈妈也会和你一起努力的，咱们一起加油！"母女两人拥抱在一起，都会心地笑了。

可见，要想沟通取得理想的效果，抓住关键时机是非常重要的。

(3) 确定主题，明确目标

父母要认真对待孩子在成长过程中出现的问题，谈话的时候要事先确定好要解决的问题，对于孩子会出现的一些反应也要有所预估。对于孩子的疑问要坦诚回答，遇到一些比较敏感的话题，也不要遮遮掩掩，而是要客观真实地给孩子讲解，以免孩子满腹疑问，使得谈话失去原本的意义。

(4) 打破亲子谈话的壁垒

父母与孩子交谈切忌居高临下，摆出一副"我说的都对""你要听我的话"的姿态。也不要命令式地对孩子说"我们来谈一谈""说说你最近都遇到了什么事"，这种不民主的方式本身就会让孩子产生抗拒的心理，孩子会认为父母并不是要与他谈心，只是想要抓住自己的错误来教训自己而已。即便勉强地参与到谈心中来，也一定是心不在焉的，起不到良好的沟通效果。所以，父母要表现出平和的姿态，坦诚相对，让孩子放下戒心，消除亲子之间的沟通壁垒。如果是孩子主动要跟家长谈话，更要抓住机会，放下手头上正在忙的事情，亲切地接受孩子的邀请，耐心地倾听。

（5）注重谈话技巧

不同性格的孩子，需要运用不同的谈话技巧去沟通，才能取得更理想的效果。比如，针对性格比较活泼开朗的孩子，父母可以采用比较直接的谈话方式，开门见山地谈。如果是性格比较内向，或者本身就跟父母有矛盾的孩子，则可以选择曲线谈话的方式，从生活中的其他小事引入，或者以孩子感兴趣的话题，如电影、游戏等入手，循序渐进地深入谈话的内容。甚至可以借助他人的力量，比如孩子最信任的老师，或者家里的长辈等。只有这样，才能真正打开孩子的内心，一步步走进孩子的世界。

（6）控制谈话时间，切忌唠叨和啰唆

很多生活中的道理孩子们不是不明白，但是他们很厌恶别人一天到晚在他们面前重复唠叨这些，他们更需要的是家长的关心和问候。很多家长喜欢说教，总是用很严肃的表情和态度对孩子进行"谆谆告诫"，而这正是让很多孩子反感的做法。所以，在谈话的过程中，气氛可以轻松一点儿，谈吐幽默一点儿，就像一对朋友在自然地聊天一样，这样让孩子更容易接受。切忌长篇大论，唠唠叨叨。

其实，父母与孩子谈心的过程是一个精神交流的过程，无论是父母还是孩子，都可以通过谈心更多地了解对方，从而进一步理解对方，在未来的生活中能少一些摩擦和矛盾。所以，家长在谈心结束之后，一定要向孩子表示自己很愿意了解他们的内心世界，而且已经对孩子有了进一步的了解。

尊重孩子，不要揠苗助长

　　法国教育家卢梭说："要尊重孩子，不要急于对他做出或好或坏的评判。"

　　尊重孩子已经成为一种共识，甚至被列入世界学前教育组织的《童年宪章》中：所有孩子的公民权利应该得到尊重；任何成人都不应该剥削孩子，孩子的心、脑和身体属于自己，不能受到侵犯；每个孩子都有权在安全且有激励性的环境下游玩、学习和成长，不受到打扰和伤害……

　　家长应该尊重孩子的普通想法和意愿，更应该尊重孩子的理想和追求。

　　祖冲之是南北朝时期杰出的数学家、天文学家，可是他小时候经常被父亲责骂。

　　祖冲之的父亲名叫祖朔之，是一名小官员。为了让儿子早日成才，在祖冲之不到 9 岁时，父亲就让他背诵晦涩难懂的《论语》。过了两个月，父亲检查祖冲之的背诵情况，结果大失所望，因为他只背会了十几行。父亲非常生气，将书重重地摔在地上，愤怒地骂道："你这个笨蛋！"

过了几天，父亲气消了，严肃地对祖冲之说："只要你用心读经书，以后就能当大官，否则就不会有出息。我再教你读一遍，你要是还不努力，我决不轻饶！"

可是祖冲之对经书不感兴趣，便对父亲说："我说什么也不读经书了。"

父亲因此特别生气，用力打了他两巴掌，祖冲之因此大声哭了起来。

祖冲之的祖父刚好经过，当他了解了情况后，对祖冲之的父亲说："假如我们家真的出了一个笨蛋，你一味地打他就有用吗？能让孩子变聪明吗？孩子只会越打越笨，不可能变聪明的。"祖父还说："你经常打孩子，不仅对孩子的学习没有帮助，还会让孩子变得野蛮无礼。"

祖冲之的父亲叹着气说："我这样做也是为了让孩子成才。如果他不好好读经书，将来会有什么出息呢？"

祖冲之的祖父批评道："经书读得少就没出息，读得多就有出息？你说得也太绝对了吧！有人读了不少经书，可是一辈子只懂得之乎者也，能有什么出息呢？"

"他不好好读书该怎么办？"

"就算孩子不好好读书，你也不要硬赶鸭子上架。可以问问孩子有什么理想，引导他做自己喜欢的事，这样才能让孩子成才。"

听了祖冲之祖父的话，祖朔之不再强迫祖冲之背经书，还允许他跟着祖父到建筑工地参观。祖冲之听说不用背经书，还能到外面大开眼界，因此非常高兴。

一天，祖冲之跟祖父说，他很喜欢天文历法，以后想当个天文学家。祖父慈爱地对他说："孩子，如果这是你的理想，我全力支持你！家里有很多与天文有关的书，我先给你找几本，遇到不懂的地方可以来问我。"

于是，祖冲之开始读有关天文历法的书，并且展现出浓厚的兴趣。在祖父的支持下，祖冲之的父亲也改变了态度，逐渐开始支持儿子的理想。最后，祖冲之成为一名伟大的天文学家。

只要孩子的理想是合理的，父母就应该努力支持。不过支持孩子也要讲究方法，要充分考虑到孩子的心理承受能力。

每个孩子都有自己的理想，可是理想从树立到实现是一个漫长的过程，需要家长用心呵护。当孩子认真地说出自己理想的时候，父母应该给予合理的尊重，不要采取不理不睬的态度，也不要揠苗助长。孩子的理想很远大，可是父母因为望子成龙心切，给孩子定下一个又一个高要求，这相当于在揠苗助长。要是父母一直苛刻地要求孩子，他早晚会被沉重的压力击垮，不能顺利实现自己的理想。

家长应该在理解和尊重的基础上支持孩子，从孩子的实际情况出发，进行合理的指导。这种支持不是简单地说教，也不是强制孩子听家长的安排。如果孩子告诉你他长大后想当老师，你可以对他说："这个理想非常好，我支持你！你可以想一想，为了成为一名老师，需要做哪些事呢？"也可以这样说："很多小朋友都想成为老师，看来这是一个很受欢迎的理想啊！你告诉妈妈，为什么想成为一名老师呢？为了实现这个理想，你应该在学校怎么做呢?"引导孩子主动思考，让他为自己的理想制订一些计划。

家长应该尊重孩子的兴趣爱好，当他不喜欢家长的安排时，可以主动询问孩子："你喜欢什么活动呢?"

当孩子主动向父母表达自己的理想时，不管这个理想是否切合实际，父母首先应该肯定孩子，然后引导孩子对理想做规划。在规划的过程中，父母要根据孩子的能力衡量这个理想，让孩子自己感受实现理想的可能性。如果实现理想的可能性极低，父母可以劝孩子先放弃，但是不要说"你绝对不可能实现"一类态度坚决的话。

盼孩子成才是每一位家长的心愿，家长应该用涓涓细流慢慢灌溉孩子的理想之苗，而不是倾盆大雨。如果孩子刚刚树立自己的理想之苗，你就想让他长成参天大树，那是不可能的。

02

PART TWO

第二章

学会放手，让孩子
自己去尝试

爱孩子，就放他自由飞翔

　　大多数的父母都有望子成龙的心态，所以，在越来越激烈的社会竞争面前，很多家长为了所谓的"不让自己的孩子输在起跑线上"，选择剥夺孩子的时间，任意支配孩子的课余时间，安排他们去进行各种学习，以求帮助他们掌握更多的社会生存和竞争技能。

　　诚然，父母的初心是为了孩子好，我们的身边这样用心良苦的父母可以说比比皆是，他们不是给孩子报各种兴趣班、知识强化班，就是逼着孩子做堆成山的试卷、练习题，这些父母不是没有看到孩子的抵触和反抗，但是他们认为一时的痛苦没关系，将来一定会受益的，现在的一切痛苦都是为了孩子将来过得更好。这是多么看似正能量的想法！但这种想法却往往导致了父母与孩子关系的疏远。随着孩子的成长，他们的学业更加繁重，内心压力越来越大，需要更多自由的时间，孩子们希望能够自己支配时间，去做自己喜欢的事，这样他们才能用自己的方式释放心中的压力，真正享受到属于孩子的快乐。但也正是这个时候，往往会出现父母限制孩子的自由，而孩子以各种形式反抗的普遍社会问题。

莉莉是一名小学生，今年马上就小升初了。莉莉从小就乖巧可爱，是一家人的掌上明珠。但是这样的莉莉却并不快乐，距离小升初越来越近，莉莉的压力也越来越大。原来，莉莉的爸爸妈妈觉得自己的孩子一定不能落后于别的孩子，所以除了文化课补课之外，还给她报了各种兴趣班。每天晚上，莉莉做完作业之后，还要按照爸爸妈妈规定的时间练习画画、弹钢琴。有时候，莉莉累了或者走神了，还会被旁边监督的妈妈责备。莉莉从来都不敢在爸爸妈妈面前说，其实自己根本就不喜欢画画、弹钢琴，因为她知道，说了也只会受到更严厉的斥责而已。

莉莉最怕的就是考试，但是她最害怕的并不是自己考不好，而是害怕爸爸妈妈在考试前过度紧张，好像去参加考试的不是莉莉而是他们，而且他们会把那种紧张、焦虑传递给莉莉。在考试之前，爸爸妈妈总是会轮流跟莉莉做很多次思想工作，每次都要絮絮叨叨半天，说的都是诸如"一定要比别人付出的更多才能收获更多啊""一定要比上一次考试进步多少个名次才能对得起爸妈和老师啊""不能再比谁谁谁成绩差了"之类的，而且他们会给莉莉买一大堆的模拟试题，每天晚上轮流监督莉莉做题。莉莉说，她有时候觉得自己就像一个做题机器，一直不停地做题，爸爸妈妈只在意考试，根本不在意她是不是辛苦，好像她永远不会觉得累一样。

莉莉说，她知道爸爸妈妈是为了她好，但是这样的好让她没有一点儿属于自己的时间和空间，为什么自己不能拥有一个轻松快乐的童年呢？这是莉莉始终无法理解的。

其实莉莉就是千万个中国孩子的缩影，她的烦恼也是很多中国孩子的心声。有多少孩子，在成长的过程中承受了不该属于他们的压力！

我们当然不能否认父母的初心是好的，但是他们在打着所谓"对孩子好"的旗号强行要求孩子的时候，却往往忽视了孩子的内心需求，他们需要自由，需要释放天性，需要一个无忧无虑的快乐童年。当父母把大人的意志强加给孩子的时候，其实也是在剥夺孩子的快乐和自由。当孩子内心的压力过大的时候，就一定会有所反弹，不同的孩子也许有不同的反抗形式，表现出来的也各不相同，甚至可能危及生命，而父母到那个时候再后悔，恐怕为时已晚。

如今，很多学校都提出了为孩子减负的口号，但是真正实施起来的时候，并没有预想中的那么容易，虽然付诸了一些行动，但是效果却不尽如人意。孩子对自由和快乐的渴望与家长对孩子的期待、课业负担的过重形成了不可调和的矛盾。那么，如何才能平衡父母的期待与孩子的意愿之间的矛盾呢？我们可以从以下几个方面入手：

（1）尊重孩子的兴趣和意愿

父母给孩子报的兴趣班，如果孩子根本没有兴趣，学习的时候就一定不会用心，因此势必保证不了学习效果。相反，如果家长能尊重孩子的意愿，选择孩子感兴趣的方面有意识地培养，就更容易激发孩子内在的潜能，也能让孩子在快乐中学习，最终更有可能学有所成。

晓雨是一名四年级的小姑娘，平常十分乖巧可爱，也很听爸爸妈妈的话。但是，看似懂事听话的晓雨却有父母不了解的另一面。

晓雨曾经在母亲节的时候给妈妈写过一封信，漂亮的手工信封上，还贴着一朵小花。妈妈拿到那封信后十分激动，因为孩子虽然表现得很懂事，但已经很长时间没有跟妈妈心贴心地聊过天了，不知道在母亲节这天，她在信里会写些什么。妈妈迫不及待地打开信，孩子的字迹还是那样清秀，妈妈一字一句地读下去，刚读了几行，眼泪却止不住地掉了下来。原来，孩子的信中，根本没有一个跟感激或爱有关的字眼，全是抱怨和哭诉。晓雨在信中说，自己是一个向往自由和快乐的孩子，原本也可以拥有一个幸福的童年，但就是因为有这样的爸爸妈妈，才会让她的童年变得不自由、不快乐，每次晓雨去上各种补习班都是被爸爸妈妈生拉硬拽去的，他们从来不问她愿不愿意去。信中还说这样的生活让她感到身心疲惫，无力承受。

晓雨小小年纪，甚至说出了"生活有什么意思"这样的话，妈妈对此始料未及。她不知道自己无私付出的母爱，原来给了孩子那么深的伤害。自己所做的一切竟然成了让孩子失去快乐的罪魁祸首。虽然孩子小，有些话说得不知轻重，但是这已经足够引起妈妈的反思：是不是自己真的太独断专行，没有考虑到孩子愿不愿意接受？

妈妈将这封信读给爸爸听，爸爸也很心痛，他们从来都没有发现，自己在为人父母上居然如此失败。也是第一次知道，尊重孩子的意愿，不逼迫孩子，才是为人父母的真智慧。

（2）给孩子充足的休息时间

成年人懂得劳逸结合，会在疲惫的时候通过各种方式调整自己的状态，其实孩子也会疲劳，父母也应该给孩子留有充足的休息时间。每个人的精力有限，适当地休息可以帮助人们更好地进入下一个阶段的工作或学习。在孩子经历了一段时间高强度的学习后，父母一定要有意识地给孩子安排合理的休息时间。对于一个已经上学的孩子来说，假期是他们最渴望的，所以一定不要在假期里给孩子安排过多的辅导课程，更不要让孩子每天生活在试卷和习题堆里。如果能够利用假期带孩子外出接触一下大自然，让孩子在自然中远离学习的压力，也是一种不错的休闲方式。休息好了身心，才能更好地迎接下一阶段的学习。

（3）没必要对游戏说"NO"

很多家长都是"谈游戏色变"，他们普遍认为玩游戏对孩子百害而无一利，尤其是现在的网络游戏，充斥着很多不良的内容。诚然，网络游戏确实存在着一些负面的内容，但我们不能因此以偏概全，忽略那些有益于孩子智力发育或培养孩子某方面能力的游戏。我们完全没有必要绝对禁止游戏。

孩子爱玩游戏是他们的天性，而且在游戏的过程中，他们的逻辑思维能力、动手能力等也得到了训练。老舍也曾经表达过对孩子玩游戏的看法，他认为，该让孩子玩游戏，甚至可以鼓励孩子玩游戏，坚决不能禁锢住孩子，因为拒绝孩子玩游戏而让他们失去原有的天真。当然，现代社会的游戏五花八门，内容和水平也参差不齐，家长可以有选择地让孩子进行接触，并且合理地安排游戏的时间和强度，甚至可以和孩子一起玩，一起讨论，和孩子共同参与到游戏中来，体会游戏带来的快乐。这样，不仅可以让孩子的身心得到放松，亲子关系也可以因此进一步增进。

　　爱孩子，就要尊重孩子，给他们足够的自由。每个孩子都有属于自己的一片天地，就像每一只雏鹰迟早要离开巢穴，我们要放开双手，让他们像鹰一样去勇敢地探索，只有酸甜苦辣、喜怒哀乐都经历了，孩子才能成长为有眼界、有远见的人。给孩子广阔的空间，让他们心无挂碍地去闯荡，去成长，让孩子拥有快乐的童年，也拥有幸福的人生。如果你不知道如何让孩子更快乐，那就先学会放手，给孩子自由吧！

空间有多大，孩子的心就有多宽广

很多父母在孩子的成长过程中都会发现，曾经与自己亲密无间的孩子，随着年龄的增长，似乎与自己有了越来越多的距离感，他们的东西不允许父母乱碰，房间也不愿意让父母随时进，其实这并不是孩子与父母的感情疏远的表现，而是孩子长大了，他们需要一个独立的空间，父母应该学会尊重他们。

吃过晚饭以后，绣绣正在自己房间里写作业，突然，门开了，妈妈走了进来，还没等妈妈开口，绣绣就气急败坏地对妈妈吼道："你干吗？为什么进别人的房间不敲门呢？"妈妈一听顿时火冒三丈："我就是想来问你要不要吃水果，难道我关心你还有错了？再说了，我是你妈，进你的房间还要敲门吗？"绣绣站起来，把妈妈推出了门，"砰"的一声把门关上了。妈妈在门外既生气，又委屈。妈妈始终都不明白，自己为孩子做了那么多事，时时处处关心她，可是现在连她的房间都不能进了，这才多大的孩子，再长大一点儿还了得，岂不是要跟父母反目成仇吗？妈妈越想越生气，一晚上都没有睡好觉。

绣绣在自己的房间里也郁闷得不行，她知道妈妈是为自己好，也知道自己那样说话是不对的，可是她不知道用什么方式告诉妈妈，她需要自己的独立空间，不想时时刻刻都生活在父母的"监视"之下，她希望自己能好好地跟父母沟通，但是也希望他们能尊重自己。以前绣绣做作业的时候从来不关门，但是很多次她正在认真地做作业时，背后却突然传来一个声音："这道题做得对吗？做得一点儿也不认真！"绣绣这才发现妈妈站在自己的身后，妈妈经常这样站在她的身后监督她写作业，但越是这样，绣绣就越不能静下心来写作业，后来她就开始关门了。对绣绣来说，这一次的爆发其实是之前很多小事情的积累造成的，虽然她知道伤害了妈妈，但是说出那句话，心里莫名地轻松了一点儿。

其实生活中很多家长都会遇到这种困扰，孩子试图与家长建立空间上的距离，但这并不是因为他们与父母的感情有所疏远，而是因为他们希望得到足够的尊重。明白了这一点，家长就应该知道，适当地与孩子保持距离，对大人和孩子都是有好处的。主要应该从以下几个方面注意：

（1）空间规避

随着孩子年龄的增长，他们需要拥有自己的空间，所以父母不用执着于给孩子亲密无间的保护，让他们独立地解决问题，有助于培养孩子的生活独立性。

（2）隐私空间

父母会发现，随着孩子年龄的增长，他们开始有了秘密，比如说日记，他们不希望父母看到，父母就应该学会尊重。

（3）性别空间

当孩子对性别的认知有所提高的时候，父母应该注意与孩子之间的距离，女孩与父亲或男孩与母亲之间应该有一定的性别空间。

（4）情感规避

有些孩子在情绪低落，或者心情不好的时候，往往会躲到一个角落里默默地哭泣，或者是喜欢独自消化这种坏情绪，这个时候，父母应该注意适当地给孩子空间让他们自己恢复，不要时时刻刻跟在孩子身后，一副"你的小心思不可能逃过我的眼睛"的样子，这样会让孩子觉得自己的情感世界不被尊重。

（5）个人需要规避

父母作为孩子的监护人，应该对孩子起到监护作用，但是如果孩子提出独自解决问题的要求，父母也应该做到尊重他们。

父母应该给孩子一个相对温馨的家庭环境，为他布置一个独立的空间，这是培养孩子独立能力的一个重要因素。当孩子拥有了一个属于他们自己的隐私的空间，他就可以不必考虑父母的期待，而是按照自己的内心想法处理一些事情，或者是对自己的空间进行布置，这些都可以让孩子有一定的成就感。当孩子得到父母足够的尊重，他们反而更愿意将自己的想法与父母分享，亲子之间的关系也会变得更加和谐。

当然，给孩子独立的空间，并不是对孩子不管不问，我们应该对孩子的情绪有足够的关注，同时又给他们自己解决问题的机会。那么作为父母应该如何尊重孩子，给他们一个独立的空间呢？

首先，我们要设身处地地理解孩子，体会孩子的感受。很多父母喜欢以长辈的身份，对孩子进行所谓的指导和教育，但是，在孩子的眼中，这很有可能是一种颐指气使的态度，反而是不受孩子喜欢的。随着孩子年龄的增长，他们的独立意识越来越强，自我感知外部世界的能力也越来越强，这个时候父母就不能再像小时候一样对待孩子，而是应该站在孩子的立场上，体会他们的感受。

其次，父母不能过多地干涉孩子。对于一些思想比较独立的孩子，如果父母仍然过多地干涉他们的一言一行，往往会让孩子觉得没有得到足够的尊重，不能在独立的空间中自由地呼吸。

总之，孩子不是父母的附属品，父母不能时时刻刻监视孩子、掌控孩子，而应该给孩子独立的空间，让他们拥有一定的自由。

爱孩子，不是"禁锢"他的借口

老鹰可以在天空中自由自在地翱翔，一双犀利的眼睛让猎物闻风丧胆，但是老鹰的强大不是与生俱来的，而是在很小的时候，就要被鹰妈妈赶出巢穴，独自练习飞翔捕食。

狮子被称为草原之王，它们之所以有这么强的战斗力，除了本身的体质以外，还因为它们从小就练习捕食。幼小的狮子如果因为害怕或力量太小铩羽而归，甚至会遭到父母的抓咬来作为惩罚。

羚羊虽然比不上很多猛兽强壮，但是独一无二的奔跑能力总是能让它们在敌人的追击下顺利逃生，因此在草原上拥有一席之地。羚羊的速度也是被妈妈逼着练习才有的。

动物界遵循"弱肉强食"的生存法则，它们面临着巨大的生存压力，不得不练就一身过人的本领。父母在这个过程中除了引导以外，还起到了很大的督促作用。

反观我们人类，同样处在竞争激烈的世界，但是我们的孩子是否太过于养尊处优了？太多的孩子"衣来伸手，饭来张口"，在父母的呵护下安稳生活，却没有一点儿独立生存的能力，这是多么可悲的事情！

琳琳从小学习成绩就很好。爸爸妈妈为此十分骄傲，琳琳在班上也受到很多老师的喜欢。但是只有一件事让老师感到头痛，那就是每次班级里进行大扫除的时候，琳琳都是在一边站着，从来不会主动上前帮其他同学，甚至是给琳琳布置好了打扫的任务，她也无动于衷，即使别的同学请琳琳一起帮忙，她也只是拿着工具做做样子。

老师曾经跟琳琳沟通过，告诉她这种活动要与其他同学一起参与，可是琳琳始终都满不在乎，后来才说出原因，原来琳琳在家从来都不做家务，哪怕只是简单的扫地、擦桌子，甚至是自己的衣服都从来不动手洗。爸爸妈妈告诉琳琳："你只要负责学习就好了，其他什么都不用管。"所以，在琳琳家里经常是这样的场景：琳琳在书房写作业，饭做好了，妈妈叫琳琳吃饭。吃完饭以后，琳琳又去读书。爸爸为琳琳削好水果，准备好酸奶，端到琳琳的桌子上。妈妈掐着表算着琳琳学习的时长，需要休息的时候就把琳琳叫出来休息一下，休息完了继续学习。

琳琳的数学成绩很好，有一次需要去外地参加一个比赛，其他孩子都是由老师带队一起去，只有琳琳单独行动，爸爸妈妈组成了陪同比赛两人组，与琳琳同吃同住，连考试用的铅笔都提前给琳琳削好。琳琳如愿以偿地考了不错的成绩，爸爸妈妈激动不已，老师和同学们看在眼里，却觉得这样的爸爸妈妈很少见。

琳琳已经是初中生了，但是经常找不到自己的衣服在哪里，甚至自己不会去超市买东西。

很难想象，以后琳琳读了高中，甚至上了大学，当她一个人到远方求学的时候，她自己要怎么独立地生活。也很难想象，这样爱孩子爱到要捆绑孩子的父母又如何教给孩子什么才是真正的长大。

很多家长会认为，孩子的任务就是学习，学习好了就是一切，所以他们愿意替孩子做一切事情，毫无怨言。但事实上，这看似伟大的父母之爱背后，藏着多少无知！与人沟通的能力，融入社会的能力，独立解决问题的能力，这些都是孩子们必须习得的能力，如果一个孩子不能掌握这些能力，哪怕学得再好，在人们眼中再优秀，最后也只会成为"高分低能"的伪学霸而已。

家长为孩子付出是人之常情，但是我们的初心是爱孩子，而不是害孩子，为什么仍然有些家长不懂得"溺子如杀子"的道理呢？当我们为孩子大包大揽的时候，有没有想过孩子其实也想独当一面？当我们让孩子在温室里享受的时候，有没有想过温室以外的严霜会让刚进社会的孩子遭遇莫大的打击？当我们替孩子遮挡了所有的风雨，就是挡住了孩子的成长之路，我们养大的只是一个四肢健全的人，而不是一个独立于他人之外的有尊严的生命个体。

小满从小就喜欢热闹，无论是公园，还是游乐场，或者超市，只要是人多的地方，就都是他的乐园。小满是家里唯一的孩子，爷爷奶奶、爸爸妈妈都十分宠爱他，但是两代人宠爱孩子的方式却不一样，小满跟爷爷奶奶或爸爸妈妈在一起时的表现也完全不同，这一点，在小满跟着大人去超市时表现得尤其突出。

跟爷爷奶奶去超市的时候，小满撒了欢一样地四处乱跑。爷爷奶奶跟在后面，稍不留神，小满就不知道跑到哪里去了，爷爷奶奶常常要在超市里转很久才能找到他。更让爷爷奶奶无奈的是，小满喜欢玩具和零食，每次去超市都要买一堆，而且很多玩具都是家里已经有的，很多零食也是家里堆了很多没有吃完的。爷爷奶奶好言好语地劝小满，小满却嘴一噘，根本听不进去。爷爷奶奶实在不给买的时候，他就使出自己的撒手锏——往地上一坐，哇哇大哭。爷爷奶奶既生气又无奈，只好由着他的性子来，所以，最后往往就是买了一堆玩具和零食。

但是，当小满跟爸爸妈妈去超市的时候，却好像换了个人一样，不仅不哭不闹，而且从来不会带很多没用的东西回家。

原来，每次爸爸妈妈带小满去超市，都会提前和小满商量好，今天需要采购的东西有哪些，预算是多少。属于小满的物品有哪些，预算有多少。而且，爸爸妈妈会额外给小满十块钱自由支配，让小满自己决定买什么东西。他可以选择文具、玩具、食品，或者任何别的东西。有了这十块钱的自由，小满好像一下子变成了小大人一样，紧紧攥着钱，在超市里认真地看着货架上的商品，有时候嘴巴还会嘟嘟囔囔地算账，算不过来的时候还会请教爸爸妈妈。

每次跟爸爸妈妈从超市回来，小满没有花多余的钱，却非常满足和快乐。甚至有一次，小满花了仅有的十块钱买了一块小蛋糕送给妈妈，因为那天刚好是妈妈的生日。爸爸妈妈都为小满的懂事感到欣慰。

很多事情，家长不愿意让孩子去做，一方面是不想让孩子太辛苦，另一方面是觉得孩子根本就做不好。但事实证明并非如此，当我们真正地让孩子自己做主的时候，会发现孩子有他们自己的思考方式，也会有自己解决问题的方法。只有让他们自己动手操作，他们才会体会到父母的艰辛，而这对他们来说也是一次锻炼的机会。经常锻炼孩子，会让孩子收获成就感，也会让父母更轻松，甚至能从中发现以前从未察觉到的孩子的变化。

总之，作为父母，千万不要用"爱孩子"的名义去禁锢孩子，要把他们当作小鸟，解开束缚他们翅膀的绳索，让他们去寻找更广阔的天空。

不经历风雨，怎能见彩虹

　　孩子的成长过程中总会遇到数也数不清的困难和挫折，或许孩子会对这种种磨难感到焦躁、沮丧，但磨难对于孩子来说终归是好处大于坏处，因为挫折是孩子最好的老师。孩子如果能够用良好的心态去面对并战胜这些困难，就可以逐渐建立起自信心，增长能力。作为父母，我们应该告诉孩子：你一定能行，没有什么困难是解决不了的。

　　孩子的抗挫折意识表现在看待困难和克服困难这两点上，因而这两点也正是需要家长对孩子进行教育的地方。克服困难是一个漫长的能力增长的过程，这需要孩子在成长中慢慢锻炼，父母目前首先要做的就是培养孩子看待困难的态度。面对困难，孩子只有毫不惧怕，有良好的心态，才能很好地去克服困难，进而有信心打倒困难。这样，父母在这方面的教育才算成功。

　　8岁的阳阳已经是小学二年级的学生了，由于爸爸妈妈工作非常忙，阳阳从小跟着爷爷奶奶在农村生活。但是孩子的教育不能耽误，为此阳阳的爸爸妈妈已经换了工作，还帮阳阳转学去了自己工作的城市。

阳阳转学过来一个月就深深体会到了两个学校的巨大差别，之前的学校三年级才开英语课程，但是这个城市的学生们从小就在接触英语了，这对阳阳来说是一个巨大的挑战。阳阳很聪明，在之前的班里成绩名列前茅，但是转学后接触了陌生的英语，根本跟不上进度，成绩自然很差。

回家后，阳阳非常郁闷地把英语试卷拿给爸妈看，35分，看到妈妈皱了一下眉头，他当即哭了出来，说："我觉得英语就跟天书一样，我学不会。别的同学很早就开始学英语了，老师讲课的难度和他们是同步的，我差得太远了，我根本听不懂。"妈妈听了赶紧搂过宝贝儿子，说："我们阳阳很聪明的，英语成绩不好只是暂时的，你现在这么着急就说明你很努力在学，这已经很好了。其实英语没有多可怕，只要多读、多背、多写，比别人多用功，就一定能学会。从今天开始爸爸妈妈会带着你学英语，你只要比别人多下功夫就一定能赶上你的同学们。阳阳已经上小学了，是个小男子汉了，不能因为这点儿小困难哭鼻子，有困难了，我们就迎难而上，妈妈相信阳阳只要付出努力就一定能战胜这个小困难。"

阳阳听了妈妈的话，又看到爸爸鼓励的眼神，停止啜泣，坚定地说："我一定可以！"从这天开始，他每天回家都捧着英语书戴着耳机学英语，有问题就去找爸爸妈妈解答。通过坚持不懈的努力，阳阳在期末考试中英语居然考了77分。虽然分数不算高，但是已经让大家刮目相看了，同学们纷纷问阳阳是怎么做到在这么短的时间内提高成绩的，阳阳挺起胸膛，自信地说："只要努力就一定能战胜困难，妈妈告诉我的！"

阳阳是个非常棒的孩子，他的妈妈也是一位非常懂得教育孩子的家长。不过，现实生活中与案例相反的事情多如牛毛，有的家长将孩子看成易碎品，从小娇生惯养，要什么给什么，这样的家长让孩子顺风顺水地长大，却忘记了挫折教育。温室里的花朵是经不起外面的风吹雨打的。其实，真正对孩子好的教育是帮孩子更好地积累经验，孩子只有学会自己去面对生命中的各种挫折和困难，并学会去解决困难，才能逐渐建立起自信，成长为优秀的人。

很多时候，孩子不知道怎么去面对和解决眼前棘手的问题，往往习惯性地将头转向父母，求助道："爸爸妈妈，这个要怎么处理啊？我不会！""爸爸你帮我做吧，我不敢！"每当碰到这种情况，父母都会很头疼，犹豫着要不要帮孩子解决问题，要不要下次直接让孩子避开这些困难。

其实，答案应该是否定的。父母要让孩子自己成长，父母要做的只是在孩子还不懂得面对困难的时候，鼓励孩子，给孩子信心和勇气，帮孩子端正态度，对孩子说："这些小困难并不可怕，你一定能克服它。"家长不必过于担心，因为孩子在一次次遭遇困难，并自己想办法应对的过程中，会积累属于自己的经验，这都是孩子最宝贵的财富，对他养成坚强的性格和学会处理问题的方式都大有好处。

那么家长应该用怎样的方法才能培养孩子不惧怕困难的

品质呢？

（1）多肯定、鼓励孩子

孩子遇到困难，很容易感到害怕无助，这时，父母应该给孩子送去关心和鼓励，并且给予适当的帮助。应对困难的过程中，父母不要因为孩子的失误而愤怒地指责孩子，也不能说一些消极否定的话，应多说一些积极肯定的话，这样孩子就算只做出了一点儿成绩也会信心大增，从而慢慢学会如何去应对未来的各种困难和挫折。

（2）培养孩子对待挫折的正确态度，提供锻炼的机会

一般情况下，孩子在面对挫折和失败时，会出现一些恐惧、放弃、沮丧等消极情绪，往往缺少一个正确的态度。此时，父母应该抓住这个难得的锻炼孩子的机会，培养孩子积极的心态，让孩子敢于大胆面对挑战，同时提高孩子应对困难的能力。面对孩子的退缩，父母不能纵容，更不能一手帮孩子解决所有前进的阻碍。

（3）有意识地让孩子经受一点儿失败

每个人的一生都要经历大大小小的失败，有的父母看不得孩子经历失败，连玩游戏都有意迁就孩子让孩子赢。事实上，这样做对孩子没有什么好处，离开家庭之后是没有什么人会毫无条件地"让"着自己的孩子的。与其让孩子被措手不及的失败打击得晕头转向，不如在可控制的范围内，有意识地让孩子体验一些失败的滋味，可以借此机会锻炼孩子的内心。所以，家长让孩子有一些失败的经历，孩子会在困难中逐渐长大。这才是家庭教育的主要任务。

　　以上这些方法都能够帮助家长锻炼孩子勇敢地应对挫折。其实，父母大可以放心地将孩子交到挫折手中。没有哪一只雄鹰没有经历过幼时的断翅之痛就能翱翔天际，也没有一个孩子能够一生幸运地在温室中成长，不经历风雨的洗礼。父母做不了孩子永远的保护神，但是父母可以成为那个用挫折锻炼孩子成长的人，也可以成为默默鼓励孩子并给孩子提供应对方法的人。挫折是孩子的老师，父母教会孩子懂得这个道理，在挫折面前，孩子才能不被打垮。

探索未知，让孩子放肆成长

孩子的好奇心，能帮助他打开科学的大门；而孩子的探索精神，能帮助孩子走上科学之路。孩子越好奇，就越勤于动脑，思路就变得越开阔。但是，仅仅动脑是不够的，还要"动手""动身"，积极探索并解决自己的疑问，才算真正掌握了知识。

著名的"猴子理论"告诉我们呵护孩子的探索精神有多重要：

五只猴子被关进一个笼子里，笼子顶上悬着一个梯子，梯子上有一串香蕉。香蕉挂得很低，猴子伸手就能摘到。但是，每当有猴子试图去摘香蕉时，都会触发机关，被泼一身冷水。过了一段时间，五只猴子都老实了，再也不打香蕉的主意。这时，用一只新猴子替换掉一只老猴子，当新猴子准备去摘香蕉时，立刻会被四只老猴子打一顿。这样，新猴子很快也不敢去碰香蕉了。随后，依次替换掉剩下的四只老猴子，五只新猴子谁也没有被水泼过，但是全都不敢去碰那串香蕉，因为它们都认为只要碰就会被其他猴子打。

很多父母就像那几只被水泼过的猴子，总是根据自己固有的经验教育孩子。当孩子伸手去进行某项探索时，他们会立刻阻止，唯恐孩子也被"泼水"。这样的结果是让孩子做起事来小心翼翼、畏首畏尾，缺乏探索精神和冒险精神。虽然回避了一些风险，但同时也会与许多机会失之交臂。缺乏了探索精神，也就没有多少创造性，孩子很容易变得碌碌无为，无法享受"无限风光在险峰"的乐趣。

这样的情形并不少见：孩子第一次见红彤彤的辣椒，以为是什么好吃的，嚷嚷着要吃，家长立刻将辣椒拿走，并告诉孩子："辣椒太辣了，小孩子不能吃的。"孩子第一次看到没有削皮的菠萝，被它奇怪的样子吸引住了，伸出小手想摸一下，家长立刻拉住他的手，告诉他："菠萝皮上有刺，扎一下可疼了。"这样，孩子没有经过动脑筋探索和伸手实践，立刻知道了结果。表面上保护了孩子，还让他知道了一些道理，但孩子探索未知事物的精神却受到了压制。长此以往，孩子会习惯等别人告诉自己"那是什么""该怎么做"，自己却变得什么都不敢尝试、什么都不想尝试。

那么，正确的做法是什么呢？还以上面两件事为例。孩子想尝尝辣椒，就给他一个小的，嘱咐他轻轻咬一小口，孩子八成被辣得哇哇直叫，这时可以告诉他："这就是辣椒的味道，非常辣吧？快去喝口冰水，会好一些的。"孩子想摸菠萝，就告诉他可以轻轻摸一下，孩子稚嫩的小手会被刺得生疼，这时告诉他："真了不起，你发现了菠萝会刺手。"孩子在家长的鼓励下，探索精神和冒险精神都得到了提升。

那么，作为父母，要怎样培养孩子的探索精神呢？

（1）善于呵护孩子的好奇心

前面已经说过，孩子对某个事物好奇，才会产生思考，进而产生探索的欲望。所以，鼓励孩子勇于探索，首先必须呵护孩子的好奇心。

（2）发现孩子"破坏"行为中的创造成分

很多孩子都有拆掉家里小物件的经历，这是孩子思维活跃、勇于探索的表现。父母不能轻率地将这种行为定性为"破坏"，而是要看到孩子行为中的闪光点。建议在肯定和鼓励其探索行为的基础上讲清道理、提供答案。此外，父母还要尽可能地提供一些较为安全的机械或电器，例如坏了的钟表之类来供孩子探究。

（3）激发孩子的思考和想象力

父母要抽出时间和孩子交谈，努力激发孩子的思考。交谈时要尽量谈及一些可供孩子独立思考的问题，不要代替孩子去思考。孩子多思考一些天马行空的东西有助于提升想象力，父母要努力配合。此外，还可以让孩子通过画画等行为提升想象力，让孩子的视野变得更宽更广，这样探索精神就会随之得到提升，探索的目标也会更深入。

父母要尽一切努力保证孩子的安全。但是，保证孩子的安全并不是让孩子永远生活在家长的翅膀之下，所以，在保证安全的基础上，还要大胆鼓励孩子去探索、去冒险，去体验陌生的事物，不能让孩子变成永远飞不起来的鸟儿。

03

PART THREE

第三章

溺爱会将孩子推向深渊

不要让孩子在溺爱中沦丧

　　每一对父母都希望自己的孩子成才，也都知道家庭教育对孩子成长的重要性，几乎没有父母会对孩子的教育问题听之任之，但是，如何教育孩子却是自古以来对父母的一种严苛考验。不同的父母会培养出不同的孩子，不同家庭环境下成长的孩子也会走向不同的人生。

　　作为父母，爱孩子是人之常情，但是如何爱孩子，不同的人有不同的理解，也有不同的做法。想要让孩子成长为一个有责任感、意志坚强、经受得了磨难的人，就要"狠心"地让孩子吃苦，在逆境中磨炼，而不是把孩子捧在手心，养在温室，虽然短暂地给了他们安逸的生活，却剪掉了孩子独自飞翔的翅膀，让他们变成了脆弱自卑的人，经受不住生活的考验。我想，这是所有父母都不愿意看到的结果。溺爱，不一定能让孩子更快乐，但一定会让孩子养成依赖别人的性格，养成逃避责任的习惯，形成脆弱的心理。

　　由于蕾蕾的爸爸妈妈平常工作比较忙，所以蕾蕾从几个月大的时候就由奶奶照顾，但是随着蕾蕾一天天长大，爸爸妈妈和奶奶之间却因为蔷蔷的教育问题出现了很多矛盾。很多育儿观念上的差别都是爸爸妈妈和奶奶之间的矛盾点，最集中的还是奶奶对蔷蔷过度宠爱的态度，爸爸妈妈很难接受。奶奶是个非常细心的人，对蔷蔷的照顾更是无微不至，甚至经常被蔷蔷欺负得哭笑不得，也从来不说一句重话，年纪尚小的蔷蔷，已经出现了"唯我独尊"的苗头。

蔷蔷的奶奶最怕的就是蔷蔷哭，委屈巴巴的样子让奶奶无比心疼，所以，只要蔷蔷一哭，奶奶就会满足她所有的要求，无论合理还是不合理。蔷蔷不小心摔倒的时候，奶奶总是急匆匆地跑过去，一边扶起蔷蔷一边"心肝宝贝"地安慰着，蔷蔷的爸爸妈妈希望孩子能在遇到这种事情的时候自己勇敢地站起来，养成良好的性格，但是每次与奶奶沟通这些问题，奶奶总是说："孩子还小，做大人的怎么可以这么狠心呢？你不帮她就算了，还让她自己站起来，不觉得对孩子来说太残忍了吗？"因此，每一次这种争吵都会在不愉快的氛围中结束，而蔷蔷也因为奶奶这样的溺爱，变得越来越没有独立性，越来越骄纵，甚至学会了用哭闹的方式威胁大人。

有一次，幼儿园里组织演出，蔷蔷要跟其他的同学配合进行童声合唱。原本排练的时候表现很好，但是要进行演出的前一天，蔷蔷却在家发起了脾气，说讨厌合唱的同学，她不想唱了。爸爸妈妈都劝蔷蔷，既然已经排练了那么久，一定要克服困难完成这个任务，但是蔷蔷说什么都不同意，就是不想唱。后来奶奶看蔷蔷实在不愿意，眼看着都要哭了，便拦在爸爸妈妈的面前说："既然孩子不愿意就不要勉强她了，不唱就不唱嘛，一个活动而已，有什么大不了的！"说完就抱着蔷蔷去房间了，爸爸妈妈只能无奈地叹息。

其实，这个故事中的蔷蔷并没有遇到什么实质性的困难，只是因为一点儿小事就想要逃避，这是任性的表现，也是一种没有责任心、心理脆弱的表现。虽然蔷蔷的爸爸妈妈对孩子的期许是好的，希望她更坚强勇敢一点儿，但是他们对孩子的教育时间太少，所以蔷蔷基本上一直处在被奶奶溺爱的环境之中，养成这样的性格也在所难免，爸爸妈妈也无所适从。

长期被溺爱的孩子，在家里往往会表现得嚣张跋扈，走上社会以后，常常会出现很多问题，比如与他人沟通不畅，缺乏自信心和自制力，甚至会出现胆小怕事、唯唯诺诺的情况，这些都是溺爱带来的负面影响。也许，溺爱已经渗透到了家庭的方方面面，对很多家长来说都是习以为常的小事，但它带来的不利影响却是难以估量的，甚至会影响到孩子的一生。所有的家长都应该意识到，溺爱孩子就是伤害孩子，溺爱只会让孩子变得更加软弱，把他们推向更多的人生困境。

孩子需要理性宠爱

萌萌是一个 9 岁的小女孩，她每天上学的时候，她的妈妈都会给她带一个剥了皮的鸡蛋，以便让她午饭的时候享用。有一天，妈妈因为一些意外情况，忘记了给孩子剥鸡蛋皮。中午吃饭的时候，萌萌竟然犯了难，不知道该怎么吃这个鸡蛋，最后只好无奈地带回了家。

现在生活条件好了，很多家长纷纷选择"富养"孩子。但是，"富养"孩子并不意味着家长可以无限度地给予孩子充裕的物质条件，更不代表着家长时时需要给孩子提供保姆式的服务。如果家庭里的每一位妈妈都像案例中的妈妈那样，觉得孩子小，什么也干不了，事事为孩子包办，那么孩子怎么会有独立的生活能力来应付未来生活中的种种挑战呢？

古语有云："父母之爱子，则为之计深远。"何谓深远？就是不能打着"爱"的旗号，剥夺孩子基本的生存能力。在日常的生活中，叠被、铺床、穿衣、系鞋带等简单的活儿，父母能少帮则少帮，只要是在孩子能力范围内的事，不妨让他自己来。

　　如果你觉得孩子生下来就该被疼爱，就该被宠成小公主、小皇帝，那你就大错特错了。包办式的抚养会让孩子产生依赖、滋生惰性，而且这种毛病一旦形成，他在学习上也很难独立思考，于是不动脑筋而去抄答案的现象也会紧随而至。另外，有了衣来伸手、饭来张口的生活，他就会觉得求知失去了意义。既然什么都有父母准备着，自己为什么还要傻傻地去学习、去奋斗？所以，满足孩子渴望被爱的心理没有错，想要尽力护孩子周全的疼爱之心也没有错，但是具体落实到行动中时就得保持一定的理智，切勿因为自己的过度宠爱让孩子失去了基本的生活能力。

　　其实，家长如果不大包大揽，孩子劳动的积极性还是很强的。只要稍加引导，孩子就很乐意去做一些自己力所能及的事情，比如缝纽扣、洗碗、买菜、洗衣服、叠被、扫地等。劳动不仅能给孩子带来成就感和幸福感，还能培养孩子为家庭尽责、为他人服务的责任感。另外，孩子在增强生活自理能力的同时，还能磨砺意志、增强做事的耐心，更能体会父母的不易。这样一举多得的好事，父母为什么不选择放手让孩子去做呢？

　　聪明的家长懂得理性宠爱孩子，而愚笨的家长则只会一味地把孩子呵护在自己的双翼之下，白白让孩子失去成长的机会。关于溺爱的悲剧，从古至今都不少见。下面悦悦的经历就是一个生动的例证：

　　悦悦从小就是泡在蜜罐里长大的，直到她上幼儿园的时候，还没有养成独立进食的习惯。幼儿园老师一边喂她吃饭，一边抱怨道："这小姑娘长这么大了，还不会自己动手吃饭，真是笨呢！"后来，这话传到悦悦妈妈的耳朵里，妈妈二话不说就怒气冲冲地跑到幼儿园和老师大吵起来，她责骂老师："我的女儿这么可爱，你怎么能这么说她呢？"老师对此深表无语。后来，妈妈担心老师继续责难女儿，索性给孩子退了学，领回家自己教育了。

后来，妈妈依旧像一个无所不能的卫士一样，守护着自己的女儿，什么都替女儿操心，这就导致悦悦上了初中连系鞋带这样的小事都做不好；又由于妈妈把悦悦保护得太好了，只要学校谁敢对悦悦说个"不"字，妈妈就会立刻去找那个人的麻烦，这就导致大家都对悦悦绕道而行。久而久之，悦悦身边没有一个能说得上话的朋友，她的性格越来越孤僻。上了高中之后，因为离家远，悦悦过上了住校生活。没有了妈妈的帮助，一切都得靠自己打理，而严重缺乏生活经验的她，这也不会做，那也不会做，因此把自己的生活搞得狼狈不堪，同学们见悦悦还像一个吃奶的孩子一样，什么都不会，纷纷投来了轻视的目光。

悦悦忍受着别人的嘲讽，看着自己一团乱麻的生活，心里难过极了，她经常一个人躲在角落里默默流泪，始终不愿和别人打交道。这种自我封闭的状态持续没多久，她竟然精神上出现了问题，有的时候还出现了一些幻觉。学校见此情况，把悦悦劝退了。回到家中，妈妈看着神情呆滞、自言自语的悦悦，后悔莫及。

显而易见，上述案例就是不理智疼爱孩子造成的悲剧。

家长们一定要引以为戒，避免这样的悲剧在自己和孩子身上上演。

作为父母，要想让孩子健康、快乐地成长，就要让自己的爱有所保留，即把对孩子的爱"藏"起来一半，这就是理智的宠爱。

聪明的父母一般都懂得这样疼爱自己的孩子：

（1）教育孩子动手做事

瑶瑶从小就特别独立，从她 1 岁开始，妈妈就培养她独立进食的习惯；到了 3 岁的时候，穿衣服、刷牙、洗手等简单的事，瑶瑶自己就能做好；从 4 岁开始，妈妈就让瑶瑶帮着收拾碗筷、擦拭饭桌；到了五六岁，瑶瑶承担起了家里扫地、倒垃圾的活儿。

刚开始做家务的时候，瑶瑶做得并不是很好，妈妈就耐心地教她怎么样用力才能把地板打扫干净。后来，不用妈妈要求，瑶瑶主动承担起了家里的清洁工作。瑶瑶乖巧懂事的模样受到了周围一众人的称赞，大家无不羡慕地对瑶瑶的妈妈说："你真是好福气啊！有这样一个勤快体贴的女儿！"

其实，与其说瑶瑶的妈妈有福气，倒不如说她教女有方，把瑶瑶培养成了一个健康、独立、受人欢迎的优秀孩子。如果你也想要把女儿培养成令人艳羡的"别人家的孩子"，那么请不要担心孩子年龄小、能力弱，也不要怕孩子做事慢、费时间、帮倒忙，成长不是一蹴而就的，你需要给孩子一点儿动手学习的时间，这样他才能成长为一个独立自主，且有责任心的孩子。

(2) 不以孩子为中心

冉冉是妈妈在 40 岁高龄时才艰难生下来的孩子。作为家里的独生女,冉冉自是被所有的人宠上了天,不管有什么好吃的,大家都先尽着她,爷爷奶奶更是把她当成了小公主,事事依着她,不让她受半点儿委屈。有一回,爷爷生病住院了,妈妈带冉冉去医院探望。坐下后,冉冉突然要求爷爷像往常那样驮着她"骑大马",妈妈再三跟冉冉说:"爷爷生病了,身体弱,我们应该让爷爷休息。"但冉冉依旧不依不饶,带着哭腔说:"我不管,我不管,我就想让爷爷给我骑'大马'。"这时,妈妈才意识到孩子被娇惯坏了。

回家后,妈妈反思了很久,她意识到大家平时就是太以冉冉为中心了,以至于她到现在都不懂得体谅别人。后来,在妈妈的提议下,大家纷纷开始调整教育孩子的模式。慢慢地,冉冉任性蛮横的行为改进了不少,不再像以前那样以自我为中心了,有的时候她还会主动给爷爷奶奶削苹果,帮妈妈做家务。看着冉冉的表现,大家都露出了欣慰的笑容。

如今很多家庭都在围着孩子打转,只要孩子需要,家长一定会牺牲自己的时间和精力去成全孩子的愿望。然而,这样无私的爱并不能换来孩子的感恩,反而助长了其自私自利的心理。作为父母,一定要警惕这种情况的发生,平时多和家里人沟通,争取达成一致的教育理念,大家都以一颗平常心对待孩子,不让其事事搞特殊,这样才能给孩子提供一个健康成长的平台。

（3） 不要为孩子的过错推卸责任

梅梅是一个五年级小学生，也是大家避之不及的"霸王花"。她经常在班里抢别人的学习工具，还动不动就欺负弱小的同学。有一回，她不小心踩了同学一脚，头也不回地走开了，后来那个同学不服气，瞪了梅梅一眼，梅梅非但没有为之前的行为道歉，反而上去就薅那个同学的头发。

班主任把梅梅的妈妈找来谈话，妈妈非但不觉得自己的女儿有错，反而指责被踩的同学拿眼睛瞪自己的女儿。班主任表示她教育孩子的方式存在问题，谁料她竟然当着全校老师的面，大言不惭地咒骂起老师来。

在上述案例中，梅梅妈妈的教育方式实在让人大跌眼镜。她不明白，这样一味地为孩子推卸责任，其实是在害自己的孩子。孩子一旦养成嚣张跋扈、拒不认错的习惯，迟早是要为自己的行为付出沉重代价的。

爱也要有分寸

　　给予孩子爱，这是任何父母都可以做到的。正如苏联大文豪高尔基所说："爱孩子，这是母鸡也会的事情，可是要善于教育他们，却是一桩大事，需要有教育的才能和生活知识。"父母对于孩子的教育方法，会直接影响到孩子人格的成长和性格的养成。

　　很多父母抱怨孩子不好管教，甚至有些父母认为孩子性格不好，比如自私自利，或者是不独立，但是他们往往忽略了，孩子成长为这样，很大程度上可能是父母溺爱的原因。太多父母喜欢为孩子包办一切，不忍心让孩子受到一点儿伤害，久而久之就给自己埋下了很多教育孩子的隐患。

　　星星的妈妈每次在星星过生日的时候，都会给他准备很多礼物，蛋糕美食自不必说，还会给星星买很多他喜欢的玩具、衣服、鞋子，甚至是星星要求的贵重的东西。每年星星的生日都过得无比隆重，星星也已经对此习以为常。可是，有一次，星星的爸爸买了一个大蛋糕回家，星星很纳闷地问：

"今天不是我生日啊，爸爸怎么买蛋糕了？"爸爸笑着说："这是给妈妈买的，妈妈今天过生日！"谁知星星一把抢过蛋糕，说了句："不是只给我过生日吗？妈妈生日有什么好过的！"听到这句话的妈妈，几乎要流下泪。为什么自己掏心掏肺地对孩子好，却换不来孩子的感同身受呢？为什么孩子对自己的感情会如此淡漠？为什么付出和得到不成正比呢？妈妈百思不得其解，心里更是五味杂陈。

还有一位妈妈，因为家里经济条件不是很好，平常总是省吃俭用，但是无论自己过得怎么样，都会不停地变着花样给儿子做各种好吃的，平常做菜的时候，都会把鱼虾让给孩子吃，自己只吃一点儿简单的青菜，孩子对这一切都全盘接受，毫不在意。有一次，妈妈刚把做好的红烧排骨端上桌，孩子夹了一块放到嘴里尝了下就吐了出来，用力地拍打桌子："这是什么啊？你要齁死人吗？"然后把盘子一推就气呼呼地走开了，留下妈妈一个人坐在桌子旁边愣住了。妈妈好一阵才回过神来，心里很不是滋味，她不明白，为什么自己省吃俭用，把所有好的都给了儿子，儿子却仍然这么吹毛求疵，丝毫不体谅自己。

还有一位妈妈，自从有了孩子以后，就辞职在家做全职太太，每天照顾孩子和老人，穿得十分朴素，却也因为这样的朴素外表，遭到了孩子的嫌弃。有一次开家长会，儿子特意嘱咐要爸爸去参加，可是当天爸爸因为工作忙没有时间，就由妈妈代替了，当孩子看着妈妈走进教室的时候，顿时涨红了脸，一场家长会开下来，儿子始终都没有跟妈妈说过一句话。回家的时候，妈妈和儿子走在路上，儿子一路不语，后来实在忍不住愤愤地对妈妈说："不是说好了让爸爸来吗？为什么是你来？你看看别人家的妈妈穿得多漂亮，你看看你！你不知道我们这里是贵族学校吗？为什么不让爸爸来？你在家里待着做饭就好了啊！"儿子似乎满心委屈，妈妈心里更是痛心不已。她不明白，为什么自己付出了那么多，为这个家无尽操劳，换来的竟然是孩子的嫌弃！

当然，我们不能说所有的孩子都是这样，但是现实生活中，这样缺乏对爱的感知和理解的孩子不在少数，从表面上看是他们不懂事、不孝顺，但其实更深层的原因是父母的宠溺。正是因为毫无底线的宠溺，才会让孩子成长为以自我为中心，对他人漠不关心，甚至伤害别人而不自知的人。

"母亲的心总是仁慈的，但是仁慈的心要用得好。如果用不好的话，结果就会适得其反。"这是邓颖超说过的话，她的话其实就在告诫天下父母，爱孩子一定要讲究方法，如果父母无底线地付出，孩子就会无底线地索取，而不懂得付出和分享，这样的孩子不仅不会懂得回报父母，甚至会因为父母不能满足自己的所有要求而生出恨意，这是多么可悲可叹的事！

孩子表现出来的任性、自私、不讲道理、不听话等缺点，很有可能都是父母的溺爱所导致的，那么，父母到底应该如何爱孩子，才能让孩子身心健康地成长呢？下面是几点建议：

（1）对孩子的爱要理智

很多情况下，溺爱并不是孩子对父母索求的爱太多，而是父母向孩子表达爱的时候没有节制和底线。当然，如果一个孩子不能得到充分的父爱和母爱，是一定不会幸福的，但是一个孩子被爱得超越了底线，也很容易在爱里迷失自己，变成一个自私自利而不懂得为他人着想的人。很多父母对孩子的要求从不拒绝，甚至当孩子犯错的时候都会包庇孩子，这是一种很危险，也很盲目的爱。

（2）严慈相济，有张有弛

生活中有"严父慈母"的说法，也有"虎妈猫爸"的说法，相信大多数的孩子都希望父母是慈祥的、温和的，但是，一味包容孩子、迁就孩子，并不见得就是"好父母"，真正合格的父母应该懂得严慈相济，除了给孩子应有的关心和爱之外，一定要给孩子制定一定的规则，让孩子知道生活中有很多事是不能完全按照自己的意志进行的，做错了事情是要承担责任的。很多家长觉得，对孩子要求严格是一种"狠心"，其实恰恰不然，只有对孩子严格要求，他们才能拥有是非善恶的评判标准和界限，也才会知道什么事可以做，什么事不可以做，一个年幼的孩子是很难对自己的行为对错做出准确判断的，也很难控制自己的行为，所以，父母的严格要求对孩子一生的成长都是非常有益的。

当然，我们所说的严格要求并非指用语言或暴力来控制孩子、压制孩子，而是在合理的范围内给孩子以指导和限制，引导孩子走上正路。

　　如何培养出优秀的孩子？爱是必不可少的，严格要求也是必需的，只有两者结合，才能让孩子健康成长，越来越优秀。所以，父母都要在爱孩子的过程中把握分寸，掌握好合理的度，在孩子的成长过程中为他们保驾护航。

不要放任孩子的任性滋长

　　随着年龄的增长，孩子的认知范围在不断扩大，自我意识也在不断觉醒，这个时候就会产生任性的行为。任性虽然是孩子身心发展过程中的正常反应，但也属于一种消极的品质，如果家长们面对孩子的任性行为无动于衷，一定会使他越来越变本加厉。而一个任性娇惯，动不动就放任自己耍小性子的孩子，一定不会受人欢迎。

　　薇薇是一个聪明可爱的小女孩，她平时伶牙俐齿、能说会道，很讨人喜欢。但是有的时候，她也会因为一些小任性，惹得爸爸妈妈头疼不已。

　　一次，薇薇很想去公园划船，但是那天爸爸正好有事，脱不开身，于是他就对薇薇说："爸爸今天很忙，等礼拜天休息了，一定带你去，好吗？"但薇薇很执拗，不管怎么样，都要爸爸立即带她去。后来，爸爸哄了两三个小时，才把哭闹的薇薇安抚下来。

　　还有一次，妈妈着急要上班，但是薇薇却叫嚷着让妈妈给她梳麻花辫。妈妈眼看着快要迟到了，于是急着安抚薇薇道："妈妈今天真的没有时间了，改天一定给你梳，梳得漂漂亮亮的，好吗？"但是薇薇依旧不依不饶，非要妈妈满足她的要求。妈妈没办法，只得让奶奶过来帮薇薇梳头，可是薇薇嫌奶奶梳得不好看，坚决不让奶奶碰，而且一边闹情绪，一边摔打东西，后来奶奶哄了好长时间，才把薇薇安抚好。

孩子任性发脾气，是一种不良的精神状态，对此，很多家长倍感苦恼。其实造成孩子任性的原因有很多种，但最重要的是平时家里人太过溺爱孩子了。只要孩子哭闹着想要达到某种诉求，父母就开始左右为难。如果满足其诉求，可明明这样的诉求很不合理；如果不答应，孩子又哭又闹，实在是很烦人。最后耐不住性子的父母还是选择了妥协退让，不过，父母虽然丢了教育原则，还是会在心里默默对自己说："下次一定好好教育这个小东西。"

然而，这样求快的解决方式只是短暂地消除了眼前的麻烦，后面会有更多的麻烦接踵而至！为什么这么说呢？因为家长的妥协退让会助长孩子的"嚣张"气焰，如果下次闹起来，孩子会哭闹得更凶，而且任性的程度只会更加升级。

孩子任性发脾气，势必会伴随一些烦躁、愤怒的情绪，这样的负面情绪一次两次可能对身体影响不大，但是如果经常爆发，就会对身心产生很不利的影响。而且这种任性哭闹的行为持续久了会强化孩子的不良个性品质。当然，更重要的是影响孩子的人际交往。所以，为了避免任性给孩子带来的种种危害，父母应该从以下几个方面帮助孩子改掉这个毛病：

（1）对孩子的任性行为切勿姑息

要想彻底根除孩子的任性行为，父母首先要让孩子学会理解他人、宽容他人，其次一定要坚守自己的底线，不能轻易让步。面对不合理的要求，不管孩子怎么哭闹，父母一概不允许。这样才能让孩子认识到，通过撒泼、哭闹、发脾气的方式要挟大人是行不通的，久而久之，孩子也就放弃了这种任性蛮横的行为。

（2）分析孩子任性的原因，对症下药

导致孩子任性的原因是多种多样的：有些孩子的任性是父母过度宠爱造成的，有些则是因为父母对孩子太民主，致使孩子变得固执、执拗，当然，还有一些是因为孩子缺乏与同伴交往的机会，这才导致其没有养成谦让、自制的习惯。

所以，家长们要想纠正孩子的任性行为，首先应冷静地分析一下孩子任性的原因，然后再对症下药，这样才能起到根治的作用。

（3）合理应对孩子的要求

任性是孩子自我意愿不受制约，一味地从心理上、行动上求得满足的一种行为。有的时候，孩子的要求和意愿比较合理，家长可以选择适当地延迟满足，而且在满足孩子的要求之前，要让其明白这样做的理由是什么。如果孩子的要求不合理，家长一定要坚持原则，不能妥协。只有这样，才能让孩子意识到什么样的要求和什么样的态度才更有利于自己愿望的实现，从而帮助孩子逐渐克服任性的毛病。

（4） 对孩子的要求"冷处理"

有的时候，孩子任性起来，根本听不进去大人所讲的道理。这个时候，与其苦口婆心浪费唇舌，不如在保证其安全的前提下，任由其哭闹。这就是所谓的"冷处理"的方法。

"冷处理"的方法可以让孩子认识到自己的任性行为对于实现愿望没有丝毫的帮助，这样他才能渐渐平复情绪。当孩子头脑冷静下来的时候，父母再给孩子解释不能满足其愿望的理由是什么，这样才能保证你说的话不会成为孩子的耳旁风。这种"冷处理"的方式如果使用得当，对纠正孩子的任性行为非常有效。

孩子的"霸道"源于父母

　　生活中，有很多孩子都很霸道，在生活点滴中主要表现为凡事都以自我为中心，为了满足自己的需求会排挤甚至是伤害别人。这种不好的习惯其实很大程度上源于父母对孩子的娇惯，父母对孩子越"惯"，孩子就会越"霸道"。

　　有一次，爸爸妈妈趁着轩轩周末休息，带他到动物园玩，轩轩一会儿逗逗猴子，一会儿喂喂长颈鹿，玩得不亦乐乎，但是没过一会儿，就听到轩轩大声喊道："给我，给我，你把它给我！"爸爸妈妈一看，原来轩轩跟一个小女孩发生了争执，轩轩正在抢小女孩手里的玩具，小女孩不给他，轩轩竟然用力地推了小女孩一把。眼看着小女孩坐在地上要哭出来了，爸爸妈妈赶紧过去把小女孩扶起来，并让轩轩给小女孩道歉。可是轩轩根本不为所动，反而大声喊："我就要！"爸爸妈妈无奈又生气，只好强行把玩具抢过来还给了小女孩。

　　生活中像轩轩这样的孩子不在少数，他们的霸道在各个方面都十分明显，尤其是在与人说话时常用命令式的语气。他们会霸道地说"这是我的""谁也不许动""谁也不能抢"，而面对这样的孩子，父母也往往是束手无策。既想让孩子改正，又不知道从何入手。其实，面对孩子的霸道，家长首先要明确的就是，千万不能凡事都顺从孩子，要学会拒绝孩子，否则孩子的霸道行为会越来越严重。

孩子形成这种霸道的行为，原因大概有以下几种：

(1) 个人气质差别

不同气质的人性格特点也会有相应的差异。生活中常见的霸道的孩子往往属于胆汁质气质类型，这些孩子本身的特点就是冲动易怒，遇事容易控制不住自己，这样的特点是产生霸道行为的原因之一。

(2) 父母、长辈的溺爱

有些父母、长辈对孩子的爱没有原则，对孩子有求必应，这种表现在隔代教养的孩子中体现得更为明显，这样的溺爱时间长了容易造成孩子的错觉，他们会认为，自己想要的就该得到，即使这件物品是别人的，也会理所当然地据为己有。所以，父母、长辈的溺爱也是让孩子产生霸道行为的一个重要原因。

(3) 不懂得何为尊重他人

孩子表现出霸道行为，其实是不尊重他人的一种表现，而这些孩子对"尊重他人"是没有概念的，因为他们很有可能生活在一个没有"尊重"的环境中，比如，孩子本身在家里就被父母呼来喝去得不到尊重，或者是周围的环境没能让孩子感受到尊重的重要性。

那么，孩子的霸道行为是如何体现出来的呢？主要有以下几种表现：

（1）自私、不讲理

霸道的孩子常常会没有理由地霸占别人的玩具或其他东西，得不到的时候甚至会采用抢夺的手段来达到目的，自己的却不肯分享给别人。

（2）不允许别人拒绝自己

例如，孩子想去玩的时候，无论家长在忙什么，都必须答应他们的要求才行，他们不会考虑他人的感受。

（3）偏执，易发脾气

当霸道的孩子有希望得到的东西或希望被满足的要求时，一旦得不到或不被满足就反应激烈，一般会表现为大哭大闹。

霸道的孩子不会一直霸道，随着他们年龄的增长，阅历的增加，他们会渐渐明白，他们不是世界的中心，也能接受一定的拒绝和打击，但是如果父母不能在孩子小的时候对孩子的霸道行为进行适当的引导，也很容易对孩子将来的成长造成不利影响。那么，父母可以用哪些方法来调整孩子的状态，抑制他们的霸道行为呢？

（1）冷处理

"冰冻三尺，非一日之寒"，孩子的霸道行为不是短期内形成的，所以抑制霸道行为的过程也是一个循序渐进的过程，切不可操之过急。在生活中，如果遇到孩子有霸道行为，父母可以采用冷处理的方式，在能够保证孩子安全的前提下忽略孩子的行为，即使孩子哭闹不止也要"狠心"地置之不理。等孩子的情绪平复以后，再耐心地给孩子讲道理，告诉他们霸道行为错误的原因，并安抚孩子的情绪。

当然，这种方法不可能立竿见影，需要父母长期地坚持，只有不断地强化孩子的意识，让他们知道霸道行为并不能给他们带来想要的东西，才能起到良好的效果。

（2）带孩子走向户外

有些孩子本身气质类型属于胆汁质，如果让他们生活在孤独、单一的环境中，冲动霸道的行为就可能加重，所以父母要重视后天环境对这种孩子的影响，父母可以带孩子多去户外，让孩子多参与户外游戏，通过户外的一些运动来转移孩子的注意力，发泄孩子的情绪。

（3）帮助孩子建立良好的人际关系

霸道的孩子往往只考虑自己，不考虑别人，在人际交往中其实是不懂得如何正确与人沟通的，因此，父母要帮助孩子学习与人交流。比如，带孩子参加朋友聚会，鼓励孩子多参与学校的集体活动，如比赛或游戏等。孩子在这个过程中，会认识到自己与他人之间的关系，会明白得到与付出之间的关系，进而慢慢地建立良好的人际关系。

（4）以身作则，影响孩子

想要避免孩子产生霸道行为，父母首先应以身作则，在生活中尊重别人，理解他人的感受，让孩子看到自己的处事方式，在潜移默化的影响中，孩子就会渐渐学会照顾他人，不再以自我为中心。

（5）强化孩子的良好行为

除了想办法抑制孩子的霸道行为外，父母还可以通过强化孩子的良好行为的方式，让孩子出现更多正面的行为。比如，当孩子帮助了别人、礼让了别人的时候，夸张一点儿地赞美孩子，鼓励孩子，让他们明白，温和善良的行为是更受人喜欢和尊重的。得到赞美和鼓励的孩子就会记住这种感觉，从而在今后的生活中继续保持良好的行为。

（6）关注孩子的精神需求

有些孩子出现霸道行为，可能并没有太多的恶意，尤其是当他们霸道地要求父母陪自己做什么事或要求父母给自己什么东西的时候，可能只是想要获得父母的陪伴与关注，这种情况下，父母就要深入地了解孩子的内心，多关心他们，给他们心灵上的温暖。

在孩子的成长过程中，可能会出现各种各样的问题，父母不能逃避，也不能表现得过于激烈，应该用自己的耐心和智慧了解孩子、帮助孩子。

孩子的点滴都来自
父母的教导

不要让骄傲自负成为孩子人生的拦路虎

在生活中，很多孩子身上都存在骄傲自负的心理，这些孩子觉得自己已经掌握了某个领域足够多的知识，继续学习根本毫无必要，于是各方面都变得越来越不好。

萌萌今年上小学一年级，认识了许多新的小朋友。半个学期相处下来，无论是老师还是同学，都对这个长相漂亮、可爱，各方面都很优秀的小姑娘产生了很好的印象。

慢慢地，萌萌的心理发生了一些变化。她觉得自己实在是太优秀了，有什么活动老师都会首先想到她，没了她，老师可能就不知道该怎么办；而且她的成绩这么好，虽然不是班里的第一名，但也总是名列前茅，其他同学都比不上她，爸爸妈妈还有很多大人总问她一些很简单的问题，他们真笨！

在这种心理的影响下，萌萌逐渐变得目中无人，对人越来越没有礼貌，同学们都不愿意和她一起玩了，原先喜欢逗她的大人也不怎么喜欢她了。而且她的成绩开始忽高忽低，每次没考好的时候说她两句，她就认真几天，成绩就上去了，可还没等稳定下来，她就又松懈了。反复几次之后，她更加自负了，觉得自己只要稍微认真一些，就能取得不错的成绩。

萌萌的问题并不是一个少见的现象。在如今的社会中，孩子越来越娇贵，家里的大人们也愿意将最好的东西给孩子。于是，被家长们放在心头宠爱的孩子只要有些许的进步或是稍微好一些的表现，大人们就会不停地夸奖，慢慢地孩子就会觉得自己比其他人强很多，时间一长，孩子就会变得目中无人。

因此，警惕孩子产生自负的心理，是每一位家长需要注意的问题。

通常来说，有自负心理的孩子经常表现出过于自信的样子，他们对自己的评价远远超过自己的实际能力，而且常常看不起其他人。这种孩子往往有着较强的虚荣心，接受不了任何失败，一旦失败了或是稍微碰到一些挫折，就会觉得不平衡，哭闹不止。

其实，骄傲自负的心理会让孩子许多方面的能力都难以得到提高，也会让孩子无法与伙伴们和睦相处，进而产生自私自利、意志薄弱等不良品质，很难适应复杂的社会生活，甚至可能走上歧路。

所以，如果父母发现孩子产生了骄傲自负的心理，就应该立刻重视起来，马上采取措施来规范孩子的行为，督促孩子消除这种不良心理，告诉孩子什么事情可以做，什么事情不能做，并进行训练和指导，让孩子养成良好的行为习惯。下面是一些具体的措施：

（1）适当减少表扬的频率

有些家长认为鼓励是教育孩子最好的方式，于是孩子哪怕只有一点点的进步也会予以表扬，时间一长，骄傲自负心理就会占据孩子的内心。父母不能不切实际地一味吹捧孩子。当孩子，尤其是产生了骄傲心理的孩子，比较好地完成了某件事时，父母应当慎重、适当地表扬，以稍微高一些的标准看待孩子。

例如，静静擅长唱歌，每次上音乐课时，静静都表现得很出色，老师总是表扬她，妈妈知道后也会夸奖她。渐渐地，静静产生了骄傲自负的心理，于是经常批评其他同学，不是这个同学声音太难听，就是那个同学唱得跑调了，老师稍微流露出一些要批评她的意思，她就觉得十分委屈。

想要纠正这种问题，家长要适当减少表扬的频率，可以以一个轻轻的微笑代替那些溢美之词。

另外，家长尽量不要当着其他人的面表扬自己的孩子，因为家长表扬之后，其他人势必会附和，孩子就会听到更多的表扬。孩子的自我评价能力还不足，通常会从别人的评价里定义自己，因此当孩子看到那么多大人都夸赞自己，就会误以为自己已经非常优秀了，进而出现自负的心理。

（2）挫折教育可以打消孩子的自满

有着自满心理的孩子会认为自己非常出色，那么打破他对自己的错误认知，就是纠正他这一心理的最好方式。挫折教育可以让孩子尝到失败的滋味，让他们认清自己，这是对这些孩子最实际的磨炼。

一般情况下，骄傲自负的孩子通常都有着较强的能力，所以实行挫折教育时可以选择一些有难度的问题，或是让他们做一些目前很难做到的事情，让他们感到这些已经超出自己的能力范围，必须通过其他人的指导和帮助才能完成。

需要注意的是，家长在进行挫折教育时，一定要把握好度，不要抹杀了孩子的自信。

（3）引导孩子正确对待自满心理

当家长发现孩子产生自满心理时，应当引导孩子，帮助其正确看待自己的问题。父母应当结合具体事件与孩子一起认真分析和讨论他的问题，让孩子意识到自己还有很大的进步空间，明白骄傲自负会影响自己的进步。

（4）让孩子多与社会接触

社会是十分复杂的，家长要多给孩子一些接触社会、接触更优秀的人的机会，这样孩子就能意识到"人外有人，天外有天""强中还有强中手"，也就不会因为自己的一点点进步或者成绩而骄傲自满了。

（5）让孩子设立一个目标

每到一个阶段时，父母都可以与孩子一起分析他当前的情况，孩子有哪些优势，有哪些需要提高的地方，哪里应该巩固，什么事情能够做得更好……父母可以让孩子设立一个目标，并帮助孩子拟定一个操作性较强的计划，激励孩子认清自己，不断进步。

要注意，这个目标不一定是关于学习的，也可以是关于生活技能、与人交往等方面的，让孩子可以得到全面、充足的锻炼，全方位地认识自己。

(6) 不要以物质奖励为主

孩子并不一定要得到物质奖励才能感到满足，尤其是年龄小的孩子，只要能得到老师或家长的口头表扬，就已经感到很满足了。如果家长只用物质作为奖励，就可能会让孩子觉得物质奖励才是最好的，那么孩子以后要的东西就会越来越多，欲望越来越难以满足。而且，物质奖励过多也很容易让孩子形成自傲自大、得意忘形，或者懈怠、懒惰、不求上进的心理。所以父母不能给孩子太多物质上的奖励，要让孩子知道良好的生活条件是爸爸妈妈创造的，他自己其实与别的同学没有任何区别。

未来属于孩子，他们将是未来社会的设计师，给正处于人生起点的孩子良好的品德教育，对个人、家庭、社会都十分重要。因此，父母应当帮助孩子铲除阻碍其发展的"杂草"，让孩子形成良好的品德，摒除骄傲自负的心理，学会谦虚待人。

对症下药，轻松搞定"人来疯"

　　生活中有很多孩子是典型的"两面派"，他们当着父母的面表现得乖巧听话，可一旦家里来了客人或者见到新鲜的面孔，马上就会变一副模样。平常的乖巧劲儿烟消云散，他们不仅大喊大叫胡闹个不停，还会故意和父母对着干，父母让做的事不做，不让做的偏偏去做，而且，他们在做这些事情时往往表现得异常兴奋。

　　小石头是一个5岁的小男孩，他头脑聪明，口齿伶俐，对人非常有礼貌，小区里的大人小孩都很喜欢他。在家时，小石头也是一个十分听话的孩子。可是，每次父母要邀请客人来家做客时就会犯嘀咕，因为他们总是担心小石头会闯出什么祸来。

　　有一次，妈妈邀请她的一个好朋友到家里做客，客人来的时候小石头正在聚精会神地玩积木，一听到有人来了，他就有点儿坐不住了。虽然在客人进门的时候表现得稍微有一点儿害羞，但是没过几分钟，小石头就马上像变了个人似的开始大闹起来。他先是站在沙发上往下跳，表演自己的"绝招"，见客人高兴地鼓掌，小石头就表演得更加起劲儿了，他拿来一把扫帚，嘴里大声喊着："我是孙悟空！"一边喊，一边把扫帚当成金箍棒上下挥舞。妈妈多次阻止都没有什么效果，只好说："这孩子就喜欢看《西游记》，最崇拜的就是孙悟空了……"客人微笑地看着小石头，没有多说什么。

小石头越玩越开心，最后直接蹦到沙发上，玩了一会儿又跳到了客人的身上。一开始小石头只是抓着客人的手，要客人陪他一起玩耍，后来又捏客人的脸，再后来居然开始扯客人的头发，妈妈怎么阻拦都没有用，小石头死死抓住客人的头发不放，弄得场面十分尴尬。而且，小石头还用脏脏的鞋子在客人的裙子上踩了好几个脚印。原本是一次快乐的朋友小聚，结果就被小石头这个"熊孩子"搅得尴尬收场，妈妈的朋友饭都没有吃就找借口走了。

这次做客事件之后，小石头的妈妈就再也不敢邀请别人到家里来做客了，因为小石头这个"混世魔王"实在太让人头疼，妈妈不知道他又会搞出什么名堂，而且妈妈对他根本就毫无办法。

很多父母面对这种"人来疯"的孩子都感到有心无力，其实我们在抱怨叹息之前，可以冷静下来，好好分析孩子"人来疯"背后的原因。

"人来疯"的具体原因可能有以下几种情况：

（1）孩子不知道如何表达

每个人表达内心兴奋和快乐的方式都不一样，与他人交流的方式也不一样。孩子们在人生的不同成长阶段，也会对外界的事物有不同的感受和反应，他们表达情绪的方式也各有不同。大多数孩子从两三岁开始，就已经有了社交行为。这个时候的社交行为体现在他们希望能够结交新的朋友，无论对方是同龄人还是大人，他们会以自己的方式表达心中的热情和想要与人交流的愿望。但由于孩子年龄小，没有社交经验，不懂得怎么正确地与伙伴、父母的朋友或其他人沟通，所以就表现出上蹿下跳、尖叫打闹，或者是恶作剧等一系列令人不解的奇怪行为。其实，这些都是孩子试图表达自己、与他人沟通的方式。

（2）孩子渴望得到关注

孩子在成长过程中，心理会不断变化，随着自我意识的增强，他们越来越希望得到外界的关注。尤其是一些性格比较活泼，喜欢在人前表现的孩子，他人的关注带给他们的快乐，远远不是一件新衣服、一个好玩的玩具、一个有趣的游戏，或者是一档搞笑的电视节目能比得上的。为了博得关注，孩子们首先会表现得滔滔不绝，在父母面前不停地说话，希望得到父母的回应，但是小孩子的话题往往是父母不感兴趣的，所以很多父母会忽视孩子的话，也就很难满足孩子求关注的心理。长期得不到父母陪伴的孩子渴望得到关注的心理会更迫切，他们用怪异的表现寻求存在感的现象就表现得更为突出。

（3）正常的生活秩序被打断

如果家里有客人来访，孩子的生活秩序势必会被打乱。有的孩子有着比较固定的作息时间，而且养成了习惯。如果有客人来访，孩子可能一时无法适应这种变化，就有可能产生"人来疯"的种种表现。

那么，父母如何帮助孩子，让孩子摆脱"人来疯"，变得"乖巧"呢？

（1）让孩子感觉到自己是重要、被尊重的

客人到访前，父母要提前告知孩子，让孩子事先有心理准备，至少要让孩子知道客人在什么时候来，来访客人有几位，他们都是谁等。客人到来后，父母要主动给双方做介绍，郑重地把孩子的名字、年纪、兴趣爱好等告诉客人，让孩子感觉到他是被尊重和被重视的，而不是被排除在这一次家庭活动之外，然后要让孩子向客人打招呼。父母在与客人交谈时，可以安排孩子做一些力所能及的小事，比如端水果、端水等，让孩子觉得自己可以和大人一样平等地参与到谈话当中来。如果孩子愿意，也可以让孩子在客人面前展示自己的才艺，无论是跳舞还是唱歌，或者是诗歌朗诵，都可以满足孩子的表现欲望，让孩子渴望被关注的心理得到满足，他们的心情会更愉快。当然，客人离开后，父母要对孩子的一系列正确的行为进行肯定和表扬，并且鼓励孩子以后一定要坚持如此。孩子得到了赞赏，就更容易听父母的话，表现得更好。

如果是性格比较内向，或者平常不怎么出门的孩子，父母可以有意识地带孩子参加一些朋友聚会，让孩子认识更多新朋友，消除对陌生人的新鲜感，或者带孩子参与一些户外活动，让孩子接触大自然，在这些活动中，孩子能更好地放

松身心，也能学习如何与人正常地交往和沟通。

（2）拒绝客人捉弄孩子

客人有时候为了逗孩子，会采用捉弄孩子的方式，比如说一些吓唬孩子的话，比如"你是爸爸妈妈从垃圾桶里捡来的"，或者是做一些吓唬孩子的动作，比如扮成大灰狼的样子翻着白眼对着孩子龇牙咧嘴……父母要知道，孩子年龄小，很难分辨真假，幼小的心灵也极容易因此受到伤害，留下阴影，所以父母要及时阻止这些行为。另外，如果客人的一些行为引起了孩子的抵触和反感，父母也要站在孩子这边，帮助孩子拒绝客人。比如，客人拥抱孩子而孩子表现出明显的抗拒，这个时候一定不能强制性地要求孩子与客人拥抱，也不可以批评孩子这样是不懂礼貌的，而是要告诉客人，孩子不喜欢这种表达友好的方式，可以提议他们握个手或者点头微笑一下。父母对孩子情绪的实时关注会让孩子有较强的安全感，也会在很大程度上消除孩子在某些情况下做出的奇怪举动。

（3）合理安排会客时间，不影响孩子的作息

对于较难适应生活秩序被打乱的孩子，父母要安排合理的会客时间，尽量不要影响孩子的作息。如果确实需要会客，父母也可以提前告诉孩子，给孩子安排好任务，比如在书房里看书，或者是完成一幅小画作等，避免孩子因为客人的到访而被打乱生活节奏。

父母平时要给孩子足够的关怀和爱护，让孩子有充足的正能量面对陌生人或者陌生的场景，平常对孩子不能没有要

求，任由孩子为所欲为，也不能对孩子过于严苛，给孩子的心理增加太多的压力。"人来疯"这种特殊表现并非凭空而来，一定是由复杂的原因引起的，父母要打开慧眼，善于观察，认真研究并发现这一现象背后的原因，发现孩子心灵深处的秘密，有的放矢地对孩子进行良好的引导，同时还要付出足够的耐心，一点点地帮助孩子解决这一问题。

总之，"人来疯"不是毛病，容易"人来疯"的孩子也不一定是坏孩子，作为父母，要体谅孩子，发现孩子隐藏在"人来疯"背后的秘密，帮助孩子解决这一问题。

培养意志力，让孩子学会坚强

　　坚强的意志是一个成功人士必不可少的心理品质。所以，家长必须从小锻炼孩子的意志。但是，在现实的生活中，很多父母却不忍心让自己的孩子吃一点儿苦，所谓的锻炼也就成了"摆设"，对孩子的培养毫无益处。所以，要想锻炼孩子的意志，就要有决心、有恒心，还要狠下心来让孩子吃点儿苦头，为孩子创造锻炼的条件。

　　上个世纪七八十年代，中国女篮的标志性人物是女篮队长宋晓波。在洛杉矶奥运会的预选赛中，她不幸脚踝骨折。一般人看来她已经无法参加比赛了，但她作为队长，是球队不可或缺的灵魂人物，于是硬挺着带领女篮姑娘们取得9胜1负的佳绩，让中国女篮第一次打入了奥运会，并取得了铜牌。

　　宋晓波之所以如此坚强，与她的父母从小对她的严格要求是分不开的。宋晓波出生在篮球世家，她的父母都是篮球教练员。父母都期望女儿成为坚强的人，因此特别注意培养孩子的意志。宋晓波6岁时，父母给她选了一所离家较远的小学，要倒两趟公交车，还得穿过几百米长的胡同和车流密集的马路。奶奶很不忍心，埋怨她的父母太狠心了，她的爸爸却非常坚持，劝奶奶说："我们也心疼晓波，但是为了培养她独立生活的能力，不得不给她选了这所学校。孩子从小不学会自立，长大哪能有出息？"奶奶含泪点了点头。于是，爸爸买来一张月票，挂在晓波的脖子上，晓波就这样第一次独自"出远门"了。当然了，一开始她的父母也没有那么放心，妈妈总是远远跟着女儿，看着她上了公交车，随后就骑上自行车跟在公交车后面，直到目睹女儿走进学校大门，才放心地回去。这样过了一段日子，发现女儿独自上学完全没有问题，妈妈才放下心来。

看到女儿迈出坚强的第一步，父母很欣慰。过了一段时间，妈妈又给她布置了新的任务：让她一个人去幼儿园接4岁的妹妹回家。从家里到幼儿园也要换乘两次车，当时是隆冬时节，大雪纷飞，车多路滑，但是晓波还是毫不犹豫地答应了，自信满满地踏出了家门。这次她走了一个多小时还没回来，妈妈心里慌了，赶紧骑上自行车到幼儿园，妹妹的老师说："早让她的姐姐接走了！"妈妈又心急火燎地往家骑，快到家门口时，看到两个"小雪团"正手拉着手、不急不慢地往家走，正是晓波和她的妹妹。看到妈妈，晓波解释说："公交太挤了，到站了我们也没能下车，只好多坐了一站路，下车后又往回走，所以耽搁时间了。"妈妈非常高兴，对这两个坚强的孩子赞不绝口。此后，宋晓波在学习和锻炼时更加努力，更加刻苦了。

　　培养孩子的意志，除了让他们勇敢地独自踏出家门之外，还要让他们能够在跌倒后自己爬起来，这样才不会被挫折击倒。

　　家长不要觉得奋斗、挫折离孩子的日常生活很远，实际上，在孩子的学习、劳动、游戏中，都有可能遇到各种外部的和内部的困难，如果不能及时抓住机会对孩子的心理进行疏导，孩子就可能被困难吓倒，产生怯懦甚至自卑的情绪，影响意志力的培养。

　　坚强的意志包含很多内容，对于孩子来说，为了达到某个有益的目的，能够自觉、独立、主动地调节自己的行为而不是完全靠外力的监督和约束，就是坚强；做一件事能够有始有终、坚持到底，就是坚强；处理一些充满矛盾的问题时能够坚持原则，不冲动也不畏缩，就是坚强；为了完成自己的任务，能够不被无关的东西吸引和打动，就是坚强……对于一个成年人来说，要做到这些都不容易，对于孩子来说就更难了。那么，父母应该怎样有意识地培养孩子变得坚强呢？

（1）用故事启迪

　　孩子最喜欢听故事，一个主人公有着坚强意志的好故事会让孩子记忆深刻，并在潜移默化中向主人公学习，自己也变得坚强起来。父母可以留意收集一些主人公克服千难万险获得成功的故事，甚至可以自己编一些相关的小故事讲给孩子听，当然这些故事不能太过生硬、枯燥，要迎合孩子的心理，尽量生动有趣。孩子有一定阅读能力后还可以让他们阅读《鲁滨孙漂流记》《老人与海》等世界名著，书中主人公不被常人难以想象的困难击倒，勇敢地继续向前，这种坚强的意志是孩子最需要的。

（2）赞赏孩子的每一次进步

父母要根据孩子的不同年龄，给他们布置具有一定难度的任务，并且要让孩子付出一定努力后就能得到成功的果实，从而培养他们的自信心。同时，父母也必须给予孩子一定的奖励，未必都是物质奖励，一些口头的表扬也会让孩子产生自信。当孩子在一些困难面前产生畏难心理时，父母可以用自己过去克服困难的事例来激励孩子，让其获得攻坚克难、勇往直前的勇气。

（3）不要大包大揽

很多家长溺爱孩子，对孩子进行"一条龙""全方位""系列化"的服务，让他们成了饭来张口、衣来伸手的"小皇帝""小公主"。家长们白天不辞辛劳地接送孩子，晚上还要一直陪读，甚至千方百计地"设计"孩子的前程。像温室中的花朵一样的孩子，往往会患上"软骨症"，一经历风雨就有可能"凋零"。所以，真正爱孩子的父母总能适当放手，不对孩子的一切事情大包大揽，孩子力所能及的事情都交给他们自己去做。

做事杂乱无章，孩子难成大器

　　涛涛做事不仅没头没尾，而且经常丢三落四。他每天放学回家写作业，桌子上都要堆满文具和书本，有时候还弄得满地都是书。而且他常常找不到书和笔，麻烦妈妈帮他寻找。

　　涛涛的房间简直一团糟，到处都是书和玩具。每天早上起床后，他都要浪费大量的时间寻找文具、书本和袜子。在去学校之前，涛涛常常因为找不到某些东西而大喊大叫："妈妈，你有没有看到我的红领巾？""爸爸，你昨天把我的文具盒放哪儿了？""我的作业本怎么不见了？"

　　无论从事什么工作，做事没有条理的人都很难成功。

　　早上起床找不到生活用品或学习用品，这是很多孩子的坏毛病，也是做事缺乏条理的一种表现。做事没有计划和条理的孩子，生活和学习都杂乱无章，并且会将很多时间浪费在毫无意义的事情上。而做事有计划、有条理的孩子，能够合理规划自己的时间和生活，距离成功也就更近了一步。

　　任何人都不可能一生下来就会有条不紊地做事，所以孩子做事没有条理是一种正常现象。要想让孩子养成做事有条理的好习惯，父母需要进行合理引导。

在引导孩子有条理地做事之前，父母一定要以身作则。不论是生活中的大事还是小事，都应该条理清楚、计划合理，例如，用完的工具要放回原处，书架上的书要摆放整齐，吃完东西要及时处理垃圾等。这些行为看起来微不足道，却能帮助孩子树立有条理地做事的意识。在孩子上床睡觉之前，父母可以引导孩子将衣服叠起来放好，然后将第二天需要的东西准备好，这些也能培养孩子养成做事有条理的好习惯。让孩子做事有条理不能一蹴而就，家长一定要有恒心和耐心，寻找合适的教育契机加以引导。

爸爸喜欢集邮，在他的影响下，儿子军军从小就对收藏产生了浓厚的兴趣。一天下午，爸爸又拿出他的邮票仔细观赏，军军兴奋地凑了过来。爸爸便对军军说："收藏多么有趣啊！将五彩斑斓的邮票摆在一起，给人以美的享受！"

军军认为爸爸的邮票十分美丽，因此萌生了收藏的想法，便对爸爸说："爸爸，我想收藏好看的贴纸，您觉得怎么样？"

军军的爸爸点头表示赞同，然后对儿子说："不管收藏什么，都不能毫无秩序地乱放，你要学着给它们分类，这也是收藏的一种乐趣。"

听了爸爸的话之后，军军找来了家里所有的贴纸，然后按照自己的理解，把它们分为动物、植物、机器人等类别，玩得津津有味。久而久之，军军做任何事都有条理了。

一个详细、合理的计划可以让所做之事变得有条有理，因此，父母在培养孩子有条理做事之前，应该让孩子先学会制订计划。

在日常生活中，父母可以向孩子分享自己的计划。例如，在周末到来之前，你可以跟孩子说："明天爸爸就放假了，我已经安排好了明天的计划。早上我们六点起床，吃完早饭后到公园锻炼身体。八点送你到美术班学习，十一点半我们吃午饭，吃完午饭后你在床上睡一个小时。下午一点，我们一起去海洋馆。五点回家，回家后我去做饭，你要用日记写下当天遇到的趣事。你觉得这个计划怎么样？"

听了你的计划，孩子可以从中学习到怎样安排自己的时间，他自己做事也会朝着有计划的方向靠拢。假如你的计划使孩子不满意，可以问问孩子有什么建议，只要不影响做事，让孩子参与计划的制订也是可取的。

上面这种计划实践性很强，父母可以经常这样引导，有利于孩子从小养成有计划地做事的好习惯。制订计划其实就是教会孩子合理规划时间，对未来所做之事有一个明确的安排，而不是想起什么就做什么，没有任何条理。父母可以引导孩子合理安排自己的每一天，养成良好的作息习惯，例如什么时候学习，什么时候起床，什么时候看电视等。

如果孩子有能力制订合理的计划，家长可以让孩子自己安排，只需要监督孩子认真执行就可以了。

有一位爸爸发现女儿做作业没有耐心，刚写了一会儿就跑到院子里玩去了。

女儿玩累了回到屋子里，爸爸告诉她："按照老师的规定，你应该认真地完成当天的作业。爸爸看了你今天的作业，以你的速度，用不了半小时就能做完。你可以自由选择，是晚饭前做作业，还是晚饭后做作业。不管什么时间做作业，一定要坚持到底，别刚写了两个字就想着出去玩。"女儿想了想，决定晚饭前把作业写完，因为吃完晚饭后她打算看电视。后来，女儿学会了自己制订计划，学习越来越好。

在给孩子安排作息时间时，务必要确定好学习时间。而且一旦确定了学习时间，就要让孩子认真地执行，不可因为其他事情分心。要想让孩子有计划地做事，必须培养他定时学习的好习惯。假如孩子在固定时间内高效地完成了作业，父母应该给予表扬，不可再增加学习任务，以免让孩子产生反感的情绪。

如果孩子主动提出做某件事，父母可以先问问孩子有没有自己的计划。如果孩子的计划切实可行，只需要让他认真完成就行。如果孩子没有自己的计划，父母不要按照成人的标准要求孩子，应该和孩子耐心地交流，协助他制订出合理可行的计划。

当孩子把计划制订好之后，一定要让他坚持到底，千万不要"三天打鱼，两天晒网"，这样什么事都做不好。即便是一些在大人眼里无关紧要的小事，也不能允许孩子马虎大意。人们常说："细节决定成败。"如果孩子在小事上经常马虎大意，就会对其他事产生不好的影响。他可能会质疑按计划做事的意义，甚至觉得这样做太麻烦，从而变得随心所欲起来。

　　做事没有条理是一种坏习惯，如果家长发现了孩子有这种习惯，一定要尽早告诉孩子这样做的坏处，帮助他纠正这种坏习惯，千万不要认为孩子还小，长大了就会自我改正。坏习惯一旦养成，日后想要纠正就要浪费大量的时间。

　　萌萌从小就喜欢乱放东西，萌萌的爸爸决定帮她改掉这个坏习惯。

　　一个周末，萌萌的爸爸邀请同事来家里下棋，同事的女儿小芳也跟着过来了。在离开萌萌家前，小芳将玩过的玩具以及用过的家具全部放回原位，还整理了本该萌萌整理的那一份，萌萌因此感到很羞愧。

　　萌萌的爸爸看到了这一幕，在小芳离开之后对萌萌说："小芳确实是个好孩子，做事有条理而且爱干净。萌萌也是个乖孩子，就是玩完玩具总忘记收拾。"

　　为了让萌萌懂得收拾自己的房间，萌萌的爸爸经常让同事带小芳过来玩，同事也常常邀请萌萌到他家和小芳一起玩。第一次去小芳家，萌萌发现小芳的房间既干净又漂亮，再和自己的房间一对比，她就产生了自己收拾房间的想法。后来，萌萌改掉了坏习惯，再也不乱放东西了。

　　当你发现孩子做事没有条理时，不要一味地责怪孩子，这样做很可能会适得其反，容易让孩子产生逆反心理。身为孩子的父母，应该引导他向优秀的人学习，帮孩子认识到有条理做事的好处。

警惕虚荣心，帮孩子抵御诱惑

　　虚荣心是很常见的一种心理状态。孩子如果虚荣心强的话，就会出现盲目攀比、过分看重别人的评价、自我表现欲太强、有强烈的嫉妒心等不良的现象。当然，还有的孩子会为了满足虚荣心而经常说谎、不认真学习、情绪不稳定、缺乏意志力等。总而言之，虚荣心会导致孩子产生一系列的心理问题，从而阻碍孩子的身心健康发展。如果你的孩子也有虚荣的表现，你一定不能掉以轻心，而应当采取必要的方法加以纠正。

　　晨晨："妈妈，我想要个新手表。"

　　妈妈："妈妈之前不是给你买过了吗？怎么又要？"

　　晨晨："我的那款手表过时了，现在有一款新手表，功能非常强大，既能学口语，又能打电话、接视频，可方便了，我们班好几个同学都有呢。我也很想要，你就给我买一个吧……"

　　面对晨晨的请求，妈妈并没有过多理睬，而是继续忙着自己的事情。后来，晨晨见妈妈不理会她，无趣地走开了。

上述案例中的妈妈做得就很好，面对孩子不合理的要求，她没有一味地满足，更没有助长孩子的虚荣心，从而间接地提高了孩子对于诱惑的抵抗力。

导致孩子产生虚荣心的原因多种多样。孩子的自尊心得不到满足是诱发其产生虚荣心的一大原因。众所周知，每个孩子都有受尊重的需要，当这种正常的需要得不到满足时，孩子便以不适当的方式来取得荣誉和引起他人的注意。换句话说，虚荣心也可以理解为一种扭曲的自尊心。

虚荣心和孩子的惰性也有一定的关联。一个只想追求好成绩，却吃不得学习之苦的孩子，往往会为了所谓的荣誉而不择手段。

不良的社会风气也是孩子产生虚荣心的一大诱因，当周围的环境充斥着穿名牌、吃美味、用高档、玩刺激的攀比之风时，孩子耳濡目染，会渐渐忘却传统的勤劳朴实的美德，为了让自己有面子，逼迫父母给自己买价格高昂的东西。

抚养孩子不是一件简单的事情，除了照顾他的吃穿用度，还得关注其心理发展是否健康。如果你的孩子一不小心沾染上了爱慕虚荣、热衷攀比的恶习，作为父母，不妨通过以下几种方法予以纠正：

（1）以身作则，给孩子树立一个好的榜样

要想让孩子断绝攀比之风，父母首先不能有虚荣心，更不能和别的家庭比金钱、奢侈用品，否则孩子也会跟着盲目追求物质享受。另外，父母也应该减少给孩子买东西的次数，因为买得多了，孩子就会习以为常，时间久了，还会滋长虚荣心理。

（2）关注孩子的心态变化，以理育人

面对孩子日渐膨胀的虚荣心，有些父母选择无条件地满足孩子的要求，还有些父母简单粗暴，先吼后打。其实，这两种办法都不理智。面对孩子的攀比心理，明智的父母一般都会给孩子讲道理。在谆谆教诲之中，让孩子认识到名牌和地位高低并不能画等号，要想获得别人的尊重，只有靠自己的努力。另外，父母还可以把家中的收入支出讲给孩子听，以此教会孩子理性消费。

（3）给孩子创造劳动获取报酬的机会

如果孩子的要求是合理的，那么父母不妨给孩子创造一些机会，让孩子通过自己的努力获取想要的东西。比如，让孩子扫地、洗碗、倒垃圾等，然后换取他想要的玩具、水彩笔等。孩子付出了劳动，获取到相应的报酬，就会明白"获得"的不易，这样可以防止其产生虚荣心。

（4）评价孩子要实事求是

作为父母，应该客观地夸奖孩子的优点，合理地指出孩子的缺点。如果孩子做了一些符合道德规范的行为，父母应该及时地给予适当的褒奖。但值得注意的是，表扬的次数不能太频繁，否则会让孩子认为这些并不是他应该做的，而一旦使其形成这样的理念，久而久之，他的虚荣心理也会日渐滋长。

分享让孩子更好地交友和成长

　　一只乌鸦站在一棵大树上，嘴里叼着很大一块肉，因为肉的香味，许多乌鸦都围了过来。乌鸦们站在附近的树枝上，眼睛紧紧盯着叼着肉的乌鸦，争抢一触即发。

　　叼着肉的乌鸦早已飞得筋疲力尽，它很清楚，这么大一块肉，它是不可能一口吞下去的。想要细嚼慢咽更无可能，因为旁边聚集了一大群抢夺者。

　　叼着肉的乌鸦不知如何是好，只能和抢夺者们僵持着。然而，因为嘴里长时间叼着东西，这只乌鸦已经出现呼吸困难的症状。乌鸦有些坚持不住了，它身体不觉摇晃了一下，这一晃动，嘴里的肉瞬间就掉了下去。

　　一时间，所有的乌鸦都朝肉扑了过去，一场混战过后，肉到了另一只乌鸦的嘴里，抢到肉后，这只乌鸦快速地飞走了。其他乌鸦不甘示弱，也展翅急飞，紧紧追赶着抢到肉的乌鸦，这其中就有那只原本叼着肉的乌鸦。然而，它明显体力不支，被其他乌鸦远远地甩在了后面。

　　没过多久，抢到肉的乌鸦也飞得筋疲力尽了，在挣扎了一段时间后，那块肉也从它口中掉了下来。乌鸦们又陷入了抢肉的争夺战，一只乌鸦抢到了肉，急飞，后面紧紧跟着追赶的乌鸦……

乌鸦抢肉的故事值得我们反思，我们有时是否也和这些乌鸦一样自私、贪婪？当乌鸦们只顾着抢夺，一次又一次失掉肉时，它们为什么想不到一起分享那一大块肉呢？分享就都能吃到了，而费尽心力地抢夺，却不一定能吃到。所以，懂得分享，也是人生重要的一课。

何为分享？分享就是指将自己的东西慷慨地拿出来，和别人共同享受，包括物品、欢乐、幸福等。

分享就是告诉孩子，不能自私，不能独占，要学会和他人分享自己的东西。此外，遇到心仪的东西，也不要想着争抢，要和他人商量着解决。

蛮蛮7岁了，在家里，爷爷奶奶和爸爸妈妈都十分娇宠她，只要是她喜欢的，他们就都满足她。蛮蛮喜欢吃葡萄，妈妈就经常给她买，每次看到洗好的一盘葡萄，蛮蛮就抓住盘子说："都是我的，你们不许吃。"

每当这个时候，爷爷奶奶，包括妈妈也会笑着说："嗯，我们不抢，都给你留着。"

因为他们的这种态度，蛮蛮的性格变得越来越霸道。有一天，邻居夫妻带着他们的小女儿来蛮蛮家做客。

两个小女孩在一起玩得非常开心，没多久就熟悉了，邻居家的小女孩带来了自己的几个芭比娃娃，都非常漂亮，蛮蛮看了非常喜欢。邻居家的小女孩看见蛮蛮喜欢，就说："这两个芭比娃娃给你，我们一起玩。"蛮蛮很开心，两个小女孩愉快地玩起了"过家家"的游戏。

过了半个小时，卧室里突然传来哭声，两位妈妈赶快跑了过去。原来，是邻居家的小女孩哭了，因为蛮蛮不让她碰自己的独角兽玩偶，还从她手上蛮横地抢了过去。小女孩委屈地说："我们不是说好一起玩的吗？我都给你玩我的芭比娃娃了，你为什么不让我碰你的独角兽？"

蛮蛮气呼呼地说："我就不许你玩，这是我的。"

邻居家的小女孩一听，也生气地说："我也不和你玩了。"

这个场面让蛮蛮爸妈觉得很尴尬，他们为女儿的行为感到羞愧，他们试图劝说女儿和小伙伴一起分享玩具，但发现难以奏效。最后，邻居夫妻带着女儿回去了，而邻居家的小女孩此后再也没有来找蛮蛮玩过。

案例中的蛮蛮不懂得分享的道理，这显然会影响她的交友和成长，为此，蛮蛮的父母应该引起重视。让孩子学会分享，这需要父母从生活中的点滴小事上来启迪孩子，只有孩子学会了分享，才能得到更多朋友的喜爱。诚然，没有人会喜欢自私的孩子，也没有孩子天生就自私，这都在于父母的教育。

孩子最可贵的就是心灵，只有心灵美好了，孩子才能更好地成长。现在，许多父母都有溺爱孩子的习惯，对孩子大包大揽、百依百顺。然而，这种做法非常容易造成孩子以自我为中心的心理，使其变得自私，不懂得关心他人。所以，父母要适当改变自己的教育方式，注重对孩子的心灵教育，要让孩子懂得分享的意义。

具体来看，父母可以从以下几方面来进行分享教育：

（1）通过谈话和活动对孩子进行教育

父母可以选择一些合适的时间，与孩子好好聊一聊，让孩子对分享行为有一个明确的认知。如果父母觉得讲道理枯燥，孩子不愿意听，那么也可以找一些关于分享的童话故事，通过讲故事的方式来教育孩子。此外，父母可以带孩子参加一些有意义的活动，在活动中对孩子进行分享教育。

（2）让孩子明白分享不是失去

孩子不愿意将自己的东西分享给其他孩子，是因为他可能认为给了其他孩子，东西就不是自己的了。对于这种情况，父母要和孩子讲清楚，东西只是暂时给其他孩子玩，还是属于他的。

当然，有些东西给了别人就拿不回来了，例如零食。针对这种情况，父母要让孩子明白，一起分享零食是小伙伴之间的一种友好行为，如果他愿意将好吃的东西分享给小伙伴，那么小伙伴也会愿意将自己的零食分享给他。

（3）父母要以自己的言行感染孩子

想让孩子学会分享，父母自身就不能吝啬。在生活中，父母要和左邻右舍友好相处，经常互动，分享美食和用具，让孩子看到父母的分享行为。父母的榜样作用对孩子的影响是非常大的，只有父母以身作则，孩子才能从内心深处接受分享的行为。

总之，让孩子学会分享，能帮助孩子更好地交友、处世，能让孩子的心灵变得更加美好。让孩子学会分享，是每一个父母的必修课。

05

PART FIVE

第五章

正面管教，
陪孩子一起成长

榜样的力量正无穷

　　榜样的力量很强大，对于成长中的孩子而言，榜样的作用尤其重要。家庭是孩子最基本的教育单位，父母是这个教育单位里的老师，父母的言行举止都会成为孩子的效仿对象。很多事实都告诉我们，孩子正是从父母身上学会了最初的行为。所以父母要特别重视自己在孩子面前的形象，发挥对孩子的影响作用，为孩子树立良好的榜样。

　　苏联大名鼎鼎的教育家马卡连柯曾经说过，父母对自身提出的要求，对家人的尊重，对自身言行举止的注重，这些对于教育孩子而言是首要的，也是最重要的。在日常生活中，父母必须每时每刻都严格要求自己，在每一件事情上都给孩子树立榜样。己所不欲，勿施于人，父母要求孩子做到的，自己必须首先做到。

　　妈妈经常抱怨马波贪玩、淘气、不认真学习。有一次考试，因为马波两门功课不及格，妈妈就和爸爸齐心协力地"收拾"马波，把马波打得哇哇大哭。邻居实在看不下去，批评他们："你们只知道督促孩子好好学习，你们自己好好学习了吗？你们总是招集很多人在家里打麻将，却要求孩子专心致志地写作业，他怎么可能写得下去呢？"尽管邻居态度很不好，但是妈妈没吭声，因为她意识到了自己的错误。这件事情之后，邻居再也没有听到过妈妈打骂马波的声音了，他们家里再也没有麻将声了。

马波的妈妈知错就改，为孩子树立了好榜样，对于教育马波将会起到积极的作用。

父母在抱怨孩子之前，应该先反问自己："我总是让孩子认真学习，我自己认真学习了吗？我总是让孩子努力向上，我自己努力向上了吗？我总是让孩子勤奋刻苦，我自己勤奋刻苦了吗？我总是要求孩子考试排前几名，我的工作出类拔萃吗？我总是让孩子必须出人头地，我自己出人头地了吗？我总是让孩子遵守纪律，我自己遵守纪律了吗？如果我自己根本做不到这一切，或者有些事情我自己都不想做，反而要求孩子必须去做，也必须做好，这样的教育能成功吗？"

孩子的学习态度和道德品行，与父母的榜样作用密切相关。父母是孩子最好的老师，有什么样的父母，就有什么样的孩子。只有父母热爱学习，孩子才会热爱学习；只有父母热爱劳动，孩子才会热爱劳动；只有父母乐于助人，孩子才会乐于助人。虽然这些看法太绝对化，但却在一定程度上告诉我们：父母是孩子最好的老师，言传身教是父母给予孩子最好的教育。

美国教育家克莱尔说："假如你自己都没有成就，就不要期望孩子有所成就。"在这里，"成就"首先指的是父母要成为孩子接受的、爱慕的人，其次才是在生活和工作中取得的成就。

只有善良才能造就善良，只有光明才能造就光明，只有友爱才能造就友爱，只有和平才能造就和平。同样的道理，如果有仇恨就会造就仇恨，如果很消极就会造就消极，如果十分冷漠就会造就冷漠，如果特别自私就会造就自私。为了让孩子拥有幸福的人生，每一位家长都应该做好孩子人生的榜样，成为孩子最好的学习对象。

父母和孩子的关系非常亲密，和孩子接触最早，与孩子相处时间最长，所以父母是孩子最好的榜样。父母的言行举止就像没有文字的教科书，会在不知不觉间影响孩子。在孩子眼中，父母的所思所想和一言一行，都非常重要。要想培养出色的孩子，父母就要成为孩子的楷模。

大文豪托尔斯泰说："教育孩子的本质是要教育好自己，只有坚持自我教育的父母，才能有力地影响孩子。"

常言道，三岁看小，七岁看老。对于孩子而言，家庭教育非常重要，就像一座大厦的根基，只有夯实基础，才能筑成高楼大厦，才有更漂亮的外观。孩子从一出生就在家庭里生活，与父母朝夕相处，父母是孩子当之无愧的首任教师，有责任为孩子打好基础。

父母是孩子的启蒙者，也是孩子终身的教育者，对孩子的教育影响非常大。父母要做孩子的好榜样，需要坚持以下两个原则：

（1）以身作则

父母作为孩子的榜样，是具体的形象，且具有暗示和感染的力量。父母不但是权威，还会成为孩子言行举止的标准，成为孩子的参照物。父母要使孩子的言行一致，自己首先要言行一致。和对孩子放任自流相比，父母言行相悖对孩子的负面影响更严重。古人云"以教人者教己"，就是要求父母首先要具备优秀的品质，才能培养孩子优秀的品质。

（2）以身示教

在家庭教育中，父母总是在告诉孩子应该这样做、不应该那样做，并且主要以这种方式规范孩子的言行。这种说教非常空洞，所起的作用可以忽略不计。最有效的方法就是以身示教。父母的言行举止，都会被孩子看在眼里，在此过程中，孩子会对父母产生崇敬，并以父母为榜样，模仿父母的言行举止。在生活中，父母必须谨言慎行，以身示教，在要求孩子之前，自己必须首先做到。

父母要对孩子遵守诺言，答应了孩子的事必须兑现。对于难以兑现的事情，切勿轻易做出承诺。如果父母总是言出不行、出尔反尔，就会失去孩子的信任，失去孩子的崇信、敬仰与爱戴，亲子教育的效用也会随着失信次数的增多而递减。此外，如果父母经常说话不算话，孩子会在不知不觉间效仿父母的行为，不愿意兑现自己的诺言，形成坏习惯。

父母是孩子一生的老师。明智的父母会以身示教，做孩子的好榜样。

不要吝惜那句"对不起"

很多大人都很在意自己在孩子眼中的权威性，在他们眼里，父母的权威是不允许被挑战的，所以，他们可以训斥和责备做错事的孩子，自己犯了错却从来不会在孩子面前承认，更不用说向孩子道歉。美国心理学家罗达·邓尼曾经说过："父母错了，或违背自己许下的诺言时，如果能向孩子说一声'对不起'，可以帮助孩子建立自尊，同时能培养孩子尊重人的习惯。"因此，能否勇敢地向孩子说出"对不起"，是衡量父母是否合格的标准之一。

一位爸爸在下班回家后，发现家里刚买的花瓶碎了，因为儿子从小就是一个淘气包，闯过不少祸，所以他的第一反应就是儿子又干坏事了，想到这里，爸爸不由分说地把孩子叫过来批评了一顿。孩子一直在解释，说花瓶不是自己打碎的，可是爸爸却不相信孩子的话，认为除了儿子没人会干这种事，他一定是在狡辩，于是更是气不打一处来，抓过孩子照着屁股就是一顿打。他一边打一边责问孩子："说，花瓶究竟是不是你打碎的？你到底承不承认？"儿子被打得哇哇大哭，但就是不承认，抽抽搭搭地说："说了不是我打碎的就不是我打碎的！不是我做的，为什么非要我承认？你算个什么爸爸，除了会打人还会干什么！"父子两人闹得不可开交。爸爸一看孩子如此嘴硬，也没有了办法，便任由他在一边大哭，自己走开了，不再理他。

孩子莫名被打，哭得很伤心，见爸爸不再理他，便索性跑到自己的房间里，用力地关上了房门不再出来。直到妈妈下班回家后，花瓶事件才终于水落石出。原来，那个花瓶是妈妈打扫卫生的时候不小心摔碎的，确实跟孩子一点儿关系都没有。这时，爸爸才意识到自己做错了，不该那么武断地冤枉孩子，更不应该一气之下打孩子。

妈妈示意爸爸去给孩子道歉，但是爸爸说什么都不肯去。"我是堂堂一家之主，怎么能跟一个小毛孩说'对不起'呢……过了不了多长时间，他就会把这件事忘了……"爸爸嘟囔着，妈妈继续埋怨爸爸，爸爸也只是坐在旁边一言不发。妈妈毫无办法，只好硬着头皮去房间哄孩子。

孩子趴在床上，小小的身体颤抖着，看着抽泣着的孩子，妈妈很心疼，便安慰他："儿子，别哭了。妈妈已经跟爸爸解释过了，花瓶是妈妈不小心碰碎的，跟你没有关系，爸爸已经知道错了，你原谅爸爸好吗？""不好，不好，为什么我要原谅他？他什么都不知道就打我，我不要这样的爸爸！"孩子哭得更加厉害了。在门外听着孩子和妈妈的对话，爸爸心里也很不是滋味，心里觉得对不起孩子，但是又没有办法拉下脸来跟孩子道歉，最后还是叹着气走开了。

虽然是一件极小的事，但是对于那么小的孩子来说，很难想象这一次风波给他的心理造成了什么样的伤害。一个不讲理还知错不改的爸爸，又给孩子做出了怎样的榜样呢？想到这里，我们不禁为孩子的未来担忧。他将来成家，有了自己的孩子以后，会不会成为爸爸的"翻版"呢？

在这个事件中，爸爸是做错事的那一方，但是他明知道自己冤枉了孩子、伤害了孩子，却不肯在孩子面前承认错误，其实这就为孩子做了一个坏榜样，以后孩子做错事的时候，也会选择像爸爸一样拒绝承认。看似很小的一件事，其实影响着孩子做人的原则。只有父母敢于承认错误，在孩子面前以身作则，以后孩子才能成长为品行端正的人。家庭就是一个社会的缩影，一句"对不起"，不只是道歉，还是对孩子的一种潜移默化的教育。

当父母与孩子之间产生矛盾的时候，首先应该反思自己，是不是自己确实做得不对，如果有错，就要拿出一个大人的担当，勇敢地向孩子说出"对不起"，只有这样，孩子才能看到正直、严肃的父母，亲子之间才能打破壁垒，重新沟通，从而建立更好的亲子关系。

孤独是孩子各种问题的摇篮

　　孩子脆弱而敏感，有时候他们犯错了或者遇到挫折后就会精神不振。此时如果家长不分青红皂白地指责孩子，就会给他们增加心理压力，从而让他们感觉很孤独。现在的孩子一般都是独生子女，缺少兄弟姐妹的陪伴，父母每天工作又忙，孩子独处的时间比较长，孤独感越来越强。因此，现在有许多孩子跟家长沟通得特别少，特别是当家长不分青红皂白地指责孩子时，他们会更不愿意与家长沟通。当从家人这里无法排解孤独时，他们就会去寻找其他方式，此时，网络对他们来说就有着无穷的吸引力。

　　网络世界里有很多同龄人，和同龄人沟通让他们找到了归属感，且网络游戏中的暴力场景可以使他们心中的压抑和对现实世界的不满得到宣泄，因此，孩子沉迷网络也就不难理解了。如果家长不想让孩子沉迷网络，最好的办法就是让孩子不再感到孤独，家长要平心静气地对待孩子犯的错误，多与他们沟通，多了解他们的真实想法。

　　孤独的孩子也容易对陌生的事物产生恐惧心理和胆怯心

理。在孩子不敢进行某种活动时，如果家长不断催促和吓唬孩子，只会增加他们的孤独感。因此，当孩子恐惧、胆怯时，家长要心平气和地安抚他们，对于孩子害怕的事，要给他们耐心讲解，打消他们的顾虑，并陪伴在他们身边，让他们感觉到父母是支持他们的。

虹丽是在单亲家庭中长大的，她不但学习好，还很懂事。可是她的妈妈因为工作太忙，几乎没有时间陪她。虹丽每天都是一个人在家，她总是感觉家里冷冰冰的。妈妈下班回来的时候她基本上已经睡着了，第二天她起床之后妈妈又出门上班了。有几次，她特意等妈妈回来，可是不但没有得到妈妈的夸奖，反而被妈妈训了一顿，说她不该这么晚睡。她渐渐迷上了网络，在网络世界，她似乎找到了归属感，不再孤独，于是她开始频繁出入网吧，学习成绩一落千丈。

很久以后，妈妈才意识到虹丽成绩下降是因为迷上了网络。她一次次去网吧找虹丽，每次都是教训一顿，甚至打骂一顿，但收效甚微，虹丽依旧沉迷其中。为了不让妈妈找到自己，虹丽经常换地方上网，回家的时间也一天比一天晚。妈妈百思不得其解，懂事的女儿怎么变得这么不听话了呢？妈妈难过极了，在难过之余，她开始对自己的行为进行反思。她每天在外忙碌，女儿是不是也像现在的她一样天天盼着自己早点儿回来呢？有几次女儿在等自己回来，自己不但不理解，反而教训了她一顿。妈妈想通了这个问题之后，决心改变自己，并把女儿从网络的泥潭中拽出来，从此以后多陪伴女儿，让她不再感觉孤独。

　　妈妈为了让虹丽回家，将全市的网吧分布图全画了下来，然后一家家寻找，但是虹丽依旧不愿意回家。妈妈为了让女儿明白自己的良苦用心，只会语音聊天不会打字的她开始学习打字，然后在QQ和微信上给女儿留言："女儿，你现在在哪里呢？妈妈很担心你，一夜都没有睡好。妈妈想跟你说说心里话，花了好几个小时给你写了一封信，结果还没发出去，不小心又弄丢了。女儿，你早点儿回家吧，妈妈等着你回来，家里的灯会一直为你亮着，妈妈再也不会让你一个人在家了。"

　　虹丽看到了妈妈的留言，走出了网吧。她看见亮着灯的家，悄悄地推开门进去。妈妈看见女儿回来了，哭着抱住女儿："你终于肯回家了。"从那以后，虹丽再也没去过网吧，妈妈也没有忘记当初的承诺，尽量抽时间陪伴女儿。虹丽不再感到孤独，家不再是冷冰冰的样子，又变成了最温暖的地方。

　　亲情有一种无形的力量，它的建立也是彼此影响、彼此作用的过程。一个家庭如果忽略了亲情，就会对孩子造成巨大的伤害，让孩子犹如孤儿一般。如果家长想让孩子不再沉迷网络，远离孤独，最好的办法就是要关心孩子、陪伴孩子。孩子的心灵是敏感的，对于家长的关心，他们是能够感知的，并且也会对家长表现出尊重和理解。孩子在父母陪伴的环境中长大，自然不会感到孤独，他们会健康成长，网络的吸引力也会随之下降。

与孩子成为朋友

　　如今，很多孩子都是独生子女，生活中非常孤独，缺少朋友的关心。父母应该成为孩子的朋友，分享孩子的喜怒哀乐。父母要想消除与孩子之间的代沟，就不要再高高在上，而是放下架子和孩子交朋友，真正走入孩子的内心世界。父母应该遵循"父母+朋友+老师"的思维方式尝试着与孩子相处，如果孩子能够把父母当成知己，也把父母当成镜子，那么亲子关系就会更加融洽。

　　很多孩子都喜欢和父母一起做游戏，也很愿意和父母交往。爱玩是孩子的天性，很多父母不会过分限制孩子玩耍。然而，能够放下手中正在做的一切，蹲下身来看着孩子的眼睛，全身心投入地和孩子一起玩的父母却很少。大多数父母都觉得玩是孩子的事情，和父母无关。而且，他们忙着工作，忙着做家务，也不知道如何和孩子一起玩。如果父母能够经常和孩子玩耍，也借着玩耍的机会与孩子亲密相处，就能促进亲子关系的发展，加深亲子感情。同时，和孩子一起玩耍也是帮孩子增长知识的手段，因为孩子在玩耍的同时，实际上也在通过这种独特的方式接受新事物，学习新知识。

作为现代实验科学方法论的创始人，笛卡尔的思想对于全世界的影响都很深远。时至今日，通过阅读笛卡尔的著作，我们依然能够感觉到笛卡尔的思想光辉。笛卡尔一生之中之所以能够做出伟大的成就，与童年时期父亲对他的教育密不可分。

笛卡尔的父亲与其他的父亲一样望子成龙，他非常愿意陪着笛卡尔一起玩耍。小时候，笛卡尔很喜欢玩搭房子游戏。笛卡尔的父亲极力支持，他认为孩子在搭房子时必须手脑并用，不但能够锻炼肌肉，训练手眼，而且能够增强动手能力，从而使孩子心灵手巧，激发出更多的潜能。在着手搭建房子之前，孩子必须先在脑海中形成形象，因此搭建房子的游戏还能培养孩子的形象思维能力。

每当笛卡尔玩搭房子游戏时，父亲都会陪伴在一边，给予笛卡尔很多帮助。他会引导笛卡尔对搭建的房子进行想象，并且告诉笛卡尔想象得越具体，搭建出来的房子也就越漂亮。有时，父亲还会利用各种模型、图画，激发笛卡尔的想象，让笛卡尔头脑中的形象更加具体生动。父亲不但为笛卡尔的"工作"创造各种便利的条件，还会为笛卡尔讲解关于结构建筑的知识与方法。父亲耐心地告诉笛卡尔如何把木块铺平，如何延伸木块，提升木块的受力水平等。

在游戏中，笛卡尔对于空间有了一定的认知，知道前后、左右、上下、中间、旁边等空间概念，后来还对高矮、长短、厚薄、轻重、大小等有了正确的认知。在玩游戏的过程中，他还学会了制订计划，按照步骤进行设计，既收获了乐趣，也收获了成就感。

曾经有一位幼教专家说："玩就是学，学就是玩。"对孩子而言，玩能够给他们带来快乐，他们也能够一边玩一边学，在玩中快乐地学习。让孩子通过玩游戏的方式进行学习，可以引导孩子锻炼肢体，还能够促进其记忆能力的发展，开发孩子的智力，培养孩子的情绪，带着孩子一起认知世界。那么，父母应该如何陪孩子一起玩呢？

（1）以专注的神态，全身心投入地与孩子一起玩

只有父母真正投入地陪孩子玩游戏，孩子才会开心。敷衍了事的态度会让孩子兴致索然，甚至感到不愉快。

（2）与孩子比赛，在比赛过程中了解孩子的心理

对于缺乏自信的孩子，在比赛过程中，父母可以故意落后，以增强孩子的自信心，让孩子获得成就感；对于好胜心太强的孩子，父母应该有意识地胜他一筹，从而增强孩子对失败、挫折的心理承受力。

（3）以朋友的身份、平等的态度与孩子一起玩

很多孩子还没有掌握玩的技巧，父母要耐心地与孩子一起玩，切勿厌烦地说"你真笨""学不会"等话，这会让孩子情绪低落，自信心受到打击，也许以后再也不与父母一起玩游戏了。

（4）记录与孩子一起玩的镜头

利用影像设备，把和孩子一起玩的镜头记录下来，留到以后和孩子一起欣赏、回忆，可以增进亲子感情。

乐观自信的父母
才能培养出阳光向上的孩子

　　父母是孩子的第一任老师，可以说，父母的言行举止对孩子产生的影响是贯穿其一生的，如果父母不自信，遇到事情畏葸不前，总是把"我不行"挂在嘴边，那就很难教会孩子勇敢。相反，如果父母阳光乐观，无论遇到什么挫折都能微笑面对，勇敢地走出来，那么相应地，孩子也会受到积极的影响，朝着健康快乐的方向发展。

　　孩子的性格和父母会有很多相似之处。很多家长在教育孩子的时候，总是会拿孩子身边的其他孩子，也就是人们常说的"别人家的孩子"举例子，动不动就是"你看隔壁李奶奶家的孙子多懂事""你大姨家的表哥这次又考了第一名""你什么时候才能像王阿姨的女儿一样争气"……其实，与其给孩子找各种各样的榜样，倒不如先从自身做起，做优秀的父母，让孩子在潜移默化中变得更好。

　　小齐还在上幼儿园的时候，爸爸就在一次意外事故中不幸去世了，小齐从此就跟妈妈两个人生活在一起。妈妈含辛茹苦地养育小齐，其中辛苦可想而知。可是，最近小齐妈妈却遇到了一件难事，让她头痛不已。不是小齐闯了什么祸，而是近几年小齐妈妈的公司发展不大顺利，现在面临着大面积的裁员，而小齐的妈妈就在被裁员的名单之中。本来就艰难支撑的家庭，因为妈妈失去了工作，再一次陷入了窘境。

刚刚失去工作的妈妈不愿意把这份无奈和辛酸告诉儿子，只是说最近公司不忙，给所有人都放了几天假，小齐将信将疑。妈妈常常在夜里默默地流泪，但从来没让小齐看到过。妈妈一边照顾小齐，一边偷偷地四处找工作。经过一段时间的寻找和考虑后，妈妈去了一家工厂上班。直到工作完全定下来以后，妈妈才告诉儿子，自己换工作了，因为新工作待遇更好。工厂的工作很辛苦，而且常常要加班，但是比起其他轻松的工作能多挣一点儿钱，小齐妈妈很开心，也很努力。

小齐虽然不知道到底发生了什么，但是他是一个心思细腻的孩子，把妈妈的辛苦都看在眼里。他知道妈妈工作不容易，有的时候会提前在家做好饭等妈妈回家。有一次，妈妈回家之后已经快十点了，看到满脸疲惫的妈妈，小齐主动上前接过妈妈的包，等妈妈坐下后，帮妈妈脱掉了鞋子，给妈妈捏脚，没想到，妈妈就那样坐在沙发上睡着了。小齐知道妈妈太辛苦了，他忍不住哭了出来。第二天吃过晚饭，小齐终于鼓起勇气劝妈妈："妈妈，这个工作太累了，您换一个吧！以后我可以不买好衣服好书包，咱们省吃俭用，您不要去那个工厂上班了，好吗？"妈妈对孩子的懂事感到欣慰，但是却笑着对小齐说："人不吃苦怎么能成功呢？虽然这份工作辛苦了点儿，但是妈妈完全能胜任啊，而且，妈妈在工作中找到了自己的价值和成就感，最重要的是，有你这么好的儿子，妈妈就一点儿都不觉得累！"小齐若有所思地点点头。

小齐在学校虽然很听话，但是成绩平平，最近的一次考试，只有语文能在班里排得上名次，其他科目的表现都不怎么让人满意。小齐拿到了成绩单，看到可怜的分数，沮丧了好几天，一想到妈妈那么辛苦，就更不忍心把这样的成绩单拿回去打击妈妈。在犹豫了整整一个星期之后，小齐在心态乐观的妈妈的影响下，终于鼓起勇气告诉了妈妈。妈妈拿着小齐的成绩单仔仔细细地看着。还没等她说话，小齐就先开口了："妈妈，我知道这一次我发挥得不好，您一定很失望，但是我在学校把出错的题都问过老师了，知道自己的问题出在哪里了。一次失败没有什么，我以后一定会好好学习，把成绩提上来的！妈妈，请您相信我！好吗？"听着孩子铿锵有力的话，妈妈欣慰地抱着小齐笑了。

我们必须承认，这是一对坚强又乐观的母子。妈妈下岗后积极乐观的态度对小齐产生了正面的影响，所以小齐才能正视自己学习上的问题，而且能主动地分析出现问题的原因，并迅速地从失败的阴影中走出来。如果小齐的妈妈面对失去丈夫又失去工作还要独自抚养孩子的重担时自暴自弃，感叹自己的命运坎坷，在小齐的面前总是唉声叹气，甚至把生活的不如意发泄到年幼的小齐身上，小齐又会成长为什么样子呢？他在学习或生活上遇到困难的时候是不是也会停步不前呢？父母的心态和生活态度会直接影响到孩子的性格，这一点是毋庸置疑的。

成年人的世界没有"容易"二字，父母在生活中会遇到各种各样的苦恼和困难，如果自己面对这些都一蹶不振，表现出失落沮丧的样子，又怎么能要求孩子阳光向上呢？很多家长都为自己不懂得怎么教育孩子发愁，说教的方法不奏效就使用暴力，有的时候也会采取欺骗、贿赂等五花八门的方法让孩子听自己的话，这些手段从短期来看似乎起到了一定的作用，但这些都是暂时的，并不能从根本上解决问题。其实，所有的教育方法都比不过父母的言传身教。

真正阳光自信的父母，敢于在孩子面前提出要求，直截了当地向孩子表明自己对孩子的期待，还会为孩子的成长成才做好榜样，提出建设性的意见。而且这样的父母也鼓励孩子对自己的想法提出异议，他们会采用民主平等的方式共同探讨，最终由父母和孩子双方共同找准成长的方向，并且朝着这个方向不断地努力，哪怕途中遭遇了艰难险阻，父母也会冷静客观地分析情况，给孩子以新的指导，孩子在这种父母的引领下，也能学会为自己的人生掌舵。

作为父母，教育孩子责无旁贷，如果我们不能用更好的方法让孩子变得更优秀，那就从自身做起吧，优秀的父母是孩子最好的榜样。乐观自信的父母才能培养出阳光向上的孩子。

GOODPARENTSGOODTEACHERS

好父母，好老师

正面沟通：
把话说到孩子心里去

青 影 杜慧丽 编著

北方妇女儿童出版社

图书在版编目（CIP）数据

好父母，好老师 / 青影，杜慧丽编著 . -- 长春：
北方妇女儿童出版社，2020.8（2021.12 重印）
ISBN 978-7-5585-4621-1

Ⅰ . ①好… Ⅱ . ①青… ②杜… Ⅲ . ①家庭教育
Ⅳ . ① G78

中国版本图书馆 CIP 数据核字 (2020) 第 158411 号

好父母，好老师
HAOFUMU HAOLAOSHI

出 版 人	师晓晖	
责任编辑	国增华	
封面设计	书虫文化	
开　　本	880mm×1230mm　1/32	
印　　张	32	
字　　数	632 千字	
版　　次	2020 年 8 月第 1 版	
印　　次	2021 年 12 月第 3 次印刷	
印　　刷	阳信龙跃印务有限公司	
出　　版	北方妇女儿童出版社	
发　　行	北方妇女儿童出版社	
地　　址	长春市福祉大路 5788 号	
电　　话	总编办：0431-81629600	

定　　价　176.00 元（全 8 册）

前言

父母是孩子的朋友，是孩子的老师，是孩子的引路人，是孩子一生中最不可替代的教育者。巴金先生曾说："孩子们变好或变坏和他们受到的教育有关，有句话叫'先入为主'，所以父母是孩子的第一个老师，不能把一切推给学校。帮助孩子健康地成长，所谓培养、所谓教育，不过是这样一句话。我们希望子女成龙，首先就要尽父母的职责。"

当您看到别人洋溢着幸福笑容赞美自己的孩子时，当您看到孩子学校里那些出类拔萃的小同学时，除了羡慕之余是否会感叹："要是我家的孩子也这么优秀该多好啊！"其实，您的孩子也很优秀……

孩子就像一张白纸，这张白纸上会用什么样的颜色来打底，基本取决于其父母给他什么样的基础。很多家长都期望自己的孩子成龙成凤，出人头地，建功立业。但现在许多父母在如何教育孩子的问题上，仍摆脱不了传统观念的束缚，使孩子无法健康成长。他们没有明白"只有失败的教育，没有失败的孩子"这句话的含义，而一味地把自己的思想强加给孩子，从不考虑这是否适合孩子的个性和天赋条件、自身特点。爱尔维修曾说过："即使是最普通的孩子，只要教育得法，也会成为不平凡的

人!"爱因斯坦也说过:"孩子生来都是天才,往往在他们求知的岁月中,是错误的教育方法扼杀了他们的天才。"

对孩子来说,家庭是其人生的第一站,是人生的第一所学校,父母是孩子的第一任老师,家庭教育是孩子接受最早、时间最长、影响最深的教育。孩子能否健康成长、顺利成才,关键在其父母是否掌握正确的教子方法,是否能与孩子进行良好的沟通,是否能调动起孩子的学习兴趣,让孩子在求知、做人、交友等方面获得良好的教育,促使孩子发挥出应有的潜力。

为了满足家长对教育孩子的需求,结合未来人才的标准,我们精心编写了这套《正面管教》丛书,书中参考了大量的教子资料和教子案例,从培养孩子的学习兴趣、优良品德、社交能力、正确的金钱观等方面出发,全面解读父母该从哪些方面去教育和培养自己的孩子,为孩子创造出最佳的成长环境,让孩子的潜能得到充分发挥,赢在起跑线上,创造出属于自己的辉煌。

由于编者水平有限,能力绵薄,加之时间仓促,书中难免有不尽之处,恳请广大读者提出宝贵意见。愿本书伴随着父母在教子的道路上,找到智慧的方案,成就孩子辉煌的人生!

目录

01

PART ONE

第一章

营造氛围，用爱打开
孩子的心扉

童话般的氛围，更利于亲子沟通

孩子虽然和大人生活在一起，但是他们感知到的世界和大人完全不同。在他们的眼中，一切事物都是有生命的，有感知能力的，比如小玩偶是会孤独的，小鸟是会流泪的，小蝌蚪是会叫妈妈的，等等。总而言之，他们的认知世界充满了童真童趣，他们喜欢以童话式的思维来看世界。所以，为了更好地契合孩子的童心，家长们在与其沟通时，不妨为其创造一种童话般的氛围，这样更有利于双方和谐交流。

被誉为"世界儿童文学的太阳"的安徒生就很会与孩子交流。有一回，他陪邻居家的小女孩玩耍，在玩耍的过程中，他事先把一个小玩具藏在草地的蘑菇下，藏好之后，他告诉那个小女孩，小精灵常常会把宝贝玩具藏在草地的蘑菇底下，小女孩听后惊喜地按照他的指示找到了那个玩具。和他们一起玩耍的牧师见此情景，十分地不悦，等小女孩回家后，他生气地斥责安徒生："你这是一种欺骗的行为，等她将来发现这不是真的，一定会倍感难过的。"

但安徒生对此却不以为然，他语气坚定地说道："不，你不会明白的，她当然会发现这些不可能在现实生活中出现。但我为她做的这一切，将使她保有一颗生机勃勃、充溢着美和神奇的心灵。"

安徒生用自己的行动告诉我们，与孩子交流其实不用搞得那么复杂、那么神秘，他们的内心简简单单，如果你能用一个童话般的方式与他们交流，他们一定会满心欢喜。

迎合孩子内在的喜好

爱玩是孩子的天性，也是孩子最显著的特点之一。在玩耍中，他们心情愉悦、精神畅快，这很有利于其健康身心的形成。如果父母能就着孩子的这种兴趣爱好，把交流巧妙地穿插在游戏当中，那么一定会收到很好的教育效果。

比如小女孩普遍都喜欢洋娃娃，她们喜欢给自己心爱的洋娃娃梳小辫子、穿衣服，然后抱着哄它入睡。这种天真可爱的行为在大人看来有些幼稚，不过在孩子眼里其乐无穷。其实，这个时候是亲子交流沟通的最佳时机。你可以拿来一块毛巾递给孩子，然后温柔地说道："宝贝，你的洋娃娃陪你一天了，一定很困了吧，我们给它盖上毛巾，不要再打扰它睡觉了。来，跟着妈妈去洗漱，洗完咱们一起陪着洋娃娃睡觉。"这样说孩子既不会对洗漱的事情产生抗拒，又发展了其丰富的想象力，同时还培养了她照顾他人的美好品质，这样一箭三雕的事情，家长何乐而不为呢？如果妈妈们不懂得迎合孩子的喜好，强行把孩子从游戏的世界里拔出来，那么一定会破坏交流沟通的氛围，更重要的是亲子间的关系也会受到影响。

用形象、类比的方式和孩子沟通

孩子是最简单的一种生物，如果你的话说得生动有趣，对他有很强的吸引力，那么他在开怀大笑的同时也会很快把你的话进行消化、吸收；如果你的话说得苍白无力，他不仅会分散注意力，还会减弱和你交流的欲望。

比如4岁的明明看见爸爸的汽车后面在冒黑烟，于是好奇地问为什么。聪明的爸爸听到儿子的提问，忍俊不禁地说道："车和人一样。人活着要吃要喝，才能补充身体的能力，继续往前跑，之后才会把身体里的废物通过'尿'和'便'排泄出来。车子也一样，它补充能量需要喝汽油，排出废气需要冒黑烟。你可以把尾气管里的黑烟当成车子在'尿尿'。你也知道'尿'的味道很不好闻，所以我们看到之后需要赶紧把车窗关好。"爸爸将车和人做了类比，明明在形象生动的表述中很快就理解了爸爸所说的话。

孩子的安全感，来自父母的爱

对于正在成长的幼小的孩子来说，父母的爱是最宝贵的财富，也是他们心底最坚实的依靠。那些勇敢的、坚强的、以最有力的姿态自信站立的孩子，心底无不充满来自父母的温暖又厚重的爱。

已退役的世界著名足球明星贝利初入赛场时，他的父母对他产生了很大的影响。每当有比赛，贝利的父母总是坐在第一排，极为热情地做着啦啦队员，使劲儿为自己的孩子呐喊助威。最初，贝利也有胆怯的时候，每当这时，他只要抬头看看坐在第一排为自己加油的父母，便浑身充满力量。与贝利有着相似经历的还有世界著名篮球明星乔丹，他的父母对他的影响也非常大，可以说，他们就是乔丹在赛场上的精神支柱。

从上面的例子中，我们可以得出这样的结论：父母永远是孩子最坚实的支持者，也必须做孩子无条件的支持者。事实上，父母无条件的支持就代表着对孩子无条件的爱。不管孩子在某件事上是对是错，是成功抑或是失败，孩子们都需要知道父母一直无条件地爱着他们，而且这份爱永远不会改变。虽然有时父母会因为孩子的某些不当行为批评孩子，有时又会对孩子的某种行为进行表扬，但是请不要怀疑父母对孩子的爱。不过，很多时候，孩子并不理解父母，造成这种现象的一个重要原因就是父母没有放下姿态，从来不直接告诉孩子自己爱他。

中考的前一晚，王太太 13 岁的女儿丽丽表情怪怪地问她："妈妈，如果我这次考试考砸了，你会生我的气吗？"王太太立即回答："当然不会啊。"丽丽急忙追问："为什么呢？""因为我知道我的女儿肯定能考上重点中学。"王太太说。接着，丽丽紧张地盯着妈妈的眼睛问："那如果我没考上重点中学，你在亲戚、朋友、同事、同学面前就会没面子，你会因此难过，这样你还会喜欢我吗？"

直到女儿问完这个问题，王太太才反应过来女儿到底在担心什么，紧张什么。原来女儿怕的不是考不好，而是怕自己会因为她不够优秀而生气，从而不再喜欢她。女儿自小就非常依赖自己，自己虽然也深爱着女儿，却一直对女儿要求严格，女儿只要稍微犯错，就会受到严厉训斥，久而久之，女儿就不知道自己是不是还爱她了，或者以为自己对她的爱是有条件的。

弄明白女儿忧虑的问题后，王太太抚摩着女儿的头发，温和地说："傻孩子，全天下的妈妈都深爱着自己的孩子。哪怕是那些犯了错的人，他们的妈妈也照样爱着他们啊。所以，你尽管放心考试，妈妈永远是你的后盾。其实，就算你什么都做不好，我也会一直爱你。"

听完妈妈的话，丽丽扑进妈妈的怀里，搂住妈妈的脖子说："这样我就能放心考试了。"

王太太在教育女儿的时候，忘记告诉女儿自己一直爱着她，所以丽丽直到临考前一天都是忐忑不安的。这个案例告诉各位父母，一定要认真地告诉孩子，你爱他，你的爱是无条件的，只是因为他是你的孩子，所以你爱他，而不是其他原因，这样，孩子才能更有自信，也能感觉到自己的价值。请记住，永远爱孩子，永远赏识你的孩子，不包含任何附加条件。

那么怎样做到无条件支持孩子呢？很简单，就是不要堵塞孩子的嘴巴，让他开口说出内心的渴望；微笑着倾听，并随时注意孩子的表情，然后用恰当的语言与孩子进行对话。父母与子女之间点点滴滴的亲情，以及孩子的自信，很多时候都是如此建立起来的。

做到无条件爱孩子，还要允许孩子犯错误。很多孩子在成长的过程中都会存在这样的疑虑：我做错了事，爸爸妈妈会不会因为生气，从此都不理我了？他们是不是已经对我彻底失望甚至绝望，以后都不再管我了？要是爸爸妈妈不爱我了，放弃我了，我要怎么办？这些问题都是孩子没有安全感的体现，而没有安全感的孩子往往更容易怯懦、忧郁和自卑。因此，各位父母一定要随时留意孩子的情绪变化，当孩子犯错时，不要一味地斥责，要适时地表达出自己的爱意，用爱鼓舞和激励孩子改正错误，不断前进。

和孩子说一说大人的心事

父母和孩子进行良好沟通的首要前提是得到孩子的认同。想要让孩子真正从内心认同我们，我们就要向孩子敞开心扉，这是最重要的一点。可让人遗憾的是，中国的大多数父母很少或者根本不会在孩子面前展现自己的内心世界，却希望孩子向自己袒露一切。很明显，父母和孩子之间的关系是不平等的。父母和孩子的沟通之所以存在障碍，就是因为存在这样的不平等关系。

事实上，父母向孩子敞开心扉，是对孩子尊重和信赖的表现。

在成为父母这个角色之前，父母首先是人。只要是人，就会出现困惑和烦恼，也可能犯错，心情也并不都是晴天，沮丧、惊慌等负面情绪总会出现。每个父母都不完美，所以，在孩子面前，不用展示完美，把自己的真实情绪展现出来，让孩子知道，原来父母和他一样也是有情绪的。这样做不仅能促进孩子更加亲近父母，亲子关系更融洽、亲密，更重要的是给孩子传递了一种坦然、放松的处世态度。

很多孩子可能会问父母："你看起来不开心，为什么呢？""你这段时间是不是很累？"当孩子这样问的时候，不要试图回避问题或者转移问题，也别有"大人的事，小孩子问什么"这样的心理。这个时候，父母更应该仔细想一想，孩子问这些问题，他想要获得怎样的互动，父母应该怎样和孩子谈一谈。往往很多父母在孩子这样问的时候，直接回道"大人的事，小孩子别多问"，或者"没什么，你不用知道"。请各位爸爸妈妈记住，千万不要这么说，这样的话一说出口，就等于推开了孩子对父母的关心——孩子从父母的话中得到的信息是"父母如何与我无关"，如此一来，就等于父母主动向孩子关闭了沟通的渠道。

赵林被公司辞退了，害怕家里人担心，一直不敢告诉他们，所以每天依然做出上班的样子。他近一周都在找工作，可惜没找到合适的，他又不想早早回家引得家人怀疑，所以每天面试结束后，他就到离家较远的一个著名的公园转悠到下班时间才回家。

这天他刚回家，儿子泡泡就神秘兮兮地拉着他到了自己房间，然后问他："爸爸，我看你最近都不开心，这一周你是不是都没去上班？"

赵林特别惊讶，泡泡才 4 岁多，怎么会想到问自己这个问题呢？他脑子里转了很多念头，可是嘴上只是漫不经心地回答儿子："没有的事，我每天上班很忙的。"

一听爸爸这样说，泡泡可不高兴了，他嘟着嘴推开赵林，跑出了房间。几天后，赵林慢慢发现儿子都不跟自己说话了，自己跟儿子说话他也爱搭不理，他非常纳闷儿。这天早上，他难得送泡泡去幼儿园，才从泡泡的老师那里知道原因。原来，泡泡他们学校组织了游园活动，地点正好就是赵林每天去的公园。泡泡在游园时看到了赵林在公园闲逛。

自从那天得到赵林敷衍的回答后，泡泡就特别难过，他跟老师说，爸爸骗了他，他以后再也不理爸爸了。

赵林知道后，又自责又苦恼，不知道该怎么重新让泡泡对他敞开心扉。

故事中，身为爸爸的赵林，潜意识里觉得自己的工作与孩子没有关系，在回答的时候就有些敷衍，也就不自觉地伤害了泡泡的心。

事实上，赵林对泡泡的伤害完全可以避免，如果赵林对泡泡敞开心扉，直接告诉泡泡自己失业了，正在找工作，泡泡会理解他并会和他更加亲密，因为这是父子之间心与心的沟通。不要认为孩子什么都不懂，更不要以此为借口去忽视他们的感受。

作为父母，必须有这样的认知，即要想建立良好的亲子沟通关系，父母和孩子都需要敞开心扉，实现心与心的交流。这里给父母几点向孩子敞开心扉的建议：

（1）把喜怒哀乐都和孩子分享

世界上最亲密的关系之一就是父母和孩子的关系。在情感上，父母和孩子是平等的，所以，父母的喜怒哀乐等情绪，都应该坦诚地告诉孩子，与孩子分享。不要觉得与孩子分享自己的喜怒哀乐很丢人，相反，这是信任和尊重孩子的表现，而孩子也能感觉到父母对自己的尊重和信任，这样一来，孩子会更尊重父母，接纳父母，并愿意向父母敞开心扉、诉说心事。

（2）把工作状况告诉孩子

父母一定要明确告诉孩子：我目前从事的是什么工作，这份工作主要是什么内容，我所从事的工作对社会、国家甚至整个人类有怎样的意义等。不可否认，现在绝大多数父母都特别忙，但再忙，也要抽出时间陪孩子，与孩子说一说自己的工作细节，讲一讲工作中体会到的悲喜辛酸，谈一谈每次成功时的幸福体验。这可以增进孩子和父母之间的感情，让孩子从小就懂得做什么事情都不是一帆风顺的，都会遇到坎坷磨难，但再难，只要坚持不懈，就会有成功的时候。这对孩子来说特别重要。

有许多父母埋怨自己的孩子不懂节约，花钱没有节制，有很强的自私心理等问题。在抱怨孩子的时候，请父母们想一想，你们是否告诉过孩子所花的钱都是你们辛勤工作换来的。如果没有，就请不要抱怨孩子，而是告诉他们钱是怎么来的，一定要让孩子知道，金钱和工作是紧密相关的。一般来说，孩子六七岁后，父母就应该渐渐告诉他们，自己是怎样努力工作谋求生存的，又是怎样创造属于自己的事业的。

（3）同孩子分享自己的隐私或秘密

很多父母都有这样的心理，认为孩子太小，不懂事，很多事情没必要告诉他们，尤其不能让孩子知道自己的隐私或秘密，因为这会让自己没有面子。但是事实并非如此，孩子要是知道他和你共享隐私或秘密，反而会对你更加信任，这时你也会更容易走进孩子的内心，真正做到和孩子进行心灵深处的对话和沟通。

（4）让孩子明白你对他的期望

我们经常听到一句话，叫"望子成龙，望女成凤"，但事实上，父母不应该对孩子抱有过高的期望，期望过高，往往会对孩子造成巨大的压力和伤害。对孩子抱有期望是正常的，不过父母应该根据孩子的个性特征、兴趣特长等实际情况，对孩子抱以合理的期待。同时也要明白，告诉孩子自己对他们的具体期待，并且这种期待是从实际出发，并不过分。如果父母能切实做到这些，孩子就会从父母的期待中汲取前进的力量，然后用他们的努力换来父母的期望成真。

综上而言，父母同孩子沟通，一定要讲究方法和艺术，当然，最重要的还是要敞开心扉，以引起孩子情感上的共鸣，与孩子建立起相互信任的关系，使亲子关系更加融洽。

做孩子的知心朋友

父母和孩子做朋友，基础是尊重孩子、信任孩子。有缺点的孩子在成长进步中，更需要父母做自己最值得信赖和帮助的大朋友。现代家教中，父母们只有先学会做孩子的朋友，才能当好称职的父母。

曾有一位学生父亲在教育孩子的问题上谈道：在培养孩子成长的过程中，我作为一名父亲，深深地体会到父母的一言一行对孩子有很大的潜移默化的作用。人们常说："父母是子女的第一任教师"，真是一点儿也不假。

从孩子小的时候就帮他分析事物、明辨是非，鼓励他对家庭的任何事情谈出自己的看法，并将与他的谈话录下来。我们把孩子的启蒙画保留下来，把他的学习成绩、身高等按逐年变化绘制成曲线图，从小就教他唱歌、游泳、吹口琴、钓鱼，带他到博物馆参观、看展览、看节目，有空还带他到大自然中去，呼吸新鲜空气……在各种活动中，我们不要以自己是孩子的父母就说一不二，或摆出什么都对、什么都懂的样子，而是做能给予他知识和欢乐的最知心、最可靠、最值得信赖的朋友。我们经常组织家庭会议，讨论大家共同关心的问题；由于家庭气氛民主和谐，孩子生活得无忧无虑。孩子有事就跟我们讲，从不在心里放着，出门说"再见"，进门问好，做饭当帮手，饭后洗碗擦桌扫地。平时买菜、洗菜，给父母盛饭、端汤、拿报纸、捶背。有时父母批评过了头，也不当时顶嘴，过后再解释。要常对孩子讲："我们是父子，也是朋友，我们有义务培养教育你们，也应该得到你们的帮助，你们长大了，会发现我们有很多的不足之处，发现我们很多地方不如你们，这是正常的。因此，要像朋友一样互相谅解，互相帮助。"

沟通是相当重要的。生活中没有沟通，就没有快乐人生。事业中没有沟通，就没有成功。工作中没有沟通，就没有了乐趣和机会。家长要了解孩子，首先要与孩子进行沟通。在家里，不管是父母，还是孩子，都是平等的。孩子提出的看法，都要认真思量，有道理的就接受。想法也都和孩子讲，共同商讨。这样，就让孩子觉得自己在家里有地位，受重视，所以也就对家庭更加关心。

只有和孩子成为好朋友，才能当好称职的父母。这位父亲的体会深刻、经验丰富，其做法令人敬佩。在这样和谐的家庭中生活，孩子会感到幸福快乐，有利于缺点的改正，更有助于孩子的健康成长。孩子与父母像朋友似的交心，也便于父母了解孩子的变化。

在生活中要尊重孩子，以平等的身份对待孩子，与孩子建立相互信任的关系，做孩子的知心朋友，只有这样，才能赢得孩子的信任。

孩子往往喜欢与家庭以外的人交往，因为那些人对待他们很像同辈，而孩子在家庭中往往就感受不到这种气氛。

其实，父母和孩子的交往，应该是平等和民主的，而不是独断专行的。父母首先要学会尊重孩子，孩子在家庭中扮演的虽然是子女的角色，但与父母一样，他们的价值和尊严应该受到尊重。父母在生活中要学会尊重孩子，要把自己放在一个平等的角度与孩子进行交往，这样才能在教育孩子时，让孩子对自己更加信服。

但是我们还应看到，在生活中，光有父母对孩子的尊重是不够的，还要与孩子建立相互信任的关系，让父母成为孩子的知心朋友。

父母与孩子之间的相互信任是他们关系的重要方面，因为相互不信任会出现抵触现象而直接影响教育质量。因此，作为合格的家长，还必须经常用正直和诚实的行为去获得孩子的信任。

另外，不要轻易对孩子许诺什么，除非是保证能做到的。孩子往往会将成人的许诺当作誓言，假如许下了承诺，但又破坏了这种严肃的承诺，孩子便不会再相信了。

一旦孩子到了懂得道理的年龄，就应当相信他们所说的话，以建立相互之间的信任（除非他说的话很不真实），不要这样去问孩子："你所说的确实是真的吗？"或"又在撒谎！"这样会使孩子怀疑你对他的信任。要用信任代替对孩子的怀疑，孩子将尽力实现对你的承诺。

孩子信任父母的标志，是他遇到问题时能找你解决，把你作为知心朋友对待。因为他知道你很信任他，能给他一个满意的答复。这样，孩子才会把他内心中的秘密透露给你，他知道你一定不会辜负他的信任。

做孩子的知心朋友，父母们至少应该做到以下几点：

（1）真诚

在与孩子的交往中，没有任何虚假。要求父母能客观地意识到自己在想什么、感受什么以及做什么。除了自我意识，真诚还意味着向孩子敞开你的思想和感受。当你的工作没有做好时，你可以说你很灰心。如果对孩子很生气，直接对他表露这种感受比用隐讳的方式更好。

（2）勇于承认错误

包括坦诚地承认自己的缺点和错误。在教育孩子的过程中，难免会出现一些错误。如果对这些过失的发生，能对孩子用疏导讲理、诚恳认错的态度来解决，那么孩子就能够接受，而且不会产生无法挽回的损害，重要的是家长本身怎样去做。父母应该直率地承认自己的错误，并与孩子交谈和向孩子道歉，而不要使孩子形成"父母犯错后从来不承认"的印象。做到这一点后你会惊奇地发现，因为承认了无知和错误，却增加了孩子对你的信任，并激发了他们自己寻求答案的愿望。

（3）态度始终如一

对待孩子的一致性，是孩子对父母信任的基础。当孩子预先知道父母的意图以及父母会怎样反应时，他们就会感到比较安全。这种安全也是构成孩子对你信任的重要基础。

再柔和的父母的爱也带着威严的色彩，也是生硬、有距离和不易接受的。只有朋友的爱才是友善、和气、平等、有益心灵和易于接受的。

家长们应当放下"架子"，平等真诚地与孩子沟通，了解他们的烦恼困惑，引导他们养成良好的性格。

用故事来教导孩子

孩子犯了错，许多父母都会选择直接训斥孩子，或是讲一些孩子听不懂或听腻了的大道理。这样做真的能达到想要的效果吗？不要忘了，孩子的心智发育并不成熟。

父母虽然给孩子听讲了很多道理，但孩子下一次还是会在相同的问题上犯错，于是父母会再次讲述这些道理，然后孩子再次犯相同的错，就这样无限地循环下去。

道理当然应该讲给孩子听，孩子的错误当然也要纠正，但是父母应当选择一些容易让孩子接受的方法。比如，父母可以通过讲故事的方式来阐述道理。

讲故事是与孩子交流的良好方式，远比陪孩子看动画片强得多。因此，父母可以利用饭后、睡前或节假日等空闲时间，给孩子讲讲自己的经历，或是与孩子分享一本故事书。

尤其是对未满 12 岁的孩子，父母更应该多花一些时间来给他们讲故事。如果孩子对某个故事表现出特别的喜爱，总是反复地听，那么父母可以试着把故事"玩"出花样，比如进行角色扮演、续写故事等。这样一来，不仅可以锻炼孩子的想象力与创造力，也可以与孩子进行心灵上的交流。

阿杨刚满 3 岁的女儿突然不喜欢喝牛奶了，阿杨夫妻二人想了很多办法也不能说服孩子喝牛奶。有一天半夜，女儿被噩梦吓醒了，哭着来找阿杨。阿杨安慰女儿后，随口说："如果你能喝些牛奶，以后肯定就不会再做噩梦了。"听了这话以后，女儿竟然每天主动找爸爸妈妈要牛奶喝。

这件事让阿杨得到了启发：小孩子都喜欢听故事，而且总是对故事里的内容信以为真，那自己能不能编一些故事来教育女儿呢？于是，阿杨就以女儿为原型编了几个故事，把想给女儿讲的道理都编进故事，经常抽空给女儿讲，比如《懒虫王国奇遇记》（女儿不肯起床的时候）、《小邋遢的故事》（女儿不讲卫生的时候）、《害羞的小白兔》（女儿不肯见客人的时候）等。起初，女儿并没有意识到爸爸故事里的主人公就是自己，但听得多了她就反应了过来。

阿杨开始时还担心女儿知道了自己的"小手段"之后，会觉得反感或是不好意思，但出乎意料的是，女儿欣然接受了自己的教导，改正了一些坏习惯。半年之后，女儿甚至还会反过来编小故事来说爸爸妈妈的毛病呢。

阿杨的做法是很有借鉴意义的。虽然孩子的心智还没有发育成熟，但是他们却拥有很强的感知能力。随着年龄慢慢增长，孩子会对事物有更加清晰的认知，明白哪些事情是正确的，哪些事情是错误的，一旦犯了错，会害怕父母的批评，也会厌烦父母喋喋不休的说教。如果父母在教育孩子的过程中，能够选择温和、恰当的方式，就容易被孩子接受，也能取得良好的教育效果。反之，就会使亲子之间产生距离，不利于孩子的健康成长。

沐沐是一个内向、害羞的孩子，每次家里来客人的时候，他总是躲在父母身后或是直接躲回房间，不敢面对客人。因此，爸爸批评过他好几次，甚至还打了他一回。后来，爸爸态度强硬地定下规矩：每天上学出门前，必须和爸爸打招呼；在学校，要和同学、老师问好；家里来了客人必须陪客人，客人不离开就不能回房间。

在爸爸的强迫下，沐沐渐渐成了一个懂礼貌的乖孩子，大家都夸奖他。但是，沐沐的心里一点儿也不快乐，他越来越害怕有客人上门，害怕去学校，也害怕爸爸。

后来，沐沐长大了，结了婚并有了自己的孩子，但还是对爸爸心存畏惧，每次面对爸爸，除了打招呼之外，他不愿意也不知道跟爸爸说什么。于是，只有父子两人在家的时候，气氛总是非常尴尬。沐沐虽然意识到这样不好，好几次都想打破这份尴尬，但他就像有心理障碍似的，每次看到爸爸，就无法开口了。

孩子犯错之后，父母的处理方式十分重要，如果过于严厉，孩子就会疏远父母，而如果视而不见，纵容孩子，就会导致孩子继续犯错。父母不妨用讲故事的方式，通过把道理寄寓在故事中，对孩子进行教导，这比直接指出孩子的不足，强硬地要求孩子改正好得多。而且，当孩子回想童年时，记忆中的父母总是以温和的态度对待他，用一个个生动有趣且富有教育意义的小故事来引导他，相信孩子一定会觉得十分温馨，也会温暖地对待别人。

另外，父母在给孩子讲故事的时候，也应当考虑到孩子的实际情况，对孩子的理解能力有足够的认知。有些父母会将超乎孩子理解范围的大道理藏在故事中讲述给孩子，孩子因为年龄小，没有足够的生活经验，只能产生一连串的疑问，父母也就只能忙着回答这些疑问，于是被弄得心情烦躁，道理也没有讲通。因此，父母通过故事给孩子讲述道理时，一定要记住：道理要贴近孩子的年龄和生活，符合孩子的理解力。只有这样，才能起到教育孩子的作用。

02

PART TWO

第二章

以心交心，不做高高在上的父母

和孩子分享喜怒哀乐

很多父母经常抱怨："我的孩子有事情不愿意和我说。"而孩子却愁苦地说："父母不知道我们想要什么，只是一个劲儿地说个不停，而当我说时他们却没耐心听。"这是一种很常见的情况。孩子其实有很多想法和事情要和父母说，但因为父母不够重视或者不愿倾听，他们的情感和意见往往不能得到充分的表达。可是，如果父母不愿和孩子谈心，又怎么可能深入了解孩子？对孩子不够了解，又如何能正确地帮助和教育孩子？父母应该用平等的态度对待自己的孩子，和他一起讲述见闻、分享欢乐、分担忧愁，让家庭氛围更加和谐、民主。

沐橙是一个喜欢花钱的小姑娘。有一次，妈妈没有给她零花钱，她无法买到自己喜爱的洋娃娃，就对妈妈有了反感的情绪。无论妈妈让她做什么事，沐橙总是对着干。妈妈觉得女儿不懂事，自己辛辛苦苦地工作就是为了让女儿生活得更好一些，可是女儿却这样对自己。

后来，爸爸下班回来了，他给沐橙讲述了自己辛苦工作的一天。没过多久，妈妈发现女儿忽然变得乖巧起来，她疑惑地问爸爸为什么会这样。爸爸笑着说："小孩子也是很聪明的，只要你用正确的方式沟通，她就能明白。之前她和你闹别扭，是因为你没有耐心和她交流啊！"

听了爸爸的话，妈妈豁然开朗，然后开始注重和女儿之间的沟通。过了一段时间，妈妈非常高兴，因为女儿身上的逆反表现减少了很多。

试想一下，如果这位妈妈早一点儿和女儿交流，耐心地解释自己辛苦工作的意义，也许女儿就能理解妈妈的辛苦，母女间的关系也能更上一层楼。

如何与孩子有效沟通呢？

（1）沟通的话语要明确

很多父母与子女产生矛盾，主要是由于误解。父母说话含糊不清、似是而非，孩子听后理解错误，就会对父母产生反感态度。为了避免这样的问题，在和孩子沟通时，父母的言语务必要清楚、明确。

（2）认真听孩子表达

孩子也渴望自己说话有人倾听，父母应该对孩子的话表现出浓厚的兴趣，而且让孩子感受到你对他很重视。当孩子说话的时候，父母尽量不要打断，也不要因为说错话就立刻批评，应该站在孩子的立场上思考问题，使孩子感受到他被重视和理解。

（3）言语要符合实际、合乎情理

运用贴合实际、合乎情理的话语和孩子沟通，一方面能够培养孩子的理智感和自信心，让父母的话有可信度；另一方面可以在孩子心中树立良好的形象，让他觉得父母可亲近、能依靠。

（4）消除对孩子负面评价的心理定式

父母根据孩子以前的表现来理解孩子现在说话的内容，很容易曲解孩子的本意。因此，父母应该客观地倾听孩子的心声。既不要以偏概全，一坏全坏；也不要爱屋及乌，一好都好。孩子会在成长过程中不断变化，父母必须懂得排除主观偏见。

（5）重视孩子的内心感受

父母应该关心孩子的真实感受以及需求，鼓励孩子勇于袒露自己的真情实感。必须使孩子理解：父母不同意他做某些事，不是不理解他、不尊重他，而是担心他的选择不利于他日后的成长。

对孩子要坦诚和尊重

坦诚和尊重是一切和谐交流的必要前提。即便是面对孩子，也应如此。在亲子对话的过程中，父母既要循循善诱，让孩子说出他们的所思所想，又要本着尊重的原则，把自己内心的想法坦诚地告诉孩子。

乐乐的奶奶生病了，他的爸爸妈妈打算换个更大点儿的房子，把奶奶接到家里照顾。经过几天的奔波，他们最终筛选出两套比较合适的房子，一套在东城，一套在西城。晚饭过后，乐乐的妈妈把房子的大致情况告知了乐乐，并且希望乐乐能说说自己的意见。乐乐在上小学五年级，正是爱玩爱闹的年纪，而东城区的那套房子附近正好有个大型的游乐场，所以他很希望爸爸妈妈能在东城区安家。爸爸妈妈心里呢，其实更想要西城区的那套房子，因为那边的交通更方便一些，最重要的是那套房子有电梯，奶奶上下楼也很方便。乐乐的妈妈见儿子的想法正好和自己相左，却也并没有打算驳斥儿子，而是耐心地和儿子讲起了道理。最后，经过妈妈一番有理有据的开导，乐乐愉快地接受了在西城区买房的决定。

其实，作为一个各方面尚未成熟的小孩，妈妈并不是真的指望他给出什么买房的意见，之所以以商量的口吻和孩子对话，最主要的是想给孩子起码的尊重。作为家里的一分子，妈妈觉得孩子有权参与家里的重大决定。这种坦诚而又充满尊重的亲子对话很值得大家学习和借鉴。

另外，父母在与孩子对话的过程中，还应该注意一些其他内容。

在孩子面前需要真诚

生而为人，没有谁是完美无缺的，大家都有自己的局限性，也都会犯错，作为父母也不例外。在大多数情况下，家长凭借着自己多年的学识、阅历，能给孩子正确的指引，但是有的时候难免也会因为认知的局限而暴露自己的短板。此时很多父母为了维护自己的面子，刻意把自己的缺点隐藏起来。其实这种做法是不对的。孩子正在一天天长大，他们的认知能力也在逐步提升，知识面也渐渐拓宽，如果父母一直以这种不真诚的态度和孩子交流，其实孩子是有辨别真伪的能力的，久而久之，孩子会因为父母的刻意隐瞒而反感。

比如，上高二的萌萌在写作业的时候碰到一道非常难解的物理题，她想了很久都毫无头绪，于是她就去求助自己的爸爸。爸爸一看题目，其实也想不出正确的解题思路，可是为了保住自己的面子，他仍然强装镇定地说："这道题这么简单你都搞不定，真是白学了！"随后他急匆匆地借故走开了。其实爸爸到底会不会做这道题，萌萌早已了然于胸，她虽然嘴上没有说什么，但是心里却觉得自己的爸爸虚伪极了。而如果此时爸爸能真诚一点儿，虚心地跟萌萌说："这道题确实很难做，不如咱们一起向其他人请教一下。"那么相信萌萌一定会谅解自己的爸爸。尽管这样的做法让爸爸学识渊博的形象大打折扣，但是总好过给孩子留下一个不真诚的看法。

不管怎么说，真诚的人更容易得到别人的理解，所以父母没必要为了自己的面子在孩子面前伪装，如果你能真诚一点儿，他们反而会更理解你。

让孩子多多了解自己的过往

众所周知，每个孩子身上都会有一些自然生发的好奇心，他们不仅会对生活中的花鸟鱼虫好奇，还会对父母儿时的生活感到好奇。他们很想知道自己的父母小时候是不是也和他们一样，每天要做很多的作业，也有很多的烦恼和困扰。此时，父母如果能在合适的时间敞开心扉，和孩子聊一聊儿时的喜怒哀乐，那么孩子的好奇心不仅会得到满足，还可以借着曾经的阅历和经验，向孩子输入一些必要的做人道理和正确的价值观。

假如你儿时家境贫寒，没有接受良好的教育，但你通过自己不懈的努力开创了一番不错的事业，那么不妨把你的奋斗经历详细地说出来，这样孩子也会被你顽强坚韧的精神所感动，最后受你影响，他也会变得坚强勇敢。

假如你从小是家里的小皇帝，过着衣来伸手、饭来张口的日子，那么你可以告诉孩子你因为这种不独立的性格在社会上吃了多少苦头，但最重要的是让孩子知道你是如何一步步改过自新，重新获得独立生存的能力的。这样也可以让孩子意识到自己不能处处依赖他人，人生要依靠自己才能活得精彩。

假如你年少时因为内向、不善言谈，而遭到很多同学的轻视和拒绝，而且因为表达不力错失了很多有意义的社交活动，那么也请把这些糟糕的经历和孩子一道分享，分享并不意味着贬低自己，而是在变相地激励孩子积极向上，走出封闭的自我世界，多多与人接触，在增强语言表达能力的同时获得更多的社交自信，而这些将是他以后成功路上的宝贵财富。

假如你小时候有一个当舞蹈家的梦想，可是后来因为一次特殊的事故，让你从此与梦想擦肩而过，但你并没有因此而颓废沮丧、意气消沉，而是利用业余时间学习其他方面的技能，最后经过你的一再努力，竟然也在其他方面做出了不俗的成绩。如果孩子知道你的这些经历，一定也会学得积极乐观，不再为一些鸡毛蒜皮的小事苦恼。

这一点一滴的经历饱含着你对世界的认知，孩子听了受益无穷。这些有血有肉的过往远远比你干巴巴地给他讲一大堆做人的道理要管用得多。当然，你也不必担心自己从前的这些糗事儿会影响你在孩子心目中高大伟岸的形象，随着时间的推移，孩子会长大，变得懂事，最终体会到你的良苦用心。

　　总而言之，坦诚地和孩子交流是一件很了不起的事情，它不仅能帮助你有效地向孩子传递做人做事的道理，而且还能帮助你们建立和谐友好的亲子关系。

和孩子平等、礼貌地沟通

　　在亲子沟通过程中，对孩子平等、礼貌也是非常重要的。只有孩子感受到了尊重，他才会愿意心平气和地听从你的建议和指导。

　　菲菲是一名初三的学生，期中考试的时候她的数学成绩很不好，为了帮助女儿考上一个理想的中学，菲菲的妈妈想在寒假的时候给她找个好点儿的家教老师，为其补充一下缺失的知识。可是在正式决定请家教之前，她的妈妈也有很多的顾虑，她明白自己的女儿现在学业非常繁重，十门课程门门都得熟练掌握，这并不是一件容易的事情。好不容易熬到寒假，还有一大堆的作业等着她做，这个时候如果再给菲菲"加塞"，菲菲会不会有些吃不消呢？虽然妈妈有这样的顾虑，但她最终还是把自己的想法告诉了女儿，刚开始菲菲是有些不情不愿，可是后来经过妈妈的一番诚恳、委婉的劝解，女儿也明白了妈妈的良苦用心，于是欣然接受了假期补课的事。不过在答应补课之前，她要求妈妈允许她每天玩两个小时，妈妈看见菲菲也意识到学习的重要性了，于是毫不犹豫地答应了她的请求。

　　菲菲的妈妈是一位明智的家长，她知道只有平等、礼貌地和孩子对话，才有可能达到理想的交流效果，倘若自己事先不知会菲菲补课的事情，毫无征兆地给孩子请来家教老师，一定会招来孩子强烈的反对，那么到时候，即便是补课被强制执行了，菲菲的学习效果也会大打折扣。因此，这件事情可以给家长们带来一个新的启示：亲子沟通务必要遵守平等、礼貌的原则，否则很难得到双赢的结果。

与孩子沟通要注意方法

　　父母与孩子之间能否保持良好的关系，运用沟通技巧进行有效沟通非常关键。良好的沟通不仅会使家庭氛围和谐，也能让父母在教育孩子时轻松许多。但是，有相当一部分父母觉得，与孩子沟通是一件比较困难的事情，或父母已经尽力尝试去和孩子沟通了，但仍未能与孩子保持融洽的关系。

　　邓欣今年5岁，是一个活泼、开朗的小女孩，父母对她宠爱有加。可是，邓欣的妈妈却常常因为无法与女儿进行有效沟通而烦恼不已，每次妈妈想跟邓欣说些什么，才说了两句话，邓欣就转身离开了。

　　有一次，邓欣在搭积木，她将积木摆了满满一地，拿起一块觉得不合适就往旁边一扔，很多积木都混到了别的玩具里。

　　妈妈看不过去，便将那些小积木块从玩具堆里一个一个地找出来，然后对邓欣说："这样乱扔玩具可不是好习惯，而且……"

　　妈妈的话刚开个头，邓欣就不耐烦地说："知道了。"然后就扔下一地的积木跑开了。

邓欣的妈妈只能默默地把玩具收拾好，她不知道自己应该怎样说，邓欣才能听进去。

事实上，与孩子进行沟通，不能完全按照大人之间沟通的方式进行，父母应当学习与孩子进行有效沟通的方式，掌握巧妙的沟通技巧，才能取得成功。

在与孩子沟通交流时，父母需要做到以下几点：

（1）关注孩子的表情

孩子的表情会直接反映出他的想法，因此在与孩子说话时，父母应当注意孩子的表情，及时调整说话的方式、力度等，适时地对孩子的问题予以帮助和辅导。孩子觉得自己被父母重视了，也就愿意与父母沟通了。

（2）语气要柔和

批评、命令、警告等强硬的语气会拉远孩子与父母的距离，因此，在和孩子说话时，父母应当少用强硬的语气，多用柔和的语气，这样一来，沟通的气氛就会放松下来，孩子就会更愿意说出自己的想法。

（3）使用简单的短句

孩子的逻辑思维还不够成熟，无法理解结构过于复杂、内容过于丰富的语句。因此要想让孩子认真听父母的话，就要保证孩子能够理解父母的话。想要做到这一点，父母就需要让自己的语言简单一些，使用简单的句子，最好能把自己说的话重复几遍，确保孩子能够听懂。但需要注意的是，只要孩子听懂了，就不要再重复了，否则孩子就会产生厌烦的情绪。

（4）语调要有起伏

在不打扰别人的前提下，父母在和孩子说话时，可以让自己的语调有一些高低起伏的变化，这样孩子会更容易集中注意力来倾听。

（5）话语内容尽量具体

父母话语的内容应当尽量具体，而且最好是最近发生的事，否则孩子就会丧失交流的兴趣，不由自主地走神。

（6）善于发现孩子的优点

父母应当善于发现孩子的优点，并适时予以鼓励和表扬。要知道，鼓励、表扬比批评、惩罚更有效，而且也不会导致亲子关系紧张。

（7）能够将心比心

父母应当学会换位思考，多站在孩子的角度看问题，这会让父母更容易了解孩子的内心世界，沟通就会更加有效。

不要让家长会成为孩子的"噩梦"

据调查，大多数学生都十分抵触家长会，只要父母去参加家长会，孩子就会在家里提心吊胆地等待着，猜测父母和老师会怎样评价自己。而且，大多数父母从学校回来后，脸色都是"多云转阴"。

亮亮今年上初二，她的学习成绩一直不太好，不过，她在这次期末考试中取得了很大的进步。即便如此，当妈妈去参加家长会的时候，她依然十分忐忑，心神不宁，脑子里总是萦绕着老师和妈妈对话的情景，猜测老师会和妈妈说些什么，妈妈又会有怎样的反应。

家长会后的结果和亮亮所预料的差不多，妈妈对她的进步只用了一句"这次考试进步了许多"一带而过，接着就开始不停地责备她考试粗心、马虎和听讲不认真、上课开小差。

亮亮无奈地说："我已经付出了努力并取得了进步，可家长会非但没有给我应得的表扬和鼓励，反而给了我更多的批评，我真讨厌家长会，老师和家长见面只会给我带来痛苦。"

据北京市某中学主管德育的副校长介绍，他们做过一次调查，调查结果显示，将近70%的学生在父母开家长会时会忐忑不安，余下的30%是那些一直以来成绩居高不下的学生。

该副校长说，出现这种现象的原因有两种：一是从很早开始，家长会的主要内容就是老师与家长谈论孩子的不足之处，甚至有的家长也会遭到老师的指责，导致家长都对家长会有抵触情绪，担心丢面子，而学生也害怕老师会在父母面前揭自己的短；二是就算老师在家长会上以表扬学生为主，对学生表现好的方面加以肯定，大部分家长回家后也很少去鼓励和表扬孩子，更多的还是训斥。学校里进行了一次测试，老师在家长会上对全班同学一一进行了表扬，等到第二天老师问学生，家长会后谁受到了家长的表扬时，仅有两名同学举起了手。

北京市中小学生心理咨询中心主任指出，家庭教育是一种迁移教育，是对学校教育的补充。家长应当将老师的要求带到家庭中引导孩子。比如，在家长会上老师提到孩子答题要有步骤，家长就要在日常生活中适时提醒孩子处理问题要有顺序，从而促使其掌握一个正确的学习方法。然而，在家长会后，大部分家长仅仅是将老师的要求对孩子机械地重复、强调，甚至用强制措施让孩子记住。孩子在学校挨批评，在家里又受指责，必然会产生抵触心理，学习上自然也无法取得进步。此外，有的家长在家长会后进行家庭教育时，往往会将自己的看法与老师的意见相结合，将孩子身上所存在的缺点和问题放大，这会让孩子以为老师向家长说自己问题的时候夸大其词，以至于对老师产生反感。而老师为了能和孩子更好地沟通，不得不把家长会上说的话反复斟酌，并且不会把孩子的情况全盘托出。如此一来，家长会就无法促使孩子进步，并且可能引发老师、家长和学生的矛盾。

专家认为家长和老师作为教育主体，他们之间的沟通尤为重要，而家长会正是老师与家长沟通的一个很好的渠道，便于老师对学生在家中的学习和生活情况有所了解。但是有不少学校的家长会无异于老师对家长的批评会，既批评学生学习不认真，又批评家长没有与学校积极配合。这使家长在教育上的主体地位不保，甚至让很多家长感到难为情，对家长会产生抵触心理。其实，在家长会上，老师应该做的是和家长平等交流，为家长提供有效信息，客观分析每位学生，肯定学生身上的优点，并指出不足之处以及改正的方法。这样才能真正改变家长会的现状和老师唱独角戏的家长会形式。

家长要明确自己参加家长会是为了从老师那里收集所有和孩子有关的信息。家长会上，有的家长通常在校领导和班主任老师介绍学校近阶段的教学计划和任务、课程改革的内容、老师对学生的具体要求时表现得漠不关心，只有到了班主任对班里学生进行分析、评价时才将注意力集中，听老师有没有提到自己的孩子。家长会结束之后他们会继续向老师追问孩子的学习情况。当老师向其指出孩子的不足时，他们就在老师面前斩钉截铁地保证会对孩子严格要求，并且想好了回家后如何"修理"孩子。这类家长往往有严重的功利思想，他们对将来能从孩子那里得到多少回报的关心远远超过对孩子的未来的关心。

家长会相当于这类家长的情报站，他们选择性地记录下自认为有用的信息，为之后"教育"孩子搜集素材，却忽略了家长会上传达的学校、年级情况和学校接下来的整体安排等重要信息。他们所关心的无非是孩子的成绩和排名，表现得十分功利。这种现象在家长会上十分普遍，这也是很多家长认为"大道理都说尽了，可孩子就是不听话"的原因。

还有一类家长根本不拿家长会当回事，他们觉得自己能抽空亲临家长会已经是对孩子和学校的"恩赐"了。这类家长无法与老师进行有效的沟通，更无从得知孩子有哪些问题，也就无法有的放矢地教育孩子，那么孩子的学习令家长不满意，问题就不出在孩子和老师身上，家长要承担主要责任。坦白说，家长严格教育孩子的前提应该是家长要有正确的教育意识。

当然，也有一小部分家长非常重视家长会上老师以及校领导的发言，并认真记录下所有的关键内容，甚至会列出为达到老师要求将要实行的措施。这类家长的孩子学习成绩通常都不错。在家长会结束后，他们会找机会和班主任进一步沟通，明确孩子所存在问题的根源，并商讨相应的解决方法。回家后也能心平气和地与孩子进行沟通。

不言而喻，这类家长比前两类家长更受孩子的爱戴和老师的认可。他们往往在平日里就很注意与孩子沟通，十分清楚孩子的情况，而且跟老师也密切配合，尤为重要的是，他们会经常思考孩子身上所存在的问题，并且为孩子提出具有建设性的意见。在家长会上，这类家长对想要了解的问题和向老师提的建议都十分清晰明了，能够有目的地倾听老师的讲话，当老师指出孩子的不足时，也在其意料之中，而且会和老师共同商量改进的措施。

这类家长用在家长教育理念和方法上的成功促使着孩子的成功，用自己的思考引导着孩子的思考，用理性促成老师、家长和孩子的和谐统一。

家长与孩子的交流应该循序渐进。在开家长会时，要提前准备好一个专门的记录本，尽可能完整地记录下老师所传达出的每一句重要信息。从学校回来后，不要立刻和孩子讨论学习的事，而要用亲切的态度让在惶恐不安中等待结果的孩子感到些许安慰，等孩子放松下来后再耐心地和孩子讲述家长会的内容。比如，先向孩子讲一讲家长会上都有谁上台发言以及发言的主要内容，让孩子对家长会的过程有大致了解。然后说一说班主任对哪些同学提出了表扬或批评，如果孩子得到了夸奖，一定要及时予以肯定。客观、真实地向孩子转达班主任及科任老师对他的评价，然后拿出家长会记录本，将这次老师的评价以及成绩与上次的相比较，分析孩子进步的方面，以及不足或退步的方面，和孩子共同寻找改正和提升的方法，最后加以总结。

当命令变成商量，孩子都是乖孩子

　　人与人之间相互尊重是非常重要的，只有尊重他人，才能得到他人的尊重，而这种尊重是一个人比较高层次的心理需要。成人之间如此，对待孩子也应如此，父母与孩子相处的过程中也应该充分地尊重孩子，多一些商量，少一些命令。

　　很多父母在孩子面前总是高高在上的态度，他们很喜欢以居高临下的姿态对孩子进行命令。比如父母在做决定的时候，如果孩子表现出抗拒或否定的态度，很多父母往往会说："小孩子什么都不懂，这件事爸爸妈妈说了算，就这么决定了。"当孩子想要独立地去做某件事或提出某个想法的时候，父母如果不同意，就会对孩子说："这件事不能做，爸爸妈妈不同意，不行就是不行。"从而直截了当地否定孩子。这种强硬的下命令的方式对孩子来说，是很难接受的，但是大多数的孩子处于这种家庭氛围当中，已经习惯了这种相处模式，所以他们不会反抗，只会在心里默默地积累情绪，等积累到一定的程度，就可能以某种形式爆发，比如与父母发生严重的正面冲突，或者选择不与父母沟通，更严重者可能选择离家出走等极端的方式。

但是还有一部分父母，他们就不会采用这种强硬的语气跟孩子沟通，他们更多的是与孩子进行商量，想到周末去哪里玩，他们会问孩子："你是想去游乐场，还是想要去亲近大自然？"想要给孩子报辅导班的时候，也会征求孩子的意见："你是喜欢学舞蹈，还是喜欢学画画？"总之，在这样的家庭氛围中，孩子能够时时刻刻感觉到被尊重，他们不是被动的接受者，而是家庭事务的参与者和决策者之一。

宁宁的爸爸就是一个凡事喜欢跟宁宁商量的父亲。无论做什么事情，都不会强迫宁宁，所以他们之间的关系也非常融洽，就好像亲密无间的朋友。在家里，宁宁和爸爸总是玩得很开心，宁宁有的时候管爸爸叫"爸爸"，有的时候还会心血来潮给爸爸起一个可爱的昵称，无论是"大石头"，还是"笨笨熊"，爸爸都欣然接受。宁宁"大石头""笨笨熊"地叫着，爸爸就开开心心地答应着。

宁宁基本上不会撒谎，因为她用不着撒谎。在家里，她可以无话不说，不必对父母有所隐瞒，做错了事情，父母虽然会批评她，但是一定不会毫无顾忌地训斥，或者强制性地对她提出什么要求，他们总是会心平气和地给宁宁讲道理，宁宁从来不用担心自己会因为做错事而受到冷遇。

家里的很多事情宁宁都可以参与进来，而且她的发言往往有着举足轻重的地位，完全可能影响到父母的决定。比如，家里要换电视机了，爸爸妈妈会问宁宁想要什么牌子的电视机，想要多大的，电视机放在家里的什么位置宁宁觉得最合适。当宁宁有了喜欢的玩具，但是家里已经有很多同样类型的玩具时，爸爸妈妈也会跟她商量，可不可以回家以后检查自己有多少玩具，再讨论买这个玩具到底有没有意义。因为从小养成了"万事好商量"的习惯，宁宁对爸爸妈妈的话也都能听得进去。

宁宁上初一的时候，第一次收到了一个男生的情书。她把情书带回家，问爸爸妈妈要不要看，爸爸妈妈摇头表示不看，但是他们表示很想知道宁宁的想法。宁宁向他们介绍这个男生在班里的成绩如何，性格怎么样，还说了很多班上的八卦传闻，以及自己与其他同学之间的关系怎么样，最后她说她知道这个时候不该谈恋爱，但是她不知道自己应该怎么回复对方，才既能保证他们能继续做好朋友又不伤害到对方，所以想要和爸爸妈妈商量，听听他们的意见。

宁宁的房间从来不上锁，她的抽屉也经常是开着的，她没有任何秘密想要瞒着爸爸妈妈，因为爸爸妈妈也从来不会对宁宁隐瞒什么事情。他们就这样组成了一个民主的家庭，每个人都是这个家的主人，每个人都同样重要。

像宁宁与父母这样融洽的亲子关系，是很多人都特别羡慕的，因为在宁宁的家庭里，看不到剑拔弩张的氛围，没有高高在上的父母，也没有咄咄逼人的孩子，有的是一片祥和，互相尊重，用心沟通。想要营造这样的家庭氛围，所有的父母都应该向宁宁的父母学习，对孩子多一些商量，少一些命令，让孩子成为父母的朋友。

03

第三章

用心去听，孩子
的心言心语

走进孩子的内心世界

很多父母总是抱怨自己的孩子不听话，他们想要了解孩子，却发现孩子根本不愿意把真实的想法与他们分享。其实，这样的沟通难题很多父母都会遇到，而大多数是因为父母没有把自己放在与孩子平等的地位，没有真正走进孩子的内心世界。

每天生活在同一个屋檐下，父母是否就一定对孩子的行为和想法了如指掌呢？事实并非如此，有太多父母根本不知道，也没有花心思去了解孩子在想什么，又何谈帮助孩子纠正错误行为呢？要想帮助孩子，改变孩子，首先要充分取得孩子的尊重与信任，走进他们的内心世界。

林悦像往常一样结束了一天辛苦的工作，去接孩子放学回家。夏日的暑热还没有退去，骑着单车的林悦在一个上坡处显得有些力不从心，此时此刻，她只想回到家躺下休息一会儿，以至于孩子在身后喋喋不休地说着今天班里发生的事情，林悦都毫无反应。

女儿滔滔不绝地说着谁谁谁欺负她，谁谁谁和她成了好朋友，林悦都充耳不闻，女儿越说越没有兴致，后来干脆不说了。过了一会儿，女儿突然想起来老师嘱咐过要买橡皮泥，便要求妈妈返回文具店，林悦顿时火冒三丈，大声呵斥女儿："你就知道给我添乱，刚才怎么不说，这都要到家了！"女儿立马噘起小嘴不再说话，等妈妈停下车子后就立即跳下来，气呼呼地说了一声"你是个坏妈妈"，随后往家跑去。

林悦更生气了，一进家门，对着女儿又是劈头盖脸一顿骂："你知不知道妈妈很辛苦？为什么你就不能体谅一下妈妈，让妈妈少操点儿心？"面对妈妈歇斯底里的吼叫，女儿睁着可怜巴巴的大眼睛，几乎要哭出来了，她委屈地说："妈妈，为什么你只要我听话，却从来不听我说话呢？你辛苦的时候就骂我，为什么都不考虑我呢？我们小孩子也会有辛苦的时候啊！"

林悦呆住了，她从来没有想过女儿会说出这样的话，自己给她吃给她喝，给她创造一切好的条件，难道这些还不够吗？她有什么好辛苦的呢？

仔细思考了一番之后，林悦发现自己也许确实做得不够好，除了知道女儿在学校里上课以外，其余什么都不知道，不了解孩子有没有朋友，不知道孩子喜欢哪个老师，甚至都忘了上一次开家长会是什么时候，老师说了什么。她总是喜欢站在自己的立场上要求孩子，却从来没有考虑过孩子真正需要的是什么。孩子不听话，不愿意跟父母说自己的真实想法，难道不是自己的需求无数次被父母忽视导致的吗？

明白这一点后，无论林悦多忙，她每天都会挤出时间来陪女儿。当她对女儿的了解越来越多的时候，她意外地发现，女儿并不像她认为的那样不听话，原来，当父母与孩子的沟通越来越顺畅的时候，一切问题就都迎刃而解了。

很多父母对孩子的关注仅限于学习，其他方面则听之任之。长此以往，孩子的很多需求都得不到满足，内心的想法无处倾诉，甚至一些烦恼都不能与最亲近的父母倾吐，自然而然会与父母产生隔阂，不愿意再与父母多沟通，因此也就很容易成为父母或他人眼中"不听话"的孩子。

教育专家认为，要消除孩子的不听话行为，首先就要和孩子增强沟通，消除父母与孩子之间的代沟。每个孩子都有丰富的内心世界，父母首先要做的，就是站在孩子的立场上，想他们所想，真正地了解孩子的喜怒哀乐，了解孩子的梦想与追求，了解他们的困难并给予及时的开导和帮助，真正了解并走进孩子的内心世界。那么，如何才能做到真正了解孩子的内心呢？

（1）接受并尊重孩子的感受

父母在倾听孩子讲话时，哪怕不认同孩子的想法或处理事情的方式，也不要直接对孩子进行负面评价。尤其是当孩子出现负面情绪或错误行为时，更不要急着批评或否定孩子，而是要尊重他解决问题的方式，理解他的内心感受，对于他的错误行为适当加以引导。

（2）跟孩子交流自己的看法

在认真倾听孩子倾诉的同时，还要适时向孩子重复他所说的重要内容和关键信息。在这个过程中，父母可以提出自己的看法，告诉孩子自己对他所做的事持有什么样的态度，同时给出一些建议，但不能强制性要求孩子接受。

（3）少说多听

很多父母喜欢在孩子面前滔滔不绝，恨不能将自己多年的生活经验全部倾倒给孩子，但是大多数情况下，孩子并不喜欢听父母"唠叨"，他们也有倾诉的欲望，希望自己的情绪有一个理想的出口，所以他们更喜欢也更需要的是父母的耐心倾听。作为父母，保持足够的耐心，在孩子面前少说多听，才是真正有智慧的做法。

（4）避免责骂孩子

无论孩子做错了什么，都不要一味责骂孩子。孩子会疏远父母，很多情况下是为了逃避责骂。所有人都会本能地趋利避害，孩子对待责骂的第一反应也是远离，所以他们会对总是责骂自己的父母产生距离感，尝试着把事情闷在心里，不向外倾吐。当孩子不愿意在父母面前表露心事时，父母与孩子之间的关系就会越来越远。

父母只有真正地放低姿态，把孩子放到平等的地位上，倾听他们内心的声音，才能做到良好沟通，才能更好地帮助孩子改正错误的行为。

孩子不愿理睬父母是为何

一位年轻妈妈站在跷跷板旁边，第三次对儿子说："牧歌，别玩了，我们该回家了！"牧歌就像没听到一样，继续和小伙伴玩着"你低我高"的游戏。妈妈有些生气了，走过去，不轻不重地拍着儿子肩膀："你怎么这么不听话，没听见我叫你吗？""你才叫了三次嘛。"牧歌显得有些无辜。

家里、幼儿园、游乐场经常出现上面的情形，妈妈总是很疑惑："孩子怎么总是对我的话充耳不闻呢？"之后各种想法充斥脑海，越想越生气，认为孩子这样漠视自己的指令会有非常恶劣的影响，如果放任不管，继续纵容，孩子将来可能会变得狂妄自大、目中无人。该怎么解决这个问题呢？

遇到这种情况，父母不要急着给孩子扣上"不听话"的帽子，而要静下心来多跟孩子沟通，通过恰当的方式解决孩子的问题。

具体来说，父母要做到以下几点：

（1）肯定和鼓励孩子

每个孩子都渴望得到他人的肯定和理解，希望自己能受到公正的评价。对成长中的孩子来说，只有对他们多肯定和鼓励，他们才会更自信、更乐观，这样也才能建立起真正和谐的教育环境。

（2）以正面管教为主，多种方法并用

严禁体罚和变相体罚孩子，避免给他们留下心理阴影。父母应该做的是晓之以理，动之以情，孩子只有在积极的情绪状态中才能不断进步。要知道，父母对孩子的嘉许、认可、鼓励、包容，才是孩子成长路上最好的催化剂。

（3）用爱培养出爱

父母对孩子的羞辱、指责、嘲讽，都是对孩子的否定。我们常听人说"打是疼，骂是爱""爱他才会打他"。不管这些话说得有多好听，也不管说这些话的父母是有多爱孩子，多替孩子着想，他们不知道，就在他们对孩子打骂的那一刻，爱可能已经转化成了恨。爱和恨犹如纸的正反面，它们的转换就在一瞬间。天下多的是望子成龙、望女成凤的父母，可是在管教孩子的过程中，孩子很可能因为对父母的真心并不理解，反而站在了父母的对立面；父母接收到孩子传来的抵触，于是变得怒气冲天，这时，对孩子的爱早就变成了"恨铁不成钢"。由爱转恨，就从父母否定孩子的那一瞬间开始。

很多父母抱怨孩子和自己不亲，不愿意和自己说话，更别说向自己吐露知心话，但父母们有没有想过，造成这种情况的正是自己呢？在孩子愿意向父母倾诉时，很多父母是怎么做的呢？心不在焉、不理不睬，甚至采取交易式沟通法。这种做法是对孩子自尊心的严重伤害，同时也将孩子和父母之间沟通的桥梁切断了，以致亲子关系渐渐紧张、疏远。在亲子关系还和谐的时候，父母就应该采用开放式、鼓励性的沟通，对孩子的不良情绪予以接纳，并传达出对孩子的信任。当父母这样做以后，相应地，孩子对父母的态度也会慢慢转变、改善，直到"不理不睬"完全消失。

孩子的 "话外话"

如何教育孩子是现在很多家长都头疼的一件事。有些家长非常困惑：为了教育好自己的孩子，看了不少书，舍不得打骂他，还不断鼓励他，但是就是没有好的效果，这是为什么呢？改善糟糕的亲子关系怎么就这么难？事实上，要想将孩子教育好，必须先了解孩子的真实想法，读懂孩子的内心。

孩子经常发出多种警讯，假如父母察觉晚了，很可能会误解孩子，甚至让孩子蒙受委屈。如果一味地用大人的思维模式去理解孩子，却不能真正地理解孩子的话，也会对孩子造成伤害。

超超在床上玩玩具车，被弟弟小可推倒在地，超超委屈地哭了。

爸爸看到这一幕，就将小可带到旁边训话："你怎么能推哥哥呢？你看看，哥哥的胳膊都摔破了，难道你不知道这很危险吗？"

小可噘着小嘴一句话都不说。

"男孩子应该知错就改，你快去和哥哥道歉。"

"不！我才不道歉呢！"小可气冲冲地说。

"你这孩子！"爸爸有些生气，"我亲眼看到你把哥哥推下了床，摔破了哥哥的胳膊，明明是你不对，为什么不去道歉？"

小可固执地喊道："我就是不道歉！"

"你敢不道歉，小心我揍你！"爸爸抬起手，摆出打人的动作。

"打我也不道歉！"小可回答得非常干脆。

爸爸感到很奇怪：小可一直是个乖孩子，今天这是怎么了？

"爸爸真的生气了。你再不向哥哥道歉，小心挨揍！"爸爸再次威胁道。

"我就让你揍！"小可明知爸爸真要打他，仍然不肯道歉。

这时，妈妈走了过来，解释了小可不肯道歉的原因。原来小可本来在玩玩具车，超超也想玩，但是小可不给。于是，超超抢走了小可的玩具车自己玩。小可生了一会儿闷气，然后故意将床边的哥哥推倒在地。

妈妈质问超超："你刚才有没有抢弟弟的玩具？"

"嗯。"超超点了点头。

"身为哥哥，为什么不懂得让着弟弟？"

"他也不肯让我玩。"

妈妈转身对小可说："虽然哥哥不对在先，抢走了属于你的玩具，但是你也不应该把他推下床。这样做非常危险，你看看，哥哥因为你把胳膊都摔破了，好几天都不能陪你玩游戏了。你们两个都有错，应该互相道歉。"妈妈就像法官一样做出了"裁定"。

兄弟俩互相道歉，然后言归于好了。

孩子虽然年纪小，但是他们心中也有一把衡量是非、规范自己的尺子。如果他们觉得自己没有错，就宁可挨打也不愿意承认错误。

就像案例中的小可，他之所以固执地宁愿挨打，也不肯向哥哥道歉，就是因为觉得错在哥哥。而他也并不是真的愿意被打，只是借此告诉爸爸：他遭受了委屈，非常不高兴。小孩子思考问题比较单一，有些话他们不能用合适的语言表达出来，因而会产生一些过激的言行。这时，父母千万不要急着做出判断，应该从孩子的角度分析问题。只有这样，才能尽可能减少误会，了解孩子的真实想法，引导孩子走上正确的人生道路。

不要心不在焉地去倾听

倾听孩子说话需要高效的陪伴，需要用心。但是很多父母都忽略了这一点，在听孩子说话时表现得心不在焉，常常用敷衍的语句回应孩子，例如："我知道了……""哦，我听着呢。""你说什么?"一些父母认为，让孩子知道自己在听就够了，没必要太认真。其实这种想法大错特错，因为敷衍的话很容易令孩子伤心。

明明正在上小学三年级，他非常喜欢看故事书。一天晚上，明明和父母坐在沙发上，父母在看电视剧，而他抱着一本笑话书哈哈大笑。忽然，他读到一则非常搞笑的笑话，便对旁边的妈妈说："妈妈，妈妈，您看看这个笑话，可有意思啦!"

妈妈看电视剧正入神，随口答道："哦，真的吗? 你自己看吧。"

"我给您讲讲这个笑话吧。"明明兴致勃勃地说。

妈妈头也没有回，漫不经心地说："好，你说吧。"

"在一望无际的大草原上……妈妈，您有没有在听我讲故事啊?"明明感觉妈妈好像没有听他讲话，小嘴噘了起来，有几分不高兴。

"我听着呢，你继续说吧。"妈妈无奈地转头看了一眼，然后又继续看电视。

"那我重新讲一遍。在一望无际的大草原上，有两头奶牛。一天下午，一头奶牛对另一头说：'听说最近流行疯牛病，我们会不会得病呢?'另一头奶牛白了它一眼说：'你担心什么，我们不是山羊吗?'哈哈哈，妈妈，这个笑话太逗了。"明明生动地讲完了笑话，他笑得眼泪都出来了，可是妈妈依然面无表情地看着电视。

"妈妈……"明明发现妈妈听了笑话之后一点儿反应都没有，他感到有些失望。

"嗯?明明刚才在喊妈妈吗?你的笑话很好笑。"妈妈敷衍地说。

"可是我觉得您好像没有听。"明明不开心地噘着嘴。

"妈妈听了，真的听了。"

"那您告诉我，我刚才讲了什么故事?"明明问。

"好像草原……山羊什么的。"妈妈回答不上来。

"我不想再和妈妈说话了，您根本就没有认真听人家讲……"明明气愤地跑进了自己的房间。

一个有趣的笑话吸引了孩子的注意力，孩子想把快乐分享给妈妈，但是妈妈只顾看电视，没有认真听孩子说话，令孩子感到失落和伤心。在日常生活中，同类场景经常出现：当孩子说话时，有些父母表现得心不在焉，还有一些父母只顾做自己的事，对孩子说的话毫无反应。如果孩子的诉说总是得不到答复，就会觉得自己不被重视，逐渐失去说话的热情。久而久之，孩子有可能失去和父母对话的意愿，对父母关闭自己的心门。

只用耳朵听不是真正的倾听，父母要做的是用心倾听。父母必须明白，要想让孩子感受到父母的尊重，必须专心地听孩子讲话。也只有这样，才能确保孩子一直有主动说话的热情，保证亲子间关系的正常发展。

04

PART FOUR

第四章

少说多听，别抢夺孩子的『话语权』

孩子不喜欢唠唠叨叨的家长

在家庭生活中，许多父母都存在一个问题，就是唠叨：担心孩子忘记做事，就反复提醒；看不惯孩子的某些行为，就反复训斥。

父母都希望自己的孩子是完美的，但世界上并没有完美的人存在，当然也不可能有十全十美的孩子。作为父母，不能为了苛求孩子完美，而将自己变成一个唠唠叨叨的人，这样只会使孩子厌烦，很难达到管教的目的。

段女士是一个 12 岁女孩的妈妈，一直对女儿事事细心。无论是女儿的生活还是学习，她都千叮咛万嘱咐。女孩现在长大了，越来越厌烦妈妈的唠叨，觉得如果妈妈能少说两句就好了。

女孩说，妈妈总是说些相同的事情。比如，每天早晨都要叮嘱她刷牙洗脸，收拾书本；每天回家都要对她讲要好好念书，不读书会怎样；一起逛街，也忘不了时刻教育她，如什么东西不好，你不要接触；等等。

总之，段女士的唠叨已经成了女儿的"紧箍咒"，现在只要段女士一开口，她的女儿就赶快躲开。对此，段女士也很发愁，她觉得女儿越来越听不进她的话，还不愿与她交谈。她不知道女儿在想什么。

其实，很多妈妈都像段女士一样，出于对儿女的关心，整天围着孩子转，怕孩子不重视自己的话，所以反复念叨。

"同样的事要说几遍才听得进去？"

"这件事我都说三遍了，你听没听见？"

"我再说一遍……"

这些话都是父母常说的，很多时候孩子对这样的话都会采取不理睬的态度，所以父母会更加生气，觉得孩子叛逆。殊不知，是父母的唠叨让孩子感到了厌烦，他们故意选择了"听不见"。

也许在很多父母看来，反复强调同一件事情，孩子就能听得进去，而实际情况却恰恰相反——越说孩子越烦，越听不进去。长此以往，孩子就会躲避父母，不愿意与父母交谈。

心理学研究表明：反复说同一件事情，会让人产生一种习惯性的模糊听觉，换言之，就是虽然耳朵在听，但根本没有听到心里去，所谓"左耳朵进，右耳朵出"就是这个意思。

所以，父母在抱怨孩子"听不进去大人说的话"的时候，不妨静下心反思一下：我是不是太唠叨了？如果我是孩子，我会不会烦？

想要了解孩子，说服孩子，除了唠叨，父母完全可以采用以下几种方式。

(1) 带孩子参加有意义的活动

如果父母想给孩子讲一些大道理，可以选择带孩子去参加一些有意义的活动，而不是喋喋不休地向孩子灌输知识。通过活动来教育孩子，不仅容易让孩子接受，还能增进亲子关系。

小宇是个 5 岁的男孩，活泼好动。一天，小宇的爸爸发现小宇好像有些讨厌蚂蚁，当小宇看见地上有蚂蚁时，他就会用力地踩。爸爸制止了他，也说了很多"要爱惜小生物""它们是有生命的"之类的话。但没过多久，爸爸又发现小宇在踩蚂蚁。

爸爸没有再唠唠叨叨地对小宇进行说教，而是选择上网请教网友，询问教导孩子的方法。有一个网友建议小宇的爸爸带小宇去参加生物体验课，让孩子对小生物有更直观的了解和认识。小宇的爸爸觉得这个建议很好，于是找到一个生物老师。老师决定组织一次课外活动，活动内容就是去野外观察小生物。

活动当天，很多父母都带着孩子参加了，小宇的爸爸还特意给小宇买了一个放大镜，以便孩子更好地观察。

活动中，老师对蝴蝶、蚂蚱、蚂蚁等小生物做了详细讲解，并且让孩子们自己观察它们。小宇的爸爸在整个活动过程中没有说太多的话，他让儿子和其他小朋友一起去观察小生物。只听孩子们七嘴八舌地说：

"你看那只蝴蝶，有黄、黑两种颜色呢，真漂亮！"

"你们看那只，那只好像有三种颜色。"

"这有好几只蚂蚁，它们正在搬食物，你看它们一只只排着队的样子，真有趣！"

……

小宇的爸爸发现小宇夹杂在孩子当中，正认真地观察着蚂蚁，眼中充满了笑意。小宇的爸爸相信，今天过后，小宇再也不会厌烦蚂蚁、踩蚂蚁了。

带孩子参加有意义的活动，让孩子在活动中自己意识到自己的错误，是一种非常好的教育方式。正如案例中爸爸的做法一样，与其反反复复去给孩子讲道理，不如让孩子自己去认识错误。

（2）给孩子一些选择权

很多父母喜欢给孩子下命令，然后反复督促孩子去完成，但越督促孩子越反抗。如果想让孩子尽快地完成某件事，除了一再唠叨外，父母完全可以用选择的方式进行诱导。比如：玩具堆满了客厅，妈妈想让孩子收拾好，如果妈妈对孩子说："赶快把你的玩具收拾好！"孩子可能不会动，就算一再催促，孩子也表现得别别扭扭，很不情愿。就算他最后收拾了，内心也不高兴，因为他是被强迫的。如果妈妈给孩子一些选择，比如这样说："你的玩具需要在咱们睡觉前收拾好，你看你是现在收拾呢，还是洗漱后再收拾？不过，洗漱后的时间，是讲故事的时间哟！"可以预想到，孩子一定会选择现在收拾，因为他绝对不会放弃听故事的机会。其实，无论孩子选择哪种，最终结果都是孩子会将玩具收好。

给孩子自由选择权，这样能减轻孩子的反感，也更容易收到良好的效果。

（3）巧妙地选择处罚方式

在反复强调而没有效果的情况下，父母可以采取处罚的方式，不过这里的处罚并不是指打骂孩子。处罚孩子的方式多种多样，其目的是对孩子形成警示作用。父母要学会巧妙地处罚孩子，因为如果处罚不当，孩子就会产生敌对情绪。比如，孩子写作业三心二意，父母怎么说都没用，就可以这样对孩子说："你今天不能看动画片了，因为你一直都没有写完作业。"又比如，孩子拿着画笔涂鸦，结果将桌子、椅子都弄上了颜色，父母反复强调不要画在绘画本以外的地方，但孩子怎么都不听。父母可以这样对孩子说："你将桌子和椅子涂得乱七八糟，所以必须由你来擦掉。直到你擦掉为止，我要先没收你的画笔。"

总之，父母要改掉唠叨的习惯，尤其是面对青春期的孩子，更要少言和择言，以免引起孩子的反感。

做忠实的倾听者

　　家长在与孩子沟通时要多听少说，让孩子得以充分地表达。

　　要想了解孩子无法用言语表达出来的思想感情、内心活动，家长就要建立对孩子的内部情感的直觉，那么怎样才能建立这种直觉呢？最好的办法就是促使孩子表达和聆听孩子说话。

　　心思细腻的家长不难发现孩子心理的微妙变化，弄清孩子的言外之意。这其中的关键就是，要善于抓住孩子隐藏在内心深处的微小线索，如同阅读理解中要注意字里行间的含意一样。

　　12 岁的甜甜在和妈妈交谈时总是一副不耐烦的样子，为此妈妈深感苦恼。一次，甜甜放学回到家，妈妈问她："你到哪儿去了？怎么回来得这么晚？"甜甜说："我去同学家了。"接着妈妈就对着女儿一顿训斥："你知不知道我有多担心？以后哪儿都不许去，一放学就回家写作业。你看看你的成绩，还有心思去玩！"甜甜听了心里很委屈，没理妈妈就回房间去了。

起初妈妈觉得是自己说话的方式和语气不好，但后来妈妈发现女儿越来越疏远自己，而且她也担心女儿现在不肯和自己说心里话会给将来埋下隐患，于是妈妈找到家庭教育专家咨询，并在专家那里拿到了能够解除危机的"药方"：多听听孩子的心声。此外，妈妈还学到了许多聆听孩子说话的技巧。

自此妈妈不再对女儿的言行做价值判断，当女儿的看法与自己的看法产生分歧时，大方承认女儿有权利坚持自己的想法，并表示愿意做女儿忠实的倾听者。

比如：一天，甜甜放学回来说："妈妈！我好难过，我的考试成绩下降了好多。"这次妈妈听了，没有责怪女儿，而是放下正在做的事，坐下来对女儿说："你愿意和妈妈说说原因吗？"女儿看了看妈妈，把自己考试的情况讲了一遍。妈妈认真听完女儿讲述后，帮助女儿分析了原因以及克服障碍的方法。

母女二人的交流告一段落后，时间已经很晚了。女儿感激地抱着妈妈说："妈妈你真好！"那一刻，妈妈的脸上绽放出了幸福的笑容。

很多时候，过强的自尊心或是自身性格会导致孩子不愿意或认为没有必要说出他们的内心想法，但同时他们又很想让父母理解自己的想法，这时，孩子就会换一种表达方式来暗示父母。

家长要时时注意孩子处于苦恼时所发出的"信号"，大多数孩子在想要父母了解他们的需求时，只是很委婉地道出。如果家长不注意听这种不明显的"信号"，就无法知道孩子真正想要什么。

如果家长对孩子含蓄的语言信号不敏感，可以试着努力去关注孩子异常的、细微的行为信号。比如，孩子不正常的声调、神态、举止等。家长在倾听孩子说话时，除了关注他的行为，还要思考孩子想要告诉自己什么，也可以有针对性地向孩子提问，来鉴别或弄明白孩子的意图或感情。只要家长具备细心和耐心，这些就不难做到。

家长要尤其注意孩子习惯行为的消失，这是我们了解孩子内心世界的有价值的线索。显著表现为孩子不进食、不睡觉、情绪不稳定或精神不集中。找到线索之后，就试着去推测，或者通过直觉感知孩子的心理状态。

聆听是接收孩子语言内涵信息的过程。

经常有人在家中抱怨说："没有人在用心听我讲话。"孩子对此情况的感受更为特殊。

要想和孩子进行有效的沟通，就要家长从一直说转变为用心听。

称职的父母，一定是善于聆听孩子说话的，会通过信任、尊重孩子来促使孩子表达，从而与他们进行良好的沟通。在促使和聆听孩子表达时，还要注意以下几点：

（1）要对孩子表现出兴趣

倘若你对孩子及其活动表现出浓厚的兴趣，那么你和孩子之间不仅打开了通路，还会让他们觉得自己在父母心中占有重要的地位。父母通过关心、照顾孩子，让他们畅谈自己的经历和体会，能够让亲子关系变得更加亲密。

（2）要给孩子留出接触的时间

当孩子受到创伤而感到恐慌、失落时，他们更需要温情的安慰；当孩子与父母分享好消息或者分享快乐时，他们也很想知道父母此时的心情如何。所以，父母不应一直忙于处理其他事情，而忽视或者不去倾听孩子的讲话。另外，家长每天都要抽出一些时间与孩子单独接触，即使只有几分钟，也可以对孩子说："我们一起去外面散散步。"或者说："让我们坐下来说会儿话。"从而让孩子有足够的机会诉说和表达。

（3）听孩子讲话要专心

父母在聆听孩子讲话时，一定要注意力集中。为此，父母应尽量选择闲暇的时间和安静的场所和孩子交流。在这段时间里，父母要停下手中的一切工作或者家务事，并排除其他可能会让你分心的物品，比如电视、手机等，并且目光要始终注视着孩子，让孩子感到你非常重视和他的谈话。

（4）耐心地鼓励孩子谈话

在谈话过程中，父母要对孩子说一些鼓励的话，如"是这样没错""我明白你的意思了"，也可以问一些简单的问题进一步引导孩子，这样便能使其和孩子的谈话持续下去。还需注意的是，在孩子讲话时，不要随意插话，更不要直接打断，在孩子陈述某一情景时，尽可能让其将细节表达清楚。

（5）注意自身的行为语言

行为语言是父母向孩子传递信息、表达情意的一种沟通方式。不少父母还不知道如何利用自己的行为向孩子表示"我在很认真地听，我对你说的话很感兴趣，我很认同你的看法"。能够表示对孩子注意的行为主要有五种：一是将头正对着孩子；二是坐在孩子最近的位置；三是保持正确坐姿或将上身朝孩子倾斜；四是与孩子的眼神对视；五是用慈爱的目光注视着孩子。

（6）表示自己有同感

当父母能够摆脱主观思想和感情，站在孩子的立场看待和思考问题时，就能够对孩子的经历感同身受，进而感知到孩子情绪的波动，然后再将自己对这件事的看法告诉孩子。

（7）帮助孩子弄明白，并说出自己的经验

父母在聆听孩子讲话的过程中，可以通过自己的话对孩子的叙述加以解释和说明，帮助孩子弄清楚其所要表达的意思，让孩子对自己的内心活动和感受有更深入的理解。父母在解释时，要多运用通俗易懂的词汇，尽量将孩子想要说的话，清楚明了地表达出来。

（8）准确反映孩子的情感

成为孩子情感的一面镜子，用语言准确地反映孩子的感受，是一个高效的聆听技巧。如果孩子的情感是正常且合理的，父母则不必评价或压制他的情感，而应帮助他承认并接纳这种情感。当消极的情感得到承认和表达后，就会慢慢消退，为更积极的情感创造空间。因此，父母应当有意识地对孩子的情感做出准确的反映。

倾听孩子的小小烦恼

在家庭教育中，父母要时刻关注孩子的情绪，要学会与孩子一起分享喜怒哀乐，只有如此，才能贴近孩子的心，才能让父母与孩子的关系更加亲密无间。

每个人都有喜怒哀乐，孩子自然也有，而且非常想要与父母分享。有的家庭中，父母因为工作忙等原因，会忽略孩子的情感，当孩子想要与父母说一说最近的苦恼时，父母就忙得见不到身影。其实，不管工作多忙，父母都应抽空与孩子聊一聊，听一听孩子说话，了解一下他们的欢喜和忧愁。可能在父母看来，这些烦恼和快乐都有些幼稚，但对于孩子来说却是大事。父母要陪孩子一起欢笑、一起悲愁，要真心为孩子的小喜悦感到快乐，要耐心理解孩子的小烦恼，变成孩子的知己，让孩子信任他们，愿意与他们分享所有的心事和秘密。

父母教育孩子的最高境界就是和孩子变成朋友，而不是以"居高临下"的长辈姿态对待孩子。只有父母真正愿意蹲下来与孩子说话，孩子才会愿意和父母诉说，如果父母总是用命令的口气和孩子说话，总是喜欢打断孩子的话，那么孩子就会慢慢变得沉默寡言，不愿意和父母交流，不愿意和父母分享内心的情感，更为严重的是，可能会造成孩子与父母的陌生和疏离。

对于这点，王先生深有体会。他经营了一家外贸公司，因为工作原因经常出差，和孩子相处的时间很少。即使偶尔在家，他也没有心情听女儿絮絮叨叨，因为女儿不是讲动画片人物，就是讲学校的同学矛盾，比如，谁拿了她的小星星，谁和她抢彩笔。每次，女儿一跑到他身边，他就让女儿去找妈妈。久而久之，王先生发现女儿不再找他了，还不喜欢让他抱。

重视孩子的情感，是和孩子增进感情的重要方式，如果父母不注意自己的态度，那么孩子就会受到影响。

那么，父母怎样的态度才是正确的态度呢？怎样与孩子交流才能让孩子感受到父母对他的重视呢？请看下面的三个场景：

（1）场景一：

孩子在学校和同学发生了不愉快的事情，他看着父母欲言又止。

家长A："有什么事？快说！我正忙着呢！"

家长B："是不是发生了不开心的事情，你愿意说给我听吗？我也许能帮你分析一下。"

（2）场景二：

孩子在学校受到了老师的表扬，他高兴地说给父母听。

家长 A："不要骄傲，这点儿小成绩没什么。"

家长 B："真不错，我也要表扬你！"

（3）场景三：

孩子最近不愿意写作业，经常看着书本发呆。

家长 A："你磨磨蹭蹭干什么呢？快点儿写！"

家长 B："你怎么了，是作业太难了吗？"

在家庭中，父母应该成为孩子忠实的倾听者，应该让孩子畅所欲言，不要对孩子的话表现出厌烦，更不要打击孩子、训斥孩子，要试着去理解孩子、赞扬孩子，这样孩子才能信任父母，才能对父母说出想说的话。

在上述场景中，家长 A 的态度过于专横，不懂得体谅孩子的心情，也没有尝试去探听孩子内心的声音，用这种态度来教育孩子是非常糟糕的，家长们要引以为戒。反之，家长 B 的态度就值得各位父母学习，重视孩子的情感，愿意听孩子诉说，懂得表扬孩子，由此，孩子也会愿意去说。

让孩子说出内心的喜怒哀乐，并与孩子一起分享，这是每个家长都应该尽力去做的。快乐如果与人分享，就会变成两份快乐，孩子快乐，父母也快乐，这有助于促进家庭温馨氛围的形成。愿意与父母分享快乐的孩子，也会变得和父母更亲密。一份忧愁与人分享，愁苦就会变少。孩子与父母分享忧愁，孩子的心就能得到慰藉；父母了解孩子的忧愁，就能针对孩子的心理对症下药，帮孩子克服愁绪。

与孩子一起分享喜怒哀乐，是父母了解孩子的重要手段，孩子的性格弱点、行为习惯，父母都能及时掌握，这有助于引导孩子健康成长。而孩子也会在分享的过程中，与父母建立更加亲密的、信任的关系，会更加敬重父母，也更容易接受父母的教育。

　　所以，做一个开明的家长吧！多听孩子的话，陪孩子哭笑，陪孩子烦恼，做孩子最亲密的好朋友！

不要烦孩子问问题

孩子对世界充满了好奇，有时候会提出一些奇怪的问题。如果这些问题父母也不知道答案，就应该诚实地告诉孩子，让他明白每个人都不是万能的，父母也一样，然后和孩子一起去寻找正确的答案。

一天，关关在读一本有关思维训练的书，书上提出一个问题：铅笔都有哪些用途？关关觉得很有趣，思索了半天，然后兴奋地跑去问妈妈这个问题。

没想到妈妈想都没想，就说："铅笔还能干吗？能写字呗。"关关说："不对，铅笔还可以做别的。书上说，它可以代替尺子用来画线，插进墙壁可以挂衣服，铅芯还可以当润滑剂，还有好多好多用途呢。你接着想想，还有什么？"妈妈说："你问的这叫什么问题呀？这些就是给你们小朋友启发思维用的，没看我正忙着吗，没空回答你，你自己想去吧。"

听妈妈这么说，关关有些失望。忽然，他脑子里又冒出了新问题："妈妈，那你说铅笔是用什么做成的？"妈妈想快点儿打发了孩子，便敷衍地说："外面是木头，里面的铅芯好像是石墨。"关关穷追不舍地问："那到底是不是石墨啊？"妈妈皱着眉头说："妈妈也记不清了，就是石墨吧。行了，你自己看书去吧。"可关关没有注意到妈妈的脸色，他继续刨根问底："那石墨是什么东西呀？从哪儿可以获得？外面的木头和里面的铅芯是怎么做到一起去的？"

这回，妈妈被彻底问住了。妈妈不耐烦地说："我又不是生产铅笔的，哪知道那么详细？你没看我正在做饭吗？你烦不烦啊！自己一边玩去！"

孩子之所以爱问问题，是因为他求知欲强，对周遭不了解的一切事物都想弄个明白。孩子的问题越多，提问的范围越广，越说明孩子善于观察、爱动脑筋，这是好事情。如果父母经常对孩子提的问题敷衍了事，甚至嫌孩子烦，会挫伤孩子的好奇心、探索欲，时间久了，孩子可能就不会那么爱思考了。

有时候孩子提出的问题可能确实很幼稚，甚至很可笑，有时候可能父母手头上正有事情在忙，有时候可能那些问题父母也不知道该如何回答……在这些情况下，父母常会感到无聊、不耐烦、没面子，进而会对孩子敷衍，会因回答不出孩子的问题而恼羞成怒，甚至会粗暴地制止孩子提问。

这些错误的做法，会让孩子觉得父母对自己没有耐心，不愿意和自己平等对话，从此不愿意同父母沟通，或是觉得父母非常不讲道理，只顾面子而不肯承认自己的不足，一点儿也不诚实，甚至从此不再信任父母。

对待孩子提的问题，父母一定要端正态度。即使孩子的问题很可笑，或是根本不着边际，也千万不要嘲笑，更不要敷衍，要认真地回答，并告诉他问题有哪些不合理的地方。

如果孩子向父母提问时，父母手头真的有比较着急的事，暂时没时间解答，父母就应该耐心地给孩子解释原因，然后告诉孩子，自己的工作或家务大约需要多久可以完成，让孩子等待一段时间。父母要注意，事情忙完了要真的兑现这个承诺，否则孩子会觉得父母是在搪塞自己。

有时父母可以不必急着马上告诉孩子答案，可以给孩子一些提示，鼓励他自己去思索、找到答案。这有利于促进孩子开发智力、掌握学习技巧。

给孩子充分的话语权

在日常生活中不难看到这样的情景：当孩子兴高采烈地想要跟父母倾诉时，父母却专心于做其他的事，让孩子等会儿再说，或者当孩子诉说自己的委屈时，父母一听就大发脾气、横加指责，而不先去弄清事情的真正缘由。长此以往，这种相处模式会给亲子间的沟通造成极大的危害。

下面这个事例中的母亲值得家长们学习，因为她及时发现了自己的错误并进行弥补。

她说："一次，女儿放学回到家，我正在修理我的电脑。她跑到我身边吵着要给我讲学校里发生的一些事，我有点儿不耐烦，就让她先去一边玩，并告诉她我还有急事。可她非要缠着我，我就冲她发火。起初女儿只是默默地流泪，见我还是没有理睬她，就大哭了起来，无论我怎么哄也没用，闹腾了好久，最后还是听她将事情全部讲完才罢休。后来经过冷静的思考，我发现这件事的确是我对不住女儿：女儿已经离开妈妈一天了，我怎么就舍不得那点儿时间来满足她的合理要求而非要等她耍脾气呢？从那天起，通常情况下，我都会认真满足她的一些合理要求；实在抽不出时间的时候，就不等女儿提出要求，先对她提出请求。这样一来，女儿就会觉得妈妈很尊重自己，也很少再任性了。"

的确如此，父母要想表达对孩子的爱和尊重，就必须给孩子充分的话语权。比如当孩子向你谈起他在学校里与同学、老师之间发生的事时，你一定要认真地倾听，不要三心二意，然后帮助孩子树立正确的思想观念。在沟通的过程中，最好还能以孩子朋友的身份，用孩童式的口吻与之交流、商讨，甚至在建设性的争论中与孩子共同成长。

王洋是一个活泼淘气的小男孩，他在上课的时候，看到街上有人穿着绘有卡通人物的服装，就探出窗外大喊："你是大耳朵图图吗？你能表演动耳神功吗？"最终王洋因过于自由奔放而被退学。

后来王洋被一所有着独特教育方法的学校所接纳。从来没有人用心听过王洋讲话，可是这所学校的校长却认真地听王洋大谈了好几个小时。可见，这位校长是多么和蔼可亲，又是多么善解人意。

大多数父母拿到孩子期末考试的通知书时，都会将目光直接放在孩子的考试成绩上，而忽视孩子的日常表现等其他方面的进步。他们还会说："不要把心思放在与学习无关的事情上。""就会在那些没用的地方逞能！""怎么就不知道在学习方面下功夫？"如果孩子在学习上没有进步，那么，就算其他方面表现得再出色，父母也不会给孩子丝毫的表扬和鼓励。而孩子一旦为自己辩解，就会招来父母更多的训斥和责备。孩子天真的心就是这样被伤害的。

　　做父母的应效仿上例中校长的做法，用心倾听孩子的话语，满足孩子的内心需要，这不仅对增进亲子感情大有帮助，还可以增强孩子的自信心和安全感。相反，如果父母只顾自己的感情需要，而不顾孩子的心理需求，孩子必然会感到十分孤独，情绪得不到排解时就会变得暴躁、有攻击性或愈发消沉。

　　父母应当付出时间去倾听孩子的诉说，做个忠实的听众，用心观察，捕捉孩子的闪光点，然后真诚地予以夸奖。只要父母尊重、关心孩子，让他有足够多的表达机会，孩子就会觉得和父母在一起很自由、很快乐，从而积极和父母沟通。

尊重孩子的观点

随着孩子慢慢长大，他们逐渐有了独立意识，这种独立意识不仅体现在他们渴望有属于自己时间和空间的自由上，也体现在他们意识的独立上。他们对身边的人和事物慢慢产生了自己的看法，想要表达自己的观点。但是，面对孩子这种表达观点的欲望，父母的态度却各有差异。

很多家长认为，孩子还小，他们的想法也大多不够成熟，甚至听起来很可笑，所以他们不愿意听孩子的表达，也不希望孩子自顾自地在他人面前发表观点，以免"丢人"。但是，这一部分父母忽略了一点，他们总是从大人的角度去思考问题，没有考虑孩子的世界是怎样的，他们不知道孩子也有倾诉的欲望，也希望自己的想法得到他人的认同。父母应该尊重孩子的想法，当孩子对一些人和事提出自己的看法时，应该耐心地倾听，在这个过程中，还需要跟孩子进行良好的沟通，只有这样，才能纠正孩子的一些错误认识，与孩子进一步增进感情。当孩子发表了一些不符合成人世界规则的言论时，父母更不要苛求孩子按照成人的规则思考和行动。

一个想法总是受到父母的尊重，可以自由发表观点的孩子往往比较自信，而且他们会在长大以后，变得更有主见，能够独立地面对和解决一些问题。所以，允许孩子有自己的观点，对孩子的一生都是非常有利的。

叶子从小就生活在一个非常民主的家庭。从叶子记事的时候开始，爸爸妈妈就从来没有勉强过她做自己不喜欢的事情，虽然爸爸妈妈对叶子也有要求，给她制定了一些规矩，但是都是在叶子可以接受的范围之内。当叶子对某件事情发表自己观点的时候，爸爸妈妈总是耐心地倾听，并且以朋友的身份与她进行讨论。所以对叶子来说，根本不存在与父母之间产生隔阂这回事，叶子长大了以后，也很愿意把自己的想法告诉父母，与他们进行坦诚的沟通。

小的时候，叶子是一个皮肤雪白，眼睛又黑又亮的漂亮女孩，家里人都非常喜欢她，邻居也说，如果叶子能够把头发养长，扎一个羊角辫儿，一定像洋娃娃一样可爱，妈妈也很喜欢叶子柔软黑亮的头发，想让她养长扎起来，但是叶子却不喜欢，她反而喜欢短发。

就在叶子终于养长了头发，刚刚扎起羊角辫的时候，叶子突然对妈妈说："妈妈，我想要剪短发，我喜欢短发。"妈妈没有跟叶子过多地纠缠这件事，也不询问叶子原因，而是直接带她去了理发店，看着一头长发落下来，镜子里的女孩变得那么俏皮可爱，叶子调皮地冲着妈妈笑了，妈妈也非常开心。虽然别人都说，女孩还是留起长发好看、更淑女，但是妈妈从来没有把他们的话放在心上，也没有再对叶子提出留长头发的要求。除了头发以外，叶子的穿着打扮也和别人不一样，当别的小女孩都穿漂亮的公主裙的时候，叶子却喜欢穿运动装，像个假小子一样上蹿下跳。妈妈同样没有强逼着叶子穿裙子，而是由她自己决定。

叶子7岁的时候，妈妈给叶子报了一个绘画兴趣班，叶子对画画有着浓厚的兴趣，练得十分勤勉。但是，练了半年以后，叶子突然有一天对妈妈说，她不想去了。妈妈询问叶子原因，叶子只说自己的功课繁重，绘画的内容也越来越复杂，自己学起来很吃力，而且每周都要安排那么多的课，她觉得自己没有足够的自由支配的时间，她讨厌这种不自由的感觉，她想要无忧无虑地生活。妈妈说："如果你不后悔，妈妈就帮你停掉兴趣班。"叶子犹豫了一会儿，还是点了点头，后来妈妈就真的没有让叶子去上绘画课，而且也不过问叶子每天去哪里玩，给她真正的自由。

但是有一天，叶子从外边跟小朋友玩耍回来，主动跟妈妈说，她还是想要去画画，因为她喜欢画画，虽然之前那段时间情绪上有起伏，但是，她现在觉得这种绝对的自由不是她想要的，她宁可去画画，也不要这种绝对的自由。妈妈当然二话不说地答应了，叶子又开始了紧张而忙碌的生活。

之后的很多事情，叶子都可以自由地发表自己的主张，爸爸妈妈也会尊重她的想法，不过多地进行干涉，所以叶子在这个家庭中真的像一片叶子一样，一直自由舒展地生长。

　　能够像叶子一样生长在这样民主的家庭中的孩子无疑是幸福的。但在现实生活中，有不少父母却很难做到尊重孩子的观点，他们总是本着让孩子少吃亏的原则，打着为孩子好的旗号，阻止孩子发表自己的观点。这些父母常常挂在嘴边的话就是"爸爸妈妈是为了你好""不听老人言，吃亏在眼前"。他们更多的是想把自己的想法直接加诸在孩子身上，让孩子照做，仿佛孩子只是他们的附属品，是没有思想的芦苇。这样的父母培养出的孩子，往往依赖性比较强，没有独立思考的意识，也不具备独立解决问题的能力。

　　作为父母，如何才能做到尊重孩子的观点呢？以下是几点建议：

　　（1）尊重孩子的意愿，让孩子参与决策

　　在父母做决定的时候，尤其是做与孩子有关的决定的时候，一定要尊重孩子的意愿，先征求孩子的同意，也就是让孩子明白他有参与决策的权利，而且他的观点对父母来说非常重要。

　　（2）孩子明确否定的事情不要强求

　　很多父母觉得自己的做法都是为了孩子好，是正确的，所以当孩子明确表示否定的时候，他们也会采用比较强硬的态度和方法，让孩子乖乖听话。虽然父母的目的达到了，但是孩子的心里很可能已经产生了抵触情绪。比如，父母想要给孩子报兴趣班，但是孩子明确表示，自己对这个不感兴趣，如果父母生拉硬拽，给孩子报上名，后期孩子在学习上也一定是敷衍了事，不会取得好的成绩。

　　总之，要尊重孩子的意见，给孩子表达的自由，无论他们的观点正确与否，父母都要耐心地倾听，多与孩子进行沟通，也能更好地了解孩子的内心世界，与他们更亲近，从而进一步增强亲子关系。

05
PART FIVE

第五章

良言一句三冬暖，
恶语伤人六月寒

语言伤害 = 心灵伤害

众所周知，打骂、体罚孩子是一种错误的教育方式，这种"棍棒教育"不仅达不到良好的教育效果，还会对孩子的身体乃至心理产生危害。

不过，调查显示，有一种伤害比"棍棒伤害"更甚，那就是"语言伤害"。语言伤害对孩子的影响是极深的，如果一个孩子长期遭受语言伤害，那么他的心理就很难保持健康，而不健全的心理也会对其性格和行为产生不利影响，即使是成年后，这种影响都不会消失，情况严重的，会直接影响到他适应社会的能力。

在家庭教育中，许多父母并没有意识到语言带来的伤害，甚至认为孩子是健忘的，不会将父母的重话放在心上。事实上，父母的想法完全是错误的，孩子的心最敏感，父母有口无心的一句话，也可能深深地伤害到孩子。一句尖锐的话，一句过分贬斥的话，都会刺伤孩子，造成心灵的伤害。

轩轩是个十几岁的大男孩，长得帅气阳光，但性格却自卑、内向，对做一些有挑战性的事十分回避。

　　轩轩的内向其实与父母有关。据轩轩回忆，他小时候听到的最多的话就是："你怎么这么笨！"5岁时，轩轩的妈妈给他报了个小提琴班，轩轩对小提琴也很感兴趣，每天跟着老师认真学习。不过学了一个学期，轩轩的进步并不大，老师和轩轩的妈妈解释说："轩轩还小，还没有很高的理解能力，所以学得慢是正常的。"

　　虽然轩轩的妈妈知道这个情况，但每次看轩轩练琴，她都禁不住说："你说你怎么这么笨！连这么简单的曲子都不会拉。"

　　每次听妈妈这样说，轩轩都很泄气。在轩轩7岁的时候，他和爸爸学滑冰，爸爸带着他滑了一圈又一圈，但他还是找不到要领。教了几次后，轩轩的爸爸就没耐心地说："你怎么这么笨！都教了这么久还学不会，你自己练吧！"

　　后来，在学习上，看着轩轩的成绩，父母也总是说他："你怎么这么笨，这么简单的算术题也不会做，到底长没长脑子！"

　　久而久之，轩轩觉得自己天生就是笨的，他每次遇到难题，就想起父母的那句话"你怎么这么笨"，瞬间就没了自信，所以总是回避问题，更不敢进行自我挑战和尝试。

　　从上述案例中可以看到，轩轩父母的一句"你怎么这么笨"已经对轩轩稚嫩的心灵造成了伤害。这样不经意的一句话，说一次可能不要紧，但反反复复地说，孩子就会放在心上，久而久之，就会产生自卑心理。

　　反观现实，有些父母说的话比轩轩父母的更过分，如

"成绩这么烂，看你以后也不会有出息""就知道玩，你还会什么""你看看别人家的孩子，比你好多了"……

不可否认，父母的这些话可能只是一时情绪的宣泄，但这些语言的伤害对于孩子来说却是致命的，所以，父母应该学会控制自己的情绪，避免说伤害孩子的话。

那么，父母应该怎样避免对孩子的"语言伤害"呢？下面是几点建议：

（1）重视语言的伤害性

想要避免说伤害孩子的话，父母首先要对"语言伤害"有明确认知，要高度重视语言的伤害性，要明确知道哪些话孩子听了会不舒服。

（2）采用积极性语言教育孩子

在日常生活中，父母要多说鼓励孩子的话，而不要说打击孩子的话。当孩子犯了错误后，父母更要保持理智，控制好情绪，轻声细语、循循善诱地纠正孩子的错误。比如可以说："你确实做错了，不过没关系，我相信你下次一定不会这样做了。"

要谨记，一句鼓励的话，可以让孩子自信满满、斗志昂扬；一句赞扬的话，可以让孩子心花怒放、乐观积极；一句责骂的话，会让孩子心情抑郁、心灵受伤。所以，多用积极性语言鼓励孩子吧，这样孩子就能接收到来自父母的正能量。

（3）说话之前先考虑孩子的承受能力

不同年龄阶段的孩子，其心理承受能力也不同，父母要充分考虑孩子的心理和生理特点，对不同年龄的孩子说不同的话。

（4）顾及孩子的自尊心

很多父母说话时都不顾及孩子的自尊心，比如"你看看人家，再看看你"。孩子最讨厌的就是父母拿自己和别人比较，这种比较会严重刺伤孩子的自尊心，所以，父母要避免使用这类语言。

俗话说："良言一句三冬暖，恶语伤人六月寒。"不同的语言会产生不同的效果。在和孩子说话时，父母一定要注意语言习惯，要多用"良言"，少用"恶语"，小心"语言伤害"。

一句赞美，胜过千言万语

很多家长都会不自觉地走入批评式教育的误区。他们认为，只有批评孩子，让孩子没面子，最好是面红耳赤无话可说，他才能记忆深刻，以后不会再犯同样的错误。相反，如果总是赞美孩子，很容易养成孩子骄傲自满的性格，对孩子的成长是不利的。其实，这是一种错误的想法。

巧巧从小就非常机灵，上学以后，成绩也特别好。无论哪个学科的老师，都很喜欢她。但是，巧巧却始终是闷闷不乐的，因为无论她做得多好，每次满心期待妈妈能夸奖一句的时候，总是失望而归。

有一次考试，巧巧考了班上第一名，她开心地回家想要跟爸爸妈妈分享，希望他们能感受到自己的这份成就感，但是还没等爸爸开口，妈妈就一盆冷水浇了下来："又不是年级第一，有什么好高兴的！就算是年级第一，还要跟其他学校的学生比呢！还要跟整个市里的学生比呢！这么容易满足，以后怎么能进步？这么大孩子了，怎么一点儿上进心都没有……"经过妈妈这一连串连珠炮似的打击，巧巧原本的欣喜和兴奋一扫而光，再也笑不出来了。

这样的事情并不是偶然，而是巧巧的家常便饭。有一次，巧巧画的画被学校老师张贴到了公示栏，大家纷纷赞赏巧巧是画画的天才，没想到妈妈去接巧巧放学的时候看到了那幅画，当场就撕了下来，而且还大声地训斥巧巧："你天天不想着好好学习，就知道弄这些没用的东西！画画有什么用，能当饭吃吗？我看你这样下去，以后还能有什么出息！"巧巧被骂得狗血喷头，她撇撇嘴，把一肚子想说的话都憋了回去。

有一次，巧巧又被妈妈骂了，她实在是忍无可忍，在老师询问时，委屈地哭了起来。老师深入地跟巧巧做了沟通之后才了解了情况，于是去巧巧家里家访，试图帮助巧巧妈妈改变一下教育方法。老师和巧巧妈妈深谈一番后，巧巧妈妈这才意识到，自己的说话风格已经严重影响到了巧巧的心情，后悔不已。她一直以为自己这样做是对孩子严格要求的一种表现，她希望孩子不要骄傲，要更加主动地追求上进，没想到给了孩子那么大的压力，这是妈妈始料未及的，她当即向老师保证，以后一定会采用更温和的方式来教育孩子。

好孩子一定不是自我成就的，一个优秀孩子的成功成才肯定少不了父母的努力。当我们发现孩子身上的闪光点时，一定要毫不吝啬地把赞美的语言说出来，让孩子知道，父母已经看到了他的长处，而且非常欣赏他，让他感觉到他是值得父母骄傲的孩子。即便孩子还不够完美，身上有很多问题需要改正，我们也要告诉他："你有很多优点，爸爸妈妈以你为傲。但是，爸爸妈妈希望你能在另外的方面也努努力，凭你的聪明，一定会进步很快的。"只有这样，不断地肯定和鼓励孩子，他们才愿意听取父母的意见，一点点地改变自己。

紫霄是一个特别有画画天赋的孩子。妈妈也很注重培养她的这一特长。但是，在紫霄刚开始学画画的时候，也经历了一个非常辛苦的过程，是妈妈的一路陪伴和鼓励，帮助紫霄走了过来。

最开始的时候，妈妈只是在家里教紫霄画画，权当是一种哄孩子的方式，没想到的是，当时只有两岁的紫霄，居然特别喜欢各种颜色的彩笔，她在白纸上专注地画着，画完了之后就拿给妈妈看，指着画中的内容给妈妈介绍："这是妈妈，这是爸爸，这是我。这是房子，这是树，这是太阳……我们一家人就生活在这个美丽的大花园里……"尽管紫霄的画里只有一些乱七八糟的线条和几个不算圆的圆圈，但是妈妈从来不曾否定过她。每次妈妈都会认真地听紫霄介绍画里的内容，然后微笑着夸奖她："哇！你画得太棒了！妈妈都没有你画得漂亮呢！宝宝的手真灵巧！"就这样，在妈妈的鼓励和陪伴下，紫霄顺理成章地喜欢上了画画。

等紫霄大一点儿的时候，妈妈帮紫霄报绘画班，紫霄每次上课都是兴冲冲地去，每次都提前到教室，还会把在家里画的作品拿给老师看，请老师指点。

紫霄的绘画技艺越来越娴熟，就连老师都说，这孩子是个难得的好苗子，好好培养，一定能成才。妈妈听到老师这样的评价，内心也十分欣慰。也许，紫霄现在还不明白妈妈在她的绘画生涯中起到了怎样重要的作用，但是她一定感受到了画画的快乐和妈妈带给她的自信。我们也能从这个故事中发现，在赞美中成长起来的孩子，更容易获得成功和快乐的体验。

当我们遭遇挫折的时候，总希望身边能有人给我们一些鼓励，孩子的心理和我们其实是一样的。在得到他人赞美的时候，孩子更容易激发内在的动力，更愿意付出更多去自我实现。也许对于家长来说，只是简单的一句"你做得很好"，或者只是对孩子竖起了大拇指，向孩子投过去一个赞许的目光，但这些都能让他们获得力量，从而更加坚定地前行。

没有哪个孩子生来就是不平凡的，要想孩子有更大的创造力，将来有更大的成就，父母就要摒弃刻板的教条主义和蛮横的教育方式，大声地赞美孩子，让孩子知道他不比任何人差，甚至在很多方面做得特别优秀。父母不要将孩子限制在一个固定的框里，要让孩子自由地发挥，自由地成长。只要家长能够时刻注意赞美孩子，孩子就会给你展示一个全新的绚丽的世界。

沫沫从小就喜欢动手，刚三岁半的时候，他就已经会用纸折很多动物造型了，在这之中他最喜欢的是叠千纸鹤。有一次，沫沫在书房里看故事书，妈妈在客厅里接待客人，跟客人聊着聊着，不知不觉一个小时就过去了，妈妈突然发现书房里变得很安静，一点儿声音都没有。妈妈担心沫沫，于是来到书房，却看到沫沫根本没有在看故事书，而是趴在桌上叠千纸鹤呢！大大小小各种颜色的千纸鹤铺了一地。妈妈怒气上涌，冲着沫沫吼道："刚才不是在读书吗？怎么又弄起这个来了？整天就知道玩这些没用的东西，这有什么用呢？你就是折纸折得再好，又有什么意义呢？"沫沫抬起头，瞪着惊恐的眼睛，看着怒气冲冲的妈妈一动也不敢动。

朋友闻声赶来，看到吓得不敢动弹的沫沫，赶紧蹲下来搂住孩子的肩膀，温柔地问他："你折的千纸鹤可真漂亮啊！阿姨可喜欢了，你能送给阿姨吗？"沫沫看着阿姨，说："可以，但是只能送给你一只。""为什么呢？多送给阿姨两只不行吗？阿姨真的非常喜欢呢！""可是，我是折了送给妈妈的，她明天就要过生日了，这是我打算送给妈妈的生日礼物。"朋友转过身，对沫沫妈妈使了个眼色就出去了。妈妈怔了一会儿，这才蹲下来，仔细地看着孩子手上的千纸鹤，多么精致可爱的东西啊！为什么自己从来没有仔细观察过呢？岂止是没有仔细观察过千纸鹤啊，她又什么时候认真观察过孩子的心呢？

妈妈后悔极了，她向沫沫郑重地道歉："对不起，妈妈不该吼你。你真的是一个特别棒、特别温暖的孩子，妈妈以后再也不吼你了！"妈妈在给沫沫道歉的同时，也真诚地赞美了孩子。说完后，她抱着沫沫久久没有松开。沫沫微笑着把一只千纸鹤放到妈妈的手里，对妈妈说："没关系！妈妈，你喜欢我叠的千纸鹤吗？"妈妈用力地点点头，她似乎能明白沫沫的心了。

很多父母不懂得赞美孩子，其实是忽略了赞美的巨大作用。赞美别人，可以让人心情愉悦，让人在困境中看到光芒，让人在绝望中看到希望，甚至可以改变一个人的一生。为了孩子更好地成长，家长需要学会正确地赞美孩子，我们可以从以下几个方面去做：

（1）赞美要尊重事实，实事求是

赞美不能过于盲目，也不能太过敷衍。很多家长赞美孩子的时候只会说"你真棒""你真好"，但这句话听多了之后就会发现，其实特别空，没有什么实质性的内容。其实，高明的赞美应该要具体化。比如，当孩子唱歌的时候，我们可以赞美孩子的歌声美妙；孩子画画的时候，我们可以赞美孩子色彩搭配得十分美观等。总之要实事求是，进行具体、有针对性的赞美。

另外，赞美的话语不要过于夸大，比如"你是世界上最棒的""谁都比不上你"，这样的话会让孩子在长大以后对自己的能力产生怀疑，或对自己的能力产生错误的判断。

（2）及时赞美，阶段性鼓励

赞美要及时，也就是在孩子做出某种行为时，马上对他们进行赞美，这样的效果是最好的。但是鼓励就要分阶段，比如，当孩子遇到挫折想要放弃的时候，我们就可以用以前他自己的正面事例来鼓励他，告诉他，以前遇到困难能够坚持下来，现在也照样可以。或者是当孩子的学习进入某一个关键性阶段的时候，如马上要期末考试，孩子的心情比较紧张，或者是在比赛前夕，父母都可以鼓励孩子，告诉他们要正确地看待考试或者比赛，充满信心，竭尽全力。

(3) 赞美要具体到细节

如果孩子行为的细节得到了赞美，那么孩子往往会把那个细节再次放大，于是在脑海中形成了相对来说比较清晰的记忆，孩子下次就会仍然按照父母希望的样子去努力，这样对孩子的教育起到的效果更好。

孩子的成长离不开家长和老师的适当赞美，不要将赞美的话放在心里，要大声地说出来，孩子才能真切地感受到鼓励，这样才能更好地前进。

不吝夸奖，孩子才能进步

　　家长"望子成龙"可以理解，但是也要给孩子一个"腾飞"的过程。一条小鲤鱼只有经过无数次拼搏、挣扎，才有可能跃过龙门，成为飞龙。这个过程漫长且充满波折，有的小鲤鱼一直能跳得很高，有的却跳得相对低一些，但是始终在进步，最终跃过龙门的到底是谁，还未可知。教子也是一样，如果家长一味盯着别人家"跳得最高的小鲤鱼"，对自己孩子的点滴进步不闻不问，那么，再勤奋的孩子也可能会因为遭到冷落而失去前进的动力。这时，家长的教育观念就要改一改了。

　　家长不能只盯着学习这一方面，对孩子其他方面的进步也要看在眼里，并及时进行鼓励。在家长的鼓励下，孩子身体日益健康、人格日趋健全、自信心逐渐提升，这会对他的学习产生促进作用，最终实现各方面均衡发展。

　　多年以前，日本儿童教育专家的一项研究曾震惊教育界：把经常受到家长夸奖的孩子和很少受到家长夸奖的孩子进行比较，前者的成才率竟然是后者的五倍！这个数值的准确性无法证实，但是夸奖的积极作用，相信很多家长都有体会。父母是对孩子影响最大的人，他们的态度直接影响着孩子的喜怒哀乐。得到父母的夸奖，孩子的自尊心和自信心就会得到满足，进而产生继续进步的动力。

多夸夸孩子，说起来容易，做起来却很难。因为在一些家长眼中，自己孩子做什么事都是错的。这往往是因为他们把目标定得太高了。就像摘果子一样，善于教育的家长，会把一个个小目标定得恰到好处，孩子踮踮脚、跳一下就能摘到，既品尝到了香甜的果实，又得到了父母的夸奖。下一次，他如果还想摘到果子，父母就要相应把果子再放高一点儿，因为孩子也在不断进步。如果家长一开始就把果子放在树顶上，孩子就算踩着梯子也够不到，只能望着果子叹气，最终失去前进的信心和动力，无法肯定自己、相信自己、超越自己，更加难以得到家长的夸奖了。

罗非垂头丧气地走在放学的路上，他的朋友、隔壁班的萨萨追了上来。萨萨看到罗非的样子觉得很奇怪，笑着问他："罗非，你怎么了？这么闷闷不乐，丢钱了？"罗非说："你怎么还笑得出来？今天期中考试成绩发布了，我数学还是没有及格，只考了55分，我妈肯定给我一顿'狂轰滥炸'。我记得你的成绩也不太好，你不怕回家挨骂啊？"萨萨说："你不是一直数学不好吗？我记得你上次考了30多分，屁股都被打肿了。这次考了55分，进步很大啊！我上次语文也考了 30 多分，这次我考了 50 分，妈妈一定会夸我有进步的，下次我肯定能及格！"

罗非只能叹口气，继续像上刑场一样往家走。他妈妈可不看什么进步不进步，只要不及格，肯定会挨骂。果不其然，他到家把试卷拿给妈妈一看，妈妈就劈头盖脸地批评起来："这么简单的题为什么错这么多？你看看你二姨家的东东，人家跟你一般大，回回考第一。你什么时候才能争点儿气？从上了小学你数学就没及格过，这样的成绩，将来怎么考大学，怎么找工作？"类似的话罗非已经听了很多遍，都能背下来了。他虽然低着头不说话，其实心中早就不耐烦了。看妈妈没有停下来的意思，他小声地反驳了一句："妈，我这一学期学数学非常努力，所以比上次进步了这么多。这次萨萨的语文成绩还没我数学成绩好，他妈妈还夸他有进步呢！"

妈妈看他还敢回嘴，更生气了："考试不及格还有脸提进步？再说，你跟萨萨比什么，你怎么不跟东东比？"

罗非再也不敢说话了，只能低着头继续承受妈妈的"狂轰滥炸"。到了期末考试，罗非的数学只考了 53 分，依然在及格线下徘徊，而萨萨的语文已经考到了 70 分。

故事中，罗非的努力和自信都在妈妈的批评中遭到沉重打击。如果妈妈不改变策略，以后他的成绩就很难再有什么起色了。

父母的夸奖是孩子取得进步的一个重要因素，起着

"催化剂"的作用。但是，不是每个家长都会自觉提供这个"催化剂"的。没有一个孩子是十全十美的，如果能够看到孩子的进步和闪光点，家长就会不吝赞美，而如果只盯着孩子的不足，得到的永远都是不满，自然也无法对孩子进行鼓励。成功的父母与失败的父母的区别就在于能否关注孩子的每一个细微的进步、每一个小小的闪光点，能否及时夸奖和鼓励，让孩子产生成就感和自信心。

其实，设身处地地想一想，很多家长不愿意多夸孩子还是能够理解的：自己家的孩子，无论学习、外貌、礼仪乃至精神气质，都跟别人家的孩子差了一大截。自己工作又太累、太忙，哪有心情去挖掘孩子的闪光点呢？于是慢慢成了自己当年最讨厌的人：动不动就责骂甚至体罚孩子，对孩子的进步不闻不问，眼中只有考试成绩。这样一来，如何引导孩子进步呢？

这样的家长，其实都是以自我为中心，太过在意作为家长的权威，而不愿意站在孩子的角度看问题。对于孩子来说，每一个小小的进步都是自己努力的结果，如果能得到及时的鼓励，就能够产生继续努力的动力。但是，家长的眼光根本不屑于观察这些细微的差距，或者看到了孩子的进步，却不愿意开口表扬，唯恐孩子会因此而骄傲。这些想法，都是对孩子成长的遏制。

董正是一名中学数学老师，妻子是一名护士，两人的儿子10岁了。儿子非常聪明，在数学方面很有天赋，常常能想到与众不同的解题方式，这让董正开心不已。但是儿子有一个缺点：太贪玩，不愿意学语文，也不爱做作业。因此，他的成绩在班里只是中游。为此，妻子没少责骂儿子，甚至还动过手。儿子本来就比较"皮"，这么一打，更不听话了，作业越做越差，甚至故意写得乱七八糟。妻子很无奈。这时候，董正让妻子把儿子全权交给他管理，妻子对这个"刺头儿"无计可施，自然乐于交给丈夫处理。

董正开始亲自指导儿子做作业，儿子憋着一股劲儿，想要把爸爸也气走，于是作业写得像鬼画符一样。董正不理他，儿子很诧异。第二天，儿子不再鬼画符，董正看了一眼他做完的作业，惊讶地说："儿子，你的作业进步很大啊，比昨天整洁很多，而且错题也少了。"一丝自信在儿子眼中闪过，这没有逃过董正的眼睛。于是，董正趁热打铁地对儿子说："我相信你明天会做得更好！"紧接着，他指出几道错题错在哪里，儿子很高兴地改正了。此后，儿子每天都在进步，董正也总能不失时机地进行鼓励、表扬。过了一个学期，儿子不仅改掉了不好好做作业的毛病，连语文成绩都提高了。

董正善于抓住孩子顽皮成性、有逆反心理的特点，不因孩子进步太小、没有达到自己心中的标准就对孩子进行全盘否定，更不去跟他"硬碰硬"，而是发现并表扬孩子的小小进步，真诚地对儿子表示："孩子，你比昨天进步多了，继续努力，明天还会比今天更好的。"这种来自最亲近的人的理解和支持，驱散了孩子的心理阴影。他的鼓励，不仅影响了孩子的学习效果，还改变了孩子的学习态度，进而对孩子的性格产生影响。

　　家长们，孩子的自信离不开你的鼓励，想让他取得更大的成就，就从表扬他的点滴进步开始吧！

责备要讲究方式方法

　　王伟是个学习成绩不错的初中生，他平时表现很好，老师和同学们对他的评价也很高，但是有一次他却因为一时冲动犯了一个很大的错误。

　　王伟的家境并不是很好，当其他同学都骑着自行车上学的时候，他却只能怀着艳羡的心情，步行穿梭在上下学的路上。虽然步行的时间也不长，只花20分钟，但想起同学们脚蹬踏板、风从耳边呼呼吹过的那种美妙感觉，王伟的心里还是酸酸的。一次他在操场上发现了一辆没有锁好的自行车，一时没忍住，就想骑上去过过瘾。他原本是想骑一会儿就还给同学的，可是在路过书店买书的间隙，自行车却被别人偷了。他的父母知道这件事后生气极了，但是他们并没有打骂他，而是先赔了同学的自行车。

　　后来，父亲把自己的自行车锁在家里，每天走着上下班。父亲的单位离家比较远，一天来来回回得两三个小时，王伟见此情形内心非常愧疚。他知道家里的经济状况非常紧张，母亲失业，家里的一切开销全靠父亲。而自己又是父母的希望，现在他不仅没有体谅他们的难处，还招惹是非，让父母为难，实在是太不应该了。自此以后，他不仅改掉了自己原来不好的行为习惯，而且在学习上更加刻苦、努力了。

读完上面这个事例，相信很多脾气急躁的父母遇到类似的情况都会对孩子棍棒相加，当然即便不动手，一顿臭骂肯定也是在所难免的。但是请你仔细思考一下，打骂真的是教育犯了错的孩子的最优选择吗？和打骂的效果相比，上面案例中的父母的做法应该更胜一筹吧。

由此可见，面对犯了错的孩子，责备也是讲究方式方法的。

（1）压低声音

责备犯错的孩子，嗓门大并不意味着教育效果就好。所以大家没必要"火山爆发"式地怒吼，也用不着咬牙切齿地训斥，有的时候低声往往比"惊雷"更有效果。

（2）恰到时机的沉默

孩子成长到一定程度，也会形成自己较为系统的认知。在他的认知观念里，什么是美，什么是丑，什么是对，什么是错，他也有一定的考量。所以，当他做错事的时候，他自己也会忐忑不安，如果你再闭口不言，严肃地盯着看他一会儿，他更加能意识到自己的错误，进而反省自己，改正自己的过失。

（3）含蓄暗示

在批评指责孩子的时候，不一定非得用激烈的语言，也不一定非得动手打两下才算作罢，含蓄的语言或示意的动作也会让孩子心服口服。比如在一个安静的场所，孩子突然大声叫嚷，你可以做一个"嘘"的动作，然后示意他看看周围的人，这时孩子就会意识到自己的错误，立刻安静下来。

（4）把握适时和适度原则

孩子犯了错误，要及时予以批评指正，不要等过了三五天之后才找他"算账"。另外，在责备孩子时要把握好尺度，言辞不能过激，也不能揭孩子伤疤，伤他们的自尊，最好的批评教育是就事论事。

（5）肯定孩子的优点

有些孩子做事情的出发点是好的，但是因为没做好，反而犯了错。比如你的孩子帮你洗碗，结果不小心把碗打碎了，这个时候你需要在批评时加层糖衣，在肯定良好动机的基础上，帮助孩子进一步纠正自己的行为。

总而言之，责备是需要讲究技巧的，责备的前提是尊重孩子的人格。另外，责备也要有的放矢，挑孩子主要的错误去讲，而不能全程把责备变成孩子的批斗大会。当然，责备更不能变成父母的"一言堂"，要知道孩子也有发表不同意见的权利。

即使是拒绝，也不要用粗暴的语言

"不能抢别的小朋友的玩具！""又要买新玩具？不行！"
"不许动那个！"……每当孩子有不恰当的行动或提出不合理
的要求时，父母常常会用简单粗暴的语言来制止或拒绝，这
会给孩子造成很大的伤害。

Cindy 今年 2 岁，对周围的一切十分好奇，急切地想要探
索这个世界，尤其是厨房，因为妈妈说那里不安全，一直不
让 Cindy 靠近，可是里面经常会传出声音，所以 Cindy 好奇
极了。

可能小孩子都是十分喜爱冒险的，Cindy 也不例外，所
以只要妈妈忘了关厨房的门，Cindy 就会悄悄跑进去一探究
竟。但是，事情做多了总会被抓住，这次 Cindy 就被妈妈抓
住了。

"别动！快把餐刀放下！"妈妈刚开门，就看见 Cindy 拿
着一把餐刀，妈妈吓了一跳，赶紧大声喊道。

妈妈的呵斥把 Cindy 吓了一跳，她手里的餐刀也掉在了

地上，Cindy 不知所措地看着妈妈。妈妈赶紧把餐刀收了起来，然后严厉地对 Cindy 说："这里太危险了，赶紧出去！以后不许进来了！"

Cindy 被妈妈这样训斥，觉得非常委屈，不由自主地流出了眼泪。

刚刚能独立探索世界的孩子有着很强的好奇心，热衷于对周围环境进行探索。倘若父母总是用简单、粗暴的语言来拒绝孩子，孩子可能就会产生挫败感，进而封闭自己。其实，无论面对哪个年龄段的孩子，都不能总是生硬、粗暴地拒绝他，直白地对他说"不"，而是要讲究方式方法。

父母可以采用委婉的方式拒绝孩子，具体来说就是，语气轻柔、声调低沉、态度和蔼地拒绝孩子的要求。

比如，在上述案例中，如果妈妈看见孩子跑到厨房时，没有大发雷霆，而是以温和而又严肃的态度引导孩子、劝告孩子，孩子就会知道自己的行为可能会造成危险，于是不再跑到厨房来。即使孩子年龄较小，听不懂太多话语，严肃但不严厉的态度也足以让他知道自己的行为有问题了，他也能够更容易接受父母的拒绝。

再比如，有些孩子总喜欢将一些玩具或小的机械拆得七零八落的，倘若父母想要对孩子的这种行为稍加限制，可以说："宝贝，妈妈知道你有强大的好奇心，这是一件好事。不过在拆掉这些玩具之前，你要考虑清楚，因为妈妈最近不会再给你买新玩具了，而旧玩具被拆坏后你自己又很难恢复，就没有玩具可玩了，你不介意吗?”如果父母能够心平气和地与孩子沟通，相信孩子也能够按照父母的意愿行事。

总之，父母在拒绝孩子时应当采取委婉的语言、温和的态度，这样才不会破坏良好的亲子关系。

06

勿以事小而不言，
勿以错小而惯之

孩子飙脏话，破口大骂也没用

3 岁的奇奇过年时得到一盒儿童拼图，于是他不亦乐乎地玩起来。碰到拼错时，小嘴里会不时地蹦出"他妈的，怎么又错了"这样的话，他妈妈为此感到担忧。

5 岁的辰辰看《大头爸爸和小头儿子》这部儿童电视剧已不止一遍了。那天他又在乐滋滋地看，奶奶凑上来问他某个情节，却不料，辰辰冲着奶奶脱口而出"你怎么像个白痴"，奶奶和同时在场的妈妈听后都惊呆了。

一般说来，孩子四五岁时，正是口语迅速发展的时期，这个时期孩子语言学习的范围已经相当广泛了。不仅喜欢听别人说话、讲故事，也喜欢自己讲给别人听，这个时期孩子学习的最大特点就是模仿性强，几乎什么都要模仿。不管接触的是好的还是坏的行为，他（她）都会模仿。而此时，孩子还没有树立明确的是非观念，什么是好的、什么是坏的并不清楚，大人一句不经意的脏话，孩子会觉得好玩，说起来没完，你越制止，他愈发起劲儿。

发现孩子骂人、侮辱人的无礼行为后，有的家长听之任之，认为是鸡毛蒜皮的小事，不必认真对待。有的家长却大动肝火，破口大骂，甚至打孩子的嘴巴，认为这样就算严格要求了。其实，用这种打骂方法所进行的"严教"，结果只能事与愿违，不仅不能帮助孩子改正骂脏话的缺点，而且会伤害孩子的自尊和感情。

孩子讲脏话是一种不文明的行为，每一位做家长的都要对孩子进行批评、教育。教育孩子是一门科学，也是一种"艺术"，需要掌握孩子的心理和特点，要有耐心，要讲究方法，简单粗暴、过分严厉不能解决问题，放任自流也不能达到目的。

做家长的不尊重孩子，任意打骂孩子，怎么能教育孩子去尊重别人呢？用不文明的办法，想培养有礼貌的孩子是难以想象的。

教育孩子不讲脏话，培养孩子从小养成文明习惯，最好是在孩子第一次讲脏话时，就能严格要求，及时教育。

家长不要一听孩子讲脏话，就暴跳如雷，劈头盖脸地一顿训斥。家长应该向孩子说明这种行为不好，明确地表示自己的态度："爸爸妈妈不喜欢说脏话的孩子，小朋友也不愿意跟这样的孩子玩。"从正面教育孩子改变自己的行为。有一个孩子，3岁时第一次骂人，家长及时抓住这"第一次"进行教育，并陪他向被骂人去道歉。从此，这个孩子再也不骂人了。

这种做法，能够使孩子加强对自己行为的认识，使他知道，讲脏话是不对的，大家都不喜欢，在以后的生活中，他就会有意识地管住自己的行为。有些家长在孩子第一次讲脏话时，觉得好玩，哈哈大笑，不加制止。孩子会觉得大人是在欣赏他的表演，他就会更加起劲儿地重复。结果养成骂人的习惯，不论什么场合，都会讲出一连串的脏话，家长再想管，已经晚了。

怎样使孩子改掉讲脏话的不良习惯呢？这和教育孩子改正其他缺点一样，要严格要求，耐心教育，注意方法。

（1）保持冷静

首先要保持冷静。这是因为，孩子讲脏话往往是在模仿，也就是他们的脏话只有"脏"的形式，而不包含"脏"的内容。因此父母不必过分大惊小怪，只要在预防和引导方面双管齐下就可以了。

当孩子口出脏话时，父母也无须反应过度，冷静以对才是最为重要的处理原则。不妨先询问他是否真的懂得这些不好听的话有什么意义，他真正想说的是什么，他是否知道这些语汇其实是不尊重、不成熟的行为，如果换个方式，他会怎样表达。父母要避免用愤怒恶言威吓，得让孩子知道，父母很愿意和他讨论"说话的艺术"，包括脏话和好话。

（2）耐心地为孩子讲道理

对3岁以上的孩子，就可以说道理了。只要能耐心向孩子说明，他就会信服你。运用解释与说明，是为孩子传达正面价值、消除负面社会影响的好方法。在讨论过程中，尽量让孩子理解这些粗俗不雅的语言为何不被大家接受，它们传达着什么样侮辱的意味。也让孩子体会，听者接收到这样的讯息时，是如何感受到不被尊重。

（3）告诉孩子应该怎么说

这时，就得看父母的功力了。孩子说脏话的动机，不论因为好玩、习惯或为了表达负面情绪，父母都应悉心引导孩子，教孩子换个说法试试看。彼此定下规则、随时提醒孩子，告诉他："你如果能克制自己说不好听的话，说得有理又合时宜，这样才是好孩子。"

有一位家长，在启发孩子改正骂人的缺点时，引导孩子设身处地为被骂人想想。她问孩子："你爱妈妈吗？"孩子不假思索地回答："爱！""要是有人骂我，你怎么办？""我去骂他。""那你经常骂别人的妈妈，别人就该骂我了。"孩子被问住了，她又对孩子说："骂别人的妈妈就等于骂自己的妈妈，你以后多想着别让我挨骂，就不会随口讲脏话了。"孩子听了这番教导，逐步改掉了骂人的缺点。

如果父母耐心说服后，孩子还有些不满情绪，还故意讲脏话，那么全家人可以采取一致行动，即有意地疏远，不理睬他一会儿。一般情况下，孩子在受到冷遇后，会感到自己的行为让人失望、反感，会逐渐收敛。

（4）让孩子远离脏话源

除了学校里的老师和同学，孩子接触最多的就是家人。因此，父母应该以身作则。父母是孩子的第一任老师，在这方面应该给孩子树立一个好的榜样。平时在家里，家庭成员之间讲话都要文明礼貌，不带脏字，给孩子提供一个好的语言环境。如果孩子的脏话是在外面学会的，家长就要关心孩子常和什么样的人玩耍。

　　为孩子选择一个好的伙伴是十分重要的。俗话说："近朱者赤，近墨者黑。"不让孩子和那些爱说脏话的孩子混在一起。在一个文明礼貌的环境中，孩子就会减少一些学习污言秽语的机会。

两大教育难题：网瘾和网恋

当今时代，网络日益发达，已经成为孩子们获取知识和能力不可或缺的工具。但是，孩子接触网络越来越早、越来越频繁，却给父母制造了新的教育难题：网瘾和网恋。这两个问题，让很多父母头疼万分，也对孩子的学习和身心健康造成了严重影响。要解决这两个难题，父母一定不能操之过急，要掌握一定的技巧，旁敲侧击地帮助孩子改正。

升入高一后，爸爸给小彤买了一台笔记本电脑。国庆假期期间，小彤在 QQ 上认识了一个网名叫"爱情一阵风"的男网友。这个网友幽默风趣，两人又都喜欢动漫，小彤很快被他迷住了，天天聊很久。妈妈非常着急，觉得女儿陷入了网恋，但是爸爸却说："既来之，则安之。我们越强迫她，她就越想反抗，我们只要看着她，别让她贸然去见网友就行了。"

开始的时候，小彤每天都跟那个网友聊天，对方约她见面，小彤因为学习压力比较大拒绝了。后来，两人几天才聊一次，没多久就不再联系了。爸爸问她："怎么不跟那个网友聊天了?"小彤说:"没啥共同语言了。"这时，爸爸才告诉她，青春期的感情很多时候是比较冲动的，只有经得住时间考验的感情才是真正值得珍惜的。小彤点点头，高中期间她认真学习，再也没有陷入网恋。

孩子的思想还不成熟，他们陷入网恋，"堵"不是办法，因势利导才是上策。德国作家歌德在名作《少年维特之烦恼》中写道:"哪个少男不钟情，哪个少女不怀春?"青春期的少男少女，几乎不可避免地会对异性产生爱慕。而网络技术高速发展的今天，网恋也成了比较常见的恋爱方式。孩子网恋，家长不要大惊小怪，也不能横加指责，而是要尊重孩子，以朋友的身份旁敲侧击地教育孩子，让他们重新找到生活的重心。父母可以告诉孩子，他们现在的感情并不成熟，不妨深藏心中，看能不能经受得住时间的考验。如果可以，到他们学业有成之时，这份感情会变得更加珍贵。如果不能，不妨把网恋当作一段美好的回忆。

孩子的网瘾问题也让很多父母如临大敌。为了避免孩子染上网瘾，父母必须在发现苗头时就及时和孩子沟通。只要父母真心关注孩子，这种苗头是不难发现的。这个时候帮助孩子戒网瘾是最有效的，可以采用"胡萝卜加大棒"的方式软硬兼施，既肯定网络对孩子成长的积极作用，又让孩子弄清楚虚拟和现实之间的关系。不必拼命向孩子数落网络的不是，因为网络是把双刃剑，让孩子彻底脱离网络，无异于让他与时代脱节，是不利于孩子的健康成长的。可以和孩子协商上网的计划和时间，并根据孩子的表现进行奖惩。

　　一旦孩子陷入网络不可自拔，再戒除网瘾就比较困难了。很多父母会选择一些强制行为，如打骂孩子或将孩子送到饱受争议的戒网瘾学校，这样做反而会让孩子更加迷恋网络中虚拟的美好。父母要知道，孩子不管是在网络上玩游戏还是聊天，都是为了得到心理上的满足。正因为这种追求满足的愿望非常强烈，孩子才会沉溺网络，逐渐上瘾。所以，正确的处理方式是多关心孩子，多带孩子参加有意义的社会活动，多鼓励孩子和现实中的同学、朋友交往。这些都是让孩子在现实中得到快乐的方式，会降低孩子对网络的依赖。

　　一些孩子在现实中有着内向、自卑甚至社交障碍等问题，他们更容易染上网瘾。针对这类孩子的问题，父母如果不能帮助他们戒除"网瘾"，就要求助专业医生。

怎么治"小电视迷"

聪聪今年 8 岁，上小学三年级，每天放学回家第一件事就是打开电视看动画片。

这天，聪聪放学回家，放下书包就坐在沙发上，打开电视开始看动画片。

聪聪妈妈看见了，就对他说："聪聪，你作业还没有写吧？"

聪聪看都没看妈妈，随口说了一句："我一会儿写。"

聪聪妈妈听聪聪这么说，也没有说什么，就走开了。

吃晚饭时，聪聪的眼睛也一直盯着电视，无论聪聪妈妈怎么劝说都不愿意关掉电视。

吃完饭后，聪聪妈妈让聪聪写作业，但聪聪还是推托。

聪聪妈妈最终强行关掉了电视，但聪聪不仅不写作业，还大哭起来。聪聪妈妈感到很无奈，不知如何是好。

孩子太爱看电视是很多父母的烦恼，因为看电视问题，父母和孩子常常发生争执，有些父母干脆采取强硬措施，但结果却并不理想，有些父母虽然有意避免和孩子发生正面冲突，但也没找到什么管用的好方法。

当代社会，每个家庭几乎都有电视机，完全让孩子远离电视是不可能的，关键是怎样引导孩子正确看电视。

（1）内容把关

电视节目多种多样，但有些不适合孩子看，父母应该在内容上严格把关，让孩子看有助于增长知识、开阔思维的节目，如儿童片、科教片等。具体来说，父母要注意以下方面：

①教孩子看电视节目，不是为了看电视而看电视。如果看电视只是为了消磨时间，那么对孩子来说是没有意义的，一定要培养孩子的"看电视"意识，让他们看有益于身心发展的节目。

②仔细了解电视节目的内容，然后帮孩子做区分。对于孩子看的电视节目，父母首先要自己了解清楚，为孩子过滤掉含有性、暴力、犯罪和种族主义等内容的电视节目。另外，不同年龄段孩子适合看什么节目，父母也要了解清楚，让孩子收看与他们年龄相适应的节目。

③给孩子准备一些有意思且具有教育意义的电影和录像带。父母要多关注孩子的成长，引导孩子看有趣且有思考意义的影像，这样也可以帮助他们有选择地看电视。

④注意电视广告对孩子的影响。有些商业广告的内容和语言也许孩子会感兴趣，但却不一定适合孩子，而且可能会影响孩子的消费观和价值观，这点父母要多加注意。

⑤注意成人情感类节目。现在很多电视剧都涉及爱情，父母应少让孩子看这类电视剧和电影。必要时，父母要与孩

子多沟通，分析孩子的好奇心理。

（2）控制时间

根据孩子年龄阶段的不同，父母应该制定不同的时间标准，如一天不超过半小时、1小时、2小时等。长时间看电视，不仅会影响儿童视力，还会降低儿童专心致志思考问题的能力。

（3）学习时不能看电视

有些孩子一边写作业一边看电视，父母要严格制止这种行为，更不能让他养成习惯。写作业需要的是专心致志，电视会让孩子分心，影响作业的质量。

（4）不要在孩子房间放置电视机

这种情况也许并不多见，有则改之，无则加勉。

（5）陪孩子一起看电视

如果时间允许，父母可以陪孩子一起看电视节目。在看的过程中，可以与孩子交流，为孩子讲解。同时，父母也能了解孩子的喜好，从而做出分析。

（6）以身作则

在看电视问题上，父母要以身作则，不能一方面要求孩子少看，而自己却一直看。父母对孩子的影响通常都是潜移默化的，父母喜欢看哪种节目，看多长时间，一定程度上都会影响孩子的判断，所以父母要以身作则，养成健康且规律的看电视习惯。

遵守公共秩序，别让孩子"无法无天"

　　子鑫是家里唯一的孩子，家里所有的长辈都十分宠爱他，他也由此成了家中的"小皇帝"。有一次，爸爸要出差一段时间，妈妈正好也有事要到外地去，便将他托付给了年迈的爷爷奶奶。突然离开父母的管制，子鑫觉得自己自由了很多。

　　到爷爷奶奶家生活的第一天，子鑫和一群男生来到社区的草坪踢足球，踩坏了不少花草，还差点儿把一个婴儿车撞倒，后来被几个居委会的老太太给赶走了。接下来的几天，子鑫表现得很不好，过马路乱闯红灯，跟奶奶一起去银行取钱不排队，还大喊大叫、乱挤乱骂，后来被保安请出了银行。

　　社会是由人与人集合而成的，一定的秩序是维护社会稳定的必要条件，在社会生活，所有人都应当遵守公共准则。人各有异，人们的活动目的也往往各不相同，倘若人们都按照自己的想法做事，那么整个社会就会变得毫无秩序可言。例如，大型十字路口车杂人多，由于交警或交通信号灯的统一调度，所有车辆各行其道，来来往往，有条不紊，道路通常一路畅通。但是，倘若没有交通规则，或是人们不按照交通规则行动，道路上所有的车辆、行人各不相让，那么所有人都将无法通行。

当然，不遵守公共准则称不上犯罪，只能算是"不良行为"，但是这种行为却给社会、给他人造成许多负面影响或危害，自己也可能深受其害。

因此，妈妈应当培养孩子遵守公共准则的好品质，让孩子能够在良好的公共意识下成长。比如，在人与社会的关系方面，妈妈应当教会孩子讲秩序、懂礼貌、讲卫生、爱护公物、保护环境、不大声喧哗等一些社会公德。在人与人的交往方面，妈妈应当教会孩子遵循相关的行为准则，尊老爱幼、孝敬长辈、与邻里和谐相处、与朋友友好交往，等等，这些都是人际交往和谐的必备条件。在人与自然的相处中，妈妈应当教会孩子爱护环境、保护动植物、节约各种资源等。

在成长的过程中，孩子难免会有不遵守公共准则的行为，妈妈应当及时予以纠正，不能因为是小错就放过。例如排队本是一件小事，但孩子如果不能好好排队，就会造成秩序的混乱。妈妈要告诉孩子在公共场所，为了维持秩序应当自觉排队，排队时还要注意与前面的人保持一定的距离，有"一米线"的地方更是要站在线外，而且要遵守先来后到的原则，不能插队。除了排队问题外，还有随手扔垃圾、随地吐痰、乱踩草坪、随手摘花等行为，虽然不是大错，但也体现了一个人的素养，妈妈一定要重视这些问题，及时制止孩子的不良行为。相信在妈妈的提醒和引导下，孩子一定能够养成自觉遵守公共秩序的美德。

GOODPARENTSGOODTEACHERS

好父母，好老师

叛逆期孩子的
正面管教

青 影 杜慧丽 编著

北方妇女儿童出版社

图书在版编目（CIP）数据

好父母，好老师 / 青影，杜慧丽编著 . -- 长春：
北方妇女儿童出版社，2020.8（2021.12 重印）
ISBN 978-7-5585-4621-1

Ⅰ . ①好… Ⅱ . ①青… ②杜… Ⅲ . ①家庭教育
Ⅳ . ① G78

中国版本图书馆 CIP 数据核字 (2020) 第 158411 号

好父母，好老师
HAOFUMU HAOLAOSHI

出　版　人	师晓晖	
责任编辑	国增华	
封面设计	书虫文化	
开　　本	880mm×1230mm　1/32	
印　　张	32	
字　　数	632 千字	
版　　次	2020 年 8 月第 1 版	
印　　次	2021 年 12 月第 3 次印刷	
印　　刷	阳信龙跃印务有限公司	
出　　版	北方妇女儿童出版社	
发　　行	北方妇女儿童出版社	
地　　址	长春市福祉大路 5788 号	
电　　话	总编办：0431-81629600	

定　　价　　176.00 元（全 8 册）

前言

　　父母是孩子的朋友，是孩子的老师，是孩子的引路人，是孩子一生中最不可替代的教育者。巴金先生曾说："孩子们变好或变坏和他们受到的教育有关，有句话叫'先入为主'，所以父母是孩子的第一个老师，不能把一切推给学校。帮助孩子健康地成长，所谓培养、所谓教育，不过是这样一句话。我们希望子女成龙，首先就要尽父母的职责。"

　　当您看到别人洋溢着幸福笑容赞美自己的孩子时，当您看到孩子学校里那些出类拔萃的小同学时，除了羡慕之余是否会感叹："要是我家的孩子也这么优秀该多好啊！"其实，您的孩子也很优秀……

　　孩子就像一张白纸，这张白纸上会用什么样的颜色来打底，基本取决于其父母给他什么样的基础。很多家长都期望自己的孩子成龙成凤，出人头地，建功立业。但现在许多父母在如何教育孩子的问题上，仍摆脱不了传统观念的束缚，使孩子无法健康成长。他们没有明白"只有失败的教育，没有失败的孩子"这句话的含义，而一味地把自己的思想强加给孩子，从不考虑这是否适合孩子的个性和天赋条件、自身特点。爱尔维修曾说过："即使是最普通的孩子，只要教育得法，也会成为不平凡的

人!"爱因斯坦也说过:"孩子生来都是天才,往往在他们求知的岁月中,是错误的教育方法扼杀了他们的天才。"

对孩子来说,家庭是其人生的第一站,是人生的第一所学校,父母是孩子的第一任老师,家庭教育是孩子接受最早、时间最长、影响最深的教育。孩子能否健康成长、顺利成才,关键在其父母是否掌握正确的教子方法,是否能与孩子进行良好的沟通,是否能调动起孩子的学习兴趣,让孩子在求知、做人、交友等方面获得良好的教育,促使孩子发挥出应有的潜力。

为了满足家长对教育孩子的需求,结合未来人才的标准,我们精心编写了这套《正面管教》丛书,书中参考了大量的教子资料和教子案例,从培养孩子的学习兴趣、优良品德、社交能力、正确的金钱观等方面出发,全面解读父母该从哪些方面去教育和培养自己的孩子,为孩子创造出最佳的成长环境,让孩子的潜能得到充分发挥,赢在起跑线上,创造出属于自己的辉煌。

由于编者水平有限,能力绵薄,加之时间仓促,书中难免有不尽之处,恳请广大读者提出宝贵意见。愿本书伴随着父母在教子的道路上,找到智慧的方案,成就孩子辉煌的人生!

目录

01

PART ONE

第一章

心灵沟通，
解密叛逆的心理诱因

心与心的沟通，从重塑家长开始

"现在的孩子简直太难管了，说也不听，骂也不听。"一位家长愁眉苦脸地说。成功心理学专家方晓光当即反驳："孩子不是管出来的，家长不应该按照自己的想法来塑造孩子，让孩子成为完成自己梦想的工具。孩子应该有自己的人生。"

他告诫所有的家长说："现在孩子的物质生活丰富，精神生活却没有跟上，而学习、生活经历又与父辈截然不同，代沟使得孩子的许多事家长管不了，家庭教育中最好的办法是交流，而不是管教。"

此情景就曾发生在北京大学中小学生心理素质训练营的结营仪式上。盖洛普-北京大学成功心理学中心主任方晓光针对一百多名家长的家庭教育困境举行了一次学术讲座，主要是为家长们指点迷津。这场讲座持续了一个半小时，主任方晓光完成了家长们困惑已久的各种问题的解答。"讲座给我的启发很大，没有教不好的孩子，只有不会教的家长，现在已经到了重塑家长的时候了。"一位家长颇有感触地说。

随着社会竞争愈来愈激烈，工作节奏日趋紧张，大多数家长不得不投入大量的精力和时间到工作中去，以至于他们顾不上甚至忽视对孩子特别是青春期孩子的教导，这已经成为一种普遍的社会现象。

尽管有的家长也掌握了一些教育孩子的知识和方法，但是，当真正运用到教育自己孩子的实践中时却常常以失败告终。教育失败的原因是多方面的，其中之一就是很多家长无法与孩子进行心与心之间的沟通，对孩子的了解不够。

有一位妈妈在讲述自己刚刚升入初中的孩子时，忧心忡忡地说："孩子越大和我的关系就越疏远，我的苦和累她从来都视而不见。她有什么事，也从来都不和我说。当我问到她在学校里的情况时，她不是一言不发，就是用'说了你也不懂，说了也白说'之类的话回应。"

这种情况普遍存在于大多数家庭中。家长在与孩子交往时，总是注意不到孩子正在形成和发展的性格、行为习惯等，仅仅从自己的一贯逻辑出发，同时还会吃惊于孩子的不服从。这背后的原因在于家长忽视了孩子复杂的心理活动，与孩子心灵脱节。

亲子之间的心灵沟通，在家庭教育中发挥着重要作用。首先，家长多与孩子沟通，有助于家庭成员之间的关系更加和谐、亲密。这样的家庭气氛，能够帮助我们创造一种积极、健康的教育孩子的良好环境。

其次，家长多与孩子沟通，能够促进家长对孩子的了解，并及时且有效地因势利导，有的放矢地做好教育孩子的工作。

最后，家长多与孩子沟通，能通过对事物的评价，帮助孩子树立正确的人生观与价值观，纠正其不良的思想倾向，促进其身心的健康发展，走好人生的每一步，最终迈向成功。

那么，家长要怎样与孩子沟通呢？

（1）了解孩子

如果家长不能与孩子进行心灵的沟通，那么，即使他有再多的教育知识和方法也无法派上用场。反之，如果家长能真正放低姿态，走进孩子的心灵世界，去了解孩子的心声，那么，家长和孩子之间的沟通自然水到渠成。

作为家长，要尽量抽出一部分时间与孩子亲密接触，这是许多教子有方的家长的经验之谈。孩子和大人一样有自己的喜怒哀乐，通常来讲，他们还有好问、好群集、好玩等特征。所以，家长要识得童心，改变之前高高在上的姿态，俯下身来倾听孩子内心的声音，否则将难以了解自己的孩子并与之沟通。

孩子喜欢问问题，你却表现得很不耐烦，让他在一边自己玩；孩子喜欢群体活动，你却把孩子整天关在家里，让他心情很郁闷；孩子喜欢玩游戏，你却剥夺了他玩耍的权利，整天叫他看书、写字，甚至假期也要让他复习功课，就算孩子表面上不反抗，内心也会有所不满。

久而久之，孩子的潜意识里就会认为自己与家长不亲，自然就会离家长越来越远，导致家长和孩子之间产生了隔阂。隔阂一旦产生，再好的教育方法也无济于事。

相反，如果家长能够保持一颗童心，多与孩子进行感情上的沟通，就能够在情感上产生共鸣。如此一来，既能让孩子主动向家长吐露心扉，又能让孩子乐意接受家长的教育。

当然，这里所说的家长要保持童心，不是让家长完全和孩子一样天真，而是让家长能够完全了解孩子的心意，从而对孩子的童心施加影响，在孩子的童年时期结束时，让孩子可以迈出稳定的步伐。

（2）倾听孩子的诉说

你的孩子最爱吃什么？

你的孩子闲暇时最喜欢做什么？

你的孩子告诉你他最近经常和哪个孩子交往了吗？

你的孩子每次犯错后你都会听他申辩吗？

你每天都会抽空听孩子讲他的事情吗？

大部分家长都从未注意过这些问题。

虽然家长们对孩子呕心沥血，但实际上，很多家长都忽视了与孩子的沟通，并且没有给孩子申辩和倾诉的机会。

虽然孩子明辨是非的能力相对较差，但他们也有自己独特的思维方式。他们做的每一件事都有其理由和想法。家长们习惯于用成人的思维方式去评判孩子的行为，不给孩子机会做出解释，甚至以打骂相加。孩子失去话语权或失去父母的信任，以致委屈和不满无从发泄，于是与父母产生对立情绪。

与孩子进行心灵的沟通，倾听孩子的诉说，将话语权还给孩子，并不是对孩子的放纵，而是一种家教艺术。对家长而言，家长能够通过倾听孩子的心声对症下药，从而拉近与孩子之间心灵的距离，建立起一个良好的亲子关系。对孩子而言，当他有了向父母倾诉内心感受的机会，压抑的情绪就会烟消云散，从而克服自卑感，增强自信心。

沟通是一把开启孩子心灵窗户的"金钥匙"。父母要多与孩子进行心灵的沟通，对孩子值得称赞的一面，要及时鼓励并予以支持；对孩子存在错误的一面，要循循善诱并启发开导。

冷静面对青春期孩子的逆反心理

最近听到不少父母都在抱怨自己的孩子，说孩子经常和他们顶嘴，他们让做什么孩子就偏不做什么，他们说不对的事孩子却偏偏要尝试一下，总之就是和他们对着干。可想而知，这些都是由逆反心理引起的。

一位母亲为正处于青春期的儿子而感到无比焦虑。她找到孩子的老师诉说苦衷："这孩子很少能和我坐下来沟通，导致我也无法了解他心里的真实想法。即便我对孩子照顾得无微不至，却感觉他与我越来越疏远，还经常和我唱反调。这孩子真是让我伤透了心。"这位母亲的言语中透露出无奈和心酸。

但是，当老师和这个小男孩交谈一番后，却发现男孩很有自己的一套想法："我妈逢人就讲她对我费了多少苦心，而我又多么不理解体谅她。可她有理解和体谅过我吗？她趁我不在的时候偷看我的日记，背着我挂掉女同学打来的电话，不让我参加同学的生日聚会，整天数落我，让我事事都听她的安排，这是在剥夺我的人身自由啊。和她没有什么好沟通的，话不投机半句多。再说，我已经长大了，我有自己的主见，才不想当她的牵线木偶呢。"

大多数处于青春期的孩子都会表现出不服从管教、喜欢顶撞大人的一种强烈逆反行为。这是因为他们开始变得成熟，自主意识更强了，不再像以前那样对父母唯命是从。他们已经具备评判事物的标准和看待问题的特有角度，而这些特有的标准和角度在他们同龄人之间心照不宣，但到了家长这里却不知做何解释。一些家长就想一探究竟，时刻监视着孩子的一举一动，而孩子又无时无刻不想摆脱家长的监督。而一旦家长试图控制孩子的行为举止，孩子就很容易产生抵抗情绪。家长的表现越强势，孩子产生的逆反心理就越强烈。

其实，家长与孩子之间出现以上情况是很正常的。在这里需要家长注意的是，在孩子的成长过程中会出现两个逆反期。

第一逆反期出现在孩子三四岁大的时候，第二逆反期出现在孩子的初中阶段。这两个逆反期有着显著的区别：处于第一逆反期的孩子，主要为了获得活动自由，而不愿意父母加以干涉。如非要自己夹菜、自己穿衣服等。

处于第二逆反期的孩子有了更为强烈的独立自主的心理需求，他们排斥父母的控制，希望能够独立安排自己的活动。所以，当孩子升入初中，父母还像从前那样接他放学时，孩子通常会对父母不予理睬，或视而不见，继续跟同学边走边聊，觉得父母一直跟着自己，让自己很没面子。

其实，父母完全不需要为孩子的逆反心理而过度担心和忧虑，心理专家指出：处于青春期的孩子产生的最大变化就是，从依赖父母转为依赖朋友，因此导致亲子关系疏远，甚至出现孩子脱离家庭的倾向，但等这段逆反期过去之后，一切都会恢复常态。

那么，父母该如何对孩子的逆反心理进行调适呢？

（1）要尊重孩子的人格

孩子的表现好时，家长应该鼓励孩子继续这样做下去，并给予适当的表扬。孩子的表现不好时，家长要提出中肯的建议和适当的批评，并帮助孩子加以改正。总之，不管是对孩子表扬还是批评，都应当客观公正，适可而止。

（2）不要过分干涉孩子的事情

当孩子到了一定的年龄，家长就应该放手让孩子去做事，不要过分干预和参与，特别是不要侵犯孩子的隐私，比如查看孩子的手机、日记等。只有这样，家长才能与孩子建起信任的桥梁，从而让孩子愿意在家长面前袒露心扉。

（3）不要急于求成

有些家长在教育孩子时，完全不顾孩子的实际情况，给孩子定下过高、过严的标准，孩子达不到就会失去信心，心生厌烦，进而产生逆反心理。因此，家长教育孩子，切勿急于求成。

（4）适时地正确引导

青少年都无法接受别人对自己的行为横加指责，因此家长在教育孩子时要讲求方式方法。可以在恰当的时机送孩子几本积极健康、具有教育意义的书籍，如《爱的教育》《童年》等；也可以选择性地给孩子讲一点儿自己儿时的经历，让孩子在不知不觉中受到正确的引导。

面对叛逆的孩子，切勿"以暴治暴"

众所周知，青春期的孩子一般都比较叛逆，即使是父母，与他们的沟通也十分困难。对待青春期的孩子，父母不能心急气躁，更不能向孩子发火。如果父母态度强硬，采取"以暴治暴"的解决方法，那么孩子无疑会更加叛逆。

史菲正在读高中，她的许多行为在史妈妈看来都是不可理喻的。史妈妈认为，一个高中生就该以学业为主，不能总想其他事情。

这天，史妈妈发现女儿的头发颜色有些不对，就逼问女儿："你是不是染头发了？"

史菲说："这都被你看出来了，已经染得很浅了。"

史妈妈有点儿不高兴，但语气还算缓和，说："你现在还是学生，应该把心思放在学业上。"

史菲一听就不耐烦了，说："又是学习，我知道了。"

史妈妈还想说什么，但史菲转身离开了。之后，史妈妈在女儿的屋里又发现了眉笔、眼线笔等美妆用品。她很想说说女儿，但又怕像上次那样招她烦。

又一天，史妈妈发现女儿周末没有去补习班，而是去了某偶像的影迷见面会。史妈妈十分生气，觉得必须严厉地说一说女儿。于是，当史菲高高兴兴地回家后，史妈妈就厉声质问道："你没有去补习班？"

史菲说："妈妈，今天是×××的影迷见面会，你也知道我很喜欢他，机会难得，我不能不去。"

史妈妈依旧严厉地说："一个学生追什么星，天天追星会耽误学习。还有，我看到你屋里有化妆品，一个学生不要那么爱美，化妆品我都收走了，你也别想着再买，我会控制你的零花钱。"

史菲本以为妈妈能够理解她，但看妈妈态度强硬，而且张嘴不离学习，所以也瞬间来了气，顶嘴说："喜欢偶像有什么错，谁说追星就一定会耽误学习？再说，爱美怎么了，我想化就化，你管不着！"说完，史菲就冲进自己的房间，咣当一声关上了房门。

史妈妈没想到女儿反应这么强烈，她觉得自己没有错，但不知该如何说女儿才肯听。

案例中，史妈妈与女儿已经形成了对抗情绪，史妈妈觉得自己没有错，一个高中生是不应该将心思放在化妆、美发和过分追星上的，但史妈妈没有找到与女儿交流的正确方法。她试图以严厉禁止来约束女儿，但史菲已经不是小孩子，她正处于青春期，很多事情父母越是明令禁止，她越是会对着干。

很多父母都有这样的体会：你不让孩子玩游戏，他偏玩；

你不让孩子弄稀奇古怪的发型，他偏弄；等等。反正就是父母管得越多，孩子越嫌烦。孩子根本不想父母管太多，也不认同父母的一些想法，觉得父母固执、老套，不能理解他们。父母想要与他们聊聊，他们百般抗拒，就算勉强聊几句，也总是说不到一起去。

父母与孩子的争吵与对抗就是这样发生的，因为相互不理解，因为父母总想以自己的想法来约束孩子，而青春期的孩子对于这点是尤其难以接受的。

父母必须认识到，反叛与对抗是孩子成长过程中必有的情绪。面对孩子的叛逆，父母应该合理疏导，而不是正面对抗。对抗的后果只能是两败俱伤：父母达不到纠正孩子行为、感化孩子的目的，孩子也很难真正接受父母的意见。

想要感化叛逆的孩子，父母就要找到正确的沟通之法，用对话代替对抗。

那么，具体该怎样做呢？

（1）倾听孩子的诉说，理解孩子的想法

在沟通中，倾听是非常重要的。面对孩子出格的行为，父母不能急着责骂，也不能武断地说孩子错了，而应当先听听孩子的说法，了解孩子的内心，再对症下药，循序渐进地劝服。这样有助于消除可能产生的误会，融洽关系，增进彼此之间的信任。

（2）心平气和，与孩子平等对话

在与孩子沟通的时候，难免会遇到一些想法冲突的状况。这时候，父母千万不能动怒发火，更不能想着用家长的权威去命令孩子，一定要心平气和，放下家长的架子，与孩子平等对话。这是对孩子基本的尊重。

（3）关注优点，别紧盯缺点不放

孩子都有缺点，也都会犯错，父母不应该总是揪着孩子的错误不放，要看到孩子优秀的一面。在与孩子交流时，应多表扬孩子的优点，多激励孩子，而不能只用"你学习都学不好，还能干什么"之类的话刺激孩子。由此，孩子的对抗情绪就会自行减弱，与父母也能更加融洽地对话。

巧妙疏导"叛逆期"的孩子

有很多父母反映，孩子到了青春期，就仿佛变了一个人，原本与父母无话不谈，现在什么事都不愿意和父母说，更不用说与父母商量事情或谈心了；以前对父母言听计从，现在什么事都有自己的主意，而且非常执拗；以前跟父母的关系亲密无间，现在什么事都跟父母对着干，好像父母越生气他越满意一样。

其实，这是一种很正常的现象。青春期是孩子成长发育的一个重要阶段，也是孩子的生理和心理走向成熟的一个关键阶段。这个阶段最主要的表现就是"叛逆"。随着孩子的自我意识和独立意识越来越强，会更渴望自己做决定，因此，为了表明他们已经是独立的个体，往往不愿意听取他人的意见，尤其是父母的。他们也渴望获得更多的关注，因此常常会用一些不寻常的方法来引起别人的注意，甚至会做出一些比较偏激的行为。

京京是一名初二的女孩，以前她是大家公认的"乖乖女"，但是自从上了初中之后就变得越来越叛逆，京京的妈妈对此感到十分困扰。

京京每天晚上吃完饭以后，就跑到自己的房间里，关上门上网，妈妈总是以给京京倒水或切水果为由，到京京的房间里，想要跟她聊一下学校发生的事情，了解一下孩子的心理，但是得到的常常是女儿的冷遇。面对妈妈的询问，京京总是有一搭没一搭地回答，脸上一副不耐烦的表情。到后来，京京干脆只用"嗯""啊""哦"来回应妈妈，甚至一边听着妈妈说话一边移动着鼠标玩电脑游戏。

后来，妈妈决定跟京京开诚布公地谈一谈，但是妈妈还没讲到正题，京京就发起了脾气："我知道你要跟我说什么！不就是说我不听话吗？说我叛逆，说我不懂得你们做父母的苦心，是不是？"几句话说得妈妈哑口无言。京京又继续说道："你看看我都多大了，我凭什么要什么事都让你们知道啊？我就不能有自己的生活吗？你们管那么多累不累啊？"说完就把妈妈推了出去，"嘭"的一声关上门，不再出来了。

像京京这样叛逆的青春期孩子不在少数，这个阶段是孩子长大成人的一个重要过渡阶段，孩子出现各种反常的行为都是很正常的。他们的情绪变化与生理和心理的变化都不无关系，所以，父母一定不能全盘否定自己的孩子，他们只是没有得到正确的疏导而已。父母作为孩子的监护人，有责任也有义务帮助孩子平稳地度过青春期，所以，父母应该讲究方法，对这个特殊阶段的孩子加以引导和教育。但是，所有的教育都应该建立在父母正确认识的基础上。父母要从根本上意识到，孩子的"叛逆"行为只是一个表象，真正的内在根源是他们一时无法适应从少年到成人的转变过程，他们内心深处渴望被认可，但是能力又很难达到成人的水平，所以内心往往是纠结和矛盾的。因此，父母能否做好疏导工作，对青春期的孩子的成长具有至关重要的作用。

那么，应该如何应对青春期孩子的种种叛逆行为，帮他们更好地度过青春期呢？

（1）父母要心态平和，做好榜样

青春期的孩子情绪起伏较大，容易激动，父母在面对他们的时候就要做到心态平和、情绪稳定，控制住自己的情绪，给孩子做好榜样，让孩子知道，有些情绪是不能乱发作的，需要自己克制。

（2）不强求孩子

一些父母在发现自己对孩子的管教已经不像以前那样奏效的时候，往往会习惯性地变得更严厉一些，试图用更激烈的手段逼迫孩子还像以前一样"听话"。但是，青春期的孩子，逆反心理越来越强，这样的做法只会加重孩子和父母之间的矛盾，也许孩子短期内不会表现出来，但是不满的情绪日益积累，很有可能造成孩子心理上的巨大变化，日后可能做出更偏激的事情。

（3）与孩子保持平等的沟通

青春期孩子的种种叛逆行为，在很多父母看来都是"离经叛道"的，他们除了对孩子表示无奈之外，往往还会批评孩子，更有甚者会训斥、打骂孩子，这样的教育方式对本就脆弱敏感的青春期孩子来说无异于雪上加霜，从而使其变得更加脆弱。父母应该放下姿态，以孩子朋友的身份与之进行平等的沟通，告诉他们，自己非常关注他们的喜怒哀乐，让孩子体验到被尊重的感觉，他们自然就愿意对父母敞开心扉。

（4）不要总是拿孩子和他人进行比较

很多父母为了给孩子树立榜样，往往会跟孩子说"你看别人家的孩子学习多认真""别人家的孩子多上进"，孩子听多了这种话，会从潜意识里认为，自己在父母的心里是一无是处的，任何一个"别人家的孩子"都比自己好，孩子的自信心和自尊心会受到很大的打击。还有些父母喜欢拿孩子和以前的自己相比，比如自己以前多么热爱学习，在什么年纪已经有了怎样的成就，等等。这种比较是完全没有意义的。因为不同的时代，人们的思想和面对的问题都有很大的差别，如果父母总是这样和孩子进行比较，会让孩子觉得自己满身都是缺点，很难有信心做好什么事。

02

PART TWO 第二章

循循善诱，纠正叛逆
孩子的不良行为

孩子逃学为哪般

　　张先生的妻子几年前过世了，留下他和儿子小山。从小到大，对小山的教育问题，张先生都很少参与，一是工作忙，二是儿子和母亲比较谈得来。自从妻子过世后，张先生发现自己和儿子很难沟通，而儿子也不太听话。

　　小学阶段，张先生知道儿子的成绩一直是中等，在学习上不算用功也没有太厌学。但是升入初中后，张先生发现儿子对学习更加心不在焉了。据老师反映，小山上课时总东张西望，还偷偷看闲书，和同学递纸条，根本不用心听讲。老师训斥几句，也不放在心上，回答问题更是不积极，偶尔被老师点名，也是支支吾吾。

　　张先生得知了儿子的情况，就找儿子聊了聊，但他发现儿子根本不愿意和他说话。张先生叮嘱他上课要专心，要努力提高成绩，儿子就回答一句"哦！知道了"。

　　聊过几次后，张先生觉得儿子应该会有所改变，但没想到情况越来越严重。一天，张先生接到小山班主任的电话，说小山最近经常逃学。最开始，还以身体不舒服为借口请假，后来多次请假被拒后，竟然直接逃课。

张先生听后十分生气，回家后严厉质问小山，但小山态度很不好，张先生一怒之下打了他。冷静下来后，张先生十分后悔，想要再和儿子好好聊聊。但小山拒绝和父亲对话，还不去学校了，出了家门就直接钻到网吧里，钱花完了，就在街上闲逛！

张先生很头疼，不知道该如何阻止儿子逃学的行为。

分析来看，案例中小山对学习的态度并非一日形成的，最终频繁逃学与家庭氛围的转变可能有关，张先生需要耐心与小山沟通，解开小山心里的症结，然后再进行有效的疏导。

其实，孩子逃学的原因多种多样，家长需要认真分析，找出主要原因，然后对症施药。总结来看，孩子逃学的原因一般有以下几种：

（1）压力太大

现在有些学校课业重，容易使孩子出现学习疲劳的情况，再加上名次的客观比较，无疑中给孩子施加了无形的压力。有些家长对子女期望过高，所以在学习上十分严苛，使孩子精神压力过大。正因为学校和家庭的两方施压，给孩子造成了沉重的心理负担，孩子进而产生了厌学情绪，于是频繁逃学。

（2）恐惧心理

有些老师教育孩子的方法不当，除了训斥，有时还会出现体罚，这容易给孩子心理造成伤害，使孩子害怕老师，害怕上学。

此外，一些同学比较强势，喜欢拉帮结派，会欺负和打骂性格懦弱的孩子，这类孩子心生恐惧，就害怕去学校，只能用逃学来躲避同学的欺辱。

（3）逆反心理

处于青春期的孩子最容易产生逆反心理，有些家长过于看重分数，只要孩子达不到他们心里的标准分数，或某一次考试落后了几分，就对孩子怒吼责骂。这种行为就很可能会导致孩子对学习失去兴趣，家长越逼迫越不学，于是开始和家长"对着干"，甚至用逃学来发泄对父母的不满。

（4）害怕被嘲笑

有些孩子天性敏感，有些孩子天生有生理缺陷，有些孩子会因为家庭贫寒而自卑……这些孩子都有一个共同点，就是在意别人目光，如果受到了同学的嘲笑，就容易出现逃学的现象。

（5）沉迷网吧

有些孩子对网络游戏过分痴迷，为了上网，会找各种借口逃学，即使被发现，也屡教不改。这种情况就需要家长采取相应的措施。

简言之，孩子逃学是多种原因造成的，想要纠正孩子的逃学行为，就需要找对原因，然后慢慢纠正。

总结来看，在具体操作中，家长需要注意以下几点：

（1）冷静对待孩子的逃学行为

家长发现孩子逃学后，不要动怒，更不要打骂孩子，这样往往解决不了问题，而且可能会激化孩子的反抗情绪。家长首先要做的是和孩子好好聊聊，听孩子说一说为什么逃学，然后再进行温和的劝诫。

(2) 减缓孩子的学习压力

家长要关注孩子的精神状态，如果发现孩子一段时间内学习任务过重，精神状态不佳，就想办法给孩子"减减压"。此外，家长也不应该给孩子制定过高的目标，可以让孩子自己制定目标，这样孩子就会减少一些压力。

(3) 不要太看重分数

虽然分数是成绩好坏的直接体现，但过分看重分数，就会给孩子心理造成压力。面对考试，要尝试鼓励孩子，而不应总是苛责。

此外，评价孩子，可以从多个角度去评价，如学习态度、其他特长等方面。家长要明白，不是只有考 100 分的孩子值得嘉奖，每一个孩子都有值得被夸奖的地方。

(4) 和老师多沟通

孩子的学习状态，老师是最清楚的，家长要常和老师沟通交流。针对孩子的逃学行为，和老师具体分析，以找到逃学原因。

如果家长在劝诫孩子方面缺乏经验，不能和孩子良好沟通，那就可以请老师帮忙，让值得信赖的老师开导孩子，纠正孩子的行为。

(5) 注意孩子的交友对象

俗话说："近朱者赤，近墨者黑。"孩子的朋友对其行为会产生一定影响，如果孩子无意间结交了一些不学无术、打架逃学的学生，那么就有可能被带坏。所以，父母可以通过旁敲侧击了解孩子的朋友情况，也可以通过学校同学了解孩子的交友情况，如果孩子结交了不良少年，就要及时劝导孩子远离他们。

（6）给孩子一些娱乐的空间

有些父母只关心孩子的学习，却忽略了孩子的娱乐需要。孩子长时间处于学习、思考的过程，得不到放松和排解，就容易产生心理问题。所以，父母要适当给予孩子娱乐的时间，带孩子去参加一些户外运动，如钓鱼、划船、野炊等。此外，也可以让孩子和同学偶尔出去逛逛街，让他们去玩自己喜欢的东西。只有真正做到了劳逸结合，孩子才能更加精力集中地去学习。

总之，想要纠正孩子的逃学问题，需要家长付出时间和精力，一点点去引导。不仅要让孩子认识到错误，还要让孩子真正对学习产生兴趣。

为什么孩子会觉得吸烟"很酷"

生活中，常常可以看见吸烟的学生，他们成群结队，躲在偏僻的胡同里面，旁若无人地吞云吐雾，对于这些学生，老师和家长都忧心忡忡。

董先生是一个 15 岁男孩的爸爸，他工作很忙，经常出差，孩子的管教主要是妈妈负责。偶然的一天，董先生发现儿子的口袋里居然藏着烟和打火机，他观察了一段时间，确认儿子已经染上了吸烟的毛病。他很苦恼，知道该和儿子好好聊聊了。

某日吃过晚饭，董先生让儿子和他出去散散步，一路上，父子俩都沉默着，不知道该说些什么。之后，他们找了一张长椅坐下来，董先生从口袋里掏出烟，顺手就递给了儿子一支，儿子很自然地接了过去，但刚要抽，就意识到了什么，直勾勾地看着父亲。

董先生点燃了烟，抽了起来，对儿子说："我刚开始抽烟是大学的时候，那时候觉得挺帅气，估计你也这么觉得吧！"

儿子小声地回了一句："看起来是挺酷的。"

"不过现在抽得多了，我却不觉得酷了，反倒是嗓子总疼，偶尔会咳嗽，医生说我是烟抽多了，但你知道，如果抽久了，戒掉是很难的，而且过程很痛苦。"

"嗯。"

"所以，如果能回到过去，我想要劝劝自己，能不抽烟就不抽，对身体也好。如果非要抽，就晚一些，起码要二十多岁。其实，想要证明自己是男子汉的方法很多，比如有责任感，有担当，没必要用会抽烟来证明，你觉得呢？"

"我知道了。"

"那接下来，我陪你一起把烟戒掉吧！"

"好。"

自此之后，董先生对儿子的关心多了起来，他知道儿子进入了青春期，有很多好奇的东西，也有很多困惑，他要耐心地引导儿子，帮他平稳地度过青春期。

据调查显示，现在13~15岁的中学生抽烟的比例逐年上升，吸烟的理由多是"有男子汉气概""时髦""很酷""便于交朋友"等。

具体来看，主要有以下诱因：

（1）好奇心的驱使

青春期的孩子内心渴望变成大人，所以对成年人做的事非常好奇，而吸烟就是其中之一。在此基础上，很多青春期的孩子都会产生一种错误的想法："吸烟是变成男子汉的标志。"因此便开始模仿成年人吸烟。

（2）交朋友的需要

青少年聚在一起，喜欢通过吸烟来结交朋友，有时想要加入一个小团体，可能就会被要求一起吸烟，所以，有些孩子就这样染上了吸烟的毛病。

（3）觉得"时髦""很酷"

一些青春期的男孩会觉得吸烟的动作很潇洒、很酷，会让自己看上去有魅力，所以，为了吸引女孩的注意，有些男孩会开始学习吸烟。

（4）父母的影响

父母对孩子的影响是很大的，有些家长有吸烟的习惯，而且不避讳孩子，那么潜移默化中孩子就会效仿。

以上就是青少年抽烟的一些主要诱因。实际上，孩子吸烟也反映出家长和老师对孩子们心理健康教育的失责，对待处于青春期的孩子，家长和老师要给予孩子更多的关心，要耐心地引导，那么，该怎样纠正孩子吸烟的坏习惯呢？

（1）告知孩子吸烟的危害

很多青少年在开始吸烟之前，对吸烟的危害知之甚少。针对这种情况，无论孩子吸烟与否，家长都要及时对青春期的孩子讲明吸烟的危害，让孩子清楚地了解烟里面含有很多的有害物质，对人体的呼吸器官会造成严重的损害，尤其对于正处于发育阶段的孩子来说，吸烟的危害更甚。如有必要，家长可以让孩子看看长期吸烟者的肺部 X 光片，用直观的画面警示孩子。

（2）耐心地教育

在管教孩子时，要避免打骂孩子，尤其是处于青春期的孩子，这个时期的孩子本就叛逆，如果父母用打骂的方式来管教他们，他们反而会更叛逆，根本起不到教育的目的。所以，如果发现孩子开始吸烟，首先要弄清楚孩子为什么会吸烟，是朋友的教唆，还是自己觉得帅气、时髦等原因，只有弄明白了原因，才能对症下药。最重要的是，要记住，在劝诫孩子时，要有耐心，不能急躁，不要想着一次就说服孩子，要让孩子一点点地接受，然后改正。

总之，对于处在青春期的孩子，家长和老师要时刻关注他们的心理健康，要时常与他们交流、谈心，要倾听他们的苦恼和困惑，要让他们明白哪些行为是不对的，让他们自觉远离吸烟。

会喝酒并不代表真的长大

　　孩子进入青春期之后，不仅会出现逆反心理，不听父母的话，桀骜不驯，而且会沾染上一些不好的行为习惯。现今，会喝酒的中学生和高中生不在少数，他们瞒着家长喝，瞒着老师喝，在他们看来，这种行为似乎并没有什么不对。

　　众所周知，喝酒对于青少年来说是有百害而无一利的。其一，喝酒过多会造成食道黏膜受损；其二，酒精会破坏肝功能；其三，酒精会影响神经系统，造成头晕头痛，影响孩子的记忆力和集中力；其四，饮酒会影响青少年的生长发育。

　　由此，家长必须纠正孩子的喝酒行为，将喝酒的危害扼杀在萌芽状态。

　　小天16岁，上高中二年级，他在班上有几个好哥们儿，他们经常一起出去玩。有一次，他们约着去唱歌，其中一个哥们儿还带了两个大哥哥。两个大哥哥点了酒，小天他们看大哥哥们喝得很开心，就尝了几口。

后来，每次他们出去玩，都偷偷买酒喝，虽然一开始有些不适应酒的味道，但喝的次数多了，小天也习惯了。

小天的妈妈渐渐察觉到小天的变化，刚开始，她发现从外面回来的小天身上好像有酒味，但没有直接问小天。她想也许是大人喝酒，小天在旁边沾上了味道。后来，小天妈妈发现小天状态有些不对，每次回来时都有些醉意，而且从嘴里明显能闻出酒味。

小天妈妈觉得不能再放任小天了，于是，她将情况和小天爸爸说了说，觉得这件事还是由爸爸进行劝说比较好。

小天爸爸找到了小天，他炒了几个菜，又拿出了几罐啤酒，让小天坐下来吃饭。其间，他没有直接质问小天是否学会了喝酒，只是一边吃一边问小天学校的情况，问小天的朋友。说着说着，小天爸爸打开了啤酒，边喝边对小天说："你要喝吗？"

小天错愕地摇摇头。

小天爸爸接着说："高中的时候，我的一个好哥们儿很喜欢喝啤酒，还撺掇着我和另外几个哥们儿一起喝，我那时就尝了尝，觉得酒真没什么好喝的，但我又爱面子，觉得哥们儿都喝，我不喝很丢面子，于是也一起喝，但喝了几次之后就真的不想喝了，觉得还不是时候。而那个喜欢喝酒的哥们儿，是被他爸惨烈教训后才戒掉的，他爸告诉他，想喝就等毕了业。

"其实，爸爸也不是不能理解你，但希望你也能明白，青少年喝酒是真的不行，对身体健康会有一定的影响，也会影响精神，影响学习。总之，不能为了什么哥们儿义气、面子，或者觉得喝酒很男人、像极了大人，而去做这个年龄不该做的事。再说，也不是每一个大人都喝酒的，所以，成不成熟与喝酒真没什么关系，在别人眼里，一个喝酒的青少年，并不会让人觉得他很成熟，反而会觉得这是一个不良少年，还会质疑他的父母，说他们没有管教好孩子。"

小天看了看爸爸，说："我明白了，爸爸放心吧！"

案例中的爸爸耐心地劝诫儿子，这种做法是有效的。当我们发现自己的孩子开始喝酒时，千万不要动怒，更不要厉声责备，甚至殴打孩子。要知道，打骂是于事无补的，弄不好还会造成孩子更强烈的反抗情绪，越不让喝越喝。

父母们要学习案例中爸爸的做法，要分析孩子的心理，抱着理解的态度去看待孩子的行为。如果有类似的经历，那么就可以坦诚地与孩子去交流，让孩子真正感受到被尊重。在理解的前提下，沟通才能顺畅，而劝诫也才能取得好的效果。

青春期的孩子虽然心理上偏向于独立，但同样需要父母的引导和教育，如果父母疏忽，孩子就容易被不良行为影响。在劝诫孩子时，一定要讲明白道理，不能再奉行"棍棒""我说你听"的教育方式了，因为青春期的孩子最烦家长的命令，他们需要尊重和理解，需要自己的空间和一定的自由，家长要做的，就是放手的同时，适度去关注他们的心理和行为，如若发现不好的苗头，例如喝酒，就冷静客观地去劝说，引导孩子健康成长。

网络的诱惑，真的束手无策吗

随着网络的飞速发展，人类社会已经步入信息化时代，网络影响着社会生活的方方面面，诸如政治、经济、文化、民生等。整个世界都因为网络的出现和发展，而发生了巨大的变化。网络是当之无愧的时代宠儿。因为网络，人与人之间的实时沟通更加方便快捷，人们还可以在网上购物、学习、交流，极大地提升了效率。

当人们沉浸在网络带来的便利之中无法自拔时，一个由网络衍生出来的现象日益严重：孩子成了网虫，沉迷在网络的世界里忘乎所以。为此，有人说网络是"电子海洛因"。这句话不无道理，网络给我们带来了超时空的数字化光环，与此同时，也给我们带来了污泥与浊水。很多青少年缺乏自控力，沉溺于虚拟的网络世界里，忘记了学习，感情日渐冷漠。有些青少年经不住网络的各种诱惑，走上了犯罪道路，为此付出了失去自由甚至是生命的代价。

张扬14岁，因为平日里父母对他的管教很严格，所以他就悄悄地拿了妈妈的手机，躲在窗帘后面的阳台上玩游戏。

妈妈找不到手机，看到张扬正在阳台上低着头玩手机，生气地冲过去，从张扬手中夺回手机，关掉游戏。张扬正在兴致勃勃地玩游戏，被这样打断，居然毫不迟疑地从阳台上跳了下去。妈妈大惊失色，来不及阻止张扬，马上冲下楼查看张扬的情况。幸好张扬家所住的楼层比较低，张扬掉落的时候是腿部着地，才侥幸捡了一条命，被医生诊断为右腿粉碎性骨折。

妈妈万万想不到，张扬在医院中苏醒过来，并不关心自己的伤情，居然又向妈妈索要手机，压根忘不了手机游戏。想到之前的惨痛教训，妈妈无奈地把手机给了张扬，张扬得寸进尺，又让妈妈充值为他购买游戏角色。妈妈非常崩溃，想不明白为何在儿子眼里，手机游戏比生命更重要。

对于缺乏自制力的青少年而言，网络的危害特别大，很多父母发现孩子钻进网吧，当即火冒三丈，却不知道孩子为何会变成现在这样。很少有父母会主动思考孩子沉迷网络的原因。其实，只要认真地想一想，父母就能找到孩子对网络上瘾的原因。

一般情况下，容易沉迷于网络的孩子不外乎以下三种：第一种孩子兴趣和爱好单一，甚至没有兴趣和爱好；第二种孩子学习成绩比较差；第三种孩子不擅长与人交往，很孤僻。人是群居动物，每个人都要采取各种方式与外界进行沟通，孩子也是如此。这三种孩子都有一个共同点，即无法或不擅长与外界沟通。孩子兴趣爱好单一，会有很多的闲暇时间，当觉得无所事事时，孩子并不会主动与父母或者老师沟通；

学习成绩差和不擅长人际交往,又会使他们感到自卑,害怕与人交往,渐渐地越来越孤僻,就只能躲在电脑屏幕后面。为了避免孩子成为上述三种孩子之一,父母一定要多多与孩子沟通,陪伴孩子,才能防患于未然。

(1) 父母要正确对待网络

孩子上网,主要为了聊天,或者玩网络游戏。父母无须把网络视为洪水猛兽,更不要对孩子严令禁止。我们年少时也曾经沉迷游戏,尽管那时网络游戏还不像今天这么多,但是各种游戏有着异曲同工之妙。因为玩游戏,我们忘了回家,往往要在父母的强制要求下才极其不情愿地回家。如今,大多数孩子都是独生子女,缺少玩伴,他们只能通过网络与陌生的对象沟通。他们和我们一样玩得废寝忘食,除非父母强迫决不主动停止。仔细想想,这与我们年幼时的玩耍有什么不同呢?父母要知道,孩子只是在通过网络接触世界。归根结底,网络只是孩子的一种游戏,如果父母态度粗暴,孩子在玩的时候会很内疚,也有可能产生逆反情绪。

(2) 培养孩子的兴趣爱好

在心灵空虚的孩子心中,网络真的会变成海洛因。一个孩子如果总是沉迷于网络,以至于影响正常的学习和生活,诸如不上课、逃学,甚至不睡觉、不吃饭,那就意味着孩子在通过网络逃避乏味、无趣的现实世界,逃避让自己自卑和恐惧的一切。现代社会,家庭教育和学校教育都存在不完美之处,在过重的学习压力之下,孩子会感到孤独,不被理解,理所当然会转而向网络进行宣泄。父母要培养孩子的兴趣爱好，让孩子专注地做好其他事情，而不是始终沉迷于网络。

（3）让孩子学会自我管理

失恋的人总是沉浸在过往的感情中无法自拔，不愿意听从别人的劝说，除非他自己想明白了，才能翻篇。沉迷网络的孩子也是如此。强制是没有多大用处的，要想让孩子主动戒掉网瘾，父母就要让孩子学会自我管理。在培养孩子的自我管理能力时，很多父母喜欢代替孩子制订计划，或者强制规定孩子必须怎么做，又或者在孩子耳边唠唠叨叨，喋喋不休地告诉孩子应该做什么。正是因为父母代替孩子做了所有的事情，孩子才无法真正想清楚自己要做什么，在这种情况下，孩子如何能够学会自我管理呢？父母无须给孩子规定严格的时间，例如何时玩电脑、何时做作业、何时睡觉等。也不要在发现孩子没有安排好时，不分青红皂白地责备孩子。教育孩子必须讲究方式方法，才能达到预期的效果。

在教育孩子摆脱网瘾的时候，父母切勿不停地变换策略。时而要求孩子不能玩，时而要求孩子可以想玩多久就玩多久，尤其不要把上网作为给孩子的奖励。

早恋该不该"棒打"

　　为人父母者，往往会为孩子早恋头疼不已。对于孩子与异性的交往，家长们总是十分警惕、万分担心，害怕他们因早恋影响学习，甚至因无知、好奇而做出无法挽回的事。的确，孩子的心理和生理都未成熟，学习还是他们的第一要务，所以对孩子的早恋现象是不得不制止的，但是如何制止却是一门学问。

　　多数家长面对孩子的早恋，采取的方法是传统的"棒打鸳鸯"。但是对于处在叛逆期的孩子来说，来自双方父母的压力反而让他们之间产生一种"革命情谊"，感情变得更强了。父母干预得越多，他们之间这种"共患难"的感受就越强烈，感情也就越深，出现与父母期望相反的结果。

　　慧慧和东东是某中学初中二年级的同班同学，也是大家公认的"班花"和"班草"。经常被大家放在一起讨论，使他们对彼此产生了好奇，并因青春期情感的萌动而相互吸引，发展成了情侣。他们的父母竭力反对，想方设法干涉，反而为两个孩子制造了更多的共同语言，他们常常凑在一起讨论如何"对抗"父母，关系越来越亲密。幸好，慧慧的妈妈看出了问题的关键，与班主任商量了一个策略。

这一天，班主任将两个孩子和他们的妈妈一起叫到了办公室，并对两个妈妈说："你们误会两个孩子了，他们是纯洁的友谊，不是你们想的那样。"随后，家长们和老师虽然严密掌握着孩子们的一举一动，但是再也没有出言干涉过他们，两个孩子得以继续来往。没过多久，他们发现彼此间的共同语言越来越少，兴趣和爱好也有着天壤之别，关系就渐渐疏远起来，最终还是因为对方与自己理想中的王子或公主的形象相差太远而分道扬镳了。

青春期的孩子面对异性时出现一些"非常"举动，都是父母应该接受的。他们渴望与异性交流，是非常正常的，父母不要强行阻挠，关键是如何培养孩子形成健康的男女情感。孩子只有充分理解异性、尊重异性，才能够与异性建立自然的、友爱的关系，同时对他们的人际关系的充分发展也是非常有好处的。但是要做到这一点，没有父母的正确的引导是非常困难的。

一些父母为什么无法对出现早恋苗头的孩子进行正确的引导呢？关键是对孩子未来的担忧让他们慌了手脚。众所周知，孩子早恋对学业的影响是非常大的，很多优等生会因此完全对学习失去兴趣。在最应该打牢学习基础的年龄丧失学习兴趣，会对他们的一生产生不利的影响。通常来说，早恋对学业的影响主要发生在两个阶段：一是追求阶段，二是分手阶段。这两个阶段的孩子往往精神恍惚、神不守舍，自然而然地无法将精力投入到学习中，导致学习受到极大的影响。这时，如果家长如临大敌，一味斥责孩子，无异于火上浇油，会让孩子陷入更深的苦恼中。所以，家长此时要做的就是分析孩子早恋的原因，随后根据不同情况采取不同的教育方法。以下几条建议可供家长参考：

（1）鼓励孩子养成遇事向家长诉说的习惯

当孩子们陷入恋爱的苦恼时，其实是非常需要找人倾诉的。但是没有几个孩子会向家长诉说，因为他们认为这样换来的只有训斥和阻挠。因此，家长要与孩子形成亲密无间的关系，就要站在孩子的立场上了解他们，用他们的观点和思路去分析问题，让孩子觉得家长是可以交心的朋友，而不是高高在上的"领导人"。这样一来，孩子有了什么苦恼都会对家长诉说，其中也包括早恋的问题。这时候，家长再站在朋友的立场上分析早恋的得失，告诉孩子如何摆正恋爱与学习的位置，以及为了让恋爱有一个完满的结果，当前首要做的是什么。这样一来，孩子就能及早从早恋的心理纠结中摆脱出来，还能形成开朗的个性。

（2）给予必要的心理疏导

孩子有心事主动与父母沟通，是进行必要的心理疏导的前提。孩子对自身青春期的心理变化缺乏正确的认识，给懵懂的恋爱蒙上了一层神秘的面纱。家长不妨"拆穿西洋镜"，让他们意识到自己讳莫如深的东西原来就是这么一回事，这比有意无意地掩饰有效多了。当然，这种有效疏导要建立在健康、科学的性教育的前提下。家长不对性讳莫如深，孩子也就不会因为对性的神秘乃至错误的认识而产生种种不良情绪。经过这样的疏导，孩子会对早恋有一个健康、科学的认识，不会因此荒废学业。

（3）进行正确的人生观的引导

爱情是人生不可或缺的东西，但人的一生并不只为爱情而活，还要为自己的理想和抱负而活。要想实现理想和抱负，就必须在早期认真学习，打下一生的知识基础，这样才能在生活的山峰上不断攀登。家长强化了对孩子的人生观的引导，就能让他们把视角放得更高远一些，选择心仪对象时的标准也不会盲目，还可以抑制青春期时一些不符合社会规范的行为。但是，对孩子进行人生观引导不是一蹴而就的，必须进行长期的积累。也就是说，对孩子进行人生观的引导越早越好，等早恋问题发生时再进行引导无异于临渴掘井，效果是很有限的。

（4）教孩子全面认识异性

在陷入初恋的少男少女眼中，他们的恋人都是完美无瑕的。这是因为他们人生阅历较少，又被对异性的特殊感情蒙蔽了眼睛。这时，父母就应该教育孩子如何摆脱微妙情绪的影响，例如鼓励他们结交更多的异性等，有利于他们辨识异性和把握自己，意识到自己的恋爱对象并非是十全十美的，从而冷静下来发现对方的缺点，认真考虑自己的感情。

（5）不要张扬，要冷处理

有的家长一旦发现孩子早恋，就喜欢大张旗鼓地进行批判，让孩子的自尊心受到伤害，甚至因逆反心理而"破罐子破摔"。所以，遇到这种问题必须"冷处理"，在积极加强对孩子正确的人生观和价值观教育的同时，告诉他们学习的意义，并注意控制孩子的零用钱和外出活动的时间，督促孩子将精力放到学习上来。此外，要积极鼓励孩子根据自身特长参加有益的文体活动，让孩子在有益的活动中勒住感情的"野马"，变得心胸开阔、精神振奋，从不理智、不成熟的感情中抽身出来。

盲目追星，害孩子不浅

　　如今"追星族""饭圈"等已经成为越来越热烈的社会话题，而这些人中的一大"主力"就是正在读书的孩子。他们对明星尤其是自己所崇拜的偶像，很容易陷入过度的痴狂：看他们主演的每一部影视剧，听他们演唱的每一首歌曲，疯狂地购买他们的单曲、杂志等，在网上疯狂搜集有关偶像的一切资料，例如生日星座、身高体重、兴趣爱好、服装品牌乃至恋爱情史等，而且做到了如数家珍。随着网络的日益普及，有些陷得过深的孩子，尤其是女生，不再将学习放在眼里，整天想的都是关于偶像的事。他们时刻为偶像的"流量"担忧，疯狂攻击其他偶像及其粉丝，甚至成为别有用心的人进行网络暴力和人身攻击的工具。这样的孩子，学习成绩很容易下降，甚至性格都会产生扭曲，对他们的一生产生不利的影响。

　　对于青春期的孩子来说，追星并不是什么值得大惊小怪的事情，反而是哪个孩子没有喜欢的明星才比较罕见。青春期的孩子，独立意识不断增强，渴望剪断与父母之间的"心理脐带"。但是，他们对父母的依赖削弱之后，很容易产生"情感真空"，加上学业的压力以及物质丰富而情感贫瘠的环境，他们需要的情感抚慰与思想交流就容易通过时髦靓丽、能歌善舞的明星们得到一定的补充。理智追星，能给孩子带来一定的精神寄托，甚至能让他们产生向明星学习的正面促进作用，有利于他们的人生发展。但是，过分沉湎，盲目追星，却会影响孩子的身心健康。孩子追星，父母不能横加阻挠，但也不能放任自流，而是要积极进行正确的引导，尽力争取让追星行为成为孩子前进的动力，而非阻碍。

小璨是一个追星多年的高中生，性情孤僻的她喜欢一位歌手到了如痴如狂的地步，情绪低落时，只有听偶像的歌才能排解她心中的不快。她最近刚升高三，作业骤然增多，学习压力更大了。她每天回家都是沉着脸，一回到房间就把自己反锁在屋里听偶像的歌，即便是周末也不会跟父母说上几句话。

没想到，离高考没有几个月了，竟然传来了小璨的偶像意外身亡的消息。听到这个噩耗的第二天，小璨就向父母提出辍学的请求，并说如果父母继续逼她去上学，她就会自杀。父母和老师无奈，只得听从她的要求。从此，小璨就躲进了自己的小屋，两个月足不出户，每天循环播放偶像的每一首歌曲。一开始她还出来和家人一起吃饭，后来饭都不出来吃了，每天由妈妈将饭送到房间门口。

高考快到了，小璨不仅没有学习的迹象，行为也开始异常：她的作息时间开始颠倒，白天睡觉，晚上自娱自乐，父母常常在熟睡中被她莫名其妙的哭声或笑声惊醒。父母唯恐她做出什么傻事，于是在邻居的劝告下请来了心理医生。但是，小璨根本不肯见心理医生，最后在妈妈的苦苦哀求下才与医生隔着门进行了交流。小璨告诉医生，偶像的死对她来说就像晴天霹雳，她再也没有学习的心思，甚至一度产生追随偶像而去的想法。在医生的屡次劝解之下，小璨虽然放弃了自杀的念头，却怎么也不肯参加高考。直到半年之后她才从抑郁中走出来，开始复读，但成绩已经大大落后了。

从这个案例可以看出，盲目追星对孩子的危害是非常大的，但全盘否定也是不可取的。不同时代的青少年都有自己崇拜的偶像，例如五六十年代的孩子崇拜雷锋、保尔·柯察金、刘胡兰等英雄人物，八九十年代至今的孩子则多数崇拜影视明星及流行歌手，而崇拜各种选秀节目中推出的年轻偶像的趋势也日益明显。可以看出，这些偶像一定程度上都是孩子对未来的梦想的寄托，一定程度上丰富了孩子的情感世界，缓解了他们的种种压力，这些都是积极意义。所以家长对孩子的追星不能粗暴干涉，但放任自流也是不负责任的表现。正确的方式，就是进行有策略的正确引导。其中，以下几方面需要着重注意：

（1）正确看待孩子追星

如果父母对孩子追星深恶痛绝，是无法做出正确的引导行为的。所以，父母首先必须清楚，孩子崇拜偶像是成长中的必然现象，一定不要苛求他们完全拒绝偶像，那是不合理的，也是无法实现的。孩子正常程度的追星父母不要横加干涉，甚至可以主动了解一些孩子偶像的相关资料，与孩子找到共同语言，有助于帮助他们理智追星。

（2）不要粗暴干涉孩子的正常追星行为

青春期的孩子开始有隐私意识，不再对父母毫无保留，这是正常现象。其中，追星也被很多孩子视为隐私，这种情况下即便是父母也不要干涉。父母武断地认为追星是错误行为并进行粗暴干涉，对孩子的自尊心是一种伤害，极易引发亲子矛盾。

（3）对不理智的追星行为必须制止

虽说追星是孩子正常的心理需求，但是他们毕竟心理不成熟、阅历浅、性格容易冲动，所以会做出一些不理智的行为。例如，不顾学业去机场见某位明星，甚至参与到调查明星酒店乃至乘车追赶明星座驾等非法行为；把"粉丝团"的相关事宜当作重中之重，生活中的一切都围绕着明星转；因为明星恋情曝光或结婚，就觉得自己"受骗了"，变得精神沮丧，甚至做出冲动行为等。这一类疯狂的追星行为，对学业和身心健康都有严重的不良影响，父母必须给予足够的重视，进行正确的引导乃至强行干涉。

（4）让孩子崇拜多方面的"星"

孩子阅历较少时，追求的"星"往往是影视演员、歌手或体育明星。父母应该积极引导孩子开阔视野，让他们懂得值得学习、崇拜的人物不止这些，还包括英雄人物、劳动模范、出色的科学家、杰出的艺术家等。这样一来，孩子就会意识到值得崇拜的不只是漂亮的容貌、优美的歌声，还包括顽强拼搏的精神。这样，孩子的价值观会逐渐成熟，可以自己判断出哪些行为值得学习和借鉴，哪些行为不能模仿。

（5）帮助孩子把追星转化为动力

追星的行为是对榜样的认同，一定程度上会让孩子产生向偶像学习的欲望。所以，对于孩子来说，崇拜什么样的偶像对他们的成长是有较大影响的。偶像作为孩子至少一段时间内的心灵寄托，如果富有责任感和奉献精神，就会让孩子变得积极向上。如果孩子仅仅羡慕偶像外表靓丽、风度潇洒、生活优越的话，则会产生一定的负面影响，无法成为其前进的动力。这时，就需要父母进行适当的干预，至少要让孩子知道偶像们获得当前的生活，是靠努力得来的，还可以借此为孩子的特长搭建实践的舞台，让孩子努力用行动向偶像看齐，把追星情结转化为自我激励的力量。

03

PART THREE

第三章

尊重为先，谨守
干涉的界线和尺度

父母无权偷看孩子的日记

孩子的成长会经历多个时期，青春期无疑是最令父母们头疼的。这个时期的孩子开始叛逆并有了自己的小秘密，这时就需要父母在关注孩子的角度、方式等方面做出改变。

日记是关于孩子心理的重要记录，很多父母都想通过日记来了解孩子，于是随意翻看孩子的日记，殊不知这样的行为会给敏感的孩子们造成多么大的伤害。

小 A 是一名初中生，他对父母时不时翻动他日记的行为十分反感。某天，他特意在日记里放了一根头发。放学回来后，他发现头发消失了，很明显，父母动过自己的日记。第二次，他在日记里夹了一张纸条，纸条上写着：侵犯人权！但这没起到任何作用，父母还是看了他的日记。第三次，他在纸条上这样写道：窥视的人是无礼的、不会受到尊重的！这话一下子惹火了小 A 的父母，父母特意等到他放学回来，当着他的面打开他的抽屉，翻看他的日记。小 A 伤心极了，也愤怒极了，他大叫道："你们这是侵犯我的隐私、侵犯我的公民权！"爸爸毫不在意地笑了笑，对他说："你确实有公民权，不过那是在外面。在家里，你就是我的儿子，不是什么公民！我是你爸，你的抽屉和日记我随时都可以翻。"

从某种程度上来说，日记是孩子自我意识的体现。很多孩子，尤其是那些感情细腻、丰富的女生，从升入初中起就开始写日记了。出现了自我意识的孩子，虽然总是与家人和朋友待在一起，但有时仍会感到莫名的孤独。他们觉得，自己虽然能与周围的人聊起许多共同话题，但是周围却没人能真正了解和理解自己，而日记就像自己的一位值得信任的、非常亲密的朋友，它能够倾听自己的心事，而且绝对不会主动对任何人泄密，对它倾诉心事能使自己获得安慰。于是孩子们便尽情地将自己的心事向日记倾吐。

也正是因为日记上记满了孩子的真实想法，所以父母总是想方设法偷看孩子的日记，他们都希望借此了解孩子，帮助孩子少走弯路、少犯错误。其实，大多数父母也知道这样的行为是不对的，可每当看到儿女的日记本时，他们都按捺不住想"了解了解"的冲动。

那么，父母有权偷看孩子的日记吗？

可能很多父母都觉得尊重孩子的隐私权是难以接受的，父母总是认为孩子是他们生的、他们养的，在他们这里孩子没有什么秘密可言。再说，孩子的事让父母知道了又没什么大不了的，爱孩子就是将孩子的所有都牢牢地抓在手里，包括隐私。于是，我们便频频听到家庭中侵犯隐私权的事：

一位女同学说："我一直有写日记的习惯，一次，我正写着日记的时候，妈妈突然拿过了我的日记本开始翻看。虽然里面记录的东西没有不能给别人看的，但那一刻我还是觉得耻辱极了。但她是我的妈妈，我跟她说过几次这个问题，她完全无动于衷，我又能怎么办呢？另外，她还经常翻我的书包。有一回，我的书包里有一张男同学的照片，妈妈发现之后就像抓住了什么把柄似的一直喋喋不休地训斥我。可是，那只是转学的同学送给同学们留作纪念的东西，每个同学都有，难道这也不行吗？我实在不知道父母究竟在想些什么。"

日记是一个人自我思想的展露，是表达个人感情的天地，孩子们是迫切地需要这片无人打扰的小天地的。充分地尊重孩子的日记以及那些独属于他自己的领域，对于孩子的良好个性、自主品格的发展很有帮助。因此那些喜欢看日记、不尊重孩子隐私的父母必须立即停止这些无礼的行为。

了解孩子有很多种方法、渠道，比如，父母可以试着跟孩子谈心；可以将自己的经历告诉孩子，让孩子谈谈看法；或者可以旁敲侧击等。为什么一定要选择这种伤害孩子自尊心的方式呢？

随着孩子年龄的增长，他们的自我意识逐渐觉醒，也到了该有隐私权和独属于自己的一方天地的时候了。看孩子的日记，是在侵犯孩子的隐私权，是对孩子的不尊重，而孩子一旦发现父母偷看了自己的日记，必然会对父母产生不满，并想方设法保护日记，根本不会去跟父母谈心，于是孩子与父母渐行渐远。

所以，父母决不能忽视尊重孩子隐私权的重要性，要自觉去约束自己的行为，保护孩子的隐私。

孩子与异性交往，不必"如临大敌"

有一个初中女孩，学习很好。她有点儿争强好胜，对班里成绩可能"威胁"到自己的同学都特别关注，尤其是一个时常与她竞争第一名的男生。这个男生不仅学习成绩好，还擅长踢足球，可以称得上是年级的"风云人物"。女孩就暗暗地与他进行学习竞赛，各门功课都想超过他，甚至还看起了她以前从来不关心的足球赛。有一次，男生踢足球扭伤了脚，女孩是学习委员，两家住得又不远，女孩就天天到他家给他补课。回家后，也会给妈妈讲这个男生的情况。

没想到，说者无心，听者有意。女儿把这个男生形容得性格开朗、爱好广泛、活泼幽默，深受女生欢迎，妈妈就认定女儿是爱上这个男生了。女儿早恋了！妈妈被自己的猜测吓了一跳。她赶紧咨询了女儿的好几位老师和同学，却并没有发现两个人早恋的迹象。妈妈依然不放心，把女儿盯得更紧了，甚至还偷看了女儿的日记。母女关系因此受到了不小的影响。

现在已经是 21 世纪，青少年与异性进行交流是非常正常的。不可否认，早恋的现象时有发生，对孩子的学习会产生较大的影响，甚至酿成了一些悲剧。缺乏自律能力、盲目追求性刺激的孩子容易早恋，但早恋的孩子毕竟还是少数。多数被老师和父母认为"早恋"的中学生甚至小学高年级学生，往往是被冤枉了。孩子对异性的朦胧憧憬是很正常的，善于与异性同龄人进行纯洁的交往更是一种独特优势。

善于结交异性朋友的孩子，往往有比较健康的个性，善于融入集体，一般都有良好的气质和风度，更可贵的是他们具有主动交往的意识和善于自我表现的能力。总之，善于与异性交往的孩子，都不是自我封闭的"书呆子"，能够保持与外界的良好接触，他们走上社会后的适应性也会比较强。

但是，青少年的心理毕竟尚不成熟，很多孩子缺乏自律意识，在和异性交往时就需要老师和父母的正确引导。家庭和学校两方面都要鼓励健康的异性交往，避免孩子对异性交往进行扭曲的理解；同时，要注重科学的性教育，让青春期孩子的心理得到健康的发展。如果父母不分青红皂白地反对孩子与异性交往，让孩子产生逆反心理，反而容易出现不健康的异性交往，严重的甚至可能造成孩子的心理障碍。很多"异性恐惧症"患者都是在青春期时与异性交往受挫，在成年后出现恋爱、婚姻和家庭方面的心理危机，这些心理创伤甚至可能终生无法愈合。

孩子的交际能力主要是后天形成的，只要加以锻炼就能得到提高。引导孩子提升交际能力，父母们可以从这几个方面入手：

（1）鼓励孩子加入同龄人之间的竞技类活动

一些竞技类活动如打球、下棋等，既符合孩子的好胜心，又能加深孩子之间的联动关系。一些球友、棋友，由于志趣相投，关系往往非常密切。父母们要鼓励孩子多参加这类竞技活动，让孩子在提升体能、智力的同时多交朋友，一举两得。孩子一旦爱上某种活动，就会主动寻找对手，有共同爱好的孩子也很容易互相吸引。

（2）节假日多带孩子走向社会、走向大自然

很多父母以工作忙为由，不愿意带着孩子一起旅游。也有的父母对游山玩水没有兴趣，觉得对孩子的学习没有帮助。事实上，旅游作为开放性的交际活动，除了看风景，还要买车票、住旅馆、进饭店、购门票，而这些简单的事都可以交给孩子去做。同时，孩子在旅游中也能认识一些新朋友。旅游既增加了孩子的见识，又增加了孩子与朋友的谈资，对提升孩子的交际能力是很有帮助的。

（3）要有意识地让孩子购买一些小件物品

年龄较小的孩子，父母可以等在店外，让孩子自己去买一些油、盐、酱、醋，稍大时就可以让孩子独自去买一些鱼、肉、米等较大件的商品。孩子自己穿戴的袜子、手套等，也尽量让其自己购买。在商品交易中能够接触到社会各个阶层的各色各样的人，对孩子是一种特殊的考验，在丰富孩子的交际对象的同时加深其对他人的了解。

尊重孩子，给孩子自由

　　家庭生活是孩子最为重要的生活内容之一，与父母的关系也是孩子的世界中最重要的关系之一，父母不仅是孩子学习上的启蒙者，也应当是孩子各种社会行为的引导者，更应该是孩子情感依赖的对象。教育专家认为，在家庭中获得充分尊重，与父母保持朋友般的关系的孩子，其内在动力更容易被激发，将来也更容易在社会上有所成就。

　　在家庭中得到充分信任和尊重的孩子，更能体会到信任和尊重的重要性，也就更容易信任和尊重父母，将来也会信任和尊重别人。这样的孩子更容易采纳父母的建议，也更愿意向父母倾诉心理上的变化。反之，如果父母不把孩子当成平等的个体对待，总是将自己的意志强加给孩子，不懂得尊重孩子的想法，则容易导致孩子的叛逆心理加重，使孩子与自己的关系越来越疏远，这在每一个家庭中，不管对父母还是对孩子来说，都是一种伤害，也是每一位父母都不想面对的事情。

父母是孩子的第一任老师，也应该是孩子最信任的朋友，应该采取朋友式的相处模式，体会孩子的喜怒哀乐，引导孩子更好地成长，同时也与孩子共同成长。

李敏有一个读初中的女儿，因为女儿是独生女，她对这个女儿更是疼爱有加，什么家务活儿都不让女儿插手，连手指甲都要替女儿剪，平常更是从来没有单独让女儿出过门。她总是觉得孩子还小，需要在大人的庇护之下才能健康地成长，她觉得女儿只要一出门就是危险的，她担心的事情太多了，以至于一旦女儿脱离了她的视线，她就会变得局促不安。时间长了，女儿有时候也会抱怨，她多次提出希望妈妈能够相信自己一次，放自己一个人出去，让自己有独立做事的机会，但是李敏总是前怕狼后怕虎，无论如何就是不信任女儿自己能做好事情，始终不允许女儿单独行动。

女儿在李敏这种过度的呵护下生活得很辛苦，终于有一次，女儿实在忍无可忍，强烈要求妈妈让自己一个人去书店买书，在好好商量没有结果的情况下，女儿斩钉截铁地对妈妈说："这一次不管你让不让我去，我都要去！"李敏虽然不放心，但是也知道自己对孩子这样的爱是有问题的，她也不忍心再看到孩子那近乎祈求的样子，而且女儿确实也不小了，像她一样大的孩子，很多都自己独立出门了，于是她便决定让女儿试一次。女儿开心得就像刚被放出笼子的小鸟，瞬间得到了自由，一个人骑着自行车朝着书店的方向迅速远去。李敏又惊又怕地等了两个小时，一度焦急得手心冒汗，然而让她惊喜的是，女儿真的自己买好书回来了，而且女儿脸上那种兴奋的表情是她很久都没有看到过的。女儿很高兴，李敏也为女儿感到骄傲。

经过这一次事件后，李敏和女儿做了一次深入沟通，在沟通中，李敏知道了，因为自己对女儿的过度保护，女儿总是被班上的其他同学当作谈资，女儿很不开心，而且，女儿总觉得妈妈不信任她，久而久之产生了自卑心理。这些都是李敏始料未及的，因为她最初也只是担忧女儿的安全而已。经过这一次畅谈之后，她终于决定放开手，让女儿慢慢去接触和了解这个世界，让她自己独立起来。正因为放手，两人的关系也渐渐变得融洽。

很多家长不愿意放手，不愿意让孩子脱离自己的掌控，去做各种尝试，之所以如此，是因为他们总觉得孩子"不行"，而正是父母对孩子的这种不信任让孩子更难迈出独立的那一步。孩子无比渴望被父母认可，想要通过行动来证明自己能行，但总是被父母拒绝。当父母坚信孩子"行"的时候，其实就是对孩子的一种鼓励；孩子内心深处渴望获得称赞，所以他们也会竭尽所能地做好，从而体会到成功的快乐。

很多教育工作者都能熟练运用"暗含期待效应"的理论，并将这一理论付诸自己的教学实践，让孩子获得更多的信任和鼓励，从而在心态上有所变化，在学习上取得更大的进步。其实，在亲子关系中，这一理论也同样适用。当父母与孩子建立了平等的朋友关系，对孩子的行为多一重期待，就会给孩子更多的空间，更多的鼓励和赞扬，这样孩子既得到了父母和他人的信任，内部又有不断努力的动力，在他信与自信中昂首阔步，定然能走出更精彩的人生。

巧妙地让孩子放弃无益的书

孩子拥有强烈的求知欲和好奇心，妈妈应该好好利用这一点，为孩子筛选一些既能让他感兴趣，又能让他受益的书籍。这样做一方面可以避免孩子被那些无益的书吸引，另一方面可以满足孩子的成长需要。

儿子上学后，妈妈帮他收拾房间。在儿子的被子下面，妈妈找到一本书，她拿起来一看，原来是一本玄幻小说。

最近几天，妈妈发现儿子经常在床上读这本书，有时候连吃饭都顾不上。儿子甚至把这本书藏在练习题下面，假装在做作业，实际上在看这本书。妈妈发现后批评了儿子，儿子却理直气壮地说："妈妈，你不懂。现在非常流行这种玄幻小说，里面的故事非常精彩，我们班好多男生都在看。我用这个月的零用钱买了一本书，看完后和同学交换着看，我必须抓紧时间看，后面还有很多同学排队等着呢。"

趁儿子不在家，妈妈打开书看了看。她发现书里的故事完全是虚构的，有许多暴力的情节，她不理解儿子为什么会喜欢看这种书。而且这本书明显是盗版书，纸张质量差，错别字特别多，很多句子都读不通。儿子放学后，妈妈把书扔到他的面前说："以后不要再看这种书了，对你的学习没有任何帮助，不如多花点儿时间看看作文书，多做几道练习题。"儿子听后有些不乐意，但最后还是点头答应了。不过答应归答应，他还是在卧室偷偷地看。

妈妈发现儿子屡教不改，就把这件事告诉了孩子的爸爸，想让他跟孩子聊一聊。爸爸听说儿子在看闲书，生气地说："聊什么聊？他嘴上答应得好，可是根本不听话，背地里继续偷偷地看，你这种教育方法太温柔了。看这些书一点儿好处都没有，很容易让孩子上瘾，影响孩子的学习成绩。我觉得他还是作业太少了，必须多给他找些题做。"于是，爸爸雷厉风行地采取了管理措施：减少儿子的零花钱，让他没有多余的钱买闲书；把儿子房间内和学习无关的书全部没收；到书店给儿子买大量的练习题，用练习题占据孩子的空闲时间。

喜欢刺激和冒险、对未知世界充满好奇心，是青少年普遍存在的心理特点。一些网络作家抓住这个特点，故意在书中设置一些新奇、荒诞的故事情节，所以孩子很容易被这些书吸引。妈妈如果只采用简单、粗暴的方法去制止，容易引起孩子反感的心理，还会打击孩子的好奇心。

妈妈无法一直陪在孩子身边，采取简单的强制措施不能彻底断绝孩子对这些书的渴望。为了满足对未知世界的好奇心，孩子还可以和同学借书，在学校偷偷看书等，这些都是妈妈无法顾及的。

妈妈不让孩子读那些她认为对学习无益的书，只重视对孩子学习有直接帮助的书，这样会使孩子对学习感到厌倦。不让孩子真正理解他应该读什么书，只是一味强制孩子放弃自己的喜好，必然会使孩子产生抵触的心理。另外，用大量的练习题占据孩子的空闲时间也不是好方法。孩子在学校学习已经很劳累，妈妈再在家里增加大量的家庭作业，会让孩子感受到沉重的学习负担，因此变得厌学。有些孩子还会故意拖延、磨蹭，只为少做一些作业，久而久之，就会养成做事拖沓、懈怠的坏习惯。

孩子对事物的认知较浅，一味讲大道理很难让他理解。因此，妈妈要学会采用一些巧妙的方法，给孩子推荐一些有趣而有益的书籍。妈妈可以和孩子一起讨论和选择书籍，也可以在孩子面前读书，告诉孩子这是别的孩子正在读的书，激发孩子的阅读兴趣。

孩子喜欢读书是一件好事，妈妈应该鼓励孩子读书，同时也要规划好学习和读课外书的时间。妈妈也帮孩子制订读书计划，让孩子在繁忙的学习之余享受读书的乐趣。只要孩子读的书对他的身心健康无害，妈妈就可以让孩子适当地读一会儿。当孩子读的书变多了，他的鉴别能力也会提高，就能明白妈妈的一片苦心。

04

PART FOUR

第四章

春风化雨，帮孩子摆脱情绪的『阴霾』

将孩子拉出孤独的深渊

每个人都曾体会过孤独，孩子也会感到孤独。经常感到孤独往往会造成孩子性格孤僻、害怕与人交往，甚至可能不知不觉地将自己的内心封闭起来，导致其学习与生活陷入消极状态。

进入青春期后，许多孩子的自我意识逐渐觉醒，这就令他们开始将视线转向对自己内心的探究。在他们的意识里，自己已经长大了、成熟了，完全可以独立自主，但事实上，很多事情凭借他们的实际能力还无法完成，再加上大部分人仍将他们当孩子看待，这些都导致他们倍感委屈，并产生了烦恼和孤独感。

青春期出现孤独与烦恼是非常正常的事，这表示孩子的独立意识与自我意识正在觉醒，但倘若孩子总是陷入孤独和烦恼中无法自拔，父母就要引起注意了。孤独与烦恼是不良的心理状态，孩子甚至可能由此产生苦闷、抑郁的情绪，进而导致其出现逃学、出走、暴力行为等，这样十分危险。

患有孤独症的孩子通常会觉得自己没有可以放心倾吐所

有心事的亲密朋友，没有什么事情能够令自己感到高兴，甚至觉得自己与所有人、事都隔了一堵看不见的墙，内心总是充斥着失落与孤寂。父母千万不能放任这种孤独感不管，因为它可能导致孩子产生挫折感、狂躁感等，变得敏感多疑、害羞易怒，甚至有可能使孩子悲观厌世从而走上轻生的道路。

孩子产生孤独感的原因有以下几种：

（1）独立意识的增强

青少年正处于由不成熟到成熟的过渡时期，在这一时期，他们的实践范围越来越大，逻辑抽象思维能力也在迅速增强，因此开始积极地以自己的内心来观察、体验外面的世界。他们认为自己已经长大了，于是不想再盲从父母，想要尽力摆脱他人对自己的扶持与控制，但现实又让他们惴惴不安。为了摆脱这样的困境，许多青少年都会积极地与同龄人往来。但也有一些人会因为害怕增加不安全感而选择站在人群外，进而转向同自我内心的交流；或是产生自负心理，不屑于与同龄人往来。

（2）自我意识的发展

在智力方面，青少年已经发展得近乎成熟，这就使他们的自我意识有了长足的发展。这一时期的孩子已经能够基本正确地进行自我观察、自我评价和自我调控的活动，于是对于自己，他们经常会产生很多独特的想法与憧憬，他们能够发现自己内心深处的美好，也会察觉自己内心潜藏的丑恶。由于青少年有着较强的自尊心，更加注重自己的隐私，经常会担心自己的某些方面会成为别人的笑柄，于是他们谨慎地在心中修建起一道看不见的围墙，将自己心中的秘密牢牢地锁起来。

（3）外界因素的影响

搬家、生活环境突变等使孩子骤然离开了熟悉的一切，必须进入一个完全陌生的环境，难免会让孩子感到孤独，因此外界因素也可能导致孩子产生孤独感。

（4）孩子本身的个性

性格开朗、外向的人通常会将个人的兴趣主要转向探索外界事物、周围的人和环境等，每天都忙着感受新鲜事物，这类人通常不易产生孤独感；性格腼腆、内向的人通常会将个人的兴趣主要转向对自己深邃内心世界的探索，会更容易产生孤独感。

想要帮助孩子走出孤独，以下几种方法可供父母们参考：

（1）引导孩子加强与外界的联系

与人交往是克服孤独的良药，引导孩子多与人交往，加强与外界的联系，能够有效抑制孤独感的产生。

需要注意的是，孩子在交友时应当发自内心，如果没有真正地接受对方、发自内心地想要与人相处，而是勉强交际，那就变成了一种多余的形式，起不到任何作用。

（2）教孩子尽量缩小与他人之间的差异

父母应该让孩子知道，既不能做居高临下的"超人"，也不能做离群索居的"怪人"，他们应该与他人在文化修养、兴趣爱好等各个方面进行沟通与学习。而想要与他人沟通、学习，就必须坦诚待人，只有先相信对方，才能赢得对方的信任。这样便能有效地减少孩子的孤独感。

（3）加强父母与孩子之间的相互了解

父母应当在不触犯孩子隐私的前提下多去了解孩子的内心想法，给予孩子恰当的体贴与帮助，缩减与孩子之间的"代沟"。

（4）告诉孩子不要害怕孤独

那些懂得孤独或是至少在孤独中剖析过自己的人，心胸会更加坦荡，也更能理解那些别人难以理解的事。所以，父母要告诉孩子不要害怕孤独，要相信他们一定能在孤独中不断尝试着探索与追求，进而沿着坦诚之路走出孤独。

（5）引导孩子排解心理障碍

悲观情绪、不良情感都会导致孩子产生孤独感，父母应当引导孩子及时排解这些不良情绪与心理障碍，这样孩子便不会形成悲观的性格，也抑制了孤独感再次萌发。比如，当孩子有烦恼的时候，父母要引导孩子说出来，及时化解不良情绪，不要让这些委屈长期压在孩子心头，更不能只知道批评与斥责；在与孩子交流时，要注意避讳孩子敏感、忌讳的话题；等等。

敌对心理，不容小觑

　　仔细观察身边的孩子，我们会发现，有很多孩子都能很好地融入集体，也会做出很多团结他人的暖心的行为，但是，也有些孩子总是保持着对他人的仇视以及对抗的姿态，这种表现其实是敌对心理在作怪，敌对心理对孩子的影响不容小觑。

　　青青的父母已经不是第一次带她去看心理医生了，青青的一系列行为常常让父母感到十分痛心，也很无奈。除了带她看心理医生，爸爸妈妈已经束手无策。

　　青青已经是一名初三的学生了，按理说应该是懂事的年龄了，但是她却不是大家所期待的乖乖女。青青总是三天两头和父母大吵大闹，有的时候发一顿脾气就算了，吵得不可开交的时候还会离家出走，而且每次气冲冲出门的时候，总是大嚷着："我再也不想看到你们了！你们就当没有生过我这个女儿！"妈妈总是气得大哭，青青对此却无动于衷，依然桀骜不驯，听不进任何人的劝慰。

　　青青的爸爸说起孩子，也总是皱着眉头，他不明白，为什么自己会培养出这样一个孩子。青青家虽然经济条件一般，但是爸爸对青青历来就十分疼爱，对青青也基本上是有求必应。但是随着青青年龄的增长，爸爸发现，她的要求越来越高，对爸爸妈妈的索取也越来越严重。爸爸一开始以为，青青是年龄大了爱美了，是正常的，所以青青想要衣服鞋子什么的，爸爸还是会尽量满足她。可是现在的青青，经常会因为要买一件衣服或者一双鞋子的要求没有得到及时的满足就乱扔东西，还会对着爸爸大吼大叫："你根本就不爱我！你们都不爱我，全都是骗子！"这样的事情不胜枚举，有时候，青青只是觉得妈妈做的饭菜不合胃口，就摔筷子走人，或者开家长会爸妈到得稍微晚了一点儿，都有可能引起青青的大闹。

青青虽然年纪不大，但总是说一些负能量的话，在她的朋友圈里，常常会出现诸如"我怎么努力也比不上别人""为什么别人的家庭都那么幸福，我们家只有痛苦""人生原本就是一场毫无意义的单程旅行"之类的语言。一开始大家还会安慰青青，鼓励她积极阳光一点儿，可是青青对此毫无反应，不仅没有丝毫的改变，甚至对这些关心她的人也充满了敌意，人们也就不再过问了。青青也因此越发觉得自己受到冷落，似乎全世界都欠她什么，她的周围没有朋友，只有敌人。

青青对父母和他人的敌视其实就是敌对心理的一种表现。在这种心理的作用下，青青的表现是桀骜不驯的，攻击性很强，但是内心却十分痛苦，也非常孤独。敌对心理往往会让孩子在群体中处于一种被孤立的状态，同时也会让孩子总是呈现出与周围的人、事、物剑拔弩张的状态。时间长了，孩子的自信心、心理承受能力都会受到影响，甚至有的孩子会认为这个世界上没有人关心他，产生极端的想法。

那么，作为父母，如何才能帮助孩子消除这种敌对心理呢？以下是几点建议：

（1）正确认识孩子的心理特点

孩子对外界产生敌对心理的原因主要有以下几种：

①孩子自身心理脆弱。每个人对人际环境的适应能力不同，心理承受能力也不同。有些孩子心理不够强大，难以承受生活中的挫折和磨难，也很难承受较大的学习压力。当各方面的压力同时来袭的时候，这些孩子就很容易出现心理接受困难的问题，从而产生各种特殊的表现，其中就包括对外界产生敌视，这种敌对心理不仅体现在对父母、老师或同学的敌视，甚至对没有生命的东西也会产生敌视行为，比如摔课本、踢凳子、拍桌子之类。孩子心理承受能力差是导致这种结果的一个重要因素。

②家庭和学校的错误教育方式。当老师在学校里对孩子有了不公平对待的表现时，孩子往往会对老师产生敌对心理。在家庭中，如果父母的教育方式存在问题，比如总是在孩子面前吵架，或者将生活、工作中的压力转嫁到孩子身上，甚至出现暴力行为的时候，孩子也容易以敌对的方式进行反抗。家庭和学校的错误教育方式也是造成孩子敌对心理的重要原因之一。

③身体和心理发育的关键阶段特点。青春期的孩子独立意识变得越来越强，他们渴望摆脱父母和师长的监督和指导，

走自己想走的路。但是由于他们尚未有丰富的人生阅历，自己也没有能力解决生活或学习上的很多问题，这一矛盾就会让他们产生诸多烦恼。而家长在这个时候，往往又喜欢充当一个指引者的角色，凡事都要插一嘴，当孩子个人的独立思想和处事能力不匹配，再加上父母的强制性干预，很多孩子就会试图用反叛的形式来标榜自己的独立，敌对心理也就出现了。

（2）及时发现孩子的敌对表现并加以引导

敌对心理并不是凭空产生的。孩子的心理需求没有得到及时满足、孩子的倾诉没有得到重视和及时回应、父母并没有做到完全了解孩子等，都可能促使孩子产生敌对心理。父母和孩子都应该意识到问题的严重性，尤其是父母，要主动放下身段与孩子沟通，反思自己在生活中是否有做得不到位的地方，如果有，要勇敢地向孩子承认自己的错误。除此之外，还要通过与孩子的真诚沟通，了解他们有什么样的心结，帮助他们解开心结，并引导他们及时调整自己的情绪。

上文中青青的例子其实就可以通过这样的方式解决。青青的父母可以真诚地邀请青青，一家人找一个机会坐下来，安安静静地聊聊天，互相说一说自己真实的内心感受。父母要缓和情绪，真诚地向孩子道歉，承认自己对孩子关注不够的问题，并积极回应孩子提出的问题，共同探讨，找到解决问题的方法，然后将其付诸实践。也许，整个改变过程并不容易，但是，可以循序渐进地缓解孩子的情绪，让孩子的状态朝着正面的方向去改变。

（3）改变原有的教育方法

消除孩子的敌对心理，还可以采用更温和的教育方法，要多给孩子一些关爱和尊重。很多孩子表面看上去桀骜不驯，对人对事十分苛刻，实际上他们的内心是十分脆弱的，他们表面上的表现和内心的想法并不一致，他们也希望得到别人的关注和理解。家长要充分了解到这一点，可以与学校老师相互配合，帮助孩子消除心中的愤懑，重新建立对生活和学习的信心。另外，也可以鼓励孩子或者是亲自带着孩子去参加课外活动，或者让孩子通过唱歌、画画、写作等方式将自己的心情表达出来，也可以放任孩子去撒欢，与同龄的孩子一起愉快地玩耍。孩子不是学习机器，我们也不能把他们逼成学习机器，要意识到，他们是有思想、有灵魂的人。父母要引导孩子在与他人交往的过程中发现自己的问题，特别是与同龄人之间的交往，可以让他们反观自己，互相取长补短，从而改正一些错误的行为。再者，还要善于运用表扬和鼓励的方式增强孩子的信心。没有一个孩子是注定不能成才的，只是在成长过程中，他们被一些困难阻挡了，前行的脚步不那么坚定有力了，父母应该及时地发现孩子身上的优点，欣赏他们的优点，并且要告诉他们，哪怕有某些方面不完美，但他们依然是值得称赞的好孩子。

敌对心理不仅对孩子本身有着巨大的伤害，影响到孩子的现在和未来，而且对身边的家人朋友也是一种伤害。父母一定不能急于求成，要谨慎处理，从点滴小事做起，帮助孩子彻底摆脱敌对心理。

和孩子一起，战胜抑郁

王聪是两年前参加高考的，当时考试成绩不太好，只考上了专科。这件事情给他带来了沉重的打击，使他感到极度的自卑与失望，渐渐患上了严重的抑郁症，每天心神不安，垂头丧气，似乎没有什么事能调动起他的兴趣。

王聪的抑郁将他如今的学习与生活弄得一团糟。在现在的学校学习时，他一直萎靡不振，老师讲课的内容他完全听不进去，与两年前积极备战高考时相比，王聪发生了巨大的变化。

抑郁令王聪陷入了困境，可见抑郁的消极影响。那么，什么是抑郁呢？抑郁是一种消极的心理状态，外在表现多为悲观、沮丧。一项调查研究表明，大约 4.7% 的青少年都有不同程度的抑郁，这些青少年都有相同的特点：情绪低落，神情冷淡，做什么事都提不起兴致，哪怕对自己原本喜欢的事物也是如此；他们不愿与人接触，甚至还会故意躲避熟人；一直陷入悲观的情绪，对自己完全没有信心；而且他们还经常因为一些细小的过失或缺点沉浸在后悔、失落的情绪中。

很多因素都可能导致抑郁的形成，对于青少年来说，抑郁情绪的产生通常都有心理或精神上的诱因，比如父母感情不和、长期被父母忽视、学习成绩不理想、与其他同学产生矛盾等。遗传也是导致孩子产生抑郁的因素之一，有学者通过调查研究发现，在长期存在抑郁情绪的孩子中，有50%的孩子，其父母至少有一方存在抑郁倾向。

因为后天环境因素是导致孩子抑郁的关键原因，所以抑郁是可以通过努力战胜的。那么，父母应该怎样使孩子摆脱抑郁的不良心理呢？

（1）温和地对待孩子，帮助孩子打消疑虑

一般来说，当孩子犯了错或是接连失败几次时就会精神萎靡，那些经常出现抑郁情绪的孩子更是如此。如果察觉到孩子有这样的表现，父母一定要以平和的心态来看待孩子的错误和失败，以温和的态度对待孩子，不能一味地指责。如果孩子对参加某项活动有所抵触，父母不能一直催促、强迫或是吓唬他，而是应该有意识地引导他。如果孩子对某件事十分忧虑，父母应当从科学的角度解释，帮孩子打消疑虑。

（2）倾听孩子的想法

倾听是与人沟通的良好方式。在孩子感到紧张、不安、苦闷之时，父母可以耐心地倾听孩子的想法，帮助孩子纾解和释放心中的压抑。

（3）营造愉悦的气氛

在家庭生活中，父母要努力营造一种轻松、愉悦的氛围，可以经常讲讲笑话等。孩子在良好的环境中受到熏陶，性情自然比较乐观。

(4) 多途径排解忧愁，给孩子树立榜样

父母自己心情抑郁时，不要对孩子发泄，也不要将苦闷埋藏在心里，要运用多种方式排解出来，比如可以听听自己喜欢的音乐，去室外活动、散步，或是跟朋友、家人倾诉等。孩子看到父母的做法后，遇到不高兴的事情时，就也会模仿父母的行为来排解不良情绪。

(5) 鼓励孩子积极参与活动

与年纪相仿的小朋友一起玩耍有助于孩子排解不良情绪，能够使孩子慢慢开朗起来，所以父母要鼓励孩子多交朋友，积极参与集体活动，融入集体当中。

(6) 与老师沟通，让老师帮助孩子树立自信

父母可以与老师进行沟通，让老师多关注孩子，建议老师多让孩子回答问题，并予以鼓励和表扬，帮助孩子树立自信心，克服自卑和羞怯。不过，不能让孩子知道父母与老师进行了沟通，因为抑郁的孩子通常更加敏感，他们知道后，会觉得自尊心受伤，反而不利于心态的调整。

抑郁会给孩子带去不良影响，阻碍孩子的健康成长，因此，父母应该为孩子营造一个轻松、和谐的成长环境，赶走笼罩在孩子心头的阴云。

三思而行，赶走怒火

德国军队向来以纪律严明著称。在一本德国老兵的回忆录中有条耐人寻味的军规：一名士兵可以检举同伴的错误，被检举人也有权反驳，但如果长官发现检举和反驳的士兵曾在近期发生过冲突，那么两个人都会受罚。发生过冲突的人至少要等一周，等情绪完全冷静下来后，才可以告对方的状。

美国第 16 任总统亚伯拉罕·林肯刚成年的时候，也是一个性急易怒的人。但后来，他学会了自制，成了一个富有同情心和耐心的人。他曾经对陆军上校福尼说："我从黑鹰战役开始养成了控制脾气的好习惯，并且一直保持下来，这给了我很大的好处。"

无数的生活经验告诉我们：一定要控制情绪，让理智主宰情感。否则永远不会取得出色的成就。只要你能控制自己的情绪，就没有人能让你生气，发怒和失控这种恶劣的情绪就会远离你。

要么做情绪的主人，要么做情绪的奴隶。

从刚刚来到人世的婴儿到白发苍苍的老人，每个人都会发脾气，然而，一个人如果不能控制自己的坏脾气，在人生的道路上就会遭遇重重困境，甚至离群索居，孤独地度过一生。儿童心理专家指出，孩子要从小学会控制情绪，才能具有成功的潜质。有人认为，情商能够决定孩子的人生，这是很有道理的。要想提升情商，就要学会控制情绪。父母一定要教会孩子自我克制，做情绪的主人，不要在冲动之下，使人生滑向危险的边缘。否则，孩子的结局只能像以下讲述的故事里的孩子那样，害人害己。

杜威的学习成绩一直很好，他性格内向，沉默寡言，平日里很少说话，但是，他却看不惯那些恃强凌弱、自以为是的同学。班里有一个块头很大的男生喜欢欺负人，同学们都对他敢怒不敢言。有一天，杜威和这个爱欺负人的男生发生争执，在愤怒和冲动之下，他居然拿起小刀朝着那个男生刺过去。那个男生尖叫一声倒在地上，后来被老师紧急送往医院抢救。杜威也为他的冲动付出了惨痛的代价。

现实生活中，每个人都会产生不良情绪，例如愤怒。愤怒情绪就像在人心中传染和蔓延的病毒，会使人重病缠身，一蹶不振。留心观察周围的情况，你很容易就能找到愤怒的人。商店里，顾客正在和销售员争执；出租车上，司机因为堵车，脸上写满了不耐烦；公交车上，两个人正在为抢占座位而厮打。在生活中，类似的事情经常发生，不胜枚举。那么你呢？孩子呢？你们是否也会因为各种原因而勃然大怒？

假如孩子经常生气，那么就要让他学会调整情绪。要想调整好情绪，孩子需要掌握一些小技巧。具体而言，父母可以参考下面的方法引导孩子。

（1）养成良好的习惯

每当感到怒气冲天的时候，首先要保持清醒和理智，即使很难做到，也要努力尝试。例如，可以面带微笑，深呼吸，或者去洗把脸让自己的头脑更清醒。这些行为都能够有效缓解愤怒的情绪，让自己恢复冷静，认真地思考解决问题的方法。只有养成良好的习惯，宽容地对待他人，热情地做好每一件事情，孩子们才能渐渐地远离愤怒。

（2）预先判断是否可能导致情绪紧张或沮丧

很多容易使孩子感到紧张，甚至沮丧的事情，都是能够提前预测的。这些事情包括一些日常的事情，例如生病住院、即将开学、预先安排某位亲戚到访、有计划地举家搬迁、适逢重要的节日等。为了做好充足的准备，孩子有必要提前和父母进行良好的沟通，这样在事到临头的时候，才能保持理性。

（3）走出抑郁的心境

孩子要学会独立解决难题，度过困难时期，并且从消沉失落的状态中恢复过来，还可以从失败中吸取教训，从而努力进取。坚持这么做，孩子就会健康快乐地成长。孩子会因为各种原因遭受精神创伤，这些原因多种多样，非常复杂。孩子会因为一些意外的事情受到伤害，例如亲眼看见飓风、洪水、火灾等不可预料的事件夺走家园，家庭成员去世，或者自己生病不得不在医院里接受治疗等。发生这些情况时，父母要积极地与孩子沟通，让孩子与父母齐心协力地解决问题。

身体的伤害很容易愈合，但是，心理的损伤却有可能给孩子的一生留下阴影。在日常生活中，父母一定要保护好孩子，避免孩子受到伤害。

（4）宽容自己不喜欢的人

父母要告诉孩子，其他人的表现不会完全符合孩子的希望，世界就是这样充满矛盾和遗憾，这是不可改变的。当孩子因为不喜欢某人某事而陷入愤怒之中时，实际上是在折磨自己。只有接受现实，宽容他人，孩子才能原谅自己。

（5）不苛求他人的理解

现实生活中，孩子必须接受现实：很多人将永远不理解你。不要因此而恼火，反过来看，你也不可能了解所有接近你的人。此外，你完全没有必要完全理解周围的人，他们与你有所不同是正常现象。总而言之，要端正心态，切勿不切实际地奢望所有人都和你一样，都理解你、支持你，让你凡事都顺心如意，这是根本不可能实现的。

（6）遇事要冷静以对

当孩子被卷入冲突之中，一定要尽快让孩子恢复平静，可以让孩子告诉自己："冷静、放松。我必须冷静，控制好自己的情绪，想一想我要在这件事情中得到怎样的结果。""我完全没必要显示自己的厉害。没有什么大不了的，没有什么让我必须生气。否则，我就会陷入更大的麻烦中。这件事情也许会有积极的一面，哪怕出现最坏的后果，也不能妄下定论。""他竟然表现得这么无耻，简直可恨。但是，没有谁的脾气像他那么坏，他可真是倒霉。不要怀疑自己，他说的那些话根本不能伤害我。我正在有效地控制局面，一切都在我的掌握之中。"

05
PART FIVE

第五章

潜移默化，
从小塑造孩子的品行

孩子的性格决定着他一生的命运

　　长期以来，人们衡量一个人是否出色，往往只看他的智商是不是足够高。不过，近些年来，越来越多的心理学家发现了情商的重要性，认为不管是在生活还是工作中，情商都能达到与智商并驾齐驱的地位，甚至比智商更重要。与智商主要受先天因素影响不同，情商并没有明显的先天区别，更多的是后天培养出来的。情商高的人，在人际交往方面能够如鱼得水，给智商的应用创造机会。相反，高智商、低情商的人，很可能因为不善与人交流而让智商没有施展的机会。

　　所谓情商，即"情绪智商"，人对情绪的控制是情商的重要组成部分。对孩子来说，如果从小不培养控制情绪的能力，可能长大后会情商堪忧。控制情绪，要先了解情绪。情绪在心理学上与我们生活中体验到的喜、怒、哀、乐是有些不同的，很难给出精确的定义。一般来说，情绪是指对刺激的反应，但是有的时候不存在任何外界刺激，人们也会产生如愤怒或悲伤之类的情绪。可见，情绪是一种非常复杂的东西，往往和人的心情、性格等因素互相作用。性格好的孩子，相对来说控制情绪的能力更强，受到不良情绪的影响就会更低。此消彼长，好性格对孩子的情商的影响也就显而易见了。

对家长来说，怎样才能让自己的孩子拥有良好的性格呢？以下是几条建议，值得借鉴：

（1）不要让孩子始终生活在压抑之中

父母都希望房间内保持整洁和安静，尤其是住在高楼中的家庭，否则有可能会遭到邻居的抱怨。因此，孩子一旦喊叫、跳跃，父母便会制止，孩子只好越来越乖，以至于不敢高声说话。这样一来，家里的确安静了，但孩子的活力和热情也可能在这年复一年的沉寂之中逐渐消失。他们的心灵日益压抑，想象力、创造力都无法得到施展，性格也可能走向孤僻乃至扭曲。所以，父母一定要给孩子制造尽情玩耍的机会。例如，把他们带到大自然之中，让他们大声喊、尽情跳，去抓萤火虫、去打雪仗、去看蚂蚁搬家、去草地上打滚……只要在安全、不超出规矩的范围内，就让他们尽情玩耍，享受真正的快乐。

（2）鼓励孩子多交朋友

父母忙于工作，常常没有足够的时间陪伴孩子，再加上学校里紧张的学习，孩子很容易孤独甚至压抑。孩子渴望获得情感，却又不知道如何获得情感，久而久之，性格就会出现偏差。所以，父母必须鼓励孩子多交朋友，让孩子得到友谊的滋养，性格才会越来越阳光。友情是人类最基础的情感需求之一，在与一些性格开朗、乐观的同龄朋友的融洽相处之中，孩子会变得更加快乐。父母要做的就是鼓励孩子多参加集体活动，外出时尽量带上孩子，让他多与人交流。如果听到孩子说与哪个同龄人关系较好，要不失时机地鼓励孩子邀请对方来家里做客。父母要热情、真诚地接待孩子的朋友，给孩子树立好榜样。

（3）让孩子懂得知足、乐于分享

现在的有些孩子，生活条件越来越好，却越来越不懂得分享，甚至开始对物质享受产生了贪得无厌的心理。这样的孩子，总是能在获得一些物质满足之后得到暂时的快乐，但是很快他们就会陷入不满足之中，开始渴求更多的物质享受。可见，这种因物质得到满足所获得的愉悦，并不是真正的快乐，反而容易让孩子变得贪婪、自私。因此，父母不要无原则地满足孩子的一切物质要求，而是要教他适可而止，懂得知足常乐的道理。

此外，让孩子懂得分享也是很重要的，这样才能让孩子交到好朋友，性格也会更开朗。但是，父母要让孩子懂得分享不是无原则的，如果是孩子不舍得分享的东西，父母也不能强迫，否则会让孩子心生怨恨，更不愿意分享。

（4）培养孩子广泛的兴趣

要让孩子开朗、乐观，就必须让他有广泛的兴趣。孩子全神贯注于一种兴趣是好事，但如果孩子将除此种兴趣之外的一切都抛之脑后，却未必是好事。如果孩子仅有一种爱好，他的快乐就无法长久保持。例如，孩子唯一的爱好是看电视，如果某天没有孩子喜欢的节目，他就会变得郁郁寡欢。而如果孩子还有一个爱好，哪怕是打打游戏，也不会陷入枯燥、无聊之中。而如果培养出读书、饲养小动物、弹奏乐器等兴趣，孩子的生活则会更加丰富多彩，孩子也会感到更加快乐。所以，父母要积极培养孩子广泛的兴趣。要注意，父母要正确引导孩子的兴趣，不能强迫孩子，否则就称不上真正的兴趣。

（5）让孩子拥有足够的自信

自卑感是孩子成长之路上的"拦路虎"，虽然一定意义上能够促进孩子弥补自身缺点，但更多时候却可能导致孩子心灰意冷，妨碍孩子的学习、生活和人际交往。自卑的孩子，很难形成开朗乐观的性格，会越来越不受欢迎。所以，家长必须努力发掘孩子的长处，审时度势地对孩子进行鼓励。每个孩子都有自己的独特之处，父母要有一双善于发现的眼睛，并给孩子展现自己特长的机会。例如，孩子喜欢读书，父母可以鼓励孩子念书给自己听；孩子喜欢跑步，父母就可以常常到公园里和他赛跑；孩子喜欢数学，父母就可以在购物时委托孩子计算价格，挑选价格最合适的商品。总之，父母要调动孩子的积极性，并对他的表现表示很满意，时间长了就能帮助孩子树立自信，形成开朗的性格。

　　孩子的性格决定着他一生的命运，父母必须密切关注孩子的情绪，想方设法给孩子打好性格基础，让他积极、开朗、自信，这样，他的人生之路就会顺畅很多。

懂礼貌的孩子，人人都喜欢

　　父母应该注重培养孩子讲文明、懂礼貌的好习惯，因为礼貌是体现一个人品行的重要一面，同时，也是人际交往的通行证，在一定程度上影响着孩子的社交。懂礼貌的孩子，不仅会受到大人们的喜爱，也会受到小朋友们的喜爱。

　　每个孩子天生都是一张白纸，需要父母去教导、去培养，礼貌教育也是如此。孩子没有礼貌，都是父母没有教好，使孩子在日积月累中形成了坏习惯。

　　各个年龄段的孩子，有与其年龄相符的礼貌要求，比如，两三岁的孩子要知道和长辈们打招呼，而六七岁的孩子就要知道敬重长辈。所以，父母应针对孩子的年龄特点，相应地培养其懂礼貌的好习惯。比如，对于一两岁的孩子，父母不能要求太高，这个年龄段的孩子刚会走路，还不会说太多话，甚至记忆时间都不会很长。对于这么小的孩子，父母可以简单教一些基本的礼貌行为，比如见人要微笑，并且学着叫人。在教导幼小的孩子时，父母的耐心是很重要的。

　　对于 3 岁左右的孩子，父母就可以花多点儿时间和精力去规范孩子的礼貌行为。因为这个年龄段的孩子已经能够良好地进行语言表达，且有了很强的记忆力，父母如果这时候开始注意孩子的礼貌问题，就能有效避免孩子成长为一个野蛮、粗俗、不知礼数的人。

对于七八岁的孩子，父母要更加严格一些。因为这个年龄段的孩子已经开始校园生活，所以礼貌问题十分关键。如果这个年龄段的孩子性格蛮横，不懂礼貌，那么对于其学校生活必然会产生不利影响。

总之，父母要让孩子懂得礼貌待人是尊敬他人的表现，应自觉去做一个有礼貌的孩子。在实际教育中，父母应注意以下一些问题：

（1）不要过早给孩子贴上标签

有的时候孩子不跟别人打招呼不一定就是不懂礼貌，可能孩子并没有什么特别的意思。有些父母习惯给孩子早早贴上标签，比如，家里来了客人，父母让孩子和客人打招呼，但孩子却躲在妈妈身后，一言不发。于是，妈妈就认为孩子天生害羞，也对客人强调孩子是因为害羞才这样。在妈妈这样说的时候，可能孩子心里就会记住妈妈说的，并认为自己就是一个天生害羞的人。当孩子有了这个想法后，可能原本并不害羞也变得害羞了。所以，如果父母发现孩子对第一次出现在家里的陌生人冷漠，不愿意打招呼时，不必急于下结论，要仔细分析原因，并循循善诱，对症下药。

父母带着小雪去邻居家做客，邻居夫妻40多岁，性格和善，有一个和小雪年龄差不多大的儿子。小雪进门后，妈妈让她和叔叔阿姨问好时，她一下子躲到了妈妈身后。爸爸一见，马上对小雪说："跟叔叔阿姨打招呼啊，你这样很没有礼貌。"躲在妈妈身后的小雪探了一下头，但马上又缩回去了。妈妈觉得其中肯定有原因，于是蹲下身悄悄地问小雪："怎么了？叔叔阿姨很和善啊！你为什么要躲起来？"小雪也悄悄地对妈妈说："叔叔的胡子好多啊！像动画片里的怪兽，我看着害怕！"原来如此，妈妈懂了，于是对女儿小声说："像怪兽吗？你看叔叔笑着的样子，明明像圣诞老人，说不定你和他说句话，他就会给你礼物呢！"小雪一听，又探了探头，然后有些结巴地说了一句："叔叔阿姨好！"叔叔一听，很高兴，马上从口袋里掏出几块糖，递给小雪说："小雪真乖，叔叔请你吃糖果，好不好？"小雪开心地接过了糖，然后就和叔叔的儿子去一边玩耍了。

通过这个案例可以看到，孩子不愿意跟别人打招呼，不一定就是不懂礼貌或羞怯，还有可能是有一些我们想不到的特殊原因。所以遇到孩子不肯开口和生人打招呼的时候，父母要向孩子问清楚原因，然后耐心地诱导，不要一味地将孩子的行为归结为没有礼貌，更不要因为孩子的一时别扭就训斥孩子，这会给孩子的心里留下创伤。

总而言之，过早地给孩子贴上没有礼貌的标签，就容易错过教育孩子的最佳时机，使孩子变得越来越不懂礼貌。所以，父母要先观察，了解孩子的心理，再下结论。

（2）培养孩子懂礼貌的好习惯要循序渐进

在培养孩子懂礼貌的好习惯这件事上，父母要有耐心，要循序渐进地去诱导孩子，而不能指望仅用几句话就让孩子发生质变。

事实上，培养孩子懂礼貌的好习惯，是要从日常小事上入手的。比如，父母带孩子去其他小朋友家做客，孩子没有经过小朋友的同意，就自顾自地玩对方的玩具。这时候父母就要耐心地和孩子讲道理——不能乱翻、乱动别人的东西，要先经过主人的同意。又比如，孩子喜欢抢别人的东西，霸道又无礼，父母只要看到，就要告诫孩子这样做是不对的，他必须将东西还给他人，并且给对方道歉。

同时，想要培养孩子的礼貌习惯，父母就要不厌其烦地去提醒孩子，必须让孩子将某个规矩牢牢记在心里。

另外，父母也可以采取鼓励的方法来诱导孩子知礼懂礼，如当孩子主动和长辈问好，对照顾他的保姆主动说"谢谢"的时候，父母就可以夸奖孩子说："做得真棒，你真是一个懂礼貌的好孩子。"及时对孩子的礼貌行为给予夸奖，孩子就会乐于去做这件事，也会自觉去做一个有礼貌的孩子。

（3）教孩子和人打招呼的技巧

有些时候，孩子之所以不打招呼也存在这样一种情况，即要打招呼的长辈较多，孩子内心很混乱，不知道该先和谁打招呼，于是只能不说话。

孙女士带着女儿然然到外婆家参加老人的六十大寿，当天，餐厅里聚集了很多人，有然然认识的，也有很多然然并不认识。孙女士将女儿带到了一些阿姨面前，并示意然然打招呼。然然看着这些陌生的阿姨一个个都直勾勾地看着自己，不知如何是好，只能低着头，看着自己的鞋。孙女士感到很尴尬，用胳膊不断地碰然然，想让然然抬起头，礼貌地和各位阿姨问好。但然然虽然抬起了头，却依旧一言不发。

孙女士很不解，因为然然平时见到长辈，都会乖乖地问好。寿宴结束后，孙女士和女儿回到家里，孙女士问女儿："今天你怎么了，怎么不和阿姨们打招呼？"

然然说："有太多阿姨啦！妈妈也没有给我介绍都是谁，所以我真不知道该怎么问好。"

孙女士这才意识到是自己的失误，对于这种人多的场合，她应该教孩子如何打招呼的。后来又有一次相似的场合，孙女士吸取了教训，她为女儿介绍说："这是你表舅。"然然甜甜地说了一句："表舅好。"就这样，孙女士将孩子眼前的每一个人都介绍了一遍，孩子也一一打了招呼。

通过上面这个案例我们可以看到，当孩子不知如何应对的时候，父母要能够及时发现，并给予指导。面对人多的情况，孙女士的做法未尝不可。不过，如果孩子觉得一个个打招呼太麻烦，那么父母可以教孩子一个统一打招呼的说辞，帮孩子减轻心理负担。

如果孩子无法适应人多的场合，那么父母就应该慢慢引导孩子。比如，在人多的场合，父母可以先引导孩子向喜欢的人打招呼，等到第二次，引导孩子一次向两个人打招呼。这样一点点让孩子接受人多的场合，并能够从容地和每个人打招呼。

（4）不要放任孩子不礼貌的行为

哲哲已经上小学二年级了，却十分任性，说话做事从不考虑别人的感受，对小朋友们颐指气使，还常常与老师顶嘴。其实，哲哲这种性格与父母对他的放纵有关。

哲哲从小就有很多不良行为，如：推搡其他孩子；抢别的孩子的玩具；到别人家做客跑来跑去；遇见长辈就像没看见；不管是在外面还是在家里，吃饭时永远将最喜欢的菜放到自己眼前……但哲哲的父母对孩子从来不加约束。

有不少亲戚朋友劝过哲哲的父母说：

"你们该管管哲哲了，他的某些行为并不好。"

"这孩子这么任性，又不懂礼貌，长大是要吃亏的。"

……

不过，哲哲的父母并没有将这些话放在心上，总是解释说："孩子还小，长大了就能懂规矩了。"可等到哲哲上了小学，行为却越来越无法无天，不仅对同学不礼貌，还不尊重老师，在学校里没有人喜欢他。此时，哲哲的父母才意识到，他们把哲哲惯坏了。

觉得孩子还小，不舍得管教，当孩子性格定型，再想管就难了，到时候只能后悔莫及。哲哲父母的做法，就是最好的警示。所以，父母从小就要对孩子的行为进行管教，孩子有任何不礼貌的行为，父母都应该重视起来。

（5）给孩子树立榜样

想要培养出懂礼貌的孩子，父母首先要做有礼貌的人。孩子在小的时候，其行为往往是模仿父母而来，如果父母能够做到处处有礼貌，那么孩子耳濡目染，也会有礼貌。比如，父母习惯热情地与人打招呼，常常对他人表示感谢，时刻敬老爱老，那么孩子就会学习父母的这些做法。

(6) 不要在来客人时将孩子赶走

有些父母在家里来客人时，因为怕孩子吵闹，于是喜欢将孩子关在房间。其实这种做法是非常不利于孩子的社交的，有些孩子性格敏感，可能心里就会对父母的这种做法产生负面猜疑，如"父母不喜欢我出现在客人面前，他们不喜欢我"。有了这种想法后，孩子以后就会自觉回避客人，即使父母让他留在客厅，他也心生恐惧，不敢说话或做事。

父母最明智的做法是，大方地向孩子介绍客人，向客人介绍孩子。询问孩子的意见，他是想留在客厅，还是自己去玩，这种做法能让孩子感受到尊重，也不容易让孩子胡思乱想。

(7) 不要教孩子"假礼貌"

在培养孩子礼貌行为的时候，父母要认真严谨，不能放松态度，更不能出现可能会让孩子觉得虚假的行为。

生活中常见这样一种现象：饭桌上还剩最后一个鸡腿了，父母想让孩子懂得敬重长辈的道理，于是对孩子说："将鸡腿拿给奶奶吃！"孩子也听话地拿给了奶奶，但奶奶疼爱孙子，于是又将鸡腿还给了孩子，说："还是宝贝吃吧！"虽然此时父母会告诉孩子说："快谢谢奶奶！"但同样的事情如果经常发生，孩子就会产生"假谦让"的心理，虽然遇到类似的事情也会让让长辈，但心里可能并不是真的想让，他之所以会痛快地让，是因为知道最终这些东西还是自己的。

所以，父母要避免类似的教育，在涉及道德观、价值观等观念问题的时候，要态度明确，让孩子接收到正确的信息。

（8）不要强迫孩子向客人问好

在面对孩子不愿意向陌生人问好的时候，父母不要采取蛮横的态度，不要生拉硬拽，不要逼着孩子去打招呼，这样不仅不利于孩子学会礼貌待人，如果处理不当，还会激起孩子的逆反心理。通常面对这种情况，聪明的父母首先会问清楚原因，如果孩子不愿意说，也不强迫。过后再找机会和孩子平心静气地聊，如果孩子没有兴趣，就通过有趣的故事来给孩子上礼貌课。总之，培养孩子的礼貌行为一定是合理地劝说和引导，而非逼迫和吓唬，由此才能起到事半功倍的效果。

将孩子培养成知礼懂礼的孩子，可以帮助他成为更受欢迎的人，可以帮助他更好地去社交，去融入社会。没有天生不懂礼貌的孩子，只有不会教的父母，父母的教导作用对培养孩子的礼貌行为起着十分关键的作用。

诚信的孩子，未来可期

　　诚实守信是中华民族的传统美德。诚信不仅是一种高尚的品格，还是一笔宝贵的人生财富，它可以让孩子得到他人的信任和尊重，获得真诚的友谊，还能给孩子以力量和耐力。正如孔子所言："人无信不立。"拥有诚信的孩子，将来才会真正取得一番成就。

　　一位小男孩曾这样描述自己的爸爸：

　　"我最讨厌他的一点就是言而无信。他曾答应给我买一架遥控飞机当作生日礼物，结果生日那天我收到的却是一个小小的飞机模型。我向他抱怨，他却一本正经地说：'这个不也是飞机吗？差不多得了，你才多大就要那么贵的礼物。'还有一次，他跟我说，只要考到前三名就带我去游乐园玩一整天，结果我考了第二名，我找他带我去游乐园，他却翻脸说'我逗你玩呢'，还说是为了让我好好学习。经过几次三番的哄骗之后，我对他的话再也不当真了。"

　　做人应当以"言出必行"为准则。如果答应别人的事，却不去做，就会失去信用。作为爸爸，一定要以身作则，说出的话就要去实现。这样做的原因有以下两点：

(1) 父母怎么说怎么做，孩子都会模仿

孩子没有足够的经验和知识，尤其缺乏是非辨别能力，但他们的模仿倾向十分强烈，而且很容易模仿父母的言行。俗话说"有其父必有其子"，"孩子是父母的一面镜子"，如果父母言而无信，孩子也会言而无信，尽管有时你说话是"哄的""闹着玩的"，但孩子又怎么知道呢？

有一点可以证明孩子信任你，就是当他们遇到困难时会请教你，因为他知道你能给他一个很好的解决办法。还有一点是孩子会对你说出心里话，因为他知道你值得他信任，永远都不会背离他。

(2) 父母言而无信，会导致失去威信

如果父母总是对孩子言而无信，久而久之，孩子就会产生父母不可信的想法。这样，父母就无法在孩子的心中树立威信，对教育孩子大为不利。

向孩子许了诺就要去兑现，不能兑现或者不愿兑现的事就不要轻易许诺。如果许诺后，情况有变导致你无法兑现，要向孩子解释清楚，以免让孩子误会。

作为爸爸，除了以身作则之外，还要让孩子养成追求真理、实事求是的良好习惯。一旦孩子到了明白事理的年纪，除非你知道孩子在说谎，否则就要对他们的言论表示百分之百的信任。你总是用善意取代对孩子的怀疑，那么孩子也会如此对待你。

如果父母因某种因素在一件事上失信于孩子，一定要表现出诚恳的态度来讲明道理，以期重新获得孩子的信任。

对待孩子要做到始终如一，不要反复改变你对他们的关爱、欣赏的态度。不能今天心情好就对他们像阳光一样，明天心情差就对他们像雷电一样。一如既往地对待孩子，是取得孩子信任的根本。

警惕孩子形成 "暴力人格"

孩子产生暴力行为的原因有很多。

现代社会，大多数独生子女都很孤独，爸爸妈妈始终忙于工作，会让孩子产生不安全感。当孩子感到不安，又无法从家庭环境中获得力量支撑自己的时候，不良家庭教育和暴力文化就会乘虚而入，影响孩子，导致孩子形成暴力人格。有研究发现，假如孩子从幼年就目睹家庭暴力的发生，或者过于频繁地沾染暴力文化，就有可能在潜移默化中形成暴力人格。

现在的孩子大部分都是独苗，一个人得到几代人的关怀。当总是被父母和长辈娇纵和溺爱，孩子就会渐渐地形成说一不二的霸王脾气，个性也会变得残暴且冷漠，常常藐视他人的权益，更不懂得尊重他人，甚至以践踏他人的权益为乐。小时候，孩子们面对无法实现的愿望，会通过哭闹不休的方式来表达内心的愤怒，但是一旦进入青春期，当具备实施暴力的能力和条件，孩子就有可能做出暴力行为。

有些孩子的性格特别敏感，很容易被激怒，或者产生挫折感，心理学家研究发现，这些孩子在降临人世之初就表现出暴力倾向。他们会毫无预兆地大发雷霆，因为一点儿小事情就怒气冲冲，情绪总是暴躁不安。

要想消除孩子的暴力倾向，父母就要多关注和引导孩子。父母要知道，消除孩子的暴力倾向是一个漫长的过程，必须及早进行。假如等到进入青春期，父母才开始预防孩子出现暴力倾向，则为时已晚。要想扼制孩子的暴力倾向，清除孩子心中的暴力概念，就要从孩子懂事的时候开始做起。

（1）给孩子制定规矩

引导孩子遵纪守法，让孩子清楚地意识到人与人之间的相处必须有同情心和怜悯心。人之所以区别于动物，就是不以自己的标准去伤害他人。这将会帮助孩子明确自己应该做什么，不应该做什么。假如孩子违反了纪律，父母切勿心慈手软，而是要及时地教训孩子，让孩子意识到自己做错了。

（2）给孩子创造良好的环境

父母不要当着孩子的面与人争吵，更不要当着孩子的面与人动手。在观看电视节目时，要避免让孩子看激烈暴力的电视节目。

孩子的模仿能力很强，他很有可能模仿父母争吵和打架，也会模仿电视里的武打场面、暴力行为。尤其是有些孩子攻击性较强，更是应该减少诱发攻击性行为的因素。父母不要过分宠溺孩子，还要与爷爷奶奶等长辈达成一致，不要骄纵孩子，纵容孩子的霸道任性。

当孩子心情平静的时候，父母可以陪着孩子一起看关于儿童有同情心、友好相处、爱爸爸妈妈的图书，这有助于孩子形成良好的行为。在日常生活中，可以教会孩子一些有用的社交技巧，鼓励孩子运用这些技巧解决与同伴之间的矛盾和争执。父母还可以设计不同的生活情景，与孩子一起分别饰演不同的角色，帮助孩子掌握化解矛盾的技巧。

(3) 采用正确的教育方式

首先，告诉孩子爸爸妈妈都很爱他，永远不会离开他，帮助孩子建立安全感。

其次，当发现孩子有暴力倾向时，父母要心平气和地告诉孩子这样做是错的，切勿采取训斥、打骂的方式纠正孩子的错误，否则只会强化孩子的暴力意识。此外，要为孩子提供合理的渠道宣泄内心的压力，如认真倾听孩子的倾诉，让孩子写日记，让孩子参加搏击训练等。

再次，父母要告诉孩子，语言沟通是比暴力更为有效且文明的解决问题的方式，也要让孩子意识到维护正当权利的方式有很多，暴力攻击是非常不理智的。错误的教育方式会严重伤害孩子的心灵，阻碍孩子的成长，也会使那些有暴力倾向的孩子因为一时冲动做出过激行为，从此走上人生的歧路。父母要从小就教育孩子遵守秩序，并且采取正确的方式方法解决问题，这将会让孩子一生受益。

最后，努力寻找正确的方式，帮助孩子赢得自我肯定。

这种方式不局限于学习，还可以和孩子一起参加户外活动，诸如郊游、爬山等，让孩子受到大自然的熏陶。此外，还可以鼓励孩子积极地参加体育运动，或者学习乐器，还可以慷慨激昂地演讲，或者感情充沛地唱歌……孩子哪怕只是在一个项目上取得一定成就，就能够赢得自我肯定，远离暴力倾向。

（4）父母要以身作则

父母是孩子学习的榜样，如果父母能够以平静的方式表达负面情绪，孩子生气时也会效仿父母的做法；如果父母经常采用暴力的方式解决家庭问题，孩子在面对负面情绪时也会采取暴力手段。要想清除孩子的暴力倾向，父母切勿"以暴制暴"。

在情绪烦躁的时候，父母不要处理孩子的问题，最好在恢复冷静和理智之后再与孩子沟通，教会孩子怎样才能控制情绪。父母要告诉孩子："假如你生朋友的气了，要清楚地告诉朋友他哪里做得不好，而不要采取暴力手段解决问题。"时间是灵药，能够淡化冲突，父母要教会孩子等待，或者让孩子在情绪冲动时做其他事情，有效地转移注意力。

阿杰是个脾气暴躁的男孩，为了帮助他控制情绪和行为，妈妈想出了一个办法。

这天，妈妈带着怒气冲冲的阿杰走到一面墙壁前，说："孩子，妈妈知道你脾气冲动，这不是你的错误。不过，你的行为会影响到别人。从今天开始，每当你要生气的时候，就在这面墙壁上贴一个图标。"随后，妈妈拿出很多图标给了阿杰。

一周过去，墙壁上贴了很多图标。有一天晚上，妈妈指着密密麻麻的图标说："阿杰，你知道自己的脾气有多么糟糕了吗？"阿杰羞愧地低下头。妈妈说："假如你能做到一天不发脾气，就可以从墙壁上撕下一个图标。"

第一天，阿杰忍了半天的时间，下午还是发火了。第二天，阿杰居然没有发火。这个星期，阿杰有三天都没有生气。几个月过去，阿杰撕掉了墙壁上的所有图标。

妈妈语重心长地对阿杰说："阿杰，现在你能够控制自己的情绪了，真好！不过你看看，图标虽然撕下了，但是图标留下了痕迹。你每次发完脾气之后自己很快就会忘记，却在他人心中留下了不可磨灭的伤害。"

阿杰惭愧地低下头。从此之后，阿杰的脾气越来越好，很少再生气了。

06

PART SIX

第六章

防微杜渐，引导孩子
建立正确的价值观

不要助长孩子的"攀比心理"

现实生活中，攀比已经成了一种普遍现象，比房子、比车子、比教育、比工资，我们必须意识到攀比是一种非常不好的心理和行为。

攀比不仅在成人世界普遍存在，在孩子世界也很常见。纠正孩子的这种攀比心理十分重要，因为任其发展肯定会对孩子的人格修养产生影响。

多多的妈妈最近很苦恼，因为多多不肯去幼儿园，还一直和她哭闹。事情的起因就是因为玩具，多多和幼儿园的小朋友一直喜欢看《汪汪队立大功》，听说龙龙的爸爸妈妈给他买了很多系列玩偶，动画片中出现的每一个人物都有。

听龙龙一说，多多就不高兴了，他回去就让妈妈给买《汪汪队立大功》的系列玩具，但妈妈觉得他的玩具已经太多了，而且不能追一部动画片，就买系列玩具，她不想惯坏孩子。于是，多多就耍起脾气来，说："龙龙都有，我也得有，不给我买，我就不去幼儿园。"

多多妈妈看着耍赖的儿子，束手无策，和儿子僵持了一天，最后还是给他买了玩具。

从案例中可以看到，面对多多的任性、攀比，多多妈妈并没有找到好的解决办法，最后还是满足了孩子。

其实，多多妈妈这样做根本不能从实质上解决问题，而且容易助长多多的攀比心理，下面一个案例就说明了这个问题。

石女士的女儿米米今年已经 15 岁了，对于女儿，石女士说起来就感到头疼。她说女儿攀比心特别重，五六岁的时候，她就和小伙伴们比玩具。只要看到其他小朋友手里拿着她没有的芭比娃娃，她就央求妈妈买，妈妈不给买她就央求爸爸。米米爸爸比米米妈妈更宠女儿，所以即使她不给买，爸爸也会给买。

石女士说，给女儿买几件玩具也没什么，最令她生气的是女儿对待玩具的态度。一个新玩具玩不了几天，她就没兴趣了，然后又盯上了其他孩子手里的其他玩具。因为玩具太多，玩具又新，石女士送给其他亲戚孩子不少。

等到米米上小学后，依旧喜欢攀比，比吃、比用，石女士和丈夫都是能满足就尽量满足，心想着不能让女儿伤心。

转眼，到了初中。米米看同桌买哈根达斯吃，她也买，根本不考虑家庭情况。她看有的同学背阿迪达斯的书包、穿新百伦的鞋子，于是也和父母要。第一次要的时候，石女士惊讶了一下，因为她和丈夫平时都穿平价衣服。

不过，出于对女儿的宠爱，她们也给米米买了。不过他们没想到的是，女儿要的越来越多，只要是同学有的，她都想要，从电话手表、学习机到智能手机，石女士感到压力很大。女儿班上有几个家庭条件特别好的同学，他们吃的、穿的都是牌子货，女儿天天和他们比，石女士根本无力承担。

对于米米的要求，石女士和丈夫采取了强硬措施，米米对父母态度的转变根本不理解。当又一个要求得不到满足后，她竟然离家出走了，因为她觉得同学有的，而她没有，很没面子。

石女士说，她一直这样满足米米，以为米米会知足，会懂事，但没想到竟然造成了米米娇惯的性格。

可以看到，米米的攀比习惯是父母一点点惯出来的，因为从小没有及时遏制，所以越来越严重。

印度杰出诗人泰戈尔说："鸟翼上系上了黄金，这鸟永远不能再在天空翱翔。"同样，家长们在物质方面无限制地满足、娇惯孩子的做法，也恰似于给孩子脚上戴上了沉重的脚镣，让孩子的人生变得异常难走。

孩子不良习惯的养成，追根究底，都是父母教育的问题。而对孩子无原则地宠爱和放纵，正是造成其爱慕虚荣、热衷攀比的根源。

现在很多家庭都只有一个孩子，众星捧月，不仅父母宠爱，爷爷奶奶、姥姥姥姥更是无比疼爱。尤其在物质方面，随着生活水平的提高，对孩子的娇惯也更甚，很多孩子的家里都堆满了一箱又一箱的玩具。在吃的、穿的上，都是宁愿自己苦也不愿孩子苦，这也就加剧了孩子们比牌子、比价格的心理。

一味地满足孩子，再加上不对孩子给予珍惜和感恩的品德教育，日子久了，孩子就会变得心安理得。心安理得地索取，心安理得地接受，不断地对父母提要求，而家长也欣然接受，最后孩子难免会变本加厉地索取。所以说，正是父母无条件地满足和放任，以及纵容，才使孩子形成了"贪得无厌"、盲目攀比的不良习惯。

有一句话说得好："父母要学会藏起一半爱。"父母爱孩子这没有问题，但更要学会如何爱，要爱得有原则。一味地迁就、放纵不是真的爱孩子，而是害孩子！

当孩子对物质、金钱太过重视时，就会滋长拜金主义、享乐主义；当讲排场、比阔气、要面子成为孩子的日常习惯，那孩子就很难形成健康的心理。攀比的心理发展到极端是十分危险的，因为当欲望得不到满足时，人就会产生邪念，去偷去抢，不知不觉就会走上犯罪道路。正如犯罪心理学家李玫瑾说："父母对孩子过分的爱，不仅不能让孩子学会爱，反而会使孩子觉得自己就是家庭的中心，进而变得自私，甚至冷酷、残暴。"

所以，对于这个问题，家长们要重视起来，切勿在物质方面无限制地满足、娇惯孩子。

怎样帮助孩子纠正爱攀比的行为呢？以下方法可以借鉴：

（1）摆脱溺爱

溺爱是孩子心生攀比的主要诱因，要什么给什么，并放任孩子和其他孩子比，久而久之，孩子就会变得越来越骄纵、难以控制。

（2）做孩子的榜样

每个父母都应该努力成为孩子的榜样，如果在生活细节中，父母能随时约束言行，不与其他人攀比，不好面子，不铺张浪费，那么孩子就能耳濡目染，树立正确的消费观。

（3）适当批评

对于孩子的攀比行为，父母不能视而不见，无论大小，父母都要及时指出、纠正。不过，父母批评孩子的语气要温和，不要用责骂的语气，要温和地告诫孩子"那样做是不对的""我们不应该和别人比"。

（4）循序渐进，耐心劝诫

孩子的攀比心如果处于萌芽，父母只要耐心地引导，孩子就会马上改正，如果孩子的攀比心由来已久，那么就需要父母耐心劝诫。让孩子改正一种长期的不良习惯，需要循序渐进，切不可心急，否则难以收到成效。

小心"妒忌"的种子在孩子心里生根

欣赏他人是一门学问，在欣赏他人优点的同时，也会发现自身的优点和缺点，这有利于一个人客观公正地评价自己。可惜许多孩子都没能掌握这门学问，以至于陷入妒忌的陷阱里无法自拔。

妒忌是人类几乎与生俱来的一种负面心理活动，它也是一种普遍存在的情绪表现。美国儿童发展心理学家科尔伯格在长期研究后发现，孩子3~4个月时已经具备快乐和苦恼的情绪了，在1岁半以后，妒忌心理便已经形成了。这时，若妈妈去抱别家的孩子，自己的孩子便会因为妒忌而哭闹。由此可知，妒忌是儿童心理发展过程中的必然现象。

程度较低的妒忌，能引发孩子争强好胜的心理，还可能成为孩子积极进取的动力。可是，一旦孩子妒忌心太过强烈，就会形成负面情绪，然后就像肿瘤一样附着在孩子的心灵上，存在极大的危害。一旦强烈的妒忌心控制了孩子的心灵，这个孩子就会跌入"嫉贤妒能"的深渊，他的想法和行为也会随之改变，不仅失去了吸引他人的力量，甚而因熊熊妒火做出傻事来。

豆豆喜欢打扮也善于打扮，每天一到学校，他都会暗自和同学们对比一番。有一次，班里一位同学穿着一件特别帅气的衬衫来上学，同学们见了，都称赞那个同学的衣服很漂亮。这可气坏了豆豆，他心中燃起熊熊妒火，之后就总是在背地里讲那位同学的坏话。每次考试，只要有同学考得比豆豆好，他就会妒忌，总说别人是运气好或者是通过抄袭取得了好成绩。

新的学期开始了，豆豆在竞选班长的时候失利，输给了总和他竞争的阿哲，这让豆豆痛苦不堪。一次，豆豆趁没人注意的时候，一把将阿哲推下了楼道，虽然楼道不高，但阿哲还是摔破了头，血流了满地。豆豆看到阿哲的情况时，完全吓傻了。阿哲被送去了医院，豆豆则被老师留了下来。豆豆因为这件事被记了过。

英国大文豪莎士比亚将妒忌称为"绿眼怪兽"，说它就像一只飞过人体的苍蝇，不停留在健康部位，反而专挑受伤又疼痛的部位碰撞。

强烈的妒忌心是一种病态的心理，它就像长在心灵上的毒瘤，不仅仅给孩子造成痛苦，还占据了孩子太多的时间，对孩子智力的发育、学习的积极性都有很大的不利影响。

因为孩子还不懂隐藏和控制情绪，所以，他们一旦产生妒忌心，就和大人产生妒忌心后的行为有很大区别，他们会更加外露，表现在行为上，就是不计后果，不管做什么都带着攻击性和破坏性。

　　卡卡和罗瑞都是五年级（2）班的学生，他俩在班上都以写字好看出名，但因为所学习的字体不同，所以两人的字一直不分高下。一次，老师为了鼓励同学们练字，就安排了一次写字比赛，并决定把写得最好的展示在教室里的展示墙上。这一次，卡卡没有发挥好，因为他的作品中出现了一个错别字，所以最后胜出的是罗瑞，罗瑞的作品理所当然地被展示在了墙上。卡卡每次看到罗瑞的作品，心中都有一团火，他觉得自己的字一点儿也不比罗瑞的差，凭什么罗瑞的能做展示，自己的只因为一个错别字就不能展示，写字只要好看就行了，管什么错别字嘛！他越想越不平衡，于是放学后，卡卡趁同学们都走光了，气冲冲地跑到展示墙前，一把将罗瑞的作品撕下来，扔在地上，还狠狠踩了几脚，边踩边念念有词："你凭什么比我好！你不准比我好！"他的行为被赶来锁门的老师看到了，老师惊得目瞪口呆，也压根儿没想到卡卡会有这样强烈的妒忌心。

　　尽管孩子的妒忌更多的时候是一种自然反应，可家长一定要对其重视起来。妒忌会把孩子拘束在一个窄小的天地里，那里没有朋友，只有因妒忌而产生的无尽的争吵、破坏等。若对孩子的妒忌心理听之任之，孩子长大后妒忌心理会愈加强烈，并因妒忌心而做出许多不理智的行为，伤人伤己。

　　在充满竞争的今天和未来，没有谁能真正做到完全独立生存，独自获得成功，来自他人的支持，就像绿洲之于行走在沙漠的旅人一样重要。若孩子具有强烈的妒忌心，因此排斥和他人接触、交流、互相帮助，就无异于丢掉了开启成功之门的钥匙。

所以，父母在发现孩子具有很强的妒忌心时，一定要帮助他从妒忌心中走出来。那么，父母具体要怎么做才能帮到孩子呢？建议从以下几个方面入手：

（1）培养孩子豁达的性格

豁达是一种心胸开阔、性格开朗、超然洒脱的性格。一般而言，豁达开朗的人更能容人容事，对于他人强于自己的地方淡然视之，或理解，或尊重，而非蔑视和指责。

父母在培养孩子豁达性格的时候，一定要注意对孩子进行正确的引导。孩子有很强的好胜心，希望超越他人，这能促使孩子不断进取，但父母要给孩子传递这样的认知，即在漫长的人生道路上，最重要的是超越自己，而非他人。

（2）帮助孩子克服不足

孩子之所以会形成很强的妒忌心，其原因是多样的，可能是智力不如他人、家境不如他人、存在生理缺陷等。父母要找出孩子产生妒忌的原因，然后帮孩子克服妒忌心。如孩子因为数学成绩不好，总是妒忌那些数学好的同学，父母知道原因后，要帮助孩子提升数学成绩，成绩上去了，孩子自然就会有自信，也就不会再妒忌他人了。

（3）让孩子正确认识自己

金无足赤，人无完人，想要在方方面面都超越他人是不可能的。一定要让孩子清醒地认识到这一点。孩子一生的路还很长，父母要多陪孩子，与孩子一起分析他的优点和缺点，并根据优点设置长远目标。如此，孩子才会明白到底什么是要留下的，什么是要舍弃的，比如妒忌就是需要舍弃的东西。

妒忌心理的危害非常大，所以，一定要让孩子学会克服它。但父母也不要过于心急，毕竟改变孩子的不良心理需要一个循序渐进的过程。

不要放任孩子乱花钱

于卓是家里的独生子，所以父母对他非常宠爱。

在于卓四五岁的时候，无论他要什么玩具，父母都有求必应，觉得给孩子买几个玩具没什么。上小学后，父母开始给于卓零花钱，刚开始一天是五块，后来于卓要得越来越多。于卓父母问他为什么要那么多钱，他说要请同学，因为其他同学也总请他。于卓父母就没再过问，他要多少就给多少，不过当时最多也没超过五十。

到初中后，于卓开始和父母几十几十地要零花钱，于卓父母问了几次他要做什么，他说了一些理由，如买参考书之类，他们就给他了。但没过多久，于卓又和他们要钱，开口就是二三百。这引起了于卓父母的重视。经过观察，他们发现于卓花钱大手大脚，很多东西都只挑贵的买，一点儿都不知道节省，而且买的很多东西都不实用，是一时心血来潮买的，他自己也承认买后很快就不想要了。

于卓妈妈说："我们家也不是特别富裕，只能算小康家庭，小时候觉得不能苦了孩子，所以对他有求必应，要什么买什么。但没想到孩子都上初中了，花钱却没有节制。我们很担心他，但又不知道该怎么教育他。"

孩子花钱不知节制，可能有这样两种情况：一是买不应该买的东西，如花样百出的玩具、化妆品、用不到的电子产品等。二是进行不适合他们年龄段的消费，如出入网吧、营业性的歌舞厅、电子游戏室等消费场所。

孩子花钱大手大脚的这种不良习惯，究其原因，很大一部分和父母有关。现实中很多父母都过分溺爱孩子，甚至觉得满足孩子的所有需求就是爱孩子。当孩子要玩具时，父母也不管家里已经堆了多少玩具，孩子要就给买，如果别人劝阻，甚至会说："玩具又花不了多少钱，孩子要就给买呗！"当孩子想要电子手表，或者想要手机、iPad 时，也都会毫不吝啬地给孩子买。尽管有的父母经济上并不宽裕，也省吃俭用地满足孩子的过度需求。这里提到的"过度需求"正是问题所在，孩子要的东西其实并不一定是他们需要的，这就需要父母理性地对孩子的需求做出分析，然后决定要不要满足。

事实上，父母的金钱观会对孩子形成潜移默化的影响，父母的溺爱和有求必应，必然会助长孩子乱花钱的习惯。所以，想要帮孩子纠正乱花钱的不良习惯，父母首先要改变自己的金钱观和教育方式。

(1) 严格控制孩子的消费

作为父母，不管经济基础如何，都不应该对孩子有求必应，也不要给孩子太多零花钱。父母首先要让孩子知道，他们在家庭中的消费份额。家庭条件一般的，可以告诉孩子家庭的真实经济状况，家庭富裕的可以为孩子讲一讲当年创业的艰辛，让孩子知道挣钱的不易，从而学会节俭。

（2）针对孩子的年龄，进行经济意识教育

根据西方教育专家的研究，从孩子三岁开始，父母就可以对孩子进行简单的经济意识教育了。总结来看，针对各年龄阶段，可以进行以下教育计划：

3 岁：教孩子辨认纸币，认识币值。4 岁：教孩子用钱买小东西，如笔、糖、小玩具和小食品等。但买东西的过程，父母必须在场，以防孩子受到哄骗。5 岁：让孩子明白钱是劳动的报酬，并能正确进行钱货交换活动。6 岁：教孩子数较大数目的钱，并给孩子准备攒钱器具，让孩子学会自己挣钱（比如通过帮父母做事，得到相应的报酬）和攒钱，培养孩子"自己的钱"的意识。7 岁：教孩子看商品价格标签，并让孩子自己确定他是否有购买能力（即他"自己的钱"是否能购买此商品）。8 岁：教孩子在银行开户存钱的知识，并鼓励他去挣零用钱，如捡一些水瓶卖钱等。9 岁：让孩子自己制订用钱计划，并试着和小贩进行讨价还价的交易。10 岁：培养孩子节约用钱的习惯，告诫他购买较贵重的商品时须慎重，如自行车、溜冰鞋等。11 岁：让孩子尝试去评价商业广告，关注价廉物美的商品，建立打折、优惠的概念。12 岁以后：让孩子参与成人社会的商业活动，即理财、交易等。

不过，上述只是西方国家的标准，因为国情不同，我们可以参考，但要根据自己的实际情况进行取舍。

（1）零花钱的使用

如果孩子在零花钱的使用上习惯大手大脚，父母就需要针对这一点进行合理控制。其中一个有效的方法是培养孩子记账的好习惯。先和孩子一起设计一份简单的收支表，让孩子记录每天的收支。当发现支出过度，或有不合理支出时，及时对孩子进行教育，也让孩子学着自己定期检讨，明白哪些消费是过度消费，应该克制。

此外，要协助孩子养成好的消费态度，引导孩子建立"分享"的理财观，对贫困儿童、自然灾害等需要帮助的情况，引导孩子伸出援手，将零花钱无私给予需要帮助的人。

（2）钱的存和取

理财专家建议，父母到银行或柜员机取钱时，可以带孩子一起，在取钱时，耐心地告诉孩子："爸爸妈妈从这里取出的钱，都是爸爸妈妈辛苦赚的钱，这里的钱是有数的，并不是想要多少就有多少，咱们只能在有需要时才取。"

这个行为主要是让孩子明白，父母拥有的钱都是自己挣的，而且数额有限，并不是取之不尽的，只有需要时才能取。这样一来，孩子就能在一定程度上控制自己的欲望，克制消费。

（3）培养孩子的金钱观

培养孩子的金钱观这点十分重要，要让孩子知道钱是生活的必需品，但不能过分而盲目地追求金钱。金钱要靠劳动去获得，要合法地获得，不能想歪门邪道，不能去触犯法律，如果触犯法律去获得金钱，那么最终会受到严厉的惩罚。

（4）父母要为孩子树立榜样

生活中，父母要自觉合理消费，不要在孩子面前表现出消费无度、不知节约的态度，否则就很难引导孩子养成理性消费的习惯。

和孩子一起购物时，父母可以提前对孩子说明今天要买些什么东西，对计划外的东西，没必要买的东西，父母自己要摆正态度，坚决不买，给孩子做出榜样。

家长对孩子的金钱方面的教育应该从小开始，言传身教，潜移默化地影响孩子，让孩子树立正确的金钱观。

将偷窃的幼苗扼杀在摇篮里

　　孩子有着强烈的占有欲。有的孩子看到别人有新玩具，非常羡慕，想向别人借来玩，却被别人拒绝，在这种情况下，如果爸爸妈妈不能满足孩子的要求，孩子就会始终惦记着这个玩具。最终，在占有欲的驱使下，他们采取偷窃的恶劣手段，以实现内心的满足。还有的孩子看到小伙伴拿着好东西炫耀，但是自己却没有，就会爱慕虚荣，觉得丢了面子，自尊心受到伤害。为了也有炫耀的资本，他们会趁爸爸妈妈不注意，偷钱买相同的东西。如此一来，他们的自尊心获得了满足，内心也找到了平衡。

　　奇奇家特别有钱，不但住着高档小区，生活水准也很高，而且家里有两辆豪车，一辆是奥迪，一辆是奔驰。然而，前不久，奇奇在超市企图偷窃卡通玩具，被人发现和制止之后，一脸无所谓地走了。邻居当时恰好在现场，感到很惊讶和不解。原来，奇奇的家里虽然有钱，但是他的爸爸妈妈都特别忙，每周顶多回家两三天，其他时间都由保姆负责照顾奇奇。

最重要的是，奇奇的爸爸妈妈感情不好，经常吵架。

如此想来，奇奇的行为也就不难理解了。平日里，奇奇很少见到爸爸妈妈，爸爸妈妈也似乎把奇奇忘记了。又因为爸爸妈妈之间感情并不和睦，给奇奇留下了心理阴影。或许奇奇正是要通过偷窃行为，来吸引爸爸妈妈对他的关注。

和奇奇为了引人注意去偷窃不同，很多孩子是把偷窃看作"英雄"行为，以此来表现自己的"勇敢"。他们单纯地以为，拿了别人的东西而别人毫无觉察，这是自己"有本事"。有这种心态的孩子常常把偷来的赃款、赃物与其他小朋友分享，以换取自己当"领头羊"的机会，以此得到其他小朋友的"尊重"。

除此之外，有些孩子在受到委屈、感到不公的时候，也会以偷东西的方式发泄内心的愤懑，或者进行反抗。在幼儿园里，老师常常会特别偏爱一些孩子，不管做什么事情都对他们特殊照顾，还会优先安排他们参加各种活动，或者找个借口给予他们奖赏。相比之下，老师会忽略另外一些孩子，他们既得不到玩的机会，也很少受到老师的奖赏。当两个孩子为了争抢一件玩具而争吵时，老师会袒护某一个孩子，做出不公正的裁决，把玩具给自己喜欢的孩子，而批评另一个孩子。在这种情况下，那些没有得到老师宠爱的孩子会感觉不公平，因此进行反抗，偷那个被偏爱的小朋友的东西，或者把争抢的玩具偷偷地带回家，据为己有。

父母是孩子的第一任老师，对孩子的影响特别大。孩子有偷窃的行为发生，也许是教育不当导致的。

晓明第一次偷拿邻居家的东西，妈妈不以为意地向邻居解释说："晓明还小，不懂事，你千万不要计较，等他长大了就会明辨是非了。"妈妈对晓明采取放任自流的态度，导致晓明在偷窃的道路上越走越远，最终锒铛入狱。

有些父母不会保管钱财，总是把钱随便放在家里。孩子的自控力有限，会想吃好吃的，想玩好玩的，当经不住诱惑的时候，孩子就会先斩后奏，不征求父母的同意，就私自从家里拿钱去买好吃的、好玩的。事后，孩子担心被父母责骂，始终隐瞒真相。等到粗心的父母终于发现家里的钱少了，却又没有追究，孩子就会心存侥幸，甚至误以为自己这样做是被父母允许的，并不属于偷窃行为，所以越来越肆无忌惮，最终发展成偷窃，总是随便偷拿别人的东西。

有些父母管教孩子很严厉，一旦发现孩子有偷拿东西的行为，马上大发雷霆，轻则责骂、羞辱孩子，重则体罚孩子，完全不顾孩子的自尊心，也压根不想弄清楚孩子这么做的根本原因。这种严厉的态度和反应，会让孩子心理压力增大，严重打击孩子的自尊心和自信心。结果，孩子会怨恨父母，感到自卑，甚至产生逆反心理："反正无论我怎么解释，爸爸妈妈都认为我是偷东西。"在这种心态的作用下，孩子会故意通过偷窃来发泄不满。

孩子有偷窃行为，与父母的教育有密切的关系。当发现孩子有不好的苗头，或者做出不当的行为，父母一定要多多用心，坚持努力，争取把偷窃的幼苗扼杀在摇篮里。

在孩子小的时候，父母就要向孩子灌输所有权的意识。很多孩子年纪小，压根不知道所有权是什么，也没有物权归属的概念。他们以自我为中心，想要得到一件东西就会直接拿走，而不管东西的所有权归谁。孩子很少考虑把别人的东西据为己有有什么后果。这是孩子的天性，一是孩子无法真正理解所有权的含义，二是孩子的情绪自控力很差，这意味着孩子的偷窃行为多数并不是品质恶劣所致。

在这种情况下，父母很有必要培养孩子的所有权意识。在与孩子一起玩耍时，可以对家里的各种东西进行所有权确认，明确谁拥有哪些物品，还可以在相应的物品上写姓名或做记号。此外，要制订家庭规则：没有经过物品所有人的许可，不能随便拿他人的东西。父母要当好孩子的榜样，在为孩子洗衣服、收拾玩具之前，首先征得孩子的同意。还可以和孩子一起玩"角色扮演"的游戏，训练孩子形成所有权意识。父母与孩子轮流扮演偷窃者和被偷者，让孩子体验自己所拥有的东西被"偷窃"之后的糟糕感受。

父母切勿对孩子管教太严，更不要动辄对孩子无意的偷窃行为大动干戈，斥骂、责打、处罚孩子，这只会导致孩子产生更强烈的逆反心理，除此之外毫无作用。随着年龄的增长和心理的发展，幼儿逐渐形成道德认识和道德判断，所以面对孩子的偷窃行为，父母应该明确教育的重点：让孩子清楚地意识到自己的行为为什么是错误的。可以以询问孩子

"为什么偷别人的东西"作为着眼点，假如孩子回答"那个东西好玩"时，那么父母要教导孩子如何从正当途径得到想要的东西。假如孩子回答"别人也偷过我的东西"，那么父母要为孩子分析偷窃的后果：假如每个人采取偷窃的方式报复小偷，那么社会生活将会彻底乱了套。假如孩子回答"没有错"，那么父母要引导孩子设身处地地站在被偷者的位置上考虑偷窃行为给他人带来的伤害，从而自觉地改掉偷窃行为。关键之处在于，父母必须了解孩子的心理，才能有针对性地对孩子提出道德要求，并督促孩子做出符合道德要求的行为。孩子往往不会反感这样的教育，而是乐意接受。

　　郡郡的姑妈开了一个超市，郡郡经常去那里玩。有一天，姑妈发现超市里少了一盒巧克力，知道是郡郡拿的，觉得孩子喜欢吃糖果无可厚非，因而没有声张。后来，姑妈发现七岁的郡郡胃口越来越大，居然从超市里拿笔、小刀和乒乓球，而且像真正的小偷那样环顾四周，发现没有人注意到，才偷偷塞进口袋。熟练地做完了这些举动，他把自己伪装得很好，一本正经地就像个没事人一样离开超市，俨然是个小偷。

　　姑妈觉得继续纵容郡郡，会毁了郡郡。有一天，趁着超市里只有她和郡郡在，姑妈很慈祥地看着郡郡，把郡郡抱着坐在自己的怀里。姑妈讲了一个故事给郡郡听："读小学五年级时，我曾经从别人的店里偷过一块橡皮。我很清楚这是偷窃行为，害怕极了，心里很惭愧，晚上都睡不着觉。我觉得这样做很不值得，后来就不再这样做了。"姑妈的故事讲完了，郡郡面红耳赤，主动对姑妈承认错误："姑妈，我知道错了。以后，我再也不偷拿东西了。"

姑妈的做法很有借鉴价值。对于有偷窃行为的孩子，平日里，父母可以有意识地给孩子讲一些与偷窃有关的故事，例如自己被他人偷了东西后有很多的麻烦，再如钱包被偷了，又气又急等。心理学研究证明，这么做能够有效诱发孩子的内疚心理，让孩子同情受害者，比惩罚更能帮助孩子改掉偷窃行为。

GOODPARENTSGOODTEACHERS

好父母，好老师

好妈妈
胜过好老师

青　影　杜慧丽　编著

北方妇女儿童出版社

图书在版编目（CIP）数据

好父母，好老师 / 青影，杜慧丽编著 . -- 长春：
北方妇女儿童出版社，2020.8（2021.12 重印）
　　ISBN 978-7-5585-4621-1

　　Ⅰ . ①好… Ⅱ . ①青… ②杜… Ⅲ . ①家庭教育
Ⅳ . ① G78

中国版本图书馆 CIP 数据核字 (2020) 第 158411 号

好父母，好老师
HAOFUMU　HAOLAOSHI

出 版 人	师晓晖
责任编辑	国增华
封面设计	书虫文化
开　　本	880mm×1230mm　1/32
印　　张	32
字　　数	632 千字
版　　次	2020 年 8 月第 1 版
印　　次	2021 年 12 月第 3 次印刷
印　　刷	阳信龙跃印务有限公司
出　　版	北方妇女儿童出版社
发　　行	北方妇女儿童出版社
地　　址	长春市福祉大路 5788 号
电　　话	总编办：0431-81629600

定　　价　176.00 元（全 8 册）

前言

　　父母是孩子的朋友，是孩子的老师，是孩子的引路人，是孩子一生中最不可替代的教育者。巴金先生曾说："孩子们变好或变坏和他们受到的教育有关，有句话叫'先入为主'，所以父母是孩子的第一个老师，不能把一切推给学校。帮助孩子健康地成长，所谓培养、所谓教育，不过是这样一句话。我们希望子女成龙，首先就要尽父母的职责。"

　　当您看到别人洋溢着幸福笑容赞美自己的孩子时，当您看到孩子学校里那些出类拔萃的小同学时，除了羡慕之余是否会感叹："要是我家的孩子也这么优秀该多好啊！"其实，您的孩子也很优秀……

　　孩子就像一张白纸，这张白纸上会用什么样的颜色来打底，基本取决于其父母给他什么样的基础。很多家长都期望自己的孩子成龙成凤，出人头地，建功立业。但现在许多父母在如何教育孩子的问题上，仍摆脱不了传统观念的束缚，使孩子无法健康成长。他们没有明白"只有失败的教育，没有失败的孩子"这句话的含义，而一味地把自己的思想强加给孩子，从不考虑这是否适合孩子的个性和天赋条件、自身特点。爱尔维修曾说过："即使是最普通的孩子，只要教育得法，也会成为不平凡的

人!"爱因斯坦也说过:"孩子生来都是天才,往往在他们求知的岁月中,是错误的教育方法扼杀了他们的天才。"

对孩子来说,家庭是其人生的第一站,是人生的第一所学校,父母是孩子的第一任老师,家庭教育是孩子接受最早、时间最长、影响最深的教育。孩子能否健康成长、顺利成才,关键在其父母是否掌握正确的教子方法,是否能与孩子进行良好的沟通,是否能调动起孩子的学习兴趣,让孩子在求知、做人、交友等方面获得良好的教育,促使孩子发挥出应有的潜力。

为了满足家长对教育孩子的需求,结合未来人才的标准,我们精心编写了这套《正面管教》丛书,书中参考了大量的教子资料和教子案例,从培养孩子的学习兴趣、优良品德、社交能力、正确的金钱观等方面出发,全面解读父母该从哪些方面去教育和培养自己的孩子,为孩子创造出最佳的成长环境,让孩子的潜能得到充分发挥,赢在起跑线上,创造出属于自己的辉煌。

由于编者水平有限,能力绵薄,加之时间仓促,书中难免有不尽之处,恳请广大读者提出宝贵意见。愿本书伴随着父母在教子的道路上,找到智慧的方案,成就孩子辉煌的人生!

目录

01

PART ONE

第一章

有什么样的妈妈就有什么样的孩子

妈妈是孩子一生的老师

著名教育学家苏霍姆林斯基在他的《家庭教育学》这部作品中说过："孩子道德发展的源泉在于母亲的智慧、情感和内心的激情，人在自己的道德发展中变得如何，取决于有什么样的母亲。"

母亲是孩子的第一任老师。母亲给予孩子的爱是世界上最伟大的爱，母爱对孩子的影响是深远的。这种爱是母亲的本能，孩子还在母亲肚子里的时候，母爱就已经产生了。

为了深入研究母亲对孩子的影响，美国一位著名的心理学家做过一个研究。有五十位事业有成和五十位有犯罪记录的人被他选中作为研究对象，心理学家给他们分别写了信，请他们就母亲对孩子的影响这一主题谈谈自己的经历。

其中有两封回信深深震撼了心理学家。一封是白宫的一位著名人士的回信，一封是监狱的一位服刑犯人的回信。令人惊讶的是，他们写的都是自己的母亲分苹果的故事。

服刑犯人的回信写道：

"在我很小的时候，一次，母亲给我们带来了一盘苹果，红红绿绿，大小不同。我非常想吃中间那一个又大又红的苹果。妈妈把果盘放在桌子上，问我和弟弟：'你们想吃哪个呢?'我刚要张嘴就被弟弟抢了话，他说：'我要中间那个最大最红的!'我感觉那个又大又红的苹果已经从我眼前飞走了，不料妈妈听了，拧起眉头，责备道：'知道把好东西让给别人的孩子才是好孩子，不要这么自私。'

"站在一边的我立马知道怎么回答才能得到想要的那个苹果，我说道：'妈妈，不要怪弟弟了，他还小，我愿意把大的让给他，我吃小的就行了!'

"果然，母亲顿时笑弯了眼，在我的脸颊上奖励一吻，说：'还是大儿子懂事，这个最大最红的苹果奖励给你。'说着把那个最大最红的苹果递给了我。

"最后弟弟只好生气地拿了一个小苹果。

"就是从这一刻，我尝到了撒谎的甜头，而之后每一次有想要的东西，我都靠说谎得到了。再后来，打架、偷盗，我用尽一切手段去得到我想要的东西。可是这样的好事情在我被抓进监狱后全都结束了。"

来自白宫的先生回信写道：

"在我很小的时候，一次，母亲给我们带来了一盘苹果，红红绿绿，大小不同。我非常想吃中间那一个又大又红的苹果。家里三兄弟都想要那个最大最红的苹果。见状，母亲无奈地笑了笑，拿起那个苹果对我们说：'看来我的孩子们都想拿到这个最大最红的苹果，可是只有一个人能得到，这要怎么办呢？我们来比一比，妈妈一会儿将菜园等分成三份，谁能最先拔完杂草谁就能得到它。'

"母亲分好后，我们三人都迅速朝着自己的一块菜园跑去，最后，我得到了那个最大最红的苹果。

"直到今天我都非常感谢我的母亲，是她从小教我明白一个最简单也是最重要的道理：只有努力争得第一，才能得到最好的。妈妈对我们的教育就是这样的，谁想要拿到最好的，就靠自己的努力赢得比赛。只有靠自己努力得来的东西才是最有意义的。也许就是母亲的教育让我取得如今的成果。"

在大部分家庭中，孩子往往是妈妈在教育。孩子想要得到自己想要的必须经过妈妈的同意，孩子一直都在仿效母亲的做事风格，因此母亲的榜样力量是非常大的。

孩子对母亲的模仿影响是潜移默化的。一次两次的模仿没有什么效果，只是，如果不断重复，就会变成根深蒂固的习惯，从而给孩子的一生产生影响。

一个母亲，如果有懒惰、自私、粗鲁等恶习，那么，在她的孩子身上也往往会有这些习惯的影子。诗人拜伦就是一个典型的例子。

目中无人、性情暴躁、睚眦必报、恣意妄为、刚愎自用这些词全都可以用来形容一个诗人——拜伦，他的性格在很大程度上受到他母亲的影响。

拜伦的母亲自以为是、目空一切、脾气火暴而且任性固执，拜伦在成长的过程中，从小心灵就受着母亲的影响。他的母亲经常嘲笑儿子跛足。母子俩经常争吵，拜伦逃离，母亲便生气地将火钳或拨火棍掷向他。这些让人无法理解甚至算是虐待的行为给拜伦的精神世界造成了严重的创伤，也导致了拜伦成年后的精神不健全。他身上自小带着母亲留给他的毒素：体弱多病、焦虑、脾气暴躁。拜伦在《柴尔德·哈洛德》一诗中这样写道：

是的，我的思想应该少一点儿野性，

我在黑暗中冥思苦想得太久，

大脑已形成了旋转不停的涡流，

就像湾流紧张过度。

当初年幼，心灵未被驯服，

生命的春天已被人毒害。

可以看到，拜伦受母亲的影响有多么深刻。正如乔治·赫伯特所说，一个好的母亲胜过一百个学校的老师。

老卡尔在谈到对卡尔·威特的成功的教育时说道："我觉得我的儿子取得如今的成就，首功是他的母亲的。因为她不仅美丽善良，还博览群书、学识渊博，她是一个好母亲，无论是教育儿子还是生活她都能做得很好，尤其是在教育方面做得更加优秀。"

拿破仑·波拿巴经常这样说："一个孩子行为举止的好坏完全取决于他的母亲。"拿破仑认为自己能有这么大的成就，在于他的母亲对他力量、意志、自制力的锻炼。有传记作家这样写拿破仑："除了母亲以外，几乎没有人能指挥得了他。她总是通过诸如温柔、严厉而又极有分寸的方法，让他热爱、尊敬和服从自己。从她这里，他学到了顺从的美德。"

为孩子塑造良好的家庭环境

请先阅读两篇孩子的日记。

（一）

今天，我正在写作业，爸爸妈妈不知道为何争吵起来，妈妈指着爸爸的鼻子破口大骂，爸爸拿起鸡毛掸子就朝着妈妈打过去，妈妈丝毫不畏惧，当即和爸爸扭打在一起。

我很害怕，看看爸爸，又瞧瞧妈妈，决定劝说妈妈，妈妈狠狠地瞪了我一眼，让我滚。无奈，我只好再去劝爸爸，爸爸毫不留情地给我一巴掌。我委屈地打开家门，跑了出去。

我漫无目的地在街上走着，看到邻居娜娜正牵着她爸爸、妈妈的手，满脸笑容地逛街。我心里很难受，泪如雨下。

（二）

我才 15 岁，但是已经深刻感受到生命的痛苦！我作为儿子，失去了妈妈。每当其他孩子说起妈妈的好时，我就只能把眼泪往肚子里咽。为什么别人都有慈爱的妈妈，天天都能得到妈妈的关心和照顾呢！

缺陷型家庭会给孩子带来严重的精神损害，这两篇日记已经说明了问题。

父母经常吵闹、打架，会让孩子的神经始终处于紧绷的状态，日久天长，他们的情绪越来越抑郁、脾气越来越急躁，对外界的刺激过度敏感；有些孩子则恰恰相反，因为长期以来习惯了在这种糟糕的环境中生活，所以他们对于任何人和事都非常冷漠，不知道如何与别人友好相处，哪怕只是发生很小的冲突，他们也会采取攻击性的行为解决问题。

父母离婚，孩子缺少父爱或母爱，所以感情冷淡、情绪抑郁、性格孤僻、缺乏进取心、自暴自弃，甚至还会悲观厌世。根据调查显示，很多青少年罪犯都来自离异的家庭。

家庭成员的关系和家庭气氛，将会直接影响孩子性格的形成，也会影响孩子思想和品德的发展。糟糕的家庭环境，会使孩子的身心健康发展陷入困境。当婚姻出现问题，妈妈应该多为孩子着想，要知道，孩子最需要的就是亲生父母的陪伴和照顾。亲生父母的爱就像雨露一样，将会滋养孩子幼小的心田。

为了教育好孩子，妈妈要努力提高自己的素质，为孩子创造良好的成长环境。对于孩子而言，妈妈的美德是难得的财富。在孩子身上，总是能够看到妈妈的影子。孩子是妈妈的镜子，他会继承妈妈的优点熠熠闪光，也会继承妈妈的缺点黯然失色。要想让孩子受到熏陶，妈妈要成为优秀的妈妈，以自己的崇高人格为孩子营造和谐融洽的家庭氛围，以言传身教潜移默化地影响孩子，让自己成为孩子朝夕相处的好榜样。

孩子的成长环境包括物质生活条件、社会地位、家庭成员的关系和家庭成员的言行举止以及情绪情感。家庭教育，归根结底是环境的教育，需要依靠良好的环境熏陶和感染孩子。

良好的家庭环境对于每个家庭成员的心理都会产生影响，特别对孩子个性品格的形成意义深远。在有的家庭里，成员之间和谐融洽，虽然会有不同意见，但在原则问题上能够精诚合作，团结一致，彼此宽容和谅解。在这样的家庭里生活，孩子将会宽容体谅他人，心理、品质、能力等各方面均衡发展，还会获得安全感，自觉地接受教育。反之，如果家庭环境很糟糕，家庭成员彼此漠视，形同陌路，争吵不休，自私自利，相互折磨，则家无异于精神的监狱。在这样的家庭环境中成长，孩子的心理往往会扭曲，甚至会畸形发展。比如，对人对事都很冷漠，事不关己高高挂起，非常偏执，不愿意与人合作，甚至把家庭生活产生的巨大精神压力发泄到别人身上，以求获得心理平衡。这样的孩子很容易走上违法犯罪的道路。

只有在良好的家庭氛围中，孩子才会具备良好的心理素质，获得长足的发展。民主、和睦的家庭里充满了爱，人与人之间关系和谐。每个人都是家庭的主人，孩子将会获得幸福感、安全感，还会获得归属感、自豪感。孩子不管是做人做事，还是对待学习，都有良好的情绪，远离忧虑、紧张、烦躁，自然能形成良好的品质，认真专注地学习。要想为孩子营造和睦的家庭氛围，妈妈就要做到与其他家庭成员互尊互爱，同心协力，同甘共苦，彼此扶持。

有人信仰"出淤泥而不染"，但是这并非普遍现象。如果我们过分迷信这句话，从不关注和治理环境，放任孩子在糟糕的环境里成长，这是非常危险的。这与让孩子吃苦，接受锻炼完全不同。

如今，社会上很流行为子女创造丰富的物质环境，很多妈妈觉得养育孩子就像种树一样简单容易，只要肥足，树木就能开花、结果。因此妈妈们不惜花费重金，又是买电脑，又是买钢琴，又是报培训班，又是请家教，目的明确，即为孩子创造良好的学习条件。这是对的，代表着社会进步，但却很片面，也很盲目。家庭教育的开展固然需要物质条件作为保障，但过于充裕的物质条件，却会使孩子走向另一个极端。自古英雄多磨难，从来纨绔少伟男，正是这个道理。

爱孩子不仅仅表现在满足孩子的物质需求，对孩子提出过高的期望上。毕竟妈妈不是权威，不是孩子的上级，所以不要对孩子发号施令，也不要对孩子拳脚相加，更不要居高临下地对待孩子。每一个孩子都希望和妈妈成为好朋友，最好是无话不谈的那种。

古今中外，良好的家庭环境造就人才的例子有很多。因此，妈妈一定要为孩子营造健康的成长环境，既要重视物质，也要重视精神。

（1）让孩子在良好的家庭环境中成长

事实证明，很多少年罪犯都生活在不良的家庭环境中。

家庭环境里，到处都是父母的影子，而这些影子又会投射到孩子身上，潜移默化地影响孩子。妈妈一定要把构建良好的家庭环境，作为重中之重。

事实证明，孩子在和睦融洽的家庭中成长，性格乐观开朗，个性很好，而且有上进心。常言道，"家和万事兴"，孩子成长需要家庭和睦，家庭的健康发展更需要家庭成员之间彼此包容和扶持。假如夫妻之间，父子或母子之间毫无亲情可言，家就会变成冷冰冰的宾馆，让孩子的心灵受到伤害。

（2）妈妈要具有高尚情操

妈妈是孩子的第一任老师，也是孩子一生的老师，对孩子影响深远。妈妈的言行举止都会印在孩子的心里。有的妈妈喜欢撒谎，孩子听着妈妈的谎言长大，怎么可能诚实呢？如果妈妈没有高尚的情操，根本不可能培养孩子高尚的情操。

（3）妈妈要养成良好的习惯

大名鼎鼎的作家伏契克说："如果父母生活放荡，孩子就会变成酒徒和罪犯。"他还说："在家庭生活中，如果父母染有庸俗的习气，孩子就会成为骗子、恶棍和不务正业的家伙。"每一个妈妈都应该重视这些名言警句，养成良好的习惯。

（4）妈妈要积极向上

孩子的可塑性很强，妈妈要给孩子机会接触社会的正能量，让孩子学习积极向上的精神，树立不怕困难、勇于进取的决心。切勿让孩子对社会心存不满，把自己看得一无是处，否则孩子非但不能服务社会，还很难在社会上生存。

（5）关注生活中的细节

实际上，妈妈对孩子的影响和孩子对妈妈的评价，都来自现实生活中的细节。妈妈无意识中说出的一句脏话，不知不觉间发的牢骚，面对困难的畏缩胆怯，在背后议论他人的不好……这些看似无关紧要的小事，是最有"传染性"的，它们会像细菌一样聚集在一起，渐渐地玷污孩子纯洁的心灵。

妈妈的言行举止都会影响孩子。例如穿衣打扮、表情目光、身体姿态等非语言行为，都会给予孩子最直观形象、生动具体的教育，它们将会成为语言教育的补充、加强，甚至能够取代语言教育，产生更好的教育效果。再如，妈妈慈眉善目地对待孩子，使孩子感到亲切，使孩子愿意亲近妈妈，也感受到妈妈的可亲、可敬，这样孩子就会感受到妈妈一直都在鼓励自己、称赞自己，觉得自己非常幸福、安全，从而具有更大的勇气克服困难。相反，妈妈总是一脸严肃地对待孩子，则会让孩子感到恐惧，忍不住对妈妈避而远之。

妈妈要为孩子树立好榜样，以完美形象面对孩子，就要从平常的表情、目光、姿态和衣着等方面着手。这不仅有助于树立妈妈的良好形象，而且可以在潜移默化中感化孩子，循序渐进地培养孩子良好的修养、气质，提升孩子发现美、感受美的能力。

　　只有以良好的成长环境为基础，孩子才能形成良好的心理素质，为成功人生奠定基础。家庭是社会生活的最小单位，对孩子心理素质的形成和发展影响深远。建立良好的家庭环境，才能保证孩子身心健康发展，具备良好的心理素质。

给孩子营造融洽和谐的家庭氛围

莎士比亚在戏剧《李尔王》中写道:"儿女的忘恩,就像你的一只手把食物送进他嘴里,他一张嘴却把你的这一只手咬了下来。"在家庭教育中,让孩子学会感恩是一件至关重要的事。只有让孩子学会感恩,孩子才不会变得冷漠无情。

要想培养一个心存感恩的孩子,妈妈首先要为孩子营造一种情境,在这个情境中,孩子能够时时刻刻体会到他人的付出带给自己的温暖。孩子在这种家庭氛围的长期浸润下,自然也会懂得感恩。

但是在现实生活中,很多妈妈意识不到感恩对孩子成长的重要性,也不会主动营造情境,于是我们常常会看到这样一幕幕充满冷漠的生活场景:

放学后,孩子兴高采烈地跑回家,见没人招呼自己,于是放下书包来到厨房找妈妈,然后一脸兴奋地把今天自己因为上课积极发言而被老师表扬的事情告诉了妈妈。

妈妈正在厨房忙得不可开交,听了孩子的话后,头也不回地说:"这有什么呀?上课本来就应该认真听讲,积极发言，配合老师把知识学好，这有什么值得骄傲的呢?"

妈妈的话犹如一盆凉水，瞬间把孩子的分享热情浇灭了，他闷闷不乐地走出了厨房。

这时，妈妈突然从厨房探出头，着急忙慌地冲孩子喊道："快去楼下的小卖部帮妈妈买点儿酱油，我着急用。"

孩子躺在自己的床上生着闷气，根本不愿意动一下。

妈妈见孩子迟迟没有动静，就走出厨房，朝着孩子大喊："你耳朵聋了吗? 没听见我说咱家没酱油了? 让你干点儿活儿怎么就这么难呢! 真是的，养你这么大，什么都指望不上。"

孩子一声不吭地瞪了妈妈一眼，然后不情不愿地拿着钱下了楼。买了酱油之后，孩子又一头钻到自己的房间里不出声了。

妈妈们可以试想一下，如果你处在这样的家庭氛围中，又会有什么样的感受呢? "养你这么大，什么都指望不上"一类的话会给孩子这样的错觉："你养我就是为了让我帮你干活儿，这只是利用的关系，我为什么要感激你呢?"

所以，一个聪明的妈妈绝对不会动不动就训斥自己的孩子，让他时常处于一种可能被训斥的焦虑之中，如果这样他怎么会在内心充满感激呢? 其实，妈妈们完全可以采用如下的处理方式，给孩子营造出一种融洽和谐的家庭氛围。

放学后，孩子兴高采烈地跑回家。正在厨房做饭的妈妈听到孩子的动静之后，探出头，高兴地跟孩子打招呼："哎呀，宝贝放学回家了!"

孩子应道："对呀!"然后放下书包,走进厨房,一脸骄傲地告诉妈妈:"妈妈,今天我因为上课积极发言,被老师表扬了。"

妈妈听了孩子的好消息,又惊又喜地说:"真的吗?那真是太好了!以后也要听老师的话,在课堂上好好表现。妈妈本来还因为一些工作琐事烦心呢,现在你告诉我这么一个好消息,妈妈的心情瞬间就多云转晴了。宝贝,谢谢你让妈妈变得开心起来!"

孩子乐呵呵地看着妈妈。

这时,妈妈发现家里的酱油用完了,而自己又腾不出手来,于是转身对孩子说道:"宝贝,你去楼下的超市帮妈妈买瓶酱油吧,妈妈实在是太忙了。"

孩子高高兴兴地拿着钱下了楼,不一会儿就把酱油买回来了。

妈妈看着乖巧懂事的儿子,充满感激地说道:"有儿子真好呀!"

孩子一听更高兴了,又顺手帮妈妈剥起了蒜。

在上面的情景之中,妈妈的一言一行都透露着对孩子的感激之情,这给孩子营造了一种"我很重要"的感觉,有了这种感觉,孩子自然身心愉悦,做起事来干劲儿十足。另外,孩子身处其乐融融且充满感激的家庭氛围之中,时间久了,自然也会懂得感恩。

在日常的家庭生活中,妈妈也可以像情景中所讲的那样,多向家人表达一些感激之情。另外,妈妈还可以通过写卡片的形式引导孩子表达对家人的感激。当然，最重要的一点是，妈妈要以身作则，给孩子树立一个好的榜样。比如家里爷爷要过生日，妈妈给予足够的重视，并为老人准备礼物，在送出礼物的同时，再讲一些具体的、感激老人的话。孩子耳濡目染，也会学着心怀感激。等到将来爸爸妈妈过生日时，孩子也会以一颗感激之心，回馈给爸爸妈妈同等的爱。

晨晨今年8岁了。从小到大，妈妈对晨晨的学习盯得很紧，并没有特别留意思想品德的教育，这就导致晨晨到现在都不懂什么叫感恩。这一天，晨晨非常开心地找到妈妈，然后认真地说道："妈妈，大后天就是爸爸的生日了！"

妈妈一听孩子还记得爸爸的生日，不由得心花怒放。她认为晨晨是个孝顺的好孩子，于是高兴地夸奖起晨晨来："真是个好孩子，还能记得爸爸的生日呢！你是打算给爸爸一个什么惊喜吗？"

晨晨不好意思地低头笑了笑，然后说："妈妈，爸爸这次过生日，咱们可不可以去肯德基吃一顿呢？上一回过生日，你们非要一起吃火锅，而我非常不喜欢吃火锅，这次要是能换成肯德基，那就太好了。"

妈妈一听晨晨的话，彻底傻眼了，原来晨晨在乎的不是爸爸的生日，而是能在生日之际吃一顿好吃的。妈妈觉得应该趁此机会，培养一下孩子的感恩之心，于是说道："晨晨，爸爸过生日，咱们每个人都应该送给他一份生日礼物，以此感谢他对咱们家辛辛苦苦的付出。"

晨晨一脸为难地说道："可是，我还不会赚钱呀！我也没有钱给他买礼物。"

"礼物不一定非得用钱买啊！你可以自己做一张卡片，然后在上面写一些祝福和感激的话送给爸爸，爸爸一定会非常感动的。正所谓，礼轻情意重嘛！"

晨晨歪着头，想了一下，然后皱着眉头说："可是我想不到写什么话。"

妈妈一看晨晨的表现，心里充满了失望。丈夫平时非常宠爱晨晨，有什么好吃的都留给晨晨吃，而晨晨竟然觉得理所当然，连一点儿感恩的心都没有。不过，尽管妈妈内心有些失望，但她还是没有斥责晨晨，而是选择慢慢引导。

"我觉得咱们要感谢爸爸的话有很多，首先，他辛辛苦苦地工作，为咱们创造了丰富的物质条件。你想想啊，如果不是爸爸每天努力加班到很晚，赚很多钱，咱们怎么会有这么温暖明亮的房子住？怎么会有电视可以看？怎么会有蔬菜、水果可以吃？而且你也不可能玩到那么好玩的变形金刚，这些都是爸爸辛辛苦苦地用自己的血汗换来的。你说对吗？"

晨晨看着妈妈，低头陷入了沉思。妈妈接着说道："还有，爸爸对咱们娘俩非常好，有一次妈妈做手术，他陪在床头照顾了妈妈整整一个月，那一个月，他几乎没怎么睡觉，眼睛都熬红了。"

晨晨看了看妈妈，毫不犹豫地说道："有一回我半夜发烧，打不到车，爸爸背着我跑了半个小时才到了医院。"

妈妈一看，晨晨还记得爸爸对他的好，心里特别高兴，赶紧趁热打铁地说道："对啊！你还记得有一次咱们到外面聚餐吗？你喜欢吃虾，爸爸也喜欢吃虾，但爸爸为了让你吃到更多的虾，把他的那部分都留给你吃了。"

晨晨点了点头。

"爸爸这么做，我们是不是应该心存感激呢？"

晨晨又用力地点了点头。

就这样，在妈妈的引导下，晨晨回忆起了很多爸爸曾经对他关爱的瞬间。一时间，他的内心充满了对爸爸的感激，而且关于生日贺卡上要写什么，晨晨早就心里有数了。

如果在现实生活中，你发现自己的孩子也缺乏感恩之心，那么不妨和晨晨妈妈一样，通过一个个感动人心的瞬间，来引导孩子学会感恩。这样比强硬地要求他做什么，更有效果。

接纳孩子的"不一样"

在很多老师甚至父母的眼里，对老师和父母的话言听计从的才是好孩子。所以，很多妈妈总是对孩子说："宝贝，你要听爸爸妈妈的话，听老师的话，听长辈的话……"总之要听话，不能做任何出格的事，甚至不要提出与别人不同的意见。

妈妈们总是担心自己的孩子不能合群，不能受到他人的欢迎，所以，很多妈妈都希望自己的孩子中规中矩，至少不要在同龄人中表现得太不一样。在大人的世界中，似乎所有的事情都有一个"标准答案"，如果孩子没有按照这个"标准答案"做人做事，就会被认为是错的。但是，这样要求孩子其实是在抹杀孩子独立思考的可能性，反而容易限制孩子的思维，扼杀孩子的天性，因此，想要孩子变得优秀，妈妈首先应该学会接纳孩子给出不同的答案，因为这样的孩子往往更有创造力和创新意识。

程程妈妈每天晚上都会给孩子检查作业。那天晚上，正在检查作业的妈妈发现孩子一道语文题的答案跟标准答案不一样，妈妈陷入了纠结。那是一道填写近义词的题，程程妈妈不确定要不要给孩子判错，但是思考了一会儿之后，还是给孩子指出了错误，并要求程程马上在作业本上改正。

程程看了看妈妈所说的"错题"，疑惑不解地问妈妈："脆弱的反义词不是强大吗？为什么说我的错了并让我改呢？我该改成什么呢，妈妈？"

"好像说强大也没有错，但是标准答案上写的是'坚强'，你这样写应该不算对吧，你还是听话把它改了吧！改成'坚强'。"妈妈思考了一会儿说。

"既然强大也不错，为什么还要改呢？"程程更加不解，不停地挠着小脑袋。

妈妈有点儿急了，指着作业本说："快点儿改了吧，改了就能得分。""可是我不想改，我觉得我的没有错！"程程很坚持。妈妈生气了，没好气地说："你这样答会被扣分的！明白吗？考试的时候没人管你自己觉得对不对，答案是什么你就写什么，哪儿来那么多事！标准答案肯定是没错的！"

程程见妈妈发火了，不敢再多说话，但他依然挠着头，最后还是很无奈地把"强大"改成了"坚强"。看着作业本上的答案，程程烦恼不已。

除了学习以外，其实生活中也不乏这样的现象。人们总是理所当然地认为正确答案只有一个，只要稍有差错，与所谓的"标准答案"不同，那就一定是错的。然而事实真的是这样吗？很多时候，解决问题的方法可以有很多，事物的正确答案也不一定只有一个。在教育孩子的过程中，如果只是拘泥于所谓的"标准答案"，不允许孩子有独特的思考角度，对孩子来讲，无异于给他们的思维加上了一层枷锁，只会限制孩子的想象力而已。

要想让孩子更聪明，更有创造性，将来能成长为更优秀的人才，就要鼓励孩子从小对人对事有不同的看法，有独特的视角，甚至当孩子对妈妈有意见的时候，妈妈也应该允许孩子与自己展开讨论，如果孩子的想法过于片面，妈妈可以先给予肯定，再给予一定的指导，但一定不能限制孩子，只有这样才能培养出更优秀的孩子。如果孩子的想法是正确的，妈妈就要尊重孩子的想法，甚至可以按照孩子的想法尝试。

一次，上数学课的时候，数学老师给同学们出了一道非常简单的脑筋急转弯："同学们，树上有三只鸟，被猎人打掉一只，现在还剩下几只？"班上的大多数同学们听完后，几乎异口同声地回答"零只"，只有莎莎没有开口，老师叫起莎莎，让她回答，莎莎想了想，说是两只。话音还没落地，同学们都歪着头看着莎莎笑了起来，甚至有的同学窃窃私语，嘲笑莎莎太笨了，连这么简单的脑筋急转弯都不会。

莎莎被同学们笑得有点儿不好意思，但是她又仔细地想了想，还是坚持认为是两只，老师看着莎莎，认真地问她："莎莎，你是怎么得出来这个结果的呢？"莎莎回答说："三减一得出来的。本来有三只鸟，猎人打掉一只之后，就剩下了两只。"老师对着莎莎点点头，用赞许的目光看着她说："你很棒，三减一等于二没有错，你在大家都统一意见，而且与你的意见不同的时候，依然能坚持自己的想法也特别棒！

老师非常欣赏你的做法!"讲完这些之后，老师又耐心地给莎莎解释了为什么树上最后一只鸟也没有了，莎莎这才弄明白，认真地点点头。

　　在整个课堂过程中，尽管莎莎的答案并不是完全正确的，但是老师对于莎莎坚持自己意见的行为始终是赞许的。遇到这样的老师，对孩子来说是一种幸运，我们的孩子是否也能如莎莎一样坚持自己的想法，不管别人是否嘲笑？历史上很多优秀的发明家、科学家，也都是在别人的反对甚至冷嘲热讽中坚持自己的做法，甚至是付出了很多代价，最后才取得成功的。

　　所以，当孩子提出与别人不同的想法时，妈妈的第一反应不应该是否定和打压，而是鼓励孩子独立地思考，认可孩子独特的思维方式，甚至是表扬孩子不人云亦云的态度，哪怕孩子的答案真的错了，也能因此收获成长。让孩子有自己的个性和想法，成为与众不同的那一个，何乐而不为呢？

孩子不是妈妈的附属品

很多妈妈喜欢过度干涉孩子的自由，这种对孩子的过度干涉，一般分为两种情况，第一种是强制孩子按照自己的意愿做事，不尊重孩子的选择；第二种是帮助孩子处理问题，不给孩子独立面对困难、解决问题的机会。无论是哪一种干涉，对孩子来讲都是有害而无利的。

当妈妈强制孩子按照自己的意愿做事的时候，往往是出于对孩子的关爱，但是这种强制性的干涉，容易让孩子产生反感的情绪，而且，妈妈的这种干涉，其实压制了孩子的天性，也不容易激发孩子的潜能。当孩子遇到困难向妈妈倾诉的时候，妈妈应该帮助孩子分析问题，提出建议，协助孩子解决，而不应该直接干预。很多妈妈在孩子遇到困难或受到委屈的时候，往往会关心则乱，插手孩子的事情，帮助孩子处理问题，这样一来，虽然问题暂时得到了解决，但是，对孩子独立解决问题的能力培养是没有帮助的，时间长了，孩子会越来越依赖妈妈，更加缺乏独立面对困难、解决问题的勇气。

小允在一次夏令营活动中被老师选中为助手。小允平常就是一个特别积极阳光的孩子，所以老师和同学们都很喜欢他，这一次被选为助手也是众望所归。小允自己也特别有信心能够做好。但是在夏令营的过程中却发生了一件让小允并不愉快的事情。

有一次，老师安排小允早晨在规定的时间集合同学们开会，由于小允没有及时召集同学们，所以被老师责备了。小允越想越伤心，越想越生气，觉得自己这几天勤勤恳恳地付出，却没有得到老师的鼓励和认可，心里非常委屈。晚上，小允给妈妈打了一个电话，跟妈妈谈起这件事情，还是唉声叹气的，妈妈十分心疼小允，一听说小允受了委屈，顿时火冒三丈，对小允说："干脆咱们不干了，吃力不讨好，这个助手也没什么好当的，妈妈去给你跟老师请假，咱们以后不受这样的委屈！"第二天小允就被妈妈接回了家。

经过这件事情之后，小允在同学们眼中的印象发生了变化，大家都觉得小允太小题大做了，不够坚强，也不够勇敢。所以，都开始慢慢地疏远他。老师也因为小允妈妈给的压力，在平常的学习当中，不敢对小允过于严厉。感受到这一切变化的小允，内心也十分难过，但是又不知道怎么办，随着时间的推移，小允的成绩越来越差，朋友越来越少，他在班上也变得越来越沉默寡言。

在很多情况下，并不是孩子本身不独立，而是妈妈对孩子的事情进行了过多的干涉。尤其是当孩子遇到问题的时候，妈妈往往急于帮助孩子解决，这样其实就剥夺了孩子独立面对困难、解决问题的机会，他们很难在解决问题的过程中发挥自己的聪明才智，总结经验教训。也正是因为妈妈的过度干涉，孩子往往会对妈妈形成依赖，养成懦弱胆小的性格。

其实孩子到了一定的成长阶段，他们也希望能够独立地解决问题，妈妈应该对孩子减少干涉，让他们充分展示自己的聪明才智，通过自己的努力解决问题，这能让他们获得成就感。在这个过程中形成的良好习惯，也能够帮助孩子成就更好的人生。

那么妈妈应该如何把握合理的度，给孩子充分的尊重和自由，让孩子更加独立呢？以下是几条给妈妈的建议：

（1）让孩子放手去做"自己的事"

随着孩子年龄的增长，他们会有越来越多的属于自己的小秘密，也会有很多事不愿意让妈妈帮助他们做决定，这些事就是他们"自己的事"。妈妈常常会听到孩子说"这是我自己的事，你不要管"这类的语言，在面对孩子"自己的事"的时候，妈妈应该学会适时地放手，给他们一定的自由。比如，孩子想要跟朋友去公园，妈妈不要第一时间就提出反对意见，即使是有所担心，也要明白，孩子已经长大了，这种程度的外出是没有问题的，相信他们可以照顾好自己，所以，一定不要固执地把孩子拴在身边，要给孩子交朋友和玩乐的自由，表达对孩子的尊重。当孩子能够决定自己的事情的时候，他们会在这些事情当中体会到更多的快乐。

（2）鼓励孩子独立解决问题

妈妈总会听到孩子的抱怨，诸如"谁谁谁抢了我的玩具""谁谁谁撕坏了我的书""谁谁谁不愿意和我玩"等，而且在抱怨的时候常常会请求妈妈的帮助，希望妈妈帮他出气，或是帮他把玩具抢回来，甚至是让妈妈去跟老师告状等。其实，这些事情都是孩子日常生活中的小事，也是他们可以独立解决的问题，所以，妈妈千万不要过度关心，插手孩子的事情。妈妈帮得太多，孩子的依赖心理就越强，他们会越来越多地纠结于这些鸡毛蒜皮的小事，也会把自己遇到的困难无限放大，这对孩子来说是有害无利的。

（3）教会孩子勇敢地承担责任

无论是日常的家务，还是在学校里遇到的学习问题或师生相处、同学相处的问题，妈妈都应该努力让孩子参与进来，让孩子独立解决。妈妈要学会鼓励孩子，告诉他们无论做得好坏，都要自己承担后果。当孩子习惯了负责起自己该负责的事情，并且敢于承担后果，那就容易成长为一个有责任感的人。

（4）允许孩子出错

很多妈妈过多干涉孩子的原因是认为孩子"做不好"，但是，人大多数的能力都不是与生俱来的，都需要在后天的经历和成长中慢慢学习，犯错的过程从另一个角度来说，也是一个成长的过程。所以，妈妈要放手让孩子去试错，只有经历了错误，总结了教训，孩子才能在将来遇到同样问题的时候减少犯错的概率。

　　总之，孩子是一个独立的个体，不是妈妈的附属品，我们应该学会尊重孩子，给他们适度的自由，不过度干涉孩子，让孩子在自由的环境中快乐地成长。

02

PART TWO

第二章

让孩子拥有好品德，
品行教育不可少

诚信是孩子最好的名片

古人有言："人无信不立。"诚信是无价之宝，无论在什么行业做什么事情，诚信都是取得他人信赖的最重要的品质之一。只有信守承诺，才能赢得他人的尊重，做事才能成功。反之，不讲诚信的人，只会让人厌恶，这样不仅不能交到真正的朋友，也很难在社会上立足，更不用说有什么大的成就。

诚为本，信无价。只有诚实守信之人，才能获得别人的支持和帮助，在社会中立于不败之地。诚信的品质需要从小培养，妈妈一定要关注孩子对待谎言的态度。一个谎话连篇的孩子，一定跟家庭环境的影响离不开。妈妈也要学会以身作则，做诚实守信的人。

张诺从小就是一个诚实守信的孩子。上大学的时候，他喜欢上了一个女孩，表白之后，始终没有得到女孩的正面回答，张诺有一些苦恼。但是，后来女孩接受了他，在很多年后，他们已经成家立业，张诺才知道，原来打动女孩的只是一件小事。

那时候，张诺已经大四了，大家都忙着找工作，对学习都有点儿顾不上。最后一次考试临近，大家也没有太多时间复习。但是大多数同学都说没事，不用担心，老师不会让他们毕不了业的。

果真，考试的时候，考场纪律十分宽松，老师几乎是对同学们的作弊行为睁一只眼闭一只眼，大家都心知肚明，这次考试不过是走个过场罢了，但是只有张诺认认真真地做题，对别人的做法视而不见，甚至有同学丢小纸条丢到了张诺的脚边，他都丝毫不为所动。

后来，成绩出来了，大家都考得不错，平常学习成绩名列前茅的张诺这一次却垫了底。有些同学暗地里说张诺太傻，这不是自己给自己找麻烦吗？但是张诺丝毫不把这些话放在心上。

原来，张诺喜欢的女孩就是在那个时候喜欢上他的。一个人要做到成绩优秀并不难，但是要做到诚实守信却不是那么容易的，尤其是在一些特殊情况下。

对学生来讲，考试作弊就是一种不讲诚信的表现。当他们沉醉在作弊得来的高分的时候，其实已经忽略了诚信的美好。一个好的成绩代表不了什么，但是诚信的优秀品质会伴随着人的一生，并在以后的生活中带来更多更有价值的东西。

李奇原来经营着一家工厂，虽然规模不是特别大，但在当时的小县城他已经是数一数二的有钱人。但是后来，由于各方面的原因，李奇的工厂倒闭了，还欠了一大堆的债务。

突然从一个工厂老板沦为债务缠身的普通人，李奇有点儿接受不了，这个时候，他的朋友找到他，说可以替他还清债务。李奇想了想，还是拒绝了，他说："欠债还钱，天经地义。"工厂倒闭跟别人没有关系，既然是他自己的事情，就要自己承担这个后果。而且他手脚健全，没有了工厂还可以通过其他方式赚钱，做人要讲诚信，要靠自己的双手赚钱，债务早晚都会还清的。

李奇放下身段，找了很多工作，有时候帮别人卸货，有时候送快递，甚至有时候一天可以做好几份兼职。他省吃俭用地存钱还债，循环往复，债务一点点减少。

李奇除了有经营头脑之外，业余时间还喜欢写写文章。在这段人生最艰苦的日子里，他竟然在杂志上发表了几篇文章，吸引了一些读者。李奇众多债主中的一个也读到了他的文章，也许是对李奇的人生经历有着较深刻的认同感，他非常喜欢李奇的文章。这位债主找到李奇，向他承诺说："你欠我的债我不要了，你可以省下时间和精力来写文章，你写的文章真的很好。"李奇很高兴自己的作品得到了认可，但是对于免去债务的事他还是选择了拒绝。

由于长期从事繁重的工作，李奇也病倒过。躺在病床上的时候，有朋友来看望他，李奇一脸轻松地说："没什么大不了的。过不了几天我就又生龙活虎了。我的债务还得差不多了，这种感觉真好啊！"以后再也没有人跟李奇提替他还债或者是免除债务的事，因为大家都明白，这样一个重诚信的人，是不允许这种品质被破坏的。在强大的精神支撑下，李奇很快就出院了，接下来的时间，他继续拼命地工作，靠自己的双手最终还清了所有债务。

不讲诚信的最突出的表现就是说谎。很多人可能会认为，偶尔撒个小谎无伤大雅，但是我们要知道"积少成多"的道理。当一个人习惯了撒谎以后，可能连他自己都很难分清楚自己说的到底是事实还是在撒谎。撒谎成瘾的人，其实是带有性格缺陷的人，也是有品质缺陷的人。虽然孩子小的时候并不懂事，但是妈妈也一定要重视孩子的撒谎问题，从小帮助孩子杜绝这种不良习惯。

大多数情况下，孩子撒谎其实是为了逃避惩罚，或者是不愿意接受某个任务或承担某个后果。如果妈妈对这样的孩子听之任之，孩子长大后就会成为一个没有担当、推卸责任、意志力不坚定的人。对孩子最好的诚信教育就是以身作则，妈妈首先要做到不撒谎，答应孩子的事情要努力做到，即便做不到，也要跟孩子解释清楚原因，并给出解决的方案。只有妈妈为孩子做好了榜样，孩子才能在潜移默化中理解诚信的真正意义。

如果发现自己的孩子学会了撒谎，甚至是习惯了撒谎，妈妈应该怎么做呢？相信有很大一部分的妈妈都会说"一定要好好教训一下，让孩子长长记性"，但这样粗暴的"教训"也许是最无效也是最糟糕的方法。具体该如何做，妈妈们可以参考以下几点建议：

（1）以身作则

虽然孩子撒谎，但是他的生活中不是只由谎话组成的，妈妈要先肯定孩子说真话的部分，让孩子知道，撒谎并不代表他一无是处。

（2）杜绝暴力

坚决杜绝用暴力手段对待孩子。如果每次都使用暴力手段，孩子只会更加想要隐瞒自己的错误，撒谎问题只会越来越严重。

（3）探究原因

妈妈要探究孩子撒谎的真正原因。如果是妈妈做了不好的示范，或者是妈妈的一些行为给孩子造成了压力，孩子被迫撒谎，妈妈就要深刻地检讨自己，向孩子道歉，并且与孩子约好，以后和孩子一起改正错误。

总之，孩子并非生来就会撒谎，造成这种现象的原因一定是复杂多样的，妈妈要充分地了解孩子以及体谅孩子，帮助孩子改正这一不良习惯。

拥有诚信的人，生活尽管依然有苦难，却会得到很多人的帮助。诚信是一种珍贵的人生财富，所以在孩子的成长过程中，一定要教会孩子以诚信为本，妈妈更要做好榜样，做诚实守信的人。

孝道不是教育中可有可无的一环

中国十大元帅之一、无产阶级革命家陈毅是一位大孝子。早年他投身革命的时候，不得已要经常远离家乡，为了不让父母担忧，他总是想方设法给家里捎信，把自己的近况告知父母，问候父母的情况，并向他们灌输革命思想。新中国成立后，陈毅每月都会寄给父母足够的生活费，而且无论工作多么繁忙，都会抽空给父母写信，与父母聊聊近况。

1962 年，身任中华人民共和国国务院副总理、外交部长等要职的陈毅在工作时途经家乡。此时的陈毅已 62 岁，他的母亲已年过八旬，住在陈毅的弟弟家中养病。当天下午，陈毅与妻子前去看望老母。老人由于患病，经常大小便失禁。陈毅到母亲房中，正赶上母亲刚换下一条尿湿了的裤子。母亲不想被儿子看到这一场景，就连忙使眼色，示意照顾她的那位护工赶紧把尿湿了的裤子藏起来。慌忙之中，护工将裤子扔到了床下。

陈毅拉住母亲的手问道："娘，您把啥子东西扔到床下了?"

母亲连连摇头说："没啥子，你不要管。快坐下，咱们谈点儿别的吧!"护工也连连摇头说："真的没什么!"

陈毅笑了笑，对母亲说："娘，您怎么还瞒着儿子呀？"说着，他弯下身去，要看个究竟。母亲见儿子执意探究，只好把实情说了出来。

陈毅听后，心里很不是滋味，他说："娘！您身体一直不好，我不能在您身边侍候，心里已经非常愧疚了。这种事情有什么好藏的呢?!"

说着，他一边拿过裤子一边对护工说："我母亲重病在床，你们照顾起来不知有多辛苦！今天，就让我来洗吧！"

护工坚决不让，母亲也赶紧阻拦。陈毅诚恳地说："娘，我不是做做样子的，我小时候，您什么事情没为我做过，不怕脏、不怕累，我无论如何也报答不了您的养育之恩。您就答应了吧。"接着，他对妻子笑道："我们家乡流传着这么一句话：'婆媳亲，全家和。'你这个媳妇长年没有照顾婆婆的机会，也该尽点儿孝道。今天就让我们俩一起来洗这条裤子吧！"

百善孝为先，一个连孝道都不懂的人就不配为人了。在对孩子的品德教育中，让孩子从小懂得孝敬父母是重中之重。

"孝道"是道德教育的重要组成部分，是做人的基本要求，是一个人为人处世的根本。一个人只有懂得了孝敬父母，才有可能拥有关心他人、热爱祖国等其他美好品德，所以孝顺是一个人处理人际关系的第一步。中国是一个历史文化源远流长的国家，中国人历来重视孝道。孝敬父母已经不只是一种伦理道德，它也关系到一个人是否具有感恩之情，是否具有仁爱之心，更关系到几代人以至一个民族、一个国家的素质。

　　教育孩子孝敬父母，既可以让父母获得尊重，更可以让孩子成长为受人喜爱、受人尊重的堂堂正正的人。一个不孝敬父母、不给父母好脸色的人，就算他再有才能，身边的人也不愿与之交往、与之共事，只能遭人唾弃。

　　尊重长辈、孝敬父母本是中华民族的传统美德，但是，现如今在一些被父母奉为掌上明珠的孩子身上却鲜少看见这种美德。饭桌上，父母忙着给孩子夹菜，孩子觉得哪个菜好吃就端到自己面前独享，丝毫不顾及家中的其他人；父母在厨房忙碌，孩子在一边玩耍，完全没有要帮忙的意识，等到饭菜做好孩子连拿碗筷这种小事都不做，只等着吃；孩子一旦生病，全家齐上阵，对孩子嘘寒问暖、端茶倒水，而父母身体不适的时候，孩子却很少问候；孩子过生日的时候，要求父母买礼物、办生日会，可是很多孩子却不知道父母哪一天过生日。这样的场景屡见不鲜。长此以往，对孩子没有丝毫好处。

　　妈妈应该在日常生活中教育孩子为父母分忧解愁，为父母做一些力所能及的事，关心父母。比如，吃完饭后，让孩子帮忙收拾桌子、清洗碗筷；当自己身体不舒服的时候，让孩子帮忙端水送药；要告诉孩子自己的生日，给孩子向自己表现孝心的机会；绝对不能惯孩子顶撞父母的坏毛病，要让孩子做到即使心中有委屈和愤怒也要心平气和地和父母说清楚。

　　孝敬父母这件事不仅仅关系到父母与子女，还关系到一个人与其他人的相处，其实质是一个人是否懂得关心、体谅他人。在家里养尊处优、不体谅父母的人，到社会中，也不可能体谅别人，和别人和谐相处，也不可能具备良好的社会责任感，对祖国忠诚。因此，培养孩子尊敬长者、孝敬父母的好习惯是个大问题，妈妈千万不能忽视。

好的家庭关系应是长幼有别、父母慈爱、子女孝顺的。当然，这里所说的长幼有别与封建时期家长的"一言堂"是不同的。好的家庭关系里的家庭成员之间是民主平等的，父母要尊重孩子的独立人格，尊重孩子的意愿，当孩子在做一些事情的时候，父母应该充分听取他们的想法，如果他们的想法合理，就应该顺从他们的心愿。同时，孩子也应该尊重、爱戴父母，不应该跟父母没大没小。家庭是一个整体，如果各自为政就乱套了，总要有人当家长，来管理和指导全体家庭成员的生活。父母肩负着养家的职责，同时具有丰富的生活经验，所以成为家庭的核心是合理的。孩子应当在父母的指导和帮助下生活、学习。可是现在，在不少的家庭中，孩子才是家庭的核心，家长全都围着孩子转，全方位地伺候孩子，满足着孩子的各种要求，让孩子过着犹如小皇帝、小公主一样的生活，孩子自然形成唯我独尊的性格，如何能懂得孝敬父母呢？因此，我们必须让孩子明确他们与父母的关系，知道父母是长者、是家庭生活的主事人，而不能颠倒主次，任由孩子在家里为所欲为。

我们还应让孩子了解父母为他和家庭所付出的辛苦。现在不少孩子对父母的工作情况一无所知，以为家里的钱取之不尽，用之不竭，觉得只要是自己想要的，父母都应该买给自己。这样如何能培养孩子的孝顺之心呢？所以说，妈妈应当有意识地把自己在外工作和收入的情况详细地告诉孩子，让孩子明白父母赚钱养家是很辛苦的。这样，孩子才会体谅父母、感恩父母。

　　培养孩子孝敬父母的行为习惯，一般要求子女：听从父母教导，关心父母，懂得替父母分忧，承担相应的劳动，不给父母添乱。要让孩子在实际行动中做到这些要求，就应当从日常生活中的小事抓起。比如，在孩子关心父母方面，可以要求孩子每天放学回家要和父母问好；如果父母工作一天很劳累，孩子要知道关心父母；当父母做家务劳累时，孩子应主动帮忙；当父母身体不舒服时，孩子应主动照顾父母，多说宽慰话，替他们分担一些家务事。孩子应承担必须完成的家务劳动，不能在家里像甩手掌柜一样，什么也不做。年纪小的时候做一些简单的家务，随着年龄的增长，任务量和难度要有所增加。这一点要根据孩子的年龄、能力、学习情况合理分配，耐心指导。这样孩子会慢慢养成做家务的习惯，也有利于孩子不断增强孝敬、感恩父母的观念。

　　另外，父母如果不孝敬自己的父母，孩子也很难懂得孝道。所以，妈妈必须以身作则，做孝敬长辈的楷模。现如今，一些夫妻不善待自己父母的情况时有发生，有些人不仅不赡养、照顾自己的父母，反而千方百计地"啃"老，这种行为会直接对自己的孩子产生恶劣的影响。因此，我们在努力经营自己的小家庭的同时，也别忘了照顾年迈的父母。如果说平时居住的地方离父母那里较远，在节假日的时候就要尽量抽时间带上孩子去看望父母，帮父母做些家务，陪父母聊聊天。长此以往，孩子看在眼里，记在心里，自然会逐渐成长为一个尊敬长辈、孝敬父母的人。

量大好做事，宽容记心间

明代文学家冯梦龙曾经说过："事不三思终有悔，人能百忍自无忧。"这是一种豁达的生活态度，也给后人的为人处世以巨大的启迪。跟宽容的人在一起，往往有如沐春风的感觉，他们没有咄咄逼人的压迫感，也不会干涉别人的行动或想法。宽容能让孩子更好地融入周围的环境，更好地为人处世，这种良好的品质从幼年时期就应该着重对孩子进行培养。

宽容渗透在生活的方方面面，它有很多不同的表现形式，要培养孩子的宽容的品质，就要了解如何才能做到真正的宽容。宽容的表现主要有以下几种：

（1）有选择性地遗忘

宽容的人往往都是"健忘"的人。他们对于别人做的错事，或者伤害自己的事，往往会选择性地遗忘。而他们记住的是别人美好的一面，对自己友好帮助的一面。这种"健忘"可以让人摆脱坏情绪的危害，也可以给别人机会去发现自己的错误，反省自身，从而帮助他人成长。

　　有两个朋友相约去旅行，他们曾经去过一个海边，在那里，两个人一起欣赏了美丽的海边日出，但是却在商量下一步的具体行程时，产生了分歧，两人越吵越凶，最后竟然动手打了起来。甲个头比较小，在这场打斗中吃了亏。晚上，甲在自己的旅行日记中写下："今天乙出手打了我，我真没想到他是这样的人，我无比厌恶他。"

　　后来，两人又有一次去了沙漠旅行，结果却在途中迷了路。甲的水壶不小心打翻了，仅有的一点儿水迅速消失在沙漠中。甲有点儿沮丧，这时候，乙把自己的水壶拿出来，递给甲说："快喝点儿吧，我们还得撑着走出这片沙漠呢！"甲拿过水壶，喝了几口，又将水壶还给了乙。甲乙两人最终走出了沙漠，甲在旅行日记中写道："今天我的水壶打翻了，乙把珍贵的一点儿水让给我喝，我没想到他这么无私，我赞美他，欣赏他。"然后，他又翻到了之前的那一页，把记录自己在海边被打的那一篇日记轻轻撕去。

　　后来，两个人又相约去了很多地方旅行，他们仍然会有争吵，也仍然会互相关心帮助，但是他们的友谊一直坚不可摧。

　　妈妈在教育孩子的过程中，也要教会孩子"健忘"，把别人对自己的伤害轻轻抹去，只留下别人对自己的关心和帮助。凡事以一颗平和宽容的心去对待，看到的世界会更加美好，也会结交更多的朋友。

　　媛媛和琪琪是好朋友，她们从小时候开始就常常在一起玩，渐渐成了形影不离的小伙伴。有一次，媛媛又来到琪琪家做客。琪琪非常热情地把自己刚买的几条小金鱼给媛媛看。几条小金鱼欢快地摇动着尾巴，在水里自由自在地游着，两个人就趴在鱼缸边上看得入了迷。

琪琪拿来鱼食喂小金鱼，媛媛也要喂，琪琪说："小鱼不能吃太多，吃多了会撑死的。"可是媛媛偏偏不听，执意往鱼缸里倒了不少鱼食。琪琪几乎要哭出来了："你这样会把小鱼撑死的，以后就没有小鱼陪我们玩了……"媛媛也知道自己太鲁莽了，就低着头对琪琪说"对不起"，琪琪却跑到一边，噘着嘴不再跟媛媛说话。

没想到的是，第二天刚一起床，琪琪就发现有两条小鱼真的死了，她伤心地哭了起来，心里对媛媛有说不出的厌恶。

周六的时候，妈妈要带琪琪去媛媛家玩，但是琪琪怎么都不肯去。妈妈给她拿了她最喜欢的洋娃娃说："带着你的洋娃娃去跟媛媛玩吧，她也一定会很喜欢的！""我不要。我再也不想和她玩了，小鱼就是被她害死的，她是一个坏人，我以后再也不想跟她做朋友了……"妈妈一看琪琪的情绪那么大，赶紧开导孩子说："我知道媛媛上次做得确实不对，但是人家已经向你道过歉了，我们不能总抓住别人的错误不放啊，这样不仅你心里难过，媛媛心里也会不舒服的。而且，你想一想，上次你把媛媛刚买的新裙子弄上了泥点子，媛媛是不是都没有怪你，还跟你说白裙子上沾上了泥点子，就当是开了小花呢！"

琪琪听完以后，陷入了沉思，想到上次把媛媛的新裙子弄脏，心里也有点儿内疚，便和妈妈一起去媛媛家玩，两个人重归于好，玩得不亦乐乎。

当我们总是在意别人的过错时，除了让对方痛苦，其实也给自己增加了思想上的负担。妈妈要教育孩子，少计较别人的错误，多看到别人的优点，这样对人对己都有好处。

（2）允许别人有不同意见

所谓"仁者见仁，智者见智"，对待同一个事物的不同态度和意见正是人们智慧的一种体现。但是在现实生活中，有人却过于霸道，不允许别人与自己有不同的意见，这样的做法是非常危险的，对别人来说也是不公平的。妈妈也要教育孩子，应当尊重别人的意见。

小叶在小强家里看动画片，小强非要看《熊出没》，但是小叶却想要看《喜羊羊与灰太狼》，两个人拿着遥控器你争我抢，最后谁也没看成，小叶还委屈地哭了。

小叶责备小强："为什么你不懂得让着女孩子！再说了，光头强和熊大熊二长得多丑，光头强嘴巴那么大，熊大熊二那么胖，丑死了！你居然喜欢这样的形象！你看喜羊羊、美羊羊多可爱，羊村里的羊们都长得很漂亮，而且非常可爱！"

小强一听就急了："我就觉得光头强可爱怎么了？凭什么你说什么就是什么，我还觉得你那什么喜羊羊长得丑呢！不想看就算了，不要在我家吵！"小叶委屈地离开了。

回到家后，小叶扑到妈妈怀里就哭，说小强欺负她，还说她的喜羊羊丑，一边说一边骂小强是个笨蛋、傻瓜。妈妈抱着小叶，轻轻地拍着她的背，等小叶情绪平复下来，便对她说："我没记错的话，你最喜欢的花是百合花对不对？"

"是啊！百合花又大又漂亮，还很香，我最喜欢了。妈妈怎么突然说起这个？""但是妈妈更喜欢玫瑰花是不是？"小叶点点头，说："是啊！可是玫瑰花有刺，妈妈为什么还要喜欢它呢？"妈妈笑了笑，说："因为每个人的想法不同啊，这个世上的花有那么多种，不可能人人都喜欢一种的，对不对？我们为什么要强求别人跟我们一样喜欢百合花呢？"

小叶若有所思地说："我没有强求别人要跟我一样。"

"那你为什么要骂小强笨蛋、傻瓜呢？你喜欢你的喜羊羊，他喜欢他的光头强，你们只是爱好不同，两者并不矛盾啊！"小叶恍然大悟，她这才明白，不同的人会有不同的想法，我们不能勉强别人跟自己保持一致，而应该学会尊重他人。

妈妈在教育孩子的时候，也要告诉孩子，要拥有宽容之心，懂得接受不同的意见。

（3）学会忍耐

无论在家庭还是在学校，孩子总是免不了做错事，也免不了受到批评。有些孩子不懂得忍耐，对所有批评他的人都针锋相对，甚至把别人的批评误以为是敌意。比如没交作业被班长批评，就认为班长针对自己。没有按时到校被老师批评，就认为老师对自己有意见。甚至是妈妈多说了两句，就觉得妈妈不尊重自己，以致做出一些出格的事情来反抗。这些都是不懂得忍耐的表现。

有一天放学，晴晴刚回到家就开始跟妈妈诉苦。她说："今天班里进行小测验，同桌抄了别人的试卷，老师非说是抄的我的，还把我批评了一顿，同桌也不知道给我解释一下，真是气死我了!"

妈妈知道晴晴考试从来都不会作弊的，就问她:"妈妈知道一定不是你，那你向老师解释了吗?"

"解释什么? 老师都不给我机会解释，就说我俩关系好，考试的时候得的分数都是差不多的，可是真的不是我给他抄的!"晴晴更委屈了。

妈妈笑笑说:"没关系，老师也不是故意错怪你的。可能在当时的情况下，你的可能性看上去更大一些，而老师又没有时间去做详细的调查。既然你没有做，明天上学再去好好跟老师解释一下就可以了。至于你的同桌，他肯定是被老师抓住以后很紧张、很害怕，哪里还想到要为你解释呢? 这都不是什么大事，忍耐一下，明天跟老师说清楚就好了。"晴晴只好点点头。

第二天，晴晴找到了老师，还没等她开口，老师就先说话了:"晴晴啊，昨天考试作弊的事，是老师错怪你了，老师已经知道是怎么回事了。你不要放在心上好吗? 下次老师一定会认真调查好再批评的。"晴晴心里的一块石头终于落地了，她用力地点点头，离开了办公室。

人们常说"宰相肚里能撑船"，说的其实就是宽容大度之人。古有三尺巷的传说，现有周总理被剃头师傅刮破脸而不责备，这些无不是宽容的典范。妈妈也要时时刻刻注意，教育孩子成为一个宽容大度的人。

尊重是孩子的必备素养

李阳阳发现自己刚满 5 岁的儿子完全不懂得尊重别人，这让她非常伤心。事情是这样的：周六时，李阳阳本打算去参加姐妹们的聚会，让丈夫在家带孩子，可丈夫临时有事出去了，她只能带着孩子一起去参加聚会。刚到咖啡厅，李阳阳还没跟姐妹们打招呼，儿子就已经放开了她的手，快速跑到柜台前大声喊道："我要喝可乐！"李阳阳赶紧上前想要拉走他，先去打招呼，没想到儿子却用力打了一下她的手，喊道："妈妈，你给我放开！"

儿子这样的表现让李阳阳觉得又惊讶、又伤心，她猛然意识到，儿子这次的行为并不是偶然，类似的事发生过很多次了。虽然他在家里有时候也会有一些对自己不尊重的言行，可如果不是这次的事情，李阳阳还不知道什么时候才能意识到这一点。她怎么也想不明白，自己到底忽视了什么，才让孩子变成了这样……

其实，孩子之所以会做出这种不尊重大人的举动，妈妈是要负很大责任的。随着时代观念的改变，"父母的权威不可动摇"等"老套"的教育思想已经被很多年轻的妈妈摒弃，她们崇尚与孩子成为朋友。于是，这些妈妈过多地对孩子强调父母与孩子是朋友，有时还毫不避讳地在孩子在场的情况下就抱怨老师或是其他孩子的家长，这些言行其实相当于在告诉孩子："不尊重长辈也没关系，没有权威不可动摇!"于是，孩子的心目中没有了"权威"的概念，"尊重"这个词语也几乎消失了。

尊重是人际交往过程中非常基础且非常重要的条件，能够尊重别人的人，才能得到别人的尊重。而只有所有人都能够懂得尊重他人，整个民族的自尊感才会得到显著提升。所以，妈妈应当关注孩子尊重意识的培养，让孩子成为一个懂得尊重他人的人。

那么，妈妈具体应该怎样培养孩子的尊重意识呢?

（1）妈妈要尊重孩子

孩子没有体会过被尊重的感觉，就不会知道尊重是一件多么美好的事情，也就不能理解妈妈为什么要要求自己尊重别人。因此，妈妈首先应当尊重孩子，让孩子知道什么是尊重。例如，让孩子帮忙做一些事情时，妈妈不要使用生硬的祈使句来命令孩子，而是要说"帮妈妈……好吗"一类较为柔和的语句;如果孩子帮忙完成了某件事，妈妈要说一声"谢谢";一些小事可以和孩子商量着办，比如借用孩子的东西、周末出游的目的地等。

（2）教会孩子尊重他人

教会孩子尊重他人是妈妈们应该做到的事情。一个不懂得尊重他人的孩子，在进入社会后想必也难以赢得众人的好感，极端的人甚至会丧失对自己以及自己最宝贵的生命的尊重。与人见面时问一声好、握一个手，在他人遭遇不幸时表示同情与怜悯，在自己取得成功时能想到这其中也有他人的努力……这些其实并不难，且都表现出了对他人、对他人劳动成果的尊重。

（3）为孩子树立好榜样

妈妈在人际交往中的行为举止、态度方法，多多少少都影响着孩子的思想与言行。如果妈妈能有良好的行为举止，那么不用妈妈费太多口舌，孩子自然会模仿妈妈的行为，走上正确的道路。如，在家里，妈妈能否尊重、孝敬自己的长辈，是否用尊称与长辈交谈；与他人交流时，能否全神贯注，并微笑地看着对方，认真倾听，不随意插话；是否会在背后非议别人；能否在公共场合遵守秩序等。倘若妈妈在日常生活中能时刻注意自己的行为，为孩子做出表率，那么孩子就会在潜移默化中受到影响，自觉做好自己应当做的事。

（4）教会孩子尊重他人的所有权

妈妈应当帮助孩子分清什么东西是属于他的，什么东西是属于别人的，并教会孩子尊重他人的所有权，还要让孩子初步了解这样做的原因。妈妈还要告诉孩子，随便取用别人的物品、抢占或破坏别人的东西等行为都是错误的，应当学会控制自己的行为。

（5）教育孩子与人交谈时要使用尊重的语气

妈妈应当教育孩子用尊重的语气与人交谈。有些妈妈觉得，孩子有比较强的自我表达意识是一件好事，因此哪怕孩子以大哭大闹的方式来表达自己的想法，妈妈也不予以阻止。事实上，大部分孩子在顶撞了妈妈后都会觉得愧疚或者害怕，此时倘若妈妈纵容了孩子这样任性、无礼的行为，孩子慢慢也就不再在乎自己的言行会不会给他人造成伤害了。因此，妈妈要态度鲜明地阻止孩子任性无礼的行为，告诉孩子"我不喜欢你用语言去伤害别人""你要为你说的那些伤人的话道歉"等，表达出要用尊重的语气和人交谈的要求。

（6）让孩子换位思考

除了妈妈的言传身教外，孩子也可能会通过网络、小伙伴甚至大多数人的做法而学会不尊重别人的举动。例如给别人起含有贬义的外号，见到残疾人会大惊小怪、指指点点，嘲笑陷入困难的人，对倒霉的人幸灾乐祸，等等。起初，孩子有这样的行为可能只是出于好奇，或是想开个玩笑，又或者只是盲目地跟着其他人做，他们并没有意识到这些行为是对他人的不尊重，没有察觉到这些行为会给别人的心灵造成多大的伤害。

但是妈妈不能放任孩子一直这样下去，否则长此以往，孩子就会养成习惯，哪怕今后意识到自己的行为有问题，也很难改正了。妈妈应当告诉孩子尊重别人就等于尊重自己，还要有针对性地告诉孩子这些行为的坏处，让孩子学会换位思考，设身处地地感受不被尊重的感觉，劝导孩子去同情、帮助他人。相信只要妈妈一点点将这些道理讲给孩子听，孩子就能慢慢接受，改变自己的行为。

（7） 让孩子知道不尊重人的恶劣结果

通常而言，家长如果能够在孩子做出对他人不尊重的行为时，及时制止并予以适当的惩罚，倘若当时的情况不合适也可以将惩罚延后，并告诉孩子他是因为什么受到惩罚的，那么孩子就会知道不尊重人会给自己带来恶劣的影响，今后也就会避免做出这样的行为。

在具体的惩罚措施上，妈妈可以选择让孩子在一定时间内不能玩手机、看动画片，或某样他特别喜欢的菜一段时间内都不会再出现在餐桌上，又或者没收一个他十分喜欢的小物件。总之，惩罚措施应当在不伤害孩子身心的前提下，要能给孩子留下深刻的印象，而且一定要保证这项惩罚措施的严格施行。

勤俭能给孩子带来精神财富

　　勤俭节约是中华民族的传统美德。虽然在物质条件丰富的现代社会没有必要刻意让孩子过苦日子，但是也必须对孩子进行勤俭节约教育，让他懂得"金钱来之不易""节俭是美德之母"，从而远离奢侈、虚荣，走上健康的成长之路。

　　非法校园贷的悲剧想必很多妈妈都有所耳闻，一些还没有经济能力的大学生，为了满足自己的奢侈欲望，找非法校园贷借钱。钱很快挥霍完了，"利滚利"的高额贷款却成了他们的噩梦，他们的父母也被频繁催债。一些大学生不得不出卖尊严还贷，甚至为了躲债选择轻生。如果这些孩子能够养成节俭的美德，不去虚荣地追求超出自己经济能力的名牌包、高价衣服和手机等，这些人生悲剧就不会发生。

　　所以，妈妈不要再为了"富养"孩子而满足孩子的一切需求了，应当让他在衣食无忧的同时，也养成节俭的习惯。

　　培养孩子的节俭美德，妈妈可以从以下几方面入手：

　　（1）让孩子树立正确的金钱观

　　一些孩子并不清楚父母挣钱的艰辛，觉得钱来得很容易，只要向父母张口要就行了。因此，他们花起钱来大手大脚，毫不心疼。而父母呢，只要孩子开心，他们再苦再累也毫无怨言，于是省吃俭用、起早贪黑地多挣钱来满足孩子的需求。但是，一旦孩子养成了奢侈的习惯，欲望就成了无底洞，很容易超出父母的能力极限。这时候再告诉孩子家里没钱了，他怎么肯轻易罢休呢？所以，妈妈要尽早让孩子知道钱是来之不易的，是父母付出辛勤的劳动换来的。此外，还要告诉他金钱不是万能的，它无法买到精神和道德、健康和友谊等。

当然，正确的金钱观不是让孩子忽视金钱的重要性，而是让他知道只有用诚实的劳动换来的金钱才是最可贵的，花起来也最安心。而靠歪门邪道挣来的钱，往往伴随着无数隐患。

（2）让孩子花钱有节制

给孩子一些零用钱是很有必要的，以供他在乘坐公交等临时需要的情况下使用。但是，很多不懂得节制的孩子会将这些钱随意花掉，例如买一些完全不需要的东西，造成浪费。因此，妈妈可以教育孩子，在买某一件东西前先自问：这件东西是非买不可的吗？如果答案是否定的，那就不要买了，以免在真正需要用钱时束手无策。

（3）节俭要从点滴做起

节俭不是靠讲道理就能实现的，要让孩子从生活中的点滴小事做起，让节俭成为一种习惯。妈妈可以细致观察孩子的一言一行，督促他珍惜粮食、爱护衣物和玩具等。

（4） 妈妈要以身作则

妈妈是孩子的榜样。很多孩子从小就喜欢模仿妈妈的一言一行。所以，妈妈能以身作则，厉行节俭，就能够让孩子在潜移默化中得到熏陶，养成节俭的习惯。

（5） 要注意对孩子进行艰苦朴素思想的教育

现在生活好了，一些妈妈就觉得艰苦朴素是落伍的思想，用不着再宣扬了。其实，"历览前贤国与家，成由勤俭败由奢。"在过去的百余年间，整个中国曾长期陷入贫穷、落后的深渊里，经过了无数先辈艰苦卓绝的奋斗才逐渐走上富裕之路。如果整个社会就此忽略了艰苦朴素思想的重要性，就无法避免走上"成由勤俭败由奢"的历史循环。所以，即使家里富有，妈妈也要教育孩子不要追求所谓的高档、名牌，而是要追求精神上的富足，这样才能在身心两方面都健康成长。

（6） 故意"装穷"

一对年轻夫妇有着丰厚的收入，所以生活中他们的吃穿用度都追求高档、名牌。但是，在他们的女儿出生前不久，夫妻俩进行了一次彻夜长谈，决定"装穷"。

他们不再购置名牌衣物，家里的高档电器全卖掉了，饮食方面也只追求营养、健康。女儿出生并渐渐长大，家里再也没有过去的奢侈迹象。他们凡事都尽量让孩子自己动手，还常常告诉女儿："爸爸妈妈工作都非常辛苦，你一定要珍惜每一粒粮食，当一个节俭的好孩子。"

夫妻俩的苦心没有白费，他们的女儿从小就养成了勤俭节约的好习惯，不乱花钱，甚至还"监督"爸爸妈妈不能浪费。家里的纸箱子、饮料瓶，她会小心翼翼地放进储物间，攒到一定数量后，就会催促着妈妈卖掉。看到女儿那副"小鬼当家"的认真模样，夫妻俩心里美滋滋的。

"由俭入奢易，由奢入俭难。"如果孩子从小衣来伸手、饭来张口，由着自己的性子乱花钱，以后妈妈想要改变孩子奢侈浪费的习惯就很难了。我们举一个极端些的例子，如果家庭出现了变故，无法供孩子挥霍下去，他能够理解和接受吗？相信是非常困难的。所以，不如让孩子从小养成节俭的习惯，使其对金钱倍加珍惜。当然，让孩子节俭，并不等于让他过"苦行僧"般的生活，而是在满足衣食住行等基本需求之外，不过度消费。

03

PART THREE 第三章

打造孩子好性格
比什么都重要

懦弱抑制了孩子的成长

懦弱就是软弱无能的表现。如果一个孩子拥有懦弱的性格，就会经常被人欺负，无法坚强、勇敢地面对艰难困苦，也不具备创新精神，经不起大风大浪的考验。懦弱胆小的人，没有勇气面对生活中的微小坎坷；甚至一点儿小小的误会都会使他一蹶不振，做什么事都不容易成功。

相信很多妈妈都看过短篇小说《小公务员之死》，契诃夫用夸张和讽刺的笔法描写了一个胆小懦弱的小公务员。在看戏时，小公务员不小心把唾沫星子弄到了一旁的部长大人身上，他立刻变得惶恐不安。他觉得不管自己怎么解释，都得不到部长大人的原谅，可是部长大人早就忘了这件小事。最后，小公务员因无法承受巨大的心理压力，居然一命呜呼了。这虽然只是一部文学作品，但是却生动地揭示了懦弱对人的危害。而且现实生活中确实存在同样懦弱的人，他们经常自己吓唬自己，以致生活充满了烦恼。

6岁的锋锋待人礼貌而且聪明乖巧，但遗憾的是他具有非常懦弱的性格。不管是大人说了一声"不行"，还是邻居家的小妹妹抢了他的玩具，或者是他自己做不好某件事时，他都会号啕大哭。锋锋的妈妈非常担心，有时忍不住责骂他："你现在这么懦弱，长大后该怎样面对人生的风风雨雨，如何在激烈的社会竞争下生存呢？"

要想让孩子不懦弱，妈妈一味地责骂是没有用的。美国儿童心理学家认为，像锋锋一样爱哭的孩子具有敏感的心理，这是一种先天的性格特征。孩子的妈妈应该在后天的教育中解决这个问题，尽可能地降低孩子性格中的懦弱成分。妈妈不应该在口头上强迫孩子"不许哭""不能软弱"，也不要过多地强调懦弱的弊端，因为这样做很可能会放大孩子的性格弱点。其实，当孩子因无法做成某件事而伤心痛哭时，妈妈最应该做的是帮助孩子克服沮丧。

导致孩子懦弱的原因有很多，既可能是先天的，又有可能是后天教育不当造成的。如果孩子是先天懦弱，妈妈应该多多鼓励，让孩子自信、乐观地做事。可是，如果孩子的懦弱是妈妈错误的教育方式造成的，简单地鼓励就没有意义了。事实上，很多妈妈都意识不到是自己的教育方式导致了孩子的懦弱。例如，不许孩子独自外出，不让孩子多接触同龄的朋友，过多地限制孩子的自由等。另外，妈妈过度宠爱孩子，什么事都代劳，也会让孩子缺乏独立做事的能力，因为做不好事而觉得自己懦弱。

总的来说，造成孩子性格懦弱的原因有以下几点：

（1）过分保护

很多妈妈对孩子过度宠爱，担心孩子受苦受累，即使是穿衣服、叠被子这样力所能及的小事也不让孩子去做，全部由妈妈代劳。如果孩子一直待在绝对安全的状态下，就永远无法学会真正的自我保护，稍微经历一些外界的刺激就会变得沮丧、不安，很容易养成懦弱的性格。

（2）过分严格

妈妈的过分严格会给孩子带来强大的压力，他没有逃避的可能，只好被动、消极地应对。随着时间的推移，孩子在妈妈面前表现得"乖巧""服从"，很可能会变得懦弱。

（3）表扬不当

表扬具有强化心理的作用，是对一个人的肯定和鼓励。如果妈妈对孩子的表扬不恰当，就会误导孩子，让他产生不良的想法和行为。

一个女孩上小学时经常被同宿舍的人欺负，却不敢向家人或老师反映。同桌问她为什么不反抗，女孩说："妈妈从小就夸我是个听话的好孩子，而且经常在街坊邻居和亲戚面前这样说。如果我和她们吵起来，惊动了老师和家长，他们就会责备我不是好孩子了。"

这个事例表明，不恰当的表扬会让孩子养成不好的性格，甚至变得懦弱。这个女孩就是在妈妈的表扬下，逐渐失去了反抗别人的勇气，习惯了逆来顺受。

妈妈应该怎样帮孩子矫正懦弱的性格呢？可以参考以下几点：

（1）鼓励孩子接触社会

对过分保护和过分严格的教育方式说"不"。妈妈不要将孩子整天关在屋子里，应该让孩子从家庭的小圈子走出来，经常带孩子到公共场所转一转，让他们对社会有初步的接触和认识。例如，带孩子到公园散散步；在放假期间，带孩子走亲访友或旅游，使他们的视野变得更加开阔，掌握更多的知识；鼓励孩子跟同龄的小伙伴玩耍，积极参加学校举办的各种文体活动等。

（2）鼓励孩子在陌生人面前大胆说话

一个懦弱的孩子往往不爱说话，在家里不善于跟父母争辩，在外面面对陌生人更是如此。面对这样的孩子，妈妈应该主动为其创造大胆说话的机会。如果孩子不敢在陌生人面前讲话，妈妈可以经常请客人到家里，让孩子主动跟客人接触。当然，一定要事先跟客人商量好，有目的地向孩子发问。俗话说："一回生，二回熟。"当孩子和客人交流多了，就会逐渐克服懦弱的心理。

另外，妈妈应该给予孩子独立思考和发言的机会。遇到问题时，可以先问问孩子："你有什么想法吗?"假如孩子的观点正确，应该及时地赞扬和鼓励，让孩子感受到妈妈的支持，再遇到同类问题时，孩子就有信心和勇气发表看法了。假如孩子的观点不正确，妈妈也不要责怪孩子，使他感到沮丧和难过。此时，妈妈可以引导孩子思考自己说过的话，让他明白为什么这样说不对。这样可以逐渐提高孩子的表达能力，有利于改变其懦弱的性格。

（3）鼓励孩子大胆、独立地做事

有些孩子性格内向，只愿意跟自己熟悉的人相处，不愿意跟陌生人打交道。比如，一些孩子已经十几岁了，让他们到超市买些生活用品，他们都不愿意。由此可见，应该注意从小培养孩子大胆做事的能力。一位好的妈妈应该懂得鼓励和赞赏孩子，让孩子获得足够多的勇气和自信。当孩子遇到困难时，如果无法自己解决，妈妈应该给出必要的提醒或指导。当孩子自己努力解决了问题时，妈妈应该予以赞赏和表扬，帮助孩子树立自信心。

"坏"脾气是孩子人缘差的导火索

　　很多孩子在成长过程中都会经历一个乱发脾气的阶段，妈妈对待孩子"坏"脾气的方式对孩子来说是十分重要的，不同的方式会对孩子造成不同的影响。无论孩子"坏"脾气的根源是什么，妈妈都要做到尊重孩子，不要表现得过于激烈。

　　很多孩子在一岁左右的时候，就会产生一定的自主意识，他们希望可以甩开大人的手自己走路，希望自己用餐具吃喜欢的食物，虽然在这个过程中他们可能会摔倒哭泣，或者是把饭弄得到处都是，但这是他们探索世界的一种方式。很多妈妈面对孩子执拗地想要自己做事的时候，往往会用一句"不行"阻止孩子，甚至有些妈妈会责骂孩子不听话、脾气坏。其实，面对这种"坏"脾气的孩子，妈妈只要在一旁做好保护工作和善后工作就可以了，孩子的成长需要经历这样的阶段，应该尊重他们的成长规律，让他们快乐地长大。对这些"坏"脾气，妈妈一定要用温和、包容的心态去面对。

　　当然，还有些孩子的"坏"脾气并不是这样的。他们的表现常常是用哭闹的方式向妈妈或其他长辈示威，以求用这种方式满足自己的某种需求，达到自己的目的。还有的孩子会刻意选在人多的地方哭闹，因为他们知道越是人多的地方，妈妈越不容易拒绝自己的要求，妈妈会顾及面子，会为了让自己安静下来而选择妥协。

我们经常会看到这样的情景：在超市里，孩子站在某一个货架前，非要买某种食品或玩具，妈妈不给买，孩子就拽着大人的衣角大哭，甚至会躺在地上打滚；还有的孩子，在人来人往的大街上大声哭闹，只是因为妈妈没有买他们喜欢吃的蛋糕……为什么孩子会用这样的方式去威胁、逼迫妈妈呢？主要是因为他们尝过甜头，他们知道，这样的方法是管用的，妈妈怕的就是这个。其实，从这些现象中我们就能发现，孩子这样的"坏"脾气是不能惯的，应该用适当的方式进行疏解，帮助孩子改正这样的坏习惯，不要让孩子有恃无恐，情况愈演愈烈。

小齐的女儿已经 5 岁了，虽然很多地方都讨人喜欢，但是令小齐夫妇最头疼的就是孩子爱哭，稍微遇到点儿问题就哭，不能满足她的要求或者只是对她稍微语气不好，眼泪马上就来，这让小齐夫妇无所适从，他们见不得孩子哭哭啼啼的样子，只好勉为其难地接受孩子的索求，尽全力地满足她。但是，随着女儿慢慢长大，小齐夫妇发现这样下去是不行的，因为女儿已经把哭闹当成了对付妈妈的"撒手锏"，她哭闹的次数越来越多，理由也越来越简单，小齐夫妇最终决定要帮助孩子改变这个坏习惯。

有一天晚上，小齐正在辅导女儿写作业，但是女儿却突然把书本一扔，要去玩她的布娃娃，小齐不允许，女儿便开始哭。小齐告诉女儿："该写作业的时候就要写作业，咱们说好了写完作业再玩，你要遵守自己的承诺。"女儿依然不听，小齐便告诉女儿："如果你用这样的方式换来玩玩具的机会，那明天就禁止玩玩具一天，作为对你的惩罚。"第二天，小齐真的说到做到，虽然女儿还是哭闹，但是小齐仍然"狠心"地遵守了承诺。这件事发生以后，小齐的女儿发现，哭闹对妈妈并没有什么效果，甚至还会给自己带来一些损失，此后便哭闹得少了。

孩子的"坏"脾气是分情况的，妈妈要根据孩子当时的情况来判断，到底是探索世界的一种方式，还是刻意刁难妈妈满足自己的要求。对前者应该有足够的尊重和包容，对后者要学会拒绝，甚至是动用一定的惩罚措施。

当孩子"坏"脾气发作的时候，妈妈一定要用心对待，不要一概而论，帮助孩子更好地度过人生的每一个阶段。

锻炼孩子坚忍的性格

　　坚，表示坚毅，坚定不移；持，表示持久，有恒心。能够取得成功的人往往不乏坚定的意志，它已经成了成功、成才者的必备品质。很多孩子都存在着这样一个问题：无法坚持做某件事，稍微有一点儿困难就想着退缩、放弃。妈妈应当培养孩子坚忍的性格，让孩子在面对困难时能够咬紧牙关、锲而不舍。

　　子铭就是那种只要稍微遇到一点儿挫折就会选择放弃的人。学骑自行车时摔了一跤，他就马上哭闹着不学了；学弹吉他之初兴致勃勃，可没过一会儿，他就嚷着手指尖疼，不肯再练习；就是玩五子棋，只要输了一盘，他也会立马变得沮丧起来，不肯再玩了……

　　某天，子铭突然来了兴趣，让妈妈陪他拼拼图。那个拼图足足有500块，妈妈猜以子铭的性格肯定很快就放弃，便想要借机教育一下他。于是妈妈提议说进行一个比赛，看看五分钟内谁拼的拼图多。子铭痛快地答应了，还想着大展身手呢。

　　妈妈完全没有让着子铭的意思，很快子铭就败下阵来。子铭见自己难以赢得比赛，就像往常那样，不停地嚷着"不拼了，不拼了"。这种情况完全在妈妈的预料之中，于是妈妈笑着说："子铭，原来你喜欢输给妈妈呀！刚拼这么一小会儿就不想拼了，那以后你就在我面前承认你是永远的输家好了。子铭真是胆小鬼，只要遇到一点儿困难就放弃，难怪啊！"听了妈妈的话后子铭很生气，他有些不服气地问："难怪什么？"妈妈笑着说："难怪我听到有人说，咱们子铭应该改名叫'不会'，我看真是特别合适。子铭，你觉得怎么样？""不怎么样！咱们重新比一次，这次我肯定能打败妈妈。"子铭大声喊道。

　　于是，子铭和妈妈又重新比了一次，这次妈妈故意放水，子铭赢得了比赛。而后，妈妈故意装出一副不服气的样子，要求继续比赛，就这样一次又一次，母子俩将拼图全部拼好了。子铭看着完全拼好的拼图，觉得非常有成就感。

　　经过这次的事件之后，妈妈明显感觉到子铭"争强好胜"了很多，不再将"不会""不玩""不学"之类的话挂在嘴边了。

　　法国启蒙思想家伏尔泰曾说："要在这个世界上获得成功，就必须坚持到底。"一个人想要取得一定的成就，就必须肯坚持，善于为心中的目标累积经验。只有这样，才可能实现理想，人生才能有更加斑斓的色彩。

　　是否拥有坚忍的性格被认为是一个人是否拥有良好的心理素质、健康的心理状态的一个评判标准，也是影响孩子是否能取得一定成就的一个重要因素。拥有坚忍性格的孩子在学习时会更加认真，他们能够认真面对每一堂课、每一次作业，不断地提高自己，掌握更多的知识。而没有恒心的孩子却总是不能耐心地从头到尾做完一件事。于是，孩子不仅难以取得良好的学习成绩，在生活中也会遇到很多难题。由此可见，对孩子坚忍性格的培养，会给孩子带来多么大的影响。因此，妈妈一定要注重培养孩子坚忍的性格。具体来说，应注意以下几点：

（1）妈妈不能无条件地退让

孩子总是没有耐性，做事虎头蛇尾，稍微碰到一些问题就选择半途而废，这其实是一种很常见的现象。当孩子产生不耐烦的情绪、随口就要放弃的时候，妈妈一定不能放任孩子放弃自己的初衷，而是要让孩子继续坚持下去。

假如每次孩子想要放弃的时候，妈妈都无条件地退让，那么孩子就会误以为自己说了算，觉得妈妈都听自己的。这样一来，孩子今后做事必然更耐不住性子，每每碰到困难都会轻易放弃，就这样形成恶性循环。

（2）给予孩子充足的鼓励

当孩子想要放弃的时候，妈妈应当对其进行鼓励："只要你能坚持下去，这件事情肯定没问题，妈妈都支持你、相信你。""不要灰心，再去试一试，你肯定能行的。如果本来再试一次就成功了，可你却放弃了，那多可惜！"这类鼓励的话肯定能给予孩子一定的动力，让他能够坚持下去。

（3）及时表扬孩子

表扬是教育的绝佳方式，在培养孩子坚忍性格时同样可以使用。当孩子能够坚持某件事情一段时间时，及时表扬孩子会让孩子更有动力坚持下去。比如，妈妈可以以家务劳动来锻炼孩子的坚忍性格。妈妈可以让孩子负责每天扫地或擦桌子等，起初，孩子可能会不停地抱怨，此时妈妈可以督促孩子认真去做，当孩子圆满完成任务时，妈妈就要马上予以表扬，这样孩子坚持做事的好习惯就会得到强化。妈妈的这些表扬能够激起孩子做事的热情，让孩子继续努力。如果孩子产生了坚定的信念，这份信念自然就会支撑着他一步一步地走下去，直到将目标变为现实。

（4）巧设障碍锻炼孩子

坚忍的性格是需要磨炼的，越是艰苦的环境，就越能磨炼出坚强的意志力，也就越能锻炼孩子坚忍的性格。因此，妈妈还可以故意给孩子设置一些障碍，以此来锻炼孩子。当然，设置障碍也需要把握好尺度，如果难度太大会使孩子产生放弃的想法，如果难度太小又达不到锻炼的目的，所以妈妈在设置障碍时一定要知道孩子的接受程度，把握好尺度。

（5）写日记是锻炼坚忍性格的好方式

妈妈可以让孩子每天完成一篇日记。写日记一方面可以锻炼孩子的写作能力，另一方面，当孩子坚持一段时间之后再翻看之前的日记时也会觉得很有趣，自然就体会到了坚持不懈的乐趣。另外，当孩子需要写作文却一时间想不起来合适的素材，翻翻之前的日记，也许就会得到意外的收获。

警惕孩子变成 "熊孩子"

任性，指的是一个人不会考虑到客观环境和条件，由着自己的性子，想怎么说就怎么说，想怎么做就怎么做，对于他人的劝告和阻拦无动于衷。任性的重要特征是放任自己，从来不约束自己的行为举止。

在常人眼中，任性是孩子的不良品质，必须想出办法、采取措施制止孩子的任性行为。然而，与成年人的任性相比，孩子的任性有很大的可塑性。通常情况下，孩子的任性具有双重特征，妈妈应该注意区分孩子任性的不同情况，有的放矢地教育孩子。孩子不断成长，认识范围扩大，自我意识得以发展，自尊心和独立性越来越强，所以才会 "任性"。这种 "任性" 行为符合孩子身心发展的正常需要，表现在孩子在独立完成某件事情时，一定要达到目的；或者为了维护自尊心，自我意识不断增强；或者因为高估了自身的力量，所以热衷于冒险。虽然妈妈会把孩子的这些行为定义为 "任性"，但是孩子并不这么认为。妈妈要积极地引导孩子，运用这种 "任性"，发展孩子的独立性，而不应当把孩子的这些行为视为错误，追究孩子的责任。

虽然孩子任性的原因与遗传和神经类型密切相关，但孩子并非生而任性。很多孩子之所以任性，是因为家庭教育不当。一方面由于妈妈过度溺爱孩子，总是满足孩子的不合理要求，尤其是看到孩子哭闹的时候，妈妈更是缴械投降。久而久之，孩子就会变得任性。另一方面，妈妈采取高压政策、强迫的教育方式对待孩子，常常责骂孩子，会导致孩子的脾气越来越糟糕，变得越来越固执。

最近，妈妈非常苦恼，6 岁的儿子宏远总是提出不合理的要求。他已经有很多"变形金刚"玩具，前几天却突然对妈妈说："妈妈，我需要一套新的'变形金刚'。"妈妈盯着电视屏幕头也不回地说："不行，你已经有好几套'变形金刚'了。"宏远开始哼哼唧唧，对妈妈"软磨硬泡"："妈妈，我就要新的玩具，我就想要'变形金刚'，求求你给我买吧。"妈妈只顾着看电视，不理睬宏远。看到撒娇的办法不灵，宏远委屈地哭起来，哭声越来越大。这个时候，妈妈才来哄宏远，说："别哭了，乖孩子，别哭，明天就让爸爸给你买，好不好？"

晚上，爸爸下班回家，妈妈说："最近，宏远也不知道怎么回事，越来越任性。想要什么就得马上买什么，不然就胡乱发脾气。我拒绝了他，他就软磨硬泡，死缠烂打，一直不理他，他就开始哭闹不止。明天，你再买一套'变形金刚'给他吧。"爸爸说："这样下去可不得了，你把孩子宠坏了，将来可怎么办？他已经有好几套'变形金刚'了，你怎么还答应他买新的呢？"妈妈说："一开始，我没有同意，但是架不住他哭啊。"

次日清晨起床，宏远提醒爸爸给他买"变形金刚"。爸爸坐在沙发上，把宏远叫到面前，看着宏远的眼睛说："你已经有好几套'变形金刚'了，所以我这次不能答应给你买。"爸爸的话音刚落，宏远就哭起来。爸爸态度坚决地说："假如你的要求合理，我和妈妈都会答应你。但是你的要求根本不合理，听懂我的意思了吗？"看着宏远嘟着小嘴收拾书包去学校了，妈妈问爸爸："你怎么这么严肃，把孩子都吓坏了。"爸爸说："我们都要学会对孩子说'不'，拒绝孩子的时候必须严肃认真，让他知道我们经过考虑认为他的要求不合理，然后才彻底地拒绝了他。"

这个事例中，这位爸爸的做法很值得借鉴。当孩子出现消极的任性行为时，妈妈一定要做到以下几点：

（1）告诉孩子任性的危害性

对孩子的任性行为，切勿娇惯孩子，放弃对孩子的引导和教育，一味顺从孩子，也不要粗暴对待孩子，以打骂代替教育。正确的方法是从说理着手，以情感化孩子，巧妙处理孩子的不合理请求，使孩子清楚地知道任性的危害。任性的孩子很容易情绪冲动或是激动不安，会损害身心健康。还有些任性的孩子，特别感情用事，我行我素，对于他人的劝告充耳不闻，渐渐变得蛮横无理，总是胡作非为，甚至走上歧途。

妈妈要明确地告诉孩子，任性是不良的行为习惯，会遭到家长、老师、同学的排斥。长大之后，任性的性格还会使他的人际关系恶化，影响生活和工作。与此同时，妈妈还要让孩子切实感受到任性会给身边的人造成沉重的感情负担，让孩子知道一切的任性行为都是不合理的。唯有如此，孩子才会积极主动地改掉任性的坏习惯。

（2）妈妈要尝试不同的方法纠正孩子的任性

很多妈妈都抱怨："我也知道最好不要打骂孩子，但是当孩子不听话、任性哭闹、发脾气时，不打骂能怎么办呢？"确实，教育孩子从来不是简单的事情，妈妈要找到正确有效的教育方法。

鹏鹏很任性，一次吃饭时，他因为一点儿小小的不愉快就赌气不吃饭了。妈妈批评他，他居然躺在地上哭闹不休，还把桌子上的书全都扔到地上。

面对鹏鹏这类任性的孩子，妈妈要冷静沉着，有耐心，可以采取转移注意力的方法，让孩子先做感兴趣的事情。因为孩子发脾气时神经系统高度兴奋，很容易导致情绪爆发，所以要避免火上浇油，更不要严厉训斥孩子。例如，可以让孩子看一看画册，或者做其他感兴趣的事情，从而安抚他的情绪。等孩子情绪稳定后，妈妈可以假装没事人一样，让他吃饭，此时此刻，孩子很有可能已经忘记了刚才发生的事情。吃完饭之后，妈妈要耐心地教育孩子，指出他的错误，告诉他这么做的危害，并要求他下不为例。这种做法是行之有效的。

除此之外，还可以采取听任法，即当孩子任性时，在保证孩子安全的情况下，对孩子不理不睬，让孩子自觉没趣而停止哭闹，然后妈妈再对孩子进行说服教育；或者采取激将法，即利用孩子争强好胜的性格特点，克制孩子的任性行为；

或者采取夸奖法，即利用孩子喜欢得到认可和表扬的特点，激发孩子的自尊心理，及时有效地控制孩子的任性行为。总而言之，纠正孩子任性行为的方法有很多，妈妈要根据孩子任性的具体表现，采取适当的方法。

（3）不要无原则地满足孩子所有的要求

对孩子的合理要求，妈妈当然要多多支持和鼓励。对孩子不合理的要求或者过分的要求，妈妈切勿无原则地迁就和满足，应该坚决拒绝，并让孩子明白可以做什么、不可以做什么、必须做什么。即使孩子哭闹，妈妈也不能放弃对孩子的严格要求。否则，一旦孩子的企图第一次得逞，之后就会变本加厉，更加任性。思想家培根说："你知道有哪些方法会让你的孩子不幸吗？那就是对孩子百依百顺。"妈妈切勿对孩子的不合理要求让步。

（4）全家人要统一战线

在教育孩子的问题上，不仅爸爸妈妈的意见要统一，而且与祖父母的意见也要统一，这样才能避免孩子钻"空子"。如果家人意见不统一，则正确的教育方法就难以付诸实施。例如，当孩子任性时，爸爸指责孩子，妈妈切勿护着孩子。这种时候，如果外婆再出面拉孩子走开，甚至抱怨爸爸妈妈对孩子过于严厉，则家人之间就会相互埋怨、指责、争吵，导致孩子更加任性。在教育孩子的时候，全家人一定要统一意见，避免产生分歧和纷争。退一步而言，就算真的有分歧，也不要当着孩子的面争论。

马虎大意会让孩子的路途变得坎坷

　　黄祖洽是我国杰出的理论物理学家，他能取得这样大的成就，与他自小就被培养出来的认真的性格有很大关系。

　　在黄祖洽小的时候，母亲曾带着他在乡下的茅屋里居住了一阵子。乡下的空气非常好，还有涓涓小溪和广阔的田野，黄祖洽在这里生活得很开心。

　　一天，黄祖洽听到妈妈说了一句："有心栽花花不开，无心插柳柳成荫。"他觉得很奇怪，于是问道："妈妈，这句话是什么意思啊？怎么'无心插柳'还能'柳成荫'呢？"妈妈解释说："这是一句谚语，意思是用心去栽种花，花却总是不开，随意折下来一根柳条却成了郁郁葱葱的柳荫。"

　　黄祖洽是一个十分较真的孩子，听了妈妈的解释，他想要亲自去验证一下，看柳条究竟能不能存活。于是他从树上掰下了一根还没发芽的绿柳条，将它插进了池塘边松软肥沃的泥土中。之后，黄祖洽每天都兴致勃勃地跑去看柳条，可它一直没有什么变化。

　　过了一阵子，母亲要回城一趟，黄祖洽也必须跟妈妈一起走，可他心里一直惦记着他的柳条，怕它被人拔掉。于是，他就把柳条带着土一起转移到了自家茅屋旁的一个大洞里，这才安心地随着妈妈回了城。

很长一段时间之后，黄祖洽终于有机会跟着妈妈回到乡下。刚到乡下，他马上就跑去看之前栽种的那根柳条了。黄祖洽惊喜地发现，柳条真的发芽了，他开心极了。

正是因为黄祖洽从小就能够认真地对待每一件事，才最终能在科研的道路上走得那么远。

由此可见，让孩子养成认真的性格，对孩子的发展十分重要。

很多妈妈都会为孩子的不认真而苦恼："我的孩子头脑很灵活，但就是马虎大意，每次考试都会丢很多不应该丢的分，不是看错小数点就是计算粗心，有时候甚至明明已经做出来了，从草稿纸上抄到卷子上的时候却抄错了。真让人头疼。"每次走出考场后，总是有一些学生在后悔自己当时怎么没有认真一些，于是下定决心要改掉粗心的坏习惯，但转眼又把自己的决心抛在了脑后。所以，妈妈应当予以帮助，引导孩子养成认真对待每件事的性格。

（1）让孩子认真书写

字迹潦草是很多孩子身上都会出现的问题，这体现出了孩子的浮躁、不认真。因此，妈妈可以让孩子认真书写，以此来磨炼孩子的性格，让孩子沉稳下来，这样孩子对待别的事情也能够慢慢认真起来。

为了让孩子认真书写，妈妈可以从几个方面入手：一，妈妈以身作则，进行示范。二，对孩子的书写提出具体、明确的规定，告诉孩子书写时必须做到正确、整洁、美观。三，对孩子的书写进行适当评价，告诉孩子哪里写得好，哪里需要改进。四，进行及时、适当的表扬。

（2）培养孩子认真审题、计算、检查的习惯

孩子计算错误绝大部分都不是因为不知道计算的方法，而是因为审题不仔细、抄错数等导致的。因此，妈妈应当培养孩子认真审题、认真计算、仔细检查的良好习惯。

妈妈要教育孩子，在解题时不能急于解题，而是应当先仔细审题，弄清数量关系。当孩子计算出错时，妈妈不要急于问："怎么错的？为什么会错？"而是要让孩子再去读题，重新梳理数量关系。如果孩子还是不明白题意，就让孩子再去读题，直到读懂题意为止。

其实，计算时偶尔大意是在所难免的，这时就体现出了检查的重要作用。妈妈应当让孩子养成认真检查的好习惯，这样就能够有效避免一些"低级"错误，正确率也会有所提升。

（3）让孩子有条理地做事

如果做事没有条理就很容易手忙脚乱，忙中出错。妈妈可以观察孩子能否按照一定规律做事，是否知道应当先做什么，后做什么。倘若发现孩子不能有条理地做事，妈妈应当马上点明，并告诉孩子不管做什么事都应当按步骤进行，做完一步再做另一步。如果要一次性处理多件事情，就要让孩子先规划好顺序。慢慢地，孩子就能够有条理地处理事情了。

（4）让孩子做小事也保持认真

认真的性格会让孩子受益一生，如果总是马虎、大意则会让孩子人生的路途变得坎坷。因此，妈妈应当教育孩子，即使事情再小也要认真完成，面对每一件小事都要认真、负责，这样孩子就会慢慢养成认真的性格。

04
PART FOUR 第四章

好习惯都是妈妈
用心培养出来的

清洁"小卫士"，人人都爱他

生活卫生习惯对孩子身体健康的影响是非常大的。有了良好的卫生习惯，会提升孩子的抵抗力，让他远离疾病的威胁。同时，从小养成的习惯对孩子的一生有着深远的影响，妈妈一定要重视起来。

"不干不净，吃了没病"，现在还秉持这种思想的人已经很少了，妈妈要培养孩子的是饭前便后洗手、早晚刷牙、不随地吐痰等好习惯。而培养这些习惯，就必须从日常生活的点滴做起。妈妈是孩子的第一任老师，必须在孩子刚刚懂事的时候就给他灌输卫生的知识与概念，例如什么是脏的、不能吃的，不要吃手，不要挖鼻孔、抠耳朵等，还要定期修剪孩子的指甲。孩子到了一定年龄，就要让他自己洗脸、洗手、刷牙。此外，让孩子早睡早起、坚持锻炼、爱护公共场所的环境也是必不可少的卫生习惯。

培养孩子的卫生习惯，妈妈可以从以下几个方面做起：

（1）让孩子理解讲卫生的重要性

真正的卫生习惯，必须让孩子真正理解并接受才能形成。

如果只是为了完成妈妈或老师的要求才去做，那么一旦监督松懈，他还会抛诸脑后，并不算形成习惯。因此，妈妈要常常给孩子讲一下不讲卫生的害处。

6岁的多多不喜欢妈妈给她剪指甲，因此她的指甲总是很长。再加上她爱跑出去到处玩，指甲里总是存着指甲垢。妈妈为了让她放心地剪指甲煞费苦心，终于想到了一个好办法。她找来了一台显微镜，告诉多多要陪她做个实验，多多很兴奋地答应了。于是妈妈在她的指甲中取出了一点儿指甲垢，放在了玻璃片上，加了一滴水，然后让多多看。多多看了一眼，惊叫了一声，原来很多细菌正在水里游动呢。妈妈告诉她，那就是藏在她指甲里的细菌。如果她不肯剪指甲，这些细菌就会藏在指甲里，她总是用手抓着东西吃，这些细菌就会跑到她的肚子里，很可能带来各种疾病。这次实验给多多留下了深刻的印象，从此妈妈给她剪指甲她再也不抗拒了，而且还学会了自己剪指甲。

（2）保持衣服的干净整洁

很多孩子早早就学会了自己穿衣服，这是养成他自理能力的开端。但是，一些孩子不注意保持衣服的干净卫生，这也是需要妈妈培养和教育的。

小一点儿的孩子喜欢在地上爬来爬去，这时非要让他保持衣服的干净整洁是不现实的，只能靠妈妈帮他勤洗勤换了。但是还有一些孩子都上了幼儿园甚至小学了，还是喜欢和同学打闹，甚至在草坪上滚来滚去，早上刚穿上干净衣服，看起来像一个"小公主"，到了放学时就变成"小泥鳅"了。

所以，妈妈除了要督促孩子勤换衣服之外，还要让他懂得保持衣服的整洁，告诉他干净整洁的衣服不仅让自己穿着舒服，别人看着也舒服。当然，只劝说是没用的，妈妈也要当孩子的榜样，时刻让自己的衣服保持干净整洁。否则，自己不修边幅，劝孩子穿得干净又有什么说服力呢？

内衣、内裤是最需要保持清洁的，妈妈一定要记得经常帮孩子换洗，最好给孩子准备几块换洗的手帕。另外，妈妈还要让孩子学习自己洗内衣裤、手帕、袜子之类，这对他养成管理个人卫生的习惯很有帮助。

(3) 学会日常清洁

孩子的一些日常的清洁工作，要尽早交给他独立完成，例如洗手、洗脸、洗头、洗脚、洗澡、剪指甲等，这些清洁工作对孩子的健康都是至关重要的。

①必须勤洗手。年幼的孩子认识世界的一个重要方式，就是伸手去摸，所以妈妈不必阻拦，这是一个必要的过程。但是，由于孩子的小手到处乱摸，不可避免地会沾上各种各样的污物和细菌。科学研究发现，一只没洗过的手上往往藏着数十万个细菌，而一克指甲垢里藏着的细菌和虫卵更是达到数十亿之多。妈妈的工作就是帮孩子勤洗手、勤剪指甲，孩子到了一定年龄就要督促他自己多洗手，尤其是在饭前和便后必须洗手。孩子的手比较娇嫩，最好用温热水来洗，妈妈要提前准备好刺激性较低的肥皂，让孩子用肥皂来洗手会更干净。

②注意清洁皮肤。皮肤是人体最大的器官，有着保护机

体、调节体温、感受刺激和排泄废物等重要功能，其中排泄汗液对人体健康起着关键作用。汗液中包含着水分、无机盐和代谢产物，如果不注意清洁皮肤，这些物质就会堵塞毛孔，使汗液无法顺利排出，影响身体健康。所以，妈妈最好保障孩子每天都洗脸、洗手，夏天最好每天洗澡，秋冬时可以适当选择几天或一周洗一次澡。洗头和洗澡时，妈妈不要让水进入孩子的耳朵和眼睛里。

③保护牙齿。早晚刷牙、饭后漱口的习惯要从小养成。一般孩子长到三四岁时，就要开始刷牙了。妈妈教孩子刷牙要顺着牙缝上下刷，注意清洁牙齿内侧和舌头。如果有些妈妈觉得孩子的乳牙反正是要换的，清不清洁无所谓，那就大错特错了。如果不保护好孩子的乳牙，一旦出现龋齿，就会影响孩子对食物的吸收和消化，还会影响到孩子恒齿的健康。所以，妈妈务必要注意对孩子乳牙的保护，除了让孩子早晚刷牙、饭后漱口之外，睡觉前不要让孩子吃糖果、饼干等，平常也要尽量减少孩子的甜食供应。

④保护鼻道。挖鼻孔是很多人的坏习惯，既不雅观又不卫生，对鼻道的损伤也很大。所以妈妈必须让孩子注意保护鼻道，避免他形成挖鼻孔的习惯。很多人习惯用嘴呼吸，这是很不好的，妈妈要教孩子养成用鼻子呼吸的习惯。空气经过鼻道的过滤会变得洁净、温暖和湿润，对呼吸道和肺都能起到保护作用，让人少生疾病。

（4）保持书包卫生

很多孩子外表看起来干净漂亮，一打开他的书包，却是乱七八糟的，什么都有：书、本子、笔、橡皮，还有孩子出于好奇放进来的石头、玩具，甚至包括家长放进来的零食、点心。这么多东西胡乱放在一起，很容易滋生细菌。妈妈一定要注意孩子书包的清洁，除了书、本、文具外，尽量不要在里面放其他东西，尤其是食物和玩具。书包用了一段时间后，要进行清洗。

孩子吃饭是个问题

　　给孩子吃什么、怎么吃，是让各位妈妈头疼不已的问题，也是一个非常重要的问题。事实上，给孩子怎么吃直接影响到孩子的生长发育，以及未来的健康状况。

　　壮壮吃饭特别有规律，总是定时定点定量。除了正常的一日三餐，每天上午 10 点左右、下午 4 点左右是壮壮吃点心的时间。壮壮对于点心，从不多吃。为了让壮壮知道食物应放在规定的地方，而且只能在规定的恰当时间吃东西，平时不能乱拿乱吃，妈妈总是把食物放在冰箱里。因为很少吃零食、点心，壮壮在饭点的时候就会认真吃饭，因此身体很健壮。

　　和壮壮相比，邻居家的可可则是另一种样子。因为家境优越，可可又是唯一的孩子，所以爸爸妈妈特别宠爱可可，可可什么时候想吃零食、想吃什么零食全都随她。如此一来，可可每天就把零食当饭吃，一到饭点，就各种挑食，一顿根本吃不了多少。可可的妈妈认为自己买的零食营养搭配比饭菜要好，所以对可可挑食的情况也没有重视。时间久了，可可的肠胃开始出现问题，经常便秘，消化不良。因为平时营养摄入不足，可可和同龄的壮壮一比，就像小了几岁似的，整个人非常瘦弱。

很多孩子在日常饮食中出现了很多坏毛病，其中又以挑食、偏食最普遍。孩子正是长身体、迅速发育的时候，不良饮食习惯是健康大敌，如果不及时矫正，孩子的营养摄入必然会不均衡，也就影响了身体发育。那么妈妈应该怎么做呢？

（1）吃饭要定时定量

对每个人而言，一日三餐定时，慢慢地就会形成良好的饮食规律。妈妈一定要和孩子一起定时定量吃饭。这里建议两餐之间最好间隔4~6小时，这个时间段正是胃肠消化系统对食物有效地消化、吸收和胃排空的时间，能保证充分消化和吸收营养物质，同时也能保持旺盛的食欲。

因为每个孩子食量不同，所以根据食量制定饭菜的量就很有必要，同时坚持要求孩子每顿都要吃完。切忌一味对孩子要求多吃和依着孩子想吃多少就吃多少，一顿饥一顿饱的后果就是总在非饭点用零食填补，然后下一顿饭又不吃，就这样形成了恶性循环。孩子在饭点时不吃饭，也会形成任性、浪费的不良习惯。

（2）定点吃饭，养成习惯

定点吃饭的习惯必须从小开始培养。孩子6个月开始吃辅食时，就尽量在固定的餐桌旁喂，再大一点儿，就可以把孩子放进童车，当孩子能坐稳儿童椅后，就换成儿童椅，同大人一起进餐。

不管采取哪一种方式，目的都是帮孩子养成在固定地点用餐的习惯。需要特别注意的是，一定要坚持要求孩子吃完自己的饭菜后才可以离开座位。

（3）偏食要不得

孩子偏食有主客观两方面原因。就客观因素而言，主要是受身体健康程度的影响，如孩子们经常出现消化不良、食物过敏反应、感冒发烧等情况。主观因素分为环境和心理两方面，如家长习惯性挑食、偏食，妈妈喜欢限制或强制孩子吃某种食物给孩子造成不愉快的体验，从而内心开始拒绝接受，等等。妈妈要分清孩子偏食的原因，并采取适当的纠正办法。

妈妈可以这样做：

①刻意地运用语言等方式给孩子积极的心理暗示，如"今天的凉拌三丝真不错，好看又爽口""这个豆腐丸子汤看着清清爽爽的，又有青菜的清香，看着就很想吃"等，以激发孩子的兴趣和激起孩子的食欲。

②抓住孩子爱玩游戏的心理特点，以游戏的方式带动孩子吃不喜欢的食物，比如"我们一起来当喜羊羊吧，喜羊羊最喜欢吃青菜啦""我是大鱼，我要吃小鱼啦"，游戏的方法对年龄较小的孩子相当有效。

③不要强制或者哄骗孩子吃哪样食物，这不仅达不到预

期的效果，还会引起孩子对这种食物的厌恶和反感。不如先放一放，等到孩子高兴的时候，再引导他进食。

（4）放手让孩子自己吃饭

孩子的依赖性并非是天生的，他们在八九个月的时候就产生了拿勺子吃饭的欲望，这时应该放手让孩子自己去做，有时还可以特意做一些训练。刚开始，孩子可能不能把饭喂到嘴里，妈妈千万不要因此指责孩子，甚至限制孩子使用勺子，而要尽可能地给孩子创造一些条件和帮助，如怕孩子弄脏衣服，就给他围上围兜；怕孩子弄脏地面，就在地上铺上塑料纸板等。孩子用餐前，一定要将他的手洗干净，这样就算他不想用勺子了，还可以尽情地用手抓。此外，妈妈还要示范性地教导孩子正确使用餐具。

（5）创造宽松、愉快的进餐氛围

培养孩子良好的饮食习惯还可以从创造宽松、愉快的进餐氛围着手。良好的进餐环境，如桌面整洁、气氛愉悦等，能够使孩子保持愉快的进餐情绪。另外，进餐时可以播放一些优美动听的音乐。进餐时，如果孩子出现错误的行为，一定不能在餐桌上批评、责骂、训斥，这样会降低孩子的食欲，影响孩子的身心健康。

（6）少吃零食，少喝饮料

不可否认，零食和饮料的确能给孩子带来快乐，调整孩子的味觉感受，而且有些零食和饮料还有一定的营养价值，可作为辅助食物。但是需要注意的是，零食和饮料并不能多吃多喝，不能替代主食，因为它们中的一些成分不利于孩子的健康成长，如饮料中的糖含量和化学添加剂比较多，会对胃产生不良刺激，影响、妨碍孩子对水的补充。所以，妈妈应该限制孩子的零食量。

培养孩子的时间观念

凡尔纳是享誉世界的法国科幻作家，被誉为"科幻小说之父"。他的名著《海底两万里》《从地球到月球》《八十天环游世界》等，都是孩子成长必读的科普名著。凡尔纳一生共创作了六十四部长篇科幻小说，两卷中短篇小说集，总字数达七八百万，还写了上万册的笔记，真是令人难以置信！

凡尔纳是一位不知疲倦的作家，他非常珍惜时间，通常会在早上五点钟就起床，写作到晚上八点才停止。其间，只有在吃饭时才会休息一下，此外很少休息。而吃饭时所谓的休息，往往是这样的场景：妻子把饭送过去，他搓搓写得酸麻的手，拿起刀叉飞快地吃完饭，抹抹嘴之后又开始工作。

有时候，看他这么拼命，妻子会心疼地劝他："你写了这么多书，名气已经很大了，我们又不缺钱，你慢点儿写吧。"凡尔纳总是笑笑回答："莎士比亚说：'放弃时间的人，时间也放弃他。'我可不想被时间放弃。"

由此可以看出，凡尔纳之所以取得如此大的成就，就是因为他珍惜时间。妈妈们应该熟悉鲁迅先生的一句名言：
"我只是把别人喝咖啡的工夫用在工作上罢了。"爱因斯坦也
说过："人与人之间最大的区别就在于如何利用时间。"这些
功成名就的人，都有珍惜时间的好习惯，因为他们都很清楚，
珍惜时间就是珍惜生命。

时间是最公平的，无论一个人是什么身份，一天都只有
二十四个小时。但是，善于经营时间的人，却能让自己的一
分钟等于别人的两分钟，也就是把一分钟变成了两分钟，一
小时变成了两小时，一天变成了两天，一年变成了两年……
这样的人，怎么会不成功呢？

而在现实生活中，这样的人是很少的。很多人无论干什
么事，总是缺乏时间观念，拖拖拉拉，本来一个小时能完成
的事偏要拖到三个小时，这样无异于浪费生命。何况，现代
社会是一个竞争激烈的社会，你浪费一分钟，可能就比别人
落后一万步。

妈妈应当培养孩子的时间观念，帮助他合理安排自己的
时间，养成珍惜时间的好习惯，这对孩子的一生是大有裨
益的。

培养孩子的时间观念，让其懂得珍惜时间，善于利用时
间，这需要妈妈和孩子一起努力。妈妈可以运用如下方法：

（1）让孩子明白珍惜时间的重要性

孩子还小，在他的意识里时间仿佛是没有尽头的，因此，
"珍惜时间就是珍惜生命"对他而言往往只是一句空洞的口

号。但是，并不能说喊口号就是毫无作用的，实际上孩子的思想仍然会受到影响。妈妈要多给孩子讲一些古今中外名人珍惜时间的故事，也可以在孩子的卧室里贴上相关的名言警句。

（2）合理安排孩子的作息时间

合理安排且严格执行作息习惯，非常有利于培养孩子的时间观念。妈妈要和孩子一起制定作息时间表，这张表必须非常具体：几点钟起床，洗漱打扮用多少分钟，几点之前吃完早餐，放学后应该干些什么，几点钟准时熄灯睡觉，等等。孩子一开始可能会觉得新鲜，严格执行一段时间后难免会懈怠，这时候妈妈就要起到监督作用，督促孩子严格按照作息时间表来安排要完成的任务。长此以往，孩子对时间有了一个明确的认识，时间观念就会慢慢形成了。

孩子最重要的任务还是学习，所以妈妈必须严格规定他的学习时间，尤其是做作业的时间。中小学生的作业有多有少，周末要比平时多一些。妈妈必须与孩子商量好做作业的时间，让其准时开始学习。这样给他一定的紧迫感，能让孩子集中注意力，有助于学习效率的提升。

（3）指导孩子按事情的轻重缓急安排顺序

孩子每天要做的事情，重要程度和紧迫程度是不同的，而他自己很多时候并不能准确判断轻重缓急。这时候，妈妈就要指导他如何给这些事情排序，保证他能够将重要的事情完成，让生活和学习都能够井井有条。

(4) 让孩子改掉拖拉的习惯

很多孩子做事比较拖拉，妈妈如果太过性急，冲他嚷嚷甚至打骂，而不是指导他如何合理利用和安排时间，就会让孩子无所适从，孩子的自尊心也会受到严重伤害。面对母亲简单、粗暴的方式，他或许会采取不理不睬的态度，甚至干脆自暴自弃，故意拖延时间来表示对父母的反抗。

所以，妈妈不妨用正面鼓励的方法来改变孩子拖拉的习惯。例如对孩子说"这件事你如果加快一点儿速度，肯定做得更好""太好了，这件事不用妈妈提醒你竟然做好了，但是如果再加快一点儿速度，我们就有时间去逛公园了"。孩子为了得到表扬，也为了不让妈妈失望，会下意识地提醒自己珍惜时间。

(5) 教会孩子节约时间的相关技能

妈妈可以教给孩子一些有用的小技能，例如怎样迅速穿好衣服、叠好被子，怎样快速洗漱，如何放置玩具和学习用品，以保障取用方便等。对于动手能力较差的孩子，妈妈还要进行针对性训练，提高他的动手能力，帮他节约时间。

日记记录了孩子的成长，
让孩子爱上写日记

日记是人的随笔记录，生活、学习、工作情况都可以记。对于孩子来说，日记也是对自己成长过程的一种记录形式，当孩子以后翻开过去的日记的时候，还能回忆起当时的情景，感受生活的奇妙，从而更加热爱生活。

朵朵的妈妈要求朵朵每天写日记。开始的时候，朵朵感觉写日记是件很有意思的事，于是放学回家后的第一件事就是拿出自己的日记本，写下日期、天气，然后开始记录在学校发生的事。可是，一段时间后，朵朵发现自己没东西可以写了，她逼自己继续写，结果对日记产生了厌烦，再看每天的日记，就跟流水账似的。那段时间，日记本上写的都是：妈妈早上送我上学，叮嘱我好好学习；上课时有同学讲话，老师生气了；晚上放学，妈妈来接我回家，妈妈做的饭特别好吃……妈妈看了朵朵的日记，心里担忧极了，她怕朵朵再这样写下去，要不了多久就没有想写日记的欲望了，可是朵朵明明可以写得更好的，所以就想指导一下朵朵。

这天晚上，妈妈在看完朵朵的日记后对她说："写得挺好，但是不能打 100 分。"朵朵很不解，就问："妈妈，我哪里写得不对吗？"妈妈说："记录的事要有主次之分，不能什么都记。比如，昨天上学迟到了，是什么原因导致的？今天没迟到，是因为认识到了昨天的错误，比昨天有进步。'妈妈洗碗的时候我也能帮忙了，妈妈夸了我，我非常开心'等。"

朵朵听后，若有所思地点了点头。

这次谈话以后，妈妈也和老师进行了深入沟通，请老师给朵朵更多的指导，并适时地对朵朵的进步表示肯定。在妈妈和老师的共同努力下，朵朵的日记得到了很大改善。尽管她每天所写的内容还很幼稚，但与以前相比，已经有了很大的进步。后来，在妈妈的指引下，朵朵开始留心生活中的美好瞬间，观察身边的事物，记录自己对生活的感悟。日记一篇篇增多，朵朵的写作水平也跟着提高了。

后来，省里举办了一次小学生征文比赛。朵朵将感觉比较好的日记整理了寄去参赛，得了优秀奖。虽说这只是一个鼓励奖，可对朵朵和妈妈来说，已经非常满足了，毕竟，这是对付出的一种肯定，而且，妈妈相信朵朵会越写越好的。

古往今来，那些我们耳熟能详的著名作家、学者都有几十年如一日地坚持写日记的习惯，他们也是从写日记起步并走向成功的。鲁迅能成为中国现代最伟大的文学家之一，和他 20 多年从不间断地写日记的习惯密不可分。中国现代作家郁达夫更是日记的主要倡导者，他热衷于日记写作实践，其作品《日记九种》再版过很多次。19 世纪中期俄国伟大的现实主义作家托尔斯泰坚持写了 51 年日记，他有一本小说——《昨天的事》，就完全是从日记中构思出来的。由此可见，写日记的作用有多大。

很多妈妈已经认识到了让孩子写日记的重要性，但到底该怎样指导孩子写日记却不是很懂，所以非常希望得到一些指导。这里有一些建议，各位妈妈可以参考：

（1）选一本孩子喜欢的日记本

妈妈可以和孩子一起去超市或者书店选购日记本。日记本记录了孩子的生活和梦想，会一直陪伴孩子，所以一定要挑选一本孩子喜欢的。

（2）不要规定日记的内容

日记内容可以表现心情，也可以写发生的事情、观察到的事物等。妈妈不要给孩子规定日记的内容和题材，要让孩子想写什么就写什么，想怎么写就怎么写，自由发挥才能更大地锻炼孩子的写作和表达能力。

（3）持之以恒，养成写日记的习惯

在孩子开始写日记后，妈妈要坚持要求孩子每天都写，有很多想写的就写长一点儿，没有什么可写的就写短一点儿，遇到特殊情况实在来不及写，就算只写一句话也要记录下来。因为日记记录的是当天的事情，所以不补写。这时候，妈妈不要直接给孩子规定写作质量，习惯比质量更重要，当孩子养成了良好的写日记的习惯后，质量的提高是早晚的事。

（4）鼓励孩子写特色日记

日记的形式是多种多样的，妈妈要鼓励孩子突破传统日记的写法，多写特色日记。这样不仅有利于孩子写作水平的提高，也可以激发孩子写日记的兴趣。

①摘抄日记。

苏联的拉德任斯卡雅教授在《苏联的作文教学》一书中说："锻炼孩子们从书本上搜集材料的能力，从某种意义上说就是锻炼他们走向生活。"所以，妈妈可以教孩子在日记本中摘抄一些优美、实用的句子或段落，如名人名言、谚语和歇后语、名人小档案、奇闻异事、生活百科知识、时事等，使日记成为孩子以后写作取之不尽的宝库。

②剪贴日记。

将车票、公园票、旅游门票、实况照片、电影票、戏剧票、展览会的入场券以及报刊等剪贴在日记本上，然后在旁边或者后面写上说明或者简短的感想。比如，孩子参观了地质博物馆，就让他把门票贴在日记本上，并把宣传册上对博物馆的介绍也剪下来贴上去，然后把感受写在后面。剪贴日记最大的优点是：可以保存很多直观的原始材料和具有纪念意义的东西，这可以帮助孩子扩大知识面。

③两年日记。

给孩子准备一个较大的日记本，然后将每一页分成上下两部分，今年写日记时用上面一栏，到了明年这一天用下面一栏。这样一来，一本日记本就能连续使用两年，每一页又记载了两年中同一天所发生的事情。两年日记的优点是能帮助孩子温故而知新。翻开日记本，孩子就能知道去年的今天自己在干什么，有什么感想，这一年来，自己都取得了哪些进步。当孩子如此清晰地看到自己的进步时，就会不断前进。

（5）带领孩子参加各种活动

孩子因为基本都待在家和学校两处固定的地方，所以相对来说生活很单调，而且受年龄、阅历、学识等所限，知识面也较为狭窄。所以，妈妈要尽可能地抽出时间，多带孩子尽情尽兴地去参加多姿多彩、生动活泼的室外活动、社会活动、读书活动、亲子聚会等，让孩子的世界精彩和丰富起来，同时也拓宽孩子的视野，丰富他们的生活，这样，孩子写出来的日记才会五彩斑斓。

（6）做好引导和督促工作

日记是沟通妈妈和孩子感情的桥梁。日记里记录了孩子学习、生活、思想等各个方面的内容，妈妈通过日记，就能及时了解孩子的情况，如果孩子在某方面出现问题，也能对症下药，帮助孩子解决问题。对孩子来说，日记也是其吐露心声的朋友。仔细观察就会发现，孩子生活中所有的喜怒哀乐都能在日记中找到影子。因此，妈妈要参与到孩子的日记创作中，并做好引导和督促工作。

妈妈只要做到以上几点，就可以很好地培养出孩子写日记的习惯。记住，好习惯的养成需要时间，需要坚持，所以，各位妈妈，和孩子一起坚持吧。

彬彬有礼，让孩子成为小绅士、小淑女

　　星期天，隔壁的张阿姨来家里做客，妈妈赶紧对正在看电视的乔乔说："乔乔，叫张阿姨。"没想到，乔乔冷漠地扭过头来看了张阿姨一眼，又回头看电视去了。妈妈非常尴尬，连声对张阿姨说："这孩子，一会儿我就教训她。"张阿姨嘴上说"不必"，但是脸色明显很不高兴。

　　孩子没有礼貌，很多妈妈只是觉得脸上无光，却不去思考孩子变成这样的原因。其实很多时候，孩子没有礼貌是因为妈妈的教育出了问题。妈妈一味地宠溺孩子，而不注重对孩子的礼仪教育，导致孩子不把礼貌放在心上，逐渐养成了以自我为中心、做事不考虑他人也不考虑后果的习惯。长此以往，必然对孩子的人际关系和未来的发展产生不利的影响。

　　礼仪是一个人重要的"名片"，一个举止优雅、彬彬有礼的人，很容易就能交到朋友，也容易立足于社会。因此，妈妈必须从小就重视培养孩子文明礼貌的习惯。

（1）重视对孩子的礼貌教育

培养孩子讲礼貌的习惯说起来容易做起来难，因为孩子从小娇生惯养，妈妈又容易陷入"学习好则百好"的怪圈，孩子的礼貌问题自然被远远地抛在了后面。还有的妈妈一味"护短"，觉得孩子现在还这么小，讲不讲礼貌影响不大，等他长大了自然就懂礼貌了。这种想法更是要不得的，如果小时候不重视礼貌教育，等他长大后社会就会替你"教训"他了。孩子是未来社会的主角，他们的思想道德、文化素质决定着未来的社会风貌，也影响着孩子未来的发展，妈妈必须重视礼貌教育，不然日后追悔莫及。

（2）给孩子做个好榜样

孩子是妈妈的影子，从小就喜欢模仿妈妈。所以，当孩子露出不讲礼貌的迹象时，妈妈可以反思一下是否自己在礼仪方面也出了一些问题。为了给孩子树立好的榜样，妈妈的一言一行都要谨慎、讲究，不能有违礼仪。有了妈妈的示范作用，孩子遇到类似的情形就会"有样学样"，逐渐成为一个讲礼貌的孩子。

（3）掌握一定的技巧

培养孩子讲礼貌的行为习惯，不是一朝一夕就能实现的。孩子的人生阅历较少，无法让一些礼仪在实践中得到运用。所以，妈妈要时刻注意，抓住机会就给孩子上一堂礼貌教育课。日积月累，他就能变成一个有礼貌的人。

①温和、耐心地讲解。每个孩子都有自己的个性，也

会渐渐滋生一些叛逆心理。因此，让孩子学习礼貌，不能使用强迫手段。例如，本文开头的案例，如果妈妈强行拉着乔乔让他向张阿姨打招呼，孩子就算这次照做了，下次也会更加抗拒，更难变得有礼貌了。乔乔不肯打招呼，未必是因为没礼貌，可能是害羞，也可能是沉浸在电视节目中没有反应过来。所以，妈妈教育孩子时不能不分青红皂白就批评一顿，而是要心平气和地与孩子讲道理。例如，可以对孩子说："如果别人来我们家时你不讲礼貌，你去别人家时人家也不会热情而礼貌地接待你。"让孩子换位思考，设身处地地想一想，孩子就容易理解你的话。

②在游戏中培养。孩子天生好动、爱玩，在游戏中思维是最活跃的，对一些道理也容易信服和接受。因此，妈妈可以在与孩子做一些游戏时教他学习礼貌。例如，与其他孩子玩过家家的游戏时，让他多说"请""谢谢""对不起""没关系"等礼貌用语，让他在潜移默化中掌握这些礼貌用语的情境。

③避免"代劳"式教育。很多妈妈带孩子出门，碰到熟人立刻就会对孩子说，快叫"叔叔""阿姨""爷爷"等，这就是"代劳"式的教育方式。"代劳"式教育，会让孩子产生妈妈在安排自己的一切的感觉，在"受人摆布"的窘迫心理下，孩子很难感受到与人交往的乐趣。

妈妈如果太过注重自己的权威，也可能让孩子见人时觉得紧张，唯恐自己说错话而不敢跟人打招呼。妈妈这时候如果再利用家长的权威强迫孩子在人前"嘴巴甜一点儿""能说会道一点儿"，就可能让孩子产生心理问题，更加缺乏与人交往的能力。

有位幼儿园老师这样讲述自己的一次经历：这一天，她到一个学生家去家访。那个学生是一个 4 岁的女孩，名叫妍妍，老师去时，妍妍正坐在屋内的垫子上摆弄玩具。

妈妈请老师坐下，两人开始谈话。没多大会儿，突然传来妍妍奶声奶气的声音："我要喝水！"

妈妈立刻回应："好。"站起来就要去取水，但老师拦下了她，妈妈心领神会，继续两人的交谈。

"我要喝水！"妍妍的声音高了八度，但妈妈和老师依然像没听见一样继续谈话，没人回应她。

"我要喝水！"妍妍看了妈妈一眼，大声嚷嚷起来。当然，妈妈和老师依然无动于衷。

终于，妍妍坐不住了，一骨碌爬起来走到妈妈身边，摇着妈妈的手臂说："妈妈，我要喝水。"

这时，老师不等妈妈开口就蹲在妍妍身边说："妍妍渴了，想让妈妈给你倒水，是吗？""嗯！"妍妍用力点点头。

"老师记得跟大家讲过，让别人帮忙时应该怎么说呢？"

妍妍一脸恍然大悟的神情。只见她放开妈妈的胳膊，用礼貌的语气说："妈妈，我渴了，请给我倒一杯水吧。"

妈妈看到女儿这么有礼貌，高兴极了，连忙给女儿倒了一杯凉白开。妍妍接过杯子，甜甜地说了一句："谢谢！"

妈妈和老师都笑了。

　　如果孩子有所要求，妈妈都是立刻满足，就会让他忽视礼貌的重要性。所以，妈妈一定要坚持只满足他有礼貌的要求，这样会让孩子自然而然地养成懂礼貌的习惯。

05

PART FIVE

第五章

对症下药，让孩子爱上学习

兴趣是孩子的良师益友

学习兴趣是最好的老师，有了兴趣孩子才会主动学习，遇到问题才不会轻言放弃，而如果孩子没有学习兴趣，请再好的家教，买再多的练习资料都不管用。

因此，要想让孩子转变学习态度，首先是培养兴趣，不能本末倒置。妈妈们在培养孩子学习兴趣的过程中，心要细，气要顺，手要慢，要和孩子好好配合。

兴趣转移是培养孩子学习兴趣的一种不错的方式。有的孩子喜欢玩游戏，可以打得废寝忘食；有的孩子喜欢看小说，家长不让看，孩子偷偷摸摸也要看；有的孩子喜欢踢足球，可以在操场上肆意挥洒汗水，不怕累、不怕热，受伤了也在所不惜……这么耗费体力和脑力的活动，孩子们为什么会乐此不疲呢？就是因为有浓厚的兴趣做支撑。如果将这种热情转嫁到学习上，那何愁学习不好啊！

可是，与玩比起来，学习终究是有些枯燥的，有些孩子就是对学习毫无兴趣，妈妈一筹莫展，孩子也烦恼极了。其实妈妈们大可不必如此紧张，学习的兴趣完全可以慢慢培养起来。就从孩子感兴趣的地方入手，比如，体育运动、棋类活动、唱歌跳舞、绘画表演等。常言道："磨刀不误砍柴工。"花点儿时间培养兴趣，可比孩子没有兴趣还逼着他硬学要有效率多了。

从这个角度来说，如果发现孩子对除了学习以外的某些事情产生了兴趣，妈妈千万不可直接扼杀，而要正确引导，将孩子的兴趣引导到学习上来。只要有了兴趣，孩子花费同样的时间与精力，付出同样的劳累与努力，就能在学习上取得与娱乐同样的效果——感到兴奋，产生成就感。

如果妈妈细心培养了，孩子对学习还是始终提不起兴趣，那么有可能是孩子过早地进入紧张学习的状态中，造成了提前兴奋，从而抑制了兴奋的持续产生，之后，便是无聊、厌倦的情绪汹涌而来。这种情况下，纵使孩子主观上想努力，客观上也提不起兴致。这时候，妈妈就要适当给孩子减减压了，不要再把成绩作为评判孩子的唯一标准，当孩子的身心轻松了之后，说不定他可以在学习中找到与其他活动中相同的兴趣，那么学习兴趣自然而然就被引导到学习中来了。

浩轩是个非常贪玩的孩子，是个小电视迷，说起电视剧头头是道，一提起学习就头疼。为此浩轩妈妈没少着急上火，但就是无法改变浩轩对待学习的态度。

后来某天，浩轩妈妈从杂志上看到一种"提问激发兴趣"的办法。"能不能利用浩轩对电视剧的兴趣，通过巧妙提问题，激发他对古典名著的兴趣呢？"想到这，浩轩妈妈便开始行动起来。

　　最近电视上正热播《新水浒传》，浩轩每天都看得津津有味，爸爸妈妈也陪他一起看。一集结束之后，爸爸妈妈开始有意讨论剧情，并且有意谈到电视中没有的内容。妈妈问浩轩："《水浒传》里面有多少好汉？"浩轩脱口而出："一百零八个！"妈妈接着问："那你知道及时雨是谁吗？"浩轩胸有成竹地说："我当然知道，宋江啊！"妈妈又问："那你知道林冲的绰号是什么吗？"浩轩喜滋滋地说："豹子头！""那你知道他有什么主要事迹吗？"浩轩挠挠头，不说话了。这时候爸爸开始回答："这个我知道！'豹子头误入白虎堂'讲了林冲遭高俅陷害，被骗进了军机要地白虎堂，高俅以林冲带刀私闯白虎堂治他的罪。'林冲棒打洪教头'是讲柴进庄里有一个被称为洪教头的武师，很瞧不起林冲，想和林冲比试一番。林冲几番谦让，洪教头却越发嚣张，林冲只得使出真本事，将他打倒在地。"妈妈又补充道："还有'林教头风雪山神庙'讲的是林冲被刺配后，负责看守草料场。高俅派人过去想害林冲，被林冲发现，林冲一怒之下杀死了要害他的人。之后，林冲雪夜上了梁山。"听到爸爸妈妈的讨论，浩轩一头雾水，问："爸爸妈妈，你们怎么知道这么多？"妈妈说："这不都是书上的内容吗？你整天看电视都不知道吗？"浩轩被妈妈说得无地自容。

　　几次之后，爸爸妈妈发现浩轩不像之前那样热衷于看电视了，而是会分出一部分时间在自己的房间里看书。就这样，在爸爸妈妈的引导下，浩轩看完了《水浒传》，他也可以和爸爸妈妈头头是道地讨论了，这种感觉非常棒。他还不满足于此，之后又看起了其他古典名著。

　　浩轩的妈妈是一位睿智的家长，当她发现孩子沉迷电视，便以电视剧为契机，利用孩子好奇心强、好面子的特点，巧妙地设计问题，成功将孩子的兴趣转移到了书籍上。

　　就孩子的学习而言，兴趣激发应该永远排在第一位。想要激发孩子的学习兴趣，让孩子爱上学习，妈妈要站在孩子的立场上，陪伴孩子，引导孩子努力学习，而不要一味指责，施加高压，只有这样，妈妈才能成为孩子的良师益友。

学会学习比学会知识更重要

中国古典书籍《老子》中有这样一句话："授人以鱼，不如授人以渔。"说的是把鱼给别人，倒不如交给别人钓鱼的方法，因为只有掌握了钓鱼的方法，才能拥有源源不断的鱼。这个道理在学习上同样适用。

很多妈妈对孩子的学习头疼不已，她们总是抱怨孩子学习没有动力，每天都拖拖拉拉的，好像学习不是自己的事，而是妈妈的事。甚至会觉得自己的孩子在学习上没有进步，就是因为孩子太笨了，根本不是学习的料。其实，这些抱怨往往忽略了一个关键问题：也许孩子确实学到了知识，但是不一定真正掌握了方法，时间长了，孩子自然会出现学习兴趣不够，动力不足的问题。所以，妈妈在孩子的学习上应该做的就是，引导孩子去思考，养成总结方法的好习惯，而不是做一道题会一道题，学一个知识点懂一个知识点。只有真正学会了方法，孩子才能举一反三，将知识融会贯通。

有一天，格格放学回家写作业，遇到一道难题，便来请教妈妈。妈妈拿起格格的作业本，上面是这样一道数学题：

有一条全长三百米的路，现在要在公路两侧种树，每隔五米种一棵，请问一共可以种多少棵树？

"这是你们这个年级经常会出的题目啊？上次也问过妈妈一次呢！来，妈妈再帮你做一遍。"说完，妈妈按照解题的步骤，一步步将计算的过程写了出来。格格非常开心地说："谢谢妈妈！"然后照着妈妈写的抄在了作业本上。妈妈还是担心孩子不会，又问了一句："会做了吗？"孩子点点头，继续做其他题目。

过了几天，班里组织了一次小测验，格格的考试成绩不错，但还是错了两道计算题，妈妈拿到测试卷看了一眼，顿时有点儿生气，她对格格说："妈妈以为你会在难题上出错，没想到错在了这里。你想一想，前两天妈妈不是刚给你讲过那道种树的题吗？这道题跟种树的那道题是一样的啊，怎么又错了呢？当时你还说听懂了……"格格委屈地说："当时我是听懂了啊！"

这件事过后，格格妈妈开始反思，她突然明白了，原来是自己的问题。那道题会了，这道题只是换了个说法、换了个情景，孩子就又不会了，那是因为孩子根本没有真正理解，她会的只是当时的那道题，而不是这一类题，她不懂得整个的思维过程。想到这里，妈妈突然开心起来，以后再教孩子就知道该怎么办了。

后来，格格又遇到过同一类的题，这一次，妈妈没有给格格写出解题的步骤，而是伸出了手掌，她把五根手指分开，问格格："你看我的手指之间有几个空格？"格格很自然地回答四个，妈妈点头道："对，这就是我们生活中常见的一个数学问题——间隔。除了手指之间有间隔之外，种树的时候，树与树之间叫间隔。锯木头的时候，先在木头的不同位置上画线，这些线之间也叫间隔……那你看，我们有五根手指，中间四个间隔，如果把手指换成小树，是不是一样的道理呢？"

格格使劲儿地一敲脑袋，说："妈妈，我明白了。五棵小树也是四个间隔，一百棵小树就是九十九个间隔……我会了！"格格在作业本上一步步写下解题的思路，最后算出了答案。妈妈看着格格不断地点头，格格也为自己真正地学会了这个方法感到高兴。而且，此后格格再也没有出现过类似的错误。

其实，在给孩子讲解学习方法的同时，也是妈妈在增长知识不断成长的过程。很多妈妈也许会觉得这样的方法太麻烦，很浪费时间，但其实不是的。我们麻烦这一次，给孩子讲明白一个解题方法，以后遇到类似的问题就不需要重复地花时间给孩子再次讲解。所以，这是一劳永逸的好办法。

我们在教育孩子的过程中，不应该只看重孩子最终的结果是什么，而要关注孩子是如何得出这个结果的，在这个过程中，孩子经历了怎样的思考过程。妈妈需要扮演的不是一个什么都懂的全能者，而是站在孩子的视角上，用孩子能够理解的方式引导孩子思考，让孩子在不断动脑中真正体会到学习的成就感和快乐，从而建立起对学习的情趣。爱学习的孩子不一定善于学习，而善于学习就是孩子在学习生涯中最大的财富。

孩子上课老走神，妈妈也能帮助他

孩子上课老走神，是很多妈妈从老师那里收到的反馈。

小斌的妈妈最近很苦恼。小斌升入初中以后整体成绩还算不错，在班上一直保持前五名，可自从升入初二以后就有些吃力了，而且老师说他上课老走神，有时候老师把他叫起来回答问题，他都不知道老师在问什么。由于小斌总是这样不在状态，所以成绩很快就下降到班里的第16名了。妈妈问小斌为什么频频走神，小斌说有时候题目有些听不懂，就很容易走神，还有时候是因为上课犯困。妈妈劝小斌晚上早点儿睡，小斌说作业太多了做不完，越拖积压越多就更不好办了。小斌的妈妈很想帮孩子改变这种状态，却又不知道从何下手。

阿远的妈妈最近也很犯愁。她的儿子阿远是个聪明的孩子，从小到大一直都是三好学生，而且知道用功，也懂得总结学习方法。可是从寒假阿远去姑姑家住了一段时间之后，一切就改变了。在姑姑家，阿远天天跟着表弟一起打游戏，玩得不亦乐乎。回到家里之后，爸爸妈妈白天都去上班，阿远自己在家也是靠玩游戏打发时间。妈妈看到了阿远的变化，对他说："妈妈并非不肯让你娱乐，但这一切都要以不耽误学习为前提。"孩子满口答应，说只是假期玩一玩，开学了就会收心了。可是这说起来容易，做起来却难。开学之后，阿远在课堂上满脑子想的依然都是游戏，因此经常走神，成绩迅速就下降了。眼看着孩子还有半学期就要升初三了，阿远妈妈真是急得如热锅上的蚂蚁。

这些年，很多妈妈都因为孩子上课注意力不集中而困扰。孩子上课爱走神的原因有很多，不仅包括主观的也包括客观的。妈妈还是要先找到原因，这样才能对症下药。

孩子上课易走神的客观原因主要有：第一，孩子长时间学习导致心理疲劳。这是由于孩子长期学习压力大，承担的学习负担过重导致的。在这种状态下，孩子会精力不足，记忆力下降，反应迟钝，注意力难以集中，甚至产生厌烦学习的情绪。第二，被上课前或者上课时的突发事件影响了，造成情绪波动。无关刺激经常会引起孩子的注意，比如老师奇特的服装、新发型、教室外面传来的声音等。第三，老师和孩子之间产生了不愉快。孩子对老师产生抵触情绪，因而不能集中注意力。另外还有，老师的课程冗长枯燥、缺乏节奏感等。

孩子上课容易走神、不能集中注意力可不光是客观原因导致的，孩子自身也存在一些问题：例如，孩子缺乏定力，一点点的外界刺激都可能吸引他的注意力；意志力薄弱，课堂讲述的内容难度稍有增加，便轻言放弃；由于一段时间的学习不努力，导致课业落下，知识储备不足而导致上课走神；心理素质差，快要考试了就焦虑不安、紧张激动；一次考试成绩不佳就悲观失望，甚至产生厌学的情绪。

妈妈应该认真地分析孩子属于哪种情况，找出问题的症结所在，具体原因具体分析，针对不同的情况，对症下药，才可能收到良好的效果。具体来说，有以下几种做法：

（1）帮助孩子减轻心理压力

对由于学习导致心理疲劳引起的注意力不集中，最主要的方法是帮助孩子减轻心理压力。课业负担重容易引起孩子的心理压力，但是在相同的学习课程的压力下，有些孩子会感到厌倦、疲劳，注意力涣散，可有些孩子仍然精力充沛，状态极佳。这说明不同孩子的抗压能力或抗压对策不同，因此对不同的孩子要有不同的方式。首先，妈妈要做到不要每日揪着成绩不放，不要做一个唯成绩论的家长。然后，对于心理承受能力差的孩子，妈妈还要教会他正确对待学业，不要把考试的名次看得太重，考试前不要顾虑太多，不要过于在意老师、同学等周围人对自己的评价，要学着豁达一点儿，想开一点儿，尽量地放松自己，不要自己给自己增加压力、添设障碍。要让孩子明白，因为顾虑太多、太在意别人的看法而使自己不能集中精力听课、学习，造成成绩下降，实在得不偿失。

（2）帮助孩子学会自我心理调节

如今学生课业繁重是事实，不是谁可以轻易改变的，在这种情况下，孩子只能改变和完善自己以适应环境，如果孩子自己不能做到，妈妈要帮助他。面对繁重的学习课程，如果孩子叫苦连天、沮丧发愁，妈妈要帮助孩子学会自我心理调节，找到自我减压的适宜方式。

(3) 帮助孩子抵制"诱惑"

孩子上课走神也可能是因为心里一直想着某些课外的娱乐活动，比如琢磨着游戏的打法、小说的情节等。这种时候妈妈要控制孩子，适当娱乐可以，但不可以过于沉迷。另外，孩子注意力不集中除了表现在课堂上，也表现在写作业、读书上。比如，孩子做作业时分心，可能是因为受了手机的"诱惑"。这个时候，妈妈要以身作则，不要孩子在那里算题，妈妈这边玩手机玩得津津有味。可以跟孩子说，现在是学习时间，然后大人也找一本书看，或是去忙工作。这样一来，孩子就知道人人都有应该做的工作，就能静下心来，集中精力了。

重视孩子的偏科问题

石女士的女儿苏苏今年上八年级,对于女儿的学业,石女士一直很担心,因为女儿存在严重的偏科现象。苏苏从小不喜欢数学,小学时数学成绩就比其他科目低一些,到了初中后,数学成绩更差了,苏苏自己也渐渐对数学失去了兴趣,根本不爱做数学题。苏苏最喜欢语文,她的语文成绩班里第一,作文经常被老师当作范文阅读。所以,自习课等业余时间,苏苏都爱看语文辅导书或课外书,而几乎不看与数学相关的书籍。

面对女儿的偏科现象,石女士多次想给女儿报数学班,但苏苏不愿意上,她说一想到应用题和各种公式就头疼。石女士也不知道该怎么办才好。

偏科是中小学生中很普遍也很正常的一种现象。孩子偏科有内在和外在两方面的原因。从先天素质来看,感性的孩子大多喜欢文学艺术,而理性的孩子大多喜欢数字算式。从学校教育来看,也许有的孩子会因为对某学科的老师感到亲切而喜欢他的课。再者,偏科也可能与各科老师的教学方法有关。另外，家庭环境也可能影响孩子的喜好。

偏科虽然构不成较大的危害，但对孩子的学习和发展却是相当不利的。

首先，偏科明显会拉低孩子的整体成绩。如果孩子的多门学科成绩都不错，唯独一科的成绩惨不忍睹，那么就会给整体成绩拖后腿。而无论是中考还是高考，都是看总分的，为了确保总分，必须全面抓各科成绩。

其次，偏科也会间接影响其他科目的学习。人的知识结构有科学的构成成分，各成分之间相互影响，相互促进。比如，数学思维直接影响着人的分析力，数学学得好，分析力就好，而分析力对其他科目的学习也非常重要。

所以，为了孩子更好地发展，妈妈一定要重视他的偏科问题。

下面是纠正偏科的几点建议：

（1）开发强项

在偏科问题上，很多妈妈习惯于关心孩子的弱项而忽视他的强项，其实，孩子的强项也应该引起足够的重视。

一般来看，孩子的强项从很小的时候就有所表现，比如四五岁的孩子特别喜欢古诗，而且背得很流畅，那么他很可能有文学天赋。聪明的妈妈应该在孩子很小的时候就为他提供一个丰富多彩的环境，找到孩子的兴趣，发现孩子的强项，然后加以鼓励和开发。

（2）克服弱项

弱项对于孩子来说比较难以克服，妈妈要及早发现孩子学习中的弱项，多关心孩子，帮助孩子解决难题。比如，孩子从三四年级开始就在数学上出现解题困难等现象，妈妈要想方设法帮助孩子，不要等到孩子对数学厌烦时再采取措施。

（3）坚持全面发展

在对孩子的教育上，妈妈要坚持"德、智、体、美、劳"全面发展的原则。全面发展是现代教育的要求，妈妈要引导孩子平衡各科成绩，主动发挥强项，弥补弱项，不要认为某些科目不重要，更不要给孩子灌输相关的思想。

让孩子在日常生活中学习

许多厌学的孩子并不是天生讨厌学习，而是不知道学习的意义。生活中也经常能听见孩子这样问妈妈："学习有什么用？"面对这个问题，许多妈妈也不知如何回答。所以就出现了一些常见的回答模板，如"只有好好学习，将来才能有出息""如果不好好学习，将来就要吃苦"，等等。

或许，这些千篇一律的回答能对某些孩子起作用，但还是会有一些孩子迷茫，他们依旧搞不懂学习某一科知识究竟有什么用处，不学又有什么关系。所以，妈妈想要让孩子自觉主动地投入到学习中，就要让他们知道所学与生活是密切相关的，学习的内容对他们来说都是切实有用的。

（1）让孩子参与制订家庭旅游计划，培养孩子学习的兴趣

思思上小学二年级，是个比较乖的小女孩。在学习上，她的数学和语文成绩都不错，但唯独不爱学英语。思思的父母学历都较高，英语水平也都还不错。对于思思不爱学习英语的情况，思思的父母很重视，但说教了几次，效果并不理想。通过与女儿谈心，思思妈妈终于明白了女儿不重视英语学习的原因，即女儿觉得学习英语没有什么用，因为她日常接触的都是中国人，根本见不到外国人。针对女儿的这一心理，思思父母觉得有必要带女儿出国走走，于是他们去了美国。在美国游玩期间，思思爸妈总是大方地与外国人交谈，也主动接近有孩子的夫妻，思思很想和外国的小孩子一起玩耍，但她根本听不懂对方在说什么，也无法表达自己的想法，因为她只会说几个简单的单词。旅行归来后，思思学习英语的热情一下子就提高了，还发誓要将英语学得和爸妈一样好，下次去国外好找外国小朋友玩。

通过案例可以看到，一场国外之旅，便激发了思思学习英语的热情。由此可见，在生活中，妈妈通过这样一些实际做法来激发孩子学习的兴趣是可行的。比如，孩子对地理学习不感兴趣，妈妈就可以在制订旅行计划的时候让孩子参与其中，让孩子来选择旅行的目的地和观光点，这样就能促使孩子去翻地图，研究区域地理。这样几次下来，孩子就有可能对地理课产生兴趣。

(2) 言传身教，用自己的求知态度来引导孩子

某位作家回忆说，他的妈妈非常喜欢做剪报，在他小的时候，他的妈妈也常常让他帮忙一起做。做剪报的时候，小小年纪的作家会去读内容，虽然很多东西他都看不明白，但作家说，他不知不觉地也学习了很多知识。而且，作家的妈妈孜孜不倦的求学精神，也感染了作家，使他对很多东西都产生了兴趣，这为他日后成为作家奠定了基础。

由此看来，妈妈的影响对孩子是非常大的，如果妈妈在日常生活和工作中始终保持积极求知的态度，那么孩子也会充满求知欲。所以，妈妈可以通过自己的言行，来引导孩子多思多问。

（3）带着浓厚的兴趣，与孩子一起参观、学习

许多妈妈会在周末或假期的时候带孩子去博物馆或天文馆参观，孩子对这种活动往往兴趣浓厚。不过，父母在这个过程中经常会犯一个错误，即自己兴趣不大、态度不积极。可能有些妈妈觉得参观主要是为了让孩子开阔视野、增长知识，而自己有没有兴趣并不重要。这种想法大错特错，妈妈的态度会直接影响到孩子，妈妈没精打采，孩子也容易失去兴趣，妈妈兴趣浓厚，孩子也会表现出极大的兴趣和学习热情。而且，妈妈和孩子一起参观、学习，必要时为孩子讲解，也是教育孩子的一个绝佳时机。

（4）每天争取几分钟时间，与孩子一起坐下学习

工作需要氛围，学习更需要氛围，有些孩子一回到家就不想学习，其中一个原因就是家里没有学习的氛围。在学校，有老师和同学的带动，孩子会容易投入到学习中，但家庭中就明显缺少这种带动。所以，不管妈妈多忙，都应该尽量抽一些时间坐下来与孩子一起学习，给孩子制造最佳的学习氛围。这个时间不用太长，哪怕只有十几分钟，孩子也能受到感染，进入学习的状态。

（5）和孩子一起读有益的课外书

有些孩子就是不喜欢学习，对课本知识丝毫提不起兴趣，对于这种孩子，妈妈不能心急，也不要强逼，这样会造成孩子的心理负担，要循序渐进地培养孩子的学习兴趣。

如果孩子内心非常抵触学习课本知识，妈妈可以引导孩子读一些有益的课外书。有些孩子虽然对课本反感，但对课外书却非常感兴趣。既然有兴趣，妈妈就要充分利用起来，通过课外书来培养孩子的学习兴趣。

在课外书的选择上，妈妈要格外用心，一些国学经典和成语、寓言故事等，都比较适合低年级的孩子，比如，《弟子规》《论语》《经典成语和寓言故事》等。

(6) 多带孩子逛逛书店，看看不同种类的书

童童 8 岁，上小学二年级。从童童五六岁的时候开始，妈妈便经常利用闲暇时间带他去书店。儿童书籍色彩艳丽，多种多样，童童每次都能驻留好久，安静地阅读、选书。童童的妈妈认为，让孩子多看看书是好的，通过接触不同种类的书，孩子的见识也会愈加开阔。所以，偶尔逛超市的时候，童童也喜欢去书籍区看书，而且只要童童喜欢，童童妈妈一般都会给他买。现在，童童已经形成了每个月去两三次图书馆或书店的习惯。

多带孩子去图书馆或书店，可以让孩子接触到不同种类的优秀书籍，也许一开始孩子只喜欢看图画书或故事书，但渐渐地孩子也会尝试去翻阅其他书籍。当然，妈妈也可以适当地引导孩子去读一些其他类别的书，比如科普书籍、地理书籍等。总之，让孩子爱上读书，孩子就能走进一个奥妙无穷的知识世界。

（7）孩子难以理解的书籍，妈妈要为孩子认真讲解

孩子五六岁的时候，因为识字不多，所以无法阅读一些故事书，这时候多是由妈妈讲给孩子听。当孩子长到七八岁的时候，上了小学，很多妈妈就不再给孩子讲故事了，甚至不会帮孩子进行阅读。然而，低年级的孩子认知依旧有限，很多书籍他们不可能完全看得懂，此时仍然需要妈妈给予必要的讲解、说明。

GOODPARENTSGOODTEACHERS

好父母，好老师

不吼不叫
培养好孩子

青 影 杜慧丽 编著

北方妇女儿童出版社

图书在版编目（CIP）数据

好父母，好老师 / 青影，杜慧丽编著 . -- 长春：
北方妇女儿童出版社，2020.8（2021.12 重印）
ISBN 978-7-5585-4621-1

Ⅰ . ①好… Ⅱ . ①青… ②杜… Ⅲ . ①家庭教育
Ⅳ . ① G78

中国版本图书馆 CIP 数据核字 (2020) 第 158411 号

好父母，好老师
HAOFUMU HAOLAOSHI

出 版 人	师晓晖
责任编辑	国增华
封面设计	书虫文化
开 本	880mm×1230mm　1/32
印 张	32
字 数	632 千字
版 次	2020 年 8 月第 1 版
印 次	2021 年 12 月第 3 次印刷
印 刷	阳信龙跃印务有限公司
出 版	北方妇女儿童出版社
发 行	北方妇女儿童出版社
地 址	长春市福祉大路 5788 号
电 话	总编办：0431-81629600

定 价　176.00 元（全 8 册）

前言

　　父母是孩子的朋友，是孩子的老师，是孩子的引路人，是孩子一生中最不可替代的教育者。巴金先生曾说："孩子们变好或变坏和他们受到的教育有关，有句话叫'先入为主'，所以父母是孩子的第一个老师，不能把一切推给学校。帮助孩子健康地成长，所谓培养、所谓教育，不过是这样一句话。我们希望子女成龙，首先就要尽父母的职责。"

　　当您看到别人洋溢着幸福笑容赞美自己的孩子时，当您看到孩子学校里那些出类拔萃的小同学时，除了羡慕之余是否会感叹："要是我家的孩子也这么优秀该多好啊!"其实，您的孩子也很优秀……

　　孩子就像一张白纸，这张白纸上会用什么样的颜色来打底，基本取决于其父母给他什么样的基础。很多家长都期望自己的孩子成龙成凤，出人头地，建功立业。但现在许多父母在如何教育孩子的问题上，仍摆脱不了传统观念的束缚，使孩子无法健康成长。他们没有明白"只有失败的教育，没有失败的孩子"这句话的含义，而一味地把自己的思想强加给孩子，从不考虑这是否适合孩子的个性和天赋条件、自身特点。爱尔维修曾说过："即使是最普通的孩子，只要教育得法，也会成为不平凡的

— 1 —

人!"爱因斯坦也说过:"孩子生来都是天才,往往在他们求知的岁月中,是错误的教育方法扼杀了他们的天才。"

对孩子来说,家庭是其人生的第一站,是人生的第一所学校,父母是孩子的第一任老师,家庭教育是孩子接受最早、时间最长、影响最深的教育。孩子能否健康成长、顺利成才,关键在其父母是否掌握正确的教子方法,是否能与孩子进行良好的沟通,是否能调动起孩子的学习兴趣,让孩子在求知、做人、交友等方面获得良好的教育,促使孩子发挥出应有的潜力。

为了满足家长对教育孩子的需求,结合未来人才的标准,我们精心编写了这套《正面管教》丛书,书中参考了大量的教子资料和教子案例,从培养孩子的学习兴趣、优良品德、社交能力、正确的金钱观等方面出发,全面解读父母该从哪些方面去教育和培养自己的孩子,为孩子创造出最佳的成长环境,让孩子的潜能得到充分发挥,赢在起跑线上,创造出属于自己的辉煌。

由于编者水平有限,能力绵薄,加之时间仓促,书中难免有不尽之处,恳请广大读者提出宝贵意见。愿本书伴随着父母在教子的道路上,找到智慧的方案,成就孩子辉煌的人生!

目录

— 1 —

第四章 孩子的能力不是父母吼出来的

第五章 改掉孩子的坏习惯不是比谁的嗓门大

01

PART ONE

第一章

大吼大叫不是与孩子相处的必需品

拒绝怒目相向，
用温和劝导代替大声斥责

　　教育家指出，父母的态度对孩子的智力、能力、行为、道德等方面的发展都有着至关重要的影响。

　　孩子的处事方式、人际关系、自尊、自信、主观能动性等，可以说都与父母的态度息息相关。在大多数父母看来，孩子的行为决定了自己对待他们的态度，而且自己的态度也不会对孩子的智力和能力产生负面影响，于是他们觉得自己的行为和处事非常的公正客观，不存在不合理的地方。其实这样的想法大错特错。

　　父母的态度与孩子的才智水平是相互影响、相互作用的。父母恶劣的态度会挫伤孩子的自信，使他们的身心受到双重的打击。所以，家长们一定要注意这一点，即便自己的孩子表现得十分差劲儿，父母也应该以温和的态度、积极向上的语言给予他们必要的鼓励和支持。要知道这些正面的言论，会让孩子变得更加乐观和自信，更加充满能量，从而不断地朝着预期的方向奋力前行。

当然，父母的态度不仅关系着孩子的智力发展，还会对孩子其他能力和人格产生深远的影响，如孩子的社会适应能力、自主能力、独立能力、人际交往能力等。这些能力如果在孩子的童年时代打不好基础，那么势必会影响到他们将来的人生。所以优质的教育必然不会是怒目相向，或者棍棒相加的，只有春风化雨式的教育才能真正帮助孩子构筑更好的人生。

林玲的儿子诚诚是一个乖巧、懂事的孩子，虽然不是班里最拔尖的，但也算得上是成绩上游的好学生。林玲对于诚诚的表现还是相当满意的，当邻居以诚诚做典范教训自家孩子时，林玲的内心就充满了骄傲和自豪。然而，就在她以为儿子会一直以"乖乖孩"的形象成长的时候，诚诚的成绩却出人意料地出现了一次断崖式的下滑，跟着坏成绩一起出现的，还有孩子的逆反心理。

林玲经过几天的反思，意识到孩子成绩的下滑可能与自己对他的态度有关。于是她决定调整自己的心态，用温和的态度与诚诚对话。

两三个月的时间过去，诚诚竟然真的发生了很大的改变，不仅成绩在逐步回升，而且逆反情绪也消失不见了，有时候甚至会主动对她说一两句关怀的话，比如，"妈妈，明天天气预报说有雨，你路上小心一点儿。""妈妈早点儿休息，小心熬坏了身体。"林玲看着儿子的改变，喜上眉梢，甜在心里，她在心里默默地感叹，自己那个乖巧懂事的儿子又回来了。

诚诚的故事告诉我们，父母的态度真的关乎孩子的健康成长。如果你因为生活中的不顺心管控不了自己的脾气，肆意粗暴地对待孩子，那么一定会摧毁他们的自信，导致其无法在社交能力方面建立良好的自我评价和自我意向。所以为了更好地对孩子的人生负责，父母们需要采取以下两种方式温和地和孩子相处。

（1）在处理孩子的错误之前先让自己冷静下来

尽管孩子犯错再所难免，父母也一定要控制好自己的情绪。在和孩子沟通之前，先让自己冷静下来，当你能保证自己不着急上火了，再和孩子展开对话。另外，交流时不仅要看自己的状态，还要看孩子的心情，如果孩子处于愤怒、激动的状态，那么也是不适合说教的。只有双方都冷静下来，教育效果才能达到最理想的状态。

（2）把握好自己的情绪，杜绝大吼大叫的行为

在成年人的世界里，一定要让自己的理智占据上风。对于孩子所提出的意见，如果是正确的，那就坚定不移地支持他；如果是错误的，那就以温和的态度给孩子分析其中的利弊得失，争取以理服人、以情动人。切记不要用吼的方式解决问题，这样只会让孩子形成沉默寡言的孤僻性格。

此外，身为父母，还应该明白一个事实：坏情绪是可以传染的。如果你在日常生活中随意宣泄自己的不良情绪，那么久而久之，自己的孩子也会成为你的翻版，而这样的结果，相信是每个做家长的都不愿意看到的。

与孩子说话要注意语气和方法

每一个人都有自尊心，都想要受到尊重，成人如此，孩子亦如此。一些父母在日常生活中并没有考虑到孩子的自尊心，更不注意与孩子说话的语气，结果无意中就伤害了孩子。

很多父母都觉得孩子不听话，会无理取闹，但并没有去反思自己是否说了违背本意的话，是否用孩子不喜欢的语气对孩子进行了说教。

盈盈和爸爸妈妈约好周末去游乐园玩，但到了周末，天气阴沉沉的，还夹带着丝丝细雨。盈盈知道不能出门了，所以站在窗边，噘着嘴，一副不开心的表情。

盈盈的爸爸走到女儿身边，严肃地说："别想着出去玩了，马上就下雨了；还是老实在家待着吧！"

盈盈听爸爸这样一说，眼泪立即就流下来了，弄得爸爸不知所措。

这时，妈妈走过来轻轻拍着盈盈，说："宝贝，别难过，我们今天是出不去了，但下周还是可以去的，是不是？"

盈盈点点头，渐渐停止了哭泣，回到屋里去玩玩具了。

案例中，盈盈的爸爸和妈妈说话的语气截然不同，但表达的意思是一样的：今天出不去了。因为语气不同，盈盈的反应也不同。盈盈心里明白今天不能出去了，她只是感到有些可惜和难过，这时候，爸爸那样凶着说出事实，自然不能安慰到她，反而触发了她的情绪，让她变得更难过。

众所周知，父母说话的初衷并不是想让孩子伤心，也没有哪一位父母存心想让孩子下不来台，之所以起了反作用，就是因为不注意说话的语气和态度。

语气不同，孩子的理解就不同，话语所产生的效用自然也不同。

在一个风景优美的公园里，有许多妈妈带着孩子游玩。

一位妈妈陪着儿子在草地上踢球。小男孩踢累了，就坐下休息。他打开了一瓶水，又打开了几袋零食，津津有味地吃着。吃完后，他随手把垃圾扔在了附近的草地上，妈妈见了，马上大声训斥道："谁让你往草地上扔垃圾的，马上给我捡起来！"

小男孩刚踢完球，有些累，不想起身。妈妈又朝他吼道："你怎么还不动，我不是让你把垃圾捡起来吗！"

面对妈妈的吼叫，小男孩很生气，撇着嘴回道："我不捡。"妈妈无计可施，只能自己捡起来扔进了垃圾桶。

另一位妈妈牵着孩子的手在石板路上散步，孩子随手将吃过的香蕉皮扔在了路上，妈妈看见了，蹲下看着孩子，严肃地说："你把香蕉皮扔在路上是不对的，因为垃圾要扔到垃圾桶里。"

接着，她用手指着远处的一个垃圾桶给孩子看，继续说道："你看到远处那个垃圾桶了吗？现在，将香蕉皮捡起来吧，我们一起扔到那个垃圾桶里去。"

孩子听了妈妈的话，捡起了香蕉皮，乖乖地扔到了垃圾桶里。

同样是要求孩子捡垃圾，前一位妈妈用的是吼叫的语气，以为可以震慑孩子，让孩子遵从，但结果事与愿违；后一位妈妈用的是温和的语气，讲明了道理，孩子真心接受，所以听从了。由此来看，在教育孩子上，选用的方法和语气是至关重要的，想要让孩子真心接受，想要让孩子认真服从，就必须注意与孩子说话的方法和语气。

那么，父母应该怎样与孩子进行良好的交谈呢？以下几种方式父母可以参考：

诱导式：耐心地诱导，使孩子愿意与父母交谈。通过话语，进一步了解孩子的心。

协商式：尊重孩子，用商量的态度与孩子说话，不要独断专行，命令孩子。

说理式：用温和的语言向孩子讲明道理，让孩子接受。比如，不希望孩子做某事时，要说明白不允许他那么做的原因，使孩子理解；当孩子犯了错误时，指出他的错处，说明危害，使孩子自觉改正。

此外，想要达到良好交谈的目的，父母还要做到以下几点：

(1) 平等对待孩子

在家庭中，父母要明确孩子的独立性，平等地看待孩子，不要在孩子面前摆架子、耍权威，说一些带有命令口吻的话语。

(2) 关注孩子的兴趣爱好

与孩子交谈，父母就要了解孩子关心什么话题，喜欢什么话题，不要说孩子不感兴趣的内容。只有说孩子感兴趣的话，孩子才会乐于与父母交谈。

(3) 要有耐心

和孩子交流难免会存在沟通障碍，遇到孩子不理解的地方，父母要耐心地解释，帮助孩子慢慢认识。

总之，父母与孩子交谈一定要掌握方法、注意语气，必须认识到，大吼大叫是最错误的教育方式，也许能威慑一时，但却很难让孩子从内心认同。

不当责骂是导致孩子唯唯诺诺的根源

很多成年人，与朋友、同事相处和谐融洽，在职场上也能叱咤风云，但是一回到家里，面对孩子，就变得束手束脚，尤其是当孩子出现问题或者犯错的时候，更是一筹莫展。在教育孩子方面，他们最常用的方法就是"唠叨"，而当唠叨的时间长了，起不到理想的效果时，他们就会大吼大叫地责骂。这种方式可以说是唠叨的升级版，短期内看，它似乎对教育孩子可以起到一定的效果，但是从长远来看却是不明智的，因为大声责骂孩子会伤害孩子的自尊心和自信心，还会让孩子对父母产生反感情绪，更有甚者，会出现激烈的反抗，比如与父母吵架、离家出走，甚至更极端的事情。

当然，面对孩子的问题，家长不能置之不理，很多时候需要家长的严厉管教，适当的言语提醒和教训也是可以的，但是家长一定要把握好度，不能过度严厉，否则不仅起不到教育孩子的作用，还会让孩子慢慢失去改正错误的动力，变得畏首畏尾，胆小怕事。

张超的妈妈是一名高中老师，她在管理学生时非常严格，因此班上纪律严明，学生们的学习成绩也不错。张超妈妈见这种方式有效果，便把管理学生的那一套方法也用在了张超身上，对张超提出了一系列严格的要求，比如：作业必须在规定的时间内写完，写不完不能从书房出来；每天按时吃饭，不能剩饭，而且在吃饭过程中尽量不要发出声音；在家看电视的时间必须严格控制，超过一分钟就要抄写英语单词……张超不敢反抗妈妈的一系列"专制"行为，因为妈妈动不动就会对张超大声吼叫、责骂，一直骂到张超低头不说话为止。

有一次，妈妈加班回来得晚，等到妈妈回家的时候，张超依然饿着肚子。妈妈知道张超不会做饭，但是至少可以泡面吃，就问张超为什么不知道泡面吃，要饿到这么晚。张超可怜巴巴地说："我不敢，你平常不是不让我吃泡面吗？"张超在妈妈的严厉管教下，成了别人口中的"好孩子"，但是他却变得没有一点儿主见，做事也不敢有自己的想法。我们很难想象，这样的孩子长大以后，要怎样适应千变万化的社会，怎样在社会中立足。

当一个孩子因为大人的吼叫、责骂而变得唯唯诺诺，只能依赖大人的时候，当大人的管教变成孩子独立思考和独立解决问题的绊脚石的时候，我们是否应该反思一下，到底是让孩子听话重要，还是保护孩子思维的自主性和创造性更重要？

吼叫、责骂带给孩子的远远不止是心理上的伤害，家长要意识到，这种教育方式的弊端远远大过益处。那么，经常大声责骂到底会带给孩子什么更严重的不良影响呢？

（1）导致孩子犯下更大的错误

经常大声责骂孩子，往往容易让孩子产生反抗情绪，尤其是对一些比较有主见、自尊心比较强的孩子来说，他们很难接受这种教育方式，但是又没有好的办法去改变，所以，他们的反抗往往表现为更严重的逆反行为，比如，家长责骂孩子沉迷于网络游戏，孩子就比之前表现得更严重；家长责骂孩子成绩差，不求上进，孩子在学习上就更加懈怠，让家长一次比一次失望。而对于一些性格比较内向的孩子，他们往往不会直接表现出对父母的反抗情绪，但是他们的心里是不服气的、不愿意接受的，所以，他们往往会产生不满和怨恨情绪而又无法发泄，时间长了，就容易造成性格上的阴郁，不愿意与人分享自己的喜怒哀乐，甚至变得自闭，无法与人进行正常的沟通。

（2）失去独立思考的能力

有一位老师带着班上的孩子们去春游，大家都兴致勃勃。老师带着孩子们在郊外野餐、做游戏，玩得不亦乐乎。几乎所有的孩子都尽兴地玩闹，老师决定让孩子们单独行动一会儿，他告诉孩子们，只要在规定的范围内活动，大家就可以自由地做自己想做的事情。大多数孩子都像出笼的小鸟一样四散开去，寻找自己的乐趣，但有几个孩子却待在原地不动，老师问他们为什么不去玩，他们却说希望老师告诉他们要玩什么，老师吃了一惊，难道拥有选择的自由，可以自在地玩耍不是一件很开心的事吗？为什么反而成了这些孩子的负担？

在生活中确实有这样的孩子，他们没有自己的想法，只会听从别人的意见。其实，这样的结果与父母的教育是分不开的。毫无主见的孩子，他们的父母不是一样毫无主见，就是对孩子的管教过于严格。他们总是要求孩子按照自己的想法做事，只要不顺从他们的心意，就会对孩子进行训斥。很多孩子在这种家庭中，渐渐地失去独立思考的能力，只会依赖他人为自己做决定。面对这样的孩子，也就不难理解，他们会在自由行动的时候无所适从。

那么怎么责备孩子才是正确的做法呢？

①要学会尊重孩子，虽然孩子小，但是他们也有自尊心，父母在责备孩子的时候一定要尊重孩子的人格。

②父母在责备孩子的时候，一定要向孩子说明，为什么会责备他，让孩子真正从内心深处检讨自己。父母要明确责备的最终目的是为了帮助孩子。

③帮助孩子分析问题，找到孩子犯错误的根本原因，并且给孩子提出合理的、可行的建议。另外也可以帮助孩子制定规则，防止下次犯同样的错误。

总而言之，无论在什么情况下，对孩子大声斥责都是不可取的方法。要从根本上解决孩子的问题，父母首先要尊重孩子，在不伤害孩子自尊心的前提下，晓之以理，动之以情，不仅要让孩子明白自己的错误和改进错误的方法，还要让孩子体会到父母对孩子的关注和爱。

恐吓孩子，后患无穷

　　不少家长反映自己的孩子胆小怕事，毛毛虫、老鼠什么的自不必说，就连上课时发言都不敢大声说话，在马路上寻求警察叔叔帮忙都要纠结半天。家长们不知道症结何在，只是一味地批评孩子"怎么这么胆小""这么怕事像什么样子"……其实，家长在为孩子的胆小怕事感到万般苦恼的时候，忘记了检讨自己，孩子的胆小怕事一定有很大一部分原因来自父母，孩子的很多行为和表现跟父母的行为和表现是分不开的。

　　很多家长对付不听话的孩子时，最常采取的办法就是恐吓，动不动就对孩子说"不听话的孩子会被大灰狼叼走的"，还会编造很多可怕的妖魔鬼怪的故事，有的时候还会说"如果不听话，爸妈就不要你了"。这种方式确实比哄和讲道理见效快多了。因为孩子的知识有限，他们分不清父母所说的话是真是假，出于害怕和恐惧，只能暂时压抑自己的情绪，成为"乖孩子"。这样的方式从表面上看，似乎解决了当时的问题，但是很多父母却忽略了它对孩子长远的影响，总是受到威胁和恐吓的孩子长大后大多都会变得胆小懦弱，因为在他们的内心深处总是会觉得，如果做得不好，就会受到惩罚，就会被抛弃。

还有些家长，只要发现孩子有胆怯的表现，不是嘲讽呵斥就是暴力惩罚，孩子在做出任何言行前都要担心是否能让父母满意，这样的孩子，又怎么能不畏首畏尾、懦弱不堪呢？甚至有一些更不合格的父母，对待自己的孩子就像对待囚徒一样，不许做这不许做那，他们希望对孩子的每一件事都了如指掌，孩子的任何行为都要经过他们的同意才可以。试想，一个事事都小心谨慎，没有丝毫自由可言的孩子，怎么可能变得胆大勇敢呢？所以说，胆小的孩子绝非天生胆小，一定是因为在家庭教育中受到了父母的影响。

一个四五岁的小男孩在游乐场里死活不肯走，妈妈生拉硬拽，孩子只是一味地扯着身子不肯动，妈妈没了办法，就开始冲着孩子咆哮："快点儿走，再不走我就叫医生来给你打针，使劲儿打你的屁股！"孩子一听，顿时"哇"的一声哭了出来，妈妈更生气了："哭什么哭，就知道哭！别哭了！再哭警察会来把你带走的！"这一来，孩子哭得更凶了。妈妈实在生气，使劲儿掰开孩子抓住自己手臂的手，用力地甩开，吼道："你要是喜欢哭，就自己在这儿哭吧，妈妈不要你了！"说完便装作要走的样子转过身去。

孩子满脸泪痕，吓得抽抽搭搭，一边哭喊一边追着妈妈："妈妈别走，妈妈别走，我不哭了，我跟你一起走，妈妈，求求你不要丢下我……"

"好，那你以后都不要哭了，不然妈妈真的会丢下你！"孩子强忍着抽噎，擦干眼泪，点点头，拉着妈妈的手，跟着妈妈离开了。

看到这样的一幕，相信很多家长都会心疼这个小孩子，但是反观一下自己，是不是也曾有过这样的行为呢？我们是不是有时候也会成为这样可怕的父母？其实我们在冲着孩子发脾气的时候，可能孩子根本不知道自己错在了哪里，也并没有真正意识到自己的问题。他们只是因为父母的威胁和恐吓而强行压制自己的情绪，这种恐吓让孩子不敢表达自己的真实情绪，表面看上去一切都风平浪静了，其实孩子的内心却是极其害怕的。这种恐吓式的教育方法对孩子有百害而无一利。

恐吓和威胁看似解决了问题，实际上是饮鸩止渴。家长要求孩子绝对地听话、懂事，让处于相对弱势一方的孩子总是战战兢兢的，他们在父母面前没有办法完全舒展自己的身心，他们唯恐不小心做错了什么受到惩罚，甚至是被父母抛弃，对孩子来说，这种时时刻刻的担心是多么残忍的一件事。作为父母，我们应该给孩子营造一个相对平和的家庭氛围，也要给他们提供宽松的生活环境，更应该给他们犯错的机会。哪怕孩子真的出现了胆小的表现，也不要讽刺挖苦孩子，更不能使用暴力，而应该对孩子更加关爱，了解其变得胆小怕事的真正原因，通过一步步的引导，让孩子变得更勇敢。

孩子的胆小里一定藏着父母的苛责，孩子的勇敢里也一定藏着父母的宽容。

有理不在声高，无由不应责骂

生活中，很多父母时刻不忘父母的权威，动辄打骂孩子，误以为只有这样才能表现出他们作为父母高高在上的地位。其实这是错误的观念。还有的父母批评孩子时满脸严肃，声调很高，误以为有理就在声高，也误以为这样能够让孩子加深记忆，增强教育的效果，但事实并非如此。

有一个年轻的全职妈妈性格很急躁，遇到一点儿小事都会着急，而且说话很少考虑到孩子的感受。有一次，孩子兴致勃勃地与妈妈讨论书本里看到的故事情节，妈妈不耐烦地训斥孩子说："自己玩去吧，没看到我正忙着呢吗！"有的时候，妈妈还会说："你除了玩还知道什么，什么时候才能懂事啊？"或者说："我怎么那么倒霉，生了你这么个废物！"她总是这样说孩子，别人好心提醒她她也不以为意，还说："小屁孩哪里来的自尊心，没关系的，听过就忘记了！"

这个妈妈不会想到，孩子在成长之中受到语言暴力，内心创伤很严重。这种伤害是在不知不觉间发生的，妈妈丝毫没有意识到伤害的存在，孩子却对自己各种否定，不求上进，也根本不听妈妈的话。

针对父母的责骂是否会影响孩子的成长，美国的一位儿童心理学家曾经进行过研究。他把父母责备孩子的不良态度进行了划分，并且列举了使孩子变坏的各种责备方式，如下所示：

难听的字眼：傻瓜、蠢货、废物、无能的家伙。

侮辱：你就是个笨蛋！饭桶！垃圾！

非难：让你不要这么做，你非要做，真是无可救药！

压制：不要狡辩，我只需要你认错！

强迫：我说不行就不行，没有理由！

威胁：你再不听话，我就不要你了！你马上滚出这个家！

挖苦：让你拖地，弄得到处是水。你小事都干不好，还想干大事吗？

诸如此类的恶言恶语，强迫孩子，威胁孩子，甚至挖苦和讽刺孩子，往往出自一些全心全意照顾孩子的年轻父母之口。父母即使恨铁不成钢，训斥孩子时也不能采用这样的方法。这些是最不能被孩子，特别是叛逆心、自尊心强的孩子所接受的话。父母还要注意，一定不要用央求的方式与孩子沟通，更不要用金钱来诱惑和收买孩子，否则只会让孩子误入歧途。

当孩子出现错误行为时，父母总是大声责骂孩子，只会给孩子的成长带来负面影响和反作用，如：

（1）伤害孩子自尊心

孩子的自尊心很强，斥责的语言会伤害孩子的自尊心。当父母反复斥责孩子，孩子会渐渐习惯，变得麻木不仁，自尊心全无。曾经有人说："当外界没有为孩子们提供能够让其自尊心理健康发展的良好环境时，孩子们的自尊心就会呈现出残缺、病态的特点。有些孩子甚至没有自尊心，他们是斥责教育的受害者。"

（2）激发孩子的逆反心理

斥责会导致孩子产生对立情绪，孩子即使明确意识到自己的错误，也会因为情感障碍而拒绝承认错误。

（3）影响孩子发展独立性

很多父母认为斥责是为了管教好孩子，而管教的目的则是为了让孩子听话。基于这样的想法，有相当多的父母总是强迫孩子按照他们的话去做，否则，就会声讨孩子。这会导致孩子越来越被动，失去主见，做任何事情都很依赖父母，遇到紧急的情况不能独立思考，只会等着父母发号施令。他们不敢独立判断事态，也不敢独立做决定，生怕做错事情遭到父母的斥责。这不但会阻碍孩子发展独立性，也不利于培养孩子的思维能力和创造力。

（4）削弱孩子自我教育的能力

表面看起来，孩子在遭到斥责之后很快就会表示顺从，这使父母误以为解决了问题。但是，孩子只是记住了斥责会让自己痛苦，而没有认识到自己的过错行为，从这个意义上来说，斥责反而会削弱孩子自我教育的能力。

为了避免斥责带来的负面影响，父母要尽量减少斥责孩子。例如，用沉默代替斥责。很多孩子一旦犯错就担心受到父母的责骂，当父母的表现符合孩子的预期，孩子会感到"如释重负"，反而忽视了批评和过错。反之，如果父母以沉默的态度对待犯错的孩子，孩子会感到非常紧张，浑身都"不自在"，进而主动反省错误。

当确认有必要批评孩子时，父母一定要注意以下几点。

（1）让孩子明确自己的错误

孩子年龄小，知识储备不足，缺乏生活经验，能力也很有限，因此经常会闯祸。父母要客观评价孩子的错误，耐心地和孩子讲道理，与此同时，还要帮助孩子分析犯错的原因，引导孩子进行自我反省。孩子在犯错之后，常常因为担心被父母责骂而推卸责任，最有效的方法是在孩子辩解时，反问孩子："假如你是对方，你会如何解释?"孩子在父母的引导下会进行思考："如果我是对方，我又会说些什么?"这样一来，孩子才会反省自己推卸责任的错误，从而接受批评，并且积极地改正错误。

（2）告诉孩子应该怎么做

训斥孩子不是教育的目的，而只是一种教育手段。教育的终极目的是让孩子避免再犯同样的错误。父母在斥责孩子时，要耐心地教会孩子正确的做法。最好暗示和引导孩子进行独立思考和判断，通过孩子主动自发的努力，改进孩子的行为。

（3）尊重孩子的人格

很多父母都觉得孩子小，懂的东西很少，殊不知，孩子正在成长，他们对外界的一切都有自己的认知方式，也会产生一定的情感倾向，与此同时，他们还需要得到他人的理解和信任。父母只有发自内心地尊重孩子，采取科学的教育方法对待孩子，才能培养孩子的自尊心，让孩子具备责任感。

斥责孩子的时候，父母一定要留意场合，讲究分寸。不要当着他人的面训斥孩子，也不要恶言恶语，挖苦和讥讽孩子。在斥责孩子时，父母不要提高声调，而是应该压低声音，用低于平常说话的声音责备孩子。"低而有力"的声音，才能引起孩子的注意，也让孩子愿意听父母所说的话。此外，低声还可以避免他人听到斥责，从而保护孩子的自尊心。比起高声训斥的"热处理"，低声"冷处理"的效果更好。

（4）不要无缘无故地斥责孩子

生活中，很多父母会因为自身情绪不佳而无缘无故地责备孩子。孩子不知道自己哪里做错了，父母也说不清楚究竟为何发火。这是两个原因导致的：一是父母情绪激动，毫无意义地对孩子一通训斥，却没有说到关键之处；二是父母看孩子某个方面不顺眼就大发雷霆，却又无法指出到底孩子哪里做得不好，因而只能发无名火。显而易见，这两点都会导致事与愿违。

斯宾塞曾经说过："即使是最没有教育智慧的人，也能采取粗糙轻率的家庭管理方式。就算是野人和最愚蠢的农夫，也会以打骂孩子作为惩罚。就算是兽类，也会采取这样的方法管教幼崽，最好的证明就是，一条母狗会用吠声和假咬的方式制止一个提出过分要求的小狗。"他认为，最基本的责备方法必须让孩子清楚地意识到他们到底哪里做错了——为什么错了——怎么做是正确的。

（5）斥责孩子时就事论事，不提过往

有些父母在责备孩子时，常常把孩子曾经经历的失败引作例证来否定孩子，这样会伤害孩子的自尊心，也会让孩子自信全无，使孩子因此叛逆而奋起反抗。

君君7岁了，最喜欢边学习边看电视。这么做的危害就是学习时无法集中精神，使学习的质量大打折扣。原本，妈妈只需要提醒君君这么做的后果就行。例如告诉君君："孩子，学习时要专心，不能看电视，这样会影响学习效果。你可以做完作业再看电视，还可以看完一段时间电视再写作业。"然而，妈妈没有这么说，而是怒气冲冲地对君君发牢骚："上次，你吃饭的时候看电视，把饭碗打碎了。""正因为这样，你还不小心从沙发上掉下来。""正因为如此，你还被老师罚站。"妈妈脱口而出的这些责备和君君眼下的行为毫无关系，君君委屈极了，自尊心受到伤害，既没有心思写作业，也没兴致看电视，甚至还怀疑自己："妈妈说了我这么多的不好，难道是因为我本来就是坏孩子吗？"

责备孩子时总是说起过去的事情，或者重提曾经训斥过一次的事情，或者结合曾经发生过、未来有可能发生的错误

进行说教，这么做的效果很糟糕。它不但会淹没说教的主题，而且不利于分析和解决当前的问题。父母接二连三地指出孩子的诸多错误，并且把各种原因导致的失败排列起来，只会让孩子对父母心生不满甚至怨恨。

02

PART TWO

第二章

批评不等于大吼大叫

批评是教育中重要的一环

　　对于孩子来说，赞美和表扬是他们继续前进的动力，但是一味表扬，他们就容易飘飘然。尤其是在犯了错误之后，父母如果依然不肯批评，孩子的错误就会越来越严重，直至产生不可挽回的恶果。所以，该批评的时候必须批评。但是，很多父母却狠不下心来批评孩子，认为批评会让他们幼稚的心灵遭到冲击，因此当孩子做了错事时，刚要批评，一看到孩子那委屈乃至惊恐的表情，就把批评抛诸脑后了。长此以往，孩子会觉得自己无论怎么恣意妄为，都不会遭到批评，性格就会越来越恶劣。

　　国外心理学家早已证实：生活在赞扬之中、没有经受过批评的孩子，最容易成为"老虎屁股摸不得"的小霸王，是非不分；而这种在幼年时代就不能接受批评的孩子，长大后会变本加厉地抗拒批评，甚至产生一些心理障碍，完全活在自己的世界中，将一切批评的声音视作耳旁风。这样的人，是难以适应现代社会的，其事业也很难成功。

　　无法接受批评的孩子，除了小时候受到家长过分溺爱的孩子之外，还包括一些太过出色的孩子，也就是人们通常所说的"别人家的孩子"。这些"别人家的孩子"拥有出众的天赋，往往成绩出色、大脑灵活，他们的杰出表现让家长、老师或同学忽视了他们性格中的缺陷，对他们表示由衷的赞美和羡慕。这些孩子生活在赞美之中，找不到自我反思的契机，很可能在诸多荣誉面前得意忘形，迷失了自己，养成自以为是、唯我独尊、盛气凌人的性格。这些缺陷型的性格会影响他们的学习或工作，一旦某些方面做得不够理想，他们从未倾听过的批评的声音就会迎面而来。这时候，这些从小被赞美宠坏的人会百般抵赖，或者无法承受批评，像泄了气的皮球一般失去所有热情，他们的天赋和智慧都可能因此白白荒废。

所以，当父母幸运地养出了一个让别人家羡慕不已的孩子时，不能让自满冲昏头脑，也不能被孩子的"光环"蒙蔽双眼，而是要时刻牢记"虚心使人进步，骄傲使人落后"的箴言，善于发现孩子的缺点和不足，让孩子不断克服缺点，继续前进，取得更加优异的成绩。

小学五年级的灵灵，从小就特别聪明，成绩在全年级始终名列前茅。老师和同学们的赞美话语和敬佩眼神，让灵灵非常享受，她也变得越来越自负。对于那些成绩差的同学，她往往表现出一副"清高"的样子，不愿跟他们过多交流，甚至连各科老师的话她都不太在意，因为她觉得自己仅靠自学就能取得好成绩，老师们没什么了不起的。在家里，灵灵觉得自己俨然是个大人了，爸爸妈妈的话都是老调重弹，她越来越不放在心上。唯一让灵灵有几分敬重的，是德高望重的班主任朱老师。朱老师已经快到退休的年纪了，是市里的高级教师，连校长都对他毕恭毕敬的。朱老师对灵灵也不像其他老师那样以夸奖为主，让灵灵觉得他与众不同。

朱老师是教语文的。这一天，灵灵在一篇周记中表达出对同学的轻视心理，还写了自己与数学老师的争执：数学老师批评她点错小数点丢了一分，不够细心，灵灵却认为自己虽然丢了一分，但依然是第一名，不应该受到批评。

朱老师看出灵灵的性格在向不好的方向发展，认为自己有责任拉这个聪明的孩子一把，于是在灵灵的周记本上写道："人们对于毫不在意的人，不会去批评。因为批评往往换来怨恨，而能够冒着被你怨恨的风险批评你的人，是真正希望你进步的人。你的成绩很好，但是你画画比不上肖琳，跑步不如张慧慧，弹琴比不上赵芝芝……人人都有优点和缺点，你为什么不能接受批评呢？"

灵灵深受触动，她的性格慢慢得到了改善，跟同学和老师的关系也好起来了。

多数批评指向的都是一个人的缺点，坦率地接受批评，就是看到了自己的缺点，有利于改正。人都是两眼看着他人的缺点，对于自己的缺点却容易忽视，这时就需要他人的监督。古人云"不识庐山真面目，只缘身在此山中"，人评价自己往往会出现偏差，只有通过他人的批评建议，才能更清楚地审视自己，发现自己的缺点和不足并加以改正。

对于父母来说，批评孩子是一个"技术活儿"。因为孩子仿佛是一个娇嫩的花蕾，他们平常都是沉浸在赞美的和风细雨中，一旦经受批评的风暴，很容易就会一蹶不振；批评得多了，还会让孩子误以为自己一无是处，没人喜欢自己，产生很多偏激的想法。所以，父母批评孩子，千万不能用打击孩子的自尊心的方式，误以为这样会让孩子印象深刻。其实，这样做不仅起不到让孩子改正的目的，反而可能让他们自暴自弃。批评孩子的错处时，一定要就事论事，不要总翻旧账，否则会让孩子产生在父母面前永远无法翻身的无力感，也让批评的作用大打折扣。此外，批评需要严肃，但是不能声色俱厉，因为如果孩子沉浸在恐惧中，就无法注意你的言辞，不利于改正。

现实中这样的情况很常见：孩子在学校做错事，遭到老师的批评，回到家中，父母又是一顿批评。这样的"夹击"是很多孩子难以承受的。对于父母来说，孩子既然已经遭到批评了，如果对自己的错误有了认识，就无须再行指责，而应当引导孩子冷静地想一想该如何改正。

甜甜学习很好，尤其是数学，总是考满分。一次期中考试，她的后桌用手指捅了捅她的背，小声说让她身子往旁边侧一侧，好偷看她的试卷。甜甜觉得这样不好，于是微微扭头说："不行。"这时，老师看到了，认为她在和后桌的同学串通作弊，大声斥责了她们一句："你们两个干什么？"甜甜觉得很委屈，眼泪在眼窝里打转，很快交了卷子回家了。

到了家里，她越想越不好受，就跟妈妈哭诉起来。妈妈帮甜甜擦了擦眼泪，问清楚了事情的原委，很快跟老师说明了情况。第二天，甜甜到了学校，老师已经对后桌同学进行了批评教育，两人一起诚恳地向甜甜道了歉。

　　孩子能否接受批评并改正，父母起着相当重要的作用。作为孩子的第一任老师，父母必须掌握正确批评孩子的技巧，让孩子坦然接受批评、不断进步。

语言暴力会伤害孩子敏感的心

语言暴力和体罚一样，属于一种粗暴的教子误区。有的家长陷入这个误区往往是因为他们被一种"恨铁不成钢"的心态所主导。有些家长会觉得，孩子太淘气、爱闯祸，训斥他几句没什么大不了。然而他们不曾意识到，语言上的暴力对孩子的心理伤害并不亚于体罚，尤为重要的是，这对孩子的自尊心和自信造成的伤害是无法弥补的。

生活中，不少家长在批评教育孩子时总是不加思考地加上一些歧视性字眼，他们自以为这样做是为孩子好，是负责任的表现。殊不知，他们是在刺伤孩子的心灵，是在对孩子施加语言暴力。有教育专家指出，对孩子施加语言暴力是中国家教中十分常见而又不被重视的问题之一。中国家庭中的很多父母都曾以各种形式向孩子施加过语言暴力，致使孩子处于深深的自卑和焦虑之中。

据心理专家介绍，语言暴力对孩子的伤害相比体罚有过之而无不及，从某种意义上说，它是更具摧残性的，可谓"杀人于无形"。

第一，某些孩子可能会因为一直无法排解语言暴力对其造成的精神负担，心理和身体受到巨大摧残而心智失常、丧失生活的勇气，甚至自杀。

第二，家长们的语言暴力会对孩子的自尊、自信造成严重伤害，长此以往，他们很容易丧失对自尊的需求和认同，从而彻底抛却自尊自信，不断沉沦下去。

第三，不少家长经常在人前挖苦、斥责自己的孩子，这等于在持续刺激孩子。与此同时，被斥责的孩子的心理也会发生一些微妙的变化，比如看到同学们交谈就会认为是在嘲讽自己，产生对同学和老师的畏惧心理，孤僻、自卑由此生根发芽。

第四，孩子在受到家长的辱骂和伤害后，往往无从发泄，只得将这些负面情绪积压在心中，而在某个时刻，巨大的精神压力可能演变为由内向外的复仇冲动，使他们对他人和社会采取过激行为，直接影响和危害社会，走上害人又害己的歧途。

梓潼的妈妈从小就梦想成为一名舞蹈演员，但是阴差阳错，她最终未能实现自己的梦想，于是生下梓潼以后就把自己的舞蹈梦托付给了女儿。即使生活条件不是很好，梓潼的妈妈也毫不犹豫地给女儿报了市里最有名的舞蹈学校，让梓潼去学舞蹈，并且，每天在梓潼耳边重复一句话："妈妈将全部希望都放在了你身上，你一定要好好练。"

梓潼很懂事，每天放学回到家，第一时间就练习舞蹈，但是成效却不太好，因为学舞蹈除了要刻苦努力，还要有天赋。

一天，梓潼的妈妈要她跳一支天鹅舞。可是，梓潼出现了很多失误，不是动作不协调，就是没跟上节奏，断断续续才勉强把这支舞跳完。

看到梓潼丝毫没有进步，梓潼的妈妈十分失望，脱口而出："你怎么这么笨，也不知像谁，练习了这么多次还是跳不好，你还能干点儿什么！"

听完妈妈的一番斥责后，梓潼的眼泪瞬时挤满了眼眶，她稚嫩的心灵被深深地刺痛了。她很想告诉妈妈："我已经付出全部的努力了，可还是学不好啊，我有什么办法呢？"可这话她始终没有勇气说出口。

类似的事情多次发生之后，梓潼的性格逐渐从活泼开朗转变为内向自卑，而且也越来越不愿与妈妈说话了。

半年后，梓潼的妈妈认识到了问题的严重性，将梓潼送去了医院，经医生诊断，梓潼患上了自闭症。

在现实生活中，这样的悲剧还在不断上演。其实，像梓潼妈妈这样的家长大都是非常爱孩子的，爱之深，也责之切，可是他们却从未想过语言暴力正来自他们有口无心的责骂。语言暴力就像一把利剑，能够给人以致命一击。孩子的心智尚未成熟，其承受能力也比较差。为人父母，应当采用科学、正确的教育方法，否则，很容易把孩子推向绝望的深渊，让一个原本积极乐观的好孩子毁于无形。

那么，父母怎样才能避免对孩子实施语言暴力呢？

(1) 对孩子的期望值不要过高

不少家长对孩子抱有过高的期望，如果孩子不能达到自己预设的目标，他们就会失望透顶，于是口不择言，说出不理智的话，伤了孩子的心。其实，真正的天才毕竟占少数，大部分孩子都很普通，作为父母应该时刻保持一颗平常心，失望自然就会减少。

(2) 家长应该把姿态尽量放低一点儿，放到和孩子平等的地位

需要家长警惕的是，千万不要让自身权威凌驾于孩子之上，而忘记了孩子也有自己的内心世界，也有自尊和自信。孩子得不到应有的尊重，心灵很容易因此变得扭曲。他们不是产生逆反心理，站到家长期望的对立面，就是脆弱的心灵不堪重负，从而封闭自己，最后走向自卑。所以，家长在对孩子进行说服教育的时候，应试着放低姿态，平等地和孩子交流，如此才能真正打开孩子的心扉。

(3) 冷静对待孩子的错误，控制自己的情绪

当家长在大发雷霆的时候，很容易出口伤人，甚至会说出让自己后悔一生的气话。这时，家长就要学会强迫自己换个环境，走到外面看看风景、散散心。其实当你的情绪冷静下来，就会发现事情并非自己想象的那么糟糕，孩子也并非一无是处。多想想孩子好的一面，怒火就会逐渐消散。这个时候再去教育和纠正孩子，就能避免说出过激的话。实际上，孩子也有辨别是非的能力，通常情况下，他们能够认识到自己的错误，如果父母过多地追究，就很容易打击到孩子的自信心。

不过，拒绝语言暴力并不等于放弃教育原则。孩子的自律意识比较淡薄，如果家长不追究他的过错，孩子很可能一犯再犯，所以教育原则是不可以动摇的，要引导孩子分清是非对错。拒绝语言暴力的关键在于掌握分寸和方式。家长在开口指责孩子之前，务必要思考一下这样说是否妥当，是否会对孩子的心灵造成伤害。要知道，言语的伤害远远大于肉体的伤害。因为肉体的伤害是短暂的，而语言暴力的伤害却是长久的，它甚至永远也无法消除。所以，家长在教育孩子时，一定要谨言慎行，无论在何种情况下，都不要轻易做出"你真没用"之类的负面评价，也不能随便给孩子贴上"坏孩子""笨蛋"之类的标签。因为孩子的自信心和自尊心敏感而脆弱，家长的讽刺、风凉话等极易对其造成巨大的伤害。

批评也要有技巧

孩子的世界非常单纯，他们的眼里有时候没有对错之分，父母在孩子不分对错的这个阶段，要帮助孩子去判断对错，对于孩子的错误行为，要帮助孩子彻底纠正，以后避免再犯。帮助孩子纠正的时候，很难避免地要用到批评或责备的教育方式。

成年人的世界有不得不遵守的规则，但是让孩子遵守这些规则却并不容易。他们并不是随着年龄的增长自然就能学会遵守规则，而是要经过父母和师长的教育，在长期的实践中慢慢积累经验。只有经历了犯错的过程，才能长成明辨是非、知错就改的好孩子。

责备或批评孩子，说起来容易做起来难，它要求父母掌握一个合理的度。我们首先要明确，孩子的错误是故意的还是失误，是可原谅的小事还是原则性的大问题。在判断清楚的情况下，才能对孩子进行责备或批评教育。大多数情况下，对孩子进行责备就可以起到一定的效果了，如果一定要动用批评的方式，那就在批评孩子的过程中掌握好分寸。

那么，我们如何把握批评的分寸呢？这就要求父母在批评孩子的时候，要同时给孩子一些建设性的意见，既让他们知道自己做错了，也给他们指明改正的方法。

萍萍早上吃早饭的时候，一不小心把妈妈刚倒好的牛奶洒了，坐在萍萍对面吃饭的妈妈顺手拿起筷子在萍萍的头上重重敲了一下，然后生气地训斥道："是不是每天都会跟你说要小心，要小心？做什么事都毛手毛脚的干什么？刚才就提醒过你别把牛奶弄洒了，但是你就是要弄洒它！每次都要别人帮你擦屁股，真是烦死了！"说完之后，一脸烦躁地收拾，收拾好了之后又骂萍萍"笨手笨脚"的，说她一点儿也不像个女孩子。

在另一个家庭，也上演了类似的事情。

小月亮不小心打翻了妈妈刚倒好的牛奶，妈妈虽然着急上班，但还是耐心地帮小月亮把身上擦干净，给她换了衣服，又把地板擦干净，然后抱着小月亮说："没关系，妈妈再去倒一杯，下次小心一点儿，不然杯子就要被摔碎了，万一割到你的手指你会很疼的。"小月亮听话地点了点头。妈妈也对女儿露出了赞许的目光，然后继续吃饭，妈妈没有再对女儿说什么，但是小月亮却很感激地看着妈妈说："我知道错了，妈妈，下次我会注意的。"

同样的场景，不同的父母，处理的方式完全不同，对孩子心理上的影响也是天差地别的。有时候，孩子犯了错，可能不是故意为之，父母在面对孩子的错误时，可以责备或批评，但是一定不能把对孩子所做错事的责备转变为对孩子人格或品质的攻击。而且，在说话的时候，一定要注意措辞，不能在生气时因冲动而口不择言，想到什么说什么。但在生活中真实的情况往往是，在孩子犯错后，家长很容易像第一个事例中的妈妈一样对待孩子，他们只发泄了自己的怒火，却没想到伤害了孩子的心灵。

为什么父母很难把握责备与批评的度呢？很大程度上是因为父母在责备或批评孩子的时候，自身的情绪过于激动，没有办法做到冷静平和。所以，为了更好地发挥责备与批评的效果，父母首先要学会控制自己的情绪，压抑内心的怒火，对孩子的责备与批评就事论事，而不要上升到对孩子性格或人品的攻击。

很多家长可能会认为，那我们就要对孩子的错误行为保持百分之百的忍耐，这也是错的。当我们一直忍耐孩子的错误的时候，其实就是一个不分是非的父母的角色，就没有办法让孩子知道他已经犯错了。过度的忍耐并不能让孩子觉得父母对自己是温和慈爱的，反而会让孩子认为父母不够关心自己，甚至可能为了进一步博得父母的关注而做出更多更出格的事情。

父母会因孩子犯错而产生愤怒情绪是正常的，只要利用好了，愤怒甚至可以发挥其在教育孩子过程中的巨大价值。那么，父母到底该如何利用好愤怒这一情绪呢？我们可以从以下几个方面去做：

（1）将愤怒限定在一定程度内

父母可以在孩子面前表现自己的愤怒，但是这种愤怒的情绪只来自当时，而不能因为父母自身的心情或者与此无关的事情而随意加重。适度的愤怒可以让孩子明白什么是可以做的，什么是不能被容忍和原谅的，父母也有责任让孩子知道，只要他们做的事没有超过底线，父母虽然愤怒，但还是可以和孩子好好沟通的。

（2）在愤怒的同时将想法和意图也传达给孩子

父母在表达愤怒的同时也要告诉孩子自己为什么发怒、自己希望孩子怎样做等，这样既缓解内心的压力，也让孩子明辨是非对错，以免对自己和孩子产生新的矛盾和伤害。

从小培养好孩子对父母的信赖感之后，孩子是很容易感受到父母的情绪变化的。所以，当孩子真的犯错的时候，父母可以不加遮掩地把自己的愤怒情绪传达给孩子，让他们知道，有些事情父母是不喜欢的。在今后的生活当中，孩子就会有意识地去避免类似事情的发生，从而获得更好的成长体验。

批评的场合你选对了吗

　　很多父母喜欢批评孩子，是因为批评在很多时候确实能起到很好的教育效果，但是，不合理的批评也容易适得其反，很容易让孩子走向家长的对立面。批评孩子的时候，场合就是一个非常重要的因素，我们不可以忽略。如果在批评孩子的过程中，不注意场合是否合适，就容易给孩子的内心造成严重的打击。

　　小天上小学的时候是一个比较乖巧的小朋友，但是自从上了初中以后就变得吊儿郎当，不仅上课经常迟到早退，还总是喜欢在课堂上做出一些奇奇怪怪的动作，发出怪异的声音，老师为此感到十分头疼。

　　有一次，妈妈带着小天去舅舅家做客，小天玩得很开心，也很听话，舅舅舅妈一直夸小天听话懂事。但是，就在一家人热热闹闹地吃饭的时候，妈妈突然接了一个电话，接完电话再回到饭桌上的时候，妈妈就完全变了一副表情，她绷着脸，没好气地对小天喊："吃吃吃，就知道吃，给我站起来！"小天一脸蒙，只好站了起来，舅舅舅妈也是一脸疑惑，妈妈看着小天，说道："每次老师给我打电话，不是你扰乱课堂，就是成绩又下滑，之前还来我们家家访，这次更好了，让妈妈到学校里谈话，妈妈的脸往哪里放？你除了给我惹祸添堵还会干什么？"舅舅舅妈一看妈妈真的生气了，赶忙劝解："有话好好说，小天会改正的，对吧，小天？"说完拍着小天的肩膀，示意小天认错。小天却一言不发，沉默了好一会儿才含着眼泪说："我在你的眼里就是什么都不好，就像你经常骂我的一样，我就是个不中用的坏孩子！"说完哭着跑了出去。

孩子犯了错，妈妈批评孩子是正常的，但是小天的妈妈错就错在过于冲动，除了口不择言，说话伤了孩子的自尊心外，也没有考虑到批评的场合是否合适。有别人在场的情况下，妈妈毫不避讳的批评是对孩子自尊心的漠视，这样的批评不仅不能起到良好的效果，反而会让孩子反感，甚至是像小天一样，产生严重的自我否定。

很多家长觉得孩子并不需要"面子"，因而常常会忽略孩子被当众批评时的心理感受，也许，一次两次不会产生非常严重的影响，但如果这样的情况总是出现，孩子就有可能不断地受到伤害，渐渐地失去斗志，甚至会出现"破罐子破摔"的自我放弃心理，这无疑对孩子的成长和一个家庭的幸福都是十分不利的。

那么，家长应该如何注意场合，让批评起到更大的正面作用呢？首先，家长一定要注意，批评孩子的时候要尽量避开公共场合或有他人在场的场合，最好选择在一个环境比较安静、气氛比较轻松的地方，心平气和地跟孩子进行对话，由浅入深地帮助孩子分析他们出错的原因，让孩子勇敢地表达出自己的看法，然后一步步引导孩子认识到自己的错误，为孩子提出合理的建议。当孩子在批评中感受到了父母的关爱，他们就更容易体会到父母的用心良苦，也更容易为此而做出改变，教育的目的也就达到了。

肆意责备不可取

体罚孩子是一种极其错误的教育方法，相信这是很多父母都已经认识到的问题，而且在生活当中会尽量避免，因为他们知道，体罚会对孩子的身体和心理产生多大的负面影响。但是，人们却很少知道，责骂孩子这种看似比体罚更温和的教育方法，却可能有着比体罚更大的杀伤力。

如果一个孩子经常被责骂，他的耳边总是充斥着对他的不满、训斥，长期积累下来，这个孩子的大脑会对这种信息习以为常，让孩子自然而然地认为自己就是那么"差劲儿"，从而丧失了自信心。而且，很多孩子会因为被辱骂而导致大脑受到刺激，严重的甚至会出现精神问题。

磊磊在家里练习画画的时候，妈妈总是在一旁看着，而且时不时地要评价几句。磊磊画得很入神，妈妈却不满意，责备磊磊："你看看你画的什么东西？为什么要这样搭配颜色？老师告诉你花朵能画成绿色吗？一看你上课的时候就没有仔细听！说了多少遍了，要认真听讲，认真听讲，总是把大人的话当耳旁风……"

磊磊不说话，只是默默地把那张画撕下来重新开始，妈妈却更生气了，觉得磊磊是在用这样的方式表达抗议，又开始嘟囔："说都不能说，什么脾气！算了，你自己画吧，反正将来也画不出什么成就来……"说罢扬长而去。

暂且不说磊磊把花朵画成绿色到底是对是错，妈妈教育磊磊的时候所采取的方法就是典型的错误方法。我们想要帮助孩子改正错误，也要讲究教育的方法。

(1) 指责孩子要抓住时机，适可而止

父母一定要及时指出孩子的错误，不要拖得太久，以便达到最好的效果。而且在指责孩子的时候一定要适可而止，不能伤害到孩子的自尊心。

(2) 告诉孩子要对自己的错误负责

教育孩子的最终目的是让孩子反思自己的行为，在以后的生活中不再犯同样的错误，所以，在教育孩子的时候，一定要让孩子知道，做错了事情需要自己承担后果，甚至要付出比较大的代价，而不是一味责骂，甚至是使用暴力，那样只会让孩子更加逃避错误，甚至与父母产生对立情绪。

(3) 语气柔和，就事论事

在指责孩子的错误时，父母要做到心情平和，否则在激动的状态下，很有可能说出一些伤害孩子的话，而且在那种情绪下，孩子除了害怕以外，往往很难真正地理解父母的真实用心。所以父母要保持情绪的稳定，就事论事，不过分激动、口不择言。

（4）向孩子传递爱意

很多父母像连珠炮一样批评完了孩子，就扬长而去，却忽略了对孩子情绪的关注。很多孩子可能在父母的指责下已经认识到了错误，甚至出现了羞愧的表现，还有可能想要向父母认错，检讨自己的错误，这个时候，父母一定要在孩子身边，用语言或者拥抱的方式告诉孩子，即使犯了错，父母对孩子的爱是不会改变的，给孩子承认错误的勇气。

（5）人非圣贤，孰能无过

在生活中，父母很容易发现孩子犯的错误，却很难在这些错误中发现孩子的优点，更别说用赞赏的态度和积极的语言去教育孩子，引导他们认识到所犯的错误并彻底改正了。

孩子的成长，总是伴随着这样那样的错误，以及不断地犯错误和纠正错误。生活中，有一部分父母在看到或者听到孩子犯错误后，也不问前因后果，就立即骂起孩子来，这种方式怎么能帮助孩子很好地改正错误呢？正确的做法应该是什么？孩子在犯错之后，如果能勇敢承认错误并担起责任，这时父母就该对孩子给予肯定和赞赏，肯定孩子能勇敢承认错误，赞赏孩子学会了承担责任。既然肯定和赞扬了孩子，就不要再责备甚至体罚孩子，事实上，我们在对孩子进行不恰当的责骂和体罚时，会在不经意间伤害孩子。故而，问题的重点不在于孩子是不是犯了错误，而是父母会用怎样的态度引导孩子认识并纠正错误。作为父母，若能善于在孩子所犯错误中找到其隐藏的优点，然后指出优点，先对孩子进行赞扬和肯定，然后教孩子认识错误，这样，在让孩子对错误有充分认识的同时，还能使孩子愿意真心悔改，然后慢慢养成正确对待错误的习惯。有很多例子都说明了一个道理，若父母善于在犯错误的孩子身上找到其优点，然后用赏识的态度去教育和引导孩子纠正错误，相对于严肃的批评和打骂来说，这样做的效果更好。

子睿在学校里总喜欢给班级制造一些麻烦，渐渐地，他就以淘气闻名全班了。一天午餐之后，老师刚走到食堂外，就被一群孩子围住了，他们纷纷向老师"投诉"子睿的各种不是，有说他打人的，有说他抢自己图书的，有说他搞恶作剧的，应有尽有。老师抬头一看，恰好看到子睿正满不在乎地看着大家。

老师提示孩子们安静，之后他说："我和你们一样，都不喜欢子睿的缺点，不过我们不能只看到他的缺点而忽视了他的优点，你们说说子睿有没有优点？""有优点。"孩子们异口同声地回答。"那他有哪些优点呢？"老师又问。"他爱劳动，每天都抢着干活儿。""他生性乐观，什么事在他眼里都不算难事。""他独立自主，从来都不用父母接送上下学。"……孩子们不一会儿就列举了子睿的很多优点，几乎囊括了所有细节。进了教室后，老师叫来子睿，对他说了同学们讲到的他的优点，然后说："老师希望你可以正视自己身上的问题，从此以后加倍努力，让自己的优点越来越多，缺点越来越少。你说好吗？"子睿听着听着就低下了头，然后轻声说："我知道错了！以后我会努力的。""老师又发现了你的一个优点，就是敢于承认错误。"老师说。老师一说完，同学们都热烈地鼓起了掌……

如今的子睿，已经改掉了大部分缺点，变得活泼可爱，并和同学们关系非常好，也爱与老师说自己的心里话……总之，不管是老师还是同学，都越来越喜欢他了。

父母往往在孩子犯错后责备他们，责备的方式有很多，有些父母的方法不当，可能对孩子造成终生的不利影响。不过，父母若是能从犯错误的孩子身上找出被忽视的、隐藏的优点，然后做正面引导，肯定并表扬孩子的优点，这会使得孩子充分认识错误，同时对优点继续保持，从而养成良好的对待错误的习惯。

在放学后到晚饭前的这个时间段，本来应该是孩子学习的时间，结果妈妈从房间里出来，却看到孩子坐在客厅沙发上玩手机游戏。妈妈立即气急败坏起来。

"到学习时间了你还打游戏，你是不想学了吗?"妈妈对孩子开启了语言的"狂轰滥炸"，"你看看你成什么样子了，这么喜欢打游戏，饭别吃了，钻到游戏里去得了!"

孩子停下手中的游戏，看着妈妈委屈地说:"我已经写了一半多了，我过会儿再写。"

妈妈不依不饶:"你还学会找借口了，还顶嘴，这都是什么毛病……"

上面案例中的这位妈妈，对孩子在学习时间玩游戏的错误行为太敏感了，且一抓住就不放手，还夸大错误，这导致孩子只是听到了妈妈的话，却没有认识到自己的错误，反而强化了这种错误行为。惩戒、责骂等方式不当，会给孩子带来很大的不良后果，甚至会激起孩子的逆反心理。

家庭教育里存在一个普遍现象，即随着孩子年龄渐长，父母的表扬会越来越少，批评却越来越多，有的孩子甚至经常面临"狂轰滥炸"式的批评。作为父母，一定要有这样的认知：孩子对自己的认识，是通过周围人对自己的评价来完成的，并在此基础上寻找方向，不断前进。所有评价中，来自父母的评价最为重要。否定性评价会让孩子产生不愉快的心理体验，一般会导致两个结果，一种是反思问题，努力改正，另一种则是孩子越来越不自信，甚至产生自卑心理。相比而言，肯定性评价会让孩子有愉快的心理体验，具有好的激励作用。

每个人都渴望被他人肯定而非否定。很多父母都懂这个道理，他们也很想多表扬孩子，可是常常找不到孩子身上值得肯定和表扬的地方，这该怎么办呢？其实很简单，只要父母做好生活中的有心人，留心观察孩子的行为，就一定会发现孩子值得表扬的地方，无论是哪方面，只要有微小的进步，都可以及时做出肯定。不要拿自家孩子和别人家的孩子比，而是要看到孩子今天比昨天进步的地方，也不要制定过高的标准，因为每一次长足进步，都是一点一滴的进步累积起来的，父母千万不要吝惜对孩子的表扬。

优秀的父母，总能在孩子的错误中发现优点。

03

PART THREE

第三章

良言细语才能提升孩子的自信

自信是孩子最好的防护服

舒涵是一个7岁的小姑娘，性格文静，不爱说话。

上二年级后，舒涵妈妈发现女儿经常闷闷不乐，尤其一看见书本，就唉声叹气。有一天，班主任找到舒涵妈妈，说舒涵的心理好像有些脆弱，偶尔提问她，明明问题很简单，她却吞吞吐吐，要很久才能答出来。班主任分析，舒涵可能有些自卑，希望舒涵妈妈给予鼓励和开导。

在一次考试后，妈妈想看舒涵的试卷，舒涵遮遮掩掩，不愿意拿给妈妈看。妈妈心想，可能是因为考得不好，于是，她心平气和地对舒涵说："舒涵，考得不好也没关系，妈妈不会骂你的。"

舒涵这才将卷子拿给妈妈看，妈妈一看，考了92分。妈妈很高兴，问舒涵："你怎么考了92分还不高兴啊？"

舒涵小声地说："因为有很多同学都考了100分，我很笨，都没有考到100分。"

妈妈摸着女儿的头，微笑着说："谁说你笨啦！我觉得舒涵十分聪明，你才4岁时，就能用积木搭出很高的大房子，

5岁时就能背出一大段《弟子规》，阿姨们都夸舒涵聪明。"

舒涵脸上有了一丝笑容，说："真的吗？我真的不笨吗？"

妈妈点点头："嗯，一点儿都不笨。只要舒涵想考100分，早晚会得100分，妈妈相信你，你也要相信自己。"

之后，舒涵妈妈经常这样鼓励舒涵，渐渐地，舒涵上课能主动回答问题了，学习上也很努力，没多久就真的考了一个100分。

自信心对孩子来说着实重要，拥有自信的孩子也能自我激励，为达成某件事情而不懈努力。自信心可以激励孩子去做一些他们想做却不敢做的事情，会促使孩子将想法转化为实际行动。而没有自信心的孩子，往往偏向于只想不做，即使艰难地开始做了，也往往会因为一时的困难而放弃，有始无终。

事实上，每个孩子天生都具有潜力，父母若能够良好地教育和引导，孩子就能学有所成。换言之，自信又是孩子成长过程中不可或缺的心理素质，自信才能开朗，自信才能果敢，才能拥有克服困难的决心和毅力。反之，自卑不仅会影响孩子的人际交往，还会成为阻碍孩子成才的一大心理症结。

总而言之，建立自信心对孩子来说是非常重要的，孩子有没有自信心，与父母的教育息息相关。具体来看，父母如果想要孩子拥有自信心，就要从多方面来引导。下面是一些方法和建议，可供父母们参考：

(1) 倾听孩子内心的想法

父母在家庭中不能做独裁者，不能一味命令孩子，而无视孩了的话。当孩子长久生活在压抑中，无法表达心声时，就容易胆怯而敏感。

父母要认真去倾听孩子的想法，让孩子感受到父母的关爱。在倾听时，大胆鼓励孩子说出想说的话，无论孩子的想法多么不可思议，都不要斥责孩子，更不要打断孩子，要心平气和地与孩子说话。

让孩子大胆表达想法，这是树立孩子自信心的第一步，也是完善孩子性格基础的一步。

(2) 多表扬孩子

表扬孩子，是树立孩子自信心最直接和简单的途径。一句"你有很大进步""做得真好"，能让孩子受到极大的鼓舞，它会成为孩子前进的动力。表扬孩子的点滴进步，无论是多小的成就，父母都要给予肯定和赞赏，这样才能让孩子一点点建立起自信心。

(3) 多与孩子互动交流

想要培养出自信开朗的孩子，父母就不能疏忽孩子，尤其是其内心感受。在生活中，父母要抽出时间和孩子玩耍，多带孩子参加户外活动，积极参加学校组织的各种亲子活动，了解孩子的兴趣爱好，多与孩子交流，让孩子感受到父母浓浓的爱，这样孩子的性格就会变得开朗。

(4) 与孩子协作

在家庭生活中，有些父母对孩子过于宠爱，不让孩子插手家务，但有时候这样做会让孩子产生"我不行"或"父母不信任我"的错觉。让孩子参与简单的家务劳动，比如，让孩子打扫自己的房间，让孩子清洗自己的小袜子，等等。

与父母协作完成某件事，不仅能加强孩子与父母之间的互动性，还能让孩子产生成就感，促使孩子萌发自信心。

（5）做自信的父母

父母的性格会间接影响孩子的性格，想要孩子不自卑，父母就不能总是自怨自艾，要让孩子看到父母信心满满的一面，给孩子满满的正能量。

（6）对孩子有信心

父母要对孩子表现出信任，相信孩子能够独立完成某件事，只有父母对孩子有信心，孩子才会受到鼓励，而对自己产生信心。

人无完人，不要苛求孩子完美

父母存在"望子成龙，望女成凤"的想法无可厚非，但我们不能要求所有的孩子都成为人中龙凤，不同的孩子有智力、能力等各方面的差异，在不同的人生发展阶段也会表现出不同的特点，当他们展现出某些方面的缺点时，父母的态度对孩子就显得至关重要。

很多父母面对孩子的缺点不仅没有包容的心，反而会采取冷嘲热讽的态度，更严重者甚至会动用暴力，试图通过这种愚蠢的方式帮助孩子改变。殊不知，有缺点的孩子需要的正是父母的鼓励与认可。作为父母，我们不但要看到孩子身上的闪光点，更要教会孩子用正确的态度面对自己的缺点甚至缺陷。只有这样，才能让孩子身心健康地成长。如果连最亲近的父母都不能容忍孩子的缺点，不能欣赏自己的孩子，还能指望别人欣赏他吗？孩子又怎么可能成长得健康自信呢？

月涵从上幼儿园开始，就特别讨厌做手工，因为她发现无论老师怎么教，无论她自己怎么努力地学，在她手里做出来的手工作品永远都是班级里最差的，她从来没有在做手工这件事上受到过老师的表扬。看到其他同学灵巧的双手上下翻飞，最简单的一张纸都可以折出栩栩如生的小青蛙、小鸟来，而她自己手里的却惨不忍睹，她既感到羡慕，又感到自卑。

有一天，月涵告诉妈妈，她不想去幼儿园了，妈妈听了之后一惊，连忙问她为什么，她歪着小脑袋，装作漫不经心的样子说："幼儿园也没什么好玩的，天天不就是做手工吗？我不感兴趣。"妈妈明白了月涵的想法，她轻轻地拿起月涵的小手，说："你看，你的手多漂亮啊！也许我们在做手工的时候不一定是最好的那一个，但这并不代表什么啊！只要你的手是勤劳的，是乐于向他人提供帮助的，那就是最漂亮的手啊！而且你想想，你的歌声是不是特别受老师和同学的喜欢？在一个方面做不好，不代表其他方面都不好，更不能说明我们是不优秀的人，对不对？"月涵开心地笑了，她想到自己在幼儿园活动中上台表演，她的歌声是那么优美动听，台下的老师和同学们都纷纷给她鼓掌，那一刻，她觉得自己是最幸福的。

月涵在妈妈的鼓励下，继续在幼儿园学习，她不再那么排斥手工课了，每次上课都会认真地学着别人的样子好好地做。

后来，月涵发现班上有一个小朋友，因为身材比较胖，每次跑步都气喘吁吁地跟在队伍后面，他垂头丧气的样子多像自己做手工的时候啊！月涵停下来，等着那个小朋友慢慢跟上，温柔地对他说："没有关系的，你跑得慢没关系，但是你至少坚持下来了啊！我觉得，你比很多同学都更有毅力，更值得我学习呢！"小朋友听到月涵赞赏的话也开心地笑了，他和月涵牵着手，努力地朝前面的队伍飞奔过去。

月涵虽然只是个几岁的孩子，但是她懂得包容别人的缺点，那是因为她本身就是在家人的包容下成长的。俗话说"人无完人"，无论是对待自己，还是对待他人，都不能苛求完美。父母对待孩子更是如此，如果连孩子的父母都难以忍受孩子的缺点或者缺陷，别人又怎么会发现他们身上的闪光点呢？孩子总是得不到认可，慢慢会变得自卑，最终在这种自卑中沉沦，越来越没有斗志，成为不求上进的人。

曾经有一个渔夫，在打鱼的时候意外收获了一颗大大的珍珠，可是渔夫却因此多了一桩烦恼，因为他发现珍珠上居然有一个小小的黑点儿，这么完美的珍珠，怎么可以有瑕疵呢？于是，无法忍受这个小黑点儿的渔夫开始每天打磨珍珠，希望把那唯一的瑕疵去掉，让珍珠变得完美。最后的结果可想而知，如渔夫所愿，瑕疵不见了，珍珠也随之消失了。

孩子身上的缺点和错误其实就像珍珠上的瑕疵，我们要抱着宽容的心态去对待，要明白瑕不掩瑜，有缺点的孩子不一定是坏孩子。

天乐曾经去一个朋友家做客。朋友家有一个三四岁的小女孩，长得特别可爱，性格也很活泼。

天乐正在客厅里跟朋友聊天，扎着羊角辫的小女孩突然从卧室兴高采烈地跑了过来，一头扑到爸爸怀里，撒娇说：

"爸爸，你快点儿去看看我的新作品吧！天乐叔叔也一起来看看吧！我的新作品可漂亮了！"看到小女孩脸上花猫似的一片水彩，天乐大概已经猜到发生了什么事，因为他的儿子也经常搞得家里乌烟瘴气，这小女孩估计是闯祸了，不知道朋友会怎么批评她，天乐不禁为小女孩捏了一把汗。

天乐和朋友随着小女孩走进卧室，眼前的景象让天乐惊呆了：卧室的四面墙上全是乱糟糟的颜色，简直可以用一片狼藉来形容。天乐暗想，原来小女孩的破坏力一点儿也不逊色于小男孩啊！

"爸爸，天乐叔叔，你们看我画得好不好？我将来要当画家呢！"朋友看向天乐，天乐看看朋友，耸耸肩，笑了一下。小女孩又拉拉爸爸的手。只见爸爸蹲了下来，拿起地上的笔，在墙上的一个圆圈上又添了几笔，然后捏捏小女孩的脸蛋说："看！这样是不是更像太阳了？"小女孩高兴地拍着手说："是，太阳，太阳……"天乐则看着这父女俩目瞪口呆。

朋友看了看天乐，明白了他惊讶表情背后的意思，他摸着女儿的头温柔地说："对于这类的事我从来不去约束孩子，没有什么事情是绝对正确的，很多家长认为这是乱写乱画，我觉得这是孩子在发挥她的天性，她是弄脏了房间，但是那有什么关系呢？房间脏乱了可以打扫，孩子不开心岂不是更让人难过？"

天乐转念想到了自己，他对待孩子的时候可不是这样，他从来不允许孩子自己用碗筷，只是怕孩子弄脏衣服，如果孩子执意要自己用碗筷，天乐就会训斥孩子："你什么都不会，还那么固执!"然后抢过碗筷强行喂饭。与朋友一比，自己对孩子是多么严苛，又是多么无情!为什么一定要要求孩子的行为必须符合大人的意愿呢?不符合的就真的是错的吗?

大人认为是毛病、缺点的事情，就真的不能被接受吗?一定要按照成年人的规则去要求孩子吗?当发现孩子的缺点时，我们是不是反应过于激烈了?比起直接干预、强行纠正，甚至是粗暴地制止，正面的引导会不会更好呢?

每个人都希望得到别人的赞许，孩子也是一样的，如果孩子得到的只是父母的否定和批评，甚至是毫不留情的攻击，他们就只会对父母越来越反感，也很容易失去自信心。哪怕父母要帮助孩子改正缺点，哪怕是作为孩子最亲近、最信赖的人，也要在孩子愿意接受的前提下才有效果。所以，在帮助他们改正缺点之前，不妨先去发现孩子的闪光点，在肯定他们的优点、鼓励他们保持的基础上再提出缺点，慢慢地帮助孩子分析这些缺点，引导孩子改正，这样才能取得事半功倍的效果。

帮孩子打破腼腆、害羞的枷锁

　　孩子腼腆、害羞是个很普遍的问题，国外的儿童心理学家曾在多所小学进行调查，结果显示：5 个小学生中就有 2 个孩子爱害羞，其中容易害羞的多为女孩子。

　　在大部分人的印象里，女孩子的确更易害羞，这是一个不争的事实，想必很多家长对此也是心知肚明。经常有家长抱怨："我女儿太腼腆了，明明唱歌很好听，可让她在亲朋好友面前表演一下，她就是不肯，总是低着头，羞红了脸。""我女儿就更害羞了，别说表演才艺了，每当家里有客人造访，她会立马躲到我背后，把脸藏起来，一句话也不肯说。""老师总是反映我女儿在幼儿园从不主动表现自己，回答问题时声音像蚊子哼哼似的，从不主动找小朋友说话。我问她为什么，她总是说不好意思。你说，这有什么不好意思的？她在家里不是这样的啊！"

　　孩子，尤其是女孩子，为何这么容易害羞呢？

　　孩子过于腼腆，除了先天的生理因素外，和父母的教导方式也有很大的关系。如果孩子总是容易害羞，可能是父母在教育过程中犯了以下两个错误。

(1) 给孩子"贴标签"

每次去别人家做客之前，李雪的妈妈总会提前告诫李雪一番："一会儿见到叔叔阿姨、爷爷奶奶要主动问好，别人问什么问题要回答，不要扭扭捏捏的……"但多数情况下，妈妈说了也是白说，李雪见到外人仍然不肯说话，甚至直接把脸扭向一边，根本不看人家。这时，妈妈往往会觉得孩子一点儿都不给自己长脸，便会用"这孩子一向脸皮薄"这样的话敷衍过去，以挽回在熟人面前丢失的面子。

相信在生活中，像事例中的妈妈这样的家长很常见，她们常常在熟人面前解释说："我们家孩子太害羞了。"殊不知，这种当着孩子的面说孩子害羞的行为是十分不妥的，这就相当于给孩子贴上了一个"害羞"的标签。当孩子的内心深处接受了"我就是害羞的性格"这种事实之后，就不会想着去改变了，以后他还会利用自己的这个特性来逃避不喜欢的人。这时，害羞就成了孩子一种有意识的行为。

(2) 不体贴反指责

冉冉是个脸皮很薄的孩子，每次有人一逗她，她就立马涨红了脸，一句话也说不出来，别人逗得厉害了，她甚至会哭着跑开。妈妈每次带冉冉出门遇到这种情况都很气恼，回家后都少不了批评冉冉一顿："这么大个孩子了，怎么这么不禁逗？长着嘴是干吗使的，怎么连句完整的话都说不出来？"后来，见冉冉仍旧不思悔改，如无必要，妈妈就不带冉冉出门了。

　　事例中冉冉之所以会这么内向，与妈妈的少鼓励、多指责有很大关系。

　　害羞的孩子一般都不太自信，父母一味地批评只会让他的自信心更受打击。一个自信心总是被打击的孩子，又如何能活泼起来呢？

　　此外，事例中的妈妈为了避免尴尬、保全自己的面子而尽量不再带孩子出门的做法更是不可取。孩子不出门，没有与人接触的机会，在待人接物上只能变得更加不自然。

　　腼腆、害羞是很多孩子的通病。对此，家长们不要太过着急上火。只要面对孩子的害羞行为，不犯"贴标签"和"不体贴反指责"的错误，而是循循善诱、积极鼓励，并增加孩子锻炼的机会，他们自然会变得落落大方。

　　在教导孩子不再害羞的时候，家长们可以具体采取以下几种方法：

　　（1）多给孩子做客的机会

　　要想让孩子告别害羞、告别腼腆，就必须让他多与人接触，多锻炼。而做客就是锻炼孩子大大方方待人接物的最直接、最有效的一种方式。

　　为了减少孩子见到生人的心理压力，做客前妈妈可以先耐心向孩子介绍一下造访的对象，让孩子有所了解、心中有底；其次还要帮助孩子树立一定的信心。比如，父母可以这样说："还记得妈妈的好朋友梁阿姨吗？她可喜欢你了。这么久没见，她说她都想你了。几个月前她生了一位小弟弟，可爱极了，想不想过去看一看？"类似这样的话，可以帮助孩子消除陌生感，树立信心。

（2）让孩子把客人请进门

父母可经常请亲戚朋友到家中做客，给孩子创造当小主人的机会。客人来之前，父母可以先给孩子打打气，比如，父母可以这样说："一会儿你小梦阿姨和岑叔叔要来咱们家做客，你想不想当一回小主人？就像咱们去别人家做客，人家招呼咱们一样。"如果孩子有了一些兴趣，父母可以教给孩子接待客人都需要做些什么：向客人问好，把客人请进来，为客人递茶水，陪客人聊天等，让孩子按照步骤来做。当然这时孩子也有可能还是对自己不自信，父母也别急于求成，慢慢来。

此外，家长还要注意一点，在孩子做好上一步的前提下再提高要求，不要强迫孩子做他不能胜任的事。等孩子习惯了上一步的事，可自然过渡到下一步。

此外，在客人走了之后，如果孩子有了一些进步，父母一定要抓住时机对孩子的表现进行表扬。

妈妈为了让害羞的女儿欣欣得到锻炼，跟女儿说好，一会儿舅舅、舅妈来家里做客的时候，让欣欣帮助妈妈一起接待，并教给欣欣具体需要做什么。

过了一会儿，客人到访了，妈妈打开门，把客人请进来，欣欣主动和舅舅、舅妈打了招呼。妈妈又沏好两杯茶，让欣欣端给客人，欣欣有点儿紧张，妈妈和颜悦色地鼓励她，欣欣终于鼓起勇气把茶端给了客人。之后，虽然欣欣还是不怎么说话，但比起以前进步了许多。

客人走了之后，妈妈对欣欣说："宝贝，你今天真棒。刚刚你舅妈夸你大方有礼貌，真是爸爸妈妈的好孩子。"此时，欣欣还在为刚刚自己的害羞表现而惴惴不安，听了妈妈的话，她心里的阴云终于散了。妈妈接着说："你那天不是看上了一个新书包吗？妈妈决定明天买给你，作为你今天优异表现的奖励。"欣欣高兴地抱住妈妈亲了一口，说道："妈妈你真好，我下次一定会努力做得更好。"

在客人离开之后，父母千万不要吝啬自己的表扬。哪怕孩子的表现没有达到你的要求，也要表扬他进步的地方。父母的笑容与表扬，不仅是对孩子的认可和鼓励，更能促使孩子向着更好的方向发展。

（3）提高孩子的自我评价

害羞、内敛的孩子往往自我感觉不会太好，他们总觉得自己处处不如别人，在社会活动中有一种"被抛弃"的感觉。这时候，就需要父母帮助孩子发现他们的长处。

媛媛今年已经9岁了，可她腼腆害羞，不爱交际，连一个要好的朋友也没有，这让她的妈妈一直隐隐担心。但细心的妈妈发现，媛媛虽然没什么同龄的朋友，但她对年龄比她小的孩子却很热情，而且满怀爱心。

于是，妈妈想，不如想办法帮女儿创造一个可以让她如鱼得水的环境。正好媛媛妈妈朋友的女儿正在学拼音，遇到了很多困难。两家住得也不远，媛媛妈妈就让朋友周末把小孩带过来，让女儿帮着妹妹学拼音。媛媛的学习成绩一直名列前茅，这项工作她完全可以胜任。

果然，女儿很喜欢这个新工作，她特别有耐心地教导妹妹。很快，妹妹就熟练掌握了拼音的用法。

邻居听说媛媛这么厉害，慕名而来，也想让媛媛辅导一下自家儿子的数学。媛媛欣然接受了。

"事业"的成功以及周围小孩子们的"崇敬"，让媛媛的自信心大涨。渐渐地，妈妈发现媛媛变得爱说爱笑了，再也不像之前那样害羞了。

每个孩子都有优点，父母要善于发现孩子的优点，并让孩子把优点发扬光大。当孩子对自己的能力充满信心时，自然就不会再畏缩扭捏了。

克服自卑，让孩子自信昂首

小升初考试时，小远发挥失常了，没有考上理想的初中。这让他非常沮丧，没有什么信心，在初一时成绩越来越差，老师和同学都认为他是个脑子比较笨的人，小远也觉得自己不怎么聪明，对数学和英语一点儿办法都没有，索性更贪玩了。爸爸看在眼里，急在心上。思考了几天后，他想到了一个好主意。

爸爸和小远都是象棋迷，父子俩经常在晚上杀上一盘，周末的时候更是要战个痛快。爸爸的棋艺比小远高，所以很少输给儿子。但是随后的日子里，他常常不着痕迹地输给小远。看着小远兴奋的样子，他还会装作不服气地说："你的棋艺进展也太快了！下棋可是非常考验智力的，看起来你的智力也在不断提高啊，要不然怎么会渐渐超过我呢？"这种鼓励，让小远的自信心渐渐回来了。到了初二的下半学期，小远已经跻身年级的前20名了；到了中考时，他成功考上了市里的重点高中。

自卑危害极大，孩子如果不能克服自卑的性格，就无法自信地面对未来的生活。要帮助孩子克服自卑，父母要做的事情有很多，下面的几点建议可供父母借鉴：

（1）检验自己对孩子要求的标准是否合理

很多父母觉得自己的孩子太过平庸，因而有意无意地表现出失望。有的父母因孩子不够可爱、不够机灵等而屡加训斥。这样的父母，怎么能教出自信的孩子呢？孩子的很多认知都来自父母，父母有声或无声的态度，会让敏感的孩子感受到自己是否得到父母的爱和尊重，进而对自己的个人价值进行评估。

任何一件事，如果孩子付出了足够的努力仍然不能成功时，父母都应降低其标准，不能脱离实际坚持原来的要求。比如父母不该要求一个跛脚的孩子成为一个篮球明星，期望中等智商的孩子成为奥数金牌得主，因为这势必会影响孩子的自信。

（2）要学会尊重孩子

有的父母觉得自己给孩子足够的宠爱就够了，作为孩子的长辈和监护人，给孩子尊重就没有必要了。虽然孩子知道父母能够为自己付出一切，但是一旦觉察到父母的不尊重、不信任，依然会影响自我认知，慢慢滋生出自卑心理。父母不相信孩子能力的表现很多时候是很微妙的，例如孩子与客人谈话时，父母在一旁局促不安，三番五次插嘴解释孩子的话等，会让孩子怀疑自己说了什么傻话、错话，很可能不敢再独自与客人谈话了。尊重孩子的表现包括对孩子讲过的话负责，对孩子的优点和缺点做出公正的评述，对孩子一些浅显乃至幼稚的话不歧视等。

对犯错的孩子进行惩罚乃至适度体罚，有些时候是有必要的，但是绝对不可以当着别人的面惩罚孩子，因为这会对孩子的自尊心造成巨大伤害。

（3）不要让孩子过度地自我批评

让孩子自我批评，是他们健康成长的必要手段。人不可能不犯错，犯错后能够自我批评才会吸取教训、获得成长。但是，孩子毕竟处在各种性格和观念形成的关键时期，过度地自我批评会让他们在头脑中将一些错误固化，极有可能形成自卑观念。所以，父母一定不能让孩子没完没了地自我批评，以免演变为自暴自弃的习惯。

（4）帮助孩子发挥自己的特长

人都是有优点也有缺点的，自卑的孩子往往只看到自己的缺点，这就需要父母帮助孩子认识自己的优点，发挥自己的特长，当孩子沮丧时巧妙地利用他们的特长来鼓励他们，提升他们的信心。

（5）让孩子树立"我做得到"的信念

一个孩子要想成才，必须自信。在平时，父母要经常提醒孩子："加油，你可以做到!"孩子丧失信心时，要告诉他："谁都有失误的时候! 这次失败不过是小小的失误，只要你积极改进，下次一定可以成功，千万不要丧失信心!"

父母可以告诉孩子，当自信心受到打击时，可以在早晨起床后对着镜子大喊三声："我做得到!"这种简单的心理暗示能够在一定程度上恢复孩子的信心，让孩子产生一种向上的意念。

（6）别让孩子成为悲观主义者

悲观主义者对社会和人生都持有悲观的态度，无法认识自己真正的能力与潜力。一个心态悲观的孩子一旦学习中相信自己脑子笨、学不好，就很难再取得好成绩，而且还会越来越悲观，形成恶性循环。

因此，父母必须教孩子摒弃悲观思想，培养积极心态，让孩子每时每刻都在内心暗示自己："你比你想象的要好！"父母也应当告诉孩子，每一个儿童的智力水平相差无几，不用低估自己的智力、高估他人的智力，更没有必要以不够聪明为理由放弃努力，形成悲观的心态。

总的来说，孩子自卑的原因很多、危害很大，父母有责任、有义务提振孩子的信心。孩子的自卑和悲观往往是一时的，只要父母和孩子一起努力，就能够克服。

鼓励，让孩子获得自信

　　著名心理学家鲁道夫·德雷克斯曾经有一句名言："孩子需要鼓励，就像植物需要水。"可见，正面评价对一个孩子成长的重要性。很多父母在教育孩子的时候，总是想要获得立竿见影的效果，所以他们往往会采取看上去效果更好、更直接的教育方式，比如训斥、打骂等。长期被父母用这样的方式对待的孩子，会逐渐失去自信，他们会认为自己什么都做不好，就是应该受到这样的对待。相反，如果一个孩子生长在比较民主的家庭中，总是受到父母的赞赏和鼓励，则更容易收获自信，也更容易为了某个目标而不懈努力，不会惧怕这个过程中遇到的困难和挫折。不同的家庭氛围，不同的父母，可以造就性格完全不同的孩子。

　　大多数的孩子心理都是极其敏感的，他们都渴望获得他人的认可，而父母作为孩子最亲近的人，一言一行更是容易对孩子产生重要的影响。每一对父母都会对孩子有所期许，但不是所有的孩子都能如父母期待的那样完美，这个时候，父母就要以宽容的心态对待孩子，努力挖掘孩子身上的闪光点，对他们进行鼓励。

　　每个人都有犯错的权利，孩子也一样，过度的苛求对孩子来说是一种重压。当孩子做错事的时候，或者失败的时候，很多父母都忍不住批评孩子，给孩子本就无助的心理增添了更多压力，孩子只能接受"我不行""我做不到""我还不够努力"这样的设定。但是，如果在相同情况下，父母能够鼓励孩子说"你已经做得很好了""我们相信你下次一定会成功"，结果会截然相反，至少能够让孩子从自责、内疚甚至是自卑的情绪中走出来，重新建立自信心，失败的经历也会成为孩子不断努力向上的垫脚石。

　　在很大程度上，孩子的心态取决于父母的态度，父母对孩子是宽容的、赞赏的，孩子就更容易变得积极阳光。相反，父母如果是苛刻的、严厉的，那孩子就有可能越来越自卑和胆小。

　　妍妍是个6岁的小姑娘，长得白白净净的，非常漂亮，但是让妈妈头痛的是，妍妍在家里实在是一个不让人省心的孩子。每天晚上妈妈下班回家，看到的几乎都是入室抢劫的"案发现场"，妍妍的洋娃娃、衣服、鞋子、文具丢得满房间都是不说，她还会用各种水彩笔画得家里乱七八糟，最让妈妈生气的是，她的化妆品总是被妍妍摧残，不是洒了一地，就是瓶子直接被摔碎。妍妍是个女孩，妈妈总觉得，打她也不太好，而且家里人都宠着妍妍，孩子基本上可以说是无法无天。妈妈很无奈，也只能天天跟在妍妍后面收拾残局，边收拾边嘟囔，自己生一肚子气。

　　有一次，妈妈的一个好朋友要来家里做客。妈妈看妍妍那天心情似乎也不错，便跟妍妍商量，妈妈把家里打扫干净之后，只要妍妍保证不破坏，等客人走了之后，妈妈就奖励妍妍一个巨大的洋娃娃，妍妍开心地答应了。可是，当妈妈从车站接来了朋友，开门的一瞬间就惊呆了，妈妈的朋友也一脸诧异，一时说不出话来。只见地板上妈妈的高跟鞋扔得到处都是，餐桌旁边还洒了一瓶牛奶，碎掉的玻璃瓶躺在地上，妍妍正坐在电视机前"创作"呢，只是这一次，妍妍用的不是水彩笔，而是爸爸用来练字的毛笔和墨水。听到开门声，妍妍一回头，满脸满手都是黑色的墨汁，电视机前的地板上更是一片狼藉。妈妈顿时气不打一处来，恨不得上去揪住妍妍打一顿。妈妈的朋友一看情况不妙，赶紧解围："小孩子都这样，你没见我家的那个调皮鬼，比妍妍还淘气呢！来吧来吧，我来你家就得帮你干点儿啥，哈哈……"说完撸起袖子就要帮忙收拾房间，妍妍妈妈赶紧拉住朋友，让朋友先坐下，自己动手收拾起来。她生气地瞪了妍妍两眼，妍妍似乎也意识到自己闯了祸，赶紧灰溜溜地跑回自己房间了。

　　等妈妈把卫生收拾好，饭也做好之后，去房间叫妍妍吃饭，却意外地发现，妍妍正在自己整理书桌上的书。妍妍歪过头看看妈妈，有点儿不好意思的样子，妈妈明白，孩子意识到自己错了。想了一下，妈妈对妍妍说："妍妍，你太棒了，没想到你知道自己整理房间了，妈妈相信以后你会越来越懂事的，妈妈真为你感到骄傲，你是妈妈最棒的孩子！"听完妈妈的话，妍妍很高兴，收拾得更加起劲儿了，随后妈妈带妍妍到客厅跟客人一起吃饭，妍妍表现得也很乖。

晚上等客人走后，妈妈又跟妍妍坐在一起聊天，妈妈再一次夸奖了妍妍今天自己整理房间的事，夸得妍妍都有点儿不好意思了。从那天以后，妍妍每天都会自己整理房间，也不再乱扔东西了，看着妍妍一点一滴的变化，妈妈感到很欣慰，原来想要改变孩子，只要换一种方式，多鼓励孩子就可以了。

聪明的父母都应该明白，在孩子犯错的时候，应有的态度不是指责或教训，而是安慰和鼓励，激发孩子改正错误的信心和勇气。无论孩子表现得怎么样，父母都应该给予肯定。没有一个孩子天生就是失败者，所以父母要给孩子足够的信任，也要给孩子足够的赞美，只有这样，孩子才能从父母那里汲取力量，变得更加自信，在人生的道路上走得更加踏实稳健。

表扬催化孩子的好性格

很多父母努力工作满足孩子的物质需要，却忽略了孩子的精神需求。有些时候，营养丰富的山珍海味比不上父母一句由衷的赞美，这是因为后者可以让孩子获得无限的快乐。对孩子来说，吃饱穿暖只是有形的物质需要，精神愉悦和满足才是无形的生命需求。满足孩子无形的生命需求很重要，但不是一件易事。

很多父母百思不得其解，明明为孩子付出了很多，可是他就是不领情，这是为什么呢？因为父母忽视了孩子无形的生命需求，所以才不知道孩子的内心究竟想要什么。

相关研究表明：年龄小的孩子更需要外界的鼓励。低年级的孩子无法全面地认识自己，主要通过别人对自己的评价认识自己。换句话说，外界的评价直接影响孩子性格的形成和行为的表现。

很多父母认为，对孩子要求严格才能让孩子成才，因此很少赞赏和表扬孩子，即便他们做得非常好。她们甚至认为严格和表扬是对立的，不仅意识不到表扬的积极作用，还将严格误解为生硬的态度或严厉的训斥。

周弘是赏识教育的提出者,他曾经说:"哪怕天下所有人都看不起你的孩子,做父母的也要眼含热泪地欣赏他、拥抱他、赞美他。每个孩子的生命都是为了得到父母的赏识而来到人间的。你的孩子是世界上最好的。"

国外曾经进行过一次调查,向在场的妈妈提出疑问:"你的孩子现在面临怎样的问题?"她们的回答是:肥胖、毒品、意志薄弱等。

造成这些问题的原因有很多,但其中一个重要原因就是孩子缺乏自信。一个自信的孩子相信自己会受到大家欢迎,相信自己可以迎接各种挑战。一旦他自信心不足,就会觉得什么事都无法做好,也得不到大家的关心和重视,进而变得胆小怕事。

有人做过一个实验:将两只小狗放在同一个笼子里,对其中一只细心呵护,无微不至地照顾,对另一只冷落、责打,让它觉得不受主人重视。等它们长大后,先后放在同一只狼犬面前,它们的反应截然不同。那只被主人细心呵护的狗对着狼犬高亢地大叫,将狼犬吓退了;那只经常遭受冷落的狗在狼犬面前瑟瑟发抖,没有反抗的勇气。动物尚且如此,更不用说灵气十足的孩子了!

有些父母很困惑,类似于"你真棒"的评价为什么对孩子来说魅力那么大呢?答案其实很简单,不管孩子看起来多么勇敢,他的内心都是很脆弱的,经常会担心自己做得不够好。"你真棒"三个字看起来很普通,却能让孩子感受到父母的鼓励和赞赏,从而自信地做事。

事实上,一个受到表扬的人会干劲儿十足,能够激发自己的潜能，将事情做得更好。相反，如果一个人努力付出取得了进步却得不到别人的赞赏和表扬，他就会觉得自己没有成就感，接下来做事也没有兴趣和干劲儿，很难激发自己的潜能。

孩子的心智不够成熟，他们在取得一些进步后对自我的认识很浅薄，这跟他取得的进步大小没有直接关系，却和外界的评价关系密切。即使孩子进步非常小，只要父母由衷地表扬了他，他就会感到很有成就，也有信心继续努力。

其他方式虽然也能激励孩子热爱生活和获得成功，但是没有真挚的表扬效果好。

在培养孩子的性格时，调动孩子的积极性有着不可替代的作用。那么，父母应该如何调动孩子的积极性呢？给予孩子表扬便是最有效的方法。例如，孩子在学唱歌的过程中走音了，父母可以表扬说："唱得很好啊！要是注意控制换气的时间，克服胆怯心理……"

父母应该多鼓励孩子。孩子是比较感性和敏感的，父母如果经常指责和批评孩子，却对孩子的进步不理不睬，甚至连一句赞美之词都没有，孩子就会感到失望和挫败，丧失做事的积极性。

在孩子刚刚学说话时，父母很难理解孩子含糊不清的声音，却不会因此责备孩子："你这孩子真笨，连一句爸爸妈妈都喊不出来！"事实上，只要孩子能喊出第一声"爸爸"或"妈妈"，无论发音多么不标准，父母也会无比高兴地将孩子又抱又亲。孩子之所以能很好地学会说话，就是因为父母不断进行鼓励和表扬。如果从孩子说第一个字起，父母就无情地指责，孩子不可能快速学会说话，表达能力也会很差。

父母不仅要经常表扬孩子，还要注意表扬的质量，即一定要具体可信，这样才能真的让孩子变得积极和兴奋起来。

"你现在的日记写得真好，比过去好多了呀！你看看这一段，都会用修辞手法了，一定会让语文老师夸奖的。"父母应该多留意孩子的进步，多用类似的话激励孩子努力。

激励孩子是为了充分调动孩子的主观能动性，让孩子从"要我做"向"我要做"转变。因此，父母应该多花些时间学习表扬孩子，给孩子信心和希望。"啊，你做得真不错！"如此简单的一句话，可能让孩子高兴一整天，这样容易调动孩子的积极性，再让他做什么事都有热情和信心。

卢勤是著名的家庭教育专家，也是很多孩子的"知心姐姐"，她曾经在教育讲座中说："人的一生会听到许多的评价，但是父母的评价是孩子成长的第一块基石。哪怕孩子只有一点儿进步，都要给予鼓励、夸奖。家长尊重和欣赏孩子，孩子就会变得自信，自信才能健康成长。"

很多家长教育孩子的方式是错误的，不从正面鼓励孩子，反而经常对孩子的错误耿耿于怀，不断指责和批评孩子，这样怎么能调动孩子的积极性呢？孩子的心灵非常脆弱，他们可以承载许多赞美和表扬，却很难承受批评和斥责，哪怕只是一点点负面评价，都可能让孩子的信心破灭。父母当然可以批评孩子，但是一定要掌握正确的方法，尽量做到既不伤害孩子的自尊心，又能让孩子认识到自己的错误。表扬和批评要巧妙地结合，这是教育孩子的一种艺术。

别总盯着孩子的缺点不放，试着多赞美孩子的优点吧，他会变得更加自信和积极！

04
PART FOUR 第四章

孩子的能力不是
父母吼出来的

思考力，让孩子更有主见

生活中有一种很常见的现象：一个小群体发表的意见，往往会迫使一个人放弃自己的感知和判断而做出与其相似的回答，即使该意见是错误的。

一位心理学家进行了一个这样的实验：他让被试者坐在一起，并向他们展示两张卡片，一张卡片上是三条长度各不相等的直线a、b、c，另一张卡片上是一条直线x，询问被试者x线与a、b、c三条线中的哪一条等长，被试者从左到右依次回答。其实，前几位被试者是心理学家安排好的，故意说错。最后一个回答的被试者明知他们的答案不对，明明看出x线的长度明显与abc三条线之一等长，但也不敢肯定自己的正确答案，只好顺从地说出与前几人一样的错误答案，这个从众心理测验被多次重复进行后得出的结果都是类似的。

从众心理也叫顺从心理，是指一个人的行动、信仰和判断会受到外界人群行为的影响。"从众"是一种较为常见的心理现象和行为现象。简单来讲，就是"人云亦云""随大溜"，其体现在大家都认为是这样的，我也就认为是这样的；

大家都这么做，我也就跟着这么做。社会上从众心理的行为和危害层出不穷，如跟着大多数人走而步入歧途，跟着广告购物而上当受骗。从众心理可使人们在科学研究中放弃自己正确的研究结果，更严重的是，会使部分人成群结队，发生多人一同违纪现象，甚至多人聚众斗殴的违法现象。

人们往往会因生活中的从众行为而渐渐失去主见和对真理的坚持。从众心理的产生，是由多种原因造成的。在群体中，个体会因独树一帜、与众不同而受到孤立，而当他的行为、方向和意见与别人相同时，就觉得自己进入了"不会错"的安全区域。个体在群体的无形压力下产生了从众心理，从而被迫违心地做出与自己意愿相反的行为。

在家庭教育中，孩子也不例外地存在从众心理。比如，有的孩子边写作业边看电视时，如果爸爸说："专心写作业，把电视关上！"孩子就会说："其他小朋友都是一边写作业一边看电视的。"又如有的孩子想要爸爸给他买新书包时，就会说："我的同桌买了新书包，我也要买。"还有的孩子在上课前看到黑板没有擦，又看到别的同学都没去擦，那么他就会想："别的同学都不擦，那我也不擦，免得被人说爱表现。"于是"谁都是这么做的""大家都不去做"等，使孩子变得遇事无主见，盲目地随大溜。需要爸爸注意的是，有时孩子会在同伴们的压力下，被迫和他们一起去做坏事或染上不良习惯。

因此，爸爸一定要从小教育孩子，遇到任何事不要轻易被别人的做法或想法所左右，自己心中一定要有判断是非的标准和价值观，而不是盲目从众。爸爸更要鼓励孩子独立思考问题，不要人云亦云，只有自己去弄清楚事情的真相，才会与真理同行。

为了让孩子拥有自己的立场和观点，爸爸可以这样培养孩子遇事有主见的性格：

（1）让孩子有参与的机会

爸爸缺乏与孩子的沟通、做事独断专行、不注重孩子的需求等，都会让孩子对事情没有自己的判断力，变得无所适从，对他人的依赖性加强，进而做事优柔寡断、遇事无主见。因此，爸爸应该给孩子更多的机会，让他独立思考，以表达内心的愿望。

（2）教孩子学会说"不"

一旦孩子有了自己的想法，爸爸就要向孩子说明，他已经是大孩子了，凡事都要自己拿主意，如果哪里让他感到不满意，就要及时提出自己的意见。比如，"我已经吃饱了，不想再吃了""我不喜欢玩具车，我喜欢故事书""爸爸，我有与你不同的看法"等。爸爸要给孩子充分表达自己想法的机会。当然，如果他的说法有误，也要耐心地给他指正。爸爸不必担心这么做会让孩子变得任性以及不服管教，事实能够向你证明，孩子会因此变得遇事有主见，不再盲从。

（3）培养孩子独立思考的能力与习惯

赞同人数的多少不是评判某件事正确与否的标准，对于孩子正确的观点、见解和意见，爸爸要有意识地表示赞同和支持。因为消除从众心理的一个重要条件就是遇事有主见。

很多孩子因拿不定主意而从众，所以为了从根本上克服孩子的从众心理，就要培养孩子独立思考的能力。这就说明培养孩子调查研究、独立思考、分析问题的能力是十分必要的。爸爸可以通过鼓励孩子勇于探索、敢于质疑，让孩十渐渐加强自主意识，做到有主见、善鉴别。如此不仅能消除孩子的从众心理，还能促进其个性发展与全面成长。

（4）克服孩子的自卑心理

在现实生活中，有不少孩子因怕被孤立而从众，因怕被报复而从众。所以为了提高孩子在各种思想压力下的心理承受力，就必须克服孩子的自卑心理，提高孩子的意志力和毅力。

拒绝拖延，让孩子行动起来

相信很多父母都听过《寒号鸟》的故事：

秋天来了，渐渐有了一丝凉意。山崖旁的大树上住着一只喜鹊，喜鹊看天气渐冷，就开始辛勤地四处寻找枯草做窝。此时，住在山崖上的石壁里的寒号鸟（我国独有的橙足鼯鼠的俗名）却依然懒洋洋地躺着晒太阳，它对忙碌的喜鹊说："傻喜鹊，天气暖和，正好睡觉，你忙什么呢？"喜鹊无奈地笑着说："现在不忙着搭窝，冬天就要受罪了。"然后又继续去忙碌了。

冬天说来就来了，晚上寒号鸟在刺骨的寒风里颤抖着说："哆嗦嗦，哆嗦嗦，寒风冻死我，明天就搭窝。"第二天，风停了，太阳又出来了，寒号鸟在暖暖的阳光下伸着懒腰，又把搭窝的事情抛在了脑后。喜鹊过来劝它，寒号鸟说："天这么暖和，何必自找苦吃？得过且过吧。"天越来越冷了，一天晚上，寒号鸟又在寒风里颤抖着说："哆嗦嗦，哆嗦嗦，寒风冻死我，明天就搭窝。"

第二天，喜鹊又来劝它这位邻居搭窝，却发现寒号鸟已经在夜里冻死了。

谁也不愿意自己的孩子像这只得过且过的寒号鸟一样生活吧？要想让孩子取得成功，就一定要培养其行动力，远离拖延、敷衍、懒散等恶习。所有孩子都有对成功的渴望，也会经常制订各种各样的计划，但是其中一部分孩子却会因为行动力的缺失而难以将方案付诸实践，因而成功永远都只存在于他们的幻想之中。但是，父母肯定都清楚，成功不是想出来的，也不是说出来的，而是做出来的。如果孩子从小遇事犹豫，千方百计地逃避责任，寻找借口拖延，那么他的一生很可能会一事无成。

二战时的美国名将巴顿将军，在自己的回忆录里记录了这样一件战场上的小事：

巴顿将军想要在军官中提拔一个人担任某个重要职务，于是将所有候选人叫到一起，告诉他们："伙计们，我需要你们为我在仓库后面挖一条30米长、2.5米宽、15厘米深的战壕。"

随后，他就走进仓库，通过瞭望孔悄悄观察着部下们。只见军官们不过是挥了几下铁锹，就开始互相讨论起来。有个军官说："真不知道将军让挖这么浅的战壕做什么，15厘米连当火炮掩体都不够格。"另一个军官说："是啊，而且这样的活儿交给士兵们干不就行了，我们这些军官为什么被指派干这样的体力活儿？"就这样，几个军官七嘴八舌地抱怨着，谁也不想继续挖。但是，有一个军官却始终没有停下手中的铁锹，他对同僚们说："光抱怨有什么用，赶紧干完离开吧，至于那个老家伙想用这个战壕干什么都跟我们没关系。"大家听了他的话，纷纷继续干起来，很快就把战壕挖好了。

后来，巴顿将军提拔了那个把自己叫成"老家伙"的军官，因为将军觉得他那对命令的执行力和行动力都极为宝贵。

父母要想提升孩子的行动力，先要找到他懒散、拖延的原因。如果父母观察足够细致的话，就可能尴尬地发现，孩子之所以懒散、拖延，父母往往要负很大的责任，甚至是主要责任。当年幼的孩子想做什么事时，父母出于担心，常常以"你还小，做不了"为由阻止他；当孩子为了完成某件事而努力时，父母却往往嫌他做得太慢或者做得不好，干脆"越俎代庖"，替孩子完成。在父母心目中，这样做是在保护孩子、帮助孩子，但是孩子独立做事的积极性却很可能因此遭到打击，也丧失了体验成功的机会，甚至会觉得自己很没用，失去尝试的信心。同时，孩子做事时父母过多干涉，还会让孩子对他们形成依赖性，觉得自己做不好反正有大人帮忙"擦屁股"，久而久之行动力就越来越低了。

要提升孩子的行动力，以下几种方法可供父母参考：

（1）让孩子有追求、有渴望

现在人们的生活越来越好，孩子的要求父母都会尽量满足，衣来伸手、饭来张口的孩子，渐渐丧失了对更高人生目标的追求和渴望，也就日益懒散、拖延，对任何事都提不起干劲儿。所以，对于孩子的要求，父母不能无条件地予以满足，要让孩子对生活留有追求和渴望。

（2）让孩子具有持久力和忍耐力

当孩子做事遇到瓶颈乃至挫折时，父母不要急着出手帮助，而是让孩子耐心地自己去做。当孩子想要放弃时，父母要及时给予适当的帮助和鼓励，但一定不要完全替代孩子。这样，在不断学习和锻炼的过程中，孩子做事的持久力和忍耐力都能得到提升，下次做事时就不会因为害怕挫折而畏缩不前。

(3) 激发孩子的活力

有活力的孩子才有冲劲，遇事才不会由于过度犹豫、瞻前顾后而拖延。要提升孩子的活力，必须多让他与大自然接触。大自然是孩子的良师益友，多亲近大自然，能让孩子学到知识，开阔视野，提高审美能力，健康和活力也会随之不断增加。要想让孩子有活力，培养他多样化的兴趣爱好也是一个重要手段。孩子在从事自己感兴趣的事时，能够获得情绪上的愉悦体验。但是要注意，孩子的兴趣和特长各不相同，父母不能要求孩子做他不喜欢、做不到的事，否则孩子就可能产生抵触情绪，活力也会因之衰减。

(4) 让孩子保持快乐

孩子只有保持快乐，遇事才能够充满信心、果断行动，即使遇到问题也会想方设法地主动解决，不会半途而废。所以，父母在平时要多给予孩子肯定和鼓励，分享孩子成功的喜悦，让孩子生活在快乐之中。

今天的社会，竞争无比激烈，胜负往往就在一瞬间。当父母的，一定要积极提升孩子的行动力，不让孩子由于懒散、拖延而丧失稍纵即逝的宝贵机会。

让孩子自己选择

　　一个人在成长过程中，不可避免地要面临无数次选择，而只有在经历一次次选择之后才能一步步走向人生的顶峰。

　　在教育中，让孩子自己做选择，相对消除了家长对孩子的"思维控制"，使孩子的思维可以自由地求同存异，发散和集中、分析和综合。孩子可展开想象的翅膀在广阔的时空中任意翱翔，孩子的创新精神和创造性思维能力在选择中得到培养和提高。培养孩子自主选择的好习惯，就等于给孩子创造了"思维的自由"。

　　比尔·盖茨这位全球电脑大王所取得的成就，关键就在于他自己正确而果决的选择。小时候，外祖母用游戏的方法锻炼他的选择能力；稍大后父母根据他的爱好帮他选择更能激发其潜能的学校；当他成年后，在律师界声望很高的父母也曾希望他子承父业，然而当他们发现儿子对律师这一行业毫无兴趣时，意识到如果强迫他学法律，只会扼杀他在计算机方面的特殊天赋，那样将对儿子极不公平。于是父母在比尔·盖茨选择专业的问题上由其自由选择，任其自由发展。

最让他们意想不到的是，在一年以后比尔·盖茨提出离开学校——哈佛大学。能够在哈佛求学对一个人来说是多么的重要，而儿子却在此时决定辍学，实在让父母可惜。在父母及亲人的几经劝说之后，比尔·盖茨仍未改变自己的选择，于是父母便听之任之了。

也正是这一次选择，创造了人类史上的一个神话。也正是比尔·盖茨经历了祖母的培养选择能力时期——父母的帮助选择时期——自我选择时期的渐进过程，才使比尔·盖茨的坚毅的选择更具说服力，使他为自己的天赋、兴趣与选择找到了一个恰当的结合点，使其发出了耀眼的光芒。一次选择决定一种命运，希望天下的父母在培养孩子的选择能力的同时，更要尊重孩子的选择。

小炜上了小学五年级，即将面临中考。他特别喜欢踢足球，最近市里在举办"少年足球培训班"，经过三个月的训练，如果表现好的话可以参加市里的少年足球队。小炜当然跃跃欲试，可是中考在即，虽然他学习成绩一直不错，但为了考重点中学，学习不能有丝毫放松。小炜担心爸爸妈妈不同意他参加培训，考虑良久，决定和爸爸妈妈好好商量一下。

一天吃晚饭的时候，小炜说："爸爸妈妈，市里在举办足球培训班，表现好的话能进市少年队。你们知道我一直爱好踢足球，我想经过培训我一定能顺利被录取。所以，我想报名参加。你们同意吗？"

爸爸妈妈对视了一下，妈妈说："小炜，你今年就要中考了，虽然你成绩不错，但是你知道考重点初中竞争很激烈，你报那个培训班难免要耽误学习时间。我和你爸爸好好研究一下再说吧。"

晚上休息时爸爸对妈妈说："儿子大了，能自己拿主意这是好事。男孩子嘛，自己做的决定自己能负责，这样才有自信，才是真正的男子汉。我看咱们别过分干涉了，小炜一直挺懂事，这也是锻炼他的一个机会。"

第二天早上，妈妈对小炜说："儿子，你既然决定了，我和爸爸都支持你这么做，不过你要做好心理准备，方方面面每种可能都要想到，要为自己的想法和决定负责，明白吗？"

在后来的选拔赛上小炜落选了，没能进入市里的足球队。不过他顺利考上了重点初中。小炜没有灰心丧气，也没怨天尤人。爸爸妈妈看到儿子的表现，感到很欣慰。

教育的一个重要目的，就是教育孩子以后怎样去独立选择。在培养孩子自主选择的好习惯的同时，应坚持必要的原则。

（1）培养孩子的自主能力

在现代教育过程中，家长与孩子的关系正趋于民主的关系。有一句名言是：授人以鱼，不如授人以渔。即父母帮助孩子安排好一切，只能解决孩子一时之忧；如果培养孩子自主选择和安排的能力，将会解决孩子一世之忧。因此，给孩子一点儿自由，并不意味着对孩子一味放任，而是在培养他们选择和判断的能力。

如果让一个个性倔强的孩子做符合他年纪的决定，可能父母就会省很多工夫。因为他在这方面的需要特别强烈，一旦自己做出某些决定，他就可以很快"上道"，逐渐学会把握自己的生活。要尽量避免让他为有关对错的问题做决定，把范围界定到纯属个人好恶的事上，比如让他自己选择玩具、衣服款式及颜色等，做自己能做的事，做自己能做的主。

当然，孩子也可能做不好，此时父母可以借机以讨论的口吻指点他们怎样才能做好决定，并帮助他们提高在更重要的事上做决定的能力；让他们列出每一种可能发生的正反面结果；仔细考虑一切可能的选择，并予以评估。

（2）引导孩子独立做选择

父母在培养孩子的选择能力时，应从最初的引导选择开始。不要为孩子安排好一切，而是应该把"原料"给孩子，让他们自己去选择安排。比如告诉孩子：今天可以跟爷爷去儿童乐园，也可以跟妈妈去海洋馆，或者是在家看《星球大战》。父母可以看看孩子会怎样选择，了解孩子如此选择的动机，从而发现孩子的兴趣，引导孩子进行选择。

在引导孩子自主选择的基础上，让孩子学会安排自己的时间也是锻炼孩子养成自我选择的好习惯的基石。

作为家长不必帮助孩子制订每天的活动计划，可以将这个活动计划表交给孩子自己去做，家长只需对孩子的计划安排表起到参谋的作用，以建议的方式向孩子提出计划表的不妥之处，从而以委婉的方式使孩子领悟到计划表不合理的原因。如此，不仅让孩子逐渐懂得如何安排时间，而且能学会在有限的时间内选择做恰当的事。

选择、安排既是一种能力，又是主体精神，要坚持让孩子对自己的行为做出选择和安排，养成独立选择的好习惯。

（3）在困难中得到锻炼

父母要有意识地给孩子设置一些困难，让孩子去解决，从而培养孩子的选择能力。比如说，孩子走路时不小心摔倒了，请妈妈们莫急于扶起，而是鼓励孩子自己爬起来，对他们说"我相信宝贝是一个勇敢的孩子，一定能自己站立起来"。于是孩子眼含泪花嘴带笑地站起来，并说："妈妈，我是一个勇敢的孩子。"所以，遭遇一些困难，会使孩子更有勇气和主见。

（4）尊重孩子的选择

许多父母的教育是照搬模式、形式主义，当遇到与自己的教育观点相悖的事情时，一切模式教育将如空中的肥皂泡，触之即碎。其实在培养孩子的好习惯时，父母要以身作则，同时要学会尊重孩子。只有好的教育方法与尊重孩子的权利相结合，教育才是成功的。

从孩提时代开始，父母和教师就应该尊重孩子的选择。只有让孩子自己选择要做的事情，遇到困难后他们才能去忍耐、努力，成功的时候他们才能真正享受到明智选择的喜悦。在进行选择的同时，父母应该指出那些明显有利的或不利的因素，并告诉孩子："你自己做的选择，就应该自己去承担这种选择给你带来的一切。"

我们的教育要少一些顺从，多一点儿自由、宽容，不要对孩子的权利完全漠视，让他们只是盲目地服从，这对孩子是极其不公平且有害的。古今中外，但凡有所成就的人，都是在其感兴趣的事情上做出卓越的成就。我想这个道理足以警示每一位家长，在培养孩子善于自主选择的习惯的同时，一定要尊重他们的选择。

帮孩子找到合适的"钱"途

不可否认，在当今社会，金钱是衡量一个人是否成功的重要标准，而且这个标准的地位还在逐渐上升。多数父母在追求金钱的同时，又唯恐自己的孩子沾上了"铜臭气"，不想对孩子进行理财教育。事实上，理财教育的目的并不是让孩子变得唯利是图，成为一个个"小财迷"，而是帮助孩子树立经济观念，培养经济自理能力，这对孩子发现个人价值并努力实现个人价值有着积极的促进作用，是不应该被忽略的。

不得不承认，西方家长对孩子的理财能力的培养，是优于中国家长的。其中有一定的国情差异，但更多的是意识上的差别。我们来看这样一个故事：

怀特夫妇有着优越的工作，生活非常富裕。他们有两个儿子：14岁的劳尔和12岁的布莱恩。每个星期，怀特夫妇都会给孩子们一点儿零用钱，多数时候是每人30美元。孩子们拿到钱，当天就会全部花掉，换来各种没有什么用处的小玩意儿，摆得家里到处都是。怀特夫妇知道，孩子们并没有正确理解钱的用途，应该找机会让他们知道金钱来之不易的道理。

　　机会很快来了。一次，全家一起看电视，两个孩子被一个自行车广告吸引住了，不住赞叹"酷毙了"。于是，他们请求父母给他们一人买一辆。那种自行车的售价是 500 美元，两辆就是 1000 美元。怀特先生郑重地对孩子们说："先生们，这是一笔额外的开支，需要你们自己挣才行。"两个孩子后悔不迭，如果他们过去能将零花钱攒起来，现在就可以骑上车了。他们算了一下账，一人攒下 500 美元需要好几个月，但是他们迫切想在暑假期间骑上那种帅气的自行车去兜风，也就是说他们只剩下不到两个月的时间了。

　　于是，孩子们决定凭借自己的力量挣钱买车。他们制订了详细的计划，在周末寻找任何力所能及的工作来赚钱，例如帮别人修剪草坪、给花园除草等。劳尔还决定到高尔夫球场去当球童，他觉得背背球棒自己还是干得了的，但是布莱恩年龄太小，没法当球童。

　　两个孩子说干就干。第一周，劳尔挣到了 50 美元，加上**父母给的 30 美元，就有了 80** 美元。而布莱恩只挣到了 30 美元，也就有了 60 美元，于是劳尔分给了弟弟 10 美元。后来，两人渐渐得心应手起来，挣的钱也越来越多。一个多月以后，两人都拥有了 500 美元！两人立刻将钱给了父母，请他们帮忙网购两辆自行车。当崭新的自行车送到家里时，两兄弟不由得欢呼雀跃，简直不敢相信自己的眼睛。这么酷的自行车，竟然是他们自己挣来的！这个暑假，劳尔和布莱恩骑着自行车串遍了小镇的每个角落。他们还决定继续工作，因为兄弟俩准备在几年内攒钱买一辆汽车！怀特夫妇看到孩子们的表现，觉得特别欣慰。

父母不想让孩子接触金钱，并不会让孩子变得"高洁"，反而让孩子可能由于缺乏经济意识而盲目消费、不懂理财。其实，孩子的成长过程中怎么可能不与金钱打交道呢？想让孩子的消费环境变成"真空"是不切合实际的，也是矫枉过正的。让孩子正确看待金钱，形成良好的经济意识和经济头脑，反而对孩子的健康成长有利。

社会飞速发展，信息交流日益快捷、频繁，让孩子拥有一定的经济头脑和理财能力，是适应时代需求的，能够缩短孩子与社会的距离。要求孩子"两耳不闻窗外事，一心只读圣贤书"，是信息闭塞时代的产物，显然已经不适合当今时代了。只有从小培养一定的经济头脑和理财能力，才能让孩子不在时代的大潮中落伍，对各种社会现象具有一定的辨别和分析能力，对孩子的逻辑思维能力的发展也能起到一定的促进作用。

那么，父母要怎样培养孩子的经济头脑呢？

（1）要让孩子学会消费，懂得必要的消费规范

要让孩子知道哪些钱该花，哪些钱不该花，并养成花钱后算账的习惯。这样，孩子能够形成良好的金钱观念，逐渐提升理财能力。

（2）要让孩子懂得金钱来之不易

孩子没有自己挣钱的经历，常常误以为父母挣钱非常容易，无法正确认识钱的作用和地位。所以，父母要告诉孩子每一分钱都是用辛勤的劳动换来的，要珍惜劳动成果，养成勤俭节约的好习惯。

（3）引导孩子储蓄存款，增加金融知识

让孩子学习理财，最好的方法莫过于让他学会储蓄。除了送孩子存钱罐之外，还可以给孩子办一张银行卡，让他将自己的压岁钱以及平常攒下来的钱存起来。最好让孩子为了一个目标存钱，这样孩子更能合理分配自己的金钱，增加理财能力。

让孩子学会与人交往

孩子学会与朋友相处，这一点对孩子的成长来说非常重要。这意味着他能被人接纳，不被他人排斥，这是一个人人际交往成功的标志。而想要与朋友相处得好，首先要教会孩子懂得尊重他人，信任他人，关爱他人，对人有礼貌。其次要让孩子掌握社会交往的意识和方法。培养孩子的社交意识，就是要让孩子懂得社会交往对人一生发展的重要性。社交方法具体说来包括：与人交往，应带着欣赏的眼光，当发现别人的闪光点时要真诚地赞美；得到别人的帮助，要发自内心地表示感谢；不在背后说人的闲话，不听信并传播流言；善于制造良好的沟通氛围，从而达到良好的沟通效果。最重要的是，要让孩子树立自信心，只有信心饱满的人，才更容易落落大方地与人交往，才更有可能成为社交达人。

具体来说，教会孩子与朋友相处，父母应注意以下几点：

（1）教会孩子重视别人

在现实生活中，不管处于何种地位、境遇几何的人，在内心深处都是重视自己的，每一个人都有被重视、被肯定的需求。当你让对方的这种心理需求得到满足之后，对方就会对你展现出极大的热情，你们便很可能发展出友谊。

小玉生在农村、长在农村。小时候，由于父母都进城务工，所以她成了一名和爷爷奶奶生活在一起的留守儿童。后来，她的爸爸妈妈在城里稍稍站稳了脚跟，就把小玉带进了城里，以便让她接受更好的教育。

从来没有见过城市繁华的小玉，一进城就看花了眼，但兴奋的同时，她的内心也充满了不适，她觉得自己与这里格格不入。

新学校让小玉充满了好奇，也充满了陌生感。一天中午，在学校食堂吃过午饭后，小玉决定在校园里转转。一切都让小玉感到非常新鲜，她仿佛刘姥姥进了大观园，东看看、西看看，流连忘返。等到她想要回宿舍的时候，才发现自己迷路了。她一下子慌了神，转来转去就是找不到自己那栋宿舍楼，她急得团团转，可是又不敢上前询问路过的师生。这时候，小玉班上的一个叫秋桐的同学看到了小玉，忙问："你怎么了？需要帮忙吗？"小玉不好意思地说道："我找不到回宿舍的路了。"看着小玉窘迫的样子，秋桐体谅地说道："这也难怪，咱们学校这么大，我刚来的时候也经常迷路呢。我带你回去吧！"秋桐一边带着小玉走，一边给她介绍学校的路线，教她认路。最后，秋桐将小玉送进了寝室才离开。

从此以后，小玉便把秋桐当成了自己最好的朋友，每次见面都会热情地和她打招呼，无论有什么好东西都会和她分享。因为小玉说秋桐让她在这个陌生的校园第一次感觉到了温暖，这份感情她永远都会铭记于心。

由此可见，重视他人在社会交往中的作用是多么大，它直接关系到一个人交际能否成功。因此，父母在教孩子与人交往的时候一定要强调重视他人的重要性。

（2）让孩子多与同龄人游戏和娱乐

当孩子进入学校后，每天接触最多的就是他们的同学。在孩子上学期间，父母应该经常关心一下孩子的交友情况，可以坐下来让孩子谈谈自己的朋友。比如，他的朋友是怎样的人，他喜欢和什么性格的人交朋友，他和朋友最近做了哪些令他印象深刻的事情。要把孩子交朋友的事情重视起来。

父母要鼓励孩子多和同伴一起进行各种有趣的活动，比如参加夏令营等。因为这些多人一起参加的活动需要相互配合，这样可以迅速拉近孩子们的距离，培养孩子交友的基本技能。当孩子庆贺生日时，还可以让孩子邀请好朋友来家中做客，这同样是一个可以让孩子们增进友谊的好方式。还可以让孩子参加一些同龄人团体，这种团体可以让孩子获得一种归属感。在这样的团体中，孩子最容易找到志同道合甚至可以相交一生的朋友。

另外，父母应为扩大孩子的交往范围多创造条件，比如，可以多带孩子外出旅行、拜访亲朋好友等，这样做有助于孩子结交新朋友，增强自信心，让他们对自己的内在价值有所了解。一个人能够独立处世的前提是要有自信心，而自信在一定程度上来源于朋友的支持与鼓励。在孩子走向成熟的阶段，妈妈应该鼓励他们走出家门，参与到集体中，学会与大家和谐相处，建立自己的朋友圈。

当然，父母还应该让孩子明白"近朱者赤，近墨者黑"的道理，不同的朋友会对其产生不同的影响。所以，应鼓励孩子结交对自己有正面影响的朋友。父母需要多观察孩子所交的朋友，一旦发现孩子的朋友品性不良、行为不端，就应出言提醒，告诉孩子继续交往的危害，并帮助孩子中断这种交往。

(3) 培养孩子的共享意识

快乐有人分享，痛苦有人分担，那是多么令人向往的人生！所以父母要多创造条件让孩子与自己的朋友共同分享欢乐与烦恼，培养孩子的共享意识，启发他们加强同伴间的交往，体验交往的乐趣。

说服力让孩子更出众

索尼是日本一家著名的跨国企业，它的创立者之一盛田昭夫是一位传奇性人物，有着很高明的说服手段，索尼公司的成功与此有很大关系。

每一项新产品的研发都是艰难的，没有人知道它是否能成功。面对这种风险，很多员工都不愿意冒险，但盛田昭夫总能通过各种办法说服员工跟他一起进行研发。例如，在1979年，盛田昭夫打算研发一种便携式收放机，但是工程师们进行了一番市场调查后得出结论：不会有人去买一个只能播放却不能录音的电子产品。盛田昭夫也仔细考虑过工程师们的建议，但最后还是坚持了自己的想法。为了让这个项目能顺利进行下去，盛田昭夫想了许多办法来说服员工，最后甚至用辞职来威胁。他是这样说的："假如到了年底还没有卖到10万件，那么我就辞去现在的职务。"要知道，当时的索尼已经是一家发展得很好的大公司了，作为公司的领导者，他完全可以躺在功劳簿上坐享其成，但他哪怕辞职也要推进这个项目，可见他的决心与压力。员工们都被他的态度说服了。

最终，这批收放机变成了之后的随身听、MP3，发展出了 75 个型号，在全世界进行销售，掀起了一股潮流，这个产品也成了索尼最著名的产品之一。

在人际交往中，想要达成某个目的，很多情况下都要得到别人的理解与认同，甚至让对方跟自己一起行动，这就不得不提到说服的力量。可以说，说服是处理人际关系的必备技能。因此，父母应当培养孩子的说服能力，让孩子成为一个擅长说服他人的人，这样孩子才能够更好地与人进行交往、更容易取得他人的信任，让生活变得更加顺遂。

那么，父母具体应该怎样做呢？

（1）让孩子重视说服力

父母可以通过一些小故事告诉孩子说服力具有怎样的力量，让孩子对说服力产生足够的重视，这样孩子才会渴望学到这方面的本领，也就能更快地学会了。

（2）教会孩子说服的技巧与办法

拥有一定的技巧与方法是说服成功的保障，父母可以将下面这些技巧与方法传授给孩子：

①态度要亲切、和蔼。如果用不满、愤怒等不良态度面对需要说服的对象，对方当然不愿意帮助你、听从你的意见，没有人想费力不讨好。而如果你用亲切、和蔼的态度面对需要说服的对象，以温和且友善的方式来劝说、引导对方，那么就有可能取得良好的效果。

②寻找双方的共同语言。单刀直入地说服别人是不可取的，这样对方会觉得你有些唐突，对你的好感就会降低，说服成功的概率也会随之降低。因此，当你想要说服对方的时

候，可以从对方感兴趣、双方意见相同的话题入手，拉近双方的关系，让对方心情愉悦、放松戒备，之后再进行说服就会轻松很多了。另外，在说服对方时，最好能让对方产生自己能从中受益的感觉，这样事情就会进行得更加顺利。

③尊重对方的意见，不能一直指责或反驳对方。在说服时，指责与反驳都会给说服之路增加障碍，因为这样会打击对方的判断力和自尊心，必然会令对方产生反感甚至敌意，导致最终说服失败。在与对方持有不同意见时，如果你能委婉地劝说，如"可能是我弄错了，我们再来看看这个问题吧，假如是我出错了的话，我很愿意及时改正"，这样肯定会减少双方的对抗感，取得更好的效果。

④给对方说话的机会。很多人在进行说服的时候，总是只关注自己要说的话，想要一次性将自己全部的想法都灌输给对方。这就造成自己说得太多，而对方可能早已不耐烦，当然也就谈不上说服了。反之，如果能让对方畅快地表达出他的观点，自己则耐心倾听，然后根据对方的想法对自己的观点进行修正，或进行有针对性的辩驳，这样更容易让对方接受，也提高了说服的效率。

⑤让对方放弃成见。美国著名人际关系大师卡耐基曾说："在说服某人时，不能将对方当作理性动物，而应该将对方当作感性动物，他们是带着偏见与人相处的。"正因为出于某种感情，所以，无论你觉得对方的成见是多么的荒诞，也不能直接进行批判，而是要让他意识到自己的问题。你可以这样说："我觉得您说的确实有道理，不过如果从另一角度来说……"这样委婉的话语可以帮助对方意识到问题所在，

又不至于驳了对方的面子。

⑥让对方发泄负面情绪。说服时可能遇到的最困难的情况是，对方不仅不赞同你的想法，反而充满了怒气。在面对这种情况时，要想说服对方，就要先让对方将所有的情绪都发泄出来，才能让说服继续进行。如果对方将负面情绪发泄在了你身上也不用在意，因为事后对方通常都会产生愧疚情绪，这样说服就会更加顺利了。

（3）让孩子知道说服时的禁忌

孩子掌握了说服技巧之后，父母还要告诉孩子说服时的禁忌，否则也有可能无法达到目的。具体来说，说服时的禁忌有以下几点：

①态度盛气凌人。有些人觉得自己的想法非常巧妙，对方肯定会赞同，因此在说服对方时，态度上就不免带上了居高临下的意思。这样一来，哪怕对方确实对你的想法很感兴趣，也肯定不会同意。

②过分精于言辞。有些人非常精于言辞，总能把话说得头头是道、条条在理，但是太过完美的描述反而会让人觉得不真实、不可信，不会同意。

另外，在使用说服的技巧时，一定不能太过明显，否则就会引起对方的警诫，给说服增加难度。

③一直围绕着对方不想谈论的话题讨论。有些事情在别人看起来是很正常的，但在说服的对象眼中就是一个不可触碰的雷区，因此，在进行说服时一定要避免触碰雷区，即使不小心触碰了，也要尽快转移话题。

05

PART FIVE

第五章

改掉孩子的坏习惯
不是比谁的嗓门大

玩耍要适度，贪玩应控制

爱玩是孩子的天性，我们可以让孩子玩，但也要控制孩子玩的时间，如果孩子只知道玩，而忽略了其他的事，比如功课，那就必须加以管教了。

贪玩，一方面会直接影响到孩子的功课，一方面也会消磨孩子的意志，让孩子丧失理想和抱负。此外，贪玩也会滋生出孩子的一系列不良习惯，如为了玩而翘课、撒谎、装病等。所以，如果发现孩子过分贪玩，以致影响了成绩，甚至出现了撒谎等行为，那么父母就要采取相应措施，不能听之任之。

付磊今年 11 岁，上小学六年级。付磊的家庭很民主，爸爸妈妈都是知书达理的人，对儿子很尊重，几乎不太干涉儿子的一些想法和做法。

付磊自小就活泼好动，人也十分机灵，喜欢玩一些需要开动脑筋的玩具。幼年时，付磊的父亲就给他买了很多大型积木和益智玩具，让他尽情地玩。

上小学后，付磊的玩具从简单的变成了复杂的，他喜欢电子玩具，喜欢玩手机游戏。付磊的父母觉得，偶尔玩玩这些对开发智力也有好处，于是没有多加干涉。只是有时看付磊玩太久会说一两句，付磊听到后就会马上收起来了。

不过，付磊的老师发现上课的时候，付磊经常走神，经过一段时间的重点观察，老师发现付磊经常在课桌底下偷偷玩手机。老师向付磊父母反映了情况，并表示学校希望学生不要带手机进学校，学校也理解父母和子女联系的需要，但手机无疑会让他分心，影响他学习，希望付磊父母能够将付磊的手机没收。

付磊父母与老师谈话后，就找付磊聊了聊，说明了学校的规定，希望付磊能理解。父母表示，手机付磊可以保留，在学校外依旧可以使用，只是不希望他带进学校，并叮嘱付磊上课要专心。付磊向父母做了保证，也自觉将手机留在了家里。

之后几个星期，付磊上课都比较专心，老师没再发现他有走神的情况。只是在家的时候，付磊玩手机玩得越来越凶，付磊父母说过他几次，他口头答应了，但还是会在自己房间偷偷玩，父母觉得孩子学习一天也累了，就睁一只眼闭一只眼。

付磊进入初中以后，成绩越来越不好，上课的时候，精神涣散，注意力不集中，还经常打瞌睡。老师注意到了付磊的情况，找付磊父母谈了谈，从付磊的情况来看，他是晚上玩手机时间太长，睡得晚，所以白天上课没精力。

付磊父母觉得不能再纵容他了，于是强硬没收了付磊的手机和游戏机。后来，付磊经常找借口和老师请假，然后去游戏厅或网吧，这引起了老师的重视，于是老师再次找到了付磊的父母。

父母得知付磊竟然开始撒谎、逃课，流连网吧和游戏厅，非常惊讶和伤心，但也不知该怎样劝说孩子。

生活中，类似付磊这种情况的孩子并不在少数，他们因为贪玩，沉迷游戏，所以上课精神涣散，学习成绩一落千丈。那么，该如何帮助他们呢？下面是一些具体建议：

（1）软硬兼施

想要有效纠正孩子的恶习，就要学会软硬兼施。"软"是指用温和的话语，启发、劝导孩子，让其意识到自己的行为是不好的。"硬"是指严格教育。所谓严格教育，不是说要管死孩子，而是指不能放松对孩子的教导，要时刻关注孩子的精神状态和行为，对于孩子的不良行为要及时给予纠正，不要纵容，不要溺爱。

（2）培养兴趣

只有真正让孩子找到学的兴趣，才能让孩子自觉改正贪玩的习性。父母要善于发现孩子的特长和爱好，让孩子乐于学，这样孩子就不会一心想着玩了。

（3）为孩子找一个学习伙伴

学习也需要氛围，如果孩子的朋友爱学习，那么一定程度上也能带动孩子进入学习状态。伙伴之间的影响是十分重要的，与贪玩的朋友在一起，无疑会助长孩子贪玩的习性。所以，父母有必要注意孩子交了什么朋友。

总之，父母应慎重对待孩子"贪玩"的行为，不要让贪玩影响到孩子的学习，要及时劝导、纠正。

满口脏话的孩子惹人烦

　　孩子的心智发展还不够成熟，对很多事不能进行正确、有效的识别，所以很容易受到环境影响，养成一些坏习惯。尤其是在当今这个信息技术高速发展的社会，电视、网络中的一些不良信息将孩子重重包围，社会上的种种不良习气也多多少少会传递到孩子的眼中、耳中，让孩子在耳濡目染之下"变坏"——说脏话就是一个典型表现。许多孩子的脏话不仅说得多，而且说得奇，甚至连大人都没听说过，更说不出口，倘若不是亲耳听到，没人敢相信这些话是由一个孩子说出来的。

　　说脏话是一种非常不文明的行为，一旦发现孩子说脏话，父母就应当马上让孩子改正，绝不能姑息。有些父母觉得说脏话无伤大雅，任由孩子一直说脏话，这必然会对孩子的成长产生负面影响。有些父母听见孩子说脏话后，觉得挺有意思，不但不加以阻止，反而在一旁开怀大笑。这种表现相当于鼓励孩子说脏话，会让孩子觉得父母是认可和欣赏自己的，于是更加卖力地"表演"，久而久之就养成了坏习惯，很难改正了。

父母发现孩子说脏话后，应该立场鲜明地告诉孩子自己是不支持这种行为的，如："爸爸妈妈觉得说脏话的都不是好孩子""别的小朋友都不喜欢说脏话的小朋友"等。孩子会因为害怕自己被父母或其他小朋友讨厌而改变这种行为。如果在父母耐心劝导之后，孩子仍然没能意识到说脏话的坏处，甚至产生了不满和对抗情绪，那么全家人可以一起暂时故意冷落孩子，让他知道说脏话会遭到人们的厌恶。这样一来，孩子通常就会反省自己说脏话的行为，然后逐渐改掉这个坏习惯。父母也可以用一些典型事例来教导孩子，让他们了解说脏话的坏处，或是让孩子看一些公益广告以及有正确导向的节目和书籍，看得多了，孩子就知道自己说脏话的行为是很不恰当的。

一位妈妈无意间听到自己年仅 5 岁的儿子说脏话，她很吃惊，下定决心帮儿子尽快改掉这个坏习惯。于是，她问儿子："儿子，你爱妈妈吗？"儿子不假思索地回答说："爱！"妈妈又问："假如你发现别的小朋友骂我，你要怎么办？"儿子毫不犹豫地回答说："那我就反过去骂他的妈妈。"妈妈又说："但是你骂其他小朋友的妈妈，其他小朋友也会来骂我。"妈妈的话让儿子愣住了，他在思考怎样做才能让别人不去骂妈妈。妈妈静静地看着儿子思考，过了一会儿说道："其实，尊重是相互的，你骂其他小朋友的妈妈，其他小朋友就会来骂你的妈妈，这就相当于你在骂自己的妈妈。假如你能够改掉随口说脏话的坏习惯，那么妈妈就不会被别的小朋友骂了，明白了吗?"儿子点了点头。从此以后，那些脏话再也没有出现在儿子的口中。

对于孩子说脏话这种行为，越早纠正越好。有些孩子可能三四岁的时候就开始说脏话了，其实，这个年龄段的孩子是非观念尚未形成，根本不知道脏话是什么意思，可能只是无意间从哪里听到了这样的话，觉得好玩就模仿了。这时，父母必须立即纠正，不要觉得孩子长大了会自己改正，相反，那样只会让孩子的坏习惯根深蒂固。在现实生活中，很多父母就是因为没能及时引导教育，错过了纠正孩子的最佳时机。

某个小女孩4岁时无意间说了第一句脏话，对象是跟她同龄的一个小朋友。女孩的爸爸知道后非常生气，但他没有直接怒气冲冲地教训女儿，而是抓住这个机会来引导她。爸爸陪着女儿找到了那位小朋友，让女儿给那位小朋友道了歉。经过这次事件后，女孩再也没有说过脏话。

人们总是会对"第一次"留下深刻的印象，如果父母能够在最开始就认真教导孩子，让孩子深刻地认识到自己的问题，那么他在之后的生活中就会有意识地控制自己。

爱尖叫不是一个好习惯

4 岁的璐璐最近突然"迷"上了尖叫，她明明完全可以用语言表达自己的情绪，却更喜欢用这种"高八度"的方式来表达。看到感兴趣的东西、感到高兴、觉得害怕……只要她激动了，就会拉长嗓子发出刺耳的尖叫。一听到她叫，妈妈就赶紧压低嗓子劝她小点儿声，却无济于事。当与人争执时，璐璐从来不会跟别人好好讲道理，而是扯开嗓子大喊大叫，想用大嗓门压倒对方。这样一来，再也没有小朋友愿意跟她玩，因为虽然小孩子都喜欢喊叫，但璐璐实在太吵了。

更令妈妈尴尬的还是在公共场合的时候。一个安静的场合里，大家都在静静地做自己的事，璐璐突然就开始大喊大叫，大家就会皱着眉头看向她们，这让妈妈无地自容。

孩子的嗓音本来就比较尖利，如果他们将声音提到最高分贝并连续尖叫，对其他人来说是一种非常可怕的噪音。多数时候，尖叫是孩子表达不满的方式，当然还有其他因素，例如：

（1）觉得尖叫很有趣

孩子总想探索世界上的一切，在一段时间内，孩子会对自己的声音产生兴趣。这时候，高声尖叫就会成为他们探索自己极限的方式：看看自己的音量究竟有多高，或者试试自己的尖叫会引发什么有趣的反馈。喜欢在开阔空间尖叫的孩子，也可能期待着有趣的回声。所以，在不影响他人且自己的耳朵还可以承受的情况下，父母不妨让孩子多探索一下自己的声音，说不定能培养出未来的歌唱家呢。

（2）为了引起大人的注意

一些孩子喜欢喊叫，是为了让父母迅速注意到自己，因为他们发现这比喊"爸爸""妈妈"快捷有效多了。如果父母忙于工作而常常忽视孩子，尖叫更是一种可以获得父母关注的方式。一两次尖叫让父母关注到自己之后，即使知道会遭到斥责，孩子还是会利用这种方式来将父母吸引到自己的身边。可见，对于有这种心理的孩子，父母多陪陪他们是让他们减少尖叫的唯一手段。

（3）压力过大

现在的孩子有很多生活在各种各样的压力中，而这些压力，也主要是父母赋予他们的。如果父母本身压力太大，会在无形中增加孩子的压力，父母对孩子要求过高也会让孩子有不堪重负的感觉。在种种压力之下，孩子一旦发现尖叫具有减压功能，就会迅速沉迷其中。对于这类孩子，父母要设法了解他们压力的来源，并制定针对性的解决方案。

（4）可以得到自己想要的东西

一些聪明的孩子会发现尖叫这种方式能让父母妥协，从而满足他们的某些要求。例如，有些孩子知道父母最怕孩子在公共场合尖叫，于是他们偏要选择这种时候大喊大叫，引起父母的尴尬，并借机提出自己的要求。父母为了不惹众怒，只能屈服于孩子的"要挟"。所以，对于孩子在尖叫时提出的无理要求，父母绝对不能满足他，否则会让孩子形成习惯，这样会更难教育。

那么，遇到常常尖叫的孩子，父母应该怎么做呢？以下几种方法可供参考：

（1）与孩子多交流

孩子是非常希望与父母交流的，尤其是在小的时候，孩子的交际圈子很小，父母是他们为数不多的交流对象。但是父母由于事情太多，并不是总能满足孩子的交流需求。孩子要求得多了，有些父母还会对孩子大喊大叫，不仅影响双方心情，还让孩子学到了尖叫这种表达不满的方式。所以，父母要经常静下心来与孩子交流，并以身作则，管理好自己的情绪，孩子爱尖叫的坏习惯也能随之改善。

（2）尖叫时不予理睬，事后安抚

孩子在尖叫、发脾气时，只要不出现伤害自己或损坏物品的情况，就可以暂时不予理睬。如果能保证他不出危险或不会损坏物品，还可以让他独自待在另一个房间里。等到他停止尖叫、不再发脾气之后，再对他进行安抚，表扬他终于控制住了自己的脾气，还可以给予他一定的奖励。不过，此方法必须持之以恒，才能有效。对父母来说，要忍受孩子的尖叫，必须有"钢铁一般的神经，聋哑人一样的耳朵"，还得避免因心疼孩子而妥协。

（3）让孩子知道尖叫会影响别人

孩子还小，不懂得照顾别人的感受，他们可能根本意识不到尖叫会给周围的人带来不舒服的感觉。妈妈要想方设法让孩子知道尖叫给他人带来的不良影响。例如，妈妈不妨与邻居妈妈合作，让爱尖叫的孩子凑在一起，举办一场"尖叫大赛"，让孩子感受到其他人放声尖叫会给自己带来怎样的不适和反感。同时，孩子沉迷比赛，也会出现喉咙不适的感觉。此时，妈妈要不失时机地教育孩子，尖叫会让他人难受，招致他人的反感，还会让自己的喉咙很不舒服。如果孩子有一定的同理心，就能够有所感悟，改掉爱尖叫的习惯。

（4）对孩子进行语言方面的训练

有些孩子虽然会说话了，但是由于语言能力有限，无法找到正确表达自身感受的词句，就可能用大喊大叫来代替。因此，父母可以对孩子进行语言方面的训练，让孩子逐渐掌握用多样化的语言来表达自身愿望和要求的技巧，这样也能让孩子更容易融入群体之中，避免孩子因孤僻而沉迷于用尖叫来表达。对于孩子的语言，父母要注意倾听和理解，避免孩子因表达不畅而尖叫和发脾气。

（5）带孩子到大自然中去

如果发现孩子爱用尖叫来宣泄情绪，短时间内又无法扭转他的习惯，可以将孩子带到大自然之中，让其对着茂密的森林、无垠的大海尽情尖叫、呐喊，做一次彻底的宣泄。孩子的不良情绪会因此消失无踪，也很可能在大自然的熏陶下就此改正恶习。

早睡早起身体好，良好作息很重要

众所周知，睡眠对于孩子来说是非常重要的，不仅关系到他们身体的生长发育，而且对他们的精神状态也会产生一定的影响。对于父母来说，孩子能够按时睡觉，既能对孩子的身心健康放心，又能为自己留出一部分的自由时间来支配。

但是在现实生活中，很多孩子都会出现睡眠时间过短、入睡困难的现象，睡眠过程中伴有说梦话、磨牙、尿床、做噩梦等各种不良行为。孩子的这些睡眠问题严重困扰着父母，也影响着孩子的睡眠质量，是很多家庭都正面临的问题。

小五从小就是人们所说的"睡渣"，每到晚上，爸爸妈妈想要哄小五睡觉的时候都要经历一场战争。一开始，爸爸妈妈会抱着、摇着，或者用让小五喝奶的方式哄睡，但是经常出现的情况是，小五在爸爸妈妈的怀中迷迷糊糊地闭上了眼睛，刚往床上一放，就又睁大了眼睛，还对着爸爸妈妈笑，爸爸妈妈看到小五的样子，既生气又好笑，还有些无奈。后来等小五长大一些，他的睡觉情况并没有什么好转，每次要上床睡觉的时候，总是要哭闹好一阵。有时候爸爸妈妈实在

生气，就把小五往床上一放，把灯一关，吓唬小五说如果再
不睡觉就会有大灰狼把他叼走，这样一来小五就哭得更凶了，
很多个晚上小五都是在哭闹中疲惫地睡去，父母对小五的这
种情况，既没有办法又很心疼。

后来，爸爸妈妈决定换一种方式。他们先跟小五商量好，
晚上睡觉的时间是9：00，那么在晚上8：50的时候就要上
床，因此他们定了一个晚上8：50的闹钟。在这之前，父母
预留出了半个小时的时间，让小五做自己喜欢的事情，而且
还给小五洗澡、换衣服。他们把睡前要做的事情一项一项地
列出来，并且告诉小五，每完成一项就代表他长大了一点儿，
很快他就会成为真正的男子汉了。小五对这个游戏似乎很感
兴趣。爸爸妈妈给小五洗完澡换好衣服之后，小五突然说：
"接下来的一项是不是要给我讲故事了？"语气中带着一些兴
奋和期待。妈妈很高兴地说："对，妈妈今天要给你讲阿里
巴巴的故事。"妈妈躺在小五的身边，一边给小五讲故事，
一边抚摩着小五的头发，小五渐渐地安静了下来。讲完故事
后，小五轻轻地问："妈妈，我是不是可以抱着我的玩具熊
睡呢？"妈妈说："当然可以啦！"然后把玩具熊拿过来，放
到小五的被窝里，小五乖乖地搂着玩具熊，呼吸越来越均匀，
还没等闹钟响，就慢慢地睡去了。

很多情况下，孩子的睡眠之所以存在问题，是因为他们
没有形成良好的习惯，也是因为家长在这个方面没有给予足
够的引导。让孩子养成良好的作息习惯是非常重要的，那么
具体怎么做才能提高孩子的睡眠质量呢？下面是几点给家长

的建议：

（1）给孩子足够的安全感

很多孩子入睡困难，是因为他们讨厌黑漆漆的环境。所以，父母在哄睡的时候，不要把灯完全关掉，可以给孩子留一盏小灯或者光线较暗的灯，也可以给孩子选择一个安抚物，比如说一只玩具狗熊，或者是一只抱枕。

（2）不要让环境太过安静

很多父母发现孩子在睡觉过程中特别怕吵，稍微有一点儿动静马上就会惊醒，其实这是因为父母在哄睡的时候，过于在意环境的影响。他们认为只有绝对的安静才能给孩子营造良好的睡眠环境，其实这种想法是错误的，相对来说，有一定"白噪音"的环境，反而更容易培养孩子的抗干扰能力，提高他们的睡眠质量。

（3）房间不要太亮

很多父母习惯让孩子在光线比较亮的房间睡觉，方便自己随时照顾孩子，但是这样一来容易让孩子分不清楚黑夜白天，他们的生物钟也可能受到影响，进而影响到他们的睡眠质量。

（4）给孩子准备舒适的床上用品

孩子睡眠质量在很大程度上会受到床上用品的影响。因此父母要注意给孩子选择面料舒适的床上用品，而且被子不宜过厚或过薄，不要让孩子感觉到压迫，或者是过冷过热。

（5）白天多带孩子进行户外活动

父母或其他长辈可以在白天多带孩子进行户外运动，让孩子尽情地玩耍，这样，孩子在晚上就能更容易地进入睡眠状态。

（6）尽量培养孩子午休的习惯

无论对大人还是对小孩来说，午休都是一个良好的习惯。中午小睡一会儿，可以有效地缓解身体的疲劳，使人的精神状态得到良好的恢复。因此，父母可以从小培养孩子午休的习惯，让孩子在饭后安静下来，慢慢地进入睡眠状态。当然，睡眠的时间不宜过长，只要起到缓解疲劳状态的作用即可。

（7）注意孩子的睡姿

很多孩子睡觉的时候，不注意调整自己的睡姿，其实，正确的睡姿对于睡眠质量也是有一定影响的，因此父母可以有意识地让孩子进行侧卧位或仰卧位的睡眠，尽量不要让孩子俯卧。

（8）尽量让孩子独自睡觉

很多父母喜欢和孩子在一张床上睡觉，以保证孩子的安全，但其实这样对孩子米说并不是一件好事，因为孩子长期与父母一起睡，很容易对父母形成依赖，更不容易培养独立睡眠的习惯，也不利于孩子独立性格的培养。

（9）在睡前进行交谈

父母与孩子在睡前交谈可以给孩子一定的安全感，也有助于增进亲子关系，交谈的内容可以自由选择，比如跟孩子讲故事或者是背诵诗歌等。

重视孩子的偏食行为

　　孩子的身体处于生长发育的阶段，需要补充多种营养，单就一种食物而言，是很难满足这一需求的。

　　换言之，孩子在成长阶段，需要摄入多种食物来满足身体需求。所以，孩子偏食行为足以引起重视，因为偏食，极有可能导致孩子各种营养物质的缺乏病，如营养不良症、营养性贫血等。

　　萌萌今年5岁了，她有一个很不好的习惯，那就是偏食。最开始，妈妈发现萌萌不爱吃香菇，因为有一次她做了三道菜，香菇、白菜和土豆，妈妈每一样都夹了一些到萌萌碗里，但萌萌却将香菇都挑出来了。

　　妈妈看见后很不高兴，表情严肃地对萌萌说："你怎么把香菇都挑出来了，这很浪费。"

　　萌萌噘着嘴说："香菇味道很奇怪，我不喜欢吃。"

　　妈妈还想说什么，但萌萌奶奶却说："不吃就不吃吧，我吃，别强迫孩子。"

　　这次之后，萌萌妈妈就很少买香菇了，她心里也觉得孩子不爱吃就不勉强了。不过有一次吃饭，萌萌妈妈又发现女儿不爱吃茄子，无论怎么劝她都不吃，夹进碗里的菜她会一点点夹出来。

半年下来，萌萌妈妈发现女儿不爱吃的菜越来越多，豆芽、香菜、芹菜，一些常见蔬菜她都不感兴趣，唯独偏爱肉类。因为总吃肉而不吃蔬菜，萌萌经常便秘，这让萌萌和妈妈都感到很痛苦。

萌萌妈妈知道必须纠正孩子偏食的行为，她记得萌萌三四岁时也是吃这些菜的，她不知道女儿怎么突然就偏食了，为此一筹莫展。

事实上，很多家长都为孩子偏食的现象忧心不已，不过有些孩子的偏食行为可能与父母有关。

超超6岁，上幼儿园中班。一天中午，超超妈妈办事路过孩子的幼儿园，于是就进去看了看超超。园里的孩子正在吃中饭，一看见菜，超超妈妈脸色就不好了。那日的菜是西葫芦炒鸡蛋、萝卜炖肉，超超妈妈不喜欢西葫芦和萝卜，之前做了两次，看儿子也没有多喜欢吃，后来干脆不买这两样菜了。

可此时，妈妈看见儿子拿着勺子吃得正香。她找到幼儿园老师，老师说："西葫芦、萝卜都是我们园里经常做的菜，孩子们都很喜欢吃，超超最开始是不想吃，但后来看见其他小朋友吃得很香，他也吃了起来，你看现在吃得多香。"

"是吗？"超超妈妈说，"我还以为他不爱吃呢！原来都是我们影响的。"

从上述案例中可以看到，超超其实不挑食，是父母挑食影响了孩子。不过，萌萌的情况不同，她挑食可能与父母有关，也可能无关，无论原因是什么，都有必要给予纠正，不能听之任之，这样会影响孩子的身体健康。

那么，父母应该怎样帮助孩子克服偏食的毛病呢？以下建议可以用以参考：

（1）不要让孩子吃太多零食

许多孩子不喜欢吃饭，这与零食有很大关系。许多家庭在对待零食的问题上都比较松懈，觉得孩子喜欢吃就吃。但是，大多数零食的味道都较好，甚至比一般父母做的菜要好吃得多。如果放任孩子无节制地吃零食，那么孩子的口味就会变得挑剔，变得不爱吃饭。

零食分很多种，有一些不利于孩子健康，如薯片、辣条等，对于这类零食，父母最好不要让孩子吃。有一些零食对孩子有好处，如坚果、葡萄干等，对于这类，父母没必要禁止孩子吃，但应该控制吃的量和时间，以免降低孩子吃正餐的欲望。

总之，合理控制零食，对孩子改正偏食有一定的积极作用。

（2）调动孩子的饮食兴趣

为了引起孩子对瓜果蔬菜的兴趣，父母可以带着孩子一起去买菜，教他认识各种蔬菜，还可以给他讲讲各种蔬菜的口感，让孩子对其产生兴趣。

吃饭的时候，让孩子也动动手，搬搬椅子，摆摆餐具，让孩子感受到吃饭的氛围，也会让孩子口味变好，吃得更香。

（3）弄清楚孩子偏食的主要原因

想要有效纠正孩子偏食的习惯，先要找出原因。如果孩子对某些食物有过敏性反应，就不能强迫吃；如果是因为不喜欢，就应该一点点劝他接受。比如，孩子不喜欢茄子，父母就可以变些花样让孩子尝一尝，也许有一种口味孩子就喜欢了。

在纠正孩子偏食习惯的过程中，父母不能采取强硬态度，说类似"你必须给我吃掉"之类的话，这样更容易引起孩子的逆反心理。要温和地诱导，告诉孩子这种菜很有营养，吃了对身体有什么好处，等等，让孩子从心里真正接受它。

解决乱扔东西的"小恶魔"

　　有些孩子从小养成了好习惯，他们会把自己的东西收拾得整整齐齐，房间也打扫得很干净整洁，但是也不乏这样的孩子，他们的房间乱得几乎无法下脚，衣服、书本之类的到处乱扔，而每天负责善后的当然是父母。家里有一个乱扔东西的"小恶魔"，确实很让人头痛，但这样的"小恶魔"也不是天生的，他们的习惯也并非一天两天养成的。

　　图图是一个读六年级的小学生，每天放学一进门，图图的第一件事就是脱鞋子，鞋带一解，两只脚前后一甩，两只鞋子就潇洒地飞了出去。接下来就是把身后的书包拿下来，往地板上随便一扔，然后自顾自地玩起来。

　　每次妈妈看到图图这样都会叮嘱他："图图，你都多大了，还到处乱扔东西，快点儿捡起来放好!"图图充耳不闻，妈妈就开始提高分贝，大声训斥。虽然有时候图图也会听妈妈的话，草草地收拾一下，但大多数时候还是我行我素，毫无改进。

　　有一天，图图独自在家，他突然想到那天是妈妈的生日，想了半天也没有想好要送妈妈一件什么样的生日礼物，后来，图图决定，他要好好收拾一下家里，这样，妈妈下班回来就会很高兴，这个生日就算过好了。说干就干，图图又是扫，又是拖，还整理了衣服、鞋子和书本。

妈妈下班回家一开门，满脸难以置信的表情。图图抱着胳膊，一脸骄傲地看着妈妈。妈妈走上来抱住图图说："儿子，你真是太棒了！妈妈从来不知道，你能把房间收拾得这么好！"图图一听更高兴了，心里想："这点儿事还能难住我吗？以后我一定要把房间收拾得更好，让妈妈对我刮目相看。"后来，图图真的不乱扔东西了，而且会经常帮助妈妈做一些简单的家务，妈妈也十分满足。

很多父母发现孩子乱扔东西的时候，往往会采取大声呵斥的态度，或者是强制孩子把东西收拾好，其实这样的方法只能治标不能治本，打骂、体罚等粗暴阻止的方法更是会在孩子心里留下阴影，那么，作为父母，我们应该如何纠正孩子乱扔东西的坏习惯呢？首先，在纠正之前，父母要弄清楚孩子乱扔东西的原因是什么。

一般来说，乱扔东西的原因主要有三个：一是，他们通过听到扔东西发出的声音，或者看到东西变形，心理上得到了反馈，有一种满足感；二是，他们想通过扔东西的方式吸引身边的人的注意，尤其是父母的注意，这些孩子由于常常得不到关注，更喜欢用这样的方式找到存在感；三是，他们所成长的环境没有教会他整理东西，或者关注身处的空间是否整洁。换句话说，父母没有起到良好的榜样作用。

那么，要纠正这一坏习惯，父母应该怎么做呢？

(1) 让孩子自己承担后果

当发现孩子乱扔东西的时候，可以采用忽略的态度，当孩子想要找他需要的东西时，也不要给任何提示，当孩子发现乱扔东西会给自己带来很多麻烦时，父母再帮助孩子一起整理，让孩子看到仔细整理带来的好处和到处乱扔的坏处。

(2) 帮助孩子形成良好行为

当发现孩子乱扔东西的时候，可以帮孩子准备纸箱或收纳袋，让孩子把东西扔到固定的地方，从而把不好的行为变为良好的整理行为。

(3) 耐心教导

针对已经上学的孩子，他们已经可以听懂父母讲的道理，父母就可以告诉孩子，什么东西应该放在什么位置，用过的东西要放回原处，给孩子制定规则，在反复强调下，孩子自然就会形成好习惯。

(4) 帮助孩子一起整理

很多孩子把整理房间当成一种负担，父母可以帮助孩子一起整理，给孩子树立榜样作用，一方面减轻孩子的负担，另一方面也是以身作则，让孩子在耳濡目染中形成好习惯。

(5) 当孩子乱扔东西的行为消退时给予鼓励和表扬

经常乱扔东西的孩子，一旦出现主动收拾东西的情况，父母一定要抓住机会对孩子进行鼓励和表扬，对这种行为进行强化。

GOODPARENTSGOODTEACHERS

好父母，好老师

如何说孩子才会听，
怎样听孩子才会说

青　影　杜慧丽 编著

北方妇女儿童出版社

图书在版编目（CIP）数据

好父母，好老师 / 青影，杜慧丽编著 . -- 长春：
北方妇女儿童出版社，2020.8（2021.12 重印）
　ISBN 978-7-5585-4621-1

　Ⅰ . ①好… Ⅱ . ①青… ②杜… Ⅲ . ①家庭教育
Ⅳ . ① G78

中国版本图书馆 CIP 数据核字 (2020) 第 158411 号

好父母，好老师
HAOFUMU HAOLAOSHI

出　版　人	师晓晖
责任编辑	国增华
封面设计	书虫文化
开　　　本	880mm×1230mm　1/32
印　　　张	32
字　　　数	632 千字
版　　　次	2020 年 8 月第 1 版
印　　　次	2021 年 12 月第 3 次印刷
印　　　刷	阳信龙跃印务有限公司
出　　　版	北方妇女儿童出版社
发　　　行	北方妇女儿童出版社
地　　　址	长春市福祉大路 5788 号
电　　　话	总编办：0431-81629600

定　　　价　176.00 元（全 8 册）

父母是孩子的朋友，是孩子的老师，是孩子的引路人，是孩子一生中最不可替代的教育者。巴金先生曾说："孩子们变好或变坏和他们受到的教育有关，有句话叫'先入为主'，所以父母是孩子的第一个老师，不能把一切推给学校。帮助孩子健康地成长，所谓培养、所谓教育，不过是这样一句话。我们希望子女成龙，首先就要尽父母的职责。"

当您看到别人洋溢着幸福笑容赞美自己的孩子时，当您看到孩子学校里那些出类拔萃的小同学时，除了羡慕之余是否会感叹："要是我家的孩子也这么优秀该多好啊!"其实，您的孩子也很优秀……

孩子就像一张白纸，这张白纸上会用什么样的颜色来打底，基本取决于其父母给他什么样的基础。很多家长都期望自己的孩子成龙成凤，出人头地，建功立业。但现在许多父母在如何教育孩子的问题上，仍摆脱不了传统观念的束缚，使孩子无法健康成长。他们没有明白"只有失败的教育，没有失败的孩子"这句话的含义，而一味地把自己的思想强加给孩子，从不考虑这是否适合孩子的个性和天赋条件、自身特点。爱尔维修曾说过："即使是最普通的孩子，只要教育得法，也会成为不平凡的

人!"爱因斯坦也说过："孩子生来都是天才，往往在他们求知的岁月中，是错误的教育方法扼杀了他们的天才。"

对孩子来说，家庭是其人生的第一站，是人生的第一所学校，父母是孩子的第一任老师，家庭教育是孩子接受最早、时间最长、影响最深的教育。孩子能否健康成长、顺利成才，关键在其父母是否掌握正确的教子方法，是否能与孩子进行良好的沟通，是否能调动起孩子的学习兴趣，让孩子在求知、做人、交友等方面获得良好的教育，促使孩子发挥出应有的潜力。

为了满足家长对教育孩子的需求，结合未来人才的标准，我们精心编写了这套《好父母，好老师》丛书，书中参考了大量的教子资料和教子案例，从培养孩子的学习兴趣、优良品德、社交能力、正确的金钱观等方面出发，全面解读父母该从哪些方面去教育和培养自己的孩子，为孩子创造出最佳的成长环境，让孩子的潜能得到充分发挥，赢在起跑线上，创造出属于自己的辉煌。

由于编者水平有限，能力绵薄，加之时间仓促，书中难免有不尽之处，恳请广大读者提出宝贵意见。愿本书伴随着父母在教子的道路上，找到智慧的方案，成就孩子辉煌的人生!

目录

01

PART ONE

第一章

放下家长的架子，
做有商有量的父母

用平等的态度与孩子沟通

生活中，很多父母都爱用自己的思维方式去分析孩子的行为，孩子稍有错误，便开始用高姿态教育孩子，对孩子横加指责，发出各种指令，却很少去考虑孩子内心的真实想法。尤其是当孩子的想法和自己的想法有冲突时，父母就表现出对孩子的强烈失望，之后可能完全不顾孩子的意愿和感受，强迫孩子按自己的想法行事。这种做法是不正确的。

事实表明，父母在和孩子说话时采用居高临下的姿态，结果会适得其反，孩子不仅不会听话，反而会产生逆反心理。

因此，父母需要转变说话的态度，不要总是以教训和责备的口吻同孩子交谈，更不要总是把作为长辈的面子放在前面，而应当放低姿态，站在和孩子一样的高度，以对待朋友的态度和孩子交流。这样孩子才能感受到平等，觉得自尊心受到尊重，愿意和父母建立友好的关系，并主动向父母敞开心扉。只有父母了解孩子的想法，才能对症下药，采取适当的教育手段，使孩子接受自己的意见。

一天，邓艳接到儿子班主任的一个电话，说儿子因为在学校和同学打架被留了下来，需要家长去学校领人。邓艳一听，当时就怒气冲天，决定要狠狠地教训儿子一顿。

可是在去学校的路上，邓艳突然有了一个想法：我将儿子打一顿，数落一顿，难道就能保证有效果，使他以后都不再打架了吗？这不太可能。这个念头出现后，直到见了儿子，邓艳都克制着自己，没发作，最后平静地把儿子带回了家。

回家后，邓艳先是耐心地给儿子的伤口贴上创可贴，然后给儿子做了他喜欢的菜，儿子一直没等来她的发作。等到吃完饭，邓艳才看着儿子，说出了自己对他的担心，说自己接到老师的电话后就希望他能早些回家。儿子听着妈妈真挚的话，慢慢哽咽了，随后大哭着扑倒在妈妈的怀里，直说自己做错了，以后都不和同学打架，不让妈妈担心了。

听到儿子的承诺，邓艳会心地笑了。

邓艳在思考之后，没有对孩子进行责罚，只是说出了自己的担心，这让孩子感受到妈妈对自己的尊重和自己与妈妈之间在地位上的平等，所以他对妈妈做出了承诺。

"蹲下来"和孩子说话，不居高临下，这能有效增强孩子的独立意识。

父母要学会耐心倾听孩子的想法，无论这些想法听起来有多幼稚，都要让孩子尽情倾诉。倾听的同时，也要多引导性地问一些为什么，以便更深入地了解孩子，如"你为什么会产生这种想法呢""你为什么会觉得自己的想法很有道理呀""你为什么不赞同爸爸妈妈的观点"，等等。

父母只要做到倾听和引导，和孩子的沟通就会越来越多，越来越顺畅，对孩子的教育也会越来越容易，同时与孩子的关系也会得到改善，家庭氛围会越来越和睦。

可是有时候，虽然一些父母很愿意用尊重、平等的态度与孩子沟通，却苦于没有恰当的方法。下面是一些教育专家的意见，不妨拿来参考：

（1）不要使用过激的语言

父母与子女交流时，千万不要使用过激的语言，否则会伤害孩子的心灵，引起孩子的叛逆。如果父母的情绪很激动，不妨先冷静一段时间，等情绪平静下来再与孩子沟通。

（2）跟孩子说话要简单直接

有些父母对孩子真的是苦口婆心，一心想要教育好孩子，可很多时候效果并不理想。在和孩子沟通的时候，父母可能自我感觉已经做到了平等，因为他们常用自己儿时的事来激励、督促孩子——只要和孩子交流，必然扯到自己的童年，然后就是一大串的会议式说教，这其实是父母的独白，而非真正的交流。孩子一开始还会听一下，越到后面越抗拒这种独白。所以，父母与孩子说话，应该简单直接，不要总拿自己的童年经历说事。

（3）语言一定要发自真心

父母和孩子交流时，态度要和善，语言要真诚，千万不能脱离实际。

（4）让孩子参与家庭事务

让孩子参与家庭事务，允许孩子提出自己的意见，不管最后是否采纳孩子的意见，至少让孩子感受到来自父母的尊重，体会到自己是家庭的一员，是家中不可缺少的一分子。

尊重，是和孩子对话的前提

父母经常会在与孩子对话后感到失望，因为这场对话毫无意义。比如："你今天都干什么了？""出去了。""去做什么了？""没做什么。"那些很想和孩子讲道理的父母很快发现这样会让人疲乏不堪，正如一个母亲所说："我很努力地和孩子讲道理，讲到口干舌燥，但他依然听不进去，只有我在提高嗓门时，他才有点儿反应。"

孩子通常不愿意和父母交流，他们讨厌斥责，讨厌唠叨，讨厌没完没了的说教，他们觉得父母的话实在太多了。9 岁的小晨对他的妈妈说："为什么每当我向你问问题时，你都要对我讲话讲上半个小时？"他对朋友倾诉说："我什么事都不想对我妈妈说，要是跟她说了，我就没有休息时间了。"

一位研究者曾对一对母子间的谈话内容感到惊奇，因为他们两个人从头到尾都没有听对方说话，他们的谈话更像两段独白，一段全是指责和命令，另一段则满是否认和辩白。造成这种结果的原因不是他们之间缺乏爱，而是缺乏尊重；不是他们缺乏智慧，而是缺乏沟通的技巧。

父母要想和孩子进行有意义的沟通，就必须学会以尊重为前提来和孩子对话。

另外，一定要有技巧地沟通：要同时照顾双方的自尊；谈话的内容从表达理解开始，之后再提出恰当并较易被孩子接受的建议或意见。

8 岁的小泽满含怨气地冲进了家门，今天本来是全班外出春游的日子，结果因为下雨不得不取消了。他的父亲知道这件事后，打算换一种方式应对。以前他常常会说一些让事情变得更加糟糕的话，例如："天气不会因为你的气恼而转晴的。""又不是我让老天下雨的，你为什么冲我发脾气?"

但是，小泽的父亲这次并没有那样说，他暗自思忖：儿子春游的愿望落空，因此很失望，并用怒气向我表现他的这种失望，只要让他感受到我很理解和尊重他的感受，我就能缓解他的情绪。于是他对小泽说："看得出来你很失望。"

小泽："我当然很失望了。"

父亲："你已经将一切都准备就绪，然而天公不作美。"

小泽："没错，正是如此。"

这时，两人都沉默了片刻，接着小泽说："不过，以后还有机会的。"他的情绪看上去好多了，在后来的时间里，他都十分平和。从前，只要小泽怒气冲天地回到家，全家人都会心烦，因为他会将怒气发泄到所有人身上，直到他睡着了，家里才能太平。

这个方法有什么独特的地方呢? 它在何处发挥了作用呢?

当孩子的情绪过激时，任何人的话他们都听不进去。他们不会接受任何意见或安慰，也无法接受任何建设性的批评。此时此刻他们想要的是自己的想法和心情能够被理解，而且他们希望自己的遭遇或情绪在不完全透露的情况下，也能被理解或推测出来。

如果一个孩子向我们诉说委屈："老师冤枉我了。"我们无须过问缘由，也不必说："如果老师冤枉了你，那你肯定干了什么。所以你到底干了什么?"我们要做的是让他感受到，我们很理解他的伤心、沮丧和气恼。

9岁的安娜放学回到家后，气冲冲地对妈妈说："明天我不去上学了!"

妈妈："你看上去很生气，能告诉我发生什么事了吗?"

安娜："老师批评我了，但这件事并不是我的错，她一点儿也不了解情况，就批评了我。"

妈妈："没有问你事情的前因后果吗? 难怪你这么生气呢!"

安娜的妈妈并未对此妄下评论。因为她明白，让女儿怒气全消的最好办法就是带着理解和同情跟她说话。

还有一个例子:

10岁的陈杰愁眉苦脸地从学校回来，他抱怨说："今天老师惩罚了我们所有人。"

妈妈："为什么呢?"

陈杰："有一个调皮的学生把老师的书撕了，老师不知道是谁干的，于是就罚全班人抄写。"

妈妈："没做错事也要跟着受罚，难怪你这么难过。"

　　陈杰："但是我跟老师说：'老师，我相信你能找到那个做错事的学生，所以你不必惩罚全班的人。'"

　　妈妈："天哪，一个10岁的孩子竟然能够帮助老师认识到，由于极少部分人的违纪行为而惩罚所有人是不公平的！"

　　陈杰："我的话并没有起到什么作用，但至少她看起来没那么气愤了。"

　　妈妈："哦，你没能改变她的决定，不过你确实改变了她的情绪。"

　　由此可见，陈杰的妈妈是通过认真地聆听并尊重儿子的感觉，认同他的想法，对他试图解决问题的行为表示赞赏，一步步帮助儿子平息怒气的。

　　我们要如何了解孩子的心情呢？首先我们应当注视他们，倾听他们的想法，还要将心比心。我们要体会孩子所遭遇的这件事带给他失望、难过，并且要让孩子知道我们理解他的感受。以下表达均可发挥一定的作用：

　　"那确实很令人尴尬。"

　　"那一定让你很愤怒。"

　　"那时你对老师一定很气恼。"

　　"那一定让你很伤心。"

　　"对你来说今天过得真不愉快。"

　　可惜的是，当面对孩子不当的行为时，大多数家长意识不到这是情绪不安所造成的，纠正他们行为的前提是缓解他们的情绪。

　　一天，小林的妈妈下班回到家，还没来得及换鞋，小林就从卧室冲了出来，开始向妈妈抱怨他的老师："语文老师对我真是太苛刻了，她竟然要求我在明天早晨之前，背诵两首诗歌，写完一篇 400 字的作文，这怎么可能呢？我还有其他作业没有完成呢。她明天一定会当众大声批评我，她一定讨厌死我了！"

工作一天后已经身心俱疲的妈妈听到儿子的抱怨，立马失去了冷静，冲小林喊道："我的老板和你的老师一样可恶，但是我有抱怨过吗？怪不得老师对你这么严厉，因为你总是不能按时交作业，你就是不把心思用在学习上，不要再抱怨了，立刻去做作业，否则你永远也写不完。"

妈妈冲小林发完火后，小林愤愤不平地跑回自己的房间，锁上了房门。妈妈看到小林的反应突然清醒过来，感到有些懊悔。可是孩子的抱怨实在令她不堪忍受，此时的她不知该如何是好。

如果小林没有抱怨，而是心平气和地向妈妈诉说自己的真实感受，那么就不会发生这件不愉快的事了。他原本可以这样说："妈妈，我很害怕完不成作业，我必须背诵两首诗歌并完成一篇 400 字的作文，但是我很心烦，精神也不能集中。"而如果他的妈妈能对儿子表示理解和同情，承认他的困境，情况也会好很多，比如她可以这么说："原来你担心自己完不成作业，难怪你这么着急呢。"

然而，大多数情况下，无论是父母还是孩子，都没能放平心态向对方倾诉衷肠。

当孩子身处困境时，他们往往会发怒，并迁怒于他人，而这也是父母向孩子发火的起因。父母对孩子一番责备后，又会后悔自己脱口而出的话，而问题依旧没有得到解决。

如果让孩子说出自己的感受很困难，那么父母应当主动努力理解他们负面情绪背后所隐藏的伤心、失落和无助。父母不应只对孩子的举动予以回应，而应将更多的注意力放在他们的情绪上，帮助他们脱离困境。只有当孩子冷静下来时，他们才能正确地思考，做出正确的举动。

"你的想法是错误的"，这句话并不能使孩子的情绪得到缓解，父母试图说服他们"你没有理由这么做"也是毫无作用的。强行制止并不能减弱或平息他们的负面情绪，父母应当理解和同情自己的孩子，并接受他们的想法。

语言的力量是强大的，它既可以制造麻烦，也可以制造快乐。如果父母希望和孩子和谐共处，就要尊重孩子，且注意说话的方式。

孩子最烦"下命令"

亲子沟通中父母最常犯的一个错误就是：下命令。

孩子想拿一样东西，父母会严厉禁止："不许拿。"孩子想做某件事，父母会严厉禁止："不准做。""不许""不准""不可以"，这些已经成为父母对孩子最常说的话，但父母没有意识到，这种命令的语气对教育孩子是没有益处的。

孩子生来就是独立的人，与父母更是平等的关系，总想着命令孩子，是不尊重孩子的表现，导致的直接后果就是孩子的反抗，严重者还会出现逆反心理，出现事事与父母"对着干"的现象。

除此之外，父母经常命令孩子，让孩子处于被动服从的地位，久而久之，孩子的性格就会偏于懦弱，过分依赖父母，缺乏主动性。

美国精神病学家威廉·哥德法勃就曾说过："教育孩子最重要的，是要把孩子当成与自己平等的人，给他们以无限的关爱。"

章芬今年 16 岁，是一名高中生，一天放学后，她和几个女同学去吃饭唱歌，没有和父母说。

章芬的爸爸妈妈一直等着女儿回家，眼看时间越来越晚，两人都很着急。将近11点的时候，章芬回家了。刚进门，爸爸就生气地说："怎么才回来？以后不准这么晚回家，听没听到？"

章芬看到爸爸的态度，立马就顶了回去："我都这么大了，不用你管！"说完就冲进了房间，锁上了房门。

爸爸越想越生气，想找女儿继续理论，最后被妻子拦住，劝回了房间。

过了一会儿后，妈妈轻轻敲了敲女儿的房门。章芬给妈妈开了门。

妈妈看着气鼓鼓的女儿说："我和你爸爸从8点开始就一直站在窗边，几次看外面都没有你的身影。我们知道你长大了，有自己的事情，我们不是想干涉，只是有些担心而已。而且你还是女孩，天黑之后外面实在不安全，你也没告诉我们今天会回来这么晚，我真害怕你会在路上遇到危险。"

听妈妈这么说，章芬也消了气，和妈妈解释说："我一个同学今天过生日，所以我们几个女同学一起去吃饭，给她庆祝生日，之后又去唱歌，就回来晚了。我知道没有对你们说是我不对，刚进来时也想道歉的，但爸爸上来就那样说，听着让人很生气。"

妈妈说："嗯，你爸爸的话是有些重了，不过也是因为担心你。"

章芬说："嗯，我答应你，以后尽量早回家，如果有事一定和你们说。"

案例中的爸爸之所以没有达到劝诫女儿的目的，就是因为他倾向于"下命令"，而没有学会平等地和女儿交谈。与爸爸相比，妈妈的沟通方式就很有效，因为她既尊重了女儿，又让女儿理解了他们的心情。

平等和尊重是家庭教育中最重要的原则，而尊重最直接的体现就是不对孩子呼来喝去。只有父母不摆架子，不命令孩子，孩子才能真正感到被尊重。

其实，父母命令孩子的目的无非是想让孩子听话，但事实证明，下命令孩子也不一定会听。换言之，命令的威慑力其实并没有那么强大，孩子可能一时会被呵斥住，但内心不会屈服，难保以后能一直听从父母的话。

所以，与其命令孩子，不如学会平等地和孩子对话。

那么，父母应该怎样改正命令孩子的习惯，与孩子平等交流呢？以下方法值得参考：

（1）用积极暗示取代直接命令

在管教孩子时，父母要尽量避免使用命令的语言，可以尝试用积极的暗示去纠正孩子的不良习惯。

美美和妈妈在院子里玩，妈妈看见美美从水沟里捡起一个洋娃娃。洋娃娃已经破烂不堪，而且脏兮兮的，闻着还很臭。妈妈当时很想说"赶快扔掉它"，但以往的经验告诉她，这样说孩子是不会听的。

于是妈妈蹲下来，看着美美手里的洋娃娃，对她说："美美，你看这个洋娃娃好脏啊！而且味道很难闻，我们洗洗手，去屋子里找一个漂漂亮亮、干干净净的洋娃娃，好不好?"

妈妈一说完，美美就扔掉了手里的洋娃娃，然后跟着妈妈进屋了。

案例中的妈妈没有采用直接命令的方式，而是通过暗示让女儿知道这个脏兮兮的洋娃娃不能要，最后让女儿乖乖丢掉了脏娃娃。

由此可见，积极的暗示比命令更有效，商量的语气和温柔的话语更容易被孩子接受。

（2）为自己的话留下回旋的余地

父母对孩子说话时，一定要注意留下回旋的余地，而命令式的语言基本上没有回旋的余地。比如，父母想让孩子洗手吃饭，于是大声命令说："你快点儿去洗手，过来吃饭。"但孩子听见后依旧在玩，父母这时除了重复之前的话，很难再改口。

总而言之，父母要改正"下命令"的语言习惯，好好和孩子说话，偶尔，对孩子也不妨"客气"一些，让孩子感受到被尊重。

向孩子道歉，并不有损父母的威严

生活中经常能见到这样的父母，分明是自己的错，却冤枉或者迁怒孩子，有的还误导孩子。这种做法其实违背了做人的基本原则，更是教育孩子的大忌。次数一多，父母必然失去在孩子心中的地位，更别说教育孩子了。

在家庭教育中，父母若是从不在孩子面前承认自己的过失或缺点，孩子便会形成爸爸妈妈"总说自己正确但其实总是出错"的概念，时间久了，父母对孩子的正确教诲也会被孩子抛到脑后。当然，假如父母对孩子做错了事，能立即郑重地向孩子道歉，孩子也就不会感到承认错误是可耻的，无形中也就提高了分辨是非的能力。

古今中外，有很多敢于向孩子承认错误的父母，下面就来看一看卡哈的故事：

西班牙著名神经组织学家卡哈年少时很聪明也很调皮，他在 13 岁的时候就用所学知识造了一门"真"的大炮。炮弹发射后伤了邻居家的孩子，这可闯了大祸，卡哈受到了罚款和拘留的惩罚。当他走出拘留所后，被身为外科医生且通过刻苦自修成为萨拉大学应用解剖学教授的父亲大骂了一顿。父亲还责令他停止学业，去学修补鞋子。一段时间后，父亲越来越感到自己对卡哈的处罚过于严厉。所以，在事情过去一年后，父亲亲自去修鞋铺把卡哈接了回来，搂着卡哈深情地说："孩子，我不应该因为你闯了一次祸便中断你的学业，对不起，我做得很不对。从今天起，你就在我身边学习吧，你一定会大有作为的！"

卡哈感受到了父亲真诚的歉意，且经过一年的工作锻炼，他也认识到了自己的错误，于是高兴地答应了。回到父亲身边以后，他便潜心学习骨骼学。多年后，卡哈终于成为举世瞩目的神经组织学家，并于1906年荣获了诺贝尔生物学和医学奖。

在我国，也有很多有识之士勇于向孩子道歉，比如著名诗人、民主战士闻一多。

有一次，闻一多因为心烦，一时失手打了还不懂事的小女儿，在外屋的次子看到父亲的不当举动，推门进来，指出父亲不该打小妹，且郑重其事地说："你自己就是搞民主运动的，每天讲民主，怎么在家里就动手打人呢？"

闻一多愣了一下，静坐沉思了一会儿后，来到女儿面前，郑重地说："我错了，不该打你，我小时候父母就是用这样的方法管教我的，所以我也用了同样的办法来对待你。希望你记住，以后不要再用这样的方法管教你的孩子。"

这样的道歉，无疑会提高父亲在孩子心中的地位，使父亲的形象显得特别高大！

父母犯错后，应当大方地向孩子承认自己的错误，并向孩子"道歉"，这对父母和孩子来说都是有益的。那么，父母在认错时需要注意哪些事项呢？

（1）表明决心

父母要和孩子进行深入交流，勇敢承认自己做错了事，更为重要的是，一定要向孩子表明改正错误的决心，让孩子切实感受到自己的痛悔之情和改过之意。

（2）真诚接受孩子的批评

有的孩子在父母承认错误时会说一些怨恨的话或者批评父母，这时候，父母千万不要责备孩子，要真诚地接受孩子的批评。孩子看到父母真心认错，就会原谅父母。

（3）请孩子监督

在持续改正错误的过程中，父母可以诚恳地请孩子做自己的监督人。这一点特别重要，因为这可以让孩子意识到自己承担的责任，使孩子更快地成长起来。

02

PART TWO

第二章

软化语言，让『说教』更动听

沟通，要懂得将问题具体化

相信很多家长都遇到过这种问题：事情的道理说得明明白白，而且非常有哲理性，可是孩子就是不服气，自己完全没办法。

有的家长还有过这种体会，就是有时候和自己的孩子说话感觉"驴唇不对马嘴"。孩子因为认知能力有限，不能正确领会父母的意思。父母却对孩子的说法不屑一顾，认为他们完全是"乱弹琴"。而当父母想要和孩子好好交流时，孩子却表现得漫不经心。

对于以上两种情况，一些心理学家提供了解决方法：很多事情没必要让孩子心服口服，只要"口服"就足够了；不能强求孩子从心里接受他难以理解的东西，允许他提出自己的质疑和意见。事实上，仅仅做到这些是不够的。孩子不同于成人，他们的人生阅历不够，对事物的认识浅薄，往往思想单纯，不愿意听空洞、深奥的说教，也难以理解这些。因此，想要实现有效的沟通，父母就应该懂得把问题具体化。

那么，如何做到将沟通具体化？

（1）父母要学会设计启发式问题

心理学上有一个概念叫"对立违抗"，它主要讲的是"孩子会把最亲近的人当作攻击目标"。为了应对这种情况，家长可以参考以下两点解决办法：第一，仔细思考孩子能够接受哪些东西，不能接受哪些东西，在沟通之前权衡好利弊。第二，家长要学会用疑问的形式和孩子对话，尽量在沟通中设计一些有意义的问题。不少专家认为，提问是一种非常高级的交流形式，它不仅可以迅速提高孩子的沟通能力，还可以训练孩子的思考能力和反应能力。家长在提问的过程中，尽量带着鼓励的语句，便于提高孩子的积极性。

（2）沟通要涉及实质内容，帮助孩子规划人生目标

很多家长都喜欢语重心长地和孩子说话，可是说出来的话空洞且没有实质内容，比如："你可要认真学习呀！"这样的沟通方式显然是错误的，很难对孩子产生良好的效果，而且也不利于孩子的成长。因为这样的话可操作性不强，没有任何具体的方向。孩子的身心发育不够成熟，不明确自己应该做哪些事。即便父母告诉孩子具体该做什么，他们也可能因为自控力不足，无法做成那些事。由于没有达到目标，孩子反而容易产生紧张不安的情绪。

云芝今年13岁了，正在读初一。她外向开朗，而且学习很好，班里的同学都喜欢和她一起玩，说她是一个开心果，不管到哪里都能制造出欢乐。可是云芝在家里特别安静，要是父母不主动跟她聊天，她可以一整天都不说话。妈妈偶尔说几句话，她都觉得很不耐烦，嘴里嘟囔着"别再啰唆了"

— 21 —

一类的话。云芝的父母非常困惑，他们不清楚究竟做错了什么，让女儿这样反感。后来，云芝总算说出了在家里表现得很安静的原因，她觉得父母的话单调而且没有新意。在她看来，父母反反复复就只有5句话："好好吃早餐，不然学习没力气。""骑自行车过马路要注意安全。""上课一定要认真听讲。""好好跟同学相处。""放学后不要乱跑，早一点儿回家。"家长每天重复着5句话，怪不得云芝会感到厌烦，逐渐在家里沉默寡言。

任何家长都非常关心自己的孩子，不停地叮嘱孩子该做什么事，不该做什么事，唯恐他们犯错。家长可以关心孩子，但是表达关心的话语不要千篇一律，否则很容易让孩子厌烦，甚至变得叛逆起来。所以，家长在和孩子沟通时应该将问题具体化，应该用心和孩子交流，了解孩子究竟喜欢什么样的交流形式。只有充分了解自己的孩子，才能更好地帮助他们规划人生，给他们制定合适的目标，让他们每一步都体会到成功的乐趣。

（3）沟通要根据孩子的性格，用孩子易接受的语言

不同的孩子拥有不同的性格特征，有的孩子活泼开朗，有的孩子文静乖巧。家长应该懂得"对症下药"，根据孩子的性格特征选择对应的沟通方式，这样做可以降低他们的反感，达到想要的效果。

委婉拒绝，不伤孩子心

随着独生子女的增多，家长对子女娇惯纵容的现象也不断增加。被众星捧月哄出来的孩子通常有着"小公主""小少爷"的属性，他们说话、行事喜欢以自我为中心，会跟家长提很多不合理的要求，而这些不合理的要求主要体现在以下两个方面：

（1）要求的内容过多

孩子原本就有一支水枪，可是看见摊位上新的水枪，还要求大人再买一个；某天看到别的小朋友在玩新式水枪，又想再买一个。这是典型的欲求过分。

（2）要求需要立即被满足

很多任性的孩子，不管任何时候、任何地点，想要什么东西，家长必须立即满足他，否则就会又哭又闹，不依不饶。

其实，孩子出现这样刁蛮任性的行为习惯，最根本的原因还在于家长，是家长的"有求必应"滋长了孩子的欲望。许多父母十分溺爱孩子，不管孩子要什么，他都无条件立即给予，这样一旦某天孩子的欲望无法满足，他们就会用哭闹表示自己的抗议。但家长却没有意识到，溺爱其实是把软刀子，会戕害孩子。任性骄横的孩子自我控制能力很差，而孩子一旦缺乏这种能力，将来遇到挫折的时候，其容忍力和超越力只会为零。所以，我们说溺爱不是爱，而是戕害。

苏联著名教育家苏霍姆林斯基曾说过这样的话："孩子一高兴，父母就高兴，越往后，孩子就越认为自己的行为合理。假如孩子的行为表现只受他的欲望驱使，那么他就会对生活产生异常狂妄的要求，而对自己却没有丝毫的要求，长此以往，他就会成长为一个贪得无厌、为非作歹的恶人。"

由此可见，父母的溺爱和娇惯是孩子"欲求过分"的主要原因。所以为人父母，要想让自己的孩子在今后的人生之路上走得更好，就得有意识地拒绝孩子的过分要求。儿童教育家帕特里夏·埃斯特斯说："适当地拒绝孩子十分重要，即使你是完全可以满足他的。必须让孩子明白，不是想要什么就能得到什么。"这位专家告诉我们，即便孩子的要求正当合理，父母也不一定都要全部满足，给孩子适当的"挫折教育"，才更有利于其今后的发展。

当然，拒绝孩子也是讲究方式方法的。孩子本就弱小，很多事情都得依靠父母，如果父母直接简单粗暴地拒绝孩子，无法给孩子带来安全感。所以明智的父母会通过正确科学的方式拒绝孩子过分的要求。

（1）不合理的要求要提前告知孩子

要想杜绝孩子不合理的要求，首先得让他知道何为"不合理"。比如，带孩子去超市，事先要跟他说明花销的范围，超过某个范围，均被视为不合理的要求。有了这样的规定，孩子要买什么，肯定会事先在心里掂量掂量，然后根据自身的经济状况购买。这种将不合理要求扼杀在萌芽状态的做法非常值得大家学习和借鉴。

当然，就算有这样的规定，孩子有的时候还是会控制不住自己的行为，碰到自己喜欢的东西会哭闹，以此要求你满足他的愿望。遇到这种情况，有经验的父母通常会采用转移注意力的方法，将孩子的目光转移到别的地方去。

（2）给孩子讲明拒绝的理由

拒绝孩子不合理的要求时，父母不仅要态度坚定，还要给他讲清楚拒绝的原因，让孩子认识到父母的难处，这样不仅可以让孩子学着克制自己的欲望，而且还有助于培养孩子的同理心。

一位小男孩某天出门，看见街边的小摊上摆着一辆十分漂亮的小汽车，于是要求爸爸给他买。爸爸严肃地摇了摇头，语气坚定地说道："这个不可以买了，咱们家已经有一抽屉的小汽车了，买了那么多的小汽车，爸爸已经没那么多钱了，而且这个小汽车和上次姑姑送的那个几乎一样，所以没必要再买一辆相似的汽车了。"

事例中的爸爸语气坚定，而且拒绝得有理有据。当孩子明确了爸爸拒绝的原因之后，就不会再提类似的要求了。

（3）对于孩子的哭闹"冷眼旁观"

孩子的哭闹往往是把控父母的一把利器，如果父母一时心软，抵挡不住，就会把孩子慢慢推向任性和自私自利的边缘，而且父母自己也会身陷不断给予的桎梏当中难以自拔。

有这样一个例子：

佳慧指着超市货架上的几个巧克力，一边哭着，一边扯着嗓子大喊："我要这个，我就要这个!"她的妈妈不答应，她就一边大喊，一边躺在地上打滚。看着佳慧的动静越闹越大，而围观的人群也越来越多，妈妈最后只得按照女儿的要求买了巧克力。

在我们的生活中，和佳慧妈妈做法相似的家长有很多，他们迫于孩子的死缠硬磨、路人异样的眼神只能乖乖投降。于是孩子的坏习惯就在这样一次次的迁就中慢慢养成了。当然，还有一些情况是这样的：对于孩子的要求，家长无法达成一致意见，有的是爸爸拒绝买，妈妈支持买；还有的是爸妈拒绝买，而爷爷奶奶为了疼孙子孙女，私下满足孩子的要求，这样不仅会造成孩子心理的失衡，还会滋长他们的任性。

所以，明智的父母一定不能屈从于孩子不合理的要求。哪怕孩子再哭再闹，家长也要学会冷处理。当然，拒绝孩子的无理要求，仅仅靠冷处理是远远不够的，父母还应该搞清楚孩子提无理要求的原因。很多时候，孩子要某个东西，并不是他真的需要，而是攀比心在作祟。所以这个时候，家长就得先引导其树立正确的消费观，这样才能从根本上杜绝其不合理要求的出现。

晚饭过后，牛牛坐在沙发上看电视，看着看着，电视上突然出现了一则棒棒糖的广告，这时候牛牛看着五颜六色的棒棒糖，迫不及待地对爸爸喊："爸爸，我要吃棒棒糖，你赶紧给我买去！"

爸爸说："不行，你昨天才吃过，今天不能再吃了。"

"不行！不行！我就要吃！"牛牛晃着小脑袋，一个劲儿地说道。

"牛牛得听话啊！常吃糖，牙齿里会长虫子的，咱们换个东西吃好不好？你看，冰箱里有妈妈买的牛奶，牛牛可以喝那个。"

"我就是要吃棒棒糖，就要吃，你赶紧去买啊！"牛牛开始哭闹起来。

妈妈看牛牛闹得比较凶，于是无奈地和爸爸商量着是否要满足孩子的愿望。

但是理智的爸爸不为所动，他语气坚定地告诉妈妈："你让他哭，不要理他！"

后来，妈妈回自己的房间看书去了，而爸爸依旧稳坐在沙发上看着手机。牛牛趴在沙发上哭闹了一会儿，见没人理他，于是偷偷地从手指缝里观察了一下。但是，爸爸妈妈似乎根本没有来安慰他的意思。

过了好长时间，牛牛哭累了，于是自己无趣地坐在沙发上继续看电视去了。

在上面这则案例中，爸爸妈妈的做法非常理智，他们面对孩子不合理的要求，坚决地予以抵制，这就大大消灭了牛牛的"嚣张气焰"，牛牛看哭闹无用，于是只得收手作罢。

　　另外，值得注意的是，父母在拒绝孩子要求时，如果还应允了孩子其他的条件，那就一定要按时兑现，因为家长如果言而无信的话，以后在孩子面前就没有什么威信可言了，没了威信的父母自然也管不了自己的孩子。

孩子，也求"夸"

爱听表扬的话是人类的天性，孩子尤其如此。父母善于并乐于表扬孩子，会让亲子关系更亲密，孩子的自信心也会增强。那么，父母还有什么理由吝惜自己的赞美呢？与赞美产生的效用相比，几句话的成本真的是微不足道。

一天傍晚，刚上初一的小特"郑重"地在晚饭前向父母宣布："明天我不去上学了！"他的父母吓了一跳，赶紧问他出了什么事。小特说："我早就不想去了，老师讨厌我，同学们疏远我，上学就是活受罪。爸爸，我跟你一起去看店吧，我保证不偷懒。"爸爸不由得啼笑皆非："臭小子，别胡说了，你现在退学就算半个文盲，我的店让你看肯定完蛋了。"原来，小特升入初中之后，渐渐发现成绩跟不上了，他又比较淘气，所以在班级里不太受欢迎。时间一长，他也不愿意与老师、同学交流了，因此产生了厌学情绪。

爸爸妈妈连哄带吓，小特终于同意继续去上学。妈妈在公司里心神不宁，于是在午休时间请教了一个学心理学的同学，问他自己儿子的事该怎么处理。同学在电话里语气很轻松，并告诉她这个问题不难解决，"药方"他会发到她微信上。刚挂了电话，妈妈的微信就收到了同学的消息，只有一行字："你的儿子急需表扬，连续表扬一个星期，他的"症状"就会大大改善。"

妈妈对这个奇怪的"药方"将信将疑：儿子学习成绩差，还不听话，该表扬他什么呢？她把这个疑惑告诉了同学，同学立即回复："试试看吧。只要你细心去观察，肯定能找到他的优点的。同时，我建议你去找小特的班主任，你们一起试一试这个方法，效果会加倍。"

小特的妈妈立刻让丈夫暂时关店，到学校与儿子的班主任李老师详谈了一次（当然没让小特看到），李老师同意配合。第二天下午，李老师留下小特，说："听说你会画画，我看你字写得也不错，耽误你几分钟帮我把班训写到黑板报上吧。"于是把拟定好的班训给了小特，让他自己设计图案。班训不长，小特在李老师的授意下把黑板报上的一首小诗擦掉，工工整整地写上班训，又在四周画上淡雅、清新的小花作为装饰。李老师非常满意，竖起了大拇指："做得不错。"小特升入初中以来第一次觉得班主任这么可爱。回到家里，妈妈也夸他把房间收拾得很干净。第三天中午，班长和几个同学主动约他踢足球，小特大显身手，连进三球，大家才知道他足球踢得这么好，纷纷赞不绝口……

这天晚上，妈妈看到儿子满脸堆笑地回了家，开玩笑地问："明天还去不去上学了？"小特笑着说："去，大家还让我申请进学校的足球队呢，我们要一起练球。"渐渐地，小特在学校越来越开心，成绩也有了提高。

妈妈、老师和同学的一顶顶"高帽"，让一个厌学的孩子迅速成了好孩子。可见，对于孩子来说，赞美确实就像阳光一样，能够促使孩子形成积极的自我认知，避免出现自卑、孤僻、厌学等不良情绪。

不过，很多中国的父母在夸奖孩子方面非常"吝啬"。即使孩子再优秀，也很少对孩子进行称赞。例如，孩子考了97分，父母会问他为什么考不了满分；孩子考了满分，父母又会问满分的有几个，当得知不止一个人考满分时，父母会说："别得意啊，又不是你一个人得到了100分！"就算只有孩子自己得了满分，父母也会说："考一次满分没什么了不起的。"与中国的父母形成鲜明对比的是，西方国家的父母夸奖起孩子来非常"大方"，总是把"棒极了""太好了""干得漂亮"挂在嘴上。即使孩子做得一般，他们也不会吝惜自己的"高帽"。我们无法判断中西方父母这两种行为的优劣，因为吝于表扬可能会损害孩子的积极性，但正因如此才能让罕见的表扬显得弥足珍贵，产生强大促进力；总把表扬的话挂在嘴上会让表扬变得廉价，起不到多少鼓励的作用，但是孩子也因此不会轻易产生消沉的心理。不过有一点可以肯定的是，中国的家长对孩子的教育更加重视。社会竞争日益激烈，每一位中国父母都会"恨铁不成钢"，教孩子学习时仿佛在"打仗"，很难有好的情绪和心情去赞美孩子。他们的初衷当然是好的，但不一定能得到孩子的理解。在孩子眼里，无论自己多优秀，爸爸妈妈都是一副理所应当的样子，对自己的态度与平常没什么两样，孩子继续努力的积极性会大受打击。

一项调查显示：成年后总是信心满满的人往往从小就时常得到父母的赞美；而那些无论做什么事都畏首畏尾、缺乏自信的人，恰恰是从小就被父母批评、打击的人。

父母的鼓励和夸奖对于孩子的成长如此重要，可见父母们很有必要给孩子戴戴"高帽"，让他更有动力地走向未来！

批评比表扬还要高深

　　人生在世，批评几乎无处不在。上学的时候，因为做错题要遭到老师的批评；上班后，因为工作出现纰漏，要挨老板的训；外出应酬，因为做得不到位，别人要在背后偷偷地责怪你……总而言之，谁也不能保证自己永远不犯错，因此，受批评就在所难免了。对于批评，如果你虚心接受，那么就会获得很多进步的可能，如果你本能抗拒，那么你也许会变得故步自封，失去前进的动力。可以说，你对批评的态度决定了自己的人生。

　　但不管怎么说，成年人历经生活的风霜雨雪，心里早已建立了强大的免疫系统，面对批评，我们还是能自动消化，并且从中汲取对自身有利的元素。可是，少不更事的孩子们能吗？他们年纪尚小，判断是非的能力有限，面对突如其来的批评，很有可能就此滋生自卑心理，从此失去积极的精神牵引。

　　其实，要想让批评真正起到鞭策孩子的作用，妈妈们一定要避开以下几个雷区：

（1）根据自己的心情，随意向孩子发火

例如，孩子在厨房拿面团捏小乌龟，当你心情愉悦时，就会和蔼可亲地说："宝宝真是心灵手巧，捏得真好看!"但当你心情糟糕的时候，就会朝着孩子大喊："捏什么捏! 这样多浪费粮食啊! 你怎么这么不懂事呢?"

（2）不问缘由，乱批评孩子

孩子的考试成绩下滑了 20 分，妈妈既不问孩子此次试题的难度是否增强，也不关心孩子考试的时候精神状态是否正常，就不分青红皂白地一顿痛批。比如："你怎么这样? 考试成绩一次不如一次，真的让我很失望!"

（3）批评不挑时间和场合

孩子因为粗心做错了一道题，妈妈当着客人的面，一通责骂。比如："你到底长没长眼睛? 居然能把题目中的已知条件看错，真是没用!"

（4）批评时贴标签、翻旧账

孩子因为一时失误打碎了一个碗，妈妈就骂孩子笨手笨脚，然后还把孩子以前做过的错事一一拿出来数落。

（5）批评中带着威胁

孩子到了该睡的时间，迟迟不闭眼睛。妈妈哄得不耐烦了，就假装要把孩子扔出去的样子，狠狠地说："再不好好睡觉，我就把你扔出去，让狗咬你!"

（6）批评孩子时连打带骂

有些妈妈脾气暴躁，批评孩子一说话三瞪眼。如果自己情绪不佳的时候，有的妈妈还会边打边骂，比如："好你个小兔崽子，竟然敢自己偷偷地下河摸鱼，老娘今天非打断你的腿！"说着就是一顿噼里啪啦的乱揍。

（7）喋喋不休地批评

孩子哭着要穿新衣服，妈妈不允许，然后絮絮叨叨地说道："你这孩子怎么这么不懂事呢？都跟你说了，这衣服是让你过几天到舅舅家做客的时候穿的，你怎么现在就要穿呢？你能不能听听大人的话……"

以上这些批评方式都存在一定的不妥之处。很多妈妈尽管知道这一点，但脾气上来，就是控制不住自己，结果到最后起到了适得其反的效果。

其实，对于孩子所犯的错误，妈妈不必过度焦虑。不断犯错的过程其实就是成长的过程。妈妈只有认识到这一点，才能采用宽容的态度解决孩子的犯错问题。

在孩子犯错误的时候，宽容型的妈妈不会翻旧账，更不会把问题扩大，而是首先弄明白孩子犯错的原因，然后采取心理暗示等方法提醒孩子，从而给孩子一个改过自新的机会。但是，这些行为看起来都很简单，真正要做到并不容易。很多妈妈虽然头脑里保存着一些理智的批评方式，但是一遇到事情，就控制不住自己的情绪，直接破口大骂，比如："你这个笨蛋，怎么这么没用啊！都教了你多少遍了，还是不会算，真不知道你脑子里装的都是什么，难道是糨糊吗？"这样的话很伤孩子的自尊，这不仅不利于问题的解决，而且还会影响孩子健全人格的形成。

综上所述，我们可以得出一个结论：批评孩子也是一门艺术，只有把握好教育与爱的艺术，才能让孩子健康成长。正如我国著名教育家陶行知先生说过的一段话："在教育孩子时，批评比表扬还要高深，因为批评一定要讲究方法，这是一门艺术，你用得好，它就比表扬还有用。"

在经典的教育案例中，《陶行知四块糖》的故事广为流传：

陶行知在育才小学担任校长的时候碰到了这样一件事情：在校园里，学生王友用泥巴砸同班的一个同学，这时陶行知恰好从此处路过，看到了这一幕。于是他赶紧制止了王友，并令他放学后到校长室去。放学后，王友乖乖地站在了校长室的门口，低着头等着挨训。陶行知走过来后，从口袋里摸出了一块糖递给王友，并且告诉他，这块糖是奖励他按时到达这里的。王友惊讶地接过了糖果，然而让他意外的是，陶行知又递给他一块糖，并且温和地说："这第二块糖果也是奖给你的，因为我当时叫你不再打人，你立即住手了。"王友看着校长，脸上露出了疑惑不解的表情。这时陶行知又拿出了第三块糖果，并且把它塞在了王友的手里。看着王友不解的眼神，陶行知解释道："我调查过了，你用土块砸他，是因为他欺负女生，你砸他说明你很正直，所以应该奖励你。"王友听到这里感动得泪流满面，随即诚恳地说道："陶校长，你打我吧！我错了，我不该砸自己的同学！"陶行知看着王友的表现，满意地笑了，然后他又拿出了第四块糖果，说："为你能正确地认识错误，我再奖你一块糖果。"

就这样，陶行知既没用喋喋不休的大道理教育王友，也没有用狂风暴雨式的语言痛斥王友，而是采用春风细雨式的引导让王友切切实实地认识了自己的错误，从中我们不难体会陶行知先生的教育艺术。

在上述案例中，陶行知先生把批评的艺术发挥得淋漓尽致。刚开始，他担心当众批评王友会让他失了面子，于是把犯错的王友单独叫到办公室。后来，到了批评的环节，他也不是劈头盖脸地一顿臭骂，而是先采用表扬的方式让王友逐步认识到自己的问题所在。整个批评过程，王友心里没有委屈，更没有愤恨，有的只是做错事的愧疚，以及对校长的感激。这种听上去像表扬的批评，给了王友一种积极的暗示，引导他不断地朝着好的方向发展。这种教育方式值得每一位妈妈学习与借鉴。

一个刚刚初中毕业的男孩刘亮，回忆起自己与老师的相处，心里有说不出的遗憾。因为，毕业时，他的班主任兼语文老师告诉他："你为什么语文成绩就是上不去呢？我记得你刚刚升到初中的时候，有一次期末考试，有一道很难的阅读题，全班就你写对了。你的理解能力应该很强啊！"老师一提醒，刘亮突然想起来，当时老师在讲解那道题的时候，还特意让他站起来回答过问题，但是他不知道只有他一个人会做，老师从没有跟他说过这件事情，而他听得最多的就是"你的作业有很多问题"，这样的话让他渐渐对语文失去了兴趣。

相反，他对数学却非常钟爱。一次，他被老师叫到黑板上演算一道题，那天他把结果写错了，心里充满了自责。但是数学老师却在分析他写的算式时，夸奖道："刘亮同学思维很敏捷，每一步写得都很清楚，条理清晰，字迹工整，只不过要是再细心一点儿，把最后的这个得数计算正确，就更完美了。"

同样是批评，带着表扬的批评不会挫伤孩子对学习的积极性，而单纯的批评则会让孩子误以为自己一无是处，从而失去了改进的动力和信心。作为妈妈，如果能站在孩子的角度上想一想，先肯定孩子的优点，然后再点明孩子的不足，这样他的心里会好受很多。总而言之，批评孩子时若能佐以表扬和奖励，可以起到更好的教育效果。

03

PART THREE

第三章

苦口婆心，纠正孩子的坏毛病

不能"惯"任性的孩子

所谓任性，就是放任自己的性子，不加约束。不管自己的行为正确与否，都要去做。但是，一个人是无法让周围所有的人和物都无条件地配合他的，所以任性的孩子很容易碰钉子，撞到南墙。任性的孩子也往往难以适应环境，会因不被他人接受而陷入孤独。

有的家长对任性的孩子一味地迁就，结果后患无穷。如果真的爱孩子，就要树立科学的教育观念，掌握科学的教育方法，让孩子从小养成良好的性格以及行为习惯，免得因纵容孩子的一时任性，而在孩子的成长道路上埋下隐患。

近几年大学生杀人、抢劫、偷盗等违法犯罪事件屡见不鲜。一些很多人能够以平常心去处理的问题，却会引发正在接受高等教育的大学生犯罪，这究竟是什么原因？中国心理卫生协会王建中教授说："大学生中独生子女占绝大多数，在父母的呵护下生活一直都比较顺，自我定位不准，对挫折没有准备，一旦遇到比较大的事件，容易产生过激行为。"

因此，家长只有找出导致孩子任性的根源，才能有的放矢地帮助孩子摆脱任性的性格。一般来看，导致孩子任性的原因有以下三种：

（1）模仿别人的结果

在生活中，如果孩子不止一次看到其他小朋友任性而为后得到满意的结果，那么在他心中就很容易产生"会哭爱闹的孩子有糖吃"这样错误的观念，他就会模仿，学着任性。例如，亲人朋友欢聚一堂，其中有一个孩子对着家长使性子，结果孩子在家长的迁就下得到了满足。这个孩子就成了其他孩子的反面教材。其他孩子一找到合适的机会，就会模仿他的行为。此外，父母其中一方有明显的任性行为，也会对孩子造成影响。

（2）家长迁就的结果

有些家长对孩子百依百顺，过于娇惯。尽管孩子提出一些不合理的要求，家长也会因为孩子小，不懂事，而一味地迁就孩子。孩子见这一招屡试不爽，就慢慢地形成了思维和行为定式。比如在商店玩具柜台前，孩子要求家长买某一玩具，父母不答应，孩子就大发脾气，哭闹不止。于是碍于面子的家长只得满足孩子的愿望。这种任性的行为，就是家长以往迁就孩子的后果。

一对夫妇老来得子，所以对儿子泽泽十分溺爱，可以说泽泽是被父母捧在手心里长大的。

一次，泽泽看到一个小朋友手里拿着一架遥控飞机，便请求父母给自己也买一个一模一样的，父母立即就答应了。

遥控飞机买了没几天，泽泽又看到同学买了一个新款机器人，于是又和父母说想要，不出意外，这次泽泽又如愿以偿了。

从这以后，只要泽泽看到别的小朋友那里有好玩的玩具或好看的物件，就请求父母给他买，没过多久，他的玩具就堆成了小山，其中还有很多都是新的。

上了小学的泽泽，看到同学有手机，就让父母给他也买一个手机。父母觉得小学生用手机太早，又担心他会因此耽误学习，于是这次没有满足他的要求。泽泽愿望落空，满腹怨气，他不听父母的解释，开始闹绝食，还说不给他买手机就不去上学。

面对泽泽的百般任性，他的父母真不知如何是好。

案例中的小朋友泽泽的任性很显然就是父母惯出来的，所以说，父母不能放任孩子的任性，否则会严重影响孩子的性格。

（3）家长对孩子过度严厉，或是不知道尊重孩子

有的家长对孩子的要求十分苛刻，孩子达不到，就很容易产生逆反心理和抵抗行为，继而变得任性。还有的家长不懂得尊重孩子，经常对孩子施加棍棒教育，甚至当着外人的面打骂孩子。孩子为了挽回面子，就会做出反抗父母的任性行为。

太任性的危害小则让孩子成为不受欢迎的人，身心无法健康发展；大则让孩子由于易冲动而犯罪。

所以，家长一定要明确孩子任性的起因，对症下药，断绝孩子的任性行为。

如果孩子的任性是受他人影响，这时父母应及时对孩子进行教导，让孩子是非分明，认识到任性行为的错误，不去模仿。

如果是受父母的影响，这时父母应当及时反思，与孩子进行真诚的沟通，向孩子坦白自己行为的错误，告诉孩子不要模仿，并与孩子互相监督，一起改掉任性的坏毛病。

如果是父母迁就所致，这时父母就应当及时调整自己的迁就行为。首先，让孩子认识到任性的危害。其次，向孩子承认自己教育方法不当。然后，和孩子一起商量如何克服任性的坏毛病，并与孩子立下规矩。比如，父母必须在要求孩子做某件事时，提前说明原因；孩子可以对父母的要求提出异议，并说明理由；双方的想法有冲突时，可以求同存异，然后请其他长辈或者老师提供建议。

如果是家长太过严厉或不尊重孩子所致，这时家长就要纠正自己错误的教育观念，不再对孩子提出过于苛刻的要求，严慈并济，并注意保护孩子的自尊。除此之外，家长还要创造一个温馨和谐的家庭环境，让孩子有更多的话语权。

给暴躁的小恶魔"降降火"

孩子在成长过程中肯定有对父母发脾气的时候，这是很正常的。但是，如果有的孩子发脾气太过频繁，怒火也比其他孩子更大，到了暴躁的程度，而且无法做到最起码的自制、自控，那就不正常了。

孩子发怒的原因有很多，主要是因为心中积聚了太多的不满，因此找一个契机发泄出来。如果孩子心理压力过大，也可能爆发出怒火。例如，父母对孩子抱着过高的期望，让孩子觉得达不到这个期望就是一种"罪恶"。当孩子经过努力始终无法达到这个期望值时，他的愧疚、不满、委屈等心理就会汇聚成一种狂躁不安的情绪，对周围的一切都心生厌烦。

孩子性情暴躁，父母往往脱不了干系。作为孩子最早、最重要的启蒙老师，父母的性格对孩子产生着潜移默化的影响。有的父母常常因为一些小事就大发雷霆，孩子经常会成为他们发泄怒火的对象。孩子没有多少辨别能力，会觉得这种行为是处理问题的正常方式，于是积极模仿，并形成习惯，一旦遇到问题或困难就会大发雷霆、暴躁不已。

对于暴躁型的孩子，父母必须尽早矫正，让孩子知道发脾气对于解决问题毫无裨益，既不能让他战胜挫折，也无法让他人改变主意。

妈妈正在洗衣服，4 岁的璞璞突然跑到她身边，说："妈妈，我要吃糖。"

妈妈说："今天已经给过你一块了，不能再吃了。"

璞璞跺着脚说："我不嘛，我就要吃。"

妈妈转过头去洗衣服，不再理睬他。没想到，璞璞突然抓起洗衣篮里的衣服，往地上胡乱扔，一边扔一边哭喊："我要吃糖！我要吃糖！"

"好了，好了，给你吃。"妈妈无奈地给他拿来了一块奶糖，璞璞立刻不再闹了，拿起糖走了。

璞璞的妈妈就是在纵容孩子，下次孩子有什么无理要求时，依然会用发脾气来"要挟"妈妈。因此，家长在孩子出现暴躁情绪时，要积极与他沟通，了解和满足孩子的合理需求，明确拒绝他的不合理需求。如果孩子是为了合理需求没得到满足而发火，家长要告诉他这次虽然满足了他的要求，但是发脾气的方式是不可取的。

那么，怎样才能让孩子不暴躁呢？

（1）在暴躁的孩子面前，父母必须保持冷静

如果父母用暴躁的手段来制止孩子的怒火，无异于火上浇油，让场面更加不可收拾。和孩子交流，要以让他安静下来为目的，温柔地与孩子交涉，注意简化自己的语言，让愤

怒中的孩子容易理解，从而使他慢慢平静下来。为了安抚孩子，父母可以缓缓靠近他、抱抱他，通过身体的亲密接触来平复孩子的情绪，这有缓和气氛的作用。如果孩子因为生病等特殊原因发脾气，父母更不能着急，必须理解孩子的心情，用自己的关爱来安慰孩子。

暴躁的孩子总是缺乏自控力。所以当父母看到自己的孩子有了一定的自控能力时，必须及时并有针对性地对他进行表扬。例如，上次孩子发脾气时摔了自己的玩具，这次他虽然还是发了脾气，却没有摔东西，妈妈在批评他之余还要补上一句："虽然你发脾气不好，但是你这次没有摔自己的玩具，说明你长大了。"这样的表扬，很可能让孩子下次表现得更好，直至改正坏毛病。

（2）培养孩子的宽容心

宽容心是人类拥有的最宝贵的品质之一，孩子的排他性是出于天性，而有了宽容心，就是他走向成熟的标志。人与人的关系是相互的，孩子宽容待人，也会得到他人的宽容与信任，避免很多不必要的冲突。冲突少了，孩子的脾气也就慢慢不那么暴躁了。所以，父母必须教育孩子礼让为先，遇到问题学会站在别人的角度考虑一下，不要事事都斤斤计较。

（3）进行冷处理

有的孩子之所以发脾气，可能是为了试探父母的底线，如果孩子一发火父母就立刻妥协，他就会以此作为实现目的的手段，从而经常发火。还有的孩子会为了引起父母的注意而故意发火，这时候如果父母轻易"上钩"，他也会将发火当作"武器"。因此，父母必须搞清楚孩子的心思，坚定自己的立场，不能因为孩子发火就对他百依百顺。多数时候，对父母试探或者引起父母注意而发脾气的孩子都是在"演"，如果父母没有反应，他们就会慢慢安静下来。

如果上述情况下，父母的劝阻毫无效果，孩子还是不停地哭闹，父母可以到其他地方做一些声音更大的事情，例如用吸尘器吸地板、用锤子钉东西等，甚至可以戴上耳机听歌。要让孩子明白哭闹是没有用的，只有好好说话父母才会听，他就会渐渐安静下来。

（4）转移孩子的注意力

转移注意力是缓解暴躁情绪的常用方法，对孩子来说尤为有效。例如，孩子正在发脾气，妈妈放一点儿轻音乐，能够让孩子镇定一点儿，并分散注意力，逐渐停止哭闹。如果有时间的话，还可以将发脾气的孩子带到户外，玩一些有趣的游戏，或者只是呼吸一下新鲜的空气，都可能让孩子的情绪平静下来。这个时候，就可以和孩子讲道理，彻底平息他的怒火。

让爱磨蹭的小家伙快起来

楠楠今年 8 岁，正在上小学，她乖巧伶俐，可是喜欢磨蹭，这点很让人心急。无论是洗漱、吃饭，还是看书、写作业，她都是一边玩一边做，如果周围没有人催促，她很长时间都做不完一件事。

这天，妈妈早早起床准备好了早饭，然后在 7 点钟的时候叫醒了楠楠。校车每天 7 点 40 分准时在楼下等着，楠楠妈妈想 40 分钟时间足够楠楠洗漱、穿衣和吃早餐了。

但楠楠进入洗手间已经 10 分钟了，还没有出来，楠楠妈妈就去洗手间查看，原来楠楠又是一边刷牙一边玩。楠楠妈妈催促道："快点儿，宝贝，一会儿赶不上校车啦！"

楠楠从卫生间出来后，已经 7 点 15 了，妈妈又催促她赶快坐到餐桌前吃饭。坐到椅子上之后，楠楠不紧不慢地喝着粥，没一会儿就又被其他东西分心，开始左顾右盼。10 分钟过去了，半碗粥还没喝完，妈妈在一旁看着很焦急，不停地念叨着："你能不能专心吃饭？"

只有妈妈催促了，楠楠才赶快喝两口。等楠楠吃完早餐，已经 7 点 35 了，但衣服还没换，头发也没梳。妈妈急急忙忙帮她换了衣服，又简单给她扎了头发，然后才下楼。

到楼下的时候，已经晚了 5 分钟。校车司机温和地对楠楠妈妈说："楠楠妈妈，因为还有其他小区要去，我们不好意思让其他家长等太久，所以麻烦楠楠妈妈下次早一点儿好吗？"

楠楠妈妈被说得很羞愧，说："好的，下次一定早点儿下来。"

其实，这种情况已经不止一次了，楠楠妈妈也很为难，她不知道该怎么纠正楠楠爱磨蹭的行为。

生活中，很多孩子都有做事拖拉、磨蹭的毛病，这点让很多家长头疼。其实孩子的这种拖延磨蹭行为是有原因的，作为家长，应该找到孩子磨蹭行为的诱因，对症下药。

那么，孩子做事磨蹭的背后都有哪些原因呢？以下是一些常见原因：

（1）缺乏时间观念

孩子一般都没有明确的时间观念，尤其是上幼儿园的小孩。他们不知道要在一定时间内做完某件事，更不知道快速做完一件事有什么意义，所以磨蹭行为在他们看来并不是什么不好的行为。因为缺乏正确的认知，所以他们根本没有紧迫感，能磨蹭就磨蹭。

比如，大人们知道迟到是不好的行为，但孩子对于早去或晚去幼儿园有什么分别并不清楚，所以也不会着急。

（2）注意力易分散

孩子都有好奇心，所以注意力很容易被周围其他有趣的事情吸引，难以在一件事情上集中注意力。

比如，孩子在写作业，窗户上突然出现一只小壁虎，甩着可爱的小尾巴在爬，孩子就会立刻放下书和笔，跑过去看；孩子在吃饭，但电视机里正放着动画片，孩子就会盯着动画片，而有一口没一口地吃饭。

（3）没有兴趣

有些事情是因为孩子不想做才故意磨蹭的，为什么不想做？最大的原因就是他对这件事不感兴趣。

比如，父母让孩子将书本整理好，他磨磨蹭蹭，一副不开心的样子。而如果让他带小狗出门散步，他就很积极，也不会显得不耐烦。由此说明，他对书本不感兴趣，而小狗却能引起他极大的兴趣。

（4）动作生疏

除了有意的磨蹭外，有些磨蹭行为其实并不是故意的，而是因为孩子对某件事生疏导致的。尤其是幼小的孩子，思维能力和身体协调能力还在发育，他根本不可能将某件事完全做好。

比如，3岁多的孩子，他很难快速将衣服穿好的，5岁多的孩子可能单独洗漱也会花费很长时间。

（5）缺乏自信心

有些孩子不能快速完成某件事，可能是因为自信心不够，因为担心做不到，或害怕做错，从而做事缓慢。其实，越是害怕，行为就越会迟疑，如果此时父母不明原因地一味催促，孩子就会更加不安、紧张，做起事来也会更慢。

（6）父母行为的影响

父母是孩子的第一任老师，孩子在幼年时，会不自觉地模仿大人的行为。如果父母自己做事情习惯磨磨蹭蹭，没有很强的时间观念，那么这种行为就会潜移默化地影响到孩子，让孩子也养成做事拖沓、磨蹭的不良习惯。

（7）父母过分代劳

生活中，一些父母看孩子做得慢，就喜欢帮孩子做，其实这样更容易导致孩子的磨蹭。

比如，看孩子吃饭慢，就一口口喂孩子吃；看孩子洗脸慢，就洗好毛巾给孩子擦脸；看孩子收拾玩具慢，就帮孩子一起收拾……

久而久之，孩子就会形成一种心理：慢点儿做也没事，因为爸妈会帮我。必须看到，这样做对孩子的成长是非常不利的，父母要让孩子学会独立，不要对孩子的事情过分代劳。

（8）逆反心理作祟

青春期的孩子，容易产生逆反心理，所以很多事情都和父母对着干。很多时候，父母越是催促，他们越是不做。在学习上，更容易产生抵抗情绪，因为有些父母对孩子期望过高，补习班报了一个又一个，除了学习学校课程，还要学书法、学乐器等。这让孩子压力过大，所以会出现不愿做或拖着不做等行为。

针对孩子的磨蹭行为，父母应该认真分析原因，然后根据具体情况，采取适当的方法予以纠正。具体方法如下：

（1）增强孩子的时间观念

因为孩子对看不见、摸不着的时间没有清晰的概念，所以父母应该有意识地去增强孩子的时间观念，让他们真正意识到磨蹭是不好的行为习惯。

比如，如果孩子的大脑已经对钟表有了概念，父母可以简单地教孩子看表针的移动，告诉他从哪儿到哪儿，走了多少时间。在陪孩子整理玩具的时候，父母可以对孩子说："指针现在在这儿，当它走到这儿的时候，正好是 5 分钟。现在开始，宝贝整理玩具，让我看看你能不能在 5 分钟内把这些玩具收好！"这个方法同样适用于吃饭、洗漱和其他事情。

让孩子一边看指针一边做事，他就会控制速度，慢慢在心里产生时间观念，而一点点改掉磨蹭的习惯。

（2）劳逸结合

孩子写作业磨蹭，很大原因是孩子的作业太多，做完了一科还有一科。父母要适当给孩子减压，不要让他们心里承受太大的负担，否则就容易造成拖和磨的现象。

比如，周末学校留了很多作业，父母可以对孩子说："今天上午你只要写完这两套卷子，下午时间你就可以出去玩。"

劳逸结合，让孩子看到希望，这样就可以鼓舞孩子写作业的积极性。具体操作时，父母需要仔细研究作业的量，合理安排孩子写作业的时间和玩的时间，不要想着让孩子一下子将作业都做完。

（3）少催促多鼓励

很多时候，父母越催促，孩子就越烦、越慌，这样做起事情来也不可能高效。

父母应该试着将催促的话语变成鼓励的话语，比如，孩子今天自己在穿衣服，很久才穿了一只胳膊。妈妈可以这样对孩子说："宝贝如果能将另一只胳膊快速穿进去，那就太棒了！"当孩子受到正面的激励，就会有意识地加快行为，次数多了，他做事的效率自然也就提升了。

（4）帮孩子寻找做事的快速方法

有些孩子做事效率不高，除了有磨蹭的心理因素外，还可能掺杂着做事方法不对的原因。如果是这种情况，父母就要多加费心，为孩子找到提高效率的方法。

比如，孩子早上总是拖拖拉拉，很长时间才能收拾好东西出门，父母可以教孩子前一天晚上临睡前就把要带出门的东西收拾好，以免第二天手忙脚乱。

（5）让孩子意识到磨蹭的后果

对于屡教不改的孩子，只有让其意识到磨蹭的后果，才能引起孩子的重视，以实现自我约束。

比如，孩子写作业总是三心二意，每次都要写很久，这种情况就可以给他规定时间。规定时间没有完成，就不让他写了，让他带着没写完的作业去和老师交代，老师自会严厉训斥他，这样他就会吸取教训。

此外，父母也可以通过其他方法来培养孩子的专注力，让专注成为孩子的一种良好习惯，从而慢慢改正磨蹭的习惯。

说说不讲卫生的小邋遢

个人卫生问题看似是小事，但直接反映了一个人的整体形象和精神面貌。

个人卫生是好是差，住集体宿舍的时候最能体现出来，尤其是男生宿舍，很多都是惨不忍睹。脏袜子攒了一堆，书桌乱成一团，地面碎纸屑一地，让人一看就不想走进去。

不得不说，这就是很多宿舍的状态。如果能从小就培养孩子讲卫生的好习惯，那么就能创造更加干净整洁的集体居住环境。所以，及时纠正孩子不讲卫生的习惯是很有必要的。

小辰是个调皮的小男孩，今年 5 岁，他喜爱玩泥土和沙子，但却不爱洗手。

这天，小辰跟着妈妈从公园回来，一进屋，小辰就跑到茶几上拿水果，拿了一个苹果，他刚要咬，妈妈就厉声说道："小辰，你手上都是泥土，怎么能直接吃水果，赶快去洗手。"

小辰不情不愿地去了卫生间，没过一会儿就回来了，又准备拿起刚才的苹果。妈妈急忙又说："小辰，别吃那个，你刚刚拿了，上面已经有灰尘了，需要洗一洗。"

说着，小辰妈妈走到了小辰身边，拿过苹果准备去洗，但她看见了小辰的手，上面还有泥点儿呢。于是小辰妈妈一手握住小辰的手，对他说："这就是你刚刚洗的手？你看看这泥都没洗干净。"小辰低下了头。

妈妈说："宝贝，我们要洗干净手，然后才能吃东西，否则把脏东西吃进肚子，我们会生病的。"

之后，小辰妈妈领着小辰去了卫生间，细心地告诉小辰要怎么洗手，要抹上洗手液认真地搓洗，不能像他那样冲一下了事。

小辰点点头。

和小辰一样，娇娇也是一个不爱干净的小孩，她最烦洗澡。每次娇娇妈妈给她洗澡，她都又哭又闹，反复说着"我不要洗"。无论娇娇妈妈怎么说，娇娇都不愿意配合，所以每次给娇娇洗澡，都是在她的哭闹中完成的。

后来娇娇妈妈咨询了一个心理医生，医生说，对待孩子的反抗情绪，不能硬碰硬，要找到原因，合理诱导。比如孩子不爱洗澡，可能是妈妈给她洗得不舒服，尤其是洗头，很多孩子都不喜欢。此时父母要和孩子讲明白为什么要洗澡，以及讲卫生的重要性，如可以说："你洗得香香的，你的小伙伴会更加喜欢和你待在一起。"

娇娇妈妈听从了医生的建议，每次都耐心地和娇娇讲道理，渐渐地，娇娇对洗澡不再那么抵触了，会主动配合妈妈了。

通过案例可以看到，对待孩子不讲卫生的习惯，一定要用对方法，恰当疏导，这样才能让孩子真心接受。具体来看，可以从以下各方面来尝试：

（1）父母要做好表率

想要教育孩子，父母首先自己要做好，这样才能成为孩子的表率，让孩子心服口服。具体来说，父母在日常生活中要注意自身仪表，衣服、鞋子和包等都要保持整洁，家里要经常清理，东西要摆放整齐，从小让孩子形成注重仪表、保持屋内整洁和物归原位的意识。

（2）让孩子养成梳洗的生活规律

孩子从四五岁开始，父母就要引导孩子独立洗脸、刷牙，早晚各一次，一定要及时督促，这样就能形成习惯。当孩子再大一些，就引导其每日独立洗澡的习惯。

总之，对于个人卫生，一定要严格要求孩子，不能放任孩子说不洗就不洗的习惯。

（3）教孩子制定生活作息表

制定生活作息表可以有效帮助孩子安排每日事宜，尤其是洗漱时间的制定，会对孩子形成约束力。当孩子能够完全按照作息表行动时，孩子的良好习惯也就形成了。

（4）为孩子具体制定卫生规则

对于幼小的孩子来说，很多卫生习惯都注意不到，如吃饭时经常将饭菜弄得到处都是，吃东西前总是忘记洗手，饭后会忘记擦嘴，等等。对于这些细节问题，家长可以通过观察制定具体的卫生规则，然后贴在饭厅和卫生间，时刻提醒孩子"饭前洗手、饭后擦嘴""小心吃饭，不撒饭粒"等。

(5) 严格执行

有时候，虽然父母给孩子定了规矩，但在执行上却不够严格。当你要求他晚上刷牙时，孩子可能会犯懒说："我今天不刷可以吗？我困了，我要去睡觉。"这时候，父母千万不能心软、不能让步，要强调遵守约定这一点。如果父母总是心软，孩子就会对自己放松，一次两次，最后可能变成常事，这不利于培养孩子的良好习惯。

(6) 要好好检查孩子的完成度

让孩子自己洗漱后，父母不可掉以轻心，以防孩子敷衍了事。如果发现孩子的手或脸没洗干净，就让他回去重洗，可以亲自监督，让孩子吸取教训。

培养孩子良好的卫生习惯，需要父母耐心地指导、劝诫，并用言行教化孩子。

不能将孩子养成小懒虫

戴尔·卡耐基说过："懒惰是万恶之源。"懒惰会让人丧失积极性，使本来能有所作为的人一事无成。

当今社会普遍存在一种现象——溺爱孩子。在开放二胎政策前的二三十年来，独生子女数量剧增，我国的家庭模式也发生了改变。过去占据主要地位的是以老人为中心的家庭模式，而现在却变成了"四二一"家庭，也就是四个老人、两个大人围着一个孩子转。对长辈们来说，独生子女就像家里的小皇帝、未来希望的寄托者。所以他们视孩子为掌上明珠，对孩子宠溺过度、缺乏管教，甚至一味地放任迁就。我们不妨看看下面这个例子：

某小学午餐时间，几十位爷爷、奶奶竟然来"陪吃"。他们替自己的孙子或孙女排队、打水，还拿着水果、牛奶满校园地追着孩子喂。一位小学老师看到了这一幕，摇着头说："我们煞费苦心地教了学生一些道理，这下可好，被他们一宠全没了。"

我们应该听过这样一些观点：劳动是人类的第一需要；

劳动创造了世界；不劳动者不得食……这些观点告诉我们，要想成为一个有用的人，必须热爱劳动。

可是很多父母缺乏教育孩子热爱劳动的意识，让孩子无法及时地形成优秀品质。在给孩子传授知识、满足孩子的物质需求之前，应该先想一想这样做是否有利于孩子的成长，能不能培养孩子形成美好的品质。父母们非常重视孩子的教育，但是他们把大量的时间和精力用在教孩子读书识字上，却轻视了培养孩子热爱劳动、礼让别人等优秀品质。在孩子产生劳动欲望时，很多父母觉得孩子碍手碍脚，或者担心孩子在劳动中受累、受伤，因而拒绝了孩子劳动的意愿。这样的做法很容易扼杀孩子的劳动意识，打击孩子的劳动热情。长此以往，还会让孩子养成懒惰的坏习惯。

有调查显示，现在有三分之二的中小学生不爱劳动或者不太爱劳动，只有三分之一的中小学生有较好的劳动习惯。

有些孩子就像过去的公子哥、娇小姐，懒得洗脸、洗脚、懒得铺床、叠被，甚至连喝水、吃饭都要父母喂。父母缺乏培养孩子热爱劳动的意识，有以下几个原因：

（1）怕孩子劳动受累

有的父母看到孩子学习负担比较重，不忍心让孩子受累。但是孩子学习真的有那么忙吗？当然不是的。有些孩子看起来比较忙，回家一写作业就是好几个小时，让父母很心疼。其实他们很多时候作业并不多，而是坐在那里"磨"作业，明明十分钟就能写完的作业，非要磨蹭半个多小时。假如他们改掉磨蹭的坏习惯，就有时间劳动了。因此，父母可以适当地给孩子安排一些劳动任务，这样有利于改掉孩子磨蹭的毛病。

（2）怕孩子做不好又浪费时间

一些父母认为，孩子从来没做过家务活儿，既做不好又浪费时间，还不如自己做省事。但是他们有没有想过，越不让孩子劳动，他们就越不想劳动，也就越不会劳动。罗马不是一日建成的，孩子的劳动习惯也不是一两天就能养成的。因此，父母应该多让孩子劳动，从一些力所能及的事情做起。

（3）对孩子宠爱过度

随着社会的进步和国家的发展，我们的生活水平日益提高，有些父母觉得，现在的孩子就是享福的一代。这种观念显然是错误的，但正因为如此，不少父母过分为子女代劳，使孩子养成了懒惰的习惯。不知道这些父母有没有想过，如果孩子无法摆脱对父母的依赖，将来应该怎样谋生呢？

张衡是东汉时期伟大的数学家和天文学家，他曾经说过："人生在勤，不索何获？"这句话的意思是：人生就是一个勤奋努力的过程，如果不积极地探索，怎么可能会有收获呢？

现代社会发展迅速，父母只有教会孩子勤奋，他们才能更好地适应快节奏的生活，不至于被社会淘汰。

勤奋就是努力学习、不断超越自我的过程。父母应该培养孩子勤学好问、善于思考的习惯，让孩子在学习时能够静下心来，少一些浮躁和贪玩，多一些刻苦和认真，充分调动孩子的积极性，营造一种勤奋向上的氛围。

"一日之计在于晨，一年之计在于春，一生之计在于勤。"没有人可以做到不劳而获，要想取得丰硕的成果，必须经过辛勤的耕耘。

如果两个人的成长环境相同，勤奋的那一个往往能取得更多的成就。正如爱因斯坦所说："在天才与勤奋之间，我毫不迟疑地选择勤奋，它几乎是世界上一切成就的催产婆。"因此，爸爸要努力培养孩子勤奋的好习惯。

懒惰是勤奋的天敌，要想让孩子成为一个勤奋的人，必须先帮助其战胜懒惰。孩子的自我约束能力不足，在懒惰面前败下阵来也情有可原，但是不能任由其懒惰下去。有些人终日浑浑噩噩，丝毫感觉不到这是懒惰的表现；有些人现在不努力，总是把希望寄托在遥不可及的未来；还有些人整天只顾享受，没有一丝忧患意识……这些都是懒惰行为，会阻碍人的成功。如果你的孩子存在类似的行为，一定要马上行动，早日帮他战胜懒惰。

真正的勤奋是自愿的、自觉的，不需要任何外力的驱使。当孩子心中有了奋斗的目标，他就会为实现目标而不知疲倦地努力。勤奋的孩子往往都拥有坚强的意志，这是一种宝贵的品质，能够帮助孩子克服重重困难。但是一味地坚持很容易让孩子变得固执，此时，父母应该教导孩子，做任何事都不能一蹴而就，否则会适得其反。

勤奋是成功的推动力，也是成才的钥匙。拥有勤奋品质的孩子就会自强不息，也懂得顽强拼搏的意义，这就相当于成功了一半。为了让孩子实现自己的人生理想，父母必须早日改掉孩子懒惰的坏习惯，引导他形成勤奋的好品质。

告诫孩子，小谎也不能说

在日常生活中，讲诚信的人很容易被身边的人认可，而撒谎成性的人往往会受到身边人的疏远甚至排挤，人生的道路也变得更加曲折。但是，很多父母在孩子小的时候并不注重诚信这一优良品质的培养，他们总是认为孩子偶尔撒一个小谎，并不是什么罪大恶极的事，其实这样的想法对孩子来说是很危险的。中国古人说："勿以善小而不为，勿以恶小而为之。"撒谎虽然看起来并不是一件大事，但是很容易让孩子形成习惯，长大以后也可能演变成更加严重的问题，甚至诱发违法犯罪。

小泉的学习成绩不是很理想，但是，他从来不会说老师讲的知识点有哪里不懂，妈妈问作业有没有完成，他也永远都会说完成了，问他跟老师和同学们相处得怎么样，他也总是回答相处得很好。有一次，小泉回到家跟妈妈说，老师今天表扬了几位作文写得好的同学，他的作文还被老师当成范文来读了。妈妈感到很开心，因为小泉的作文一直写得不是很好，就问小泉老师是怎么夸奖他的。小泉思考了一会儿说："老师说我写的作文简直能比得上大作家了，全校都没几个人能比得上我！"妈妈觉得这样的说法有点儿夸张，就向老师求证了一下。结果老师却说，确实读了小泉的文章，但是，是作为反面教材来读的，因为小泉的文章根本就没有写完，而且态度非常恶劣，字写得歪歪扭扭，内容更是杂乱无章，老师希望通过这一次，能够让小泉记住教训。妈妈不明白小泉为什么要撒这样的谎，但是为了照顾孩子的面子，并没有当场就提出来。

　　有一天晚上，小泉正在做作业，妈妈问他英语作业做完了没有。小泉说做完了。妈妈又要求小泉把作业拿过来，要帮他检查一下对错。小泉有点儿紧张地说："我都已经收起来了，再拿出来很麻烦，而且，我自己都检查过了，没有错的。"妈妈只好说："那妈妈看一下你学到了哪里，检查一下你的英语单词拼写怎么样总可以吧！"小泉这一次有点儿急了，说："英语你又不懂，还是不要看了！"说完就跑到自己房间，然后关上门，不再出来了。

　　后来妈妈发现，小泉撒谎的问题似乎已经有些严重了，无论是比赛成绩还是考试的名次，或者是跟同学和老师之间相处的点滴，都会不自觉地撒谎，似乎对小泉来说，撒谎已经成为他的一种习惯性的行为。认识到这一点很危险的妈妈，跟小泉做了一次长谈。妈妈语重心长地说："无论什么事，做得不好也没有关系，但是要勇于承认自己的问题，只有这样才能知道在什么地方可以进步。"小泉觉得很惭愧，面对妈妈流下了泪水，他向妈妈道歉说，以后不撒谎了。

小泉的故事告诫我们，撒谎行为一旦形成习惯，自己是很难控制的，它会变成一种下意识的行为，而到这个时候再去帮助孩子改正，就会变得难上加难。

三四岁的孩子，对于大人的做事态度是非常看重的。他们希望在和父母长辈交往的过程中，父母长辈能够说话算话，兑现承诺，也希望他们能对自己坦诚相待，而不是糊弄欺骗，如果他们发现家人或者朋友对他们撒谎，他们的表现往往是非常愤怒的，也就是说，几岁的孩子就已经清楚地知道，诚实是好的，撒谎是坏的。所以，可以想象，对一个孩子来说，接受别人的谎言都十分困难，他们自己撒谎也一定是一种不好的体验。但是孩子年龄小，没有良好的自控能力，没有办法自己纠正撒谎的习惯，因此更需要父母的引导和教育。

我们不能否认，在每个人的成长过程中，撒谎是一件非常正常的事，偶尔撒谎似乎也无伤大雅，但是，如果撒谎已经成为一个人的常态行为，或者谎言总是发生在比较重大的问题上，甚至是关乎一个人的学习和成长的问题时，就要引起足够的重视了，撒谎会使人和人之间的关系变得有隔阂，甚至会产生很多矛盾。

总之，无论谎言是善意的还是恶意的，对孩子来说，撒谎都是一种坏习惯，所以父母应该重点关注孩子的撒谎问题。但是很多研究表明，常常撒谎的孩子，他们的父母也往往不是诚实守信的，这类父母在孩子的撒谎习惯形成过程中，一定是起到了负面影响，因此，父母的以身作则对培养孩子的诚实品质也是非常重要的。

那么，作为父母，我们应该以什么样的态度对待孩子的撒谎问题呢？首先，父母应该明白，撒谎是一个正常的现象，不要无限放大这个问题，给孩子造成过大的心理压力；其次，更不能不管不问，要有足够的心理准备和足够的耐心，毕竟培养孩子诚实守信的品质，并非那么简单。

那么，具体来说，可以通过哪些方法来纠正孩子撒谎的习惯，培养他们的诚信品质呢？以下是几点建议：

（1）告诉孩子谎言与想象之间的区别

很多孩子喜欢撒谎，是因为他们在平时的生活当中，总是喜欢发挥自己的想象力，而想象力丰富的孩子似乎总是能够编造出光怪陆离的故事，大人又非常喜欢孩子的这种表现，所以他们往往会给予孩子过度的赞美和表扬，孩子得到了表扬之后，自然就会更加天马行空地进行想象。分不清想象与现实的孩子，他们往往在现实生活中也会通过想象，努力地让故事变得曲折离奇，以求得到父母的关注和表扬。这个时候，父母就应该告诉孩子，想象与谎言之间，只有一步之遥，想象是一种难得的能力，但是如果总是把它掺杂在现实生活当中，就会让人产生误解，而想象本身也就失去了魅力。

（2）探寻孩子撒谎的根源

孩子撒谎的原因可能有很多，针对不同的情况，父母可以采用不同的方法。因此，面对孩子撒谎问题的时候，我们首先要找出孩子撒谎的真正原因，具体的原因主要有以下几种：

①为了免受惩罚。很多孩子选择撒谎是因为，他们认为，如果说了实话，极有可能受到父母的责备，甚至是处罚，这样的孩子往往都有过因为说实话而遭到打骂的经历，因此他们只能在撒谎和受惩罚之间，选择一个相对来说付出代价小一点儿的选项。针对这种情况，父母要告诉孩子，犯错没有关系，知错就改、勇于承认就是好孩子，当然也要在日常生活中避免对孩子进行打骂，给孩子造成过大的心理压力。

②为了让父母高兴。比如，孩子知道父母期待他们考一个好成绩，因此在考得不好的情况下，为了让父母高兴，他们可能也会采用撒谎的方式。这种情况下，父母应该告诉孩子，诚信比好成绩更重要。

③迫于无奈。很多孩子都有属于自己的小秘密，他们不愿意在父母面前全部表现出来，但是如果父母一直追问，而孩子内心深处又不愿意与父母进行坦诚的交流，他们往往就会采取撒谎的办法来逃避这个问题。所以，父母对孩子不愿意说出来的问题，一定要保持足够的尊重，不要逼迫孩子。

(3) 以身作则

父母是孩子最好的老师，在家庭生活中，父母首先要保持诚实的态度，无论对孩子，还是对他人，都不能撒谎。只有自己做到诚实的父母，才有资格要求孩子诚实。

（4）鼓励孩子说实话

父母在教育孩子的过程中，要经常对孩子强调诚实这一品质的重要性，即使发现孩子表现不好，但是他敢于承认，也要给予孩子一定的奖励，告诉孩子："虽然你做得不够好，但是你能诚实地面对，这是最珍贵的，爸爸妈妈为你感到骄傲。"当孩子发现，诚实可以给自己带来认可和赞美的时候，他们往往就能够更加理性地对待自己的问题，无论是优点还是缺点都能够坦然面对。

（5）不要强化孩子的负面行为

有些父母发现孩子撒谎的时候，总是气急败坏，甚至对孩子说出一些否定的语言，比如"你就是一个爱撒谎的孩子，这一辈子也改不了了"，这样的语言暗示对孩子来说影响是巨大的，他们在受到了父母的否定和打击之后，心灵一定会受到很大的伤害，而且往往会朝着父母说的方向去想："既然你们说我爱撒谎，那我索性就做一个'放羊的孩子'。"因此，父母一定要注意这一点，即使孩子爱撒谎也要告诉他："只要努力，你一定可以改变，爸爸妈妈相信你能成为一个诚实的人。"

（6）用宽容之心对待孩子

有些孩子撒谎是因为父母给了太多的压力，比如，成绩考得不好，如果不撒谎就可能受到惩罚；做不到爸爸妈妈期望的那样，爸爸妈妈就会失望；等等。当孩子内心总有这样的压力的时候，他们为了缓解或转移这种压力，往往就会采用撒谎的方式，既欺骗父母，也欺骗自己。

总之，想要解决孩子撒谎的问题，父母一定不能操之过急，应该理性地分析孩子撒谎的真正原因，并对症下药，对孩子进行正面的引导和教育。相信在父母的帮助下，孩子一定能够纠正撒谎的坏习惯，成为一个拥有诚实守信品质的好孩子。

04

PART FOUR

第四章

语气即态度，
小心语言伤害

不同的说话方式，效果也不同

　　每一位父母都想让自己在孩子心中具有足够的威信，希望孩子能够听从自己发出的命令。但事实上，很多孩子偏偏不听父母的话，甚至经常对抗父母：顶嘴、哭闹、耍赖……这些孩子将父母折腾得心力交瘁、晕头转向。于是，在很多父母看来，"不听话"就是坏孩子，而孩子的不听话也成了困扰父母的一大难题。

　　但是，大部分孩子并不是故意要与父母对抗的。他们的调皮、任性、不听话，很大程度上是受到父母说话方式的影响。

　　这天，小蕊的妈妈在自己的日记中写下这样一句话："有时候，孩子不听话只是因为父母不会说话、不会表达罢了。"小蕊的妈妈为什么会发出这样的感叹呢？这要从这天下午的一件事情说起。

　　"小蕊，你想去外婆家吗？外婆告诉我，她今天抱了条小狗回来，很可爱呢。"妈妈一边收拾碗筷，一边说道。

　　"真的吗？我想去！"小蕊一直很喜欢小狗，想养一只，可是因为白天家里没人可以照顾小狗，所以妈妈一直不让养。现在听妈妈说外婆养了一条小狗，自己可以去看，小蕊兴奋极了。

"那你先完成作业，等妈妈做完家务咱们就走。"

"好！"

小蕊痛快地答应下来，然后急急忙忙去做作业了。没过多久，小蕊就跑了出来，拽着妈妈的衣服说："妈妈，咱们赶紧去吧，我已经写完作业了。"

"怎么这么快？"妈妈觉得有点儿不对劲儿，就来到小蕊的房间，打开了她的作业本。从前的作业小蕊都写得工工整整，可今天的作业却写得七扭八歪，潦草极了，妈妈心里顿时生出一股火气。

妈妈指着作业本说："看看你的字，都要飞起来了，谁能认得出来！回去重写！"

听了妈妈的话，小蕊的一张小脸憋得通红，顿了几秒，才大声对妈妈说："妈妈，我们之前说好了写完作业就能去外婆家，我已经写完了，现在就要过去！"

"你倒是写完了，但你写的这是什么，你自己能看懂吗？"看到小蕊这样的态度，妈妈更生气了，她把作业本往桌子上重重一摔，开始教育起小蕊来，比如，"学习时应该端正态度""写作业时敷衍了事就相当于没做"之类的话。小蕊低着头，玩着衣角，什么话也不说。看着小蕊满脸委屈的样子，妈妈意识到，自己可能说得有些过分了。

妈妈深吸了一口气，让自己的情绪平静下来，然后蹲下来平视着小蕊，说："小蕊，妈妈知道，你是想要早点儿写完作业好去看小狗，对不对？"

小蕊见妈妈的态度突然温和下来，觉得有些意外，她抬起头看了看妈妈，然后轻轻地"嗯"了一声。

"妈妈知道你的心情很急迫，也能够理解，但是我们是不是应该先将自己手里的事情处理好呢？不然，你玩的时候还要想着作业没写好，明天老师会不会批评自己，结果玩得一点儿都不痛快。你觉得妈妈说得对吗？"

"妈妈，您说得对，我没有好好完成作业是不对的。"小蕊似乎想通了，主动承认了错误。

"那现在妈妈陪着你重新写一遍作业好吗？"

"好，我这次会认真完成的，然后我们再去外婆家。"

"好，写完作业我们马上就去。"

起初，妈妈训斥了小蕊，还给小蕊讲了很多道理，但这没有起任何作用，反而让小蕊更加抵触。于是，妈妈将自己的情绪和态度做了调整，试着去理解、认同小蕊的想法与感受，并让小蕊知道，妈妈是能够理解她的，最终取得了良好的教育效果。

其实，孩子不听话，大部分都是父母不会说话造成的。许多父母在面对家人、客户时都能把话说得恰到好处，但面对孩子时却不会说话了。这是因为他们太爱孩子。爱之深，责之切，因此父母在面对孩子时总是容易产生急、怨、怒等不良情绪。"急"是为孩子总是犯错而感到急躁；"怨"是埋怨孩子总是不听话；"怒"是怒其不争。于是，父母在对孩子说话时就可能会口不择言，最终的结果就是，要么孩子不耐烦，要么孩子的心灵受到伤害。

父母的话对孩子的影响是强大而深远的。父母教育孩子时，一定要使用恰当的说话方式，只有父母说话恰当，孩子才会减少对抗，变得乖巧听话，朝着父母期待的方向健康成长。

心平气和，才能促膝相谈

知名主持人蔡康永有一句话："你说什么样的话，你就是什么样的人。"这也就是说，一个人说话的语气里，藏着他的修养。一位知识渊博、有修养、有内涵的家长，说话语调亲切温和，孩子们听了会心神愉悦，欣然接受；而一位思想浅薄、言语间充满命令和训斥的家长则会让孩子反感和厌恶，即便他说的话再怎么有道理，孩子也很难接受。

老李的儿子从小就是一个淘气包，经常在外上蹿下跳、招惹是非，老李为此没少跟别人点头哈腰地赔礼道歉。事后，他会狠狠地把儿子教训一顿。不过奇怪的是，训的时候孩子被老李暴跳如雷的气势吓得魂不守舍，可是事后该犯的错一点儿都没少。老李对此非常无奈，他不知道自己怎样做才能让儿子学乖。

有人曾经说过："一个人说话的语气比他讲话的内容重要得多。"其实仔细琢磨，这句话不无道理。如果你和孩子交流沟通的时候全靠吼叫，那么不仅无法把话说到孩子的心里，更重要的是孩子的性格也会受此影响，变得暴躁易怒。

所以，要想成为一名合格的家长，首先要注意自己说话的语气，心平气和地和孩子促膝相谈，才更容易把自己的教育理念传递到孩子心里。

（1）说话时声调宜低、宜缓，以此减轻孩子的心理负担

在亲子沟通的过程中，孩子喜欢听到赞美之声，讨厌听到批评的声音。一旦受到严厉的批评和大声的训斥，他们就会本能地产生一些心理负担，进而精神紧张、焦虑不安。当然，一旦这道自我防御的心墙建立起来，家长就很难听到孩子真实的心声，更无法把话说到孩子的心里去。反之，如果家长一开始就用一种低缓、沉稳的声调和孩子说话，那么孩子的心态是平稳的，精神是松弛的，这样更容易接受父母的说教。

（2）用低缓的声调减弱乃至消除孩子的逆反心理

孩子固然有"三天不打，上房揭瓦"的调皮属性，但是家长也不可时时呵斥，动辄厉声责骂。为什么这么说呢？因为在训斥声中长大的孩子内心和父母保持着一种距离感，有的孩子心里藏着被打骂的伤痛，进而还会滋生出很深的怨恨。而在这种怨恨心理的作用下，他会变得阳奉阴违，甚至故意和父母敌对。所以，身为父母，与其让孩子的这种"逆反心理"破坏你们之间的关系，倒不如早早地放下负面情绪，心平气和地和孩子商讨解决问题的办法，这样孩子会放下心里的戒备，认真思考你的观点和建议。

（3）用低缓的声调来拉近双方的心理距离

在亲子沟通的过程中，大声斥责会把孩子的心推得越来越远，进而无法实现思想的交换、灵魂的共鸣。而低缓的交谈则犹如好朋友之间的悄悄话一般，能给孩子带来一种尊重感和亲切感，孩子也会更容易听进去。

（4）用低缓的声调说教来展现你的文明素养

孩子闯祸闹事固然是一件很令人恼火的事情，但是这个时候如果父母能平息自己心头的怒气，镇定地用一种低缓的声调进行说教，这不也体现了自己的内涵和素养吗？这种平和的心态不仅有利于亲子教育，还能给孩子树立一个好的榜样。

孩子最反感的是这些话

天天今年 10 岁，上小学四年级，提到父母，他总是一副很害怕的样子。这天，他又不小心将饭菜撒到了餐桌上，妈妈瞬间火冒三丈，指着他怒吼道："你说说你多大了，吃个饭还每天弄得到处都是，你是笨还是傻？"

天天委屈地说了一句："没有每天吧！我今天是……"

妈妈没等天天说完，继续说道："你看看，还不承认错误，这孩子管不了了！"

天天再也不敢说话了，低头听着妈妈在那儿没完没了地数落。其实，天天在家里每天都会被妈妈和爸爸各种数落，如"吃饭怎么这么慢，能不能快点儿，要迟到了。""怎么还不去洗漱，磨磨蹭蹭干什么呢？""别碰那个东西，摔了有你好看！""几点了还不睡觉？"……

据天天统计，他爸爸妈妈这种数落性质的语言每天少则几句，多则能达到几十句，而表扬的话却少之又少。

天天很不解，为什么爸爸妈妈那么爱凶他，有些话明明可以轻声细语地对他讲，但他们除了吼就是骂。天天觉得爸爸妈妈并不爱自己，连生他都后悔了，因为妈妈有一次说了一句"真后悔生了你"。

　　案例中的天天觉得父母不爱他，觉得委屈是正常的，因为爸爸妈妈忽略了他的感受，在一味的怒骂中，已经深深伤害了他的心灵。

　　作为父母，我们一定要知道，教育孩子必须要以孩子的感受为出发点。父母更要知道，孩子就是孩子，难免存在这样那样的毛病，有些错误并不是他们故意为之，也可能是好心办坏事的结果。父母要包容孩子的错误，要正确引导孩子改正错误，无论怎样，父母都不能打骂孩子。

　　有些父母无法调控自己的情绪，动辄大发雷霆，然后不管不顾地责骂孩子。在盛怒之下，父母常常意识不到自己的语言已经过火了，伤害性语言就这样脱口而出。说出去的话收不回来，就算父母过后意识到话说重了，有时也会碍于面子而不愿向孩子道歉。就这样，这些话变成尖刺留在了孩子心里，父母以为孩子会忘记，事实上，孩子的内心既敏感又脆弱，很多话他们都会记在心里，而且会一想再想。

　　小卓是个初中生，学习成绩一般，平时喜欢和同学玩闹，但并没有做过出格的事。小卓的爸爸是个性情暴躁的人，他经常训斥小卓。

　　"就知道玩，不好好学习，以后有什么出息！"

　　"你看看你，站没站样，坐没坐样！"

　　"整天和狐朋狗友鬼混，你都快成小混混了！"

　　"学习怎么搞的？总是这点儿分，我看你就是个废物！"

......

不止爸爸，妈妈也偶尔会在小卓面前念叨："哎！你张阿姨的儿子考进了前十，还是人家的孩子行啊！"

因为每天被爸爸妈妈训斥念叨，小卓也没了信心，有一次直接顶撞爸爸说："我就是不行，就是个废物，别人家孩子好，你领回来吧！"说完，小卓就跑了出去，一夜没有回来。

小卓的爸妈到处寻找，最后还报了警，才在一些不良少年中找到小卓，而小卓态度强硬，不愿意回家。对此，小卓的爸妈很忧心，他们不明白儿子怎么突然变得这么叛逆，不知道怎样才能说服小卓回家，并让他远离那些不良少年。

分析上述案例就会发现，小卓的转变其实并不突然，父母长期的否定，让小卓变得不自信，觉得既然父母认为他不行，是废物，他干脆当个废物好了，这是小卓与父母的一种对抗。

通过这个案例，我们可以清楚地看到，伤害性语言对孩子的影响是潜移默化的，父母必须予以重视。据调查，中国父母最常对子女说的三句话就是"听话""好好学习""没出息"。然而，父母可能不知道的是，这三句话也是孩子内心最反感、最抵触的。

除此之外，还有哪些话语会对孩子造成心理伤害呢？下面我们就来具体看一看：

"看我不揍死你！"

"你怎么这么笨！"

"滚！能滚多远就滚多远！"

"闭嘴！"

"我的脸都被你丢光了！"

"你懂什么？"

"没出息！"

"就当我没有你这个孩子！"

上述语言是父母口中出现频率较高的，也是最容易对孩子造成心理伤害的语言，父母应自觉规避这些语言，尤其是在愤怒之下，更要慎言。

贬损性、侮辱性的语言对孩子的成长是非常不利的，轻则造成自卑、怯懦、敏感，重则会让孩子心灵发生扭曲，自暴自弃，甚至做出伤害自己和危害他人的事情。

反之，激励性、赞扬性的语言会增强孩子的信心，让孩子变得积极乐观，更容易感受到幸福和爱。

所以，作为父母，不该说的话千万别轻易说出口。哪些话能说，哪些话不能说，父母心里要有数。

不要漠视孩子的求助，说打击孩子的话

孩子做事往往只有"三分钟热度"，刚开始的时候可能对新鲜事物充满好奇，兴致十足，可是过了一段时间，就变得兴味索然。孩子耐力不够，与孩子的心智和经历有密切的关系。孩子年纪小，心智尚不成熟，经历的事情少，没有充足的经验，因此遇到感兴趣的事情常常凭着冲动和热情去做。而一旦遭遇挫败，就变得不知所措，或是选择放弃，寻找新的兴趣点，或是对挫败耿耿于怀，向父母寻求安慰与帮助。如果孩子选择向父母求助，那么父母一定不能对孩子说"我也没办法""我也帮不了你"之类的话，否则就会打击孩子，对建立和谐的亲子关系也会有负面影响。

在一堂品生课上，老师给学生布置了一项作业，让学生把老师发放的一株植物带回家照顾，并写下观察记录，期末的时候进行考察，谁的观察记录写得好，谁的植物长得最漂亮，谁就能得到老师的礼物。

琳琳得到了一株水仙花。放学后，琳琳特意拉着妈妈跑到花卉市场买来了漂亮的花盆和一些肥料，然后小心地把水仙花移植到新的花盆里。之后，琳琳每天放学回家都会围着这盆水仙转圈，不是浇水就是施肥，希望它能够赶紧长大，开出漂亮的花朵来。

在琳琳无微不至的照顾下，水仙花慢慢长大了，甚至还长出了一个小小的花苞，琳琳开心极了。之后，琳琳便更加用心了。她觉得如果多施一些肥，水仙一定能长得更好，于是，她撒了很多肥料。可是，琳琳发现给水仙增加了肥料后，它反而不那么精神了。之后的某一天，那个还没长大的花苞掉了下来。看着自己费尽心力照顾了那么久的水仙就要死掉了，琳琳非常难过，哭着去找妈妈。

"唉，怎么会快死了呢？琳琳这么用心地照顾它。"妈妈遗憾地说，"是不是因为最近几天温度变化太大了呢？我们一起去问问老师，看看老师知不知道原因，好吗？"

"可是老师肯定会批评我的，因为我快把水仙养死了。"琳琳感到非常担心。

"不会的。"妈妈说，"照顾植物本来就不简单，老师一定能理解你的。既然遇到了问题，就应该积极去找老师请教啊，老师肯定喜欢好学的小朋友。"听了妈妈的话，琳琳放下了心，第二天就去请教老师了。

面对相同的情况，很多父母可能会觉得养死了一盆植物没什么大不了的，孩子来询问怎样解决的时候，父母可能会说："都快死了，我也没办法啊。我知道你很伤心，但是我也不可能让它再活过来啊！"实在被孩子纠缠烦了，就再去买一盆，以图清净。

孩子来向父母寻求帮助，是想要从父母这里得到解决的办法，如果父母总是给出否定答案，无法帮孩子解决问题，孩子就会更伤心，慢慢地也就不会再向父母请教问题，而且孩子可能会认为许多事情一旦陷入了困境，就无法挽回了，也就不会再继续努力。

所以，对于孩子的求助，父母千万不要总是推托，将"我也没办法"之类的话挂在嘴边，而应当积极处理孩子的问题。父母可以先对孩子的处境表示理解和同情，这样孩子起码会感到安慰，也愿意继续和父母交流自己的感受。之后，父母要尽量帮助孩子解决问题。

父母也可以与孩子一起讨论弥补的办法，这样一来，孩子就会发现，很多事情只要认真思考，就能够找到解决或弥补的途径。

总之，父母要谨记："我也没办法"对孩子有着巨大的杀伤力，任何时候都不要轻易对孩子说这句话。父母要试着跟孩子一起面对挫折，应付困境。

没有天生坏孩子，
是父母不懂孩子

去了解孩子的内心世界

教育孩子长大成人是每个父母应该肩负的责任。可是如果不能正确认识自己的孩子，无法了解孩子的内心世界，这种教育便失去了意义。事实上，很多父母不够了解自己的孩子。当孩子做了错事之后，父母总是站在自己的角度去教育孩子，让他们改正错误，结果往往得不到预期的效果。

了解孩子的内心世界

不少父母认为，孩子是自己看着长大的，怎么可能会不了解呢！事实上，父母真的未必了解孩子的内心世界。相信不少家庭都出现过以下这种情况：

"你为什么乱扔玩具？赶紧把它们捡起来。"

"我就不捡。"

"你真不听话。"

"我就不听话。"

当孩子在屋子里乱扔东西，产生了很大噪音，或者因为不小心受了伤大声哭闹时，一些父母会怒气冲冲地跑进房间进行批评；另一些则会温和地将孩子抱在怀中，用轻缓的语气漫无边际地安慰……在这种情况下，父母的最佳做法应该是平心静气地去聆听孩子的心声，说不定他会给你非常吃惊的答复。

每一个孩子都渴望得到父母的理解。父母应该深入了解他们的内心世界，重视他们的情感体验，然后从他们的心理特点出发，寻找行之有效的教育方式，这样才能使孩子更好、更健康地成长。

然而很多父母却因为种种原因不了解孩子的所思所想，也不知道孩子究竟有什么需求。他们不想花费时间走进孩子的内心，当然不能深入洞察孩子的心理。

还有一些父母虽然想要了解孩子的内心世界，却没有采用恰当的办法。对于处于青春期的孩子，这些父母不希望他们在自己面前有隐私，他们认为这是对自己权威的挑战。因此，当孩子不在身边时，他们会偷偷查看孩子的日记本或者乱翻孩子的书包，希望以此了解孩子的内心世界。

嫣然今年 14 岁了，是家里的小公主，父母唯恐女儿受到丝毫委屈，把她的衣食住行安排得妥妥当当。

但是嫣然一点儿也不高兴，因为妈妈管得太严了，她觉得自己没有私人空间。而且每次妈妈和她说话，总是抱着质疑或者询问的态度，而不是心平气和地和她沟通，比如："昨天中午你去哪儿了，回来那么晚？""今天有个男生找你，他是你的同学吗？"……

除此以外，妈妈还经常检查她的房间，偷偷翻看她的日记以及同学给她的来信等。嫣然对妈妈的做法忍无可忍，采取了实际行动进行抗议。她在自己房间的墙上贴了一张纸，上面写着：未经本人同意，不要乱动桌子上的东西。她还买了带锁的日记本，甚至在存放日记本的抽屉外面上了一把锁。为了故意气妈妈，嫣然在接电话时谎称是男同学打来的。妈妈知道后非常气愤，对爸爸说女儿拿她当外人，把她当作小偷来防范。慢慢地，嫣然和妈妈的关系越来越紧张。

父母随便探询孩子的隐私，其实是一种错误的行为。如果孩子没有自己的隐私，就很难形成独立的人格。如果他发现自己的父母在窥探自己的小秘密，很容易对父母失去信任。

开启孩子的心灵之门

（1）经常与孩子交流思想，做他们的良师益友

亲子间的思想交流至关重要，既能够帮助父母更好地了解孩子的真实想法，又能让孩子明白父母的一片苦心，慢慢懂得为父母分担忧愁，为家庭和睦贡献自己的力量。因此，身为孩子的父母，一定要寻找合适的方法和孩子成为朋友，让他们乐于向自己倾诉，敢于分享心中的喜和忧，做好他们的导师。

叶修和妈妈是非常要好的朋友，不管有什么心事，他都乐意和妈妈诉说。有一次，叶修放学后非常不开心，不知道该找谁倾诉苦闷。他正打算出去散散步，刚好遇到了买菜回来的妈妈。于是，他匆匆地跑到妈妈身边，请求妈妈和他到公园散步，妈妈愉快地答应了他。可是一路上他什么都不说，

妈妈知道他不开心，就用俏皮的语气问他："小家伙，你是不是有话要跟我说?"叶修这才慢吞吞地说："妈妈，每个星期五是我们组值日。放学之后，同学们扫完地就走了，他们不愿意倒垃圾，每次都是我一个人清理垃圾，所以我今天又回来晚了。一些同学说我很笨，就连姥爷也这样说。妈妈，我这样做真的很笨吗?""不，妈妈觉得你是一个非常聪明的孩子。""您为什么这样说呢?""因为小叶修是个勤奋的好孩子，不仅热爱劳动，还知道做事有头有尾，比那些半途而废的同学厉害一百倍，妈妈真为你骄傲。"听了妈妈的话，叶修紧皱的眉头舒展开了，欢快地走在公园的小路上。

（2）学会观察子女

了解孩子内心想法的关键是观察孩子。有人说："眼睛是心灵的窗户。"还有人说："言为心声……"孩子的内心想法会通过语言、神情或动作一一表现出来；孩子的课本、练习册、草稿纸上的一笔一画，都是他们内心世界的独白，父母可以借助这些东西进一步了解孩子、理解孩子。在观察孩子的同时，父母也要下意识地观察他们身边的朋友。

（3）尊重孩子的情感，认真倾听孩子的故事

一天的学校生活结束后，孩子会有一些有趣的事情想要分享给父母。即使辛苦工作了一天，父母也应该抽出时间耐心地聆听孩子的故事，并给予真诚的评论和鼓励，因为这是尊重孩子的正确方式。

（4）多方了解孩子内心的世界

想要了解孩子的内心世界，父母可以试着从他的同学、老师着手。如果有必要的话，也可以经常联系孩子同学的家长。

总而言之，简单地关心孩子的生活和学习是不够的，父母还要学会从多个角度观察自己的孩子，并采用多种教育方式，通过言传身教逐渐了解孩子的内心世界，帮助他走向正确的人生道路。

孩子不理父母，是孩子的问题吗

现实生活中，常常可以听到一些父母感叹："孩子长大啦，越来越不愿意和我们说话了。"为什么孩子不爱搭理父母了呢？除了孩子的性格原因，主要因素无外乎父母不了解孩子的内心世界。

父母只关心孩子的学习成绩

子凡是一名初中生，到今天为止他已经半个月没和父母好好说话了。如果有一些话非说不可，他就简单地敷衍几句，这让他的父母头疼不已。

自从子凡升入初中，父母就为他的衣食住行忙前忙后，为了他的学习操了不少心。可是子凡的父母没有想到，他们无微不至的关心反而引起了儿子的反感，从小乖巧懂事的儿子竟然和他们展开了"冷战"。

子凡其实也很苦恼，他觉得父母管得太多了，而且常常不了解他的真实想法就妄下结论。在日常生活中，子凡小心翼翼地跟父母说话，唯恐某句话说错了遭受父母的批评和责骂。他有时候也想表达自己对事物的看法，可是父母总是表现得非常不屑，觉得他只是一个什么都不懂的小孩子。正是因为这一点，子凡对父母产生了抵触心理，他甚至和同学抱怨："我非常讨厌他们将我视为不懂事的小孩，一天到晚只是督促我勤奋学习，干脆把我变成学习机器得了！"面对自己的父母，子凡的话越来越少，他也不喜欢这种"僵持"的状态，可是又没有更好的解决办法。如果父母的教育方式不做调整，子凡就会继续和父母"冷战"。

出现上面这种情况跟子凡内敛的性格有一定关系，可是为什么很多外向开朗的孩子也会这样呢？

天明今年读初二，在学校乐观外向，人缘非常好。可是一回到家里，他就像变了一个人似的，一天到晚沉默寡言。天明其实也很无奈，他不知道如何跟父母沟通。在同学面前，他可以畅所欲言，谈论学习、音乐、电影、游戏……但是跟父母谈论这些，就会出现令他不开心的情形。有一回，天明兴奋地和父母谈论一个游戏人物，却遭到了他们的批评。天明的父母认为游戏有百害而无一利，孩子关心这些会影响学习。

天明感觉自从上了初中，父母对他的态度就跟以前不一样了。上小学时，他常常跟着父母到外面玩，参观了许多水族馆、博物馆、动物园。可是现在他只能在周末参加补课班，就算放了寒暑假，父母也不带他参加任何活动。天明甚至觉得家里的氛围变得很压抑，他好像除了学习什么都不应该做。他非常理解父母的关心，但是很难接受这样紧张的家庭环境。

父母的做法让天明压力倍增，后来他很少再和他们说话了。

子凡和天明的情况很相似，他们二人的感受也差不多。他们的父母没有意识到，过度关注孩子的学习，反而给孩子增加了心理压力。当孩子进入校园后，家长经常围绕学习和他们谈话。大多数家长都迫切地要求孩子考出好成绩，却忽略了孩子心中喜欢的事物，有些父母干脆直接扼杀了孩子的业余爱好。问卷调查显示，将近90%的家长在和孩子聊天时不会谈论孩子的喜好，只注重孩子的学习成绩和在校表现。父母不应该只关心孩子的学习，学习固然重要，但不是孩子生活的全部，他们也有自己的爱好，应该受到尊重；如果父母把跟学习无关的事情看作"不务正业"，孩子就会逐渐失去和父母交流的兴趣。

父母和孩子之间存在代沟

我们都熟悉代沟这个名词，它指的是出生在不同年代的人，在心理状态、生活方式和价值观念等方面存在巨大差别。古往今来，绝大多数家庭都存在代沟，这种现象在现在表现得更为明显。

不久前，有一个同事打电话说，她上初中的孩子在家里越来越不爱说话。即使是在一家人吃饭的时间，孩子也只是闷头吃喝，根本不会主动和父母聊天。吃完饭之后，孩子就匆匆跑回自己房间，经常好几个小时都不出来。

同事谈起这件事时非常难过，她觉得孩子越来越不懂事了。孩子出生之后，她放弃薪资丰厚的工作，在家里全心全意地照顾他。眼看着孩子长大成人，却越来越不爱和父母说话，她觉得母子之间好像隔了一座山，心里很不好受。

我问同事是不是孩子最近心情不好，也许过几天就好多了。同事叹着气说她的孩子跟朋友打电话能聊好几个小时，好像肚子里有说不完的趣事，常常捧腹大笑，令她羡慕不已。

亲子之间常常会存在代沟，身为孩子的父母，必须先查明为什么会产生代沟，然后采取对应的方法和孩子耐心交流，这样才能很好地解决问题。

为了充分了解孩子，父母应该试着接受一些新思想，不可固执地认为大人的观点一直正确。只有学会理解孩子的想法，才能更好地教育孩子。

孩子的发言权总被剥夺

少羽今年15岁，正在读初中。少羽的爸爸是个心直口快的人，非常喜欢表现自己。只要在场的人超过两个，少羽的爸爸一般都会成为主角。少羽的爸爸还有一个坏毛病，就是非常爱抢话，别人一句话还没有说完，他就硬生生地打断。尤其是跟少羽聊天，几乎从来不给少羽说话的机会。每当少羽想要表现自己时，他爸爸就非常不屑地说："你知道什么！"或者干脆否定他的说法。

有时候，同学会来家里玩，当少羽和同学谈论一些趣事时，少羽的爸爸总是抢着说话。哪怕家里来了客人，询问少羽的学习情况，少羽的爸爸也要插嘴进来，热情地和客人聊起来，把少羽晾在一边。久而久之，少羽觉得很自卑，变得越来越不喜欢说话了。

后来，当父母和少羽说话时，他不乐意搭理，最多说一个"嗯"。少羽的变化让父母感到很奇怪，他们想好好和儿子聊一聊，可是少羽始终沉默寡言，他们不知道如何是好。

有人说："父母话太多，小孩子口才就不好。"从少羽的事例可以看出，这句话有一定道理。

每个人都想将自己内心的想法表达出来，少羽的爸爸可能没有意识到，他的超强表现欲影响了儿子的正常表达。少羽之所以变得沉默寡言，主要是因为父亲不尊重他的发言权。当孩子想要发言时总被打断，他的交流欲望就会逐渐减弱，所以才会变得沉默寡言。因此，父母的表现欲太强，也是导致孩子不爱说话的一个原因。

孩子不爱搭理父母，父母不应该怪孩子，更应该从自己的身上找原因。找到原因后，父母应该努力想办法克服与孩子之间的沟通障碍，并努力增强孩子的交流欲望。

家长可以参考下面这些方法：

（1）紧跟"孩子社会"的发展步伐

一些父母总觉得自己是从孩子时代过来的，对孩子的想法了如指掌。可是现在的孩子整天面对先进的网络世界、丰富的娱乐生活，跟父母的童年时代有着云泥之别。为了更好地了解孩子、教育孩子，父母要努力学习新知识、接触新世界。例如，在业余时间多上上网，查一查孩子喜欢什么；陪孩子看看电视，寻找沟通的话题……如果孩子把你当作知心朋友，他还会不想和你聊下去吗？

（2）不要对孩子期望过高

对孩子期待过高，很容易引起孩子的反感。从现实中的大量实例可以看出，大多数好学生不是家长逼出来的，而是在良好的家庭环境中培养出来的。想让孩子成功有两个必要条件，一个是良好的成长环境，另一个就是天分。牛顿和爱因斯坦只满足上面一个条件，但是他们仍然成功了。而且学习不好的孩子不一定不优秀，他们可能有其他天分，等待父母去发现和培养。

（3）给孩子留一定的个人空间

家长务必注意，要学会给孩子留一定的个人空间，不要将自己的观点强加给孩子。哪怕是情同手足的朋友，也要有自己的自由空间。青春期的孩子处于成长的十字路口，需要的是父母的正确指引，而不是一味地替他们做主。随着年龄的增长，他们会逐渐明白很多道理。父母应该鼓励孩子表达自己的想法，这是让孩子变得自信开朗的好方法。

给犯错的孩子一个辩解的机会

孩子犯了错，父母不要急于责骂孩子，要先听一听孩子的说法，给孩子辩解的机会。

晨晨上小学二年级，是个调皮的男孩。

一天，晨晨的父母接到晨晨班主任的电话，让他们去一趟回校。晨晨的父母到学校后，才知道晨晨居然和另一个小男孩打架了。

爸爸当时很生气，指着晨晨就大声斥责道："你怎么小小年纪就学会打架了！赶快去道歉，说你错了。"

晨晨没有动，低声说了一句："我没错，我才不给他道歉。"

爸爸更加生气了，拽着晨晨去道歉，晨晨反抗着，委屈地哭了起来。

晨晨妈妈马上制止了晨晨爸爸的行为，她将晨晨带到一旁，为他擦了擦眼泪，然后轻声问道："妈妈可以问问你，你到底为什么打同学吗？"

晨晨说："他抢走了我的卡片，我收集了好久的，有十几张呢！我让他还给我，他就是不还，还嚣张地说'我就是不还，你能怎么样'。所以我就生气地和他打了起来。妈妈，我只是想夺回卡片。"

妈妈听了晨晨的解释，说道："他抢走你的卡片是他不对，妈妈去让他给你道歉并将卡片还给你。不过，晨晨，你可以用其他方法来让他归还卡片，比如请老师帮助。打架是不对的，因为是你先动的手，所以你需要和他道歉。好不好？"

晨晨点点头。

妈妈又说："晨晨，你要答应妈妈，以后都不能轻易动手打人了，遇到事情要想其他解决办法。"

晨晨再次点点头。

最后，两个小伙伴互相说了"对不起"，然后和解了。

案例中，晨晨爸爸和妈妈的做法值得反思。显然，晨晨爸爸的做法是不合适的，很多孩子并不是存心想要惹事，如果不听孩子解释就责骂，那不仅起不到教育作用，还会伤害孩子的心。

给孩子辩解的机会，不管他是强词夺理还是真有委屈，先听他把话说完，然后再决定是否惩罚，以及该采取什么方法。如果孩子完全是强词夺理，犯的错也十分严重，那么父母就要严厉教育，让孩子深刻认识到错误，能自觉反省和改正。如果孩子犯的错情有可原，那么父母要先想办法安慰孩子，化解孩子愤怒的情绪，再温和地指出孩子的错误，让孩子心服口服。美国第一任总统华盛顿的父亲就是这样做的，他惩罚孩子之前，都会听一听孩子的申辩，如果孩子的理由正当，且完全出于好的目的，那么他不仅不会惩罚孩子，还会嘉奖孩子。

听孩子申辩是教育孩子十分重要的一种方式。犯错而不许辩解，或者只要辩解就加以训斥和惩罚，这种教育方式只会在孩子心中留下"以强欺弱""弱者只能屈服于强者"的印象。长此以往，很容易影响到孩子的心理健康，让孩子变得沉默寡言和自卑。

听孩子辩解，也是尊重孩子人格的体现。虽然在家庭中父母对孩子起着教育的作用，但孩子也有独立的人格，父母无权随意打骂孩子，更不能做专制和蛮横的家长。

对待犯错的孩子，父母一定要明确一点，即以理服人。只有给孩子讲明白错在哪里，孩子才能真心改过，而厉声责骂和威胁恫吓却很难达到这样的目的。

想一想孩子为什么会"顶嘴"

小辉是个 6 岁的男孩，嘴巴非常厉害，大人都常常说不过他。

有一天下午，小辉到邻居小旭家里去玩，直到晚饭时也没回来。爸爸就到邻居家找他，可他当时玩得正在兴头上，不肯回家。爸爸劝了几句就失去了耐心，强行把他拉回了家。一路上，小辉大哭不止，问爸爸："为什么我每次都要听你的，你却一次都不肯听我的？凭什么你说的就是对的，我说的就都不对！"这些话问得爸爸都不知道该怎么回答。

随着孩子逐渐长大，他们有了自己的思想，不再像小时候那么服管了，与父母顶嘴的现象常有发生。孩子们为什么会频频喊"不"呢？家长们不妨试着站在孩子的角度想一想原因。

一般来说，孩子顶撞父母大致有以下几种原因：

（1）父母一意孤行，不理会孩子的意愿

比如孩子正玩在兴头上，父母让他立即停下来去做作业；孩子不喜欢拉小提琴，父母硬逼着他苦苦练习等。父母不在乎孩子的意愿，孩子自然会反抗。

(2) 家庭氛围不民主

有些父母一味在孩子面前树立家长的威严，不允许孩子说出半个"不"字。然而随着孩子长大，孩子逐渐表现出独立性，父母如果干涉太多，孩子就会心生不满，就容易与父母顶嘴。

(3) 父母平时对孩子溺爱

父母如果对孩子溺爱，孩子就会变得很任性，没有规矩，不懂礼貌，天不怕地不怕，心中不尊重长辈，自然就会随意顶嘴。父母如果不能及时纠正孩子的这种行为，孩子总有一天会自食恶果。

(4) 父母平时不注意自己的言行

父母平时在家中不注意自己的言行，因为一些小事与家人吵架，和自己的父母顶嘴，这会对孩子产生潜移默化的不良影响。

孩子顶嘴是一种常见的现象。面对爱顶嘴的孩子，父母具体应该怎么办呢?

(1) 认真分析孩子顶嘴的原因

一旦发现孩子爱顶嘴了，父母首先应该寻找原因，不要轻易责备孩子。不讲方式、不分场合地斥责孩子是一些父母的通病。有些批评听起来十分刺耳，而且不完全正确，这会很伤孩子的自尊心，使孩子埋怨父母。所以批评孩子前先要弄清缘由，批评孩子也要有道理，把话说到点子上，而且批评时，要注意语气和场合，这样孩子才会心甘情愿地接受。

如果孩子有什么困扰，父母要真心帮助他们解决。这样，孩子就没有理由再与父母顶嘴了。

（2）保持平和的态度，控制自己的情绪

处理孩子顶嘴的问题，父母必须保持平和的态度，控制好自己的情绪。

比如，你让孩子把玩完的玩具收拾好，孩子说"我有权决定什么时候收拾玩具"，妈妈可以先停止说话。等双方都冷静下来之后，妈妈再和孩子说："把玩完的玩具收起来就像吃完饭菜以后收拾碗盘一样，这是个好习惯，妈妈希望你立即收拾玩具，你觉得这是没有道理的吗？那么你希望什么时候收拾玩具呢？"记住，在你平静下来之前，别说太多话，不然只能徒增争吵。

（3）多与孩子沟通，站在孩子的角度想问题

父母同子女之间的关系是通过对话形成的。孩子顶嘴时，父母一定要认真倾听孩子的话，用平等的态度与孩子对话，学会换位思考，站在孩子的角度去想问题，使孩子感受到父母的关爱、开明和智慧，这样孩子也就不愿意去顶嘴了，而愿意接受父母的意见。

大人说话，孩子真的不能"插嘴"吗

生活中，不少家长都有这样一个错误的认知，那就是孩子还小，什么都不懂，说不出有价值的话来。所以父母常常不给孩子发言的机会。当孩子勇敢地站出来发表意见时，父母会觉得孩子是在添乱，往往用一句"别插嘴，你根本不懂，一边玩去"就把孩子打发了。

俗话说"人小鬼大"，孩子未必什么都不懂，有时候孩子甚至可能比大人还要聪明、仔细。比如：父母因为工作忙忘了爷爷奶奶的生日，孩子有可能会提醒；大人出门的时候忘了带什么东西，孩子可能会记得。

妈妈翻箱倒柜要找一件东西，但找遍了房间也没有找到，因为急着用，妈妈心急如焚。

儿子一楠问："妈妈，你在找什么？"

妈妈没好气地说："跟你说了也没用，你又不知道在哪里？"

一楠说："反正你也找不到，就告诉我呗，说不定我就知道呢。"

妈妈说："就是那本《博物》杂志。"

一楠马上说道："不是让小姨拿走了吗？"

此时，妈妈一拍脑门说："哦，对啊，我完全忘了这茬！"

当家里要讨论什么事情的时候，不妨也让孩子发表一下自己的意见，说不定会有意外的收获。而且这也是培养孩子独立分析问题、解决问题的能力的最好时机。

小雅的家里要添置一套藤编桌椅，爸爸妈妈带着她一起去逛家具城。店里有许多不同颜色、不同款式的藤编桌椅可供选择，爸爸妈妈也有点儿挑花了眼。这时候爸爸妈妈便问小雅有什么意见。小雅喜欢一套白色的。爸爸妈妈左看右看，觉得这套白色的单看的确很好看，但是跟家里客厅的装修风格不搭，而且放在客厅不够大气，倒适合放在卧室。于是爸爸妈妈把这些理由详细地和小雅说了，并让小雅按照自家客厅的风格再选一套。这次小雅选了一套原木色的，爸爸妈妈都觉得非常合适，就决定听小雅的了。

小雅父母的做法可以让孩子增加知识，学会生活，增强自信。

如果是跟孩子自身有关的问题的讨论，那么更应该让孩子参与了。例如，每月该给孩子多少零花钱，孩子犯了错误应该怎样处置等，因为这里面有孩子自己的意见，一般来说他会自觉遵守。

让孩子参与家庭问题的讨论，帮忙解决一些家庭问题，对孩子来说是好事情，家长应该给孩子这样的机会，让孩子从中增长见识，提高独立思考的能力，培养责任感。

06
PART SIX

第六章

打开耳朵，去倾听
孩子的声音

掌握倾听技巧，做最好的聆听者

儿子放学回家后一脸愁容，细心的妈妈发现了，立刻停下手里的工作为儿子解忧："是不是不开心啊？谁惹你生气了？"儿子抬头看了一眼妈妈，嘬着小嘴欲言又止。妈妈摸了摸儿子的头说："有什么事就大胆说出来，妈妈不仅是你的长辈，也是你的好朋友。"

儿子虽有些犹豫，但还是轻声地说："是数学老师。"妈妈疑惑地问："竟然是数学老师让你不开心了，快和妈妈说说究竟是怎么回事。"儿子说："下午上数学课，老师叫我站起来回答问题，我离黑板比较远，将'7+1'看成了'1+1'，结果就算错了。老师一点儿面子都不给我留，当众指出了我的错误，害我被同学们笑了好久。我可是男子汉呀，这样多没面子！"他一边说，一边用手拍了拍自己的小胸脯，显得非常可爱。

妈妈说："原来是这样啊。你既然是男子汉，就应该大度一些啊。"听了妈妈的话，儿子想了想，表情由阴转晴，恢复了平常的调皮样子，然后说："我明白了，男孩子不应该这么小气，我去写作业了。"然后，儿子朝自己的房间走去，没过多久又跑了回来，羞涩地对妈妈说："谢谢妈妈听我说话。"说完，他开心地跑到了自己的房间。

许多孩子都是这样，虽然平时喜欢调皮捣蛋，但也有不开心的时候，会把烦心事憋在心里。如果妈妈愿意倾听，孩子就会将心事讲出来。当他们把心里的烦恼讲出来后，心情会立刻变好，逐渐恢复往日的健康状态。

身为孩子的父母，不仅要理解孩子的想法，还要理解孩子为什么这样想。父母不仅是孩子的第一任老师，同时也是孩子最亲密的朋友。因此，在和孩子交流时，父母不要总是以长者的身份自居，只知道滔滔不绝地教导，而是要学会做优秀的倾听者。在孩子遇到烦心事时，耐心倾听孩子的话，为孩子排忧解难。

那么，父母具体应该怎样做好聆听者的角色呢？以下是一些建议：

（1）以认真的态度倾听孩子说话

在倾听孩子说话时，父母应该格外重视倾听的态度，它比倾听技巧更加重要。根据心理学研究，当别人对我们说话时，我们通常能保留的信息只有四分之一。换句话说，如果我们没有认真倾听别人的话，很多信息就会因此被漏掉，倾听也就失去了效用。

举例来说，孩子放学回家后，有些家长会问："今天在学校过得如何？"这个问题非常有意义，它能体现出家长对孩子校园生活的关心，同时也在暗示孩子，如果他愿意分享校园生活中的喜与忧，家长会感到很快乐。

但是如果家长在提这个问题时还在忙着做其他事，比如看电视、玩手机、做家务等，孩子很有可能会产生误解。从孩子的角度来看，家长提问题就是随口一说，仿佛在告诉他："我没有多少时间，你简单地告诉我校园生活怎么样就行了，我还忙着看电视……"而且，这种提问方式也会让孩子感到疑惑：为什么爸爸妈妈不愿意将自己今天的情况告诉我，却一直询问我的情况呢？由于父母的倾听态度不够好，孩子往往会说"没什么""还行吧"或者"就那样"一类的话，让父母既惊讶又气愤。

父母一心一意地关注孩子，哪怕只是短时间的关注，也会让孩子非常欣喜。因此，父母应该适当地放一放手中的工作，抽出一些时间来陪孩子坐一坐，问问孩子今天遇到了哪些趣事或者烦心事，然后全神贯注地倾听孩子讲话，好像这就是世界上最紧急、最重要的事情。如果父母这样做了，孩子就会感受到父母真诚的关心，并乐于向父母倾诉。

（2）用孩子的心去感受世界

孩子眼里的世界和成人眼里的世界是不同的，他们看到的一切都富有童趣。例如，他们会认为毛绒玩具是有生命的，小乌龟会生气，小花和小草会微笑，太阳和月亮可以对话，小白兔是可爱的小妹妹……父母在倾听孩子说话时，要学会站在孩子的角度去认识世界、感受世界，了解孩子的喜怒哀乐。这样能够充分理解孩子的想法，有利于沟通。

（3）保持放松的状态

父母在聆听孩子说话时，要尽量保持放松的状态，千万不要摆出双臂交叉一类的动作，让孩子觉得父母高高在上，心里有话不敢说。

（4）保持安静

当孩子说话时，父母要尽量保持安静，不要随意插嘴，打断孩子的思路。

（5）保持冷静

父母保持冷静是保证倾听顺利进行的一个重要条件。如果孩子讲述的内容或观点让父母不满意，或者孩子在说话时无意间冒犯了父母，父母千万不要立刻反驳、责骂孩子。如果父母实在控制不住自己的情绪，不妨做几个深呼吸，或者直接告诉孩子自己心情不太好，中断沟通，另找合适的机会继续对话。

（6）回应

父母要让孩子感受到自己一直在认真倾听，而不是他一个人自言自语。当孩子说话时，父母可以用一些简洁的词语表现自己在听或者理解他的意思，例如："嗯嗯。""我明白。""你的想法很特别。"这些话在成人听来可能有些啰唆，但是对孩子来说意义重大，他们会觉得这是一种鼓励，从而更加愿意表达自己内心的想法。

父母也可以用表情变化来回应孩子。孩子非常希望自己的言行使大人感到吃惊，他们觉得把大人吓到可以证明自己很厉害。因此，在和孩子互动时，父母可以保持微笑，适当地表现出吃惊的样子。

（7）复述和总结

当孩子讲述完某件事之后，父母可以引用他的原话或者某些词进行复述。例如："你刚才说同桌不喜欢你，是因为你弄脏了她的衣服？"父母也可以总结孩子的话，明确孩子所表达的意思。例如："你的意思是说本周末不想参加书法课，想去参观动物园，对吗？"复述或者总结能帮助父母确定是否理解孩子的真实想法，有没有产生误解，还可以传递给孩子这样的信息：父母正在认真地听我讲话，在尝试理解我，我应该好好地和他们说说心里话。另外，复述或者总结还可以帮助孩子澄清自己的想法。很多时候，孩子说话都是带着不良情绪的，当他和父母倾诉之后，这些不良情绪可能已经宣泄得一干二净了，这时孩子就会澄清自己刚开始的想法。例如：

父亲："你昨天跟我说再也不想和小海玩了，因为他故意弄坏了你的玩具车，是不是这样？"

儿子："他总是粗心大意的，一点儿都不爱护别人的东西，我讨厌他！"

父亲："就因为他弄坏了你的玩具车，所以今天他来找你玩时，你故意拒绝了他?"

儿子："刚才我是这么想的，但是现在我认为自己做得不对。他昨天故意弄坏我的玩具车，是因为我先给他起了难听的外号。"

复述和总结的好处显而易见，如果这位父亲和儿子讲一堆大道理，孩子未必会听得进去，而且会影响亲子关系。

总之，家长要掌握正确的倾听技巧，用心聆听孩子的心声，做一个优秀的聆听者。不过父母一定要明白的一点是，倾听孩子不等于完全接受孩子的所有想法。如果发现孩子的观点或想法有误，在他们表达完之后，一定要及时纠正。

"我说你听" 的教育方式早落伍了

晓敏今年上小学四年级，期末考试成绩公布了，妈妈到学校参加家长会。班主任称赞晓敏学习努力，又考了年级第一，可是晓敏妈妈却一脸愁容。她对班主任说："晓敏现在越来越不爱说话了，连开家长会都是我听邻居说的。以前她有什么事都愿意和我说，现在我鼓励她说她都没几句话。有时候我和她爸爸多问几句，她就觉得厌烦。她周末在自己的屋子里一待就是两天，整天也说不出几句话，我们很担心她患了什么心理病。"班主任问："她和其他人也这样吗？"晓敏妈妈说："这倒没有，她和同学非常能说，常常拿起电话就放不下，让我们羡慕不已！"

班主任说："我把晓敏喊过来，我们一起听一听孩子的心里话。"

晓敏拿着成绩单过来了，她刚开始支支吾吾地不愿意说，后来在班主任的鼓励下讲出了心里话。她很喜欢和同学聊天，不管是在学校遭受了委屈，还是学习遇到了问题，同学都会耐心地听她讲，而且同学会告诉晓敏他们也遇到过同样的问题。可是如果晓敏把这些告诉了父母，父母就会急切地问她："你又在学校惹什么麻烦了？"如果她解释是老师冤枉了她，父母会不屑地说："你肯定在说谎，老师怎么可能会冤枉人？"而且父母还拿她以前犯的错误说事，一说起来就没完没了，让她更加委屈。晓敏本想得到父母的安慰，没想到却遭到训斥，所以越来越不想和父母说话了。

所有家长都想了解自己的孩子，可是总是用"我说你听"的方式教育孩子，反而对亲子沟通产生了不利影响。很多父母认为，孩子走的每一步都离不开父母的引导和教育，所以他们总是以长者的姿态对待孩子，甚至将孩子的倾诉视为叛逆行为。正因为如此，父母不能听到孩子的心声，即便引导和教育得再多，也未必是孩子真正需要的。孩子将来朝什么方向发展，这不是父母能完全决定的，应该由孩子自己选择。父母应该多倾听孩子的真心话，了解孩子的真实需求，在关键时刻提供指导。

倾听的艺术在于听而不是说，父母应该牢牢记住这个道理，多给孩子倾诉的机会，让孩子感受到父母的理解和尊重。

接过孩子抛来的球

　　在意大利北部，有一座名叫瑞吉欧的小城镇。自 20 世纪 60 年代以来，当地幼教工作者努力发展学前教育。经过多年的艰苦创业，这座默默无名的小城镇已经享誉世界，其学前教育被誉为"全世界最好的学前教育"。

　　这座小镇有一句名言："接过孩子抛来的球。"意思是要努力理解孩子们的真实想法，感知他们对世界和未来的看法，更要耐心、平和地和他们交流，倾听他们的真实心声。

　　事实上，在现实的生活中，绝大数孩子并没有诉苦的机会。仔细观察孩子周围，其同学或者玩伴往往都是独生子女，具有很严重的以个人为中心的倾向，大多不知道如何劝导别人。因此，就算孩子把心中的烦恼告诉了同学或者玩伴，他们也难以给出合适的安慰或建议。如此说来，孩子只能向自己的父母吐吐心中的苦水了。假如一个孩子从来不向父母倾诉内心的烦恼，那么孩子的父母在教育方式上必然有问题。认真思考一下，为什么孩子有心事不愿意和父母说？是不是父母对他要求太严格，以至于他不敢吐露心声？只要父母弄清楚这些问题，就能理解倾听孩子的心里话何其重要了。

小刚是家里的独生子。一到晚饭时间，小刚就饶有兴致地和妈妈谈论他在学校的见闻，比如：今天班主任又在班里批评或表扬了哪位同学；他们田径场周围的鲜花全部盛开了；他的同桌阿华又偷偷在女同学的文具盒里放了毛毛虫；他上周的外语测试考了第一名……小刚坐在椅子上滔滔不绝地说着，他的妈妈则兴致勃勃地听着，从不感到厌烦。

很多父母认为，孩子不应该在吃饭时说那么多话，可是小刚的妈妈却不这样想，她觉得认真倾听孩子说话是尊重孩子的表现，甚至比吃饭都要重要。试想一下，假如孩子兴高采烈地和你说话，告诉你一些他觉得非常有趣的事情。可是你根本不愿意听，还接二连三地打断他，可想而知孩子是多么伤心。换位思考一下，如果父母受到这种对待，即便心理承受能力很强，也很讨厌被人忽视的感觉吧！

在教育孩子的过程中，懂得认真倾听孩子讲话是亲子沟通的前提。不能因为孩子年纪小就不尊重他们，每个人都需要获得他人的认可，才能活得更有意义。

假如我们毫不在乎孩子的倾诉，他们内心的悲喜就无法表达，久而久之会变得失落、沮丧和烦闷，甚至对生活产生悲观情绪，不再积极地获取知识。

一天傍晚，小唐刚回到家就把书包打开了，兴奋地从里面拿出了一幅画。爸爸看后非常诧异，因为小唐把一个太阳染成了绿色，而且还给太阳披上了围巾、戴上了帽子。于是，爸爸疑惑地问小唐："你画的是太阳吗？太阳不是这样子吧？"小唐解释说："我画的当然是太阳啦！这是冬天的太阳，因为冬天非常冷，我为太阳公公披上了围巾、戴上了帽子。它之所以是绿色的，是因为我想让地球充满绿色。""儿子，虽然你的想象力很丰富，但是太阳应该是红色的，绿色的太阳是不存在的。"爸爸一边说，一边把画轻轻放到了床上。听了爸爸的话，小唐心里很难过，他撇着嘴拿起了那幅画，低着头走进了自己的房间。

童心世界是五彩缤纷的，任何能让孩子感兴趣的事物，都可以引发他们的奇思妙想。假如小唐的爸爸能够用欣赏的眼光看待"绿色的太阳"，理解并赞赏小唐的想法，那么一定会让小唐变得无比自信和积极。

倾听是父母对孩子表示关怀的有效方式，是了解孩子内心世界的主要途径。父母应该花费时间真诚地去倾听孩子的心声，并时刻注意孩子的言行，从言行中捕捉他们的情绪和想法。当父母一步步地通过倾听走进孩子的内心时，父母也便成了孩子倾诉心声的"朋友"。

孩子需要的是反应性倾听

倾听是种净化心灵的艺术。当一个人走到了人生的低谷，心情惆怅烦闷、委屈痛苦的时候，也许你认真倾听他的诉说、简单重复其内心感受，就能舒缓他的不良情绪。我们把这种"净化心灵"的倾听方式称作"反应性倾听"。

如果父母想和孩子良好沟通，也可以采用这种反应性倾听的方式。具体做法就是简单扼要地重述孩子的感受和导致这种感受产生的原因。反应性倾听可以让孩子有一种被理解的感觉，这样一来，不愉快的事情给他带来的伤害就会得到一定程度的抚慰，其内心承受的压力也会有所缓解。另外，反应性倾听也可以帮助孩子增强对自己的情绪及行为的控制能力，这对他以后的人生具有重大的帮助。同时，父母的反应性倾听还能促进亲子关系朝着良性的方向发展，这对以后的亲子沟通大有裨益。

虽然反应性倾听对家庭教育具有诸多好处，但是很多父母在听孩子讲话时，并不能做到这一点，这就导致了亲子沟通的失败。来看下面这则案例：

大伟："我很不喜欢我们的班主任，每次调座位他都把我安排在最后一排。"

爸爸："为什么?"

大伟："只有学习好的同学才能坐到好位置，而我每次只有羡慕的分儿。"

爸爸："谁让你学习成绩不好，长得还高。平时让你多用功，你就是不肯，这下后悔了吧!"

大伟："真烦，每次你都觉得问题出在我的身上。"

上面的例子中，爸爸说："谁让你学习成绩不好，长得还高。平时让你多用功，你就是不肯，这下后悔了吧!"这是一种埋怨型反应。在父母身上，出现频次高的除了埋怨型反应，还有指示型反应、安慰型反应、援救型反应。比如："你应该告诉你的班主任，你的眼睛高度近视，这样能争取到靠前一点儿的位置""我相信只要你认真学习，下次一定能考个好一点儿的名次，得到一个好的座位""我这就找你们班主任谈谈。这种'唯分论'的老师太可恶了，这对你不公平。"

上面的四种反应其实都不是帮助孩子解决问题的最佳方法，有些不当的反应还会刺激孩子彻底关上与父母交流的心门。聪明的父母会通过反应性倾听来帮助孩子：

爸爸："看样子班主任确实让你很不高兴，因为他总是把你安排在最差的位置。"

大伟："可不是吗? 其实我也想好好学习，可是距离黑板那么远，有的时候我都看不见上面写的字。"

爸爸："你很想挑一个靠前点儿的座位，可是因为成绩不突出，导致老师忽略了你。"

大伟："是啊，也许我应该好好学习，争取拿个好分数，让老师瞧瞧，这样他才能重视我。"

从上面的对话中，可以进一步了解到：反应性倾听其实就是把孩子表达的观念或者情感接收过来，然后再反应回去，这是对孩子的一种尊重。虽然父母不一定会认可孩子的观点，但是这种倾听方式却给了孩子一种"爸爸/妈妈愿意真诚地了解我的内心感受"的满足感和踏实感。这为双方以后的良性沟通奠定了一个好的基础。

作为父母，要想运用好反应性倾听，需要注意以下两个基本要点：

（1）听孩子讲话，神情要专注

这是对孩子起码的尊重。如果父母一边听孩子说话，一边手里干着别的活儿，或者边走动边倾听，或者背对着孩子倾听，完全没有眼神的接触，那么孩子会觉得父母对他说的话毫不在意，这样会大大打击孩子说话的积极性。

（2）做出开放式的反应

听完孩子表达的内容，家长一般有两种反应，一种是"封闭式"，一种是"开放式"。封闭式的反应说明父母没有理解孩子所讲的内容，而开放式的反应则正好相反。

孩子："我同桌上星期说今天要和我一起去河边玩，结果却爽约了，真让人伤心！"

封闭式反应："是啊，人生本来就有很多事情无法预料，你习惯就好。"

开放式反应："你感觉很难过，因为他不重视对你的承诺。"

通过对比可以看出前者没有理解和接纳孩子的感受，好像孩子怎么想并不是很重要，这样会让孩子产生被拒绝的感觉，很容易让交流陷入僵局。而后者则承认了孩子的感受，表达了对孩子感受的理解，这就容易激发孩子的交流欲望，使父母深入了解孩子的所思所想。

因此，作为父母，在与孩子沟通的过程中，最好在聆听孩子心声的同时做出开放式反应，这样才能使亲子交流变得更加顺畅。

扮演好听众的角色

　　每个孩子在讲话的时候都希望别人能认真倾听，并且希望倾听者对他的话感兴趣。父母一定要明白这一点，并在与孩子沟通时扮演好倾听者的角色。如果父母对孩子的话不理不睬，那么孩子就会心灰意冷，备受打击。

　　一天，珍珍兴高采烈地回到家，她的书包里装着一个大大的笔记本，她要和爸爸分享一个好消息。

　　情景一：

　　"爸爸，爸爸，您能猜到我书包里装着什么特别的东西吗？"珍珍故意把书包捂在怀里，让爸爸猜。

　　"猜不到。"爸爸很不在意地回答。

　　"好吧，我给您看一看。"说着，珍珍从书包里掏出一个大大的笔记本。

　　"是一个黑色的笔记本呀。"爸爸随口说。

　　"这可不是普通的笔记本哟，是我们老师奖励的。我上个学期成绩进步很大，所以老师才发给我的。"珍珍解释道。

"哦，就算是老师奖励的，那也只是普通的笔记本啊，又不是电脑笔记本，有什么值得高兴的？"爸爸轻描淡写地说。

看到爸爸对她的奖品丝毫不感兴趣，珍珍很沮丧地回到自己房间。

情景二：

珍珍把笔记本藏在书包里，故作神秘地让爸爸猜。

"是……一本新书？"爸爸试着猜。

"不是啦，您再好好想想。"

"是……一支钢笔？"爸爸想到女儿非常喜欢用钢笔写字。

"也不是啦！哎呀，给您看吧。"珍珍把笔记本从书包里拿出来。

"原来是笔记本呀。"爸爸一副恍然大悟的样子，继续说，"不过看你神秘兮兮的，我猜这个笔记本肯定不一般。"

"嗯，这正是我想跟您分享的好消息。"珍珍高兴地说道。

"好消息？那我更得好好听一听啦。"爸爸也一脸兴奋地说道。

"因为上个学期我的成绩进步很大，所以老师特意发了这样一个奖品奖励我。您能猜到老师颁发奖品的时候是怎么夸我的吗？"珍珍异常兴奋地说道。

"怎么夸你的？快跟爸爸说说。"爸爸饶有兴致地说。

　　"我们老师说，我一下子从中等生变成了优等生，这是一个很大的进步，他号召大家都向我学习呢……"珍珍兴高采烈地讲了起来。

　　在情景一中，当孩子眉飞色舞地拿着笔记本让爸爸猜，并准备告诉爸爸一个好消息时，爸爸淡然的反应一下子浇灭了孩子想要交流的热情，最后孩子闷闷不乐地走开了。

　　在情景二中，爸爸不仅配合孩子猜来猜去，而且还对孩子的好消息充满了期待，这种积极回应的态度让孩子谈兴大发，因此她滔滔不绝地向爸爸讲起了事情的来龙去脉。

　　同样的一件事，爸爸采用完全不同的两种回应方式，得到了两个截然相反的结果。这就告诉我们，在倾听的过程中，是否对孩子的话表现出浓厚的兴趣直接关系到双方互动交流的效果。

　　因此，父母要想与孩子进行良好的思想交流和情感沟通，就要在孩子面前树立一个乐于倾听的听众形象，对孩子的话表现出兴趣。

　　为了表现对孩子所讲话题的浓厚兴趣，父母可以添加一些简单的附和性语言，比如"真的吗""这太不可思议了""快说，后来怎样了"等话语。父母还可以偶尔表达一下自己的意见和看法，或者提出一些困惑和问题，例如："这个结果真的让人始料未及，如果我遇到这样的事情，我会……""这个事情的结果还算令人满意，但是中间有些细节做得不是很到位，你觉得呢？"

此外，父母可以调节回话的语调、语速和节奏等。比如，当孩子讲述一件令人激动的事情时，父母可以用激昂的语调、兴奋的神情、稍微夸张的语气回应孩子，这样更能激发其表达的欲望。

GOODPARENTSGOODTEACHERS

好父母，好老师

没有教不好的孩子
只有不会教的父母

青　影　杜慧丽 编著

北方妇女儿童出版社

图书在版编目（CIP）数据

好父母，好老师 / 青影，杜慧丽编著 . -- 长春：
北方妇女儿童出版社，2020.8（2021.12 重印）
ISBN 978-7-5585-4621-1

Ⅰ . ①好… Ⅱ . ①青… ②杜… Ⅲ . ①家庭教育
Ⅳ . ① G78

中国版本图书馆 CIP 数据核字 (2020) 第 158411 号

好父母，好老师
HAOFUMU HAOLAOSHI

出 版 人	师晓晖
责任编辑	国增华
封面设计	书虫文化
开　　本	880mm×1230mm　1/32
印　　张	32
字　　数	632 千字
版　　次	2020 年 8 月第 1 版
印　　次	2021 年 12 月第 3 次印刷
印　　刷	阳信龙跃印务有限公司
出　　版	北方妇女儿童出版社
发　　行	北方妇女儿童出版社
地　　址	长春市福祉大路 5788 号
电　　话	总编办：0431-81629600
定　　价	176.00 元（全 8 册）

前言

　　父母是孩子的朋友，是孩子的老师，是孩子的引路人，是孩子一生中最不可替代的教育者。巴金先生曾说："孩子们变好或变坏和他们受到的教育有关，有句话叫'先入为主'，所以父母是孩子的第一个老师，不能把一切推给学校。帮助孩子健康地成长，所谓培养、所谓教育，不过是这样一句话。我们希望子女成龙，首先就要尽父母的职责。"

　　当您看到别人洋溢着幸福笑容赞美自己的孩子时，当您看到孩子学校里那些出类拔萃的小同学时，羡慕之余是否会感叹："要是我家的孩子也这么优秀该多好啊！"其实，您的孩子也很优秀……

　　孩子就像一张白纸，这张白纸上会用什么样的颜色来打底，基本取决于其父母给他什么样的基础。很多家长都期望自己的孩子成龙成凤，出人头地，建功立业。但现在许多父母在如何教育孩子的问题上，仍摆脱不了传统观念的束缚，使孩子无法健康成长。他们没有明白"只有失败的教育，没有失败的孩子"这句话的含义，而一味地把自己的思想强加给孩子，从不考虑这是否适合孩子的个性和天赋条件、自身特点。爱尔维修曾说过："即使是最普通的孩子，只要教育得法，也会成为不平凡的

人！"爱因斯坦也说过："孩子生来都是天才，往往在他们求知的岁月中，是错误的教育方法扼杀了他们的天才。"

对孩子来说，家庭是其人生的第一站，是人生的第一所学校，父母是孩子的第一任老师，家庭教育是孩子接受最早、时间最长、影响最深的教育。孩子能否健康成长、顺利成才，关键在其父母是否掌握正确的教子方法，是否能与孩子进行良好的沟通，是否能调动起孩子的学习兴趣，让孩子在求知、做人、交友等方面获得良好的教育，促使孩子发挥出应有的潜力。

为了满足家长对教育孩子的需求，结合未来人才的标准，我们精心编写了这套《正面管教》丛书，书中参考了大量的教子资料和教子案例，从培养孩子的学习兴趣、优良品德、社交能力、正确的金钱观等方面出发，全面解读父母该从哪些方面去教育和培养自己的孩子，为孩子创造出最佳的成长环境，让孩子的潜能得到充分发挥，赢在起跑线上，创造出属于自己的辉煌。

由于编者水平有限，能力绵薄，加之时间仓促，书中难免有不尽之处，恳请广大读者提出宝贵意见。愿本书伴随着父母在教子的道路上，找到智慧的方案，成就孩子辉煌的人生！

目录

01

PART ONE

第一章

走出家庭教育的误区，
才能教出好孩子

一味打骂孩子只能体现父母的无能

生活中，有不少父母在孩子犯错时，会压抑不住自己的情绪，采取打骂孩子的方式进行教育，希望孩子能记住教训，引以为戒。而且，这样的父母从来不觉得自己的做法有错，因为他们也是在上一辈的打骂中生活过来的，何况，中国自古就有"棍棒底下出孝子"的说法。既然打骂孩子是很多父母的经验之谈，那自己打骂孩子也似乎变得合情合理。

但是，这种教育方法真的能起到理想的作用吗？其实，这种教育方法只是满足了父母的心理，对于孩子来说是没有任何帮助的，而且，很多孩子为了逃避打骂，往往会在父母面前对自己的错误进行掩饰，很容易发展成撒谎的习惯，甚至有些孩子因为胆怯，会做出诸如离家出走一类的事。无论对孩子本身，还是对整个家庭而言，这种方式都是有害而无利的。

乐乐在家里和爸爸就好像一对仇家，每天见面没什么话说，一说话就开始吵架。乐乐喜欢玩游戏，爸爸总觉得他玩物丧志，影响学习，只要看到乐乐坐在电脑前就开始气不打一处来，不是骂乐乐不思进取，就是说他将来没出息，有的时候还会动手打乐乐。乐乐已经是初中生了，对爸爸的这种管教方式表现出强烈的反抗，有的时候妈妈夹在中间也不知道如何是好，想要调解父子两人之间的矛盾也有心无力。

后来，乐乐中考失利，爸爸更是言语粗暴，一直责备乐乐，说他以后也成不了什么大事，以后再也不管他了。乐乐本来就心情低落，听爸爸这么一说更是郁闷不已，干脆沉迷在游戏中，每天昏昏沉沉，才十几岁的年龄，看上去却毫无活力可言，更是跟青春向上扯不上关系。

在这个故事中，乐乐的错误是不可以忽略的，但是爸爸对乐乐的教育方式更要天下父母引以为戒。有多少家长像乐乐爸爸这样，在没有真正了解孩子心理的基础上，对孩子妄下结论，为了让孩子符合自己要求的样子，动辄打骂，却把孩子推得离自己越来越远。真正聪明的父母，从来不会在孩子面前展示他们的"霸权"，他们会关注孩子的问题，了解问题背后的原因，然后有的放矢地教育孩子，不仅告诉孩子哪里犯了错，还会引导孩子分析和反思自己的错误，并让孩子从中吸取教训，避免今后出现相同的问题。

那么，那些习惯于以蛮横的态度对待孩子的家长，应该如何改变现状，杜绝原本的教育方式呢？可以参考以下几点：

（1）要求要合理，拒绝急功近利

生活中不少父母总是对孩子表达失望，觉得孩子什么都做不好，达不到自己的要求，但是他们却很少想到，自己对孩子的要求是否合理，是否符合孩子的身心发展水平和成长规律。不同的孩子在学习能力、理解能力等方面各有差别，孩子在成长的不同阶段，接受知识的难易度和能力也不同，所以，父母应该根据孩子的实际情况进行客观的判断，对孩子提出相对合理的要求。

父母在要求孩子的过程中，一定不能以自己的最终目的为导向，对孩子过于苛责，尤其不要在孩子没有达到自己要求的理想程度时，对孩子暴力相向。我们要遵循孩子的成长特点和学习规律，让孩子一步步登堂入室，学有所成。

（2）保持良好的心态，正视孩子的问题

"人非圣贤，孰能无过"，任何一个人都应该有犯错的权利，孩子当然也一样。很多父母难以容忍孩子犯错，总是在发现孩子错误的第一时间表达自己的失望、愤怒，不仅让自己的情绪更消极，还会让孩子因为害怕犯错而变得战战兢兢、胆小怕事。

每个孩子都不是完美的，作为父母，我们要明白，孩子犯错是正常的，哪怕犯的是一些大人看来很低级的错误，那也是和他们的年龄、阅历，以及成长阶段有关系的，我们不能用大人的标准去要求孩子。父母在关注孩子为什么犯错的时候，首先应该从自身找原因，思考一下，是不是自己的教育方式出了问题。

另外，如果在父母与孩子沟通的过程中，孩子对父母的说法或做法提出了异议甚至是有反抗的表现，父母一定不能情绪失控，更不能对着孩子吼叫或使用暴力，应该给孩子发表看法的机会，让他们说出自己的感受，在平和的状态和轻松的氛围中与孩子进行进一步沟通。如果发现孩子的说法有一定的道理，父母应给予认可和鼓励，即便孩子的想法过于片面，我们也应该友好地提出，跟孩子进行探讨，而不是一票否决。

如果父母在孩子面前总是情绪失控，久而久之，会让孩子觉得与父母在一起是有压力的，与父母的沟通是不顺畅的，他们会选择疏远父母，甚至是逃避家庭，这样的结果，相信是所有父母都不愿意面对和接受的。

总之，无论孩子做错了什么，父母都是可以通过和平友好的方式与孩子沟通解决的；如果遇到比较棘手的问题，就需要父母付出更多的耐心和包容。一定要切记：打骂绝对不是教育孩子的好方法，它只会让问题恶化，让亲子关系最终走向僵化。

不要功利地对孩子的爱好指手画脚

低年级的孩子好奇心很强，对周围的一切都很感兴趣，因此会形成各种爱好。对于孩子的爱好，妈妈不要用成人的标准来评判，应该客观、全面地认识。妈妈要告诉孩子这是热爱学习的表现，并且希望他能一直保持积极、自主的精神。

以姗的爸爸妈妈工作很忙，每当放寒暑假时，他们总要将她送到爷爷奶奶家，以便孩子能够按时吃到午饭、晚饭。今年以姗升入了初中，妈妈认为以姗长大了，应该学着自己做饭了。于是，在这次寒假刚开始的一周，妈妈每天下班都要教以姗做饭，以便她一个人在家时可以自己做饭吃。

妈妈此举本来只是为了让以姗简单地对付中午饭，没想到后来以姗却喜欢上了做饭。当以姗学会做饭后，不仅中午做给自己吃，甚至在晚上经常和妈妈抢着做饭，还让妈妈教她做一些有难度的菜。她还把妈妈以前买的菜谱找了出来，一有空就拿出来翻看。看得差不多了，她就准备好食材和配料，自己尝试着做。

妈妈刚开始认为，孩子不过是一时兴起，没觉得这有什么问题，经常称赞她炒的菜很好吃。但是随着时间的推移，以姗做饭的兴趣只增不减，她炒的菜越来越好吃，她甚至兴高采烈地对妈妈说："原来做饭这么有趣，长大后我能成为一名厨师也挺好的。"

听了女儿的话，妈妈非常生气。像以姗一样大的孩子要么喜欢体育运动，要么喜欢读书画画，要么喜欢唱歌跳舞，可是自己的孩子竟然把做饭当作兴趣爱好，万一耽误了学习怎么办？妈妈非常后悔教以姗做饭，爸爸也因此经常埋怨妈妈。后来，爸爸妈妈统一了战线，决定抑制女儿的这个爱好，将以姗送到了奶奶家。他们还没收了女儿的菜谱，不允许女儿再到厨房，而且多次强调："做厨师不会有好前途，哪怕做得再好也是伺候人的工作。我们希望你专心学习，将来可以考个好大学，选择一个体面的职业。"

有些妈妈功利心很强，强行干涉孩子的兴趣爱好。只有她们觉得高雅的或者和孩子学业有关的兴趣，才会支持孩子，甚至逼着孩子做他们不喜欢做的事。可是对于孩子真正感兴趣的事，妈妈却毫不关心，甚至一味否定。

妈妈常常把人群和职业分为三六九等，还将这种等级观念灌输给孩子，这都是因为妈妈带着强烈的功利心。

孩子有权利选择自己的兴趣爱好，妈妈应该尊重孩子的选择。要是妈妈总是把自己的意志强加给孩子，强迫孩子把不喜欢的事当作兴趣，就会失去兴趣本身的意义。这样做还会让孩子逐渐丧失做事的积极性，变得无聊和空虚，不利于孩子形成健康的性格。

妈妈带着功利心和错误的价值观为孩子选择兴趣爱好，会让孩子认为自己在为家长做事，而不是为了自己的兴趣做事，就会使孩子失去做事的热情，甚至产生逆反心理。受妈妈功利心的影响，孩子也有可能变得爱慕虚荣、急功近利。

如果妈妈总是对孩子选择的兴趣爱好持否定态度，会让孩子觉得自己没有眼光，缺乏正确判断事物的能力，因此变得自卑。

为了让孩子的人生丰富多彩，满怀希望和欢乐地生活，妈妈应该在孩子小的时候，就培养孩子各方面的兴趣爱好。当孩子选择兴趣爱好时，妈妈可以有意识地引导，但是不能替孩子做选择。

只要孩子选择的兴趣爱好不是不良嗜好，即使不是妈妈所期待的，也要懂得尊重孩子。一个人在做自己喜欢做的事情时，可以充分发挥自己的创造力，也能锻炼细心、耐心、专注等做事态度。因此，妈妈要尊重孩子选择兴趣爱好的权利，这有利于孩子的学习和成长。

另外，尊重孩子选择兴趣爱好的权利，并不是说放任孩子做喜欢的事不管。如果孩子在某个兴趣爱好上花费了大量时间，严重影响了生活和学习，妈妈一定要及时干预，引导孩子合理安排自己的时间。但在干预孩子时，妈妈不要简单粗暴地制止，使孩子感到不悦和反感。总之，妈妈不要把自己的价值观和功利心强加给孩子，要尊重孩子选择兴趣爱好的权利。

溺爱不是爱

　　父母爱孩子是人之常情，但是有些父母对孩子的爱已经超越了正常范围，比如，孩子自己能做的家务，家长也一定要代劳，久而久之，孩子就变成了"衣来伸手饭来张口"的"小皇帝""小公主"。孩子在这种溺爱的环境中，也变得越来越没有主动做家务或者承担其他责任的意识，甚至会觉得所有人都应该以自己为中心，容易养成自私自利的性格。

　　从家长的角度来说，虽然对孩子的溺爱是父母表现爱的一种方式，但是当孩子自我意识渐强，他们往往会逃避父母的这种无微不至的"爱"，父母也常常会因此产生失落感，觉得自己的付出没有得到相应的回报。

　　从孩子的角度来说，长期被溺爱，很容易凡事都对父母形成依赖，变得没有独立性，不能很好地独自解决生活或学习上的一些问题。而且，很多孩子被溺爱惯了，很难接受别人不关注自己或不顺从自己，这对一个孩子的成长也是十分不利的。

　　既然溺爱有害无利，那么家长该如何走出溺爱的旋涡，给孩子更健康的爱呢？

（1）转变身份，不做孩子的"用人"

　　父母与孩子之间是亲子关系，但是很多充满了溺爱的家庭，这种亲子关系就变了性质，当父母事无巨细地帮助孩子做事，不给孩子一点儿独立承担责任的机会的时候，其实就是在培养孩子的惰性，也是在纵容孩子不负责任。孩子在这种环境中，会越来越多地依赖父母、要求父母，甚至是无限制地索取，父母就会由家长转变为随叫随到的"用人"，而这种身份在家庭中是要不得的。

　　承泽是家里的独生子，从小就娇生惯养，是典型的"小皇帝"。无论承泽提出什么样的要求，父母和长辈都会尽己所能地满足他，只要承泽不开心，就是家里的大事。

　　承泽已经上小学五年级了，但是平时从来不会整理房间，衣服、书本、玩具乱丢一气，父母都习惯了给承泽善后，妈妈每天都要帮承泽整理乱糟糟的房间。至于力所能及的洗衣服、扫地之类的事，承泽更是丝毫不做，他甚至从小就没怎么摸过扫帚，父母也从来不会要求承泽。有一次，学校要求学生回家帮助爸爸妈妈做家务，承泽回家想要帮妈妈擦桌子，妈妈却说："太脏了太脏了，你不用管，好好学习就行了，这些事妈妈来做！"就把承泽赶走了。几次这样之后，承泽也就不再主动帮妈妈做家务了。

　　平常承泽做作业的时候，父母也忙得不行，一会儿切好水果端到承泽跟前，一会儿又倒了牛奶嘱咐承泽喝了补身体，甚至有的时候准备好洗脚水，让承泽一边写作业一边泡脚。久而久之，承泽就把这些都当成了理所当然的事，只要父母有一点儿做得不合他的心意就会闹脾气。

生活中像承泽这样的孩子还有很多，他们已经习惯了父母的溺爱，将来走上社会也很容易以自我为中心，承受不了任何打击。这样的孩子，正是因为童年被父母溺爱，所以未来的生活会变得更加艰难。所以父母一定不要做孩子的"用人"，要用平等的态度对待孩子，给孩子良好的教育。

（2）在孩子面前放弃低姿态

很多父母在面对孩子的时候，总是保持低姿态。比如，当孩子不写作业的时候，父母会求孩子写作业，并承诺如果他把作业做完，就奖励他玩具、零食之类；又比如孩子不听话的时候，父母会求孩子体谅父母。好像在孩子面前，父母没有任何威信和尊严，只要孩子听话，父母就可以随时摆出低姿态。这样一来孩子就会认为，自己是家庭的中心，父母是没有办法离开自己的，所以孩子的行为也会越来越乖张难缠。

（3）引导孩子发现生活的丰富内容和意义

在很多父母的心里，孩子的唯一任务就是学习，只要把学习搞好了，其他的都不重要。所以我们经常会遇到这样的孩子，他们虽然学习成绩很好，但是生活自理能力很差，与人交流的能力也很差。如果这些孩子学习也没有搞好，他们就会变得自卑，找不到自己存在的价值，甚至会觉得自己只是一个学习的机器。其实作为父母应该明白，生活的意义一定不是单方面的，孩子在学习之外也应该有更丰富的生活内容。所以，如果想让孩子更健康地成长，我们应该引导孩子去发现生活的多面性，不要剥夺孩子寻找生活的多种意义的权利和自由。一个孩子只有真正地发现了生活的多种意义，才能更好地成长和成才。

（4）帮助孩子摆脱依赖心理，增强独立意识

很多在父母或长辈的溺爱下长大的孩子，他们习惯了遇到问题由父母帮助解决，所以，他们很容易失去面对问题的勇气，更难以提高解决问题的能力。孩子虽然年龄小，但是他们应该对自己该做的事负起责任，父母不能完全包办。所以父母在教育孩子的过程中，一定要帮助孩子培养独立意识，鼓励孩子遇到问题独立解决，实在解决不了的情况下，再寻求父母或其他人的帮助。

（5）培养孩子的责任感

如果父母只是一味溺爱孩子，孩子就很容易没有责任感。在生活中，父母可以有意识地培养孩子的责任感，比如，孩子的房间怎么布置，可以让他们提出自己的意见；一家人外出度假的时候也可以征询孩子的意见，比如去什么地方，用什么样的交通工具等。只有在生活的方方面面，让孩子参与进来，孩子才能从中发现自己的价值，也更容易体会到自己肩上的责任，从而成长为一个具有责任心的人。

　　总之，溺爱不是爱，或者说是一种畸形的爱，当父母对孩子的爱超过了正常的限度，这种爱可能就会成为一种伤害。为了保护孩子，不伤害他们，父母一定要引以为戒，把握爱的合理度。

千万不要做窥探孩子隐私的父母

处于青春期的孩子具有敏感、叛逆等特点，有些妈妈为了深入了解孩子，抱着不信任的态度去窥视孩子，甚至采取偷看孩子日记等做法，这样做往往会适得其反。人与人之间的信任是相互的，母子间也是如此。要想取得孩子的信任，妈妈就要先信任孩子，用平等的态度跟孩子沟通，尊重孩子的隐私。

一天下午，星柏出去找同学玩，妈妈帮儿子收拾房间。忽然，星柏抱着篮球回来了，一进屋子就大声叫嚷道："谁让你翻我日记的？快还给我！"

在客厅看电视的爸爸听到了儿子的叫嚷，以为发生了什么大事，因为孩子平时一直乖巧懂事，从来没有用这样的语气和家人说过话。爸爸刚走进来，就看到了怒目而视的儿子以及不知所措的妈妈。

"发生什么事了？"爸爸疑惑地问。"她偷看我日记！"爸爸微微皱了皱眉，安抚着说："注意礼貌用语，别急，慢慢说。"妈妈看到爸爸来了，把日记本放到床上说："你至于冲妈妈大喊大叫吗？我又不是故意的，不过是觉得好奇才简单看了一眼。"

"不行！那是我的日记，是我的隐私，没我的允许就是不许看！"妈妈气愤地说："你这孩子还越说越来劲儿了，我又不是外人，跟妈妈还谈什么隐私？"妈妈一边说一边拿起了日记，故意又翻了几页。

星柏看到妈妈的表现，一下子冲到床前，一把抢过妈妈手里的日记本，用力撕成了碎片，说："我说不行就是不行！你非要看，我就把它撕了，以后再也不写日记，看你怎么看！"站在门口的爸爸看到儿子伤心地哭了。

每个青春期的孩子都应该有自己独立的空间，既包括生活空间，又包括心理空间。日记就属于孩子的心理空间，包含着孩子的思想和情感。另外，处于青春期的孩子独立意识比较强，内心敏感而且脆弱，对自己的人格和隐私非常重视。妈妈不应该采取偷看孩子日记的方式了解孩子，这样做会让孩子觉得妈妈不信任自己，同时也侵犯了孩子的隐私，更容易让孩子变得心理封闭，越来越不信任妈妈。长此以往，孩子会对妈妈产生防范意识，不愿意和妈妈交流，更不想让妈妈了解自己的真实想法，甚至做出一些意想不到的事情。

妈妈不尊重孩子的隐私，不在意孩子的抗议，还试图仗着长辈的身份和权威强迫孩子服从，不利于孩子自尊意识的树立。当孩子的自尊心受到伤害后，会变得紧张、多疑和焦虑，对妈妈的信任度也会降低。孩子对妈妈的不信任会影响他的自信心，因此他会对自己的能力感到怀疑，也会变得自卑和自负，甚至会对他的人际交往造成不利影响。

孩子和妈妈之间的信任是相互的，与其让孩子担心自己的日记会被妈妈偷看，不如主动送孩子一个可以上锁的日记本。这样做既能告诉孩子，妈妈是信任他的，又能满足孩子保护隐私的需要。只要妈妈能够有意识地尊重孩子的隐私权，不有意窥探孩子的秘密，充分得到孩子的信任，就没必要担心这样的问题。总之，妈妈要学会尊重孩子，给孩子留有自己的心理空间，这样才能使亲子关系更加和睦。

02
PART TWO
第二章

为了养成好习惯，
给孩子立些小规矩

让自家孩子也能 "大口吃饭"

孩子挑食是很多父母都非常头痛的一个问题，很多孩子都不把吃饭当回事儿，他们往往只挑自己喜欢的食物吃，对于营养是否均衡毫无概念。长期挑食，是一种不利于孩子身体发育的坏习惯。

梦怡是一个吃饭特别让人省心的孩子。一日三餐，父母都会变着花样地给梦怡做饭，无论是水果、蔬菜，还是肉类，梦怡都非常喜欢。除了三顿正餐之外，每天上午和下午，梦怡还各有一次吃点心或水果的时间，但是爸爸妈妈对梦怡的水果和点心的摄入量有所控制，不会让梦怡吃得太多，也不会影响到正餐。虽然梦怡是个女孩子，但是身体却长得非常结实，也特别喜欢户外运动，经常和男孩一块儿跑跑跳跳。

梦怡所住的小区里有很多小朋友，其中有一个是她的好朋友，那是一个叫小辉的男孩。小辉比梦怡大 1 岁，但是，跟梦怡的个头差不多，而且非常瘦弱。每天小辉吃饭的时候，基本上都是妈妈或者奶奶追着他喂饭。小辉最喜欢吃的就是零食，无论是饼干、蛋糕、冰激凌，还是薯片、虾条，小辉的零食柜里从来都不少。家里人都觉得，一个男孩子多吃点儿是好事，而且自己家境不错，也不是给孩子提供不了这些东西，所以，他们对小辉基本上是有求必应。从小养成这种习惯的小辉，基本上吃零食吃到饱，所以到吃正餐的时候，反而吃得更少。而且由于长期吃很多甜食，小辉的牙齿也开始出现问题。

孩子挑食的坏毛病往往不是偶然发生的，而是从小形成的，这一问题长期积累下来，往往会对孩子的身体发育带来非常严重的影响，而且，很多孩子会因为父母对自己挑食现象的关注，而与父母产生矛盾。

要想解决孩子挑食的问题，首先要弄明白挑食现象出现的原因，常见的原因主要有以下几种：

（1）孩子本身消化能力比较弱，食欲不振

这种情况下父母无须太过担心，只要多关注孩子的身体状况，引导孩子规律进食，时间长了就能够调养过来。

（2）因个人原因对某种食物反感

如果孩子只是对某种食物反感，而且态度非常坚决，父母不一定要强制孩子接纳这种食物，可以循序渐进地让孩子接受，比如换一种做法，或者少量地掺在其他食物当中。

（3）父母的影响

如果父母本身挑食，孩子就很容易受到父母的影响。往往父母不爱吃的东西，孩子也会不爱吃，而且，这样的父母往往也会忽略对孩子良好饮食习惯的培养。

（4）饭菜味道不合孩子的胃口

父母或其他长辈在给孩子做饭的时候，要考虑到孩子的胃口问题，在食物的色彩搭配上下些功夫，让孩子有新鲜感，激发孩子对食物的兴趣。

既然挑食对孩子的不利影响那么大，那么，父母应该如何帮助孩子改掉这个坏毛病呢？

（1）营造良好的家庭氛围，尤其是用餐氛围

很多父母在餐桌上看到孩子挑食时，往往会忍不住对孩子发脾气，甚至会采用威胁的方式强迫孩子进餐。但是孩子越是在这种紧张的气氛下，就越难心甘情愿地吃饭，因此，父母应该注意，吃饭的时候给孩子营造一个轻松愉快的氛围。

（2）不要对孩子的吃饭问题过于迁就

很多父母总是担心孩子吃不饱，所以当孩子表示不愿吃鸡蛋的时候，父母就会马上为孩子换成其他食物，但是当孩子对这种食物也表示不满意的时候，父母可能还会给孩子换第三种食物，长期这样迁就孩子，就容易让孩子认为，他可以随意选择食物，从而养成挑食的坏毛病，所以父母一定不要迁就孩子的吃饭问题。

（3）将挑食的萌芽扼杀在摇篮里

很多父母喜欢问孩子是否喜欢眼前的食物或对妈妈做的

食物是否满意，其实这样的问题就等于给了孩子一种暗示：我可以不喜欢这种食物。为了避免孩子挑食的萌芽出现，父母就要规避此类提问。

（4）父母要以身作则

父母在进餐时首先要做到的是，对所有的食物一视同仁，而且要表现出对食物的浓厚兴趣。可以常常用一些比较夸张的语言来赞美食物的味道，孩子听得多了，自然也会效仿父母的行为。

（5）为孩子进餐找一个"隔壁家的孩子"

孩子小的时候，非常渴望父母的夸奖，所以父母可以有意无意地在孩子面前夸奖"隔壁家"爱吃饭的孩子，时间久了，这个"隔壁家的孩子"就会成为孩子学习的榜样，孩子也会有意识地认真对待吃饭。

（6）适当地"骗"孩子

如果孩子只是单纯地不喜欢某种食物，父母可以尝试把这种食物偷偷地藏在她喜欢的食物当中，当孩子慢慢地习惯这种食物的味道时，再一点儿一点儿地加量。直到孩子真正地接受这种食物的时候，父母再告诉孩子，其实他是喜欢吃这种食物的。

（7）帮助孩子戒掉吃零食的习惯

如果孩子长期吃零食，势必会影响到正餐的摄入，所以父母平常应多注意，尽量让孩子少吃零食，给孩子进行定量，不能放任不管。

　　总之，孩子的挑食问题不是一天两天形成的，要改掉这个坏毛病也不可能一蹴而就，因此，父母要有足够的耐心，平常多关注孩子的饮食状况，仔细探寻孩子挑食的真正原因，然后根据不同情况找出不同的应对方法。当然，如果孩子的挑食问题已经严重影响到孩子的生长发育，一定要对孩子所缺失的营养成分进行补充。

爸妈这样做，让小懒虫勤快起来

在学校，轩轩是个品学兼优的好学生，老师、同学都很喜欢他。不过轩轩有个缺点，就是不爱劳动，是个十足的小懒虫，尤其是在家里的时候，懒得铺床、叠被，懒得洗衣服、洗红领巾，懒得收拾书桌、书包，懒得洗漱，甚至懒得吃饭喝水。

爸爸妈妈总是口头教育轩轩，可是轩轩依旧"江山易改，本性难移"，丝毫不爱劳动。有的时候被爸妈说得不耐烦了，轩轩就反问道："你们不是让我重视学习吗？"

苏联作家高尔基说："劳动是世界上一切欢乐和美好事情的源泉。"对于孩子来说亦是如此。可是在现实生活中，许多妈妈却剥夺了孩子的劳动权，使孩子丧失了感受劳动快乐的机会，如此一来，孩子便慢慢养成了懒惰的恶习。据相关调查显示，我国目前的中小学生中，有近三分之二不爱劳动。孩子如果缺乏劳动意识，就会凡事依赖父母，更为重要的是，因为缺乏劳动的磨炼，孩子在长大进入社会以后，可能对工作难以胜任。所以，妈妈一定要重视对孩子的劳动锻炼，从小就培养孩子的劳动能力。

在当代家庭里，孩子劳动的主要表现是做家务。孩子在协助妈妈做家务的时候，可以提高生活技能，同时，观察力、理解力、体能以及应变能力都能得到训练。在做家务的过程中，孩子会有参与感、成就感、荣誉感，最为重要的是，孩子的责任心、归属感等能得到培养和发展，这有利于帮助他实现独立自主。

遗憾的是，妈妈们基本不愿意让孩子做家务，更别说鼓励了。之所以会这样，一是因为妈妈担心累坏了孩子，二是因为孩子从来没做过家务，一开始做家务不是帮忙，而是添乱。调查显示，目前中国城市家庭的孩子每日平均劳动时间还不到 20 分钟。这其中又有很大一部分孩子从来没有洗过碗、洗过衣服。在家里，孩子的一切都被妈妈包办了；在学校，老师又很少安排劳动。如此一来，孩子动手的机会特别少，生活自理能力也得不到提高，甚至逐渐讨厌劳动，同时也给未来的人生发展埋下隐患。

还记得曾经广为人知的"东方神童"魏永康被勒令退学的故事吗？魏永康是湖南省华容县家喻户晓的神童，他 13 岁的时候就完成了小学到高中的所有课程，并以优异的成绩考入湘潭大学；2000 年，年仅 17 岁的他以总分第二的成绩考入中科院高能物理所，硕、博连读。可让人意外的是，2003年 8 月，魏永康因为长期生活不能自理，以及知识结构不适应中科院高能物理所的研究模式，被劝退回家。事实上，来到北京开始硕士研究生学习后，魏永康最不适应的就是生活。从出生到去中科院念书之前，魏永康所有与生活自理有关的"活儿"全被母亲曾雪梅包揽，他在 22 岁时，连最简单的吃饭、穿衣、洗澡、洗脸等都还需要靠母亲帮助。魏永康被劝退后，他和妈妈开始反思教育方法。后来，魏永康在亲人、朋友的帮助下，终于学会了生活自理，也重新考上了北京工业大学的硕士研究生，并按时完成了学业。

魏永康被劝退一事，既让人遗憾，也使我们深思。造成这一切的是谁？是他的妈妈。假如妈妈从小便开始培养他热爱劳动的习惯，并教导他学会独立，做到生活自理，相信他不会有被劝退的经历。幸好亡羊补牢，为时未晚，最后他学会了自立。

国外有很多名人都非常重视对孩子家务劳动的锻炼。美国著名的洛克菲勒家族的开拓者洛克菲勒，在孩子很小的时候就鼓励他们学会家务劳动，他还拿出部分零用钱奖励给从事家务劳动的孩子，如擦一双皮鞋就给五分钱等。通过这种方式，孩子们从小养成了勤劳节俭的好习惯。孩子们长大以后，也把这样的教育方式用到自己的孩子身上，一代一代传下来。如今，以洛克菲勒家族为首的洛克菲勒财团已是美国实力最强的财团之一。由此可见，从小就对孩子进行劳动习惯的培养，对他们未来的发展具有极大的积极影响。

那么，如何才能让孩子养成爱劳动的习惯呢？

（1）让孩子了解劳动的意义

要让孩子了解劳动的意义，首先就要让孩子明白，劳动成果是和人们的劳动分不开的。妈妈可以和孩子一起观察城市街道的变化，了解科学技术的进步。节假日里，妈妈还可以带着孩子去观察清洁工人为了给所有人一个干净舒适的环境，每天起早贪黑地劳动，让孩子知道，每一种劳动都是有意义的，也是美好的。

（2）安排孩子从事适合其年龄特点的劳动

妈妈们可能遇到过这样的事情，孩子可能会在某个时候突然想做某件事，可是这件事又并不适合孩子去做。这时，妈妈一定要给孩子参与劳动的机会，别让孩子因为不能做这件事而对劳动失去兴趣。比如，一个刚2岁的孩子想要自己洗衣服，但是大件衣服孩子根本洗不了。这时，妈妈就可以把他自己的小件衣服给他洗，对孩子来说，这样既不会有困难，同时又满足了自己的兴趣。假如孩子想要体验用水果刀削水果，妈妈就要及时应对，告诉孩子，这样的事只有等他再大一些时才能做。

（3）教给孩子一些劳动的方法

孩子的模仿能力无与伦比，妈妈可以根据孩子的这个特点，在游戏中引导孩子模仿成人劳动，学习一些可操作的劳动方法。比如，孩子特别喜欢自己的玩偶，妈妈就可以让他给玩偶洗澡、洗衣服、穿衣服、穿鞋子、铺床等。孩子在这样有趣的游戏中，既获得了愉快的体验，又学到了实用的生活小技能。有些劳动技能确实难以掌握，这时妈妈就要耐心地边做示范边讲清楚方法。对很多孩子来说，系鞋带是个难题，往往只能打死结。如果妈妈只是指责孩子怎么连这点儿小事都做不好，就会打击孩子劳动的积极性。所以，妈妈要做的就是用正确的方法给孩子做示范，同时进行指导，之后也要创造条件让孩子反复练习，巩固技能。

（4）和孩子一起做家务

妈妈和孩子一起做家务，不仅传授了孩子劳动技能，更重要的是加深了和孩子的感情沟通，能够增进亲子关系。妈妈在给孩子安排家务时，要多安排一些孩子能独立完成的，只安排一两件需要妈妈协助的。要知道，成功完成这些任务只是目的之一，还有一个更重要的目的，就是培养同孩子之间长期良好的伙伴关系。

从心理学上讲，让孩子多参与劳动，能帮助孩子更好地成长。每次很好地完成一些家务，孩子就会产生一定的成就感；而得到妈妈表扬的反馈，又能促使孩子在心中找到自我存在的价值。

（5）多鼓励和肯定，激发孩子的劳动兴趣

孩子在完成一件家务时，妈妈一定要及时对他进行肯定和表扬。对待孩子的劳动成果，不要首先去看质量，只要完成了，就算只是一件小事，妈妈也应该对孩子表示感谢以及肯定，如此才能激发孩子对劳动的兴趣，使他在劳动中获得成就感和自信心。不过，要提醒各位妈妈的是，鼓励一定要

多是精神鼓励，而不是以金钱换取孩子的劳动，因为这种做法对培养孩子劳动的自觉性和责任感没有益处；另外，也不要将劳动视作对孩子进行惩罚的手段，这样会使孩子对劳动产生抗拒，不利于劳动习惯的养成。

相信通过妈妈和孩子的共同努力，孩子会慢慢养成劳动的习惯，成为一个真正热爱劳动的、勤劳的好孩子。

孩子乱涂乱画，并不是故意搞破坏

画画是一种非常健康的兴趣爱好，一个能安静下来画画的人，往往内心也是恬淡自足的。但是，放在很多孩子身上，似乎就不是那么回事了。很多父母发现，孩子在一两岁的时候，就已经开始有乱涂乱画的行为，他们用各种颜色的笔在客厅、厨房、卧室等各个地方留下他们的"作品"。父母只能跟在后面，不停地给孩子擦屁股，但是，今天刚刚清扫完毕，第二天可能又是一团乱，虽然仔细观察的话，不难发现孩子也有他们天真可爱的想象力，但这也不妨碍乱涂乱画成为一个让广大父母非常头痛的问题。

其实从人的发展阶段来看，孩子这个阶段的乱涂乱画行为，并不是故意使坏，而是他们表达自我的一种方式，在孩子挥笔"创作"的过程中，他们会画出各种各样的图形，他们通过这些图形初步表达自己所看到的世界，而且不同颜色的组合也会让孩子感到非常兴奋。他们在自己的"画作"中释放情绪，表达自己的喜怒哀乐。除了对孩子的情绪疏散有良好的帮助外，画画还可以让孩子充分发挥他们的想象力，而且对于他们的手部和腕部的肌肉发育也是有好处的，因此家长要辩证地看待这种乱涂乱画的行为，而不能一味阻止，或表现出对这种行为的反感。

当然，让父母真正头痛的其实并非孩子的涂画行为本身，而是他们在涂画的时候，不会考虑时间、地点是否合适，而且在他们的意识里也没有干净整洁这样的概念，更不会考虑自己的行为是否会给他人造成困扰。他们看着雪白的墙壁变得五颜六色反而会得到一种满足的快乐，甚至在公共场合，或者是他人的家里，也会自顾自地释放自己的"绘画冲动"，这个时候就需要父母对孩子的涂画行为进行适当的引导。

瑞瑞今年已经3岁了，他最大的爱好就是画画，几乎每天妈妈下班回家的时候，都能看到瑞瑞的新作品，而这些新作品往往会出现在墙壁上，或者是地板上，甚至会出现在妈妈的衣服上。看着那些五颜六色的线条和图形，妈妈既生气又无奈。妈妈也曾试着跟瑞瑞交谈，不让他在房间里乱涂乱画，虽然孩子当时答应得好好的，但是基本上保持不了几天，又会不定期有"大作"出现在各种不该出现的地方。

后来妈妈想了一个办法，为了不让瑞瑞把家里搞得又脏又乱，她专门给孩子买了一本大大的画本。妈妈告诉瑞瑞，这是他专属的创作空间，可以自由自在、天马行空地在这个画本上留下自己的作品。但是，瑞瑞刚新鲜了两天，就把画本一扔，照旧在墙壁上、家具上"挥毫泼墨"。妈妈问瑞瑞为什么要丢掉画本，瑞瑞说因为画本太小了，妈妈听了之后，既好气又好笑，于是又给瑞瑞买来了可擦的贴纸。妈妈把大大的贴纸贴在墙壁上，告诉瑞瑞："现在，你的创作空间已经变成整面墙壁这么大了，你可以自由自在地发挥了！"瑞瑞一听，高兴得直拍手。后来，每当瑞瑞想要往家具上或者妈妈的衣服上乱涂乱画的时候，家人就会告诉他，墙壁才是他发挥的空间，而且要遵守和妈妈的约定。瑞瑞想一想之后，就会乖乖地去墙壁的贴纸上画，画满了之后，家人就帮瑞瑞把贴纸擦得干干净净的，瑞瑞就又拥有了新贴纸。就这样，瑞瑞的乱涂乱画问题彻底被解决了。

那么，父母到底应该如何正确地引导孩子，帮助他们改掉乱涂乱画的坏习惯呢？以下是给父母的几点建议：

（1）给孩子立规矩

想让孩子不乱涂乱画，首先就要给孩子立好规矩，告诉孩子，什么地方可以画，什么地方不可以画。为了让孩子明确可以自由涂画的地方，父母可以在这些地方贴上一些儿童画作，一方面可以激发孩子的兴趣，让孩子进行模仿；另一方面可以告诉孩子，如果在规定的地方画出了漂亮的作品，就可以把它张贴在墙上。有了这样的激励，孩子既能认真地作画，又能保证不把家里弄得乱七八糟。

（2）让孩子自己清理被弄脏的地方

父母如果发现孩子在不该涂画的地方留下了"作品"，就要告诉孩子："是你弄脏的你就要负责清理。"父母可以带着孩子一起，用各种工具把弄脏的地方进行清扫，不要担心孩子会累，要让孩子真正地体会到，他们的一时痛快会给别人带来很大的困扰，而且要严肃地警告孩子，以后一旦出现了这样的问题，父母就不再帮助他们处理，而需要他们独立完成。感觉到一定压力的孩子，就会认识到，乱涂乱画实在不可取，从而改掉这一坏习惯。

（3）在墙壁上贴上贴纸

为了激发孩子的想象力和创作能力，父母可以给孩子准备各种各样的画材或者工具，但是，这些一定要确保安全性。在这个基础上，想要保持室内的整洁，父母可以选择大的贴纸，或者是生活中常见的报纸、挂历纸等贴在墙上，让孩子进行自由的创作。在这个过程中，父母可以和孩子一起参与，让孩子体验到更多绘画的乐趣。

家长有妙法，搞定马虎大意的毛孩子

严谨细致是做事的基本原则，但现在很多孩子做事马虎大意，丢三落四，所以妈妈要从小培养孩子严谨细致的习惯。

欣欣不小心被新书划破了手，妈妈告诉她抽屉里有创可贴，让她自己贴上，欣欣很快就贴好了。第二天，她觉得伤口还是特别疼，低头一看，才发现自己把创可贴贴到了伤口旁边。妈妈知道后，又好气又好笑。

欣欣就是这样一个做什么事都毛手毛脚的孩子。她的妈妈觉得必须得帮助女儿改掉这个毛病了。

暑假的第一天，这位妈妈就把欣欣叫到面前，跟她说："放暑假了，妈妈给你一项任务，怎么样？""什么任务？"欣欣还以为又是作业之类的。"你在这个暑假要学会钉纽扣。"女儿拉长声音说："纽——扣——呀？"接着做个鬼脸，"我早会钉了。"

为了表示确实会了，她兴冲冲地找来针线、纽扣，当着妈妈的面，穿线、打结、"钻洞"。当一枚"摇摇欲坠"的纽扣钉好以后，已经过了七八分钟。看着女儿的"成果"，妈妈笑着说："钉得不错。可是，还没钉出意义来。"女儿疑问地说："钉出意义？"妈妈顺手拿过旁边的盒子，打开说："对呀，钉好、钉快不算什么，关键是用纽扣钉出意义来！"说着，妈妈从盒子里挑出不同颜色的纽扣，按照色彩规律排列，不久，排出了一个漂亮的"纽扣字"——"好"。欣欣一看，眼睛里放出光彩。"妈妈已经算过，你只要每天钉四粒，这个暑假就能'绣'出一面'纽扣字锦旗'来。""要'绣'什么字呢？""'老师好'。""这是要送老师呀？""对，下学期一开学就是教师节。你给老师送上这样一面'纽扣字锦旗'的艺术品，艺术品品位高，更重要的是，这都是你自己的劳动成果，是不是很有意义？""戏"唱到这里，欣欣彻底来了兴趣，她一把抱住妈妈的胳膊，说："妈妈，好妈妈，这个礼物太好了，别说每天四颗，钉再多我也愿意！"

都说兴趣是最好的老师，之后，随着"锦旗"上一个笔画一个笔画的出现，女儿信心大增——就算针扎断几根，也不停；字"绣"歪了，就拆掉重来；颜色搭配得不好，再重新选。有一次，针一歪，没扎进纽扣眼，反而深深扎进了她的手指，鲜血一滴滴地流，她也疼得落泪，可还是没有放弃。"锲而不舍，金石可镂"，钉完两百多粒纽扣，女儿钉纽扣的手艺完全可以同大人媲美了。最重要的是，通过钉纽扣的训练，她养成了严谨细致的习惯。

新学期开始了，教师节到了。欣欣兴高采烈、毕恭毕敬地将"锦旗"献给了她热爱的班主任郑老师。欣欣的"锦旗"在众多礼物中独树一帜，物以稀为贵，欣欣被老师夸奖了一通。

在孩子的成长过程中，严谨细致的习惯会带来意想不到的益处，相反，马虎大意、毛手毛脚可能带来不必要的麻烦。

妈妈应该对孩子的马虎行为加以重视，因为未来社会是合作与竞争的社会，将来，孩子要想轻松适应繁杂的社会性事物，很好地应对紧张的生活节奏，就必须具有严谨细致的习惯。

那么，妈妈要如何培养孩子形成严谨细致的好习惯呢？

（1）引导孩子做事的计划性

妈妈应教导孩子做任何事之前，都制订一个周密的计划，要做这件事，先要做什么，接着要做什么，需要做好哪些准备，要怎么开始等。

（2）父母要以身作则

要培养孩子严谨细致的习惯，首先父母的以身作则是关键。要知道，孩子身上的毛病，很多都是从父母身上学来的。父母如果可以和孩子一起克服做事马虎的缺陷，也是培养孩子良好习惯的好方法之一。

（3）不要急于求成

孩子身上的坏习惯不是一天两天养成的，所以，妈妈常常提醒孩子不要毛躁没有问题，可是，妈妈这样一遍遍地提醒，又会使孩子形成依赖。看到孩子做作业时又马虎了，妈妈可能心急如焚，开口训斥孩子，这样一来，又会对孩子的专心造成影响。也许妈妈心里知道不能操之过急，可在具体操作时，还是忍不住急于求成。有一句名言说：要想让田里不长草，最好的方式是种上庄稼，而不是忙着锄草。妈妈如果只盯着孩子的毛病，督促他改掉，就像农民只忙着锄草一样。与其整天盯着孩子的坏习惯，不如将目光放在帮助孩子建立新的习惯上。新习惯养成了，旧习惯自然就消失了！

03
PART THREE 第三章

与孩子良好沟通
不是难事

认真倾听孩子说话很重要

在家庭教育中，很多家长在孩子和自己说话时都会不自觉地走神，或有选择地听，能够认真倾听孩子的话的父母少之又少。他们完全没有意识到倾听也是一种教育，忽视了对孩子心声的了解。要知道，认真倾听孩子的话能够促进孩子的自我肯定，从而培养孩子的自信心。

随着孩子一天天长大，很多父母都抱怨孩子不愿意和自己交流。孩子心里到底在想什么，父母很难得知。殊不知，孩子起初都是很有表达的欲望的，之所以变得不再愿意和父母沟通，往往是父母的家庭教育出现了问题。孩子在年幼的时候，往往说话语无伦次，让人听了云里雾里。家长一天忙里忙外已经很疲惫了，哪里还有心情去听孩子没完没了的"唠叨"，于是强打着精神心不在焉地听孩子说话，或者直接打断孩子的话。有的家长还会在孩子说话时妄加评论。极少有家长能在孩子说话时放下正在做的事去注视孩子的眼睛，全神贯注地听孩子诉说。殊不知，这将会极大地损伤孩子的自信。

毋庸置疑，每个人都希望自己的话能够被重视、被尊重，当然，孩子也不例外。当孩子觉得自己的话没有受到重视时，必然会感到失望、灰心，长此以往，也就丧失了自信。

杨岚今年八岁了，性格外向，是一个十分活泼开朗的小女孩。升入小学以后，杨岚对一切都是那么好奇，每天放学回来都要给妈妈讲当天学校里发生了什么事，谁得到了老师的表扬或者批评，学了哪些知识或者儿歌等。杨岚的妈妈工作十分忙碌，每天下班回到家都筋疲力尽。起初她不想令孩子扫兴，就强忍着听杨岚诉说她与小朋友们之间鸡毛蒜皮的小事，后来她真的感觉很无聊，就干脆一边看电视一边听孩子说，女儿对此有很大意见。

一次晚饭过后，杨岚坐在妈妈的旁边，兴高采烈地说："妈妈，今天老师奖励了我一朵小红花，还表扬我了。"妈妈说："是嘛！你可真棒呀！那老师为什么表扬你呢？"杨岚情不自禁地打开了话匣子："妈妈，你说主动帮助同学算不算得上小雷锋呀？"妈妈眼睛盯着电视节目，说："当然算了。"女儿接着说："今天我们上课的时候，小薇忘记带作业本了，我就主动拿出自己多余的本子借给了她。老师知道后就表扬了我，还给我加了一朵小红花。妈妈，我开心极了，你是不是也很开心呢？"此时妈妈已经把注意力全都放在了电视节目上，对孩子的话完全没听进去。杨岚抬头一看妈妈正在盯着电视笑，根本没有理睬自己，便拍了妈妈一下，然后气冲冲地说："妈妈不关心我！我再也不要和你说话了！"

妈妈见孩子生气了，立刻站起身来哄女儿："抱歉宝贝，妈妈刚才不是故意的。以后妈妈一定认真听你说话，原谅妈妈这次好不好?"孩子毕竟是孩子，经妈妈一哄，情绪立马就重新高涨起来，又开始对着妈妈喋喋不休。妈妈有了刚才的"教训"，就一边听一边附和，并不时插嘴评价一下。可是杨岚又不高兴了，她说:"妈妈，我的话还没说完呢，不要随便打断我说话。要是在我们学校，老师肯定会扣除你的礼貌分。"妈妈看着孩子一本正经的样子，若有所思地点了点头。

成为孩子忠实的倾听者，父母需要付出时间，并保持耐心和给予包容，但收获的却是孩子的自信、自尊和成长。作为孩子的父母，只有做到换位思考，才能听得进去孩子的诉说;反之，很容易就会变得不耐烦，从而挫伤孩子的自信心。所以为了避免这一严重后果的产生，父母要学会并乐于认真倾听，从孩子的言语中感受和把握孩子的情绪，了解孩子的想法、需求和愿望，或对孩子的进步予以夸奖，或对孩子的难题予以指导。唯有如此，我们才能在做孩子的思想工作时对症下药，不断提升教育的质量和水平。

家长能够认真地听完孩子的话，就相当于进行了一次鼓励孩子自信、自尊的教育。当孩子和你交谈时，你要专心地倾听，让孩子能够感受到你很重视他、尊重他，并且想要了解他。这样一来，一种自我认同感就会在孩子心底油然而生，孩子的自信心也能够随之建立起来。

对于提问的孩子，你要耐心一点儿

　　每一个孩子都是充满好奇心的，他们的世界里充满了各种各样的疑问——简单的问题、深奥的问题、有趣的问题，还有奇怪的问题，这些问题有的让我们如坠迷雾，有的让我们开怀大笑，有的让我们大吃一惊。对待孩子的这些问题，没有我们想象的那么简单。

　　从刚会说话到上小学，孩子们都喜欢问父母某件东西是什么或者某件事的原因等。有的孩子为了将这些问题一一弄明白，经常摆弄、拆散甚至破坏一些玩具和用品。处理这种情况时，很多父母都用了不恰当的态度和方法。比如，有的父母耐心不足，要么置之不理，要么予以斥责或严惩；有的父母因为解答不出孩子提的问题，就随意搪塞过去；有的父母虽然能给孩子解答，但由于讲解方法不当，导致孩子理解不了，事倍功半。

　　孩子一出生就对世界上的各种事物有着浓厚的兴趣，感觉一切都是新鲜的，有强烈的好奇心和求知欲。他们信任父母，认为父母什么都知道，所以会向父母提出各种问题。心理学研究表明，思维活动的起点就是提出问题，好奇心是出于对新鲜事物的注意，是对新异刺激物的探究及反射，与此同时，就要接受新异事物的刺激，并随之提出问题，然后解决问题。在孩子的阅历不断增长和思维能力不断提高的过程中，他们提出的问题也会由简到繁，从个别的现象上升到事物之间的联系。这样，他们的知识就会愈加丰富，直到可以独立解决问题。

孩子为了满足自己的好奇心，会将不明白的问题拿来请教父母。而父母们通常以为他们是在找自己的麻烦，提出的问题实在多余且无聊。有时，父母又因为忙于其他事或者解答不出孩子的问题，便敷衍说"这会儿没时间，忙完再说"，或者"你先自己想一想吧"，甚至有时父母不耐烦了，冲孩子喊道："你问我，我问谁去?"

这样的态度带来的危害之一就是使孩子的好奇心遭到打击。长此以往，还会让孩子慢慢丧失求知欲，也不爱思考问题，大脑逐渐变得迟钝。另外，还会让孩子觉得父母一点儿也不关心他，从而降低孩子与父母间的亲密度。

有的家长本来情绪就不好，孩子一问，便气冲冲地说："哪来那么多乱七八糟的问题，一边玩儿去!"或者说："这不是你应该问的事!"他们认为这样的态度是理所当然的。毕竟，大人之间的纠葛，让孩子知道也没好处，况且只言片语也说不清。

然而，这种言辞激烈地将孩子的问题予以驳回的处理方式是不可取的。

有的孩子内心敏感而脆弱，好不容易找到一个向父母请教的机会，却碰了一鼻子灰，他的内心必然会受到打击，还很可能因为这次问问题受到的教训，而再也不向父母发问，甚至疏远父母。长此以往，亲子间的关系会遭到破坏，也就无法与孩子进行良好的沟通。

如果孩子提出的问题父母也解答不出，这个时候该如何应对呢？

作为父母，应当积极解答孩子的问题。即便是难以解答的问题，父母也要对其所提出的问题表示重视，并清楚地对他说："等你再大些自然就明白了。"或者说："这个问题难度太大了，等妈妈弄明白，再为你解答好吗？"当然，你要做到言出必行，不可敷衍了事。

其实，有时候孩子提问并非为了要一个准确的答案。他们的快乐来自提问并得到解答的过程，而不是答案本身。所以，父母对孩子的提问要有所交代，让孩子在心理上获得一种被接纳、被重视的满足感，这也有助于发展他的好奇心并加深他对父母的信赖。

需要注意的是，妈妈切不可胡乱编造一个答案应付过去，特别是一些有关科学知识的问题，务必要弄明白了再为孩子讲解。

在面对孩子的提问时，我们可以借鉴塞德兹的做法：

一天，小塞德兹拿出一本达尔文进化论的少儿读本津津有味地看了起来，书中将生物进化的过程描述得十分生动，而且插图也极为有趣。

"爸爸，进化论中说人类是由猴子进化而成的，这是真的吗？"

"这个问题我也不能确定，但达尔文的理论是让人信服的。"

"可是如果人是由猴子变的，那么为什么现在还有猴子这一物种？"儿子问。

"因为猴子中的一部分进化成了人类，而其余部分却没有得到进化，所以它们还是猴子。"

"我觉得这样说不通。"儿子怀疑地说。

"那说说你的看法。"

"既然是进化论，那么所有猴子都应该进化，而不是只有一部分得到进化。"

"为什么这样说？"

"我认为其他猴子也应该得到进化，变成能够上树的人。"

"这种可能是不存在的，因为现实中有的猴子的确没有得到进化……"塞德兹说。

"为什么？"儿子继续追问道。

于是，塞德兹只好竭尽所能地向儿子解释其中的原因："根据我的了解，一部分猴子出于某种缘故必须在地面上生存，它们的攀缘能力不断减退，而又学会了直立行走，经过长时间的进化变成了人类；其余的猴子一直在树上生活，所以没有得到进化。"

"我知道了。可是猴子为什么要进化成人呢？像猴子那样灵活不是更有优势吗？"儿子又换了另一个角度提问。

"虽然猴子的身体比人类灵活，但大脑却不如人类灵活。"塞德兹说道。

"只有一个灵活的大脑有什么用呢？还是不可以像猴子那样从一棵树上跳到另一棵树上。"儿子说。

"但与灵活的身体相比较，灵活的大脑更为重要，也更具备优势。因为只有这样才能创造出文明。"

"为什么要创造文明？"儿子问道。

"因为文明能够推动人类的进步。"塞德兹说道。

就这样，儿子的问题接二连三地如潮水般涌来。他的很多问题在大人看来十分幼稚而毫无根据，但即便如此，塞德兹也尽可能地不让他失望。

回答孩子问题的原则主要有以下几种：

(1) 了解孩子提问的动机

父母在回答孩子的问题之前，首先要了解清楚孩子提问的动机，是存在疑惑，是为了博得大人的关注，还是出于强烈的好奇心。只有了解孩子的真正意图，才能给他一个满意的答案。为此，父母可以先反问孩子一个问题，这是对待孩子提问的一个非常有效的方法。

（2）认真对待孩子的问题

对待孩子五花八门的问题，如果父母随意敷衍、粗暴制止或者胡编乱造一个答案应付，不仅会打击孩子提问的积极性，还会阻碍其智力的发展。

（3）答案要简单

回答孩子的问题时要讲究艺术性，要根据孩子的实际情况，比如年龄、理解能力等，尽可能简要而准确、通俗而生动地回答。切忌长篇大论、深奥难懂。如果问题很复杂，怎么讲孩子也无法理解，可以告诉孩子："你现在还小，长大后自然会明白的。"或者用转移注意力的方法把孩子的兴趣引到别的地方去。

（4）尽可能立即回答

孩子的注意力很容易转移，所以父母应当尽可能立即解答孩子提出的问题，否则孩子可能就会忘记问题，或者兴趣下降。当然，立即回答并不是要迅速地给出正确答案，而是要迅速受理孩子的问题，并引导孩子对相关问题进行思考。

（5）不要打断孩子的提问

不管多么心烦意乱，都不要说"不要问我"，应当认真回答孩子的问题，因为只有这样，才能保护和提高孩子提问的积极性，使他们的思维更活跃。

（6）认同孩子

无论孩子提出的问题有没有道理，父母都应当报以赞赏的态度，和孩子同样感到兴奋、惊奇，让孩子从中得到满足，使他求知的欲望更加强烈。相反，如果父母的态度非常不耐烦，嘲笑或讽刺孩子的问题，甚至贬低问题的价值，这无异于给孩子当头浇上一盆冷水，会让孩子提问的热情就此消失。

（7）以答引思

有些问题的答案并不是唯一的，有些父母在回答时以偏概全，这是不科学的。遇到这种情况，父母应该有目的地向孩子提出问题，通过反问、设问等方式引导孩子认真思考，从多方面看待和分析事物，巧妙启发，循循善诱，点燃孩子的思维火花，培养其发散性思维。

回答孩子问题的方法，概括起来有下面两种：

（1）要有耐心，不要上来就训斥孩子

如果实在没时间，可以对孩子说："过一会儿给你讲。"或者暂停手里正在忙的事，先解答孩子的问题。有些父母由于知识面有限，不能立即给予解答，这时就要诚实地告诉孩子："这个问题难住我了，等我查查资料或问问别人再给你讲。"

（2）加强引导和启发

如果孩子提的问题较容易解答，可以一步步引导他们自己去思考和解答。比如孩子问："为什么到了冬天玻璃上会有冰花？"可以引导他思考冬天路上的积水冻成冰的道理。在回答孩子的问题时，有意识地诱导孩子把兴趣和好奇心转变为学习的动力。

　　当孩子不断地问"为什么"时，有些父母会心生厌烦而大发脾气或者不予回答，这种不明智的做法虽然能换来短暂的宁静，但会在无形之中对孩子的好奇心造成打击，更为严重的是让孩子极为难得的求知萌芽迅速枯萎。

孩子是可以听进去道理的，
就看父母愿不愿意讲

　　有很多霸道的父母，凡事总是希望孩子按照自己的意愿去做，但是他们就是不愿意跟孩子解释为什么要这么做，有的时候为了省去跟孩子解释沟通的麻烦，甚至会采用训斥责备或者敷衍的方式。这些都是不讲道理的父母的典型做法。

　　小君妈妈带着身体不舒服的小君去医院看病，医生给小君开了药，小君妈妈回家以后，却因为药太苦孩子不愿意吃而犯了难。她向身边的家长取经，大家纷纷给她出主意。有一位妈妈告诉她可以骗孩子那不是药而是糖水，趁孩子不注意的时候直接灌进去就好了，反正能治孩子的病就行……一位爸爸说可以吓唬孩子，告诉他如果不吃药就让他在门外站一晚上，孩子害怕了，就会乖乖听话吃药了……面对大家的献言献策，这位妈妈微笑以对，她想了想，还是决定用自己的方法。

　　她温柔地坐在小君旁边，告诉小君，他之所以感觉到身体不舒服是因为他生病了，而要想摆脱这种不舒服的感觉就需要吃药，药都是苦的，但是忍受了这一会儿的苦，苦过去以后，病也就好了，身体就不会难受了。她还跟小君约好，如果孩子能乖乖吃药，把病治好了，就可以带他去游乐场玩，还可以骑滑板车。孩子一听顿时来了精神，拍着手说："我最喜欢去游乐场了！好吧，妈妈，我吃药！"虽然孩子吃药的时候还是龇牙咧嘴，很痛苦的样子，但小君还是忍着咽了下去。把药吃完以后，小君说嘴巴里太苦，问妈妈能不能吃糖，妈妈就剥了一块糖放在孩子的嘴里，母子两人都笑了。从此以后，小君吃药的问题彻底解决了，他们再也没有因为吃药而发过愁。

如果孩子不那么听话，而是一直拒绝吃药，我想这位家长也不会采取任何粗暴的手段，因为她始终明白，给孩子讲道理比敷衍孩子、欺骗孩子要有用多了。

当然，给孩子讲道理的过程并不容易。孩子年龄小，理解能力比较差，再加上他们开始慢慢有了自己的主意，很多时候喜欢自己做决定，所以父母在给孩子讲道理的时候，不可能一帆风顺，但是只要秉持着不强迫孩子做事的信念，最终一定能完美地解决孩子各方面的问题。

给孩子讲道理的时候，父母一定要有信心和耐心，当然也要有相应的谈话技巧。以下是几条父母可以参考的建议：

（1）**先肯定，再纠正**

没有人喜欢被人批评，大人都喜欢得到别人的认可和赞扬，孩子自然也是如此。孩子的自信心需要家长的保护，因此父母在跟孩子讲道理时一定要先对孩子进行正面评价，在此基础上再指出孩子的问题并进行纠正。

（2）给孩子解释的自由

如果孩子对一些问题有自己的看法或者对父母讲的道理持有异议，我们要充分尊重孩子的权利，给孩子解释说明的自由，哪怕孩子的意见有偏颇，也不能一概否定，而是要慢慢引导和讲解，让孩子真正地意识到自己的问题，改正错误的想法。只有在双方彼此了解对方想法的基础上，才能取得更好的沟通效果。

（3）密切关注孩子的情绪

跟孩子讲道理也要抓住时机，我们在情绪不好的时候，往往听不进外界的声音，孩子也是一样的。如果孩子当时的情绪比较失落或者过于激动，父母一定不要急于求成，而是要首先帮助孩子把情绪稳定下来，在孩子平静的状态下再进行沟通，否则很有可能适得其反。

当然，要让孩子听道理、懂道理，父母的影响是不可忽略的，所以，父母首先要以身作则，做通情达理的人。很多父母在处理事情时不够平静，甚至有使用暴力的习惯，孩子耳濡目染，难免会受到一定的影响。很多成年以后有家暴倾向的人，都是在小时候被暴力对待过的孩子。不讲诚信，不懂得尊重别人的人，教育出来的孩子往往也视诚信和尊重于无物。不要做强势的父母，不要逼迫孩子、敷衍孩子，要始终牢记一点，言传身教胜过一切教育方法。

孩子太叛逆，只因你不会和他沟通

小洋自从升入了初中，与妈妈之间的矛盾就越来越多，经常起争执，他甚至几次放话要离家出走，以此来威胁妈妈。最近小洋的学习成绩有所下滑，所以妈妈给他报了辅导班，让辅导班老师感到疑惑和惊奇的是，她发现小洋头脑十分灵活，一点就通，一学就会，按理来说学习成绩不应该这么差，而且小洋的表现完全不像他妈妈所描述的那样叛逆、极端。后来，小洋和辅导老师逐渐熟悉了起来，在老师面前他也能够打开自己的心门。在一次和老师的交谈中，他坦言自己之所以"反叛"妈妈，是因为从小妈妈就将所有关注点放在他的学习上，在妈妈的逼迫下，他除了看书，就是做题。在妈妈眼里，他喜欢的漫画和游戏都是不良嗜好。而且，直到现在妈妈还一直把他当成小孩子，包揽他的一切事情，导致他完全没有自主空间，这让他十分不满。

小洋如此叛逆的原因，无非就是妈妈对他的爱太过度、太过强硬了，孩子失去了自由，就要窒息了。除了学习什么都不会做的孩子就是好孩子吗？妈妈包办孩子的一切，让孩子没有一点儿生活能力，这也是对孩子的爱吗？

很多父母想让孩子按照自己的意愿成长，当孩子尚未懂事时可能还会顺从，但当孩子进入青春期，有了自己的想法时，就不会再对父母言听计从了，他们就会用自己的方式反抗。面对逆反期的孩子，父母不要只是一味训斥，也要懂得从自身找原因。

（1）保持自己头脑冷静

孩子和父母唱反调，父母往往会心生不满，于是动用监护人的权利来压制孩子。其实，此时的父母应该提醒自己冲动是魔鬼，只有保持冷静，心平气和地与孩子沟通，才能有效地解决问题。孩子在叛逆期的言行举止犹如狂风暴雨，无法自控。而父母作为成年人，应当懂得保持冷静。

（2）平等地和孩子沟通

大多数父母都觉得自己是对的，孩子理应顺从父母。却忘了孩子已经有了独立思考和处理问题的能力，所以父母应该放低姿态和孩子进行平等的沟通，耐心地倾听孩子的内心想法，与孩子在感情上、具体事件上求同存异，并做一些适当的让步。

（3）反思自己的教育方式

通常情况下，父母都应该超脱自己的角色，站在第三者的立场上看待孩子的叛逆行为。这样父母可能就会意识到，一些事并非全是孩子的问题。所以，为人父母，我们应当时刻反思自己。只有懂得反思自己，才能教育出真正优秀的孩子。

（4）艺术地批评孩子

有的父母一旦发现孩子犯了错就无休止地责骂，殊不知，这样会伤害孩子的自尊心而使其产生逆反心理。如果父母先对孩子表现好的一面给予肯定和赞赏，再指出并纠正其不足，这样一来，孩子的自尊心得到了满足，就会积极地朝父母希望的方向改变自己。

（5）引导孩子理智化

对待孩子所出现的问题，比如早恋，父母应在尊重孩子的感情和人格的前提下，对孩子晓之以理，动之以情地说服、劝导，让孩子认识到问题的危害性。同时，父母可以通过举例子来改变孩子的理想化思维，用自己冷静、理智的态度来引导孩子做出明智的决定。

04
PART FOUR 第四章

传递积极的人生观，
让阳光洒满孩子一生

让孩子快乐长大很重要

　　一个孩子是否快乐，很大程度上取决于他从小所处的生活环境是否快乐。在轻松愉快甚至幽默的家庭氛围中，孩子更容易成长得无忧无虑、自由自在。相反，如果孩子从小生活在压抑沉闷的环境中，性格和心理自然也会受到负面的影响，孩子的一生甚至也会因此受到不可逆的伤害。

　　奥斯卡获奖电影《美丽人生》是很多人都特别喜欢的一部电影，这部电影之所以大获成功，除了其中表现出的反战思想和做人信条，还因为它给人们讲述了一个令人动容的教子故事。看完这部电影的观众，无不为电影中父亲的智慧和幽默折服，也为其教育孩子的方式所倾倒。

　　影片讲述的故事发生在二战时期，一名犹太小男孩连同他的父母都被关进了纳粹集中营，他们每天都干着繁重的体力活儿，而且每天都会有人惨死在集中营里，那里是一座人间炼狱。面对凶残的德国纳粹组织，父亲不愿意让孩子天真的心灵受到战争的伤害，所以他告诉孩子，他们在玩一场游戏，对面有敌人，如果能够赢得这场游戏，就可以赢得一辆威风的坦克车，孩子很开心地表示一定会好好努力，争取赢得胜利。

　　虽然父亲每天都被折磨得筋疲力尽，但他面对孩子的时候，始终都是微笑的。他对孩子说："咱们的游戏很快就要获胜了，一定要坚持住！爸爸虽然看着很辛苦，但是每天做的事情不过是游戏规则里的要求罢了。"孩子真的把这场大屠杀当成了一场游戏，他时刻听从父亲的话，最后在父亲的帮助下，成功地存活下来。虽然父亲最终不幸惨死在纳粹的枪口之下，但是当孩子终于等到战争结束，真的有一辆坦克车出现在孩子面前的时候，那个场景带给人们的震撼是难以言喻的，那位伟大的父亲也值得人们以泪祭奠。

　　一个人的内心要有多阳光，才能把惨绝人寰的战争当成一场游戏？但就是这样一位内心强大、积极阳光的父亲给了孩子最难得、最美好的童年，他教会了孩子无论身处任何逆境都能让自己拥有快乐的能力。影片的最后，纳粹分子在战争中一败涂地，孩子笑容灿烂地看着坦克车，相信不少观众都曾为此热泪盈眶。

　　中国有句古话叫"近朱者赤，近墨者黑"，孩子的价值观、人生观尚未完全成形的时候，也是非常容易受到外界环境影响的时候，朝夕相处的父母对孩子的影响力就可想而知了。很多人在年老后，仍然认为童年时期的家庭环境带给他们的影响是超越任何人生阶段的。一个家的家庭氛围，直接影响着孩子的成长体验和性格养成。

　　曾经大火的电视剧《都挺好》中的苏明玉就是一个深受

到家庭环境影响的孩子。虽然成年后的苏明玉在事业上取得了一定的成功，也得到了很多人的尊重，但是我们很容易发现，她的内心深处对于"家"有牵挂，但更有怨恨。明明有父亲、哥哥，但是她依然过得像孤儿一样。在她雷厉风行地征战职场的时候，也难免会有孤军奋战的孤独感，家庭带来的孤独感是事业上的成功所弥补不了的。

　　究其原因，其实就是苏明玉小时候在家庭中过得不够幸福。父母重男轻女的思想和各种偏心的做法对苏明玉造成了巨大的打击。自己和哥哥吵架的时候，明明是哥哥的错，被妈妈训斥责备的却是她；为了供哥哥出国留学，苏明玉的房间被租出去换钱；甚至在苏明玉考上了好大学，想要继续深造的时候，都被父母以家里没钱为名阻挡了求学之路，最后只能委曲求全地读了一个普通学校……这一切都让苏明玉心理失衡。她始终都不明白，自己究竟做错了什么，也不知道为什么自己那么不受父母的喜欢，原本应该温暖的家庭，带给她的却只有冰冷的伤害。

　　电视剧的结局中，苏明玉跟父亲、哥哥冰释前嫌，重新成为相亲相爱的一家人，这当然符合中国观众的大团圆期望，能让观众得到一丝心理慰藉。但是如果真的在现实生活中遭遇了这样的家庭，更可能出现的情况是这个孩子的性格会变得阴郁，那得多么让人心疼啊！苏明玉的心理是强大的，她在消化了很多负面情绪之后，内心依然有最柔软的地方，她依然懂得爱别人，爱生活，但是她受的伤也不是轻易就能愈合的，哪怕最后结局美好，谁又敢说她心里的那块伤疤真的彻底消失了呢？

虽然现在的很多孩子都享受着富足的生活，不愁吃穿，但并不是所有孩子都是快乐的，有些家庭的成长环境只是让孩子长大而已，孩子的内心却很难获得真正的快乐。要想让孩子成长得更快乐，作为父母就要努力为孩子营造一个快乐的成长环境。我们具体可以从以下几个方面去努力：

（1）良好的夫妻关系是孩子快乐成长的前提

曾经有一个学校做过一项问卷调查，调查的内容是孩子最希望父母做的三件事，接受调查的孩子给出了形形色色的答案，但是经过统计之后发现，其中被提到次数最多的是"希望父母不要吵架"，可见，父母吵架对孩子来说是非常痛苦的经历。有许多可怜的孩子，从小是在父母的互相埋怨和争吵中度过的，他们不理解父母吵架的原因，也不知道面对父母的争吵自己应该做些什么，但是可以肯定的是，没有一个孩子在面对那种剑拔弩张的场面时是不害怕、不惊惧的，甚至这些场景有可能会成为孩子一生的噩梦。对于孩子来说，只有父母的关系足够融洽，家庭氛围足够温馨，他们才能在家庭中获得足够的安全感，不会担心随时随地会爆发战争，才能懂得爱和尊重别人。反观一些夫妻经常吵架的家庭，这样的家庭培养出的孩子往往会伴随着自卑、孤僻等性格弱点，甚至会受到父母的不良影响，形成暴力型人格。

（2）拒绝对孩子诉苦

没有哪一对父母不面临着工作和家庭的双重压力，如何化解这种压力，是对很多父母的一种考验。有些家长总觉得自己做的一切都是为了孩子，为了家庭，自己是做出贡献和牺牲最多的那一个人，所以，在孩子不听话的时候，或者是自己感到辛苦的时候，他们总是喜欢在孩子面前大倒苦水："你知不知道我们这么辛苦都是为了你！你一定要好好孝顺父母，听我们的话，这样才对得起我们天天起早贪黑，为这个家忙碌！"孩子出生了，他们自己是没有选择权的，他们来到这个世界上，理所当然要接受父母的养育，这也是为人父母的责任。常常把辛苦付出挂在嘴边，不停地向孩子诉苦，只会增加孩子的心理压力，甚至在有些情况下会让孩子产生负罪感，让孩子觉得是自己不够好所以才让父母这么辛苦，这些都是孩子不应该承担的。

当然，也有一些做得很好的父母，他们无论在外面多么辛苦，哪怕是风尘仆仆地回到家，也会用微笑和拥抱来面对孩子。他们在跟孩子聊天的时候，只会向孩子传递对工作的热情，对生活的热爱。他们也一样奔波劳累，但是几乎每天都是精神饱满、斗志昂扬的，这样的父母才能培养出乐观向上的孩子。

（3）努力营造良好的亲子关系

父母除了要在生活上照顾好孩子以外，还要学会尊重孩子，与孩子心贴心地沟通，对于孩子心理上出现的一些问题，要及时给予引导和帮助，努力与孩子建立朋友式的亲子关系。

（4）保持居住环境的整洁美观

孩子的大部分时间都是在家庭和学校中度过的，一个好的生活和学习环境对孩子来说至关重要。家长应该注意，时刻保持居家环境的整洁美观，让孩子更轻松、更快乐地生活和学习。

父母要承担起照顾孩子和培养孩子的重任，就要在方方面面下功夫。一个良好的环境是孩子成长路上不可或缺的，父母一定要在这个方面多多努力，让孩子的成长没有后顾之忧。

该给你的孩子减减压了

很多人都有这样一种想法：现在的孩子吃喝不愁，衣食无忧，一直生活在家长无微不至的照顾下，因此他们是完全没有压力的。其实这种认知是错误的，如今，不但大人会感受到重重压力，就连孩子身上也背负着沉重的负担，比如父母的期待、学习的重任等。

宇翔的父母都是社会成功人士，宇翔是他们唯一的孩子，他们在宇翔身上花费了许多心血，对宇翔的要求也很高。在学习方面，他们要求宇翔每次考试必须得第一名，因为他们觉得第二名就已经是失败者了。宇翔十分听话、懂事，为了达到父母的要求，他从小就将大把的时间用在学习上，周六日不是去参加补习班，就是去参加兴趣班，很少有机会跟别的孩子一起玩耍或是做自己真正喜欢的事。因此，从小学到高中，他的成绩都非常好。但是，好马也会失蹄，宇翔也不是每次都能拿到第一名，而每当他没有取得第一名的时候，父母就对他十分冷淡，认为他懒惰、没有努力，逼他在学习上投入更多时间……学习时间越来越多，可是宇翔的学习成绩不升反降，取得第一名的次数也越来越少。宇翔的心理压力越来越大，对待学习也不再充满热情，每当看到同学们取得进步，自己却一直退步时，他就会感到十分失落。但父母并没有体谅他，反而越来越严厉地批评他。宇翔终于撑不住了，他开始暴躁不安，出现了很大的情绪波动，并且一直失眠。他彻底将自己封闭了起来，再也听不进父母的话，也断绝了与同学、老师的来往。宇翔的身体和心理健康受到了严重的影响。后来，他高考时严重失利，连一所普通的大学都没能考上。

适当的的压力能够让孩子奋发向上，但压力一旦过度，就会严重影响孩子的身心健康。孩子的身心并不成熟，缺少必要的知识储备和处世经验，并不能够很好地缓解自身的压力。因此感受到过大或是持续时间过长的压力时，孩子的心理就会受到严重的创伤，甚至孩子的未来也会受到不良的影响。一项研究表明：在孩子的成长过程中出现的紧张和压力，与其成年后患上高血压、心脏病甚至癌症等紧密相关。所以，父母一旦发现孩子有了过重或持续时间过长的压力，就要立即帮助孩子排解。

那么，父母应当怎样帮助孩子消除压力呢？

（1）认真倾听孩子的想法

当孩子压力过大时，可能会产生说假话、打人或是故意毁坏东西等行为；情绪波动不稳，可能更加爱哭闹、无理取闹，经常因为觉得害怕而对大人纠缠不休，睡眠质量差，做噩梦甚至梦游等；身体上会出现经常持续眨眼、挖鼻孔、咬指甲、肌肉不自觉地抽动等反应；精神在则会出现注意力不集中、记忆力下降、爱胡思乱想、言语含糊等反应。父母一旦发现这些情况，应当尽快了解孩子心理压力产生的原因，认真倾听孩子的想法，真诚地与孩子沟通，做到对症下药。

（2）让孩子面对压力

了解孩子压力的来源后，父母要予以一定的引导，辅助孩子面对压力，并将压力转变为动力。父母可以与孩子做情景再现、互换角色的游戏，让孩子扮演他的压力来源，父母则扮演孩子，给孩子展现父母的应对方式。这往往会给孩子留下深刻的印象，令孩子在轻松的游戏中有所感悟，学会面对压力。而且父母应该多鼓励孩子，提高孩子的自信心，让孩子知道：父母会永远在他身后支持他。孩子得到了父母的关爱与支持，勇气就会增强，也就能克服压力了。

（3）给孩子充足的休息和娱乐时间

倘若孩子的睡眠时间不能满足身体需要，就会觉得十分疲倦，无法集中注意力来学习，这样孩子就会产生紧张的情绪，压力也就随之而来。所以父母要给孩子充足的休息时间。娱乐是帮助孩子化解压力的良好方式，父母要尽量给孩子足够的游戏时间，让孩子处于快乐的情绪当中，压力也就减轻了。

（4）让孩子做好承受压力的思想准备

当压力来临时，倘若已经有了思想准备，那么孩子就能够很好地应对压力。思想准备做得越充足，孩子就越能承受住压力，相对而言压力的影响就减弱了。父母在平时可以多跟孩子讲述"压力"的话题，告诉孩子压力是生活的组成部分，人不可能完全没有压力，压力并不可怕，可以借助很多方式化解。总而言之，如果孩子事先做好承受压力的思想准备，那么压力自然就不会对孩子产生太大影响了。

（5）给孩子树立榜样

父母也是从孩子成长过来的，也会遇到压力。因此，父母可以给孩子讲述自己小时候是怎样应对压力的，然后温和、平等地与孩子交流、分享。这样一来，孩子就会知道别人也会承受压力，并很好地解决，那么，孩子克服压力的勇气和信心就会增强。

（6）让孩子亲近大自然

大自然的优美风景能让人心神愉悦，父母可以带着孩子走进大自然、亲近大自然。相信自然风光的陶冶能够使孩子减轻心理压力。

（7）培养孩子的坚强意志

坎坷、挫折是人生必然要经历的事情，人们肯定会因此产生不小的压力。在沉重的精神压力下，痛苦和失望是没有任何作用的，只有坚强的意志力才能抵挡住精神压力，只有那些承受得了磨难的人，才能取得最终的胜利。因此，父母应当培养孩子坚强的意志。

只会抱怨别人的孩子，怎么能健康成长

　　林辉今年上三年级了，父母在外地工作，他跟着爷爷奶奶一起生活。林辉不爱学习，经常偷偷逃学，不服从爷爷奶奶的管教，这样一来，他的学习成绩直线下降。

　　期末考试结束后，爸爸打来电话。林辉一接起来，电话那边就响起了爸爸生气的声音："儿子，你上次考试就没有及格，这次怎么反而比上次更差了？"

　　林辉当即开始抱怨："爸爸，不怪我，都怪我们老师不抓紧给我们修空调，考试那天我热得都快写不了字了。""还怪爷爷没照顾好我，我感冒了，考试的时候没有精神。""也怪我旁边那个同学，他考试期间总咳嗽，吵得我没办法静下心来读题。"……

　　听着林辉的抱怨，爸爸深感无奈。林辉总是这样，每次事情没做好，都把责任推到别人身上，满嘴都是抱怨。他上一次没考好，是这样跟爸爸说的："爸爸，我这次没考好，我特别伤心，都怪我们老师，我考试时写错答案了，想改的时候，发现橡皮忘带了，向老师借，老师居然说没有。害得我一整场考试的心态都被影响了。"

爸爸再也听不下去了，他打断林辉，说道："够了，你总要这样埋怨别人吗？不要再找借口了，考试成绩只和你平时的努力程度挂钩。如果你平时踏踏实实学习，认真总结老师讲的知识点，我不相信你的成绩会因为考场上的几个小意外就差成这样。如果不找自己的原因，只会埋怨别人，成绩是永远提高不了的。"

"成功的人总在做事，失败的人总在埋怨。"这句话非常有道理。父母一定要注意，一旦发现孩子这样一味只知道抱怨，遇事喜欢在别人身上找原因，一定要及时制止并纠正，否则孩子将做不成任何事。因为孩子遇事不知道从自身找出根本原因，想办法弥补自身的不足，找出成功的途径，反而喜欢将自己的错推到别人身上，这样只会越来越退步，离成功越来越远。

很多人失败的原因之一就是喜欢发牢骚，喜欢把错误归结在别人身上。这样的人总认为是别人绊住了他成功的脚步，却不去想想自己的问题究竟在哪里。

假如自身真的存在问题，那么埋怨别人是没有用的，应该积极面对问题，分析问题，思考当下局势，保持冷静的心态，才能找到解决问题的办法。总是埋怨别人，会导致一个人失去学习的动力，遇事只会消极对待，事情也只会越来越糟糕。

家长一定要避免让孩子产生这种抱怨别人的消极心态。时间久了，大家都会讨厌和这样的人做朋友，因为没有哪个小朋友喜欢无缘无故被人指责。

遇到上面这种情况，家长一定要正确引导。

小曼是一位刚上一年级的小朋友。一天晚上，妈妈煮了一锅奶油蘑菇汤，香味从厨房一路飘到在客厅里玩的小曼鼻子前。小曼跑到厨房问妈妈奶油蘑菇汤好了没有，正在炒菜的妈妈无奈地笑了笑，说："宝贝，稍等一会儿，妈妈炒完菜就给你盛。"小曼却说："妈妈，我自己来盛。"说完，她就真的给自己盛了一碗，端到了餐桌上。这时，爸爸从书房出来，看到奶油蘑菇汤好了，食欲大开，对厨房里的妻子喊道："老婆，帮我也盛一碗吧！"

妈妈那边菜马上就要出锅了，应了一声"稍等"。小曼听到爸爸的话后，立马自告奋勇地说："爸爸，我来给你盛。"说着飞快地跑到了厨房。

这时妈妈正好端着菜来到餐厅，爸爸高兴地对妈妈说："看到没，女儿真是贴心的小棉袄啊！"

不料，话音刚落，厨房里就传来"啪——哎哟——呜呜——"的声音，爸爸妈妈赶紧奔向厨房，就看到小曼两眼泪汪汪地捏着手指，抽抽搭搭地哭着。"怎么了，烫着手了吗？"妈妈急切地问道。

小曼十分委屈地说："都怪爸爸让我盛汤，我才被烫着了。"爸爸赶紧过来安慰女儿，妈妈立马去找烫伤药膏了，小曼气呼呼地对爸爸大喊："臭爸爸，都怪你！"然后就跑回自己的房间，把门一锁，生闷气去了。

妈妈拿了烫伤药膏，耐心哄小曼开门，但是小曼就是不开门，里面还不时传来她摔书、扔枕头的声音。

妈妈当即沉下了脸，她刚才看了小曼的手，知道她伤得并不重，就是因为埋怨爸爸，才这样小题大做。妈妈觉得女儿这种心理要不得，必须让孩子改正过来。她想拿备用钥匙开门去和小曼讲道理，不过被爸爸拦下了，爸爸说："先让孩子冷静一下吧，一会儿再找她谈，我们先回去。"

一个小时以后，妈妈来敲门，小曼气呼呼地打开门，说："干吗？"

妈妈态度温和地举了一下手中的药膏说："妈妈来给你擦药膏，还疼不疼？"

小曼举着还有点儿红的手一边给妈妈看，一边说："不疼了。"态度缓和多了。

妈妈拿过她的手给她涂药膏，说："我的小曼长大了，能给自己盛汤了，而且做得很好！能告诉妈妈你给自己盛汤的时候是怎么做的吗？"

小曼听到被夸奖，就赶紧表现自己，说道："我按照妈妈说的，盛汤的时候要小心汤锅里的热气，不要盛得太满，盛好后立刻端着碗走向餐厅，这样没等碗变烫，就可以把碗放到桌子上了。"

"那为什么给爸爸盛汤的时候烫着自己了呢？是不是忘了这个步骤了？"妈妈问。

"不是。"小曼低头否认。

"那因为是爸爸让你盛的，所以你就不好好盛了吗？我想也不是的，你应该非常愿意帮爸爸盛汤吧。"妈妈说。

小曼不吭声。

妈妈摆出一副恍然大悟的样子说："那一定是因为勺子有眼睛，认识爸爸的碗，但只肯给你的碗好好盛汤，却不管爸爸的碗了吧！"

小曼破涕为笑。

见小曼终于笑了，妈妈便严肃且认真地说道："妈妈知道你是会盛汤的，只不过给爸爸盛汤的时候出了一点儿纰漏，我觉得你应该是盛汤的时候有点儿着急了，不想让爸爸等得太久，一不小心就将汤水洒出来了，才烫着手了，你说是不是这个原因呢？"

小曼小声说："是的，我就是怕爸爸等太久，所以盛得很急，然后就烫到自己了。"

"你看，是这个原因吧，你自己不小心才被烫伤是不是？能怪爸爸吗？爸爸没有催你快点儿吧？"

小曼看着妈妈不说话，其实一脸心虚。

妈妈见状又说道："记得上次下雨爸爸接你放学，怕你等太长时间，所以路上很急，骑自行车不小心滑倒了，摔了一身泥。你看爸爸也是很狼狈，但他并没有跟妈妈说'都怪小曼让我去接她放学，怕她等久，我才摔倒的'吧？如果他真这样说了，你是不是会很委屈？"

小曼猛点头。

"对啊，所以你帮爸爸盛汤，自己着急了，结果烫到手，这应该归结为你不小心，怎么能怪爸爸呢？小曼以后如果再遇到问题，要先想想究竟是自己哪里没有做好，哪里出了纰漏，而不是第一时间把过错推到别人身上，好不好？"妈妈语重心长地说。小曼认真地点了点头；表示记下了。

很多孩子都有埋怨他人的心理，父母见到孩子这样做，一定要像小曼的妈妈一样，及时发现孩子的问题，耐心引导孩子认识到整件事情的错因在哪里，再加以正确引导。否则孩子将永远不会反思自己的不足之处，永远无法进步。

懂得调节情绪的孩子，
才能拥抱更好的明天

　　从根本上来说，情绪是没有好坏之分的，但是不同的情绪会给孩子的生活带来完全不同的影响。对情绪毫无控制力的孩子，往往会任由情绪支配，冲动地做出不顾后果的事。相反，能够良好地控制自己情绪的孩子，才能轻松化解生活中的诸多问题，用更温和的方式面对一切。

　　宁磊放学一回到家就气呼呼地跑到了自己房间，不说话，也不吃饭，对爸爸妈妈的询问也充耳不闻。妈妈见宁磊情绪不太对劲儿，赶紧去问发生了什么事，却被宁磊关在门外不让进去。

　　妈妈费尽唇舌，又是哄又是劝，宁磊才打开房门让妈妈进去。妈妈坐在宁磊的身边，见宁磊噘着嘴生闷气，便用温和的语气跟他聊天，问他今天在学校里有没有发生什么有趣的或者特别的事情。经过一番旁敲侧击后，妈妈才知道，原来宁磊在学校受了委屈，正郁闷呢。

宁磊平常是一个做事特别积极的孩子，也非常认真，所以老师这一次安排宁磊组织一场班级辩论赛。宁磊身负重任，对辩论赛的事报以十二分的重视，在正式比赛之前，宁磊做了很多准备。万事俱备，只欠东风，宁磊在确定参赛名单的时候，却遇到了困难。

因为宁磊既不是班长，也不是学习委员，很多同学对他组织这一次活动并不认同。所以当宁磊邀请同学们参加比赛的时候，有些同学说这样的活动没意思，不愿意参加，还有的同学借口作业太多，也拒绝参加，甚至有人就像没听到一样，根本不把这事放在心上。宁磊费尽了唇舌，最终也没有几个同学报名。

宁磊觉得自己的付出没有得到应有的回报，一想到要辜负老师的信任，而这些都是这帮同学造成的，他内心就委屈得不得了。

妈妈听完宁磊的诉苦，轻轻地拍着他的肩膀安慰。宁磊眼含着泪，对妈妈说："他们也太差劲儿了！我都那么努力地准备辩论赛了，可是他们一点儿也不配合，完全不知道什么是集体！一个班集体中都是这样的人，还不越来越乱了吗！哼，我再也不要理他们了！"

妈妈知道宁磊这次真的闹情绪了，赶紧想办法帮宁磊疏导，她思考了一会儿，温柔地对宁磊说："我知道你真的很努力了，妈妈觉得你真的很棒！一个人要对自己要做的事情负责任，而你已经付出了足够多的努力，你在这件事情上是成功的！你的那些同学不抓住这次机会去参加辩论赛，是错失了锻炼自己的机会，这是他们的损失啊！既然他们做错了，就应该由他们自己承担后果，你为什么要拿别人的错误来惩罚自己呢？妈妈知道你是大度的人，每个人的想法不同，不能要求所有人都附和你，因为这么一点儿小事就闹情绪，你觉得值得吗？以后，咱们还说不定遇到什么烦心事呢，每次都这样怎么行呢？"宁磊在妈妈的安慰下，渐渐平复了心情。

回到学校之后，宁磊一扫之前脸上的阴霾，他先是找到了喊叫着不想报名的几个同学，心平气和地跟他们进行了单独的沟通，告诉他们这次辩论赛的意义，以及积极参与对他们自己有什么帮助。之后他又去网上下载了很多精彩的辩论赛的视频，课间的时候在大屏幕上播放给同学们看，让他们领略辩论赛的魅力。最后，他还找到了班主任，向班主任说明了情况，请班主任再一次向同学们发起邀请。没想到的是，这一次，居然有二十多名同学报名。宁磊非常满足地笑了，他觉得自己的力气没有白费。

如想象中的那样，辩论赛举办得非常成功，同学们也在这场辩论中收获了知识，得到了锻炼，而且，自从辩论赛后，大家对宁磊的表现也十分赞赏，纷纷称赞宁磊的组织能力和良好的心态，宁磊也因此收获了很多好朋友。

宁磊的故事告诉我们，情绪对一个人的影响是巨大的，当一个人学会了调节自己的情绪，就能很容易地从消极被动的状态中走出来，而且做事的时候更容易产生新的思路，也会有新的收获在前方等候。

在很多大人看来，宁磊的事也许根本就不是什么值得一提的大事，但是，所有孩子的内心都是敏感的，他们所处的年龄段也决定了他们的心理是脆弱的。负面情绪在不严重影响孩子的正常生活和学习情况下，是可以慢慢被消化掉的，但是当这样的情绪积累到一定程度以后，孩子们往往会陷入更加迷茫的状态，他们虽然会竭尽全力，试图摆脱当前的困局，但他们根本不懂得用什么样的方式去消化，只能越来越消极。这个时候，父母就起到了关键性的作用。我们一定要看准时机，及时地帮助孩子疏导情绪，及时地给孩子一个发泄情绪的出口，让他们尽快从低沉的情绪中走出来。

那么，父母都可以采取哪些措施来帮助孩子调节情绪呢？以下几点建议可以给父母们参考：

（1）教孩子放下

生活中不可能所有的事都能尽善尽美，只要尽了最大努力，就算结果不尽如人意，也应该学会勇敢地面对和接受。

父母想要孩子更坚强，首先应该从小让孩子学会放下，让他们知道即使某一个方面表现得不好，也用不着过分在意，毕竟"人无完人"。如果事事都计较成败得失，一个人很容易会变得急功近利，人生也会因此失去很多快乐。父母在教育孩子的过程中，也要教会他们心胸豁达，不要事事挂怀。

（2）教孩子找机会倾吐烦恼，不要压抑情绪

很多孩子从小就养成了写日记的习惯，他们会在日记里记录自己的喜怒哀乐，用文字抒发内心的情感起伏，当然，这是一种非常棒的排解烦恼的方式。如果孩子没有写日记的习惯，或者是不擅长用文字来疏解内心的负面情绪，父母则需要引导孩子用不同的形式排解。父母一定要意识到，负面情绪积压得久了，会影响到孩子的自信心，甚至是行动力，最后很有可能影响到孩子的学习和生活。家长可以通过聊天的方式引导孩子主动把心里的烦恼说出来，告诉孩子他们并非孤身一人面对困难，他们身后有可靠的家长、老师和同学，这些人都可以作为孩子倾诉烦恼的对象，为他们提供情绪的出口。只要家长引导孩子把烦恼说出来，坏情绪自然会得到一定程度的缓解。

当然，除了这些之外，倾吐烦恼的方式还有很多，只要适合孩子、能够帮到孩子，父母都可以尽力一试。

（3）教孩子转移注意力

如果孩子沉浸在烦恼当中无法自拔，父母的劝说、鼓励或者是老师的开解等也毫不奏效，这时父母可以通过引导孩子转移注意力的方式解决。比如，带孩子到户外去玩，让孩子在大自然中感受世界的美好，帮助孩子放平心态，忘掉烦恼。也可以引导孩子回忆高兴的事情，比如小时候过生日、和小伙伴玩游戏、参加比赛获奖的经历等，父母也可以给孩子讲一些小时候发生的趣事，调动孩子的愉快感受。

父母要告诉孩子，生活中除了失败和烦恼以外，其实还有很多美好的事物值得我们去关注，情绪是可以自己调节的。当孩子把注意力都放到一些美好的事物上来，坏情绪自然就会被赶跑。

(4) 教孩子体谅别人

当孩子遇到一些问题，没有检讨自己的错误，而是一味地抱怨别人，沉浸在负面情绪中的时候，父母不能听之任之，更不能为了让孩子嘴上出气，就跟着孩子一起说别人的坏话。这个时候，父母应该做的是，引导孩子换位思考，多站在别人的立场上思考问题，想象一下如果自己站在别人的立场上，是否会做出和他人一样的事来。这样，孩子就能更好地体谅别人，也更容易迅速地缓解自己的情绪，从心情的阴霾中走出来。

(5) 帮助孩子分析坏情绪产生的根源

父母要帮助孩子从根本上解决坏情绪，就要分析问题产生的根源。如果是学习上的问题，父母可以引导孩子与老师共同探讨解决的方法，并做好改进的计划。如果是家庭原因，父母就要和孩子进一步沟通，了解孩子的内心需求，挖掘孩子的隐痛，如果发现是父母的某些行为伤害了孩子，那么父母就要勇于承担，虚心改正，以身作则。总之，从根本上弄清楚原因，才能彻底赶跑孩子的坏情绪。

当孩子真正学会了调节情绪，他的未来将会更加光明，就算遇到再大的困难，也都会在积极心态的助力下闯过去，拥抱更好的自己。而在此之前，父母一定要做好榜样，以身作则地教育孩子、引导孩子。

05

PART FIVE 第五章

能力无限，未来无边

学会保护自己，
是父母应教会孩子的第一项能力

5 岁的嘉文非常听妈妈的话，是邻居眼里的"小淑女"。但是，自从上幼儿园之后，原本每天开开心心的嘉文却常常愁眉不展。妈妈追问之下，才知道嘉文在幼儿园常常被其他小朋友欺负。妈妈很心疼，找老师说了几次。老师对小朋友们"三令五申"，不许他们欺负嘉文。但是其他小朋友可能看嘉文太好欺负了，还是常常无缘无故地排挤她，甚至动手打她。妈妈只能安慰嘉文："下次他们打你，你就赶紧跑远点儿，别跟他们玩。"

这一天，妈妈下班早，提前去接嘉文，看到她正站在滑梯顶上，被一个比她大的女孩子堵在上面。那个女孩子恶狠狠地用手指着嘉文在说着什么，嘉文几次张嘴想说话却没能说出来。那个女孩子开始对嘉文推推搡搡，妈妈担心嘉文掉下来，赶紧叫她下来。嘉文一听到妈妈的声音，就号啕大哭着对妈妈说："她不让我下来。"妈妈赶紧叫来老师，老师命令那个女孩子下来，批评了她，那个女孩子一脸不服气地走了，嘉文这才从滑梯上滑了下来。老师向妈妈道歉，但也解释自己要看顾的孩子太多，真的顾不过来。同时老师也含蓄地说，嘉文被人欺负，连回嘴都不会，所以有些孩子总会逮住机会以欺负她为乐。

妈妈的眼泪在眼眶里打转，她带着嘉文回家了，第二天就办了退学手续，找了一家离家略远的幼儿园。但是，换了新幼儿园嘉文就不会被欺负了吗？妈妈没有信心，但是又不知如何教女儿改变。

在中国人的传统思维里，"吃亏是福"的观念一直被人们信奉，于是，很多父母教育子女时总在强调隐忍，不要惹是生非。这当然没有错，但父母只教给孩子不主动惹是生非，却往往忘了教给孩子如何自我保护。相信很多孩子都有被同龄人欺负的经历，尤其是那些性格内向、腼腆的孩子，最容易遭到其他孩子欺负。就像故事里的嘉文一样，妈妈偶尔提前来一次就能看到女儿被欺负，那在她没有看到的时间里，幼小的嘉文又忍受了多少的委屈和痛苦？这样懦弱的性格一旦定型，她的一生岂不是要生活在无止境的煎熬之中？离开父母，她又能向谁求救呢？

毛主席说过一句至理名言："人不犯我，我不犯人；人若犯我，我必犯人。"父母不光要教育孩子不惹是生非，还要让孩子懂得在遭到欺负时勇敢地保护自己。自保能力，也应该是孩子的基本能力，让孩子提前具备适应这个竞争激烈的社会的能力。

很多父母觉得教孩子自保能力没有什么必要。他们认为在和平年代、法治社会，过分渲染社会的危险对孩子没有好处，孩子遇到的"危险"，忍一忍就过去了。这种想法还是低估了社会的复杂程度。有关部门统计，我国每年有上万名中小学生意外死亡，主要的"凶手"是溺水和交通事故，也就是说，平均每天有一个班（约40人）的孩子会死于非命。这还是可以统计到的，而每天有多少孩子在忍受着校园霸凌却是无法统计的。这些遭受霸凌的孩子，身心都或多或少受到了伤害，甚至出现了许多的悲剧。而如果父母提早教会孩子自我保护，那些悲剧或许是不会发生的。

孩子与社会接触很少，即便如此，依然有不法分子将犯罪之手伸向了孩子。例如，有些不法分子专门骗孩子的钱，例如诱导孩子赌博，向孩子兜售摇头丸等毒品。而在孩子单独行动时，更是容易成为不法分子的目标，他们往往以认识孩子的父母或亲友、带孩子出去玩等借口拐骗孩子。被拐骗的年幼的孩子，会被卖给别人收养。而十余岁的孩子被拐骗后的命运则更为凄惨，他们会沦为苦力、被迫乞讨甚至参与违法犯罪活动。

对于这些社会现象，父母不能视而不见，也不能盲目乐观，觉得这些东西离自己的孩子很远。要培养孩子的防范意识，学会揭穿坏人的真实面目，教育孩子遇到陌生人时一定要开动脑筋甄别其善恶，不要跟陌生人有过多的交流，更不能跟随陌生人到任何地方去；即便碰到认识的人，也不能随便跟对方走，要在咨询爸爸妈妈之后再行动；如果有人强制孩子干什么，要让他学会大声呼救，并找机会往人多的地方跑；脱离陌生人的纠缠后，必须回家告诉父母或者到学校告诉老师，必要的时候可以报警，避免再次被盯上；有的坏人会利用问路、让孩子帮忙找丢失的东西等理由接近孩子，父母要教育孩子遇到类似情况时要保持一定的警惕心理，看清一些犯罪分子诱骗孩子的伎俩。

翔宇是家里的独子，从小爸爸妈妈、爷爷奶奶、姥姥姥爷都围着他转，什么都不让他干，所以娇生惯养的翔宇几乎什么都不会，胆子也特别的小。上了初中之后，家长们觉得他年龄不小了，这才放手让他自己上下学。但是，最近一段日子，妈妈发现翔宇回家后脸色很不好，总是一副心神不宁的样子。在不断追问之下，翔宇才说出事情的原委。

原来，一个月前，翔宇在放学回家的路上被几个社会青年截住了，向他勒索钱财。翔宇立刻将自己的零花钱全都给了对方，那些歹徒威胁他不能告诉父母，还让他拿出更多的钱给他们，否则下次肯定揍他。翔宇无奈，只能省下自己的零花钱给这些人，自己饿着肚子。没想到，那些人见他这么"听话"，胃口越来越大，威胁他偷家里的钱给他们。翔宇害怕挨打，从家里偷了三百块钱给他们，歹徒们还嫌少，让他偷更多的钱。翔宇不敢，一个歹徒狠狠踢了他一脚，恶狠狠地说："下次不拿来上千块钱，就打死你。"因此，翔宇回到家才这么不安。妈妈知道后，立即报了警，警察根据翔宇的描述抓住了那些社会青年。那些人勒索的学生不止翔宇一个，由于涉案金额较大，几名歹徒全都被判了有期徒刑。

经过此事，翔宇的妈妈知道，教孩子学会自我保护已经是刻不容缓的事了。

通过这个案例可以看出，父母必须教育孩子具备自我保护的能力，做到防患于未然。简要地说，要做到以下几点：

（1）让孩子习惯对父母交心

父母要让孩子明白，无论是身体上的不适还是心里的不安，都要及时告诉大人。这样能够让孩子遇到被霸凌等事件时不会一直憋在心里，形成心理问题。

（2）要让孩子学会躲避风险

教孩子在遇到刮风下雨等天气时知道往哪里躲；告诉孩子在不同的地方可能隐藏着哪些危险；让孩子知道出门时要尽量走大路，不要走僻静的小路，必须走小路时，一定要与相熟的人结伴而行；遇到意外情况，例如有人鬼鬼祟祟地跟踪或在前面埋伏时，必须尽快避开，跑向人多的地方，必要时可以大声呼救。

（3）要培养孩子对突发事件的应变能力

父母应该告诉孩子，遇到一些突发事件时，首要的任务就是保证自己的生命安全，此外，还要教给他们一些自救的技能。例如，要让孩子知道在火灾或地震中如何逃生，遇到煤气轻微泄漏或小型火灾等事件时如何控制灾情等。

（4）教给孩子独自在家时的安全常识

现在城市里的孩子假期比父母多，经常出现孩子独自在家的情况。父母出门前，必须指导孩子把防盗门从里反锁上，并告诉孩子有人敲门时不要轻易开门。如果来者是熟悉的亲朋好友，可以开门迎进来；如果敲门的是陌生人，即便能说出父母的名字，也一定不要开门；对于自称是水、电、气的修理工或收费员，或者说自己是快递员、物业管理员等的人，可以告诉对方等自己的父母回来再说。

此外，孩子从高楼坠落的事件屡见报道，多数是孩子独自在家，出于好奇或恐惧攀爬阳台、窗口等导致的。所以，父母必须告诉孩子，阳台是很危险的，一定不要攀爬。另外，还要告诉孩子家里的刀叉、插座、煤气灶等都有危险，不能随意触碰。

孩子年龄还小，遇到一些情况时往往无法独立应对。所以，父母必须让孩子坚定这样的信念：遇到危险打 110 找警察，遇到火灾、地震时打 119 求助消防员，出现病情打 120 向医生求救。父母要让孩子牢记家庭住址、父母的联系方式等，平时要注意树立警察、消防员、医生的正面形象，让孩子在遇到危险时对这些人员充满信任，从而在报警时能相对冷静地讲清自己的位置，配合相关人员的救援等。

让孩子成为小小交际达人

交际能力在人自身发展的过程中是一种不可或缺的重要能力。看一下我们身边的那些成功人士，他们的成功都和他们擅长交际息息相关。然而，在我们的身边有很多孩子不善交际、不会交际，他们害怕和人打交道，甚至都成年了，还视交际如洪水猛兽。

孩子小的时候几乎所有活动都发生在家庭中，孩子每天接触最多、沟通最多的人就是父母。随着年龄的增长，孩子的认知能力不断提高，活动范围也会渐渐扩大。这个时候，孩子就会分出更多的精力去与同伴交往，这个时候父母千万别阻拦孩子，要鼓励他与同龄人多交往。因为这一时期孩子身心成长快，可塑性强，接受能力强，是其成长的关键时期。而在孩子身心发展的过程中，人际交往是促进其社会交往能力的重要条件之一。

悦怡的妈妈，整天把孩子关在家中，不让她出去与小伙伴玩，既怕孩子吃亏受气，又怕孩子出去玩影响学习。所以整个暑假的大部分时间，悦怡都是在家里写作业、看书、画画等。有时候，悦怡会觉得有点儿孤独和无聊，她也渴望交朋友。

一天，一位新邻居带着她 7 岁的孩子前来拜访，悦怡觉得很高兴，跟那个小朋友一起写写画画、说说笑笑。可是，玩着玩着不愉快就发生了。原来是那个小朋友看到悦怡有一本特别精致的恐龙画册，想要看一看里面的内容，可是悦怡说什么都不让。那是悦怡前阵子刚收到的生日礼物，她珍惜得很，谁都不让碰。

悦怡的妈妈看女儿不高兴，即便那个小女孩说她只是想看一看，也没有出来打圆场，她可不愿意女儿受一点儿委屈。于是，新邻居只好带着女儿尴尬地离开了。

悦怡妈妈的做法着实不可取，当然，悦怡有处理自己东西的权利，但家长还是应该教孩子乐于同他人分享。如果悦怡担心对方会把画册碰坏，悦怡妈妈可以让悦怡代为翻阅，小朋友只是看一看，也不会有什么影响。

悦怡妈妈的做法不利于悦怡交到新朋友，不利于培养悦怡的集体主义思想，还会束缚孩子的身心发展。若想让孩子的身心健康发展，肯定要让孩子参加一些实践活动，而一切实践活动都少不了交际。孩子之间的交往对孩子的成长来说很重要，这是孩子与成人的交往所无法替代的。孩子们在一起，为了玩得开心，需要互相商量、互相迁就、互相帮助，在这个过程中他们会逐渐学会尊重别人的意见、关爱他人。在游戏中，他们的积极性、创造性又会得到发挥。

所以，父母有意识地让孩子走出家门，和邻居家、小区里的小朋友一起玩一玩，结交一些好伙伴，这对孩子的成长是极为有利的。具体说来，有以下这些益处：

（1）促进语言发育

与人交往就要说话，小朋友在一起会提高孩子说话的积极性。不同的交往对象会为孩子提供丰富的语言材料，孩子在交往中逐渐积累了词汇，并掌握了表达自己情感的方式。

（2）激发智能活动

孩子在进行交际活动的时候，必须专注，这样才能做出正确的反应，准确表达自己的想法。当他们发生不愉快，或者意见有分歧的时候，还需要有分析问题、解决问题的应变能力。如此一来，孩子的注意力、记忆力、想象力和思维能力等智能活动都在交往中得到了刺激和发展。

（3）增加情绪反应

孩子刚降生到这个世界的时候，只有少数几种原始情绪反应，在和人不断接触后，才会逐渐增加新的情绪反应。在正常环境下长大的孩子，在两三岁时就应该具备开心、得意、喜爱、厌恶、嫉妒、激动等多种情绪。在交往活动和教育的影响下，孩子还会逐渐学会控制情绪，并约束自己的行为，这是情绪发展的重要方面。

（4）发展社会行为

孩子小时候每天主要接触的是父母或照料自己的人，随着活动能力增长和活动范围扩大，孩子会有机会接触到更多的人，和不同的人交往会使孩子感到愉悦，令孩子对交往充满期待，促使孩子愿意主动接近别人，更加频繁地与人进行交际。社会交往会使孩子逐渐领悟到什么行为会受到表扬，什么行为是不被允许的，慢慢地，孩子就会掌握社会既定的行为准则，并自觉遵守这些准则。

（5）形成个性特征

孩子在交往活动中，会慢慢分清他人和自己，形成自我意识，认清自己的需求、愿望等，且进一步发展出独立性、自尊心等。同时，孩子在与人交往的过程中，会呈现出一定的偏好、态度、行为倾向等，通过频繁交往，一些时常表现出来的受人认可或表扬的特性，便成为专属于孩子的、巩固的个性心理的特征。

随着城市的发展，即使是住对门的邻居都可能不相识，因此孩子与周围人进行交往的机会变少了，也不容易接触到同龄的小伙伴。正因如此，导致很多孩子不懂得如何与除了家人以外的人相处，没有掌握与人交往的技巧，不擅长社会交往。即便如此也没关系，交际是一种能力，是可以后天培养的，越早开始越好。

那么父母要如何培养孩子与人交往的能力呢？

（1）利用教育资源，鼓励孩子与家人以外的人交往

如果孩子没有其他兄弟姐妹，那么让孩子同家庭成员以外的人交往是很有必要的。家长不要对孩子过度保护，应放手让孩子与同龄人一起玩耍。一方面是因为，孩子与孩子思维方式相近，他们很容易相互理解，沟通起来的障碍更少，他们在一起说说笑笑、蹦蹦跳跳，既能获得精神上的愉快和满足，又有利于发展思维和想象力；另一方面是因为，孩子们在一起玩耍，难免会因为争抢零食、争抢玩具、分配角色等产生矛盾，孩子们在学着解决纠纷的过程中，会学会合作、分享、礼让等好的行为。

另外，与家庭以外的成人进行交往，是对孩子进行教育的一个重要组成部分。父母应让孩子尽早学会分辨和判断社会角色，正确选用称呼，养成讲文明、懂礼貌的好习惯，学会尊重长者。总之，使孩子学会判断和分辨各种社会角色，学会为他人着想。这不仅有利于提高孩子的交际能力和道德素质，也对其记忆、想象、思维、表达以及意志行为的发展有利。

（2）为孩子创设开放的交往环境

父母不要总是把孩子关在家里，要鼓励孩子多出去和同龄人玩。父母千万不要觉得与伙伴的交往会耽误了孩子学习，学习知识是很重要，但学会交往同样重要。

父母应为孩子创设开放的交往环境，可以让孩子和同伴一起出游，也可让孩子把同伴带到家里来，对孩子的交往活动不要过多地限制。父母还可以多带孩子去邻居或亲戚家里做客，让孩子多锻炼，在别人家里也能够大方得体。

（3）教孩子掌握交往的技能

在与人交往的过程中可以用到很多技能，父母教会孩子这些技能对孩子的交际会很有帮助。

最基本的交往技能就是寒暄。寒暄说白了就是见面打招呼，比如认识新同学、与老朋友重逢都需要寒暄，可以问候致意、关心近况等。该怎样和刚认识的人打招呼，应使用什么恭敬的言语，怎样向别人介绍自己等，这些父母都应该教会孩子。

在人际交往中，自然少不了对话，对话考验的是一个人在人际交往中的综合能力和素养。人与人见面后总要进行对话，只有通过对话彼此才能更了解，留下深刻的印象，拉近彼此的距离，并建立深厚的感情。父母应当让孩子学会如何找话题与人聊天，面对别人不合理的要求该怎样拒绝等。

在与人交往的过程中学会倾听很重要，这个技能可以帮助一个人更好地理解别人，收获好人缘。只有耐心倾听才能了解别人、体会对方的心理感受。父母应该教会孩子做一个合格的倾听者，包括倾听别人说话的时候要专注，该点头的时候点头，该附和的时候附和，该提出自己的看法的时候就提出等。

（4）改进教养方式

父母如果存在一些不利于孩子社会交往的教养方式就要及时修正，以免孩子形成社交障碍。

有的父母教养孩子比较疏忽冷淡，与孩子沟通少，孩子多数时间是一人独坐，鲜少和同伴往来。持有这种教养方式的父母没有意识到孩子参加社会交往活动的重要性，这很容易导致孩子神情淡漠，性格孤僻，对和人交往没有积极性。

有的父母教养孩子比较专断，对孩子管理非常严格。他们有可能对孩子的言行举止都有严格的要求，孩子做什么事都得听从指挥，不许擅自做决定。这种教养方式会导致孩子胆小畏缩，缺乏自信，不敢主动和人交往。

还有的父母对待孩子比较宽纵放任，他们会满足孩子提出的任何要求，孩子想做什么就做什么，碰到难题了家长都会代为解决。这种教养方式会造成孩子骄横任性，以自我为中心，自私自利，而且不够独立。这样的孩子很难受到同龄人的欢迎。

（5）父母要有意识地训练孩子说话的能力

想要提高交际能力必须具备高超的说话能力，因为与人交往总离不开说话，不会说话，怎么能很好地与人交往呢？说话中听，说得巧，说得妙，自然能获得他人的青睐和认可。因此，父母要有意识地训练孩子的语言表达能力。比如，妈妈平日里可以想一些辩题来和孩子辩论；也可故意提出一些不正确或片面的观点，让孩子进行反驳；对孩子平时话语中的错误，妈妈要及时指出，帮助孩子修正。平时，还可以鼓励孩子上课或开会时积极发言，多参加演讲比赛、朗读比赛等。

（6）制止不良行为

有些孩子在与人交往的时候，会出现一些不好的行为，如独占食物、争夺玩具、故意捣乱、嘲笑别人、不理睬别人、过分玩笑、参加群体活动自由散漫等，这些不良行为会令他人不舒服，影响群体生活，也不利于孩子自身心理的发展。父母一旦发现孩子的不良行为，应立即了解事情的前因后果，公正判定是非，而且耐心同孩子说明道理，正确引导孩子的行为方式，使其成为受欢迎的孩子。

懂得合作的孩子，人生更精彩

　　大家都知道，一根筷子能够很轻易地被折断，但是一把筷子捆到一起，就很难折断，其实这就是合作的力量。懂得合作的人，可以借助他人的力量将任务完成得更快、更好，也能在群体中找到自己的归属感和认同感，这无论是对个人的性格还是对工作、生活，都是有利而无害的。

　　龙龙什么事都喜欢自己独立解决，的确，他是一个独立自主的孩子，许多难题他都可以靠自己的智慧和双手解决，龙龙也因此得到了家人、邻居和老师的称赞。龙龙的生活技能和学习能力似乎都是自己慢慢习得的，哪怕是父母忙得没时间给他做饭，他也能自己做一桌香喷喷的饭菜等父母回来。哪怕是升初中的时候，有很多细节内容都不懂，龙龙也可以自己跑到学校里找到老师，问个明白。家人丝毫不担心龙龙独自在外。

　　龙龙上初中了，因为读的是寄宿学校，龙龙每两周才会回家一次，妈妈本想帮龙龙把衣服、床单之类的洗了，但每次都被龙龙拒绝，他总是自己把这些事情全部做好，不要任何人插手。别人都在羡慕龙龙的爸妈生了一个如此懂事的儿子的时候，爸妈却发现，这孩子似乎跟小的时候不大一样了，虽然以前的性格也不是特别外向，但是至少比现在活泼很多，跟爸妈的交流也多。但是现在的龙龙，总感觉像跟父母之间隔着一层看不见的屏障，难以心贴心地靠近。

龙龙的父母意识到孩子的心理可能出现了问题，赶紧找学校的老师了解情况。原来，龙龙在学校里的表现也是如此，有时候，同宿舍的同学想要帮他带饭或者打水，他都会拒绝，不愿意麻烦别人，不接受别人帮助的同时，龙龙也不愿意插手别人的事情。所以，他在宿舍里总是落单的那一个，时间长了，龙龙的性格就变得越来越孤僻。

一个人的力量再强大，也不能单独生活，我们要学会与他人合作，在与他人的交往和互帮互助中建立友谊，解决困难，成就自己，也成就他人。但是像龙龙这样的孩子就做不到这一点，他的自理能力是很强的，但是缺少与他人合作的意识。所以，他可以做对且做好一件事或几件事，但不是能做好所有的事。只有在合作中借力，做事才能有更好的结果。

我们不难发现，生活中需要合作的事情太多了。比如升国旗仪式上，一定要有升旗手、护旗手的共同合作；拔河的时候，团队的力量才是最大的，每个人都倾尽全力才有可能赢；再比如简单的搬家，一个人很难完成，找几个朋友帮忙，效率就会高很多。包括孩子们在上课的时候，遇到难题解决不了了，互相讨论一下，各自说出自己的想法，也许就有新的思路，问题也就迎刃而解了。如果孩子不愿意参与集体活动，就很难体会到这种共同协作的魅力，也很难融入集体当中，只会有越来越多的孤独感。

有一位老师，刚刚走进教室登上讲台，就拿起手中的敞口玻璃瓶来，对同学们说："同学们，今天老师要用这个玻璃瓶跟大家玩一个游戏，好不好？"同学们一听要玩游戏，顿时欢呼雀跃，齐声喊"好"。

只见老师拿出一堆玻璃球，一颗颗放到瓶子里，对同学们说："谁能用一根手指把玻璃球从瓶中拿出来，谁就能得到老师大大的奖励！"同学们兴致更高了，纷纷踊跃举手上台，可是，尽管他们都十分努力地想要把玻璃球拿出来，却没有一个能成功。

老师看着沮丧的孩子们，说："现在，我们的游戏规则改一下，大家可以再加一根手指，与刚才那根手指合作，试一下可不可以成功！"同学们继续尝试，这一次，好几个同学都轻而易举地把玻璃球拿了出来。老师一边给孩子们分发奖品，一边说道："同学们，一根手指做不到的事，其他手指一帮忙就可以做到了，这就是合作的力量啊！我们在生活中遇到问题的时候也一样，自己解决不了的事情，融入到集体中可能就能解决了。所以，大家也一定要学会合作，好不好？"同学们大声说"好"。老师又让同学们自由发言，说一下自己可以与别人合作哪些事情，孩子们争先恐后地回答。有的说可以在妈妈炒菜的时候帮忙洗菜，这样大家就能快一点儿吃上饭了。有的说参加合唱比赛的时候，不能只顾自己，还要帮助唱得不好的同学，大家都唱得好才能赢得比赛。还有的同学说，除了老师教我们知识以外，我们也要懂得自学，老师和同学合作，才能让大家成才……孩子们通过这一次的游戏，对合作有了全新的认识。

家长在教育孩子要学会合作的时候，也可以采用游戏这样既轻松又愉快的方式，在游戏的过程中让孩子切身体会合作的重要性。但是，一定要让孩子明白，合作比单枪匹马更容易成功，但是成功不是合作的最终目标。只要参与了合作的过程，在其中得到了锻炼，合作就是有意义的。

给孩子一双想象的翅膀，他就可以飞翔

　　想象是一个人非常重要的心理品质，每个人都充满了丰富的想象力。可以说，想象力是一个人智慧的标志，是心灵能力的外延。人能掌握的知识是有限的，但想象力却是无穷的。在想象中，时空的界限可以被打破，我们可以穿梭千年，跨越万里，上天入地，任意驰骋。因此，想象力的培养对于孩子学习能力的提高非常有帮助。

　　岳阳是一个想象力丰富的孩子，小脑袋里装着各种奇思妙想。每当孩子发挥想象做什么的时候，不管是不是无厘头，不管是不是有用，妈妈都抱着支持的态度。

　　岳阳喜欢画画，妈妈就给他买各色的画笔和大小不一的画本，让他尽情地画。妈妈从来不规定内容，孩子想画什么都可以。有一次，岳阳画了一个有点儿怪的太阳，妈妈问："你怎么不把太阳公公的眼睛画大一点儿？妈妈都看不清了。"岳阳说："太阳公公累了，他正睡午觉呢！"妈妈被孩子的话逗笑了，说："这样啊，真有趣！"除此之外，岳阳还画过各式各样他想象中的龙，还有各种水果做成的交通工具。

岳阳的动手能力也很强，喜欢做手工。于是妈妈就把一些纸盒、鸡蛋壳、塑料瓶等都给岳阳攒下来。一有时间，岳阳就会裁裁剪剪、粘粘贴贴，制造出很多充满了奇思妙想的小作品。妈妈最大的乐趣就是听儿子讲述他做的是什么。

妈妈还会有意识地培养岳阳的想象力，比如读故事书的时候，只讲一半，让孩子自己编出后半部分。于是，爸爸妈妈借此还听了很多新版的童话和神话故事。

在妈妈有意识的培养下，岳阳变得特别爱思考，而且很有创造力，岳阳写的富有想象力的作文还曾获得了市里作文大赛的一等奖。

如果没有想象力，书本中读到的人物形象、美丽风光就没法感受到；如果没有想象力，孩子的思路就会很狭窄，写出的文字就会千篇一律、乏味至极；如果没有想象力，孩子就画不出充满奇思妙想和个人特色的图画。美国天文学家黑尔说："我们切莫忘记，最伟大的工程师不是那种被培养成仅仅了解机器和运用公式的人，而应该是这样的人：在掌握机器的同时，开阔视野及发挥最出色的想象力。一个缺乏想象力的人，无论从事工程技术还是美术、文艺或自然科学，都不会做出创造性的成绩来。"

那么，如何培养孩子的想象力呢？

（1）让孩子广泛地去观察

想象得以进行要以自己头脑中的形象为基础。如果见识少，头脑中的形象就会非常单调，其想象面自然就狭窄，有时甚至是失真的；反之，头脑里的形象如果很丰富，那么想象就会开阔起来，变得生动形象。一个没有见过七彩颜色，脑子里没有颜色概念的人，在想象中是不会产生颜色的形象的。那么如何让头脑里的形象丰富起来呢？自然要通过广泛地接触事物进行积累。因此，在日常生活中，父母应该多让孩子感知客观事物，全面、仔细而且深刻地去观察，这样有助于孩子对真实事物形象的积累。同时，还要注意让孩子多积累知识。缺失了知识和经验的想象，只是空想，是没有根据的主观臆测。

（2）让孩子大量阅读文艺作品

古人说："书中自有黄金屋，书中自有颜如玉。"文学和艺术作品中充满了文学家、艺术家瑰丽的想象，是他们想象的结晶。在欣赏艺术作品和阅读文学作品时，读者只有展开想象的翅膀，才能更好地感悟作品的魅力，这样，经常运用想象力，想象力自然就会得到培养。所以说，文学和艺术作品可以算作培养想象力的学校。当然，要培养想象力不能仅仅局限于阅读文学作品，各类书籍都应广泛阅读，以获取渊博的知识。

（3）让孩子多实践，获得丰富的生活经验

常言道："纸上得来终觉浅，绝知此事要躬行。"对于想象力的培养，这句话也同样适用。一个人想象力的广度和深度直接受生活经验的影响。要培养想象力，少不得要广泛地观察和体验生活，并有意识地从中积累经验，为想象力的培养打下坚实的基础。在日常生活中，父母可以适当地让孩子参加一些社会实践活动，做一些他感兴趣的事情，多看一些对身心有益的报刊、电视节目等，这些都有助于孩子积累经验，提高想象力。

(4) 丰富孩子的语言

任何思维都是在以语言为媒介的基础上进行的，想象活动也需要借助于语言的描述。有些人脑海中有丰富的形象，但是语言极其匮乏，这样一来想象就会停留在直观形象的水平上，难以形成丰富深刻的想象。因此，提高孩子的语言表达能力对提高想象力非常有利。

(5) 经常让孩子练习对比、类似、接近、继起、因果等联想活动

体育运动员在腿上绑沙袋，练习蹦跳，可以提高弹跳力。同样，经常让孩子练习对比、类似、接近、继起、因果等联想活动，也可以提高孩子的想象力。比如，在看小说的时候，看完本章，可以让孩子推测故事接下来的走向，合理想象接下来会出现的故事情节，想象故事的结局。同样，在看电视剧、电影、漫画的时候，都可以有意识地在关键地方停下来，让孩子想象一下故事将如何发展，主人公的命运将会如何，然后再接着看，让孩子对比一下自己和编剧、作者的思路有什么不同。

(6) 锻炼孩子运用各种想象

想象可分为再造想象和创造想象两种。创造想象以再造想象为基础，再造想象的发展则为创造想象，两者息息相关、密不可分。在想象活动中，要把再造想象和创造想象结合起来，这样有助于培养一个人的想象能力。因此，在日常生活

中,家长应有意识地多培养孩子结合这两种想象的能力,这不仅有助于提高孩子的学习效果,还能让孩子的想象能力得到突飞猛进的发展。

(7) 不要束缚孩子的想象力

很多家长觉得,既然提高孩子的想象力有好处,怎么会去束缚孩子的想象力呢?然而,这话说起来容易,做起来却难。在实际生活中,有时候孩子难得冒出来一个奇妙的想法,可我们那些根深蒂固的观念会不自觉地对孩子的想象进行检查,如果觉得太荒唐,难免会进行遏制。实际上,许许多多的创造发明都是与传统观念不相符的,甚至被认为是荒诞可笑的,正是因为科学家们的一再坚持才得以被孕育出来。所以,当孩子有了一些哪怕看起来很无厘头的想象,家长也别急着遏制。

(8) 让孩子进行科学的幻想

幻想不等于空想,它是人的一种可贵的品质。为了防止幻想变成永远不能实现的空想,需要孩子把幻想和现实结合起来,并且要积极投入到实际行动中。同时,还应注意让孩子把幻想和美好愿望、崇高理想结合起来,让孩子进行科学的幻想。那么,何为科学的幻想呢?幻想所依据的基础是科学的,那么幻想就具有科学性。幻想就像放风筝,固然要飞得高,但也不能放开手中的线。这手中的线就是我们说的科学。因此,提高孩子想象力的同时,还不能让他偏离科学。

(9) 培养孩子的好奇心

著名的科学家居里夫人曾说:"好奇心是学习者的第一

美德。"由此可见，好奇心对一个人的发展多么重要。好奇心是想象力的动力和起点，许多科学家正是在强烈的好奇心的驱使下才取得了伟大的成就。好奇心能让人们对一件事物产生浓厚的兴趣以及强烈的求知欲。在这种求知欲的驱使下，人们就会主动思考，积极探索，同时展开丰富的想象。而如果缺乏好奇心，人们的思想便会僵化，很难有所建树。因此，家长要重视对孩子好奇心的培养。

06

PART SIX

第六章

好性格让孩子

受用终生

你的孩子是否也是"胆小鬼"

父母都不想让自己的孩子成为"胆小鬼"，但是，不少父母发现自己的孩子真的有不少胆小的表现。例如，父母不在身边什么都不敢干，即使父母在身边也不敢和陌生人说话，不敢在公开场合讲话或表演，非常怕黑，对不存在的"鬼怪"过分恐惧等。对于孩子来说，这些情况并不算罕见，父母不必太过担忧，只要积极教育，大多数是可以扭转的。但是，如果家长不加干预，长此以往，就可能让孩子的个性发展受到压抑，越来越缺乏独立性，甚至有可能导致某些心理障碍，影响孩子一生的发展。

孩子胆小怕事，让一些父母痛心疾首，开始痛斥孩子，说孩子是"胆小鬼"，甚至给予处罚，希望这种"鞭策"让孩子"警醒"，变得勇敢一点儿。这样做只会起到反作用，对孩子的自尊心造成极大伤害，让孩子无所适从，更加怯懦。这些父母可能不知道，孩子之所以胆小，一个重要原因就是他们的溺爱。俗话说："初生牛犊不怕虎。"孩子往往是无所畏惧的，需要家人从旁约束。但是，很多家长对子女过于关注，不想让孩子受一丁点儿委屈和伤害，这样一来，孩子就像生活在一把"保护伞"下，完全无法经历风霜雨露，结果稍稍离开"保护伞"，就会不知所措。出于自保心理，他们会自我封闭起来，也就越来越胆小。总的来说，是家长尤其是妈妈的溺爱，剥夺了孩子培养勇敢品质的机会。如果不及时纠正，孩子长大后会依然如故，甚至会更加胆小怕事。

莎莎是一个非常漂亮的小女孩，大家都说她像一个小公主。实际上，莎莎确实是从小被妈妈当公主一样宠着。上了幼儿园之后，妈妈不陪在身边，莎莎完全不知道如何跟别的小朋友相处，也不敢往别人身边凑，只好一个人待在角落里。莎莎很喜欢玩滑梯，但是看到其他小朋友玩，她就会躲得远远的，两眼却始终没离开过滑梯。老师见过很多这样的孩子，于是她走到莎莎的身边，问她："你喜欢玩滑梯吗?"莎莎说："喜欢。"老师又问："你为什么不去跟大家一起玩呢?"莎莎摇摇头，不说话。老师说："那你走近一点儿看大家玩好不好?"见莎莎不抗拒，老师就拉着她的手让她靠近滑梯。

莎莎站在一边，看大家玩得那么高兴，越来越眼馋。老师看在眼里，进一步诱导说："你也滑一次好不好?"莎莎看着跑上跑下的小朋友们，一下子退缩了，躲到了老师的身后。

老师说："我抱着你，咱们俩一起滑，你看这样好不好?"莎莎勉强同意了。在老师的怀里，莎莎找到了待在妈妈身边的感觉，于是和老师一起滑了下来。老师说："接下来你自己滑一次怎么样? 我在旁边保护你。"莎莎又鼓起勇气自己滑了一次，老师问她："害怕吗?"莎莎说："不害怕。"老师提高声音说："莎莎真勇敢！大家为她鼓掌！"听着小朋友们的掌声，看着老师的笑脸，莎莎觉得幼儿园不再可怕了，她终于敢跟大家一起玩了。

这位老师没有指责莎莎，也没有对她放任自流，而是设立一个个具体的小目标，让胆怯的莎莎尝到成功的滋味，又适时用表扬提振她的自信心，终于让她敢于和小朋友们一起玩滑梯了。试想一下，如果这位老师看到这种情况就冷言冷语地说："大家都敢玩，就你不敢，真是个胆小鬼！"结果会怎么样呢？可怕的是，这样的老师不是没有，这样的妈妈也很多。

现在的孩子，进入幼儿园前很少有与同龄人交流的经历，在家里所有人围着他（她）转，到了陌生的环境里，很容易感到特别拘谨，变得无所适从，从内心感到害怕和孤独。童年是一个人三观、个性等形成的重要时期，如果妈妈不及时对孩子进行安慰和鼓励，不培养他们适应新环境的能力，孩子养成胆小怕事、畏缩不前的性格就不奇怪了。那么，妈妈应该怎样培养孩子的勇气呢？可以先从以下几个方面着手进行：

（1）不要强迫孩子掩盖恐惧

只有正视孩子的恐惧，并做出相应的解释，他们才会听得下去并相信你的解释。如果一味地驳斥孩子，强迫他们承认自己的恐惧是不存在的，他们就会觉得妈妈在骗自己，反而更害怕了。所以，当孩子说自己害怕哪些东西时，妈妈一定不能生硬地告诉他没什么可怕的，而是要教给孩子关于他所害怕的东西的相关知识。例如有些孩子害怕猫、狗，妈妈可以给孩子讲一些关于猫、狗的有趣小故事，或者看一些相关的影视作品，并教给孩子与小动物相处的方法。多数孩子都怕鬼，甚至有的孩子即使上小学了，晚上依然不敢自己去洗手间。对这样的孩子，千万不能指责说："你怎么这么胆小啊！世上哪有鬼，有什么可怕的？"这些话会让孩子更畏惧。事实上，怕鬼并不是孩子的"专利"，孩子有这种心理是正常的，也没有什么丢人的，所以妈妈听到孩子这样说时，第一反应不能是愤怒，而要用微笑来安慰，让孩子紧张、焦虑的心情放松。妈妈要坚决地告诉孩子世界上并没有鬼神，并尽己所能地用科学知识解释鬼为什么不存在。当然，不要希望一下子就能让孩子不再怕鬼，关键是满足孩子对安全感的需求，逐渐让他们不再那么恐惧。

（2）注重父母的榜样力量

父母是孩子的榜样，孩子特别爱模仿父母的一言一行，父母的榜样作用可能对孩子的一生产生影响。所以，妈妈一定要在孩子面前树立坚强、勇敢的形象，给孩子带来正面影响。当然，人人都有一定的畏惧心理，妈妈没有必要装出一副对什么都无所畏惧的样子，完全可以向孩子坦率地承认自己也曾害怕过某些东西，但经过努力已经不怕了。这样可以让孩子知道，世界上不是只有他们会有恐惧心理，而他们恐惧的东西也并不是不可征服的，这样能降低他们的恐惧。

（3）了解孩子真正害怕的东西

一些孩子害怕被妈妈嘲笑，所以会言行不一地掩盖自己真正害怕的东西。例如，有的孩子在父母外出时不想待在家，说自己是怕鬼，其实不过是害怕自己在家会孤单而已。所以，妈妈一定要留心观察孩子的言行，找到他们胆小的真正原因，然后对症下药，解决孩子的问题。

（4）注意从小培养孩子的独立性和自信心

孩子对父母的依赖是他们离开父母变得胆小的重要原因，所以妈妈必须注意帮助孩子克服依赖心理，鼓励他们勇敢面对问题。同时，要注意孩子自信心的提升，让他们相信自己有能力、有办法解决问题。妈妈不要觉得孩子离开自己就无法正常生活，要适当放手，相信自己的孩子。

总之，孩子是胆小还是勇敢，妈妈的教育有着很大的影响。想要培养出勇敢的孩子，妈妈必须适当放手，让孩子多与人接触。同时，妈妈也要注意和孩子进行深入沟通，了解孩子的真实想法，并有意识地锻炼他们的独立性和自信心。只要妈妈有耐心、有毅力，就能够改变孩子的胆小性格，和孩子一起成长。

想要孩子坚强，你要学会勇敢地放手

人的一生不可能顺风顺水，我们会遭遇各种各样的困难，面对这些困难的态度就决定了我们的人生走向。有些人选择逃避，换取一时的安逸，也有人选择面对，在狂风暴雨的洗礼中成长。怎样才能变得坚强勇敢，从容面对生活中的洪流呢？一个人应该从小就培养面对困难的勇气，坚强，永远都是人生中最结实的盾牌。

多多是一名一年级的小学生，因为看到小区里的小朋友骑自行车，觉得很神气，就央求爸爸给他买一辆自行车。爸爸见多多特别兴奋，便答应了他。拥有了一辆新自行车的多多特别激动，周末就让爸爸带着他去公园学骑自行车。

可是，多多看别人骑自行车似乎很简单，自己骑起来却不是很容易，爸爸在后面扶着，多多刚一上去，车子就开始摇摇晃晃，吓得多多直喊"爸爸别放手"。后来，爸爸继续扶着，鼓励多多继续骑，但是多多很害怕，不敢再骑了，爸爸又劝了一会儿，多多才勉强上了车。练了一会儿，多多似乎掌握了一点儿技巧，骑得越来越好了，爸爸便试着放开手让多多自己骑，谁知道多多刚骑出去几米就一下子摔倒了，膝盖磕了一个口子，多多"哇"的一声哭了出来。

爸爸带多多回了家，细心地给多多处理伤口，对多多说："骑自行车会摔跤是很正常的，摔跤了疼也是正常的。人生还有很多事就像骑自行车一样，本以为很简单，可是做起来会遇到很多困难，甚至会像你今天一样摔得很疼。但是，爸爸想问你，是不是因为骑自行车摔跤咱们以后就再也不骑了呢？是不是遇到了难题咱们就逃避呢？"多多认真地思考了一会儿，说："我知道了，爸爸，虽然很疼，但是我会学会的，学会了以后就不会再摔跤了。"

第二个周末，爸爸又带着多多来到公园，多多跟上次一样，又摔了几个跟头，但是多多这一次没有哭，他忍着痛继续学，爸爸最终放开手，多多自己骑了很远的距离，他从自行车上下来，开心得手舞足蹈。

当孩子遇到困难的时候，会产生畏惧心理，甚至想要退缩、放弃，这个时候，很多父母会因为心疼孩子而帮助孩子摆脱当时的困境，或者顺从孩子的想法同意放弃，但是这样只会让孩子将来更习惯逃避问题，遇到困难首先想到的不是如何克服，而是沮丧、失落和逃避。

很多时候，我们认为孩子会受到严重的伤害，眼前的这个困难是他们逾越不了的，但那可能只是大人的主观臆测，其实对孩子来说，也许眼前的困难并没有想象的那么严重，咬咬牙也就坚持过去了。而经历了这样的困难磨炼之后，孩子会变得更加坚强，不会再被类似的困难吓倒。

　　其实，很多父母不是不明白，要让孩子经历一些磕磕碰碰才能成长，但是他们看到孩子身处逆境之中，就忍不住插手。其实，真正正确的态度，就是狠下心来，让孩子自己从跌倒的地方站起来，哪怕接下来还会跌倒第二次第三次，父母可以安慰，可以鼓励，但是绝对不能帮助孩子逃避困境。

　　当你看到孩子摔倒在地上，用期待的眼神看着你，你是不是会马上冲过去把孩子扶起来？当孩子小小的身影蹲在地上仔细地搓着盆里的衣服，你是不是会忍不住想要帮忙？当孩子练琴练得手指酸痛，你是不是会比孩子先一步放弃，让孩子马上休息……

　　作为父母，在上述各种情况下，有那样的想法无可厚非，但是我们要考虑，我们对孩子的保护和关注是不是真的利于孩子以后的成长。如果这种关爱只是让孩子获得了短暂的轻松愉快，却不能收获更多的知识和能力，那我们到底是在爱孩子还是在害孩子呢？如果你发现，孩子正是因为你所谓的"爱"，丢失了对各种事情的坚持，对痛苦的承受能力越来越差，你还会觉得那是为孩子好吗？当孩子变得唯唯诺诺，不肯为了自己的目标或任务付出努力，不懂得付出毅力的时候，你是否会惭愧，觉得正是父母给孩子做了不好的示范呢？

　　琴琴的妈妈就是一个特别注重培养孩子苦难承受力的母亲。虽然琴琴是个女孩，但是妈妈并不认为她就应该养尊处优，反而认为孩子有着对困难的正确认知是非常重要的，面对困难能够坚强面对是一种很难得的品质。妈妈会在平常的点滴小事中注重对琴琴的性格品质的培养。

琴琴刚上小学的第一天，在教室外的走廊上被同学不小心撞到摔在了地上，手上破了一个口子。琴琴还没适应小学的生活，又遇到了这样的事情，顿时不知道怎么办，心里一阵委屈，便哭了起来，虽然老师对琴琴十分照顾，耐心地安慰琴琴，也给她包扎了伤口，但琴琴还是哭个不停。后来，老师实在没有办法，只好把琴琴送回了家。

妈妈看到琴琴回来了，便问琴琴怎么回事，琴琴便一边哭一边把学校里发生的事情跟妈妈说了，妈妈知道，并没有发生什么大事，只是琴琴第一天上学有点儿紧张，遇到这种事又没有妈妈在身边，一时间没有安全感罢了。但是妈妈想，如果就这样让孩子在家待一天，说不定明天孩子也会找理由不去学校，一定不能在上学的第一天就埋下这个隐患。

妈妈用力地抱了抱琴琴，安慰她说："妈妈知道你今天第一天上学有点儿紧张，摔倒了也很疼，妈妈很心疼你。但是你看，老师和同学们都很关心你，你的伤口现在也包扎好了对不对？今天可是第一天呀，你想给老师和同学们留下一个爱哭鬼的印象吗？"琴琴抽了抽鼻子摇了摇头。妈妈又说："妈妈知道，你是个坚强的孩子，这么一点儿小事一定难不倒你的。那现在，妈妈让你自己来选择，你是想在家玩一天养一下那个小小的伤口，还是要做个坚强的孩子，重新回到课堂，去认识你的老师和小伙伴呢？"琴琴斩钉截铁地说："我才不是爱哭鬼呢！我的伤都好了，我要去上学！"妈妈很开心地把琴琴又送回了学校。

像琴琴妈妈这样的家长就是聪明的家长，他们不会在孩子遇到的困难上纠结，而是告诉孩子，困难是可以被克服的。这样的家长并非不心疼孩子，他们和所有家长一样，也对孩子怀着满满的爱，但是他们更懂得怎么对待孩子才是明智的。

爱孩子的最高境界是什么呢？并不是张开自己的翅膀，把孩子护佑在翅膀之下，保证他们永远不受伤害，而是让他们自己闯荡，让他们经历伤痛，引导他们在伤痛到来时坚强地挺过，等孩子的翅膀渐渐结实，再看着他们勇敢地向远方飞去。放孩子离开，而且放心孩子离开，这才是教育孩子的最终目标。

舍不得孩子受一点儿伤害的父母啊，勇敢地放手吧，那个看上去娇弱可怜的孩子，比你想象中坚强勇敢得多，不要用你的爱束缚了孩子，让他们以坚强为盾牌，抵挡人生的流矢吧！

让孩子学会坚持原则，摆脱懦弱性格

我们的身边不乏性格软弱的孩子，虽然这些孩子的各项能力与别的孩子没有什么区别，但由于性格方面的缺陷，他们不敢表现自己，不敢与人竞争，也不敢拒绝别人的不合理要求，他们无法适应竞争激烈的社会环境，难以在社会中找到自己恰当的位置。因此，父母应该教育孩子摒弃怯懦，让孩子懂得坚持自己的原则，学会拒绝别人的不合理要求。

张洋今年刚上初一，是一个很听话的孩子，很少让父母操心。但他就是因为太听话了，所以显得有些懦弱，被人欺负了也不敢告诉父母或是老师，更不敢反抗。老师发现班里有几个淘气的孩子经常支使张洋做事，态度也不太好，于是教育了那几个孩子一番，并反映给了张洋的妈妈。妈妈问张洋原因，张洋回答说："那些人很不好惹，要是不听他们的，他们可能会打我，现在只是跑个腿而已，没什么大不了的。"看到儿子的反应，妈妈觉得有些不舒服。

"原来总是告诉他应该听话，我现在反而认为，过于听话的孩子未来可能不会有什么作为。"在反思了自己之后，张洋妈妈意识到了这一点。

张洋妈妈为人较为缜密，希望孩子能够讲规矩、懂礼貌，不会给别人添麻烦。张洋也确实是按照妈妈的期望成长的，在许多大人眼中，张洋是乖孩子的典范。可是，在跟同龄人交往时，张洋就显得有些软弱了。张洋妈妈觉得，张洋之所以养成这样软弱的性格，可能就是因为她从小对儿子的管教太过严苛了。

父母们总是对孩子进行诸多的限制，并希望自己的孩子乖巧、听话、懂事，能够按照自己的要求成长，但父母们却没有想到，如果孩子真的完全按照家长的指令行事，那么孩子就可能变得没有原则、没有想法，成为一个任人宰割的"软柿子"。

当他人对孩子提出种种要求时，乖孩子通常会勉强自己答应下来，丝毫不顾及自己的原则，因为他害怕别人对他投来失望的目光，害怕与对方变得疏远；当被他人欺侮时，乖孩子不敢反抗，也不敢寻求父母或老师的庇护，因为他害怕遭到报复。但事实上，如果能够坚持自己的原则，不仅不会被人疏远，反而会得到他人的认同，成为众人心目中有胆量的人。

因此，父母应当让孩子学会坚持自己的原则，摆脱懦弱的性格。

上美术课前，小天对白白说："你的彩色铅笔真漂亮！"于是向她借了一支，下课后也没有还给白白。小天其实不是忘了还，而是自己喜欢，不想还给白白了。白白非常喜欢自己的彩色铅笔，想去找小天要，却又不敢，后来只能跑去向妈妈哭诉。白白妈妈虽然觉得自己插手孩子的事情不太好，但还是找到小天讨要，小天虽然很不情愿，但还是将彩色铅笔还给了白白，他还透露出不止自己一个人向白白借了东西。

经过一番询问，白白妈妈发现类似情况的确发生好几次了。她感到非常困惑，一支彩色铅笔其实没什么大不了的，送给别的小朋友也无妨，但是这些东西明明就是女儿的，她为什么不敢前去讨要呢？

其实，孩子无法坚持原则，不去拒绝是出于不同的原因，因此，父母在引导孩子前，应当先弄清楚其中的缘由，再对症下药。

（1）怕没人跟自己玩

有些孩子是因为害怕寂寞，害怕独处，害怕没人跟自己玩才不愿意拒绝别人的要求的，更有甚者还会主动奉上对方想要的东西，这些都是人际关系依赖症的表现。但是如果一直这样下去，其他孩子就会觉得他"好欺负"，强制他同意他们的要求，这时孩子就很难再去拒绝别人了。

在这种情况下，父母可以把教育的重点放在培养孩子的独立性上，鼓励孩子独立完成他能力范围内的事情。教孩子学会独处，能够自主，可以"自己跟自己玩"，而不是一心想着跟着其他人。当孩子摆脱了人际关系依赖症，能够独立自主，那么坚守原则就是比较轻松的事情了。

（2）太看重面子，怕被人说小气

很多大人都会十分看重颜面问题，可能会为了保护面子，而做一些不愿意做的事。比如在聚餐时明明说好了 AA 制，自己先垫上了钱，有些人不小心忘记了，或是装作不知道，自己又不肯拉下面子讨要，只好吃了哑巴亏。

如果父母很看重面子，孩子可能也会受到影响，为了保护自己的面子而"不得不"丧失某些权益。

在面对孩子因为太看重面子而不好意思拒绝时，父母应当以身作则，让孩子看到父母拒绝他人不合理要求的场面，并告诉孩子"死要面子"只能"活受罪"，这样孩子就知道应当坚持原则，勇敢拒绝了。

(3) 怕被人欺负

有些孩子性格较为内向，为人又比较胆小，平时不敢和人说笑、打闹，上课不敢回答问题，更有甚者会遭到其他人的欺负。这样的孩子不敢拒绝他人的不合理要求，可能就是已经习惯于忍气吞声，唯恐拒绝会给自己招致祸患。

对于这种性格软弱的孩子，父母应当先让孩子学着拒绝那些亲近、熟悉的人，之后再去尝试拒绝那些比较好说话的小伙伴，经过多次的锻炼后，孩子就会敢于坚持自己的原则了。

(4) 不习惯去拒绝

有些孩子从来没有想到要拒绝别人，他们可能并不缺少拒绝别人的勇气，只是觉得说"不"有些奇怪、别扭，也想不出合适的理由去拒绝，所以就顺着别人的要求去做了。

对于这样的孩子，父母应当教给他们一些委婉拒绝别人的方法。父母可以根据具体情境来教孩子应该怎样应对。比如，小天向白白借彩色铅笔时，白白不想借给小天就可以说："上课的时候我也要用啊，所以没办法借给你。""妈妈说不能把我的东西随便借给别人，如果妈妈知道了肯定会说我。"

　　父母要让孩子知道，在友谊中，没有谁是高人一等的，也不是一个人必须取悦另一个人才能维持友谊。坚持自己的原则，拒绝他人的不合理要求，反而能让这份友谊变得更加坚固。

父母会引导，孩子不自私

　　现在很多的孩子都是"小皇帝""小公主"。家人对他们的百依百顺，与同龄人少有的交往经历，使他们自然而然地养成了自我、霸道、不懂分享的性格。这样的性格会阻碍孩子的健康成长，对他们的人际关系产生负面影响。所以，培养孩子与人分享的品质，是妈妈必须重视的问题。

　　5 岁的子轩在楼下小花园里玩，看到邻居家 4 岁的子涵骑着一辆可爱的三轮脚踏车。他也很想骑一下，于是扔下自己的小铲子，挡在子涵面前。

　　"给我骑一下。"子轩用命令的语气说。

　　"我不，这是我的。"子涵虽然是个女孩子，年龄也比子轩小，但是一点儿都不服软。

　　"我就要骑！"

　　"就不给你骑！"

　　子轩就去抓三轮车的车把，还想把子涵挤下车，子涵哇的一声哭了起来。正在旁边聊天的两人的妈妈赶紧走了过来。子轩的妈妈训斥孩子："你这孩子怎么这样，怎么能抢妹妹的玩具？"子涵的妈妈也对女儿说："让哥哥骑一下你的三轮车怎么了，你都骑了大半天了！"

这时，子轩的妈妈对子涵说："涵涵，你要不要玩轩轩的小铲子？堆沙子城堡可好用了，让他骑一会儿你的三轮车吧。"子涵看了一眼小铲子，最终点了点头，开心地下了车，拿起铲子去堆城堡了，子轩也终于骑上了三轮车。

两个孩子为了玩具争起来，这种场面很常见，原因就是他们对玩具都有占有欲，根本没有分享心理。妈妈作为有权利的"仲裁者"，也不能蛮横地处理孩子的争端，而是要在尊重孩子对玩具的所有权的前提下因势利导，平息争端。如果强制孩子"自我牺牲"，将玩具从自家孩子的手里抢过来让给其他孩子，不仅自己孩子的感情会受到伤害，而且妈妈的行为也是不尊重他人权利的错误示范，不利于孩子性格的转变。妈妈要首先肯定孩子对玩具的所有权，给孩子选择的权利，而且不能让孩子白白放弃玩具，应该给其相应的补偿，这样才不会让孩子产生排斥心理，紧握玩具不放。

分享是种美德，尤其对于孩子来说，甘愿将自己的东西分享给他人，是一个进步。所以，妈妈必须及时对孩子进行适当的肯定，让孩子意识到分享是一件值得赞美的事情，这样他的分享意识才会得到强化。

东东不是吝啬的小朋友，朋友来家里玩他总会拿出自己的玩具。但是有一次邻居小朋友过来玩时，他们却闹得不欢而散。怎么回事呢？原来，邻居家的小胖想玩东东的"西游记"主题玩偶，东东不肯，他们就吵起来了。那一套玩偶十分精美，包括孙悟空、猪八戒、沙僧、唐僧和白龙马。这套玩偶是东东的爸爸参加某个电视节目时获得的奖品，市面上根本买不到。东东总是小心翼翼地将五个玩偶放在枕边陪自己睡觉，从来不舍得给别人玩，这次小胖吵着要玩，惹恼了东东，于是他再也不邀请小朋友来家里了。

妈妈看在眼里，觉得这样不利于孩子的性格发展，于是找东东谈话。她问东东："你为什么不邀请小胖他们来玩了？"东东气哼哼地说："小胖手那么脏，非要玩我的孙悟空，我不想让他来了。"妈妈说："那你以后都不想跟小胖玩了？"东东犹豫一会儿才说："不是，我想跟他玩，但是不想他弄脏我的孙悟空。"妈妈说："这样吧，妈妈帮你把这几个玩偶放到柜子里，你叫他们来玩别的玩具，好不好？"东东点点头，赶紧跑出去叫来了小胖和其他小伙伴。小胖早就忘了上次的不愉快，他们玩得非常开心。

很多人都有一些格外珍惜的私人物品，不愿意与他人分享，更何况孩子。对于孩子倾注了特殊感情的玩具或其他物品，妈妈应该特别注意，既要让孩子学会分享，也要照顾到孩子的感受，尊重孩子的想法。如果因为害怕别人嘲笑自己宠坏孩子，觉得孩子不肯分享是给自己丢脸，从而强迫孩子与别人分享一切，很可能产生负面影响，孩子会越来越不愿意分享。

这是一位母亲分享的一件让她哭笑不得的事情：她3岁的儿子睡觉时，她去察看情况，却发现儿子在床上蜷成一团，用被子紧紧裹着全身。她觉得这样睡太累了，于是去扯孩子的被子，结果发现他怀里鼓鼓的，仿佛抱着什么东西。这时，她听到孩子得意的窃笑声，原来小家伙没睡着。她一掀被子，发现儿子把一个红气球藏在里面。她很奇怪："你把气球放在被子里干什么？不怕爆了吗？"儿子却一脸得意："妈妈，小声点儿，别让姐姐听到了。"她这才想起来，姐弟俩曾在下午争过这只气球，当时儿子自己的气球坏了，就想抢姐姐的，她就把气球"判"给了姐姐。没想到，气球又落入弟弟手里，他为了防止姐姐看到，甚至使出这样的"计策"，妈妈不由得担心孩子会越来越自私。

很多妈妈没有深入考虑过这个问题：自己的孩子为什么这么"自私"，很多东西都不想与别人分享？是不是只有今天的孩子才这么自私、小气、占有欲强？

事实上，每一个孩子都有着占有欲，在他们眼里，只要自己能够把握在手中的东西都是自己的，这并不是自私或被宠坏了的表现，可以说是一种与生俱来的本能。

对于儿童来说，占有的东西越多，就能占据更有利的地位，得到更多的安全感和归属感。但是，人毕竟是需要互相依存的高度社会化的动物。所以，分享也成了必不可少的品质。所以，遇到两个孩子争夺一件玩具之类的情况时，诸如"两个人轮流玩好不好"之类的劝解多数时候是没有效果的，而痛斥孩子"你怎么这么自私，不是个好孩子"，结果往往会更糟。当然，顺其自然更是一个要不得的选项，会助长孩子的霸道、自私，使其长大之后难以合群。

对妈妈来说，必须让孩子逐步树立与他人分享的概念，但是树立的过程不可"一刀切"，而是要阶段性地逐渐引导，让孩子一步步变得豁达、大度、乐于分享。

GOODPARENTSGOODTEACHERS

好父母，好老师

父母是
孩子的玩伴

青 影 杜慧丽 编著

北方妇女儿童出版社

图书在版编目（CIP）数据

好父母，好老师 / 青影，杜慧丽编著 . -- 长春：
北方妇女儿童出版社，2020.8（2021.12 重印）
　　ISBN 978-7-5585-4621-1

　　Ⅰ . ①好… Ⅱ . ①青… ②杜… Ⅲ . ①家庭教育
Ⅳ . ① G78

中国版本图书馆 CIP 数据核字 (2020) 第 158411 号

好父母，好老师
HAOFUMU HAOLAOSHI

出 版 人	师晓晖
责任编辑	国增华
封面设计	书虫文化
开　　本	880mm×1230mm　1/32
印　　张	32
字　　数	632 千字
版　　次	2020 年 8 月第 1 版
印　　次	2021 年 12 月第 3 次印刷
印　　刷	阳信龙跃印务有限公司
出　　版	北方妇女儿童出版社
发　　行	北方妇女儿童出版社
地　　址	长春市福祉大路 5788 号
电　　话	总编办：0431-81629600

定　　价　　176.00 元（全 8 册）

父母是孩子的朋友，是孩子的老师，是孩子的引路人，是孩子一生中最不可替代的教育者。巴金先生曾说："孩子们变好或变坏和他们受到的教育有关，有句话叫'先入为主'，所以父母是孩子的第一个老师，不能把一切推给学校。帮助孩子健康地成长，所谓培养、所谓教育，不过是这样一句话。我们希望子女成龙，首先就要尽父母的职责。"

当您看到别人洋溢着幸福笑容赞美自己的孩子时，当您看到孩子学校里那些出类拔萃的小同学时，除了羡慕之余是否会感叹："要是我家的孩子也这么优秀该多好啊!"其实，您的孩子也很优秀……

孩子就像一张白纸，这张白纸上会用什么样的颜色来打底，基本取决于其父母给他什么样的基础。很多家长都期望自己的孩子成龙成凤，出人头地，建功立业。但现在许多父母在如何教育孩子的问题上，仍摆脱不了传统观念的束缚，使孩子无法健康成长。他们没有明白"只有失败的教育，没有失败的孩子"这句话的含义，而一味地把自己的思想强加给孩子，从不考虑这是否适合孩子的个性和天赋条件、自身特点。爱尔维修曾说过："即使是最普通的孩子，只要教育得法，也会成为不平凡的

人!"爱因斯坦也说过:"孩子生来都是天才,往往在他们求知的岁月中,是错误的教育方法扼杀了他们的天才。"

对孩子来说,家庭是其人生的第一站,是人生的第一所学校,父母是孩子的第一任老师,家庭教育是孩子接受最早、时间最长、影响最深的教育。孩子能否健康成长、顺利成才,关键在其父母是否掌握正确的教子方法,是否能与孩子进行良好的沟通,是否能调动起孩子的学习兴趣,让孩子在求知、做人、交友等方面获得良好的教育,促使孩子发挥出应有的潜力。

为了满足家长对教育孩子的需求,结合未来人才的标准,我们精心编写了这套《正面管教》丛书,书中参考了大量的教子资料和教子案例,从培养孩子的学习兴趣、优良品德、社交能力、正确的金钱观等方面出发,全面解读父母该从哪些方面去教育和培养自己的孩子,为孩子创造出最佳的成长环境,让孩子的潜能得到充分发挥,赢在起跑线上,创造出属于自己的辉煌。

由于编者水平有限,能力绵薄,加之时间仓促,书中难免有不尽之处,恳请广大读者提出宝贵意见。愿本书伴随着父母在教子的道路上,找到智慧的方案,成就孩子辉煌的人生!

目录

— 1 —

01

第一章

孩子的成长，需要多一些陪伴

小孩子也会感到孤独

在成年人眼中，孩子一直都是天真烂漫、无忧无虑的。但其实，孩子的内心也会感到孤独。据一项大型调查的数据显示，中国各大城市的三口之家"最令人担忧的问题"之一就是"孩子感到孤独、压力大"。

一位家长称，孩子长期与爷爷、奶奶生活在一起，每天写完作业后就不知道做什么了，十分孤独。特别是周末的时候，孩子经常两天都憋在家里不出门。

另一位家长称，有一段时间，她发现孩子作业写得特别慢。了解后才知道，孩子觉得反正写完作业之后也没有人陪他一起玩，所以就没有什么动力快速完成作业。于是她给孩子报了好几个周末的兴趣班，让孩子能够有机会与同龄人交流。

这也难怪，城市里到处都是高楼大厦，它们就如同厚厚的墙壁，将孩子与外界分离开来，将孩子的活动范围限制在一个小小的区域，孩子因缺少玩伴而感受不到快乐，时间长了便觉得内心十分孤独。

有人曾在上海抽取了 1600 多名孩子进行调查，结果显示：绝大部分的孩子都很喜欢与同龄人一起玩耍；47.8% 的孩子由于缺少玩伴经常独自在家里玩；9.5% 的父母会经常陪孩子玩游戏，节假日只有 15.4% 的父母会带孩子到外面玩。从调查中不难看出，我国有近 50% 的孩子缺少玩伴，这种情况十分令人担忧。我国青少年中产生的"伙伴危机"，将会导致孩子的成长陷入孤独的境地。

有一个男生由于搬进高层楼房而得了"高楼孤独症"。这个男生的新家在一幢高楼的 21 层，120 多平方米，整体环境很好。住进新家后，男生从原来的学校转到了新家附近的学校。从原本熟悉的学习环境、生活环境离开后，男生跟着妈妈每天早出晚归。男生每天回到家后，除了吃饭、睡觉、学习以外，基本没有什么活动，只是常常独自在窗前呆呆地望着外面。慢慢地，他的性格越来越孤僻，不敢见陌生人，一直闷闷不乐，无论做什么事情都提不起兴致，学习成绩也明显下滑。后来，妈妈带他去看了医生，他对着医生说出了心中的想法：没有人陪我玩。最后医生判断他得了"高楼孤独症"，生病的原因就在于高楼将他的活动范围限制在了一个狭小的区域，加上对环境陌生，邻居之间基本不往来，而且也没有同龄人与他进行沟通和交流，时间长了，他便感到孤独，由此引发了焦虑、抑郁等症状。

孤独往往会给孩子带来巨大的心理伤害，使孩子产生不健康的心理、形成不健康的人格。如果孩子不能学会与人交往，只会学习和工作，那么将来是无法在社会立足的。

因此，妈妈应当帮助孩子挣脱孤独。那么，妈妈可以采取哪些方法呢？

（1）鼓励孩子交朋友

妈妈应当努力给孩子创造交朋友的条件和机会。既要允许、鼓励孩子与左邻右舍的孩子一起玩耍，也要允许孩子将朋友们邀请到家里来，让孩子产生"主人翁"的想法，促使孩子与小伙伴有更多的交流。

（2）带孩子参与各类活动

妈妈可以经常带孩子参与学校和一些团体举办的各种活动，让孩子跟不同环境、不同人群有接触的机会。另外，妈妈还要定期跟孩子一起去公园、游乐场、景区等地游玩，让孩子感受到妈妈对自己的重视。只要坚持下去，相信孩子必然不会陷入孤独。

（3）多陪孩子聊天

妈妈每天都要和孩子交流，引导孩子诉说一天的所见所闻，让孩子觉得他是有人可以交流的。

（4）给孩子讲故事

妈妈可以每天给孩子讲一个故事，也可以让孩子给自己讲故事，或是与孩子一起编写故事，在这样的互动中，孩子很难产生独孤感。

孩子需要的是父母的陪伴

尽管升入了小学的孩子不再像婴儿一样需要父母每时每刻的照顾，需要父母非常多的抚摩、拥抱等肌肤接触，但这不代表他们不需要父母的关心和陪伴，此年龄段的孩子对父母情感上的需求更多。很多父母都会发现，孩子虽然已经上小学了，但依旧喜欢和父母待在一起，喜欢和父母一起做游戏，喜欢让父母讲故事，喜欢听到父母的赞赏和鼓励。

其实，陪伴是七八岁的孩子最需要的，他们想让父母参与他们的游戏，想让父母关注他们，这是他们情感的需要。作为父母，应该多花一些时间陪伴孩子，享受和孩子在一起的娱乐和交流的时光，这样也更容易建立亲密的亲子关系。

然而，现代社会的大多数父母都太忙，陪伴孩子的时间少之又少，那么，父母应该怎样在有限的时间里更好地陪伴孩子呢？请看英国教育学家斯宾塞提的一些建议。

(1) 与孩子一起吃晚餐

晚餐时间是全家人可以聚在一起好好交流的重要时刻，无论父母多忙，都应该尽量回家与孩子一起用晚餐。如果不能做到每天如此，至少一周要有一两个晚上陪孩子吃晚餐。

晚餐时间并不是简单的吃饭时间，而是一家人坐在一起进行沟通、讨论、分享的时刻。此时，父母可以了解孩子这一天在学校的趣事，分享孩子的喜怒哀乐。如果孩子因为某事而闷闷不乐，父母要给予安慰；如果孩子做了值得称赞的事，父母要给予表扬。总之，晚餐时间可以让父母了解孩子，还可以有效增进父母与孩子之间的感情。

另外，父母可以鼓励孩子请小伙伴来家中用晚餐，这样不仅能认识孩子的朋友，还能让孩子感到自己在家里受尊重，对增进家庭融洽大有帮助。

（2）跟孩子"约会"

章女士是一位 8 岁男孩的母亲，在教育儿子方面，她一直注重和儿子平等交流。每个月总有两次，她会单独带儿子出去，进行一场母亲和儿子的"特别约会"。

她告诉儿子："这是属于我们两个人的约会，我们一起吃饭，一起闲聊，你可以把妈妈当作朋友，说你想说的所有事。"

事实证明，章女士和儿子的每次"约会"都很愉快，儿子会畅所欲言，开心地和妈妈分享自己的心事。而母子两人的这种"约会"，也成了他们之间最佳的交流方法。

像朋友一样和孩子"约会"，能减少家长的威严感，让孩子容易向父母敞开心扉，说出内心的想法。在孩子七八岁的时候，父母就可以安排这种单独的约会，而不要等到孩子成年了才想着和孩子平等交流。唯有如此，当孩子以后遇到恋爱等敏感问题的时候，才会愿意与父母沟通，并愿意听取父母的意见。

（3）陪孩子去度假

在紧张的学习和生活之余，父母可以定期安排全家一起出游，去风景秀丽的地方度假。度假不仅能让孩子放松精神，也能让父母和孩子有更多交流的机会。同时，和孩子一起休憩、玩耍，有利于建立其乐融融的家庭氛围，让孩子感受到父母的爱，而在爱中成长的孩子，身心也会更健康。

（4）专门安排时间陪伴孩子

现实生活中，很多父母不是不想陪伴孩子，只是真的没有充足的时间。工作的压力、生活的艰辛夺去了父母和孩子相处的时间，让父母难以时时刻刻顾及孩子。

专门安排时间陪伴孩子，这对于拉近父母和孩子的关系是非常有效的。在工作之余，安排固定的时间和孩子在一起，和孩子做游戏，倾听孩子说话，将所有注意力都放在孩子身上。哪怕是微小的表情，不经意的小动作，父母也能从中捕捉到孩子内心的信息，只有这样去观察孩子，才能真正了解孩子，这也是专门安排时间陪伴孩子的真正意义所在。

（5）制造和孩子交流的机会和话题

父母要学会制造和孩子交流的机会，比如，与孩子一起搭积木、画画、下棋、踢球、进行手工活动等，在玩耍中和孩子聊聊他的朋友、学习等情况。

同时，父母也要努力寻找和孩子的共同话题，聊孩子感兴趣的事。比如，与孩子聊他喜欢的动画片，聊他学校的朋友，让孩子乐于与父母交流。

　　总之，对于低年级的孩子来说，陪伴是非常重要的。斯宾塞建议，对于年龄比较小的孩子，父母应该固定和孩子玩耍的时间，而且必须严格做到每周几天陪孩子玩耍。事实上，除了陪孩子玩耍，父母也可以和孩子一起做其他活动，总而言之，只要留出陪伴孩子的时间，就能有效促进亲子沟通，增进感情，建立和谐的亲子关系。

亲密，从家庭活动开始

一个孩子能否在家庭教育中感受到快乐，父母的做法很关键。想要家庭氛围和乐，想要孩子融入家庭，父母和孩子就需要彼此配合、协作。

从孩子的角度来看，孩子要积极参与到家庭事务中，父母可以让孩子做一些他们力所能及的事，不要担心孩子做不好。这样不仅能培养孩子的独立性，还能让孩子感受到自己是家庭的一分子，从而获得内心的满足。

从父母的角度来看，父母要积极参与到孩子的游戏和活动中。随着孩子升入小学，孩子与学校、同学的联系就愈加紧密，但这并不意味着对于孩子参加的活动父母就要置身事外。除了正常的家庭活动，父母还可以主动融入孩子的一些社会活动中。比如，看孩子踢球，陪孩子参加比赛等。虽然有时候孩子不会主动要求父母到场，但他们内心是渴望父母去的，因为他们想让父母看到他们精彩的表现。

想要了解孩子的兴趣和爱好，父母也需要多参与孩子的活动。同时，为了引导孩子坚持去做自己喜欢的事情，父母也要掌握某方面的知识，以帮助孩子将兴趣发展为特长。比如，孩子对摄影感兴趣，父母就可以先学习一下摄影的知识，然后给孩子讲解。或者，直接带孩子去户外，一起拍一些好看的照片，鼓励孩子动手拍照，指导孩子处理照片。

对于孩子的兴趣爱好，父母态度要端正。如果孩子的爱好是积极的，是对孩子有益的，父母就应该全力支持，如果是对孩子无益的，父母应想办法劝解。

对于幼小的孩子来说，兴趣可能只能维持一段时间，要想让孩子坚持不懈地去开发兴趣，就需要父母的合理引导。注意孩子的兴趣要与孩子的水平相适应，如果太难，孩子就容易退缩，无法坚持去学。如果太简单，孩子就会失去斗志，不再用心去学。

当发现孩子对某件事失去兴趣时，父母要积极暗示孩子，让孩子懂得坚持的精神。父母积极参与到孩子的活动中，最大的便利就是可以及时安慰、赞扬和激励孩子。当孩子在某一项活动中表现不理想，孩子就会情绪低落，此时就需要父母进行安慰，帮孩子摆脱失望的情绪，积极面对失败。如果孩子在进行某项活动时遇到了挫折，父母就要及时鼓励孩子，让孩子直面困难，坚持下去。孩子天性顽强，父母不能因为孩子遇到了一点儿挫折就任由孩子放弃，这样不利于孩子耐心和耐力的培养。

父母也可以亲自组织一场和孩子的活动。活动的内容由父母和孩子商讨决定，即这场活动既是孩子感兴趣的，也是父母感兴趣的。

父母和孩子一起去制订某项计划，并合力去完成，这个事情本身就会使孩子兴奋，会促使孩子积极行动，而且，对于孩子来说也是一段难忘的回忆。

7岁的小卓很喜欢爷爷奶奶家的那片绿油油的小菜地，经常跑到里面去玩耍。小卓的父母看到儿子如此，就想让儿子体验一下种植的乐趣。于是，他们找到小卓，说："我们想要在自家阳台上种植一些蔬菜，你觉得怎么样？"

小卓高兴地说："好啊！我同意。"

小卓的父母接着说："那你就和爸爸妈妈一起种植吧！我们一起看护它们，给它们定期浇水、施肥。小卓高兴得跳了起来，说："没问题，我很乐意效劳。"小卓父母又嘱咐道："你可不能偷懒，否则它们就长不大喽。"

小卓答应了父母，然后他们一起选了3样种子，种到了土里，每天细心浇灌。

一个月的时间里，小卓和父母看着种子发芽、长出嫩叶，心里都很高兴。

通过这项家庭计划，小卓的父母惊喜地看到，原来小卓是一个很有耐心的孩子，这种耐心对于学习和做其他事情来说都是非常宝贵的。

与孩子一起制订家庭计划，可以从很多方面来开展，如一起完成某件大型手工制作，进行一场家庭读书活动，一起参与到垃圾分类的活动中，一起去学习一项小技能，等等。

在家庭计划的具体实施中，家长要善于给孩子布置任务，要考虑到孩子的能力，并充分结合孩子的想象力和创造力，让孩子能够有所发挥。此外，还要注重家庭成员的配合，让孩子与父母互帮互助，体验合作的意义。

总的来说，多参与孩子的活动，有利于父母和孩子亲密关系的建立，有利于孩子兴趣的发展，更有利于家庭氛围的融洽。

陪孩子一起做游戏

许多父母经常因为孩子贪玩而训斥孩子，生活中也常常能听到这样的话："就知道玩，不知道学习。""别玩了，复习功课去。"……

爱玩是孩子的天性，父母应该尊重孩子这种天性，而不是一味反对孩子玩的行为，尤其在学习上，不能只强调学习，而忽视孩子玩的自由。

中国著名的儿童教育家陈鹤琴先生说："各种高尚的道德，几乎都可从游戏中学得。什么自制，什么克己，什么忠信，什么独立，什么共同作业，什么理性地服从，什么纪律等，这种种美德的养成，再没有比游戏这个利器来得快、来得切实。"

俄国教育家马卡连柯说："游戏在儿童生活中具有极其重要的意义，它也具有与成人活动、工作和服务同样重要的意义。"

捷克教育家夸美纽斯说："游戏是发展各种才能的智力活动，是扩大和丰富儿童观念范围的有效手段。"

聪聪的妈妈是一个懂得劳逸结合的妈妈，也是一个喜欢跟儿子做游戏的妈妈。周末的时候，妈妈从来不要求聪聪没完没了地学习，如果聪聪做题做得疲劳了，妈妈就会让他休息一会儿，他们会一起玩游戏。

妈妈和聪聪经常玩一个关于扑克牌的游戏，妈妈从五十四张扑克牌中抽出三张不同的牌，依次摆放到桌子上，然后妈妈让聪聪从三张牌中选择一张，记住花色、位置等信息。聪聪记好后，妈妈将三张牌翻过去，之后开始调换三张牌的位置，并叮嘱聪聪仔细观察。

调换几次位置后，妈妈会让聪聪找出他选择的那张牌。如果聪聪答对了，妈妈会夸赞聪聪，如果答错了，妈妈会鼓励聪聪，然后继续练习。有时候，妈妈也会和聪聪互换角色，让聪聪调换牌的位置，妈妈来记。

妈妈为了训练聪聪的记忆能力，还会一点点增加游戏的难度，如增加牌的数量、增加调换次数及加快变换牌位的速度等。

和孩子一起做游戏，不仅能使父母和孩子的关系变得亲密，还能间接训练孩子的观察力、注意力、反应力和记忆力。所以，只要父母选择好游戏，就能达到寓教于乐的目的。

由此看来，有益的游戏不仅不会对孩子产生坏的影响，还能对孩子身心素质的全面提升起到帮助作用。下面我们就来看一看游戏对于孩子的诸多益处。

其一，游戏有利于孩子身体的发育。

孩子在进行游戏时，能充分调动起身体各方面的机能，如奔跑、跳绳等，就能调动手、脚等各关节一起运动。

通过运动，孩子的身体会变得结实，身体协调能力也能变得更好，这对促进孩子身体的发育具有明显的作用。

其二，游戏有助于孩子智力的提升。

孩子的游戏多种多样，丰富的色彩、图画和各种形状，都能提升孩子的观察力和感知能力。一些益智玩具的组合、拼凑，更能提升孩子的想象力和创造力。一些具有挑战性的游戏，能激发孩子思考，训练孩子解决难题的思维。总之，通过不同的游戏，孩子的智力也能得到一定的开发和提升。

其三，游戏有利于孩子情绪的调节。

当孩子置身于游戏之中的时候，他的世界里就只有他自己，没有任何外在的压力和强迫，所以孩子身心会放松，会感到愉悦。

此外，游戏可以安抚孩子的情绪，当孩子愤怒、暴躁、抑郁、恐惧时，通过游戏，他能适度排解这些消极情绪，让情感趋于稳定、平和。

其四，游戏有利于孩子社交能力的提高。

孩子和成人一样都有交际需求，只是孩子因为年龄、知识、经验等的限制，不可能真正参与到社会活动中。通过观察可以发现，很多孩子都喜欢通过游戏来体验社会活动，如孩子经常玩的"过家家""角色扮演"游戏。通过这种模拟游戏，孩子扮演着自己喜欢的人物、角色，表演着他们看到的成人社交的场景。在游戏中，孩子就能了解各类人物的行为准则和相互之间的关系，提升人际交往的能力。此外，孩子也将通过这种模拟游戏，获得合作、义务、责任、集体等意识，对孩子社交大有助益。

其五，游戏有利于孩子自信心的增强。

孩子通过游戏，挑战某项任务或目标，这个过程就是孩子验证自己能力的过程。通过不断的尝试，赢得胜利，孩子对自己的能力会更加确信，从而增强自信心。

孩子们一起进行游戏时，每个孩子都会竭尽全力，充分发挥自己的能力。在与其他孩子的比较中，孩子能发现自我优势，并建立自信。

总之，通过游戏，孩子能够慢慢地检验自己的能力，发现自我优势，增强自信心。

鉴于游戏对孩子的身心发展有诸多益处，父母应该适当地让孩子游戏、玩耍。具体来说，父母可以从以下细节入手，来发挥游戏对于孩子的益处。

（1）让孩子玩他想玩的游戏

在玩游戏这件事情上，父母要完全尊重孩子的选择。只有让孩子玩他想玩的游戏，他才能乐于玩，乐于开动脑筋，从而玩出快乐，玩出智慧。

如果父母不尊重孩子的选择，强迫孩子玩他不想玩的游戏，那么孩子很可能产生抵触心理，就算玩也玩得不开心，感受不到思考的乐趣，更无法获得达成目标的成就感。

所以，父母要让孩子自由地选择游戏，玩什么、怎么玩，都由孩子做主，不要给孩子设定"哪些不许玩，哪些可以玩"的规定，让孩子真正去享受游戏的乐趣。

（2）合理安排游戏的时间段和时间长短

父母要合理安排孩子游戏的时间段、时间长短和运动项目。一般来看，早晨和上午是人精力充沛且精力较集中的时段，所以这个时间应该安排孩子学习。学习之后，父母可以让孩子通过游戏放松。专家认为，孩子学习和游戏的时间的比例应该为1∶1，所以，父母要注意让孩子劳逸结合，不能一直让孩子学习，也不能一直让孩子玩。

下午可以安排孩子进行一些比较激烈的身体游戏，如踢球、游泳、跳绳、攀岩等，让孩子尽可能地伸展四肢，活动身体。

晚上不宜再进行激烈的游戏，因为过度激烈的游戏会使孩子的身体和心理一直处于亢奋的状态，从而影响睡眠。晚上适合做一些安静的游戏，比如给孩子讲故事，让孩子的身体和心理都渐渐平静下来，从而更好地休息。

（3）陪孩子一起做游戏

许多父母在教育孩子上都很用心，会为孩子精心选择用品和玩具，希望对孩子的成长有所帮助。

商场里的孩童玩具五花八门，应有尽有，这也成了父母选择的难题。父母反复比较、分析，最终给孩子买回了很多他们觉得适合孩子年龄段的玩具，然后让孩子尽情玩耍。

其实，给孩子选好玩具后，并不意味着父母可以置身事外了，父母应该意识到，玩具只是孩子的一种游戏工具，玩具没有生命和感情，无论其功能多么完善，它也满足不了孩子情感交流和互动的渴望。所以，父母应该抽时间陪孩子一起做游戏，而不应让孩子一直自己玩。

有些父母或许会觉得陪孩子一起做游戏很幼稚，觉得没有必要。但事实上，陪孩子一起做游戏不仅可以拉近父母和孩子的关系，让孩子感受到父母的爱，还能帮助孩子认知事物、学习知识、提高能力、健全心理，其益处是很多的。

父母要认真地陪孩子做游戏，不能敷衍应付，那样会使孩子觉得扫兴、伤心，会降低孩子玩游戏的热情。父母要真正地进入孩子的游戏中，积极配合孩子，引导孩子，让孩子感受到游戏的乐趣，体验到思考的快乐和挑战的意义。最后，父母需要注意的是，不要单方面强行终止游戏，要与孩子商量，尊重孩子的意愿。

（4）鼓励孩子参加集体游戏

父母要鼓励孩子参加集体游戏，通过与其他小伙伴一起玩耍，孩子能够建立合作意识。在集体游戏中，孩子不再是游戏的唯一主角，也不再拥有游戏的完全主导权。想要完成整个游戏，就需要孩子们相互交流、配合，只有每个孩子都完成好自己的那部分，整个游戏才能最终完成。所以，与单独游戏相比，集体游戏更能考验孩子的协调能力和配合能力。

不过，集体游戏经常存在一个问题，即孩子们会发生争吵，甚至有时候游戏没有结束，就会闹得不欢而散。究竟是什么原因造成这种现象呢？总结来看，是因为孩子不懂得人际交往的基本素养。

人际交往的基本素养就是礼貌，礼貌具体体现在说话和做事上。即使是小孩子之间，说话也应该礼貌一些，请人帮忙多用"请"和"谢谢"，伤害了朋友多说"对不起"和"请原谅"，等等。在做事时，要学会礼貌谦让。具体来看，一起游戏时，孩子只有懂得"分享""轮流"和"等候"的道理，才不会抢着去玩，以致发生争吵。

所以，培养孩子懂礼貌的思想品质和行为习惯，是孩子能够好好参加集体游戏的基础条件之一。父母一定要注重培养孩子的礼貌意识，让孩子积极主动进入到其他孩子的群体中去，与其他孩子一起游戏，一起提升协调配合的意识和能力。

(5) 帮助孩子远离不良游戏

父母应该注意到，现在市场上的游戏良莠不齐，有对孩子身心发展有益的游戏，也有对孩子身心发展不益的游戏。所以，在孩子接触某一类游戏时，父母要给予关注，如果发现孩子在玩不良游戏（有关性、暴力等游戏），一定要及时疏导、劝诫，让孩子意识到这类游戏的坏处，自觉远离这类游戏。在劝诫孩子时，不要一味地强硬制止，这样容易让孩子产生逆反心理，即越不让玩越想玩。劝诫应该建立在合理的疏导上，一方面父母要讲清楚这些游戏是不好的，另一方面父母要引导孩子去接触更有意思的、更健康的游戏，转移孩子的注意力。

不要把家变成学校

有些妈妈秉持着"望子成龙，望女成凤"的想法，早早地就在家里为幼儿期的孩子设立了讲堂，她们以老师的身份一遍遍地教孩子学习简单的拼音和数字。妈妈担心孩子输在起跑线上的心情可以理解，但是这种做法实在不算明智。

幼儿期的孩子，他们还不具备抽象思维的能力，因此这个时候，把家庭当作学校，一味给孩子们灌输知识，几乎起不到任何效果。妈妈们这种急于求成的做法不仅无法帮助孩子学到任何东西，还有可能使孩子对这套学校的教育方式产生厌恶和反感。

当然，还有一些家长，在孩子正式进入小学之后，会在家里复制学校的那套教育模式，以一种超前的教育方式让孩子提前学习下一阶段的知识，以保证孩子在班里遥遥领先。这种超前的训练和学习可以在短期有一些效果，但是孩子毕竟年龄小，让他们提前学习超出其理解范围的知识，很容易给他们造成一定的心理压力，从而挫伤他们的自信心，如果严重的话，他们有可能产生厌学情绪。

这个时候，也许会有妈妈站出来举一些很极端的例子。比如，某某两岁就能认识三千个字，某某三岁就能背几百首古诗，某某四岁就已学会两千个单词……当然，不可否认的是，这样的神童真的存在于我们的生活中，但这毕竟是少数，我们要承认大部分孩子都天赋平平，即便家长再怎么强行灌输，他们也不可能拥有神童那样的能力。

其实，孩子接受和消化知识的能力是有限的，除了完成学校里当天布置的学习任务，孩子最好在剩余的时间里休息、玩乐，这样更有利于孩子的身心健康。如果妈妈们非要违背孩子成长的自然规律，强行对孩子进行填鸭式教育，到头来恐怕是竹篮打水一场空。

小旭的妈妈是一名老师，多年来她一直坚持严谨、严肃的生活作风，对待孩子的教育更是一丝不苟。

从小旭上小学起，妈妈对儿子的教学安排就提上了日程。小旭在学校学习一天之后，回到家还得按照妈妈的时间表继续学习。

小旭回到家第一件事是写作业，写完作业后一家人才开饭。晚饭结束之后，小旭就开始晚自习。妈妈会根据小旭学习的课程给他出测试题，每周还会抽查小旭的背诵情况。晚自习结束后，基本上就到了该睡觉的时间。

周末和寒暑假，小旭没有一天可以睡懒觉。妈妈会按照相应的时间表，给小旭安排预习、做题、复习的任务。对小旭来说，放假也和在学校里没什么两样。

在妈妈的高压政策下，小旭的学习成绩的确很好，一直保持在前三名，但他基本没有自己的休闲娱乐时间，这让他时常感觉喘不过气来。并且，随着年级的升高，妈妈的管教也越来越严格，他觉得家已经不是家了，没有一点儿轻松温暖的气氛，根本是一座囚禁他的监狱。

后来，小旭患上了焦虑症。他每天都很不开心，还夜夜失眠，最终离家出走了。

读完上述案例，妈妈们要引以为戒。千万不要把家庭当作学校，学校是孩子学习知识的地方，而家庭是让孩子放松身心和感受自由的地方。如果孩子放学回到家里还跟在学校时一样，没有一个轻松愉悦的氛围，孩子就会身心疲惫，从而失去持续学习的精神动力。

因此，聪明的妈妈能够很好地区分学校和家庭的职能。她们会在孩子幼小的时候，和孩子一起玩游戏，开发孩子的智力。另外，她们还会教孩子一些基本的礼貌用语，为孩子将来健康的人格发展打好基础。等孩子上学之后，她们也不会给孩子额外的学业压力，而是遵守教育规律，让孩子快乐学习、健康成长！

02

PART TWO

第二章

倾听孩子说话，用心去回答

聆听孩子的心声

有一个 14 岁的男孩，不止一次离家出走，他这样评价妈妈和他的关系："我已经对妈妈无话可说了，不管我对她说什么，表达什么观点，她都不能好好地理解我，并且不断地找理由反驳我，我在她面前已经彻底失去了发言权。

"有一回，我告诉妈妈我不想去上学了。我的话还没说完，妈妈就打断了我：'我和你爸爸含辛茹苦地把你养大，每天辛勤地工作，不就是为了让你好好学知识，将来能够有所作为吗？你居然说不想去上学，你对得起我们吗？'我本来打算跟妈妈谈谈心，可是她根本不理解我，也不给我解释的机会，还冲我大喊大叫。就因为这样，我就算有心事也不愿意跟妈妈说了。"

在现实生活中，这样的事例比比皆是。不少孩子在父母面前把自己包裹起来，心里有不愉快的事，宁可向同学和朋友倾诉，也不愿主动和父母说。孩子之所以会变得不愿和父母沟通，多半是父母自己造成的，因为他们一开始就没有为孩子留出足够的表达时间。

父母不给孩子发表意见的机会，会给孩子带来许多消极影响：

①影响孩子表达能力的提高，容易让孩子变得自卑。

②不尊重孩子的话语权，长此以往，会让孩子产生对抗情绪。

③如果父母不理会孩子，孩子找不到合适的倾诉对象，内心将会受到巨大的伤害。

④让孩子觉得自己得不到重视，因此隐藏自己的真实想法。父母无法了解孩子的真实想法，教育孩子的难度将大大增加。

父母不善于聆听孩子的心声，不利于孩子的健康成长。因此，父母很有必要花一些时间去倾听孩子说话，了解孩子的真实想法。只有孩子向父母敞开了心扉，父母才能走进孩子的内心世界，加深与孩子的沟通，减少隔阂，并引导孩子健康、快乐地成长。

具体来说，父母可以这样做：

（1）给孩子倾诉的机会

英国教育家赫伯特·斯宾塞说："父母要给孩子说话的机会，仔细倾听孩子的话语。只有这样才能深入了解孩子，及时引导和纠正孩子的错误思想和行为，让孩子在成长之路上保持身心健康。"

在家庭教育中，父母要支持和鼓励孩子积极和自己交流，给孩子倾诉的机会。

班主任把小何的妈妈叫到了学校，因为最近小何上学经常迟到。

　　了解小何在学校的表现后，妈妈有些生气，不过她没有因此责骂孩子。这天晚上，妈妈和蔼可亲地问小何："儿子，你每天早上都提前半个小时去学校，从家到学校用不了十分钟时间，为什么你还会迟到呢？可以跟妈妈说一说吗？"

　　小何知道班主任找妈妈到学校的事情后，一直担心回家后会挨训。可是直到睡觉，妈妈才提到这件事，而且丝毫没有责怪他的意思。于是，小何略带胆怯地说："妈妈，我最近发现在公园的假山上看日出很不错，一不小心就超过了上课的时间，您会怪我吗？"

　　听了儿子的解释，妈妈笑着摇了摇头，然后就让小何睡觉了。第二天早上，妈妈比平时早起了一会儿，陪着小何吃完早饭，然后和他一起登上公园的假山。看到喷薄而出的旭日和绚烂多姿的朝霞，妈妈高兴地对小何说："儿子，你真厉害，居然发现了这么好的地方，妈妈从来没看过这么美丽的日出！"

　　这一天，小何提前来到了学校，因为妈妈一直帮他留心着上课的时间。

　　晚上放学后，妈妈正在厨房准备晚饭，小何像往常一样坐在客厅的桌子前写作业。他忽然看到桌子上有一块蓝色的手表，旁边有一张纸，纸上写着："太阳公公每天都不迟到，所以我们才能看到美丽的风景。你也能像太阳公公一样，珍惜自己的时间，对不对？——爱你的妈妈。"

　　小何认真地将手表戴到手腕上，从此再也没有迟到过。

善于聆听孩子的心声能够产生神奇的效果。我们应该向小何妈妈学习，用耐心、鼓励、宽容对待孩子，让孩子感受到父母的温情，在幸福的环境下茁壮成长。假如小何的妈妈听说小何上学迟到之后，不分青红皂白地责备小何，不仅会伤害小何热爱美好生活的心，而且有可能在小何的心中留下阴影，对亲子交流产生不利的影响，甚至妨碍小何的健康成长。

（2）耐心听孩子诉说

当孩子倾诉时，父母要耐心地听孩子把话说完，让孩子感受到父母对他的尊重。

一天晚上，幼儿园放学了，6 岁的小丽一回到家就和妈妈诉说自己的烦心事。她和同学阿花发生了小摩擦，虽然错不在她，但是老师还是当着全班同学的面批评了她。妈妈放下手中的家务活儿，什么都没说，坐在一旁认真地听小丽说话。没过多久，小丽就把心里的委屈和不快说完了，逐渐恢复了平静。突然，她想到了什么，兴奋地跑到楼上，拿出自己喜欢的洋娃娃说：“妈妈，昨天我和邻居婷婷约好了一起玩，我去找她玩一会儿，晚饭做好了你就喊我回来。”妈妈微笑着点了点头，小丽开心地向邻居家跑去。

小丽的心情能够在短时间内从不悦转变为喜悦，主要是因为妈妈耐心聆听并做出了友好的回应。这时，妈妈就像一位智慧的天使，用认真聆听的方式将孩子的不快情绪带走了。

事实上，孩子向父母倾诉往往不是为了寻求帮助，而是为了宣泄情绪。此时，父母不应该匆忙地给出建议，也不应该随意打断孩子的表达，而要耐心地倾听，在精神上给予孩子支持和安慰。

（3）用诚意去倾听孩子的心声

如果孩子主动找父母倾诉自己的心声，父母应该扮演好"倾听者"的角色，学会用语言和动作表达自己对孩子说话内容的重视。例如，当孩子讲话时，父母应该用友好的眼神望着孩子，可以适当地增加一些话，比如："发生什么事了？妈妈很想听一听。""你大胆地说吧，妈妈不会怪你的。"另外，父母还可以使用一些带有肯定语气的叹词，如"哦""嗯"等。如果父母能够做到这些，孩子就很容易感受到父母对自己的关心，也愿意在父母面前尽情地吐露心声。

听懂孩子隐藏的话外音

孩子会在说话时灵巧地隐藏自己的小心思。如果父母只是直白地去理解孩子话语的表层含义，而不做深刻的考虑，就很容易误解孩子的真实意思，从而伤害孩子的心。例如，孩子放学后认真地望着你的双眼说："妈妈，明天就是周末啦！"从表面上看，这句话交代了周末即将到来的事实，其实它可能包含着孩子的某种愿望。

妈妈正在整理电脑里的工作资料，小华轻轻推开房门，走到妈妈身边说："妈妈，明天就周末啦！"

"哦，不用你说我也知道。"妈妈边修改文件边随口回答。

"妈妈，我看了天气预报，据说明天是个大晴天。"

"你怎么忽然开始关注天气预报了？以前下雨天你都不带雨衣。"

小华有些气馁，但他还是鼓足勇气说："妈妈，上个月你说过……"

妈妈眼睛直视着电脑屏幕说："上个月我跟你说什么了？

没看到我现在很忙吗?"

小华感到有些失望,嘟囔着说:"哦,那就算了。"

妈妈有些生气地说:"你怎么说话吞吞吐吐的,有什么事就快说,没事就去楼下玩吧,我现在没空和你闲聊!"

"那我玩去了。"听了妈妈的话,小华闷闷不乐地跑回自己的房间,不敢再说周末去参观水族馆的事。

从上面的对话可以看出,小华的妈妈有几分严厉,小华想请妈妈带他去参观水族馆,但是又怕妈妈责备他,因此,小华没有直接表明自己的想法,而是拐弯抹角地传达自己的意思,先用"明天就周末啦"吸引妈妈的注意,然后用"明天是个大晴天"提醒妈妈想起之前的承诺。但是妈妈忙着工作,只理解了小华所说话语的表层含义,认为小华在打扰自己工作,还带着不满的情绪责备了小华。最后,小华既失望又伤心地跑到自己房间,将去水族馆的想法埋藏在心里。

孩子有很多想法不方便直接吐露,因此会通过试探、提醒等方式向父母暗示,希望父母理解他们的真实想法。但是父母忙着做自己的事,只读懂了孩子话语的表层含义,没想到孩子话里有话。有些脾气不好的父母还会斥责孩子,让孩子感到失望和难过,只能把真实想法隐藏起来。

如果孩子的真实意图长期得不到理解,很容易形成孤僻、自闭的性格,甚至还会影响亲子间的正常沟通,所以父母应该学会听出孩子的话外音。

下面是两个实用的技巧,有利于父母理解孩子的话外音:

（1）认真观察和思考孩子的反常表现

很多孩子在试探父母时会有一些反常的表现，比如紧张地搓手、揉衣角、眨眼睛等。父母只要仔细一些，就能抓住这些细节，轻易辨别出孩子有没有话外音。

（2）对孩子拐弯抹角的说话方式多一些耐心

倾听孩子说话很容易，但要准确理解孩子的话外音却很难。比如，孩子说："我肚子痛。"这很可能是他因为不想做某事（如上学）而编造的一个借口。再比如，孩子满怀激情地说："我们班好几位同学都有手机。"这很可能是他在试探父母的反应，或许他也想要一部手机。

所以，当孩子倾诉一些事情时，父母应当立刻让自己冷静下来，仔细想一想孩子为什么这样说，养成这种思考的习惯后，再去理解孩子的话外音就容易多了。

引导孩子说出内心的想法

有一天晚上，张恒 9 岁的女儿突然告诉她，第二天不想上学了。为了弄清楚女儿内心真实的想法，她试探性地说道："你以前很爱去学校的，这次不想去，是不是最近在学校发生了什么不愉快的事情？"女儿沉默了一会儿，难过地告诉妈妈，自己最要好的朋友不愿意和自己玩了。看着女儿沮丧的神情，张恒柔声问道："那你一定很难过吧？"女儿重重地点了点头。

后来，张恒跟女儿说："看来，你明天不想去学校是害怕你的好朋友还是不理睬你，这样你会很孤单。"

女儿又点点头，然后哭泣着说道："这几天，她一看到我就朝别的方向走了。"对于女儿的遭遇，张恒深表同情地说道："妈妈能理解你的感受，如果我的好朋友对我不理不睬，我也一定伤心死了。"

女儿听见妈妈这样说，不由得把头埋在了妈妈的怀里，闷闷不乐地说："明天，我都不知道应该怎么面对她。"张恒抚摸着女儿的背，继续同情地说道："你碰到这样的事情，妈妈也替你感到难过，妈妈理解你的感受。"

读到这里，你也许会觉得张恒太啰唆了，她完全可以告诉孩子"你不要理睬她，她不理你，你可以找其他的朋友玩"，或者"你不要担心，也许你的好朋友过两天就又转变态度了"。

但是，聪明的张恒硬是忍住没说，她不向孩子提供一些解决矛盾的建议，因为她想传达她的理解并让女儿自己找到解决的办法。

后来，在张恒的不断引导下，女儿不仅打开心扉，跟她倾诉了自己的心里话，而且和她商讨了很多种解决问题的办法。最后，女儿决定第二天带一根跳绳去学校——如果她的好朋友在课间仍然不理睬她，她可以自己跳绳，这样就不会显得孤单。

上述案例中，张恒的做法非常值得家长们借鉴。当女儿说不想去上学的时候，她没有斥责，更没有胡乱给孩子捏造一些不想上学的理由，而是理智地引导，认真地倾听，一步步地挖掘出孩子内心真实的想法，最后不仅消除了女儿内心的不良情绪，还锻炼了孩子解决问题的能力。

所以，在与孩子沟通时，父母应通过共情或鼓励的方式引导孩子说出内心的想法，这样才能真正了解孩子存在的问题和困惑，也才能真正体会到孩子内心的感受。如果父母不懂得主动引导，而是采用发问的形式延续对话，比如"你为何感到难过"，孩子可能会被问得一脸茫然。孩子的思想尚不成熟，表述能力欠缺，很多时候无法立刻做出回答，即使孩子能够准确地表述出来，给父母一个说得过去的答案，但他仍然会担心这个答案并没有充分地解释他的感觉。在这种情况下，父母一味反问，只会加速他的沉默，导致沟通无效。

亲子沟通离不开父母的引导。在引导的过程中，家长需要注意避开一些明知道答案的问题，比如"你昨天看电视看到几点"，或者"是谁把家里的电热器弄坏的"。这些不友好的提问会让孩子感到害怕，从而不敢大胆地说出心里的实话。这个时候，父母最好以明确的态度与孩子交流，比如"我知道你弄坏了家里的电热器，所以我有些生气"，或者"你昨天看电视看到一点才睡，真的很不应该"。

孩子有"问"，你要有"答"

从呱呱坠地那一刻开始，孩子就对万事万物充满了好奇，有着无尽的求知欲。从开始问父母问题的时候起，孩子其实已经蠢蠢欲动地想要探索这个世界了，也已经开始学着去思考了，此时，父母一定不能对孩子的问题爱搭不理，这会打消孩子去探索、思考的积极性。

"妈妈，我是从哪里来的？"

"是从妈妈的肚子里来的。"

"妈妈又是从哪里来的呢？"

"当然是从妈妈的妈妈肚子里来的。"

"那么妈妈的妈妈……"

和孩子相处时间比较长的父母一定会发现，孩子的脑袋里似乎有着"十万个为什么"，总是有千奇百怪的问题要问，弄得很多父母不胜其烦，于是常常会拒绝回答孩子的问题。但提问是孩子观察力、想象力和创造力的体现，父母如果一直粗暴地拒绝回答，便会扼杀孩子的这些能力。

在世界公认的优秀民族中，犹太民族无可争议地位列其一。在对孩子的教育问题上，犹太民族有很多独到之处，鼓励孩子提出问题就是其中之一。一个犹太孩子回家后，父母会问孩子："你今天提问了吗?"可中国的孩子回家后，父母却会问："今天小测你考了多少分? 全班最高分是多少?"

古希腊思想家苏格拉底就是一个喜欢提问的人，他在提问中不断思考，于是这些问题与思考的答案聚集在一起，就形成了人类文明史上的一座高峰。英国著名的物理学家牛顿也是一个从小就喜欢提问的人，在提问中，他发现了许多常人都会忽略的问题，于是他搞明白了世界的运转规律，总结出了牛顿运动定律。

倘若父母能够保护孩子爱提问的天性，鼓励孩子多提问，孩子的好奇心和想象力就能得到发展，孩子也一定能成长得更加优秀。

桐桐刚能说话时就开始提出各种问题：这个是什么东西? 它是用来干什么的? 那个又是什么? 面对接连不断的问题，妈妈没有丝毫不耐烦，只要桐桐问，妈妈就回答。

在桐桐两岁多的时候，妈妈某天突然发现，桐桐在问完"是什么"之后，开始询问"为什么"了。这就意味着桐桐开始进行思考了，妈妈非常开心。每当桐桐问妈妈"为什么"的时候，妈妈总是尽力以最简单、明了的方式为桐桐进行解答。但妈妈也有不知道的问题，这时她就会说："妈妈也不太清楚，我们去查查看吧!"然后，妈妈就会带着桐桐去电脑上搜索答案，或是查找相关书籍。

父母除了鼓励孩子进行提问外，也要问孩子问题，这样会促使孩子去思考、学习。

在陪桐桐一起玩的时候，妈妈也经常会学着桐桐的语气问道："这是为什么啊？"

很多问题桐桐当然答不出来，于是妈妈过一会儿就会帮他解答，然后反问道："是不是这样？"桐桐就会表示肯定。

问得多了，桐桐慢慢就能回答出一些问题了，这时妈妈就会带着惊喜的语气夸奖桐桐说："桐桐真厉害！"

在妈妈这种教育方式的培养下，桐桐越来越喜欢提问，好学的心越来越强烈，也变得越来越机灵了。

让孩子多提问、经常问孩子问题可以开阔孩子的眼界，促使孩子思考，培养孩子的创造性。那么，怎样才能让孩子习惯于提问呢？

（1）营造一个丰富多彩的学习环境

外界环境对孩子的成长有很大影响。如果孩子能接触到各种各样的新鲜事物，孩子就会产生无尽的好奇心，各种问题也就随之而来。因此，父母应当给孩子营造一个丰富多彩的学习环境，让孩子自己去看、去听，乃至去摆弄那些新奇的事物，鼓励孩子去探索世界中的奥秘。比如，父母可以给孩子多准备一些像是小汽车、拨浪鼓之类能活动、能发声或是颜色鲜艳的玩具，在孩子最初认识世界时就呈现出事物丰富多彩的样子。另外，父母还可以在闲暇时带孩子到大自然中游览，让孩子感受大自然的魅力与神秘。

（2）通过故事促进孩子的好奇心

故事较为口语化，而且内容新奇，情节连贯，人物生动，孩子通常都很喜欢听。父母可以借由故事来吸引孩子的注意力，让孩子在故事中学习知识、开阔视野、体悟道理，这可以增强孩子的好奇心、丰富孩子的想象力，进而激发孩子的求知欲。甚至有专家建议，只要孩子满 6 个月，能够在大人的帮助下坐一小会儿的时候，父母就可以讲故事给孩子听。

（3）鼓励孩子的探索行为

孩子的天性便是好奇、好问、好动，父母应当放任孩子的天性自由发展，允许孩子去大胆想象。哪怕孩子的想法有些不着边际，父母也不能急着否定，而是要以孩子能够理解的方式去与孩子讨论，或找出漏洞引导孩子继续思考。同时，父母要善于挖掘孩子这些稀奇古怪想法中值得肯定的部分，使之得到发展，这样孩子就会觉得自己被关注、被肯定了，也就更愿意去学习、探索了。

（4）给孩子提供动脑、动手的机会与平台

孩子具有很强的模仿能力，他们喜欢动手动脑，父母可以引导孩子去利用身边的工具、运用自己的感官去观察，然后制作一些东西，比如让孩子自己设计游戏、自己动手制作玩具等，这样孩子就会产生一种成就感，体会到动手动脑的乐趣。由于这是孩子亲自动手做出来的东西，他们肯定会有浓厚的兴趣，所以这类活动能够激发孩子的好奇心与求知欲，孩子也就逐渐产生了学习的兴趣。

（5）不要打击孩子提问的积极性

孩子对世界上的各种东西都有强烈的求知、探索精神，心中也就会产生各种各样的疑问，父母也就会听到孩子提出的各种稀奇古怪的问题。这时，父母千万不能随意敷衍，否则就会打击孩子提问的积极性。

比如，每个孩子都问过这样一个问题：自己是从哪里来的。有些家长不好意思回答或是不知道怎样回答，就会搪塞说"从垃圾桶里捡来的""从石缝中跳出来的"等。这样不仅会让孩子产生不安和害怕，也很可能会导致孩子丧失提问题的兴趣。相反，倘若父母能够恰当地回答："是从妈妈肚子里生下来的。"那么孩子可能就会产生一连串的思考，例如，"我是怎么跑到妈妈的肚子里的?""妈妈又是从哪里来的呢?""我的肚子里也会有小宝宝吗?"这样，孩子就可能产生对生命、未来的好奇。

因此，父母应当认真对待孩子的提问，用轻松、浅显的语言进行回答。

回答，要让孩子听得懂

孩子时不时地会问自己的父母"为什么" "怎么办"……父母对此总是感觉身心疲惫，很多时候难以招架，有时父母还会忍不住感叹说："我竟然被自己的孩子问倒了。"

在很多情况下，并不是父母不愿意回答孩子的问话，而是他们不知道如何回答。有些问题三言两语难以解释明白，说多了以孩子的认知能力无法理解，尤其是那些根本不可能理解的深奥的科学道理，所以父母要学会将复杂、冗长的科学道理简化，用孩子能听懂的话进行表达。那些深奥的科学道理不要急着让孩子接受，随着年龄的增长，他们会在适当的时间学到这些的。

小雪今年3岁了，正在上幼儿园小班，她非常聪明，但是有个坏习惯——不爱喝水，常常缠着父母给她买可乐。如果父母不给她买，她就哭闹不止。最后，小雪的父母只能选择退让。

一天晚上，超市都已经关门了，小雪却吵着要喝可乐，爸爸干脆利落地说了声"不行"。可是小雪仍然吵闹着："我就是要喝可乐！我就是要喝可乐！"眼看孩子的爸爸又快妥协了，妈妈在大门口喊来了邻居小刘，让他给小雪讲一讲经常喝可乐的危害。小刘是一位化学博士，他蹲下身来耐心地解释道："可乐里面有大量的食品添加剂，小孩子喝了一点儿营养都没有，还不利于身体健康！"

也许是因为对小刘比较敬畏，小雪眨着眼睛勉强听他讲了一会儿，可是没过多久她又开始嚷叫起来："我想喝可乐！妈妈快给我买可乐！"小刘叹着气说："叔叔不是告诉你了吗，经常喝可乐对身体不好。你是个乖孩子，听叔叔的话好吗？"小雪摇着头哭喊道："不，我就是要喝可乐！"

这时，小雪的姥姥从屋里走了出来，和蔼地对她说："小雪不要急，姥姥带你找可乐好不好？"听了姥姥的话，小雪从妈妈怀中挣脱，扑到姥姥的怀里。姥姥抱着她走到窗前，指着天空说："聪明的小雪，你知道天上有什么吗？"小雪抬头望了望天空，然后说："有星星和月亮。"姥姥接着说："星星一出来就说明天黑了，在幼儿园里，小朋友们天黑了会干什么呢？""大家都去睡觉了。"小雪以为姥姥要让她睡觉，吵着说："我不要睡觉，我想喝可乐！"姥姥轻轻摸了摸她的脸蛋，笑着说："姥姥不是让你睡觉，姥姥是想告诉你，可乐去睡觉了，所以你今晚不能喝可乐了。"小雪想了想，然后乖乖点了点头……

"可乐去睡觉了"这样的说法在大人眼里非常荒诞，可是孩子竟然相信了，这是为什么呢？因为孩子的认知水平远远低于成人。可是很多家长却忽略了这一点，试图用深奥的科学道理说服孩子，这样做的结果往往是父母说得口干舌燥，孩子听得索然无味，根本不知道大人在说什么。因此，在和孩子交流时，父母一定要明白一个道理：亲子交流的重点不在于父母说得有多专业，而在于孩子能不能理解！

父母习惯了用成人的眼光看待问题，所以也会用成人的思维给孩子解答问题。在孩子成长过程中，适度增加一些科学知识有助于增强孩子的好奇心，便于他们接受新鲜事物。但是如果孩子无法理解父母所说的知识，一味地强迫孩子接受，只会让他们变得更加疑惑。由此可见，家长给孩子讲大道理有一个前提，那就是让孩子听得懂。

03

PART THREE

第三章

先变成『孩子』，
再教育孩子

我们必须变成小孩子，才配做小孩子的先生

在现实生活中，很多家长都抱怨孩子不理解自己，然而他们是否真的了解孩子呢？家长经常从成人的角度分析事物，很少关心孩子心里的真实想法，这种做法难道是正确的吗？对孩子来说，显然是不公平的。史蒂文斯说："无论我们怎样努力，也只能理解谈话者25%的意思。"正因为如此，父母才应该尝试从孩子的角度去分析和解读孩子的话。既要听清他们说什么，又要尽力揣摩他们的真情实感。比如，孩子早上起来吵着要穿昨天买的新衣服，父母不应该果断地拒绝说："明天才能穿。"站在孩子的视角，他可能会这样想："我今天穿新衣服又能怎么样？为什么要明天再穿？我有我自己的选择，为什么总要按照你的安排做事情呢？"如果这样的话，你无法给他一个合适的理由，他可能会不停地吵闹。倘若这时父母换个角度思考，答应他的请求，又会怎么样呢？孩子穿上新衣服一定会很高兴，接下来的一段时间他做什么

事都会很开心，而且对你唯命是从。很多父母只会一味地拒绝孩子的请求，却给不出合适的理由，要知道孩子是有自己的思想的，一味无理由地拒绝会让他的内心滋生憎恨，而且他还没有丝毫的惭愧之感。

孩子年纪很小，适度地满足他们的请求是可以的，这样做带来的利远大于弊。在他们这个年纪，对周围的很多事物都存在新鲜感，所以才会迫切地想穿新衣服、玩新玩具……这时，父母的想法和孩子的想法是完全不同的，他们可能只担心把新衣服弄脏，或者他们也不知道谁对谁错，只是一味地按照自己的意愿命令孩子做事。在日常生活中，一些孩子在遭到父母批评时会这样想："每次我和他们意见不合时，他们总是带着强硬的口气和我说话，我都没有辩解的机会，有时候他们的批评完全不是那么回事。"父母不允许孩子表达自己的真实想法，也没有查清事情的来龙去脉，只知道一味地镇压，这种方式与教育的宗旨大相径庭。孩子的心理承受能力非常有限，如果他的请求不过分，没有违背原则，就尽量满足他吧！

父母要明白，只有跳出成人的框框，从孩子的角度看待事情，才能读懂孩子的心，与孩子构建和谐的亲子关系。

期中考试时，阿瑶的语文考了 80 分，而数学只考了50 分。

她的妈妈看过成绩单之后，叹着气说："如果你的数学能考 60 分，那么我会非常高兴的。"这学期很快就过了一半，阿瑶语文考了 75 分，数学考了 60 分。可是妈妈却不断地追问，为什么语文退步了？对于数学成绩的进步，妈妈仅仅简单地说了一句："接着努力吧！"

站在妈妈的角度来看，60 分只是达到了及格线，因此没有值得骄傲的地方。可是语文成绩的退步就像一个警钟，比数学更值得关注。但是阿瑶未必这样想，令她百思不得其解的是："数学成绩进步了 10 分，而语文成绩只退步了 5 分，为什么妈妈格外在乎退步的那 5 分，却没有好好夸奖自己进步的 10 分呢？"由此可见，妈妈和阿瑶思考问题的角度是不同的，如果没有进一步对话，她们很难了解彼此的真实想法。妈妈是否真的了解自己的孩子？是否明白孩子对考试成绩的真实感受？看着孩子的成绩心急如焚，还不如和孩子好好沟通，从孩子的角度去认识和了解孩子。每一个孩子都有自己的长处和短处，站在合适的角度观察，你会在不经意间发现，自己的孩子有很多没被发现的优点！因此，有专家建议，父母应该学会真诚地赞美孩子，因为赞美可以激励他们更好地成长。

一对年轻夫妇有一个 1 岁大的女儿，她虽然不会说话，但是很喜欢看动画片。一天中午，妈妈陪着女儿看电视，电视上播放的是女儿最喜欢的一部动画片。可是今天不知道怎么回事，女儿总是哭闹不停，而且表现得很不耐烦。妈妈刚开始很奇怪，以为女儿是饿了、渴了，或是想上厕所。后来她俯下身子从女儿的方向看电视，立刻明白了。原来有东西挡住了女儿的视线，她无法看清电视上的画面。

我国著名教育家陶行知有一句名言："我们必须变成小

孩子,才配做小孩子的先生。"父母是孩子的第一任老师,应该在必要时放下自己的架子,学着和孩子平起平坐,跟他们一起认识和了解事物,这样才能真正称得上一位好"老师"。

拥有同理心，才能让孩子"畅所欲言"

很多父母在对待孩子的时候，总喜欢拿出"我是为你好"这句话，对孩子颐指气使，用各种居高临下的姿态进行教育，这种教育方式常常采用命令式语气，只想让孩子听自己的，却完全不顾及孩子的感受。这种家庭教育方式独断专行，是十分不健康的。父母和子女的关系没有谁高谁低，父母不是孩子的上级，孩子也不是父母的附庸，我们应该尽量不要做哪些伤害孩子自尊心的行为。要想亲子关系更融洽，父母首先要拥有同理心，懂得站在孩子的角度看问题。

小胡的儿子刚放学回到家，就把书包往沙发上一扔，窝在沙发里噘着嘴开始嘟囔："老师今天让我罚站了，真讨厌！我再也不想去上学了！"小胡一听孩子在抱怨老师，批评的话语立即脱口而出："苍蝇不叮无缝的蛋！肯定是你犯错在先，难道老师还能冤枉你吗？自己不找找自己的毛病，还埋怨老师，你这样的孩子真是……"小胡的话还没说完，儿子一听，就气不打一处来，他不再说话，气呼呼地站起身来，迅速跑到自己的房间，"嘭"的一声关上了房门。

　　小胡听到重重的摔门声，这才意识到自己不该这么跟儿子说话，他后悔自己不分青红皂白就责备孩子，不知道孩子是不是真的在学校里受了委屈。如果就这样任由孩子赌气，自己不先往前走一步的话，孩子生闷气不说，父子两人的关系说不定也会因此进一步僵化。想到这里，小胡拿起一个刚洗好的苹果，来到儿子的房间门口，他轻轻地推开房门，坐在儿子的旁边，把苹果递给儿子，友好地问道："老师罚你，让你觉得很没有面子对不对？爸爸上学那会儿也被老师罚站过，我还被罚在全班同学面前检讨过呢！虽然当时是爸爸做错了事，但是那种感觉啊，还真不好受！"小胡一边说，一边叹气。

　　儿子的表情这才有了变化，他抬起头，抽抽鼻子，问爸爸："真的吗？你也被老师罚站过吗？是不是跟我一样觉得特别委屈？"小胡点点头说："是啊！是很委屈！不过后来我也想明白了，那件事确实是我做得不对，老师罚我是应该的，你呢？你这次是因为什么呢？"儿子想了想，说："虽然我也知道我上课的时候跟同桌说话不对，但是我们只是讨论问题！我们又不是乱说话，为什么要罚站！"儿子似乎更委屈了。小胡点点头，对儿子说："对，老师当众罚你确实让你没有面子，那你也要想一下，你跟同桌讨论问题是不是影响到其他同学了呢？老师罚你也有他的道理啊，就像爸爸的老师当年罚爸爸一样。不过，爸爸相信你一定不是故意在课堂上犯错的，但是以后我们可以改，对不对？"

　　儿子用力地点了点头，拿着苹果啃了起来，小胡看到孩子这样才算放了心。原来，只要站在孩子的立场上替他考虑，很多问题就会迎刃而解。

很多时候，父母总是喜欢先入为主，出现问题的时候总会先把孩子责备训斥一顿，事情过后即使再想补救也很困难。却不知道，这样日积月累下来，极容易造成孩子对父母的不信任，甚至会强化他们的逆反心理。相反，如果父母能经常站在孩子的立场上看问题，就能更好地理解孩子，更好地与孩子进行沟通，从而获得孩子的信任。

到底该怎么做，才能真正站在孩子的立场上思考问题，纠正孩子的一些错误行为呢？

（1）以诚相待

不要对孩子刻意地隐瞒什么，更不要欺骗孩子。在生活中，父母遇到的困惑、难题都可以拿出来跟孩子分享，把自己的所思所想都真实客观地表达出来，让孩子知道，父母也是会遇到问题的，父母也是有喜怒哀乐的。孩子虽然小，但他们并非不懂事，甚至家长在对他们坦诚以待的时候会发现，孩子对家长的爱一点儿也不逊于家长对孩子的。因此，对孩子直白一点儿比躲躲藏藏效果要好得多。

（2）不要用大人的规则要求孩子

大人的世界远比孩子的复杂得多，所以，孩子是很难理解大人的一些想法的，就像我们不能理解孩子为什么会问出各种奇奇怪怪的问题一样。因此，父母不要一味地以大人的视角去看待孩子的问题，更不要要求孩子的言行举止都要符合大人世界的规则，这是很多亲子关系不和谐的导火索。父母要学会站在孩子的视角看问题,不要对孩子提出过于严苛的要求。

(3) 学会换位思考

当孩子遇到问题时,父母首先不要着急追究谁对谁错,而是应该先把自己放置在孩子的角度,用孩子的眼光去看待问题、审视问题,耐心地寻找问题的答案,这也是拉近与孩子之间距离的好办法之一。

父母不是孩子的上级,更不能把孩子看作自己的附庸,我们应该努力成为和孩子无话不谈的朋友。所以,放弃命令式的教育方法,好好说话,友好、和平、民主地对待孩子,才是融洽亲子关系,解决孩子问题的正确途径。

蹲下来，与孩子去交流

君君的妈妈一提到自己的孩子总是一副愁眉苦脸的样子，大家都说君君是个活泼开朗的孩子，很讨人喜欢，但是君君妈妈却说这孩子简直就是个"混世魔王"。君君还没上小学的时候就十分淘气，再加上特别喜欢捉弄别人，经常搞得家里鸡犬不宁，令大人啼笑皆非。本以为上了学之后会好一点儿，孩子会变得比以前懂事，却没想到君君在学校里的表现也是不尽如人意，不是上课捣蛋，就是下课闯祸，无论是老师还是同学，大家都不喜欢他。

面对这样难缠的孩子，君君的妈妈和爸爸最初还好言相劝，不停地叮嘱君君一定不能在学校里惹事，要好好学习。可是这些叮嘱完全没有效果，被逼急了的爸爸妈妈后来也采取过训斥打骂的方式，可是君君就像一块木头，爸爸妈妈的这些办法对他都丝毫不起作用，君君的爸妈也不知道该拿这孩子怎么办，只能听之任之。

其实，很多孩子虽然年龄小，但并非完全不明事理，只是他们的心智尚不成熟，还不具备用学到的道理和规则指导自己行为的能力,甚至他们根本不能清楚地判断自己的行为是对是错。在孩子成长的关键阶段,需要父母用心地引导。要想引导孩子,帮助孩子,沟通就显得格外重要。在沟通的过程中,父母一定要抛弃高高在上的态度,首先从身体语言上要让孩子看到我们的姿态与他是平等的,可以放下身段,蹲下来,直视孩子,在用温和的语言和孩子沟通的同时,也要向孩子清楚且坚决地表达自己对其行为的看法和建议。在这样的沟通过程中,孩子会看到父母对自己的平等态度,也会理解父母语气中的坚决。在以后做事的时候,就会有意识地朝着父母期望的方向去努力。

曾经有一位节目主持人分享过他和女儿的一个小故事,这是生活中非常常见的情况,却值得人们深思。这位主持人经常带着女儿出去玩,但他很奇怪地发现,每次牵着女儿的手逛热闹的商店的时候,女儿都会哭闹不止。问了很多次原因,女儿也说不出个所以然。在很长一段时间里,这位主持人都觉得这件事过于蹊跷,直到有一次,女儿的鞋带开了,他蹲下来给女儿系鞋带,才发现了这个问题的奥秘。

蹲在地上系鞋带的爸爸跟女儿的身高差不多,此时,他们的视线是平行的,他这才发现,原来,大人眼中的热闹商店,在女儿眼中却是可怕的存在。女儿根本就看不到那些琳琅满目的商品、花花绿绿的广告牌,或者店员亲切的笑容,她的眼里看到的只有大人的腿。一直面对这样的景象,女儿当然会哭闹了。他一下子想明白了,赶紧把女儿抱起来,让她骑到自己的肩膀上,女儿此刻终于开心地笑了。

与孩子保持相同的高度其实就是一种平等关系的体现，这是亲子沟通时非常重要的一点。如果大人总是站着与孩子交谈，那我们始终都是以居高临下的态度看着孩子的，我们不可能清楚地知道孩子眼睛里的世界是什么样子。无法与他们保持相同的视角，又怎么能谈得上了解孩子呢？

很多孩子在家的表现和在其他地方判若两人，这也是很多家长百思不得其解的地方。孩子们也许在外面能够交到很多好朋友，他们可以无话不谈，孩子在他们面前是活泼的、热情的，但是一旦进了家门，就好像进入了另一个空间，马上变了一副面孔。别说活泼热情，就连多跟爸妈说两句话都不愿意，总是一副冷冰冰的表情，甚至动不动就发脾气。这样的孩子不在少数，这种时候，正是需要父母与孩子进行深入沟通的时候。父母一定要放低姿态，主动走进孩子的心灵，站在孩子的立场上，设身处地地为他着想，理解他的喜怒哀乐。这样才能了解他们的内心世界，也有利于创建更和谐的家庭关系。

开放思想，消除"代沟"

随着孩子年龄的增长，很多父母都觉得和孩子沟通越来越困难，一是父母和孩子说话，孩子不愿意听；二是父母和孩子聊不到一起去。父母说的，孩子不接受，孩子说的，父母不理解。

父母和孩子沟通困难，是父母的问题还是孩子的问题呢？

其实，父母和孩子都没有问题，真正的问题是两代人的"代沟"。

"代沟"一词是由美国女性人类学家 M. 米德首次提出的，其字面意思就是父母和孩子之间的"世代隔阂"，主要指心理上的隔阂。

具体来看，父母和孩子的代沟表现在思想、价值观、生活态度等多方面。一般来说，年长的一代思想守旧，对于新兴事物不感兴趣或接受很慢，而年轻一代思想开放，接受新事物较快，所以在交流上就会出现障碍。

父母如果不能意识到与子女的这种交流障碍，就容易陷入倚老卖老的教育误区。比如，很多父母在管教孩子时，动不动就以长者的口吻训斥孩子，命令孩子可以做什么或不可以做什么。而孩子也许并不能真正接受你的思想，所以就出现了忤逆和反抗。

其实，现在很多父母已经意识到了"代沟"这个问题，也有很大一部分父母能够自觉去学习新事物，包容与理解孩子的想法、观念和做法，消除隐形"代沟"，真正实现了亲子沟通无障碍。

小月是个中学生，在学习上一直比较主动，在父母眼里，她一直是一个听话的好孩子。

初二时，小月喜欢上了TFBOYS，经常盯着手机看他们的视频，戴着耳机哼他们的歌。不仅如此，小月的卧室墙上还贴满了三个男孩的各种海报。

自从喜欢上TFBOYS后，小月就关注着他们的一举一动，每天完全是"中毒"状态。

小月的父母看到女儿追星的狂热，特别担心会影响她学习，于是有一天，小月的爸爸对小月说："三个小男孩，有什么值得喜欢的?"

听爸爸这么一说，小月就不高兴了，说："你根本就不了解他们，凭什么说不值得喜欢!"

然后，小月就走开了，再也不愿意和父亲谈TFBOYS的话题。

小月的爸爸和妈妈分析了这件事，小月妈妈也觉得小月爸爸有些霸道了，小月妈妈觉得应该先了解一下女儿喜欢的东西，然后再进行劝说。

　　于是，小月妈妈也变成了"追星族"，看"三小只"的视频，听他们唱的歌曲，还关注他们参加的活动，尤其是一名成员在联合国的英文演讲，令小月妈妈对所谓的偶像有了新的认识。

　　小月妈妈变成TFBOYS的"迷妹"后，和女儿越来越有话聊，她和女儿谈他们的才华，谈他们的努力，小月都深有同感。在说到英文演讲那件事时，小月说自己也受到了积极的影响，她说她要向偶像看齐，好好学习，精进英语，小月妈妈至此放下心来。

　　小月妈妈后来也发现，女儿的学习并没有因为追星而受到太大影响，而且在一定意义上，偶像的精神力量也激励着女儿变得更好。于是小月妈妈和小月爸爸说："就随女儿去吧！我们以前不也有所谓的'偶像'，只要偶像的影响是积极的，我们就不应该强加干涉。"

　　小月爸爸最后也理解了，他们还带女儿去看了TFBOYS的演唱会，让女儿大为感动。

　　案例中，小月爸爸因不了解TFBOYS，所以轻易就否定了小月对偶像的喜欢，很明显，这样做只会造成父女二人的矛盾，而无益于沟通和解决问题。反之，小月妈妈在同样的情况下，选择去了解女儿喜欢的东西来消除交流障碍，最终真正理解了女儿，母女之间也实现了真正的"无代沟"交谈。

　　由此来看，消除代沟的关键就是父母要转变观念，不要认为自己的想法总是对的，更不要轻易否定孩子的想法。对于孩子热衷的事物，父母要在了解的基础上进行说教，如果发现孩子喜欢的东西是合理的，父母就不要过分干涉。在家庭中，父母和子女是平等的关系，父母要学会尊重孩子，包括孩子的兴趣和思想。

父母要认识到，"代沟"是正常现象，因为时代一直在发展，总会出现父母不了解的事物。不过，当"代沟"出现后，父母也不能放任不管，这样不利于与孩子沟通。正确的做法是，父母要努力去填平和孩子间的"代沟"，了解孩子的所思所想，关注孩子的行为，以打造最亲密的亲子关系。

04

PART FOUR

第四章

家和父母，都是孩子的『镜子』

营造适合孩子成长的家庭氛围

曾经有个心理学家说过："一个孩子最需要的四种营养就是安全感、存在感、成就感和幸福感。"而孩子要想获得这四种营养，就需要生活在一个有和谐、愉悦、民主的氛围的家庭中。

如果在一个家庭中，妈妈比较强势专制，孩子必须唯母命是从，稍有违抗，妈妈就非打即骂的话，孩子不仅会失去存在感，而且也没有幸福感可言。据调查显示，一个在作风民主且尊重孩子感情的家庭环境里长大的孩子比在专制氛围中长大的孩子要更受人欢迎。

另外，也有很多研究表明，处在良好家庭氛围中的孩子，通常会和父母相处得非常融洽，如朋友一般，而且，更重要的是，这些孩子性格非常沉稳，而且适应性和独立性都比较强，能够在社会上很好地生存发展。而那些在纷争不断的家庭氛围中长大的孩子不仅适应性差，还可能会存在性格缺陷，这就导致他们在涉足社会之后经常惹是非、捅娄子。

此外，不同的家庭氛围走出来的孩子，其情感的表达方式、兴趣爱好，以及处理问题的方式也不尽相同。

从情感表达的层面来讲，性格暴躁的父母教育出来的孩子往往情绪管理能力差，动辄发火、摔东西，很难用正确的方式表达自己的内心情感；而热情善良的父母教育出来的孩子通常体贴周到，经常会释放自己的善意，表达自己的关爱；从兴趣爱好的层面来讲，那些出身书香门第的孩子，通常温文尔雅，爱读书，懂礼貌；而那些出身曲艺世家的孩子，则深受父母的熏陶，在说、唱等艺术方面更有天赋。从处理问题的层面来讲，父母处理问题的方式直接影响着孩子处理问题的方式，如果父母在遇到一件事情的时候，能用平等沟通的方式解决，那么孩子自然有样学样；如果父母采用吵架对骂的方式来处理问题，那么孩子自然也会选用这种方式来解决他将来遇到的难题。

总而言之，父母的言谈举止决定着家庭的氛围，而孩子又在这既定家庭氛围的影响下呈现出不同的性格特征、兴趣爱好，以及情感的表达方式等。作为妈妈，一定要深刻认识到家庭氛围对孩子的影响，然后尽力避开以下三种不利于孩子健康成长的家庭模式：

（1）嫌弃孩子的家庭

有些孩子的出生并不在父母的计划之内，因此父母往往对孩子并没有过多的好感和疼爱，而且更有甚者直接逃避抚养的责任，将孩子视如弃履。在这种家庭氛围中长大的孩子是绝对没有安全感和幸福感可言的。

（2）放养孩子的家庭

有些家庭，夫妻矛盾非常大，彼此之间的关系危机四伏，因此吵架便成了家常便饭。这个时候，爸爸妈妈都无心照料孩子，孩子在这种"兵荒马乱"的家庭氛围中长大，内心一定缺乏安全感，而且他们敏感、孤独，很难建立和谐的人际关系。

（3）一言堂的家庭

有些妈妈的控制欲和支配欲特别强烈，动不动就拿出母亲的架子，要求孩子干这干那，孩子一旦不受支配，妈妈便会火冒三丈，采用暴力或者咒骂的方式迫使孩子屈服。孩子在这种专制氛围浓厚的家庭中成长，往往会变得胆小怯懦，没有主见。

以上几种家庭氛围都对孩子的成长极为不利，作为妈妈一定要引以为戒，努力为孩子创造出民主、和谐的家庭氛围。

父母的喜怒无常会影响孩子

作为妈妈，首先要控制住自己的情绪，冷静客观地看待自己的孩子，不能一会儿因为孩子某个好的表现喜上眉梢，一会儿因为孩子的某个失误而怒不可遏。这种喜怒无常的教育方式有可能使孩子养成弄虚作假的习惯，从而严重影响其身心的健康发展。

有一天，达明得意扬扬地带着最新款的苹果手机来到了学校。同学们看着这部手机，眼神里充满了艳羡。大家很好奇，达明并非富裕家庭出身，他是用什么办法得到这样价格昂贵的手机的呢？就在同学们对此事议论纷纷的时候，达明自豪地说出了手机的由来：

"我妈妈有个最大的特点，就是喜欢我看书学习。只要我手里拿着一本书，不管看什么，她都喜滋滋的，用各种好词夸奖我，但只要我不看书、不学习，妈妈立刻就阴沉着脸，不分青红皂白地把我痛批一顿。刚开始的时候，我也没有总结出这个规律来，整天紧张兮兮的，生怕一个不小心就挨骂。后来，我彻底搞清楚了自己在什么情况下会受表扬，什么情况下会挨批评，于是就有了对付她的好办法：只要我想要什么东西，就假装在她面前'表演'一下刻苦用功的样子，这样，我想要的东西就轻轻松松到手了。"

同学们听了达明的话惊呼不已。达明看着大家的反应，继续得意地说道："为了得到这部苹果手机，我可没少吃苦受罪。为了哄我妈妈高兴，我可是整整装了一个礼拜的好学生啊！我每天很早就起来，手捧一本书，有模有样地看着，晚上写完作业后，我继续手捧一本书，一直看到晚上十点才放下来，手都举酸了。刚开始，妈妈看见我这样，心里很高兴，但当我提到买苹果手机时，她还是有些犹豫，觉得价格太贵了。为了不让自己前功尽弃，我咬了咬牙，买了一大堆数学卷子，然后每天假装埋头苦算，妈妈看见我比以前更努力了，于是心一横，就给我买了这部苹果手机。"达明连说带比画，把自己"英明"的策略好好地宣扬了一番，同学们听后一脸的佩服，还有人当场表示，回家要效仿一番。

孩子长大之后，心理也变得复杂起来。作为妈妈，一定不要像案例中达明的妈妈那样功利、多变和喜怒无常，否则孩子很有可能为了讨好你而做出一些弄虚作假的事情来。

总之，为了避免造成孩子性格上的缺陷，也为了让孩子的身心得到健康的发展，妈妈一定要控制好自己的情绪，以一种客观公正的心态看待孩子的表现，并允许孩子表达自己的所思所想。这样，孩子才不会弄虚作假，欺骗妈妈。

另外，如果妈妈发现了孩子有阳奉阴违、做表面功夫的迹象，一定要及时纠正。在纠正的过程中，妈妈首先应该让孩子意识到弄虚作假是错误的行为，其次还要郑重其事地告诉孩子，任何弄虚作假的行为，都是行不通的，最后都会竹篮打水一场空。同时，妈妈还要反省自身的问题，看看自己是否在平时有不当的言论和行为。如果妈妈不从自己身上找原因，而是一味训斥孩子，很有可能引发孩子的逆反心理。

不要做常常"变脸"的父母

　　教育学家尹建莉说："你对孩子发的三分脾气，会对孩子造成七分伤害。"作为孩子的父母，应该以尊重、平等的态度对待孩子，以稳定的情绪和心态与孩子相处。你的稳定情绪其实就是对孩子最好的教育。

　　蓓蓓放学回家后，看见妈妈已经在厨房里做好饭了，于是她三步并作两步，跑到妈妈跟前，顺势钻到了妈妈的怀里，撒娇地说道："妈妈，你给我做什么好吃的呀？我都饿得等不及了。"妈妈满脸幸福地盯着自己的女儿，狠狠地在蓓蓓的脸上亲了一口，然后亲昵地问了一大堆问题："宝贝儿，你们学校的午饭怎么样啊？能不能吃得饱呢？""外面冷不冷？有没有冻着我的小心肝儿呀？""学校里有没有人欺负你呀？"

　　虽然 12 岁的蓓蓓已经不是什么小孩子了，可她的独立性依旧很差，什么事情都想依赖妈妈，上学前水杯需要妈妈提醒带着；写作业不够自觉，需要妈妈监督；闹钟响了，不起床，需要妈妈一遍一遍地叫。而妈妈呢，也就这么一个女儿，所以她觉得自己不管怎么为女儿操心都心甘情愿。亲热够了，妈妈想起了前段时间的期中考试，于是问道："蓓蓓，你们期中考试的成绩公布了吗？你考得怎么样？"蓓蓓答道："出来了，我的语文 85，英语 90，数学 75。"妈妈听到这个分数，再看看蓓蓓一副吊儿郎当的模样，瞬间心里的怒火就蹿了上来。她黑着脸怒斥道："你考成这样，还高兴什么呀？再有半年你就得上初中了，你就这么点儿分数，哪个中学肯要你？你怎么还是一副无所谓的态度呢？到底有没有长点儿心呀！"蓓蓓看着突然变脸的妈妈，吓得不知所措，随后才低声说道："我们班还有考五六十分的呢！"妈妈听蓓蓓这样说，更是气不打一处来，她正襟危坐，满脸不悦地说道："你怎么不想着和那些考满分的同学看齐呀？你这个孩子也真是没出息，我们不要求你非得考进班级前几名，但是你也不能就此松懈呀！你都是快上中学的人了，怎么就不能认真一点儿呢？还什么事情都要我为你操心。"妈妈越说越生气，把平日里觉得无关紧要的问题都拿出来，一一指责着蓓蓓。

蓓蓓并没有意识到自己哪里做得不对，依旧扭着身子，娇嗔地往妈妈身上贴："妈妈，人家今天怎么惹你了？你这么凶！……"此刻的妈妈并不吃蓓蓓这一套，想也不想就把她一把推开，并且绷着脸说道："你给我起来，今后要是不认真学习，你看我怎么收拾你！"蓓蓓看着表情严肃的妈妈，委屈地走回了自己的房间。

在现实生活中，有很多妈妈都会像案例中蓓蓓的妈妈那样随意变脸，前一刻还满脸慈爱，后一刻就怒目相向。而这种对孩子要求忽高忽低的管教方式和对孩子忽冷忽热的态度也许是妈妈们得心应手的教子方法，但是这对孩子而言，不管是情绪还是心态，都是难以接受的。

孩子是有思想、有尊严的独立个体，父母们在对待他们的时候切不可随性而为。如果你在照顾孩子的生活起居时过度呵护、无微不至，把孩子娇惯成一个没有独立思想和毫无责任感的"小公主"或者"小少爷"，那你怎么能指望他们在学习上一下子变得自主、自觉呢？如果你接受不了这一点，那么看到孩子糟糕的成绩那一刻，势必会从一个满脸宠爱的慈母瞬间切换成横眉怒目的"泼妇"。这样的情绪转换对一个心理尚未成熟，承受能力较弱的孩子而言，怎么能接受得了呢？

所以，为了避免孩子出现无所适从、诚惶诚恐的紧张情绪，也为了避免让孩子陷入迷茫、紧张、无助的窘境，作为父母，一定不要随意切换自己的情绪模式，更不要一会儿"心肝宝贝"，一会儿"笨蛋"来回变换，否则时间久了，孩子的心理健康一定会受到影响。

通常来讲，聪明的父母会根据孩子年龄的变化以及心理的成熟程度，调整自己管教的方式和关注的重心，以便让孩子形成良好的习惯。他们不会像蓓蓓妈妈那样，一会儿在母爱的支配下将孩子视若珍宝，一会儿又因为孩子的一些坏习惯或者成绩差而呵斥孩子，这种不稳定的情绪变化会让孩子的童年生活充满动荡，孩子也会因此产生精神错乱。作为孩子的家长，妈妈们一定要管理好自己的情绪，控制好自己的脾气，以一种正确的态度对待孩子的学习和生活，以一种平和稳定的心态培养孩子健康成长。

言传身教，好过大吼大叫

《韩非子·外储说左上》中记载了一个关于曾子的故事：一天，曾子的妻子要去很远的集市上买东西，儿子见了就缠着母亲要一起去，妻子嫌弃儿子去了拖慢脚程，便不同意他去，儿子就又哭又闹。万般无奈之下，妻子只好哄儿子道："儿子，你乖乖在家等着娘，娘去去就回，回来后给你杀猪炖肉吃，好不好?"这个方法果然好用，儿子立刻止住了哭声。妻子回来之后，看到曾子提着刀要去杀猪，忙上前阻止道："我说杀猪只是哄儿子的话，你怎么真的要杀猪啊？家里这几头猪平时怎么舍得吃?"曾子回答道："孩子却把你说的当真了。孩子小，不知道是非，一切都向父母学习，一切都听从父母的教诲。如今你欺骗孩子就是在教孩子不诚实，欺骗别人。母亲欺骗孩子，孩子以后就不会再信任母亲了，这不是能教育孩子的好办法。"妻子听了深感后悔，于是夫妻俩把猪杀了，给孩子做了肉吃。

这个故事启示所有父母，教育孩子一定要以身作则，无论何时都要先严于律己，只有父母做到了，树立了威信，才有底气去要求孩子，也能真正起到教育的作用。不要以为孩子什么都不懂，他们正处在摸索着学东西的时候，有很强的模仿能力，父母的任何行为，孩子都看在眼里记在心里，都会不自觉地去模仿。心理专家表示，许多家长觉得孩子不会将父母说的话放在心上，他们转头就忘了。事实上，父母的这种想法大错特错，孩子虽然年纪不大，但是心中已经有了评判问题的标准了。

父母是孩子生命中最早接触的导师，父母从孩子出生到长大成人，陪伴孩子，为孩子付出了无数的艰辛和汗水，这些其实都是想让孩子成为一个优秀的人。所以父母的言行举止对孩子的影响非常大，父母良好的品行会直接影响子女的修养，而父母坏的一面也会直接影响孩子。

每个家长都是望子成龙、望女成凤的，有谁不希望自己的孩子被别人赞不绝口？有谁不希望自己的孩子成长为一个优秀的人？在这个竞争激烈的社会，孩子是否优秀成为影响其能否在社会上立足的重要因素。只是，在现实生活中，我们却经常听到这样的声音："孩子太让人操心了，越来越难管，我说他一句他能理直气壮地顶回来十句，做家长的实在是太难了。"

若兰刚上学的时候，特别爱学习，放学回家很自觉地就去写作业复习功课，成绩在班上也是名列前茅，爸爸妈妈对有这样的女儿感到非常欣慰。可是，最近妈妈发现若兰的学习状态越来越不好，成绩下降了很多，小毛病也越来越多，每次跟她谈话她都默不作声，好像在认真听，其实没有见她有改正的时候。后来父母才发现了问题所在。

原来，若兰的妈妈最近迷上了一款小游戏，每天晚上没事了之后就拿出手机玩得不亦乐乎。哪知，才上二年级的若兰看到妈妈每次都玩得那么开心，就对这款游戏表现出了很大的好奇心。于是，她也在家里的电脑上找到了这款游戏，试着玩了玩，发现的确挺有意思。一开始，若兰放学回家后，只要做完作业就去电脑前玩一会儿。后来回家后第一件事情成了开电脑玩游戏，这时候她已经玩起了其他相关游戏。若兰周末就整天在电脑前敲敲打打，甚至都顾不上吃饭。结果，期末考试之后，爸爸妈妈才意识到事情有多糟糕，因为她的成绩实在太差了，从名列前茅滑到了中下游。爸爸妈妈因为这件事情非常上火，后来，父母商量了一下，决定从控制孩子玩游戏做起，并且他们自己要起带头作用。

从那以后，若兰的父母每天晚上吃过晚饭后，不再玩手机，而是看书、看报，或者做瑜伽，或者去楼下散步，即使有正经事情需要上网也不会当着孩子的面。最初，若兰还是沉浸在自己的游戏世界里，不管父母在做什么，但是渐渐发现父母真的放下了手机，若兰也觉得浑身不舒服，就没那么痴迷游戏了。慢慢地，她自己会找事情做了，玩游戏的时间也就越来越少。再后来她回到了之前放学回家先写作业、复习功课的状态。这样下来，若兰的成绩自然又回到了原来的水平。

若兰的父母用的教育方法非常正确，及时将女儿从游戏的旋涡中拉了回来。由此可见，"身教"对孩子的影响非常大。孩子的成长环境对他们非常重要，在家庭的环境中，父母的言行举止就成了孩子的主要观察对象，所以，请父母牢记一句话：教育孩子，要从自身做起。此外，家长还应用平和的态度去对待孩子，不要因为孩子有一点儿不对的地方，就大动肝火，甚至骂"没出息""不争气"之类的话，这样很容易伤害孩子的自尊心，打击孩子的积极性。父母可以跟孩子谈谈心，给孩子吐露心声的机会，父母可以借此机会走进孩子的内心世界，也可以通过引导让孩子自己意识到错在哪里。

古话说："养不教，父之过。"意思是孩子如果没有成才，就一定是父母没有教育好。这话虽然看起来有些绝对，但是还是有一定道理的，试想，如果孩子生活的家庭"乌烟瘴气"，父母不务正业，孩子想成长为参天大树谈何容易？即使最终成才，那怎么确保不会给孩子留下心理创伤呢？

"言传"教育虽然能起到一定作用，但是它的效力却不能持久，况且这种方法往往更适合听话的孩子，而叛逆的孩子，大概会"左耳朵进，右耳朵出"，因此，对叛逆的孩子用"身教"的方法更为合适，效用也会更持久一些。正所谓："身教重于言传。"

人无完人，大人尚且有缺点，孩子身上有缺点也是不可避免的，不用过于担心，关键要看父母能否发现这些缺点并及时引导孩子逐步改正。假如家长只知道对孩子高标准、严要求，反过来对自己则是马马虎虎无所谓的态度，怎么能教育孩子变得更优秀呢？假如家长只会说教，而不会以自身行动来身教，时间长了，在孩子眼中，父母便不再有威信，他们甚至不再信任父母。例如，有的家长喜欢随便许诺，对孩子说考进班级前五名就带他去海南旅游或者买他喜欢的动漫人物模型，但是孩子达到了这个目标，父母又抵赖："有时间多学习，出去玩了就收不了心了。""整天玩模型有什么用！不给买！"还有些父母教育孩子要友善待人、宽容大度，自己却因为一点儿鸡毛蒜皮的小事和邻居吵得不可开交，这样又怎么会达到良好的教育效果呢？

所以，父母平时无须给孩子讲一些大道理，因为这些道理他们听得够多了，继续说的话反而会被孩子嫌弃太啰唆。相反，如果父母用自身的切实行动给孩子起到表率作用，孩子会更加信任父母。

具体来说，父母要注意做到以下几点：

（1）要守信

父母要谨记言出必行，对孩子说出口的承诺，就一定要做到，若是有一定难度就一定要考虑好再许诺。否则父母经常哄骗孩子，在孩子那里就会没有信誉，孩子对父母的信任、敬仰与爱戴也会随着一次次的失信而逐渐减少。更有甚者，孩子会下意识地效仿，学着用这种哄骗方法去骗别人。

明智的父母都会以身作则，给孩子树立好的人生榜样。

（2）要敢于向孩子认错

现实生活中，很多父母喜欢摆"大家长"的架子，平日里教育孩子知错就改，到了自己这里就拉不下面子认错，害怕失去威信，可以说是设了双重标准。这样，孩子会渐渐觉得父母不公平，还会有很大的怨气。实际上，如果父母主动承认错误，不但不会被孩子看不起，反而会让孩子佩服父母公平公正，有人格魅力。

（3）自己做好榜样

父母对孩子提出的要求，要自己做好榜样，所谓"己所不欲，勿施于人"，如果父母要求孩子不挑食，那自己也要遵守这个要求；如果父母要求孩子不要玩手机，自己也要放下手机。否则，若是父母在一边以监督为名，却不停地玩手机，孩子不但无法将心思放在学习上，还会出现逆反心理，他们会想："凭什么大人可以，我却不可以？"即使被迫写作业，心思也早就跑远了。下次再有类似的事情，他们也不会真心听话，这样的话，父母的要求所达到的效果会大大缩减。

古语有云："以教人者教己。"凡是父母要求孩子养成的良好品质，父母都应该自己具备。所以，父母要以身作则，做有原则、有能力、诚实守信、勤奋好学的人。

05

浇灌友谊，让孩子有自己的『朋友圈』

帮孩子克服怕生的毛病

想必很多妈妈都曾见到过甚至经历过这样的场景：在幼儿园门口，孩子哭闹着不肯进去，爸爸或妈妈有的满腔怒火地训斥，有的强装笑脸地祈求……一些孩子甚至因此推迟了入园的时间。孩子为何不肯进幼儿园？怕生是一个重要原因。有些孩子，在家里非常淘气，话多得不得了，但是一离开家门，就变得胆小怕事，不敢与人交谈。尤其是见到生人，连叫一声"叔叔""阿姨"的勇气都没有。

孩子之所以如此怕生，可能是以下原因导致的：

（1）表达能力差

有些孩子到了一定年龄，依然无法清楚地表达出自己的意思。其中智力原因较少，更多的是父母的教育出了问题，让孩子对自己的表达能力没有自信，以至于害怕遭到他人嘲笑，越来越胆小。

（2）家庭环境影响

家庭缺乏欢乐和温暖，例如父母经常争吵等，会对孩子的性格产生多方面的影响，孩子可能会因此变得胆怯、怕生。

（3）曾经在交友方面受挫

这类孩子是比较少的，毕竟孩子并没有那么多的人生经历。但是并不能排除有些孩子在与人交流时遭到忽视乃至排斥，于是开始畏缩，不敢随便对他人敞开心扉。

（4）缺乏交际的动机

有的孩子不知道与他人交流有什么好处，由于从小习惯了只与父母交流，就认为自己玩也是不错的。还有的孩子纯粹是因为生性内向而喜欢独处。

此外，一些孩子自小就生活在"钢铁丛林"的城市中，没有与邻里来往的经历；父母怕孩子发生危险，很少带孩子出去玩；爷爷奶奶或者保姆代替了父母，造成孩子与父母间的情感缺失，使得情感饥饿的孩子不愿与父母之外的人交流……这些原因也会让孩子变得怕生。

孩子怕生的表现除了怕见生人，还包括对接触新环境、尝试新事物的恐惧。事实上，对于孩子来说，怕生是一种本能。很多妈妈应该注意到了，孩子在几个月大时就能够辨别出家人和陌生人了，一旦陌生人出现在眼前，他们就会不知所措地哭泣或躲避，这种情形的持续时间因人而异。一般来说，2岁的孩子对这个世界有了初步的认知，社会需求开始显著提升，与别人交往的欲望会增强，尤其是与同龄小朋友交往，会让孩子非常愉快。心理学家认为，这是出于人类的集群本能。

两三岁的孩子初次见到成年的陌生人，会有短暂的不自在表现，但经过一段时间的相处后就会熟稔起来。但是也有一部分孩子比较特殊，他们在五六岁甚至更大一些的时候，依然会在陌生人面前局促不安，不敢说话，在陌生的环境下活动会让他们格外胆怯害羞。这种怕生就表现得不太正常，会对孩子一生的交际能力产生影响。由于过度怕生，孩子在认识世界的黄金年龄中丧失了很多学习和尝试新事物的机会，用通俗的话说就是"输在了起跑线上"，因此妈妈应当加以重视。

小樱出生时，正值父母的公司发展的关键时刻，两人就把小樱乡下的奶奶请来照顾女儿。父母早出晚归，小樱有时候整天都见不到他们一面。奶奶不会说普通话，没法跟小区里的人交流，于是整天待在家里，很少带小樱出门，小樱几乎没有跟同龄孩子交流的经历。等到小樱慢慢长大，也习惯待在家里，很少出去。眼看公司步入正轨，父母开始有一些富余时间和女儿交流了，却发现女儿越来越怕生，几乎到了无法离开家门的地步。妈妈清楚这种情况对女儿的成长不利，开始逐步引导小樱和别人交往：

妈妈有意识地请同事、邻居家与小樱年龄相近的小朋友来家里玩。小樱一开始表现得非常拘谨，但是没过多久，她就和邻居家的鹏鹏成了朋友，每次鹏鹏来家里，她都会拿出自己最喜欢的玩具。两人交流时，妈妈也会有意识地进行引导，纠正女儿的言行，教给她一些简单的社交策略和技巧。渐渐地，妈妈带小樱去别人家做客时，她也能很快跟小朋友玩在一起了。

妈妈开始频繁地带小樱去人多的地方玩，例如公园、商场等。一开始，小樱还会哭闹、抗拒，但是渐渐地，她发现观察其他人还是挺有趣的，也能在妈妈的鼓励下向陌生的叔叔阿姨问好了。

由于妈妈的努力，小樱对进幼儿园没有多大的抗拒情绪。每天接送女儿，妈妈都鼓励她多交朋友。回家之后，妈妈还会照例询问女儿在幼儿园发生的有趣的事。每当小樱说在幼儿园多交了一个朋友，妈妈都由衷地表现出喜悦，并鼓励她交更多的朋友。短短的时间内，小樱就成长为一个活泼开朗、人见人爱的女孩了。

小樱妈妈的做法值得妈妈们学习。针对怕生的孩子，我们提出以下几点具体建议：

（1）创造孩子与陌生人交流的机会

时常带孩子出门散步，既有利于孩子的身体健康，又能增加他们与陌生人交流的机会。在散步时，遇到熟人要停下来聊几句，让孩子学着有礼貌地打招呼。有时候，妈妈还可以与陌生人搭讪，让孩子得到更多锻炼的契机。遇到小朋友，要积极鼓励孩子跟小朋友一起玩一会儿。

（2）让孩子学着招待客人

像小樱的妈妈那样请同事、朋友到家里做客是很好的手段。有客人时，最好交给孩子一些力所能及的招待客人的任务。接待客人时，需要互相寒暄、问候、交谈以及收送礼物等，让孩子当"主角"来应酬这一切，无疑是对其交际能力的考验。孩子与同龄的客人在家里玩时，要让他们自由自在地交谈和游戏，在自由欢乐的气氛中提升交际能力，不要随便斥责他们。

（3）不要勉强孩子与陌生人交流

如果孩子实在不愿意与陌生人交流，妈妈一定不能急于求成而进行强迫，否则会适得其反。例如，家里来了客人，妈妈勉强怕生的孩子跟客人打招呼，强迫孩子为客人表演节目，甚至让孩子表演以前的可笑动作，这对孩子敏感而脆弱的心灵是一种伤害，会让他们更抗拒与陌生人的交流。

（4）让孩子自由地选择交往对象

妈妈要让孩子清楚一点：一个人不可能受到所有人的喜欢，相对地，我们讨厌一些人也是正常的。因此，当孩子表现出对某个人的排斥时，妈妈不能为了训练孩子不怕生而勉强他与不喜欢的人交往。

先会"说"，再会"交"

200 余年前，德国诞生了一位震惊世界的神童，名叫卡尔·威特。8 岁时，卡尔已经熟练掌握了德语、法语、拉丁语、意大利语、希腊语和英语这 6 种语言。9 岁时卡尔考上了大学，14 岁成为世界上最年轻的博士，16 岁成为柏林大学的法学教授。毫无疑问，卡尔是个天才，但是他的成功与他父亲出色的早期教育是分不开的。

卡尔的父亲很早就开始培养儿子的语言能力，他这样回忆："在卡尔刚刚能够辨别事物时，我就开始想方设法教他说话。举个例子，我在儿子面前举起一根手指头，他出于儿童的天性开始伸手去抓。经过一番努力，他终于抓到了，就高兴地放进嘴里吃起来。此刻我会不失时机地用缓慢而又清晰的语调不断对着他重复'手指''手指'。小卡尔就自然地将这个词语和我的手指联系在一起了，也开始渐渐明白世界上每一种东西都有自己独特的名字。这个领悟对孩子来说是极为重要的，他对世界上的一切都会产生极大的兴趣，开始如饥似渴地认识一切。"后来，人们就把卡尔父亲的这套教育孩子的方法称为"卡尔·威特教育法"。

这套方法的核心就是尽早教育,越早越好。例如,孩子刚刚出生,就抱着孩子在屋里到处走动,让他识别屋中的物品,同时缓慢而清晰地叫出物品的名字:桌子、电灯、床……只要坚持不懈,就能让孩子较早掌握语言。

语言是孩子认识世界、获取知识、扩大眼界的工具,也是孩子与人交流、沟通的重要手段。孩子的语言表达能力如果有欠缺,就无法认识世界,也很难与他人展开健康的交流。所以,要提升孩子的社交能力,父母必须注重锻炼孩子的语言表达能力。我们对妈妈说的建议是:

(1)学会倾听并鼓励孩子多说

孩子刚学会说话不久,也就是三四岁时,表达越来越流畅,眼界和想象力也日益丰富起来,所以往往喜欢滔滔不绝地表达个人见解。当然,在父母眼中,这些见解多数是幼稚而没有意义的。但是,父母不能对孩子的喋喋不休表示厌倦,甚至对孩子说"闭嘴"之类的严厉话语,那样很可能将孩子的表达能力扼杀掉。正确的做法是,以平等的朋友身份倾听,不用刻意装出兴趣,也不能表达出厌倦。孩子表达自己思想时,如果有些地方没有表达清楚,父母要立刻指出来,并教给孩子如何清楚地表达。当对孩子的话题感到厌倦时,可以有意识地引导他转换话题。

(2)多和孩子进行语言交流

很多父母觉得孩子的话没有价值,只要耐心听着就够了,不愿意与其交流,这是不对的。学习语言的目的在于应用。

孩子如果不能很好地运用语言进行交流，就可能先输别人一筹。而孩子最合适的交流对象，无疑就是他最依赖、最亲密的父母。父母不仅要和孩子对话，还要经常选择不同的话题引导孩子多说话。为了让孩子的表达有逻辑、有条理，父母要做好精心准备，在和孩子进行交流时，一个小小的提示，一张彩色图片，一段精美诗文，都能引发孩子的交流兴趣，酝酿出一大段对话。

（3）善用童话世界提升孩子的思维和表达能力

一个正能量的童话故事，对孩子一生的影响是很大的。因为童话通俗、生动、想象丰富而夸张，是最适合孩子的故事。父母要多给孩子讲童话故事，一个故事最好翻来覆去地讲，让孩子记住最好。之后，就可以让孩子对自己或朋友复述这个故事，这对于孩子形成良好思维、提升表达能力大有裨益。

礼仪，让孩子拥有好人缘

张彬今年上小学二年级了，他学习成绩好，父母每次带他见亲戚朋友的时候都会收获一片夸奖，这让父母觉得十分骄傲。

这一天，父母带他去了一个比较正式的场合，晚上吃饭时，张彬的缺点一下子就暴露了出来。别人都还没入席，张彬就先跑到餐桌前坐了下来，还大摇大摆地让服务生给他拿橙汁。等待服务生给他拿橙汁的这段时间，他还一直动来动去；菜上桌后他就赶紧去夹，不停地翻找自己喜欢吃的东西，尤其是上油焖大虾时，他就像在家里一样，竟然把大虾整盘端走了。虽然其他人都连连表示"没关系，孩子爱吃就给他吃吧"，但父母还是感受到了他人的鄙夷，简直如芒刺在背，一刻也待不下去了。

每个人都会在心底对接触过的人默默评价一番："这个人风度翩翩，跟他接触真是令人心神愉快！""这个人真有涵养，懂的又多，以后最好能多跟他往来。""这个人真差劲儿，帮了忙连句客气话都没有，以后不管他了!""这个人粗俗不堪，嘴里还一直挂着脏话，还是离他远点儿吧。"……从这些评价里可以明显看出，人的礼仪与教养是影响人际交往的重要因素，因此，父母应当教会孩子文明懂礼。

那么应当怎样培养孩子的礼仪呢? 下面提出了几点建议以供家长们参考:

（1）在日常生活中加以培养

孩子学习礼仪不可能一蹴而就，而是循序渐进的，因此需要父母在日常生活中从点滴小事加以培养。

①纠正坐姿。坐姿不好的孩子会显得很没有气质，父母应当进行纠正。具体来说，通过游戏纠正是最好的方式。父母可以将椅子搬到较为宽敞的地方，如客厅，先给孩子做示范，然后再和孩子比赛谁的坐姿更标准。当孩子的坐姿很标准时，父母应当给予鼓励和表扬。

②教导孩子的用餐礼节。用餐礼节是孩子面对外人时的一张名片，能让别人对孩子产生良好的印象。首先，在生活中每一次用餐时，父母可以指出孩子不恰当的行为，帮助其改正。另外，父母可以在家中和孩子模拟与其他人一起用餐时的场景，如果是西餐还可以布置好相应的摆设，传授给孩子正确的用餐礼节。孩子肯定会觉得新鲜、有意思，愿意去感受与体会，享受不同的氛围，这样就会逐渐养成良好的用餐礼节。

③教导孩子接电话的礼仪。在培养孩子接电话的礼仪时，

应当首先告诉孩子正确的做法，如先问好、使用礼貌用语等，然后再使用玩具电话与孩子一起玩打电话的游戏，帮助孩子练习。

③让孩子养成使用礼貌用语的习惯。礼貌用语的使用能够直接体现孩子的礼仪与教养，因此父母应当培养孩子说"请""谢谢""对不起"等礼貌用语的习惯。想要养成这一习惯，首先要让孩子树立正确的观念。父母可以通过一些小故事来帮助孩子理解，让孩子知道这些礼貌用语应当在哪些情况下使用。在真正遇到应当使用礼貌用语的情况时，父母也要适时提醒孩子。

（2）在待客与做客中传授孩子礼仪

待客和做客时是传授孩子礼仪的好机会，父母应当把握好这个机会，告诉孩子应当怎样去做，自己也按照所说的要求做，给孩子树立一个模仿和学习的好榜样。

①将孩子介绍给客人。当家里有客上门，而且孩子又是第一次见到这位客人时，家长一定要记得将孩子郑重地介绍给客人。如果孩子之前已经认识这位客人了，也要让孩子认真地与对方打招呼，给予孩子一定的关注。

接待客人是培养孩子自信心、锻炼孩子人际交往能力的好机会，可有些父母的错误做法却导致机会白白溜走。家里来了客人时，很多父母都会忙于招待客人，只让孩子露个面便放他自己去玩，这样会让孩子觉得自己不重要，便不会有待客的意识，也就无法培养礼仪。更有甚者，孩子会觉得自己被忽视了，于是各种胡闹、撒娇，目的就是为了引起父母和客人的注意，这反而令孩子更加没有礼貌。

②文明做客。父母要告诉孩子去做客时应当怎样去做：提前打理好穿戴，做到干净、整洁；带些小礼品上门，以示尊重主人；在主人家里要谈吐文明，不能大声喧哗；没有经过主人的同意，不能随意翻动主人家的东西，就算对方跟自己非常要好也不行；如果要留在对方家里用餐，要注意用餐礼仪；离开时，要对主人表示感谢，如"今天很开心""欢迎以后来我家玩"等。

③礼貌待客。家中要来客人时，父母要让孩子一起进行前期准备，比如整理房间，以干净、整洁的状态待客。父母还要教导孩子，让孩子也要以主人身份来接待客人。如，客人进门时要前去迎接，帮助客人放置衣物，引导客人就座；主动询问客人需要喝些什么，并帮其拿来；呈、接物品时要用双手，以示尊重；主动、大方地和客人交谈；客人要离开时要礼貌挽留，说"再坐一会儿吧"等；要将客人送出一段距离，并欢迎对方再次上门。

（3）纠正孩子的无礼行为

社会上常能见到一些孩子的无礼表现，如在非常安静的地方大声喧哗，在人来人往的商场横冲直撞等，而且无论父母怎么制止，孩子也不收敛自己的行为。发生这种情形时，想必父母都会觉得十分困扰，感到有些难堪。那么，应当怎样纠正孩子的这些无礼行为呢？

①孩子见人不知打招呼时。其实，孩子不与别人打招呼可能只是因为不知道应该怎样称呼对方，因此在与人见面之前，父母应当提前告诉孩子一会儿要见的人是谁、应该怎样称呼等，甚至可以先进行练习。见面后，要留给孩子一些时间，而不是先忙着和对方说话，过一会儿发现孩子还没有与对方问好就又急着催孩子，这样只能越催越糟。如果孩子真的非常害羞，一时间有些怯场，那么让孩子对对方微笑，或是点点头其实也没问题。

另外，如果孩子能够主动问好，父母应当予以一定的鼓励和赞扬，当孩子发现自己"嘴甜"能够哄得大家开心，自己也能得到奖励的时候，就会更有兴趣投入其中。

②孩子在公共场合不停吵闹时。这个问题的关键在于事先预防。父母应当在外出之前先告诉孩子这次外出是为了什么，让孩子有个大致的概念。另外，还要跟孩子约定好哪些事情不能做，并确认他已经听懂，询问他能否遵守。

到了目的地后，孩子有可能忘记事前的约定，打破约定，这时，家长应当压制心中的烦躁，耐心地予以提醒和纠正，让孩子按照约定行动。但如果孩子屡劝不改，家长在条件允许时，应当停止此次活动，带孩子回家，让孩子知道，不遵守约定、不能在公共场合有得体的表现，家长就不会再带他出去，并切实地实行，这样孩子慢慢就会学会控制自己。

③孩子口出恶言时。"你是猪吗，怎么这么这么笨啊？""叔叔，你的身上真脏。""妈妈，这个新娘太丑了。"……当这

些难听的话从孩子的嘴巴里突然冒出来时，父母肯定会觉得非常窘迫。

其实，孩子说出这样的话可能并不是故意想要侮辱或伤害对方，只是想把自己的想法告诉大人。但这样的话是非常不合时宜、不礼貌的，父母应当告诉孩子哪些话是能说的，教导孩子以正确的态度来处理和成人的关系。

别让孩子失掉他的"信用"

这天早上，妈妈急急忙忙地帮玲玲收拾书包，催促玲玲赶紧吃早饭，好赶去幼儿园。在她们马上就要出发时，妈妈再次检查了一下书包中的物品，觉得已经带全了，就拉着玲玲准备出发。

"妈妈，"玲玲忽然打开书包看了看，说，"我要把那些花朵卡片都带上。"

"不行，"妈妈重新拉好书包，"去幼儿园干吗带那么多卡片？赶紧走吧，一会儿该迟到了。"

听到妈妈的话，玲玲顿时哭了起来，她一下子就将书包扔到了旁边，放在书包侧兜里的两个苹果被震了出来，骨碌碌地滚到了墙边。玲玲的行为可把妈妈气坏了——每天从早到晚，自己都为了玲玲忙个不停，可她怎么能这样任性呢？于是，妈妈拉过玲玲就在她的屁股上打了一巴掌，这下子玲玲哭得更凶了。那套花朵卡片最终还是被留在了家里，在妈妈的强迫下，玲玲只能哭着去了幼儿园。

说起花朵卡片，那是玲玲的小姨出国游玩时给玲玲带回来的，一套总共 50 张，每张都非常漂亮。平时，玲玲都是将这套卡片收在一个小纸箱里，宝贝得不行，谁都不让碰。

第二天早上，妈妈给玲玲检查书包时发现，玲玲又将这套花朵卡片放在了书包里。妈妈想了想，便偷偷拿出了那些卡片，把它们放回了纸箱，然后在原本放卡片的地方，塞入了一盒牛奶。玲玲什么也不知道，背着小书包高高兴兴地出了门。

当天晚上，妈妈去接玲玲，发现玲玲一脸不高兴的样子。回家之后，妈妈问玲玲为什么不高兴，玲玲终于忍不住哭了起来。

"我要带花朵卡片去幼儿园，你不让我带！"玲玲哭着说，"我明明已经装到书包里了，可你却偷偷拿了出来。"

"不让你带，是怕你不小心弄丢或者被其他小朋友弄坏啊！"妈妈觉得小孩子的想法真是难以理解，"你就因为这个才不高兴啊？"

玲玲哭得更惨了："我都已经答应朋友要把花朵卡片带给她看了。我已经两次没带了，她说我不讲信用，再也不跟我玩了。"

妈妈这才发现，由于自己的自以为是，孩子已经在小伙伴面前丧失了信用。虽然孩子年龄不大，但她已经有了自己的交际圈子，在这个圈子中，每个小朋友都有独立的人格和尊严。玲玲的两次失信行为，肯定会让对方对玲玲产生误解，而玲玲觉得自己丢失了信用也失去了朋友，当然会十分难过。

妈妈心中暗暗责怪自己：原本玲玲已经融入了幼儿园这

个小集体当中，可由于自己的过失，玲玲又从这个小集体中离析了出来。

"别哭了玲玲，这件事情是妈妈的错。"妈妈对玲玲说，"明天早上去幼儿园时，妈妈帮你向朋友解释，还要把花朵卡片带给她看。"

玲玲这才慢慢停止了哭泣。

第二天，妈妈果然向玲玲的好朋友解释了这件事，还告诉对方，玲玲是个诚实守信的孩子，只是因为妈妈的阻拦才会失信。玲玲看着好朋友，一副"我很守信用"的骄傲表情。

如今，玲玲已经上了高中，可这件事带给她的影响却一直没有消失，她一直诚信做人，大家都很信任她。

诚实守信是一个人最基本、最重要的素质。如果失去了诚实守信的品质，那么这个人的人格就是不健全的，他也就不值得别人与之交往。但是，如今许多家长都只关注孩子智力的开发，而忽视了诚实守信这一素质的培养，最终导致了不良的后果。因此，父母一定要重视培养孩子诚实守信的素质。

怎样才能培养孩子守信的素质呢？我们建议父母这样做：

（1）答应孩子某事时，一定要考虑自己是否能兑现

在生活中，孩子会提出各种各样的请求，父母很可能会出于疼爱心理而答应下来。但是如果答应了却没有做到，就会给孩子带来不良影响。因此，如果不能实现许下的诺言，父母就不要胡乱答应下来。正确的做法是，如果无法实现孩子提出的要求，父母可以耐心地对孩子解释，取得孩子的体谅。妈妈的这种行为也是在教导孩子应当怎样处理同类问题。

（2）不能无条件地满足孩子的要求

有时候，孩子会提出一些不合理的甚至过分的要求，如果这些要求得不到满足还会哭闹不止。此时，父母千万不要答应孩子的要求，否则，孩子就会认为无论怎样的要求，只要自己哭闹，父母就会无条件满足，进而变得越来越任性，许诺也就成了溺爱、纵容孩子的毒药。父母应当掌握好许诺的尺度和底线，当孩子无理取闹时，父母可以任由他哭闹，等他知道即使哭闹也无济于事时，就会觉得无趣，态度也会有所转变。这时，父母再跟他分析其中的道理，孩子也就能听得进去了。

（3）若无法兑现诺言，要积极应对

有时，由于一些突发情况，父母无法兑现对孩子的诺言，此时，父母不能逼迫孩子接受诺言无法兑现的结果，而是要耐心地对孩子解释原因，主动对孩子道歉，并尽快寻找恰当的时机兑现这一未能实现的诺言。这样，如果孩子遇到同样的问题，也知道该怎样处理。

（4）对孩子学习上的诚信严加把控

孩子入学后，会接触到许多新鲜事物，如作业、考试等，而这些都是学习上的重要事项。父母应当要求孩子按时完成作业、考试不作弊、不涂改成绩单等，这既对孩子的学习有所帮助，又是诚信教育的延伸和发展。如果孩子在学习上不讲究诚信，父母应当予以批评；如果孩子屡教不改，父母应当毫不留情地严加处罚。

（5）及时表扬和鼓励孩子讲诚信的言行

表扬和鼓励是良好的动力，能激励孩子一直诚实守信。因此，当父母发现孩子有讲诚信的言行时，应当及时予以表扬和鼓励。

（6）关注和尊重孩子之间的约定

孩子之间的约定同样重要，父母应当尊重。例如，父母本打算周末带孩子去爷爷奶奶家，但是此前孩子已经和小伙伴约好了去别人家玩，这时，父母就应当尊重孩子之间的约定，不能强迫孩子按照自己的安排而对他人爽约。不过，如果孩子与父母的约定在先，与小伙伴的约定在后，父母就要让孩子按照与自己的约定行事，并且让其向小伙伴解释清楚。

（7）不要逼孩子许下不可能实现的诺言

逼孩子许下不可能实现的诺言会对孩子的心理健康产生负面影响：一方面会让孩子学会用"空头支票"取悦他人，另一方面会减弱诺言在孩子心中的重要性与威严。

只有彼此宽容，人际关系才能长久

我们每一个人都不可能脱离社会而独立，既然如此，就必然要与人交往，必然要处理各种人际关系。交往对每一个人都有着特殊的意义，对孩子来说也同样重要。在孩子成长的过程中，与同伴的交往是不可避免的。现如今，人们生活水平提高，孩子往往也养得比较娇气，父母拿孩子当掌上明珠，这样很容易造成孩子霸道、跋扈的性格。这种性格带到与同伴的交往中时，他就会要求同伴都要像爸爸妈妈那样对待自己，这样的要求显然不能被满足，那么孩子的交往必然不能顺利进行。如果孩子在与同伴的交往过程中有这样的表现，家长就应该注意了。

要想让孩子与同伴愉快相处，真诚和宽容是必不可少的。家长应注意培养孩子宽容的性格。

宽容的性格不是父母用嘴巴教出来的，而应该让孩子在每一次交往中体悟。每一个同伴都会有优点和缺点，孩子在与同伴交往的过程中，当发现同伴的优点并进行赞扬时，会感受到同伴的喜悦，自己也会很开心；在包容同伴的缺点时，会感受到宽容的快乐。孩子在与人交往中会慢慢明白要想收获友谊，就必须学会容忍别人的缺点和错误。那么，为了让孩子在与同伴的交往中学会宽容，家长应注意哪些问题呢？

（1）要认识到孩子需要与人交往

每个人都有与他人进行交流的愿望，否则就会感觉孤寂和落寞；每个人都希望参与到集体中去，并为集体所接纳，否则就会没有归属感。当我们有了朋友，在拥有成就时可以与对方分享，有了困扰可以和对方倾诉，有了迷茫可以寻求对方指点，有了麻烦可以寻求对方帮助，伤心了有人来安慰你，沮丧了有人来给你打气。通过与人交往，人们获得了心灵的愉悦，找到了感情的寄托。

孩子也一样，没有孩子是不需要同伴的。由于孩子们年龄、智力、身心发展水平相近，所以往往有相同或相近的兴趣，共同语言会更多，这种共鸣是不容易从家长那里得到的。

如果父母整日把孩子关在家里，没有正常的同伴交往，孩子不知如何与同伴相处，那么孩子长大后就很可能在人际交往中无法适应。而一个没有同伴的人也会变得孤僻，久而久之，孩子的身心健康的发展也将十分不顺利。另外，没有体会过迁就别人、宽容别人的孩子，其良好性格也很难培养起来。

与同伴交往是孩子学习成长的重要方式。每个孩子都有自己的优点和长处，孩子们在交往的时候可以相互学习、取长补短。当小伙伴们意见不合的时候，孩子还要学会求同存异，包容不同的意见。事实证明，建立良好的同伴关系是改善孩子不良心理状态和不良行为习惯的最佳矫正方案与策略之一。孩子积极地与同伴交往，可以预防孩子出现各种不良的心理和行为问题。

（2）创造环境多让孩子与同伴交往

有些家长，怕别人欺负自己的孩子，又怕孩子和别人学一些不良习惯，所以不让孩子和同伴交往，阻挠他们参与同伴们的活动。这种做法不利于孩子的成长，虽然孩子年龄小，不懂得与人交往的规则，容易受伤害，但家长不能因噎废食，剥夺孩子交朋友的权利。家长应该创造环境多让孩子与同伴交往，比如，可以时常邀请邻居家的孩子到自己家玩或带孩子去邻居家做客。孩子有了玩伴会更快乐，他们被他人接纳与认同的意愿也更容易得到满足。

孩子在与同伴交往的时候，为了被他人接纳，就有可能表现出迁就他人、包容他人的行为，有的家长觉得很心疼，觉得孩子受委屈了，所以就会出面干涉或阻止他们继续交往。性格不同的人相互交往，总是要互相迁就的，家长不必大惊小怪。另外，孩子的迁就行为可能与他长时间处于孤独状态，渴望与朋友相处的心理有关。当然，也不排除孩子可能就是性格软弱、缺乏主见。不管是出于哪种原因，家长都不能因此而剥夺孩子交朋友的权利。如果发现确实是因为孩子本身的性格特点所致，家长更应引导教育，只是阻止他交往是解决不了问题的。比如，在孩子每次与小朋友交往时，家长仔细观察，等到小朋友离开后，再帮助孩子进行分析，指出他哪儿做得不对，哪儿做得对，并教会孩子正确的做法。

（3）引导孩子与同伴交往，教给孩子交往的技巧

当给孩子创造了与同伴交往的机会后，孩子未必就能交到好伙伴。因为孩子毕竟年幼，对一些人际交往中的基本规则可能还不知晓，所以在与同伴交往的过程中难免会出现一些问题。此时，家长要特别注意引导孩子，对于一些比自己强的同伴要怀有欣赏的态度，不能嫉妒；对于一些比自己差的同伴，要能包容，不嘲笑，不挖苦；面对自己的竞争对手时，不故意为难对方，不对对方怀有敌意。孩子具备了宽容的心，才能真正做到向比自己强的同伴学习，帮助比自己差的同伴，学会与竞争对手合作。而只有通过交往，他们才能学会宽容，体验到宽容的快乐。

（4）让孩子主动与人化敌为友

孩子有时候说话没轻没重，在与同伴交往时，很容易和对方产生矛盾，发生不愉快。这时，不管谁对谁错，要教育孩子多一点儿宽容，学会主动化敌为友。

小孙和小汪比邻而居，但是向来不睦。虽然已经记不清到底是因为什么造成了现在的局面，但这并不影响他们继续敌对，所以他们经常因为一点儿小事就发生口角。尽管秋天的时候，他们经常一起出现在田地里，但他们从来不肯向对方打招呼。

有一次，小孙一家出门旅行了。有一天晚上狂风大作、暴雨不止，第二天，小汪出门一看，小孙家门前的一棵树被雷劈到了，很多枝杈都被劈断了，横七竖八地倒向了小孙家的大门，把他家门口弄得一片狼藉。

小汪看着眼前的景象很想收拾一下，可又一想两家一直不和睦，何必要去帮自己不喜欢的人呢？可是小汪白天出来进去的，老是路过小孙家，帮他家收拾一下的想法总是从脑子里冒出来。第二天，小汪还是决定把那些大树杈都移走，然后又用扫把把小孙家门前扫了扫。

小孙一家回来后，发现门口的大树发生了变化，一问才知道那晚的情况以及后来小汪做的事，小孙感到十分疑惑。但小孙还是敲开了小汪家的门，问："小汪，是你帮我家清理了门口的树枝吗？"这么久以来，这是他第一次这么心平气和地和小汪讲话。小汪回答说："是的。"小孙惊喜地说："真的是你做的吗？"他犹豫了片刻，像是在考虑什么。最后他用比较低的声音说："非常感谢！"然后就赶紧转身走开了。

就因为这件事，小孙和小汪之间的关系改变了。此后，他们见面都会打个招呼，再后来，他们两家还慢慢发展出了友谊。

这个故事告诉我们：假如你想化敌为友，就得迈出第一步。否则，事情永远不会发生变化。我们在生活中难免与别人发生摩擦，如果不是什么原则性的问题，就不要放在心上，主动示好，争取早日与对方和解，这样才能赢得和谐的人际关系，让你的人生路走得更顺利。在教育孩子与同伴交往时，也要让孩子心胸开阔一点儿。小朋友之间能有什么深仇大恨，一个不斤斤计较的人，更容易获得他人的喜爱。

良好的人际关系和处事能力对孩子的成长有极其重要的

影响，家长要注意培养孩子这方面的能力。而宽容这一品行对建立良好的人际关系作用极大，发挥宽容在交往中的作用，会让孩子的路越走越宽。

学会合作，体会快乐

一个人想要不断进步，获得成功，除了自己的努力外，与他人的交流合作、切磋互助也是必不可少的。

合作，是置身社会所不可或缺的基本技能，也是孩子今后在社会中立足与发展的必备能力。纵览人类历史，从烽火传信到手机联络，从纵马巡游列国到前往太空探索，都脱离不了合作的力量。

在生育率逐渐下跌的今天，让孩子学会接触其他孩子、学会与他人合作就显得更为重要。因此，父母应当在生活中加强培养孩子的合作意识与能力。

爸爸是个篮球迷，总是关注各种篮球比赛，他每次看比赛时儿子童童都在旁边，于是童童也逐渐喜欢上了篮球。

这天，爸爸又跟童童一起看比赛。这场比赛的两支队伍乍一看实力是存在一定差距的，红队中的每个队员都实力强劲，蓝队中的队员则要弱一些。

"你觉得哪队能赢啊？"爸爸问童童。

"这还用想吗？"童童对这个问题嗤之以鼻，"肯定是红队啊。他们每个人都那么厉害。"

"那这样吧，咱们打个赌，"爸爸提议道，"我觉得获胜的会是蓝队。输的人今天晚上要负责刷碗。"童童没有多想便同意了。

这场比赛打得十分激烈，双方你争我夺，互不相让。起初，红队明显占有优势，分数领先了不少，可渐渐地，队员们配合上的问题暴露了出来，失误频发，蓝队抓住时机一鼓作气地赶了上来，并成功反超。最终，蓝队取得了胜利。童童愤愤不平地接下了刷碗的任务。

爸爸问童童："你知道红队为什么会输吗?"童童说："他们不能很好地配合。"爸爸告诉他："你看，合作就是这么重要。力量强大的人联合在一起，并不一定能收获成功，实力欠佳的人一起努力，只要合作得当，也能够发挥出巨大的力量。"

童童将这句话牢牢地记在了心里，并尽力去做。之后，他和所有同学都相处得很好。

社会纷繁复杂，想要让孩子将来能够在社会中游刃有余地生存，合作能力的培养是必不可少的，只有这样，孩子才能找准自己在集体中的位置，融入集体当中，从而取得成功。

成功的合作可以给孩子带来良好的体验，这种良好体验能让孩子感受到乐趣，反过来加深孩子的合作意识。

一位老师在讲《竞争与合作》这一课时，准备了一个小游戏，希望同学们能够有切身的体验。

老师将三个口小肚大的瓶子整齐地摆在讲台上，每个瓶子里都有两个用绳子拴住的小球，这些小球都只比瓶口稍微小一些，而且一样大。

随后，老师找了六名同学上讲台来一起进行游戏。他将这六名同学分成了三组，每组两个人，每人都拿着一条拴住小球的绳子。游戏规则是，老师说完开始之后，六名同学必须用最快的速度把小球拉出瓶子。

老师的"开始"刚一出口，三组同学都迫不及待地行动了起来。但是，这三组同学却得到了不一样的结果。

第一组，两名同学急不可耐地使劲儿拉起了绳子，他们都想让自己的小球先被拉出来，结果，他们用的力气太大了，绳子都被拉断了，于是两个小球都被留在了瓶子里。

第二组，这两名同学跟第一组同学的想法一样，也争先恐后地拉起了小球，不过他们没有像第一组同学那样用力，结果就是两个小球卡在了瓶口，动弹不得。

第三组是唯一成功的一组，两名同学先后将小球拉出了瓶子，整个过程大概连两秒钟都没有。老师问他们是怎样做到的。其中一位同学回答说："我觉得小球只比瓶口小了一点点，假如两人一起拉的话，肯定会卡在瓶口出不来。所以我就想着先让对方拉出来，我之后再拉，这样才能快速地拉出小球。"

显然，这位同学知道合作的重要性，也在游戏中感受到了合作的乐趣与好处，相信在接下来的学习与生活中，他都能更加注重与他人的合作。

现在的孩子都很受家人的宠爱，于是产生了较为强烈的自我意识。倘若这种自我意识一直强化，便可能会发展为自私、霸道、固执等不良品格，这些不良品格对孩子的成长十分不利。而且，社会上投放的一些作品，如幼儿画刊、动画等，时常会有意无意地渲染个人英雄主义，家长也极力强调"不能输在起跑线上""取得第一名"等，这就导致如今的孩子越来越注重个人的表现，缺少合作精神。比如，有的孩子不让别人碰自己的玩具，有的孩子因为自己家境好而一直以鄙夷的眼光看待别人，有的孩子会因为忌妒而攻击他人等，这都明显地暴露出了孩子的严重问题。倘若一直这样持续下去，必然会导致孩子在人际交往中陷入困境，这对孩子的健康成长非常不利。所以，父母应当加强引导，从小培养孩子的合作意识，帮助孩子提升合作能力。

人不能脱离社会生存，那么合作就成了每个人必备的素质。合作精神，就是为了达到共同的目的而团结一致、互帮互助、坚毅奋斗的精神。倘若孩子不知道怎样与人合作，那么无论他多么有才华，也只能是闭门造车，无法取得多大的成就。

那么，父母应当怎样对孩子的合作能力进行培养呢？

（1）让孩子意识到合作的重要性

只有孩子意识到了合作的重要性，他才会愿意去学习如何合作。父母可以给孩子讲一些古今中外的历史名人故事，让孩子明白这些名人是与人合作才取得了成功的，并告诉孩子这些名人具体是怎样做的，由此帮助孩子树立正确的合作意识。

(2) 让孩子懂得悦纳别人

悦纳别人其实就是从心底认同别人，愿意接受别人，欣赏对方的优点，包容对方的缺点。这样，合作就有了动力与基础。因此，父母要告诉孩子，所有人都会有不足，但所有人也都会有他们的闪光点，要全面地观察别人、发现对方的优点。比如，有的孩子虽然学习成绩不出众，但对班集活动从不推辞；有的孩子虽然不善言辞，但能够积极参加劳动；有的孩子说话过于直接，但对每个同学都很好……只要全面观察，就能找出别人的优点；只有发现并欣赏别人的优点，才能促成合作。

(3) 让孩子学会分享

倘若孩子自私、强横、锱铢必较，那么他就很难跟别人和睦相处，也就更说不上进行合作。所以，父母要让孩子学会分享，愿意分享，并体会到分享的快乐。当然，教导孩子学习分享时，也要讲究原则和方法，不能太过生硬。例如，想让孩子将他喜欢的玩具分享给别的孩子时，一定不能强迫孩子，也不要对他讲那些空洞的、已经听厌了的大道理，而是要用温和的语言引导孩子，多鼓励他："你玩一会儿，让他玩一会儿，或者你们俩一起玩，两个人一起玩不是更有趣吗？"这样，孩子就会觉得分享不是夺走了他的玩具，而是给他带来了更多乐趣。如果孩子的年龄较小，父母可以这样来进行"分享训练"：当孩子拿着一个很喜欢的东西时，父母可以拿着另一个孩子很喜欢的东西，并温柔地、缓缓地将其递给孩子，然后从孩子手里拿走原本的东西。通过这样的反复练习，孩子就会信任父母、学会分享。

（4）让孩子多参与活动，体会合作的快乐

父母可以陪孩子玩一些需要合作完成的小游戏，像是一起搭积木、拼图等，还可以鼓励孩子多去参加足球、篮球、排球等体育活动。这类活动既存在着团队之间的对抗和竞争，又必须使团队内部保持协调和一致，对合作精神的培养很有帮助。

（5）让孩子遵守集体规则

每个人都要在一定的规则范围内做事，孩子们在进行交往活动时也是这样，如果有人破坏了这些规则，那么其他人肯定会排斥他，如果能够按照集体规则行事，那么别人就会对他产生良好的印象。

陶行知先生曾说："教育的责任不是教，而是教学生学。"孩子如同一块海绵，只要父母能够把孩子放置到恰当的氛围中，并予以一定的指导，那么他就会将合作刻入心底，让自己更好地成长起来。

06

PART SIX

第六章

种下美德，纯净童心

感恩之心，如金子般可贵

　　依娜的父母开了一间小超市，依娜经常到店里帮忙。这天，依娜看上了一个玩具娃娃，但是她没钱去买，她想了半天，最终写了一张账单，放在了妈妈的枕头旁。这张账单是这样写的：扫地1元，擦桌子1元，刷碗1元，最近很听话5元。总共8元。第二天早晨醒来的时候，依娜在自己的枕头旁发现了8元钱和另一张账单：妈妈怀胎十月，忍痛生下依娜0元，妈妈每天为依娜做饭0元，在依娜发高烧时妈妈半夜起来送她去医院0元，这些年来辛苦抚养依娜0元。总之，妈妈为依娜付出所有，得到0元。依娜看完账单后，觉得十分羞愧，于是将这8元钱又还给了妈妈。

　　在依娜的故事中，我们不仅看到了依娜的纯真与懂事，更感受到了母亲的伟大与辛苦。在依娜向妈妈索取报酬时，她其实没有意识到妈妈的不易。但当她看到妈妈列出的账单时，她猛然意识到了妈妈的辛劳与不求回报，发现与妈妈对自己的养育相比，自己做的这一点点家务实在是微不足道，于是将钱还给了妈妈。

事实上，我们的生活中经常可以见到类似的事情。许多孩子在帮父母做了家务后，都会索要报酬，因为他们觉得自己做了这么多就应该从父母那里得到回报，也没有意识到父母的辛苦。等他们长大了，有了自己的孩子时，就会明白，向父母索取回报，是一件很幼稚的事情。

父母之爱深似海，是值得用一生去报答的。相信世界上没有人会质疑父母之爱的无私与伟大，父母将自己的所有奉献给了儿女，没有想过获取回报。但是，能够意识到父母付出的孩子很少，能够对父母怀有一颗感恩之心的更是屈指可数。更多的孩子则是心安理得地接受父母的付出，从来没想过感激或回报。正因为如此，父母更应当让孩子了解"爱"的含义，学会感恩。

感恩不仅仅是一份应尽的义务，更是一个人的重要品德。培养孩子的感恩之心，父母可以这样做：

（1）让孩子懂得感谢父母

羊有跪乳之恩，鸦有反哺之义。羊羔与小乌鸦尚且知道感激母亲，人难道连动物都比不上吗？一个不懂得感恩父母、连父母都不爱的人，又怎么可能对家庭、事业、社会充满爱意呢？因此，父母应当让孩子明白，父母对孩子的爱是无私的，是独一无二的，哪怕只是简单的衣食与质朴的关怀，也充满了父母对孩子的爱。孩子对这份爱有了清晰的认知后，才会懂得珍惜当前拥有的，理解并感恩父母。

（2）让孩子知道父母的辛劳

现在，许多孩子完全不了解父母的工作情况，不知道金钱来之不易，只知道向父母索取钱财满足自己的欲望，觉得父母让自己吃好、穿好、用好是理所当然的。有这种思想的女孩是不可能真心孝顺父母的。因此，妈妈应当将父母的工作情况等大致告诉孩子，让孩子对父母的工作有具体的认识，知道父母的辛劳。这样一来，女孩就会逐渐学会珍惜自己的生活，也能够真心地感激父母、孝顺父母。

（3）从小事上培养孩子的习惯

父母应当在孩子品德的形成过程中对其进行具体、详细的指导，让孩子养成好的习惯。比如，让孩子使用礼貌用语；做一些力所能及的家务劳动，感受父母的辛劳；将父母的生日放在心上；如果父母身体不舒服，要让孩子参与部分照顾工作；让孩子给辛勤工作一天的父母捶捶背、揉揉腿；等等。这些良好的习惯会让孩子对父母的爱慢慢渗入心中。

（4）让孩子学会关爱他人

关爱他人是孩子应当具备的品质，不仅能使孩子获得他人的关爱和帮助，也能促使孩子收获更大的成功。父母要教育孩子多关爱他人。

（5）教育孩子懂得感谢他人

在这个世界上，没有人必须要为别人付出，可人们的生存与发展却不可能离开别人的帮助。不管是父母的养育之恩，师长的谆谆教导，还是同学或朋友的殷切关怀，甚至只是陌生人的一次帮助，都是不求回报却给了人们巨大帮助的，人们应当予以感激。只有让孩子知道别人对自己的付出只是出于善意，这样他才会心生感激，知道关心他人。

（6）及时巩固，以身作则

父母要对孩子每次感激、孝顺的行为予以鼓励和表扬，这样会让孩子有充足的动力持续这种良好的行为；如果孩子出现了不良行为，父母也应当立即进行纠正，让孩子知道什么样的言行是正确的，什么样的言行是错误的。另外，父母自己也应当知感恩、行孝道，给孩子正面的影响。

（7）尊敬长辈，关爱老人

尊老，本身就是一种感恩，它展现了一个人的品格。父母应当给孩子灌输尊老的意识，让孩子在细节处也不忘关爱老人。在生活中，父母应当从小事入手，培养孩子尊敬长辈、关爱老人的品格。如让孩子帮老人做一些力所能及的事，与老人说话时要注意礼貌用语，当老人生病时要勤加关心，并时时慰问等。

成由勤俭败由奢

言言6岁了，是小区里人见人爱的小机灵鬼。可是，言言有个坏毛病怎么都纠正不过来，就是他特别喜欢破坏东西，因此邻居们有时看到他，就会笑着说"我们的破坏大王来了"。言言有很多玩具，可是没有一件能逃脱他的"魔爪"，完整地保留下来。言言对待绘本、图书就像对待玩具一样，也很"残暴"，刚买回来两天的书，只要妈妈不盯着，就会被他撕开。妈妈给他讲道理，他不但不听，反而变本加厉。

在物质生活越来越丰富的今天，因为长辈的重视和溺爱，孩子随心所欲地破坏物品和浪费物质的行为越来越普遍。我们常常会看到一些孩子随手将啃了一口就不想吃的水果一扔，故意拧断玩具娃娃的胳膊和腿。每当看到类似的现象，一些大人都非常痛心，可是孩子却不以为意——他们没有意识到自己的行为是多么恶劣，更没有意识到这是严重的浪费行为。

中国有句古训叫作"成由勤俭败由奢"，节俭是一个人事业取得成功的重要因素，很难想象，一个从小大手大脚随便浪费的人能创造一番事业。因此，增强孩子的节俭意识十分必要，也刻不容缓。

比利时的妈妈们有这样的习惯，她们在孩子 8 岁时，就开始每周给孩子一些零花钱，不过金额很小，就几个硬币。孩子们想要买喜欢的东西时，让妈妈买是行不通的，只能自己一点儿一点儿地积攒零花钱去买。如果攒了很长时间钱还是不够，而孩子渴望能尽快得到自己喜欢的东西，这时可以先向妈妈借一部分钱，然后用此后的零花钱偿还。在比利时，学校从小学阶段就开设了专门课程，帮助孩子从小培养各种职业、劳动报酬的意识，同时也教孩子怎样区分各种商品以及确定其价格等。同时，学校还会引导儿童学会理解媒体、广告和消费者之间的关系，尤其重要的一点是让孩子们了解广告对消费者行为的影响。因为从小就接受这样的教育，所以比利时的孩子们在买东西前会慎重思量自己最需要的是什么，由此学会选择。因此，比利时的孩子对自己拥有的东西格外珍惜，不会随意破坏，也养成了凡事节俭的习惯。

中国的妈妈们也应该从小就培养孩子勤俭节约的品德，从以下几个方面做起：

（1）告诉孩子付出劳动才有成果

一定要让孩子懂得，我们每日所吃的每一粒米，所喝的每一滴水，所用的每一度电，所用的每一立方天然气，都是人们付出辛勤劳动后换来的。

（2）从小事上培养孩子节约的习惯

从生活小事上培养孩子节约的习惯，比如节约用水、用电，用完水一定要顺手关掉水龙头，离开屋子就把灯熄灭。

在使用学习用品时也要养成节约的好习惯，每张纸都能重复多次利用，尽量使用钢笔，少使用一次性的签字笔，等等。

（3）教会孩子废物利用

平时有很多废旧物品可以再次利用，比如教会孩子把易拉罐做成小花篮，把一次性纸杯做成美丽的手工作品，把旧凉鞋剪成拖鞋等。这些既能培养孩子节约的习惯，又能起到手工练习的作用。

学会"照顾他人"，用爱温暖世界

很多孩子习惯自己是被照顾的那一方，心安理得地享受这种优待，但是家长应该让孩子知道，照顾他人也是一件快乐的事情。家长应该帮助孩子完成从"被照顾者"到"照顾者"的角色转换。

李女士的儿子名叫张严，今年上五年级了。李女士和老公平时很注重对孩子的爱心教育，自己关爱孩子的同时，也引导孩子去主动帮助照顾他人。

张严的学校有一个希望工程项目，张严主动申请了一个一对一支援的名额，他平时会省下自己的零花钱，给远在千里之外的小伙伴买纸笔、书包、衣服，还将自己觉得有价值的书寄给小伙伴，父母非常支持张严的做法。到现在，张严已经坚持了两年了。

除了这个一对一的活动，张严还参加了很多公益活动，老师和同学们都非常喜欢他。他的学习也没有落下，多次获得了"三好学生"的称号。

由此可见，父母的一言一行深刻地影响着孩子的成长，孩子的品行如何，与父母有着直接的关系。所以，父母要首先做一个热心帮助他人的人，然后潜移默化地去影响自己的孩子。

那么除此之外，父母要怎样去教会孩子"照顾他人"呢？可以从以下几点入手：

（1）从体贴家人做起

孩子不该理所应当地享受着父母的关心和疼爱，而应在享受的同时向父母回以关心。让孩子接触父母的工作，体会父母支撑家庭的辛苦，这样孩子就会理解父母，并发自内心地想要为父母分忧。不要像有些家庭，当孩子主动想要帮父母分担一些家务时，父母赶忙拦下，说一句"赶紧去学习，你提高学习成绩就是对我们最好的报答"。天下父母望子成龙、望女成凤没有错，错就错在只是在片面地教育孩子，使孩子理所当然成了家里的特权者，好像家里所有人都要事事以他为先，而他要做的仅仅是学习。这样的孩子可能会不懂得感恩，凡事以自己为中心，之后有很大可能会发展出冷漠、自私的性格，无视他人的想法和感受。

（2）对邻居友好

和睦的邻里关系对孩子非常重要。经常与邻居往来，互帮互助，相处融洽，要比老死不相往来的关系对孩子的教育更有利。

（3）要从细小处入手

培养孩子关心他人、帮助他人的品质，不是夸张地扬言做拯救世界的大英雄，而是要从小事入手。例如，进直梯的时候帮身边行动不便的人按一下开关；公共汽车上看到不方便的人主动让座；在扶梯上靠右站，不要妨碍赶时间的人通过；乘坐火车、地铁、飞机等公共交通工具时，不要高声喧哗，影响他人等。

善良的孩子，自带光芒

对于孩子而言，善良格外重要。如果没有善良，孩子的内心就会像一条毒蛇，令人憎恶；而拥有善良的孩子，就会像宝石一样美丽动人。所以，父母应当从小就在孩子的心里播下善良的种子，让孩子拥有善良的品质，这样孩子长大后才可能保持善良的心灵。

某天，刚刚卸下联合国秘书长职务的科菲·安南在得克萨斯州的一座庄园里举办了一场慈善晚宴，许多富商和社会名流都应邀前来参加晚宴。

在宴会正式开始前，一个名叫露西的小女孩拿着自己所有的积蓄也来到了这座庄园，想要参加这场慈善晚宴。可想而知，小露西被保安拦在了门外。

面对保安的阻拦，小露西没有惊慌，没有挫败，而是这样问道："叔叔，慈善的不仅是钱，还有心，对吗？"听到这句话，保安愣住了。还没等保安说什么，小露西又说道："我知道被邀请的都是有钱人，而且他们会捐出很多钱。虽然我不像他们那样有钱，但我把自己所有的钱都带来了。如果我不能进去的话，那么请把这个带进去，好吗?"小露西举起装着自己全部积蓄的存钱罐，将它递给了保安。

保安迟疑了，他不知道自己应不应该接过存钱罐。正要进场的巴菲特先生看到小女孩的行为，非常感动，便带着小露西进入了庄园。

在这天的慈善晚宴上，最引人注目的不是慈善晚宴的举办者安南，也不是慷慨捐出300万美元的巴菲特先生，而是捐出了自己全部积蓄（30美元25美分）的小露西。小露西赢得了所有人发自内心的赞美，慈善晚宴的标语也改为了："慈善的不是钱，是心。"

小露西是如此善良与纯真! 的确，爱心是无法用金钱来衡量的，与300万美元相比，30美元25美分是那么微不足道，可是这却是一位善良小女孩的所有积蓄。她将自己的所有爱心奉献了出来，没有丝毫保留! 正因为如此，她才引起了人们的注意，成了那场慈善晚宴的焦点。所有人无不被小露西的善良与真诚打动。

阿莉的女儿名叫小茉莉，阿莉一直很重视对女儿的品德教育。

在小茉莉4岁的时候，阿莉送给了小茉莉一只猫，小茉莉特别喜欢它。但是亲朋好友却不赞同阿莉的行为，觉得宠物不卫生，孩子抵抗力弱，总是接触宠物对身体不好；另一方面，宠物的寿命比人类短，万一有个三长两短，孩子肯定会特别伤心。但是阿莉不这么认为，在她看来，只要家长能够把握好尺度，让宠物养成良好的卫生习惯，就能够避免孩子因为宠物而生病；另外，生老病死是一种常见的自然规律，孩子迟早都会面对，早些对孩子进行这方面的教育也没什么。更重要的是，阿莉想要通过饲养宠物来培养小茉莉善良、关爱他人的品性。果然，在养了猫之后，小茉莉自觉地担负起了照料它的任务，她还会用自己认识的为数不多的几个字加上绘画，来记录小猫咪的生长状况。

某天，在阿莉和小茉莉回家的路上发生了这样一件事：

在一个道路的拐角，有个没了一条手臂的小乞丐在乞讨。当她们经过时，小乞丐抓住了小茉莉衣服的下摆，想要让小茉莉给他一些钱或吃的。小茉莉被吓了一跳，马上打掉了小乞丐的手，说道："别碰我！你这么脏，快赔我衣服！""小茉莉！"阿莉的脸色顿时阴沉了下来："你怎么说话呢？过来！"小茉莉不情愿地来到了阿莉身边，那个小乞丐也跟着小茉莉一起来到了阿莉身边。随后，阿莉找出一些零钱给了小乞丐，接着便拉着小茉莉离开了。

回到家后，阿莉马上召开了家庭会议，对小茉莉的做法进行了严肃的批评，还告诉她说："所有人都有尊严，也都需要被别人尊重，哪怕对方只是个乞丐，你可以选择忽视他，但是你不能斥责他。"丈夫了解了事情的经过后，虽然没有在家庭会议上提出反对意见，但还是觉得阿莉有些小题大做了，而阿莉告诉丈夫说："这都是为了让孩子能拥有一颗善良的心啊。"

阿莉的善良教育是有效的，小茉莉后来确实成长为一个善良的人。她能够体谅别人，也乐于奉献自己的爱心，因此很受邻居和同学的喜欢。

苏联著名教育家苏霍姆林斯基曾说："爱的教育应当是整个教育的主题。"在孔子的教育思想体系里，"善良教育"同样占据着非常重要的位置。如"仁厚""修身""和为贵""修己安人""温良恭俭让""躬自厚而薄责于人""贫而乐，富而好礼""己所不欲，勿施于人"等，都是孔子的"善良教育"，这种教育始终贯穿孔子的思想当中。可见，拥有一颗善良的心灵多么重要。

善良的孩子无论走到哪里，都会发出让人不可忽视的光芒。父母要在孩子很小的时候就着手培养她的善良品格。下面是几条建议：

（1）为孩子树立"关心他人"的目标

有了目标才有努力的方向，妈妈应当帮孩子树立"关心他人"的目标，告诉她："妈妈希望你成为一个善良的人。"并要求女孩尊重他人，哪怕她很疲惫、很烦躁，甚至很生气，也不能丢掉这份尊重。

（2）给孩子创造关心他人的机会

出行时，可以选择坐公交、地铁而不是打车，让孩子见到人们对弱势群体的照顾，让孩子学会主动让座。在家时，可以和孩子聊聊他最近听说过或见到过哪些善良的行为和哪些冷漠的行为，并对这些行为进行分析与评价，这样孩子就会慢慢地关注自己是不是也经常做出善举。

另外，不要对孩子帮助别人的行为都给予物质奖励。比如饭后孩子帮妈妈擦了桌子，因为这是一个家庭成员应该做的事，因此妈妈只需要说一些感谢和鼓励的话语就可以了。而当孩子帮了别人更大的忙时，比如帮助了班里被欺负的同学，父母就应当对他进行奖励。

（3）扩大孩子关注的领域

一个人的眼界会限制其行动，因此父母应当帮助孩子扩大其关注的领域。比如，父母可以和孩子一起看电视新闻，并和孩子讨论一下那些生活在战乱或贫困地区的孩子所面临的挑战；鼓励孩子去关注生活中的弱势群体，看到跌倒的同学要主动上前搀扶等。

妈妈还要教会女孩真诚、友善地对待生活中遇到的每一个人。

（4）给孩子树立起良好的榜样

榜样的力量无限大，因此父母要给女孩树立良好的榜样。父母可以积极进行慈善捐款或是做志愿者等公益活动，并且最好能够带着孩子一起参加。父母也可以经常和孩子讨论一些两难的问题，比如，一个非常穷困的人为了给自己病重的父亲付医药费，而去偷别人家的东西，这样的行为是否可取？看看孩子是怎样回答的，并告诉孩子自己会做出怎样的选择，以及这样做的原因。